Schürmann

Tabellen zum Familienrecht

Tabellen zum Familienrecht

Tabellen und Leitlinien
zum Unterhaltsrecht,
Rechengrößen zum Zugewinn-
und Versorgungsausgleich

Herausgegeben von
Heinrich Schürmann, Vorsitzender Richter am Oberlandesgericht

36. Auflage

Luchterhand Verlag 2016

Bibliografische Information der Deutschen Nationalbibliothek

Die Deutsche Nationalbibliothek verzeichnet diese Publikation in der Deutschen Nationalbibliografie; detaillierte bibliografische Daten sind im Internet über http://dnb.d-nb.de abrufbar.

ISBN 978-3-472-08655-0

Zitierhinweis: Schürmann TzFamR S.

www.wolterskluwer.de
www.luchterhand-fachverlag.de

Umschlagkonzeption: Martina Busch, Grafikdesign, Homburg-Kirrberg
Satz: Innodata Inc., Noida, Indien
Druck und Weiterverarbeitung: Williams Lea & Tag GmbH, München

Gedruckt auf säurefreiem, alterungsbeständigem und chlorfreiem Papier

Vorwort zur 36. Auflage:

Die Tabellen zum Familienrecht erscheinen dieses Jahr bereits in der 36. Auflage.

Wie jedes Jahr haben sich zahlreiche Werte der Rentenversicherung und im sozialen Leistungsrecht verändert. Seit dem 1. Juli 2015 gelten neue Pfändungstabellen. Die Vorarbeiten waren schon abgeschlossen, als dann noch mit zum Schluss ungewohnter Eile das Gesetz zur Anhebung des Grundfreibetrags, des Kinderfreibetrags, des Kindergeldes und des Kinderzuschlags verabschiedet wurde und am 23. Juli 2015 in Kraft getreten ist.

Damit erhöhte sich der Mindestunterhalt und zum 1. August 2015 konnte die schon seit langem erwartete Anpassung der Düsseldorfer Tabelle erfolgen. Die Tabelle einschließlich der Anwendungshinweise zum Übergangsrecht sowie der Zahlbeträge konnte ebenso noch aufgenommen werden, wie die von einigen Oberlandesgerichten aus diesem Anlass zum 1. August 2015 nochmals überarbeiteten Leitlinien. Damit ist die größtmögliche Aktualität gewährleistet. Ergänzt werden die Leitlinien durch den wiederum mit freundlicher Genehmigung des Deutschen Vereins ermöglichten Abdruck der Empfehlungen über die Heranziehung Unterhaltspflichtiger in der Sozialhilfe, die wichtige Informationen über die Verwaltungspraxis der Sozialämter bieten.

Dem Titel entsprechend konzentriert sich der Inhalt auf die Zusammenstellung der für die alltägliche Praxis wichtigen Tabellen. Auf diese kann über das eingearbeitete Register schnell zugegriffen werden. Inhalt und Gestaltung sind bewusst so gewählt, dass das Buch nicht nur im Büro jederzeit griffbereit ist, sondern sich zugleich als ständiger Begleiter zu Gerichtsterminen und Besprechungen eignet. Daher wird konsequent auf umfangreiche Erläuterungen – derer ein fachkundiger Praktiker in der Regel nicht bedarf – verzichtet. Die systematische Erweiterung um die Zahlenwerte der letzten Jahre soll die Bearbeitung von in die Vergangenheit reichenden Sachverhalten erleichtern. Die nach dem neuesten Stand vollständig abgedruckten Unterhaltsrechtlichen Leitlinien gewährleisten eine umfassende Information zur aktuellen Rechtsprechung aller Oberlandesgerichte.

Damit enthält das Tabellenwerk auf dem aktuellen Stand unter anderem
- Tabellen zum Kindes- und Ehegattenunterhalt
- Bremer Tabelle zur Berechnung des Vorsorgeunterhalts
- Kindergeldtabellen
- Tabellen zum Versorgungsausgleich
- Tabellen zum Sozial- und Steuerrecht
- Tabellen zum aktuellen Kostenrecht und Pfändungstabellen
- Die Unterhaltsrechtlichen Leitlinien aller Oberlandesgerichte sowie die Empfehlungen zum Sozialrecht.

Über Jurion steht den Käufern des Werkes ein geschützter Zugang zur Verfügung, über den die Tabellen jederzeit als i-Book zugänglich sind.

Heinrich Schürmann

Oldenburg im August 2015

Inhaltsverzeichnis

A. Kalendarium

Kalender 2016

	Januar					Februar					März					April				
Woche	1	2	3	4	5	6	7	8	9	10	11	12	13	14	15	16	17	18	19	20
Montag		4	11	18	25	1	8	15	22	29		7	14	21	28		4	11	18	25
Dienstag		5	12	19	26	2	9	16	23		1	8	15	22	29		5	12	19	26
Mittwoch		6	13	20	27	3	10	17	24		2	9	16	23	30		6	13	20	27
Donnerstag		7	14	21	28	4	11	18	25		3	10	17	24	31		7	14	21	28
Freitag	1	8	15	22	29	5	12	19	26		4	11	18	25		1	8	15	22	29
Samstag	2	9	16	23	30	6	13	20	27		5	12	19	26		2	9	16	23	30
Sonntag	3	10	17	24	31	7	14	21	28		6	13	20	27		3	10	17	24	

	Mai						Juni					Juli					August				
Woche	21	22	23	24	25	26	27	28	29	30	31	32	33	34	35	36	37	38	39	40	41
Montag		2	9	16	23	30		6	13	20	27		4	11	18	25	1	8	15	22	29
Dienstag		3	10	17	24	31		7	14	21	28		5	12	19	26	2	9	16	23	30
Mittwoch		4	11	18	25		1	8	15	22	29		6	13	20	27	3	10	17	24	31
Donnerstag		5	12	19	26		2	9	16	23	30		7	14	21	28	4	11	18	25	
Freitag		6	13	20	27		3	10	17	24		1	8	15	22	29	5	12	19	26	
Samstag		7	14	21	28		4	11	18	25		2	9	16	23	30	6	13	20	27	
Sonntag	1	8	15	22	29		5	12	19	26		3	10	17	24	31	7	14	21	28	

	September						Oktober						November					Dezember				
Woche	42	43	44	45	46		47	48	49	50	51	52	53	54	55	56	57	58	59	60	61	62
Montag		5	12	19	26		3	10	17	24	31		7	14	21	28		5	12	19	26
Dienstag		6	13	20	27		4	11	18	25		1	8	15	22	29		6	13	20	27
Mittwoch		7	14	21	28		5	12	19	26		2	9	16	23	30		7	14	21	28
Donnerstag	1	8	15	22	29		6	13	20	27		3	10	17	24		1	8	15	22	29
Freitag	2	9	16	23	30		7	14	21	28		4	11	18	25		2	9	16	23	30
Samstag	3	10	17	24		1	8	15	22	29		5	12	19	26		3	10	17	24	31
Sonntag	4	11	18	25		2	9	16	23	30		6	13	20	27		4	11	18	25

Neujahr 01.01.; Heilige Drei Könige 06.01.; Rosenmontag 08.02.; Fastnacht 09.02.; Aschermittwoch 10.02.; Karfreitag 25.03.; Ostern 27.03.; Ostermontag 28.03.; Maifeiertag 01.05.; Christi Himmelfahrt 05.05.; Pfingstsonntag 15.05.; Pfingstmontag 16.05.; Fronleichnam 26.05.; Friedensfest 08.08.; Mariä Himmelfahrt 15.08.; Tag der Deutschen Einheit 03.10.; Reformationstag 31.10.; Allerheiligen 01.11.; Buß- und Bettag 18.11.; Heiligabend 24.12.; 1. Weihnachtstag 25.12.; 2. Weihnachtstag 26.12.; Silvester 31.12 (Alle Angaben ohne Gewähr)

Ferienkalender 2015/2016[1]

Land (in Klammern Zahl der beweglichen Ferientage)	Herbst 2015	Weihnachten 2015/2016	Winter 2016	Ostern/Frühjahr 2016	Himmelfahrt/ Pfingsten 2016	Sommer 2016
Baden-Württemberg (4)	02.11.–06.11.	23.12.–09.01.	–	29.03.–02.04.	17.05.–28.05.	28.07.–10.09.
Bayern (–)	02.11.–07.11.	24.12.–05.01.	08.02.–12.02.	21.03.–01.04.	17.05.–28.05.	30.07.–12.09.
Berlin (–)	19.10.–31.10.	23.12.–02.01.	01.02.–06.02.	21.03.–02.04.	06.05. und 17.05.–18.05.	21.07.–02.09.
Brandenburg (4)	19.10.–30.10.	23.12.–02.01.	01.02.–06.02.	23.03.–02.04.	06.05. und 17.05.	21.07.–03.09.
Bremen (1)	19.10.–31.10.	23.12.–06.01.	28.01.–29.01.	18.03.–02.04.	1.705	23.06.–03.08.
Hamburg (–)	19.10.–30.10.	21.12.–01.01.	2.901	07.03.–18.03.	06.05. und 17.05.–20.05.	21.07.–31.08.
Hessen (–)	19.10.–31.10.	23.12.–09.01.	–	29.03.–09.04.	–	18.07.–26.08.
Mecklenburg-Vorpommern (3)	24.10.–30.10.	21.12.–02.01.	01.02.–13.02.	21.03.–30.03.	14.05.–17.05.	25.07.–03.09.
Niedersachsen (-)	19.10.–31.10.	23.12.–06.01.	28.01.–29.01.	18.03.–02.04.	06.05./17. 05.	23.06.–03.08.
Nordrhein-Westfalen (4)	05.10.–17.10.	23.12.–06.01.	–	21.03.–02.04.	1.705	11.07.–23.08.
Rheinland-Pfalz (4)	19.10.–30.10.	23.12.–08.01.	–	18.03.–01.04.	–	18.07.–26.08.
Saarland (3)	19.10.–31.10.	21.12.–02.01.	08.02.–13.02.	29.03.–09.04.	–	18.07.–27.08.
Sachsen (–)	12.10.–24.10.	21.12.–02.01.	08.02.–20.02.	25.03.–02.04.	0.605	27.06.–05.08.
Sachsen-Anhalt (–)	17.10.–24.10.	21.12.–05.01.	01.02.–10.02.	2.403	06.05.–14.05.	27.06.–10.08.
Schleswig-Holstein (1)	19.10.–31.10.	21.12.–06.01.	–	24.03.–09.04.	0.605	25.07.–03.09.
Thüringen (–)	05.–17.10.	23.12.–02.01.	01.02.–06.02.	24.03.–02.04.	0.605	27.06.–10.08.

1) Quelle: Kultusministerkonferenz www.kmk.org (Stand 08.01.2015)

Kalender 2015

	Januar					Februar					März						April				
Woche	1	2	3	4	5	6	7	8	9	10	10	11	12	13	14	15	16	17	18	19	20
Montag		5	12	19	26		2	9	16	23		2	9	16	23	30		6	13	20	27
Dienstag		6	13	20	27		3	10	17	24		3	10	17	24	31		7	14	21	28
Mittwoch		7	14	21	28		4	11	18	25		4	11	18	25		1	8	15	22	29
Donnerstag	1	8	15	22	29		5	12	19	26		5	12	19	26		2	9	16	23	30
Freitag	2	9	16	23	30		6	13	20	27		6	13	20	27		3	10	17	24	
Samstag	3	10	17	24	31		7	14	21	28		7	14	21	28		4	11	18	25	
Sonntag	4	11	18	25		1	8	15	22		1	8	15	22	29		5	12	19	26	

	Mai					Juni					Juli					August					
Woche	21	22	23	24	25	26	27	28	29	30	31	32	33	34	35	36	37	38	39	40	41
Montag		4	11	18	25	1	8	15	22	29		6	13	20	27		3	10	17	24	31
Dienstag		5	12	19	26	2	9	16	23	30		7	14	21	28		4	11	18	25	
Mittwoch		6	13	20	27	3	10	17	24		1	8	15	22	29		5	12	19	26	
Donnerstag		7	14	21	28	4	11	18	25		2	9	16	23	30		6	13	20	27	
Freitag	1	8	15	22	29	5	12	19	26		3	10	17	24	31		7	14	21	28	
Samstag	2	9	16	23	30	6	13	20	27		4	11	18	25		1	8	15	22	29	
Sonntag	3	10	17	24	31	7	14	21	28		5	12	19	26		2	9	16	23	30	

	September					Oktober					November						Dezember				
Woche	42	43	44	45	46	47	48	49	50	51	52	53	54	55	56	57	58	59	60	61	62
Montag		7	14	21	28		5	12	19	26		2	9	16	23	30		7	14	21	28
Dienstag	1	8	15	22	29		6	13	20	27		3	10	17	24		1	8	15	22	29
Mittwoch	2	9	16	23	30		7	14	21	28		4	11	18	25		2	9	16	23	30
Donnerstag	3	10	17	24		1	8	15	22	29		5	12	19	26		3	10	17	24	31
Freitag	4	11	18	25		2	9	16	23	30		6	13	20	27		4	11	18	25	
Samstag	5	12	19	26		3	10	17	24	31		7	14	21	28		5	12	19	26	
Sonntag	6	13	20	27		4	11	18	25	1	8	15	22	29		6	13	20	27	

Neujahr 01.01.; Heilige Drei Könige 06.01.; Rosenmontag 16.02.; Fastnacht 17.02.; Aschermittwoch 18.02.; Karfreitag 03.04.; Ostern 05.04.; Ostermontag 06.04.; Maifeiertag 01.05.; Christi Himmelfahrt 14.05.; Pfingstsonntag 24.05.; Pfingstmontag 25.05.; Fronleichnam 04.06.; Friedensfest 08.08.; Mariä Himmelfahrt 15.08.; Tag der Deutschen Einheit 03.10.; Reformationstag 31.10.; Allerheiligen 01.11.; Buß- und Bettag 18.11.; Heiligabend 24.12.; 1. Weihnachtstag 25.12.; 2. Weihnachtstag 26.12.; Silvester 31.12   (Alle Angaben ohne Gewähr)

Ferienkalender 2014/2015[2]

Land (in Klammern Zahl der beweglichen Ferientage)	Herbst 2014	Weihnachten 2014/2015	Winter 2015	Ostern/Frühjahr 2015	Himmelfahrt/Pfingsten 2015	Sommer 2015
Baden-Württemberg (3)	27.10.–30.10.	22.12.–05.01.	–	30.03.–10.04.	26.05.–06.06.	30.07.–12.09.
Bayern (–)	27.10.–31.10.	24.12.–05.01.	16.02.–20.02.	30.03.–11.04.	26.05.–05.06.	01.08.–14.09.
Berlin (–)	20.10.–01.11.	22.12.–02.01.	02.02.–07.02.	30.03.–11.04.	15.05.	15./16.07.–28.08.
Brandenburg (3)	20.10.–01.11.	22.12.–02.01.	02.02.–07.02.	01.04.–11.04.	15.05.	16.07.–28.08.
Bremen (1)	27.10.–08.11.	22.12.–05.01.	02.02.–03.02.	25.03.–10.04.	26.05.	23.07.–02.09.
Hamburg (–)	13.10.–24.10.	22.12.–06.01.	30.01.	02.03.–13.03.	11.05.–15.05.	16.07.–26.08.
Hessen (3)	20.10.–01.11.	22.12.–10.01.	–	30.03.–11.04.		27.07.–04.09.
Mecklenburg-Vorpommern (3)	20.10.–25.10.	22.12.–02.01.	02.02.–14.02.	30.03.–08.04.	22.05.–26.05.	20.07.–29.08.
Niedersachsen (–)	27.10.–08.11.	22.12.–05.01.	02.02.–03.02.	25.03.–10.04.	15.05./26.05.	23.07.–02.09.
Nordrhein-Westfalen (3)	06.10.–18.10.	22.12.–06.01.	–	30.03.–11.04.	26.05.	29.06.–11.08.
Rheinland-Pfalz (4)	20.10.–31.10.	22.12.–07.01.	–	26.03.–10.04.		27.07.–04.09.
Saarland (2)	20.10.–31.10.	22.12.–07.01.	16.02.–21.02.	30.03.–11.04.	–	27.07.–05.09.
Sachsen (1)	20.10.–31.10.	22.12.–03.01.	09.02.–21.02.	02.04.–11.04.	15.05.	13.07.–21.08.
Sachsen-Anhalt (1)	27.10.–30.10.	22.12.–05.01.	02.02.–14.02.	02.04.	15.05.–23.05.	13.07.–26.08.
Schleswig-Holstein (1)	13.10.–25.10.	22.12.–06.01.	–	01.04.–17.04.	15.05.	20.07.–29.08.
Thüringen (2)	06.10.–18.10.	22.12.–03.01.	02.02.–07.02.	30.03.–11.04.	15.05.	13.07.–21.08.

---

2)   Quelle: Kultusministerkonferenz www.kmk.org (Stand 08.01.2015)

Kalender 2014

	Januar					Februar					März						April				
Woche	1	2	3	4	5	6	7	8	9	10	11	12	13	14	15	16	17	18	19	20	21
Montag		6	13	20	27		3	10	17	24		3	10	17	24	31		7	14	21	28
Dienstag		7	14	21	28		4	11	18	25		4	11	18	25		1	8	15	22	29
Mittwoch	1	8	15	22	29		5	12	19	26		5	12	19	26		2	9	16	23	30
Donnerstag	2	9	16	23	30		6	13	20	27		6	13	20	27		3	10	17	24	
Freitag	3	10	17	24	31		7	14	21	28		7	14	21	28		4	11	18	25	
Samstag	4	11	18	25		1	8	15	22		1	8	15	22	29		5	12	19	26	
Sonntag	5	12	19	26		2	9	16	23		2	9	16	23	30		6	13	20	27	

	Mai					Juni					Juli					August				
Woche	22	23	24	25	26	27	28	29	30	31	32	33	34	35	36	37	38	39	40	41	42
Montag		5	12	19	26		2	9	16	23	30		7	14	21	28		4	11	18	25
Dienstag		6	13	20	27		3	10	17	24		1	8	15	22	29		5	12	19	26
Mittwoch		7	14	21	28		4	11	18	25		2	9	16	23	30		6	13	20	27
Donnerstag	1	8	15	22	29		5	12	19	26		3	10	17	24	31		7	14	21	28
Freitag	2	9	16	23	30		6	13	20	27		4	11	18	25		1	8	15	22	29
Samstag	3	10	17	24	31		7	14	21	28		5	12	19	26		2	9	16	23	30
Sonntag	4	11	18	25		1	8	15	22	29		6	13	20	27		3	10	17	24	31

	September					Oktober					November					Dezember				
Woche	43	44	45	46	47	48	49	50	51	52	53	54	55	56	57	58	59	60	61	62
Montag	1	8	15	22	29		6	13	20	27		3	10	17	24		1	8	15	22	29
Dienstag	2	9	16	23	30		7	14	21	28		4	11	18	25		2	9	16	23	30
Mittwoch	3	10	17	24		1	8	15	22	29		5	12	19	26		3	10	17	24	31
Donnerstag	4	11	18	25		2	9	16	23	30		6	13	20	27		4	11	18	25	
Freitag	5	12	19	26		3	10	17	24	31		7	14	21	28		5	12	19	26	
Samstag	6	13	20	27		4	11	18	25		1	8	15	22	29		6	13	20	27	
Sonntag	7	14	21	28		5	12	19	26		2	9	16	23	30		7	14	21	28	

Neujahr 01.01.; Heilige Drei Könige 06.01.; Rosenmontag 11.02.; Fastnacht 12.02.; Aschermittwoch 13.02.; Karfreitag 29.03./Ostern 31.03.; Ostermontag 01.04.; Maifeiertag 01.05.; Christi Himmelfahrt. 09.05.; Pfingstsonntag 19.05.; Pfingstmontag 20.05.; Fronleichnam 30.05.; Mariä Himmelfahrt 15.08.; Tag der Deutschen Einheit 03.10.; Reformationstag 31.10.; Allerheiligen 01.11.; Buß- und Bettag 20.11.; Heiligabend 24.12.; 1. Weihnachtstag 25.12.; 2. Weihnachtstag 26.12; Silvester 31.12. (Alle Angaben ohne Gewähr)

Ferienkalender 2013/2014[3)]

Land (in Klammern Zahl der beweglichen Ferientage)	Herbst 2013	Weihnachten 2013/2014	Winter 2014	Ostern/Frühjahr 2014	Himmelfahrt/ Pfingsten 2014	Sommer 2014
Baden-Württemberg (5)	28.10.–30.10.	23.12.–04.01.	–	14.04.–25.04.	10.06.–21.06.	31.07.–13.09.
Bayern (–)	28.10.–31.10.	23.12.–04.01.	–	03.03.–07.03. 14.04.–26.04.	10.06.-21.06.	30.07.–15.09.
Berlin (–)	30.09.–12.10.	23.12.–03.01.	03.02.–08.02.	14.04.–26.04.	02.05. und 30.05.	09./10.07.– 22.08.
Brandenburg (1)	30.09.–12.10. und 01.11.	23.12.–03.01.	03.02.–08.02.	16.04.–26.04.	02.05. und 30.05.	10.07.–22.08.
Bremen (2)	04.10.–18.10.	23.12.–03.01.	30.01.–31.01.	03.04.–22.04.	1.006	31.07.–10.09.
Hamburg (–)	30.09.–11.10.	19.12.–03.01.	3.101	03.03.–14.03.	28.04.–02.05. und 30.05.	10.07.–20.08.
Hessen (3)	14.10.–26.10.	23.12.–11.01.	–	14.04.–26.04.	-	28.07.–05.09.
Mecklenburg-Vorpommern (3)	14.10.–19.10.	23.12.–03.01.	03.02.–15.02.	14.04.–23.04.	06.06.–10.06.	14.07.–23.08.
Niedersachsen (–)	04.10.–18.10.	23.12 – 03.01.	30.01.–31.01.	03.04.–22.04.	02.05./30.05./ 10.06.	31.07.–10.09.
Nordrhein-Westfalen (4)	21.10.–02.11.	23.12.–07.01.	–	14.04.–26.04.	1.006	07.07.–19.08.
Rheinland-Pfalz (4)	04.10.–18.10.	23.12.–07.01.	–	11.04.–25.04.		28.07.–05.09.
Saarland (3)	21.10.–02.11.	20.12.–04.01.	03.03.–08.03.	14.04.–26.04.	–	28.07.–06.09.
Sachsen (2)	21.10.–01.11.	21.12.–03.01.	17.02.–01.03.	18.04.–26.04.	3.005	21.07.–29.08.
Sachsen-Anhalt (–)	21.10.–25.10.	21.12.–03.01.	01.02.–12.02.	14.04.–17.04.	30.05.–07.06.	21.07.–03.09.
Schleswig-Holstein (3)	04.10.–18.10.	23.12.–06.01.	–	16.04.–02.05.	3.005	14.07.–23.08.
Thüringen (3)	21.10.–02.11.	23.12.–04.01	17.02.–22.02.	19.04.–02.05.	3.005	21.07.–29.08.

3) Quelle: Kultusministerkonferenz www.kmk.org (Stand 30.10.2013)

Gesetzliche Feiertage 2013 – 2016

	2016	2015	2014	2013
Neujahr (1. Januar)	Freitag	Donnerstag	Mittwoch	Dienstag
Hl. Drei Könige (6. Januar)*	Mittwoch	Dienstag	Montag	Sonntag
Karfreitag	25. März	03. April	18. April	29. März
Ostern (Sonntag/Montag)	27./28. März	05./06. April	20./21. April	31. März/01. April
1. Mai	Sonntag	Freitag	Donnerstag	Mittwoch
Christi Himmelfahrt (Donnerstag)	05. Mai	14. Mai	29. Mai	09. Mai
Pfingsten (Sonntag/Montag)	15./16. Mai	24./25. Mai	8./9. Juni	19/20. Mai
Fronleichnam (Donnerstag)*	26. Mai	04. Juni	19. Juni	30. Mai
Mariä Himmelfahrt (15. August)*	Montag	Samstag	Freitag	Donnerstag
Tag der dt. Einheit (03. Oktober)	Montag	Samstag	Freitag	Donnerstag
Reformationstag (31. Oktober)*	Montag	Samstag	Freitag	Donnerstag
Allerheiligen (01. November)*	Dienstag	Sonntag	Samstag	Freitag
Buß- u. Bettag (Mittwoch)*	16. November	18. November	19. November	20. November
1.u. 2. Weihnachtstag (25./26.12.)	Sonntag/Montag	Freitag/Samstag	Donnerstag/Freitag	Mittw./Donnerstag

*) nicht in allen Bundesländern gesetzlicher Feiertag

B. Tabellen zum Unterhaltsrecht

1. Düsseldorfer Tabelle

a) Stand: 01. August 2015[1]

Düsseldorfer Tabelle 2015							
Nettoeinkommen Euro		Altersstufen in Jahren (§ 1612 a Abs. 3 BGB)				Prozentsatz	Bedarfs-kontrollbetrag
		0–5	6.–11	12–17	ab 18		
1	bis 1.500	328	376	440	504	100	880/1.080
2	1.501 1.900	345	395	462	530	105	1.180
3	1.901 2.300	361	414	484	555	110	1.280
4	2.301 2.700	378	433	506	580	115	1.380
5	2.701 3.100	394	452	528	605	120	1.480
6	3.101 3.500	420	482	564	646	128	1.580
7	3.501 3.900	447	512	599	686	136	1.680
8	3.901 4.300	473	542	634	726	144	1.780
9	4.301 4.700	499	572	669	767	152	1.880
10	4.701 5.100	525	602	704	807	160	1.980
	ab 5.101	nach den Umständen des Falles					

Düsseldorfer Tabelle 2015 Zahlbeträge nach Kindergeldverrechnung													
Nettoeinkommen Euro		Altersstufen in Jahren (§ 1612 a Abs. 3 BGB)											Prozentsatz
		1–5			6–11			12–17			ab 18		
	Kind	1+2	3	ab 4	1+2	3	ab 4	1+2	3	ab 4	1+2	3	ab 4	
1	bis 1.500	236	233	220,50	284	281	268,50	348	345	332,50	320	314	289	100
2	1.501 1.900	253	250	237,50	303	300	287,50	370	367	354,50	346	340	315	105
3	1.901 2.300	269	266	253,50	322	319	306,50	392	389	376,50	371	365	340	110
4	2.301 2.700	286	283	270,50	341	338	325,50	414	411	398,50	396	390	365	115
5	2.701 3.100	302	299	286,50	360	357	344,50	436	433	420,50	421	415	390	120
6	3.101 3.500	328	325	312,50	390	387	374,50	472	469	456,50	462	456	431	128
7	3.501 3.900	355	352	339,50	420	417	404,50	507	504	491,50	502	496	471	136
8	3.901 4.300	381	378	365,50	450	447	434,50	542	539	526,50	542	536	511	144
9	4.301 4.700	407	404	391,50	480	477	464,50	577	574	561,50	583	577	552	152
10	4.701 5.100	433	430	417,50	510	507	494,50	612	609	596,50	623	617	592	160

1) Die Tabelle gilt ab dem 01. August 2015, Bei der Anrechnung des Kindergeldes ist das erhöhte Kindergeld noch nicht zu berücksichtigen. Die bisherigen Beträge bleiben insoweit noch bis zum 31. Dezember 2015 maßgeblich.

Kalender

Unterhalt

Versorgungsausgleich

Sozialrecht

Steuerrecht

Verfahrensrecht

**Anmerkungen zur Düsseldorfer Tabelle
(1. August 2015)**

A. Kindesunterhalt

1. Die Tabelle hat keine Gesetzeskraft, sondern stellt eine Richtlinie dar. Sie weist den monatlichen Unterhaltsbedarf aus, bezogen auf zwei Unterhaltsberechtigte, ohne Rücksicht auf den Rang. Der Bedarf ist nicht identisch mit dem Zahlbetrag; dieser ergibt sich unter Berücksichtigung der nachfolgenden Anmerkungen.

   Bei einer größeren/geringeren Anzahl Unterhaltsberechtigter können Ab- oder Zuschläge durch Einstufung in niedrigere/höhere Gruppen angemessen sein. Anmerkung 6 ist zu beachten. Zur Deckung des notwendigen Mindestbedarfs aller Beteiligten – einschließlich des Ehegatten – ist gegebenenfalls eine Herabstufung bis in die unterste Tabellengruppe vorzunehmen. Reicht das verfügbare Einkommen auch dann nicht aus, setzt sich der Vorrang der Kinder im Sinne von Anm. 5 Abs. 1 durch. Gegebenenfalls erfolgt zwischen den erstrangigen Unterhaltsberechtigten eine Mangelberechnung nach Abschnitt C.

2. Die Richtsätze der 1. Einkommensgruppe entsprechen dem Mindestbedarf in Euro gemäß § 1612 a BGB. Der Prozentsatz drückt die Steigerung des Richtsatzes der jeweiligen Einkommensgruppe gegenüber dem Mindestbedarf (= 1. Einkommensgruppe) aus. Die durch Multiplikation des gerundeten Mindestbedarfs mit dem Prozentsatz errechneten Beträge sind entsprechend § 1612 a Abs. 2 BGB aufgerundet.

3. Berufsbedingte Aufwendungen, die sich von den privaten Lebenshaltungskosten nach objektiven Merkmalen eindeutig abgrenzen lassen, sind vom Einkommen abzuziehen, wobei bei entsprechenden Anhaltspunkten eine Pauschale von 5 % des Nettoeinkommens - mindestens 50 EUR, bei geringfügiger Teilzeitarbeit auch weniger, und höchstens 150 EUR monatlich – geschätzt werden kann. Übersteigen die berufsbedingten Aufwendungen die Pauschale, sind sie insgesamt nachzuweisen.

4. Berücksichtigungsfähige Schulden sind in der Regel vom Einkommen abzuziehen.

5. Der notwendige Eigenbedarf (Selbstbehalt)
   – gegenüber minderjährigen unverheirateten Kindern,
   – gegenüber volljährigen unverheirateten Kindern bis zur Vollendung des 21. Lebensjahres, die im Haushalt der Eltern oder eines Elternteils leben und sich in der allgemeinen Schulausbildung befinden,
   beträgt beim nicht erwerbstätigen Unterhaltspflichtigen monatlich 880 EUR, beim erwerbstätigen Unterhaltspflichtigen monatlich 1.080 EUR. Hierin sind bis 380 EUR für Unterkunft einschließlich umlagefähiger Nebenkosten und Heizung (Warmmiete) enthalten. Der Selbstbehalt kann angemessen erhöht werden, wenn dieser Betrag im Einzelfall erheblich überschritten wird und dies nicht vermeidbar ist.

   Der angemessene Eigenbedarf, insbesondere gegenüber anderen volljährigen Kindern, beträgt in der Regel mindestens monatlich 1.300 EUR. Darin ist eine Warmmiete bis 480 EUR enthalten.

6. Der Bedarfskontrollbetrag des Unterhaltspflichtigen ab Gruppe 2 ist nicht identisch mit dem Eigenbedarf. Er soll eine ausgewogene Verteilung des Einkommens zwischen dem Unterhaltspflichtigen und den unterhaltsberechtigten Kindern gewährleisten. Wird er unter Berücksichtigung anderer Unterhaltspflichten unterschritten, ist der Tabellenbetrag der nächst niedrigeren Gruppe, deren Bedarfskontrollbetrag nicht unterschritten wird, anzusetzen.

7. Bei volljährigen Kindern, die noch im Haushalt der Eltern oder eines Elternteils wohnen, bemisst sich der Unterhalt nach der 4. Altersstufe der Tabelle.

   Der angemessene Gesamtunterhaltsbedarf eines Studierenden, der nicht bei seinen Eltern oder einem Elternteil wohnt, beträgt in der Regel monatlich 670 EUR. Hierin sind bis 280 EUR für Unterkunft einschließlich umlagefähiger Nebenkosten und Heizung (Warmmiete) enthalten. Dieser Bedarfssatz kann auch für ein Kind mit eigenem Haushalt angesetzt werden.

8. Die Ausbildungsvergütung eines in der Berufsausbildung stehenden Kindes, das im Haushalt der Eltern oder eines Elternteils wohnt, ist vor ihrer Anrechnung in der Regel um einen ausbildungsbedingten Mehrbedarf von monatlich 90 EUR zu kürzen.

9. In den Bedarfsbeträgen (Anmerkungen 1 und 7) sind Beiträge zur Kranken- und Pflegeversicherung sowie Studiengebühren nicht enthalten.

10. Das auf das jeweilige Kind entfallende Kindergeld ist nach § 1612 b BGB auf den Tabellenunterhalt (Bedarf) anzurechnen.[2]

B. Ehegattenunterhalt

I. Monatliche Unterhaltsrichtsätze des berechtigten Ehegatten ohne unterhaltsberechtigte Kinder (§§ 1361, 1569, 1578, 1581 BGB):

1. gegen einen erwerbstätigen Unterhaltspflichtigen:

a) wenn der Berechtigte kein Einkommen hat:

3/7 des anrechenbaren Erwerbseinkommens zuzüglich 1/2 der anrechenbaren sonstigen Einkünfte des Pflichtigen, nach oben begrenzt durch den vollen Unterhalt, gemessen an den zu berücksichtigenden ehelichen Verhältnissen;

b) wenn der Berechtigte ebenfalls Einkommen hat:

3/7 der Differenz zwischen den anrechenbaren Erwerbseinkommen der Ehegatten, insgesamt begrenzt durch den vollen ehelichen Bedarf; für sonstige anrechenbare Einkünfte gilt der Halbteilungsgrundsatz;

c) wenn der Berechtigte erwerbstätig ist, obwohl ihn keine Erwerbsobliegenheit trifft:

gemäß § 1577 Abs. 2 BGB;

2. gegen einen nicht erwerbstätigen Unterhaltspflichtigen (z. B. Rentner):

wie zu 1 a, b oder c, jedoch 50 %.

II. Fortgeltung früheren Rechts:

1. Monatliche Unterhaltsrichtsätze des nach dem Ehegesetz berechtigten Ehegatten ohne unterhaltsberechtigte Kinder:

a) §§ 58, 59 EheG: in der Regel wie I,

b) § 60 EheG: in der Regel 1/2 des Unterhalts zu I,

c) § 61 EheG: nach Billigkeit bis zu den Sätzen I.

2. Bei Ehegatten, die vor dem 03.10.1990 in der früheren DDR geschieden worden sind, ist das DDR-FGB in Verbindung mit dem Einigungsvertrag zu berücksichtigen (Art. 234 § 5 EGBGB).

III. Monatliche Unterhaltsrichtsätze des berechtigten Ehegatten, wenn die ehelichen Lebensverhältnisse durch Unterhaltspflichten gegenüber Kindern geprägt werden:

Wie zu I bzw. II 1, jedoch wird grundsätzlich der Kindesunterhalt (Zahlbetrag) vorab vom Nettoeinkommen abgezogen.

IV. Monatlicher Eigenbedarf (Selbstbehalt) gegenüber dem getrennt lebenden und dem geschiedenen Berechtigten:

unabhängig davon, ob erwerbstätig oder nicht erwerbstätig: 1.200 EUR.

Hierin sind bis 400 EUR für Unterkunft einschließlich umlagefähiger Nebenkosten und Heizung (Warmmiete) enthalten.

V. Existenzminimum des unterhaltsberechtigten Ehegatten einschließlich des trennungsbedingten Mehrbedarfs in der Regel:

1. falls erwerbstätig: 1.080 EUR
2. falls nicht erwerbstätig: 880 EUR

VI. 1. Monatlicher notwendiger Eigenbedarf des Ehegatten, der in einem gemeinsamen Haushalt mit dem Unterhaltspflichtigen lebt, gegenüber nicht privilegierten volljährigen Kindern oder nachrangigen (geschiedenen) Ehegatten:

---

2) Das Kindergeld beträgt ab dem 1. Januar 2015 monatlich für erste und zweite Kinder jeweils 188 EUR, für dritte Kinder 194 EUR und für das vierte und jedes weitere Kind jeweils 219 EUR. Nach der gesetzlichen Regelung ist bei der Anwendung des § 1612 b Abs. 1 BGB für die Zeit bis zum 31. Dezember 2015 jedoch weiterhin Kindergeld von monatlich 184 EUR für erste und zweite Kinder, 190 EUR für dritte Kinder und 215 EUR für das vierte und jedes weitere Kind maßgeblich.

Kalender

Unterhalt

Versorgungsausgleich

Sozialrecht

Steuerrecht

Verfahrensrecht

a) unabhängig davon, ob erwerbstätig oder nicht erwerbstätig: 1.200 EUR

b) gegenüber nicht privilegierten volljährigen Kindern 1.300 EUR

c) gegenüber Eltern des Unterhaltspflichtigen 1.800 EUR

2. Monatlicher notwendiger Eigenbedarf des Ehegatten, der in einem gemeinsamen Haushalt mit dem Unterhaltspflichtigen lebt, unabhängig davon, ob erwerbstätig oder nicht erwerbstätig:

a) gegenüber einem nachrangigen geschiedenen Ehegatten 960 EUR

b) gegenüber nicht privilegierten volljährigen Kindern 1.040 EUR

c) gegenüber Eltern des Unterhaltspflichtigen 1.440 EUR
vergl. Anm. D I

Anmerkung zu I-III:

Hinsichtlich berufsbedingter Aufwendungen und berücksichtigungsfähiger Schulden gelten Anmerkungen A. 3 und 4 – auch für den erwerbstätigen Unterhaltsberechtigten – entsprechend. Diejenigen berufsbedingten Aufwendungen, die sich nicht nach objektiven Merkmalen eindeutig von den privaten Lebenshaltungskosten abgrenzen lassen, sind pauschal im Erwerbstätigenbonus von 1/7 enthalten.

C. Mangelfälle

Reicht das Einkommen zur Deckung des Bedarfs des Unterhaltspflichtigen und der gleichrangigen Unterhaltsberechtigten nicht aus (sog. Mangelfälle), ist die nach Abzug des notwendigen Eigenbedarfs (Selbstbehalts) des Unterhaltspflichtigen verbleibende Verteilungsmasse auf die Unterhaltsberechtigten im Verhältnis ihrer jeweiligen Einsatzbeträge gleichmäßig zu verteilen.

Der Einsatzbetrag für den Kindesunterhalt entspricht dem Zahlbetrag des Unterhaltspflichtigen. Dies ist der nach Anrechnung des Kindesgeldes oder von Einkünften auf den Unterhaltsbedarf verbleibende Restbedarf.

Beispiel: Bereinigtes Nettoeinkommen des Unterhaltspflichtigen (M): 1.350 EUR. Unterhalt für drei unterhaltsberechtigte Kinder im Alter von 18 Jahren (K1), 7 Jahren (K2) und 5 Jahren (K3), Schüler, die bei der nicht unterhaltsberechtigten geschiedenen den Kindern nicht barunterhaltspflichtigen Ehefrau und Mutter (F) leben. F bezieht das Kindergeld.

Notwendiger Eigenbedarf des M: 1.080 EUR

Verteilungsmasse: 1.350 EUR – 1.080 EUR = 270 EUR

Summe der Einsatzbeträge der Unterhaltsberechtigten:

320 EUR (504 – 184) (K 1) + 284 EUR (376 – 92) (K 2) + 233 EUR (328 – 95) (K 3) = 837 EUR

Unterhalt:

K 1: $320 \times 270 : 837 =$ 103,23 EUR

K 2: $284 \times 270 : 837 =$ 91,61 EUR

K 3. $233 \times 270 : 837 =$ 75,16 EUR

D. Verwandtenunterhalt und Unterhalt nach § 1615 l BGB

I. Angemessener Selbstbehalt gegenüber den Eltern: mindestens monatlich 1.800 EUR (einschließlich 480 EUR Warmmiete) zuzüglich der Hälfte des darüber hinausgehenden Einkommens; bei Vorteilen des Zusammenlebens in der Regel 45 % des darüber hinausgehenden Einkommens. Der angemessene Unterhalt des mit dem Unterhaltspflichtigen zusammenlebenden Ehegatten bemisst sich nach den ehelichen Lebensverhältnissen (Halbteilungsgrundsatz), beträgt jedoch mindestens 1.440 EUR (einschließlich 380 EUR Warmmiete).

II. Bedarf der Mutter und des Vaters eines nichtehelichen Kindes (§ 1615 l BGB): nach der Lebensstellung des betreuenden Elternteils, in der Regel mindestens 880 EUR.

Angemessener Selbstbehalt gegenüber der Mutter und dem Vater eines nichtehelichen Kindes (§§ 1615 l, 1603 Abs. 1 BGB): 1.200 EUR unabhängig davon, ob erwerbstätig oder nicht erwerbstätig. Hierin sind bis 430 EUR für Unterkunft einschließlich umlagefähiger Nebenkosten und Heizung (Warmmiete) enthalten.

E. Übergangsregelung

Umrechnung dynamischer Titel über Kindesunterhalt nach § 36 Nr. 3 EGZPO: Ist Kindesunterhalt als Prozentsatz des jeweiligen Regelbetrages zu leisten, bleibt der Titel bestehen. **Eine Abänderung ist nicht erforderlich.** An die Stelle des bisherigen Prozentsatzes vom Regelbetrag tritt ein neuer Prozentsatz vom Mindestunterhalt (Stand: 01.01.2008). Dieser ist für die jeweils maßgebliche Altersstufe gesondert zu bestimmen und auf eine Stelle nach dem Komma zu begrenzen (§ 36 Nr. 3 EGZPO). Der Prozentsatz wird auf der Grundlage der zum 01.01.2008 bestehenden Verhältnisse einmalig berechnet und bleibt auch bei späterem Wechsel in eine andere Altersstufe unverändert (BGH Urteil vom 18.04.12 – XII ZR 66/10 – FamRZ 2012, 1048). Der Bedarf ergibt sich aus der Multiplikation des neuen Prozentsatzes mit dem Mindestunterhalt der jeweiligen Altersstufe und ist auf volle Euro aufzurunden (§ 1612a Abs. 2 S. 2 BGB). Der Zahlbetrag ergibt sich aus dem um das jeweils anteilige Kindergeld verminderten bzw. erhöhten Bedarf.

Es sind **vier Fallgestaltungen** zu unterscheiden:

1. Der Titel sieht die Anrechnung des hälftigen Kindergeldes (für das 1. bis 3. Kind 77 EUR, ab dem 4. Kind 89,50 EUR) oder eine teilweise Anrechnung des Kindergeldes vor (§ 36 Nr. 3 a EGZPO).

$$\frac{\left(\text{Bisheriger Zahlbetrag} - 1/2\,\text{Kindergeld}\right) \times 100}{\text{Mindestunterhalt der jeweiligen Altersstufe}} = \text{Prozentsatz neu}$$

Beispiel für 1. Altersstufe

$$\frac{(196\,\text{EUR} + 77\,\text{EUR}) \times 100}{279\,\text{EUR}} = 97{,}8\,\%\quad 279\,\text{EUR} \times 97{,}8\,\% = 272{,}86\,\text{EUR, aufgerundet}\quad 273\,\text{EUR}$$

Zahlbetrag: 273 EUR ./. 77 EUR = 196 EUR

2. Der Titel sieht die Hinzurechnung des hälftigen Kindergeldes vor (§ 36 Nr. 3 b EGZPO).

$$\frac{\left(\text{Bisheriger Zahlbetrag} - 1/2\,\text{Kindergeld}\right) \times 100}{\text{Mindestunterhalt der jeweiligen Altersstufe}} = \text{Prozentsatz neu}$$

Beispiel für 1. Altersstufe

$$\frac{(273\,\text{EUR} - 77\,\text{EUR}) \times 100}{279\,\text{EUR}} = 70{,}2\,\%\quad 279\,\text{EUR} \times 70{,}2\,\% = 195{,}85\,\text{EUR, aufgerundet}\quad 196\,\text{EUR}$$

Zahlbetrag: 196 EUR + 77 EUR = 273 EUR

3. Der Titel sieht die Anrechnung des vollen Kindergeldes vor (§ 36 Nr. 3 c EGZPO).

$$\frac{\left(\text{Zahlbetrag} + 1/1\,\text{Kindergeld}\right) \times 100}{\text{Mindestunterhalt der jeweiligen Altersstufe}} = \text{Prozentsatz neu}$$

Beispiel für 2. Altersstufe

$$\frac{(177\,\text{EUR} + 154\,\text{EUR}) \times 100}{322\,\text{EUR}} = 102{,}7\,\%\quad 322\,\text{EUR} \times 102{,}7\,\% = 330{,}69\,\text{EUR, aufgerundet}\quad 331\,\text{EUR}$$

Zahlbetrag: 331 EUR ./. 154 EUR = 177 EUR

4. Der Titel sieht weder eine Anrechnung noch eine Hinzurechnung des Kindergeldes vor (§ 36 Nr. 3 d EGZPO).

$$\frac{\left(\text{Zahlbetrag} + 1/2\,\text{Kindergeld}\right) \times 100}{\text{Mindestunterhalt der jeweiligen Altersstufe}} = \text{Prozentsatz neu}$$

Beispiel für 3. Altersstufe

$$\frac{(329\,\text{EUR} + 77\,\text{EUR}) \times 100}{365\,\text{EUR}} = 111{,}2\,\%\quad 365\,\text{EUR} \times 111{,}2\,\% = 405{,}88\,\text{EUR, aufgerundet}\quad 406\,\text{EUR}$$

Zahlbetrag: 406 EUR ./. 77 EUR = 329 EUR

Kalender

Unterhalt

Versorgungsausgleich

Sozialrecht

Steuerrecht

Verfahrensrecht

Anhang: Tabelle Zahlbeträge

Die folgenden Tabellen enthalten die sich nach Abzug des jeweiligen Kindergeldanteils (hälftiges Kindergeld bei Minderjährigen, volles Kindergeld bei Volljährigen) ergebenden Zahlbeträge. Bei der Anwendung des § 1612 b Abs. 1 BGB ist für die Zeit bis zum 31. Dezember 2015 weiterhin Kindergeld von monatlich 184 EUR für erste und zweite Kinder, 190 EUR für dritte Kinder und 215 EUR für das vierte und jedes weitere Kind maßgeblich.

	1. und 2. Kind	0–5	6–11	12–17	ab 18	%
1.	bis 1.500	236	284	348	320	100
2.	1.501 – 1.900	253	303	370	346	105
3.	1.901 – 2.300	269	322	392	371	110
4.	2.301 – 2.700	286	341	414	396	115
5.	2.701 – 3.100	302	360	436	421	120
6.	3.101 – 3.500	328	390	472	462	128
7.	3.501 – 3.900	355	420	507	502	136
8.	3.901 – 4.300	381	450	542	542	144
9.	4.301 – 4.700	407	480	577	583	152
10.	4.701 – 5.100	433	510	612	623	160

	3. Kind	0–5	6–11	12–17	ab 18	%
1.	bis 1.500	233	281	345	314	100
2.	1.501 – 1.900	250	300	367	340	105
3.	1.901 – 2.300	266	319	389	365	110
4.	2.301 – 2.700	283	338	411	390	115
5.	2.701 – 3.100	299	357	433	415	120
6.	3.101 – 3.500	325	387	469	456	128
7.	3.501 – 3.900	352	417	504	496	136
8.	3.901 – 4.300	378	447	539	536	144
9.	4.301 – 4.700	404	477	574	577	152
10.	4.701 – 5.100	430	507	609	617	160

	Ab 4. Kind	0–5	6–11	12–17	ab 18	%
1.	bis 1.500	220,50	268,50	332,50	289	100
2.	1.501 – 1.900	237,50	287,50	354,50	315	105
3.	1.901 – 2.300	253,50	306,50	376,50	340	110
4.	2.301 – 2.700	270,50	325,50	398,50	365	115
5.	2.701 – 3.100	286,50	344,50	420,50	390	120
6.	3.101 – 3.500	312,50	374,50	456,50	431	128
7.	3.501 – 3.900	339,50	404,50	491,50	471	136
8.	3.901 – 4.300	365,50	434,50	526,50	511	144
9.	4.301 – 4.700	391,50	464,50	561,50	552	152
10.	4.701 – 5.100	417,50	494,50	596,50	592	160

b) Stand 2011/2014

	Düsseldorfer Tabelle 2011/2014						
	Nettoeinkommen Euro	Altersstufen in Jahren (§ 1612 a Abs. 3 BGB)				Prozentsatz	Bedarfskontroll-betrag
		0–5	6.–11	12–17	ab 18		
1	bis 1.500	317	364	426	488	100	800/1.000
2	1.501 1.900	333	383	448	513	105	1.100
3	1.901 2.300	349	401	469	537	110	1.200
4	2.301 2.700	365	419	490	562	115	1.300
5	2.701 3.100	381	437	512	586	120	1.400
6	3.101 3.500	406	466	546	625	128	1.500
7	3.501 3.900	432	496	580	664	136	1.600
8	3.901 4.300	457	525	614	703	144	1.700
9	4.301 4.700	482	554	648	742	152	1.800
10	4.701 5.100	508	583	682	781	160	1.900
	ab 5.101	nach den Umständen des Falles					

	Düsseldorfer Tabelle 2010/2014 Zahlbeträge nach Kindergeldverrechnung													
	Nettoeinkommen Euro	Altersstufen in Jahren (§ 1612 a Abs. 3 BGB)												Prozent-satz
		1–5			6–11			12–17			ab 18			
	Kind	1+2	3	ab 4	1+ 2	3	ab 4	1+2	3	ab 4	1+2	3	ab 4	
1	bis 1.500	225	222	209,50	272	269	256,50	334	331	318,50	304	298	273	100
2	1.501 1.900	241	238	225,50	291	288	275,50	356	353	340,50	329	323	298	105
3	1.901 2.300	257	254	241,50	309	306	293,50	377	374	361,50	353	347	322	110
4	2.301 2.700	273	270	257,50	327	324	311,50	398	395	382,50	378	372	347	115
5	2.701 3.100	289	286	273,50	345	342	329,50	420	417	404,50	402	396	371	120
6	3.101 3.500	314	311	298,50	374	371	358,50	454	451	438,50	441	435	410	128
7	3.501 3.900	340	337	324,50	404	401	388,50	488	485	472,50	480	474	449	136
8	3.901 4.300	365	362	349,50	433	430	417,50	522	519	506,50	519	513	488	144
9	4.301 4.700	390	387	374,50	462	459	446,50	556	553	540,50	558	552	527	152
10	4.701 5.100	416	413	400,50	491	488	475,50	590	587	574,50	597	591	566	160

Kalender

Unterhalt

Versorgungsausgleich

Sozialrecht

Steuerrecht

Verfahrensrecht

c) Stand 01. Januar 2009

	Düsseldorfer Tabelle 2009						
Nettoeinkommen Euro		Altersstufen in Jahren (§ 1612 a Abs. 3 BGB)				Prozentsatz	Bedarfskontrollbetrag
		0–5	6.–11	12–17	ab 18		
1	bis 1.500	281	322	377	432	100	770/900
2	1.501 1.900	296	339	396	454	105	1.000
3	1.901 2.300	310	355	415	476	110	1.100
4	2.301 2.700	324	371	434	497	115	1.200
5	2.701 3.100	338	387	453	519	120	1.300
6	3.101 3.500	360	413	483	553	128	1.400
7	3.501 3.900	383	438	513	588	136	1.500
8	3.901 4.300	405	464	543	623	144	1.600
9	4.301 4.700	428	490	574	657	152	1.700
10	4.701 5.100	450	516	604	692	160	1.800
ab 5.101		nach den Umständen des Falles					

	Düsseldorfer Tabelle 2009 Zahlbeträge nach Kindergeldverrechnung													
Nettoeinkommen Euro		Altersstufen in Jahren (§ 1612 a Abs. 3 BGB)												Prozent-satz
		1–5			6–11			12–17			ab 18			
	Kind	1+2	3	ab 4	1+2	3	ab 4	1+2	3	ab 4	1+2	3	ab 4	
1	bis 1.500	199	196	183,50	240	237	224,50	295	292	279,50	268	262	237	100
2	1.501 1.900	214	211	198,50	257	254	241,50	314	311	298,50	290	284	259	105
3	1.901 2.300	228	225	212,50	273	270	257,50	333	330	317,50	312	306	281	110
4	2.301 2.700	242	239	226,50	289	286	273,50	352	349	336,50	333	327	302	115
5	2.701 3.100	256	253	240,50	305	302	289,50	371	368	355,50	355	349	324	120
6	3.101 3.500	278	275	262,50	331	328	315,50	401	398	385,50	389	383	358	128
7	3.501 3.900	301	298	285,50	356	353	340,50	431	428	415,50	424	418	393	136
8	3.901 4.300	323	320	307,50	382	379	366,50	461	458	445,50	459	453	428	144
9	4.301 4.700	346	343	330,50	408	405	392,50	492	489	476,50	493	487	462	152
10	4.701 5.100	368	365	352,50	434	431	418,50	522	519	506,50	528	522	497	160

Selbstbehalt/Eigenbedarf nach Düsseldorfer Tabelle (Übersicht)

Selbstbehalte		2015	2013/2014	2011	2010
	notwendiger Selbstbehalt				
A 5	1. erwerbstätig	1.080	1.000	950	900
	2. nicht erwerbstätig	880	800	770	770
A 5.	angemessener Selbstbehalt (mj. und vollj. Kinder)	1.300	1.200	1.150	1.100
B IV.	Mindestselbstbehalt gegenüber getrennt lebendem und geschiedenem Ehegatten				
	1. erwerbstätig	1.200	1.100	1.050	1.000
	2. nicht erwerbstätig	1.200	1.100	1.050	1.000
D 2.	angemessener Selbstbehalt (§ 1615 l BGB)				
	1. erwerbstätig	1.200	1.100	1.050	1.000
	2. nicht erwerbstätig	1.200	1.100	1.050	1.000
D 1.	angemessener Selbstbehalt – Sockelbetrag (Eltern)	1.800	1.600	1.500	1.400
	Eigenbedarf				
B V.	des berechtigten Ehegatten				
	1. erwerbstätig	1.080	1.000	950	900
	2. nicht erwerbstätig	880	800	770	770
D 2.	Mutter/Vater eines nichtehelichen Kindes				
	1. erwerbstätig	880	800	770	770
	2. nicht erwerbstätig	880	800	770	770
B VI. 1	Monatlicher notwendiger Eigenbedarf des von dem Unterhaltspflichtigen getrennt lebenden oder geschiedenen Ehegatten unabhängig davon, ob erwerbstätig oder nicht erwerbstätig:				
	a) gegenüber nachrangig geschiedenen Ehegatten	1.200	1.100	1.050	–
	b) gegenüber nicht privilegierten vollj. Kindern	1.300	1.200	1.150	–
	c) gegenüber Eltern des Unterhaltspflichtigen	1.800	1.600	1.500	–
B VI. 2	Monatlicher notwendiger Eigenbedarf des Ehegatten, der in einem gemeinsamen Haushalt mit dem Unterhaltspflichtigen lebt, unabhängig davon, ob erwerbstätig oder nicht				
	a) gegenüber nachrangig geschiedenen Ehegatten	960	880	840	800
	b) gegenüber nicht privilegierten vollj. Kindern	1.040	960	920	800
D 1.	des mit dem gegenüber seinen Eltern Unterhaltspflichtigen zusammenlebenden Ehegatten	1.440	1.280	1.200	1.050
A 7	Studierende, Kinder mit eigenem Hausstand[2]	670	670	670	640

---

2) Ohne Studiengebühren

Kalender

Unterhalt

Versorgungsausgleich

Sozialrecht

Steuerrecht

Verfahrensrecht

2. Berliner Tabelle als Vortabelle zur Düsseldorfer Tabelle

Seit dem 1. Januar 2008 gilt für das Bundesgebiet ein einheitlicher Mindestunterhalt. Die Berliner Tabelle war nur noch für die bis 31. Dezember 2007 fälligen Ansprüche anzuwenden, von einem weiteren Abdruck wird daher abgesehen.

3. Mindestunterhalt (§ 1612 a BGB)[3]

	Mindestunterhalt		
	1. Altersstufe – Vollendung 6. LJ.	2. Altersstufe 7. – Vollendung 12. LJ.	3. Altersstufe 13. – Vollendung 18. LJ.
1.01.2008	279 Euro	322 Euro	365 EUR
1.01.2009	281 Euro	322 Euro	377 Euro
1.01.2010	317 Euro	364 Euro	426 Euro
1.01.2011	317 Euro	364 Euro	426 Euro
1.08.2015	328 Euro	376 Euro	440 Euro
1.01.2016[4]	335 Euro	384 Euro	450 Euro

4. Regelbeträge[5]

	Regelbeträge nach der Regelbetragverordnung					
	1. Altersstufe – Vollendung 6. LJ.		2. Altersstufe 7. – Vollendung 12. LJ.		3. Altersstufe 13. – Vollendung 18. LJ.	
	Alte Bundesländer	Neue Bundesländer	Alte Bundesländer	Neue Bundesländer	Alte Bundesländer	Neue Bundesländer
1.07.2001	366 DM	340 DM	444 DM	411 DM	525 DM	487 DM
1.01.2002	188 EUR	174 EUR	228 EUR	211 EUR	269 EUR	249 EUR
1.07.2003	199 EUR	183 EUR	241 EUR	222 EUR	284 EUR	262 EUR
1.07.2005	204 EUR	188 EUR	247 EUR	228 EUR	291 EUR	269 EUR
1.07.2007	202 EUR	186 EUR	245 EUR	226 EUR	288 EUR	267 EUR

---

3) Der Mindestunterhalt ersetzt zum 1. Januar 2008 die Regelbeträge. Er ist in Abhängigkeit von dem Kinderfreibetrag nach § 32 Abs. 6 EStG gesetzlich definiert und beträgt 1/12 des doppelten Kinderfreibetrages für das sächliche Existenzminimum – und zwar in den einzelnen Altersstufen 87%, 100% und 117%. Um ein Absinken des bisher gezahlten Unterhalts zu vermeiden, gelten übergangsweise die in § 36 Nr. 4 EGZPO festgesetzten Beträge. Ab dem 1. Januar 2009 übersteigt der nach § 1610a BGB berechnete Mindestunterhalt diese Beträge.

4) es besteht die Absicht, zum 1. Januar 2016 zur Regelung des Mindestbedarfs durch Verordnung zurückzukehren. Ob der sich nach dem bisherigen Schema aus dem Kinderfreibetrag abgeleiteten Wert auch 2016 noch maßgeblich ist, bleibt abzuwarten.

5) Die Regelbetragsverordnung ist ab dem 1. Januar 2008 aufgehoben. Sie ist nur noch für bis zum 31.12.2007 fällige Ansprüche anzuwenden.

5. Kindergeldtabelle[6)]

Zeitraum	1. Kind	2. Kind	3. Kind	ab 4. Kind
1975–1977	50	70	120	120
1978	50	80	150	150
1/1979–6/1979	50	80	200	200
7/1979–1/1981	50	100	200	200
2/1981–12/1981	50	120	240	240
1982	50	100	220	240
1/1983–6/1990[7)]	a) 50	100	220	240
	b) 50	70	140	140[8)]
7/1990–12/1991	a) 50	130	220	240
	b) 50	70	140	140
1992–1995	a) 70	130	220	240
	b) 70	70	140	140
1996	200	200	300	350
1997–1998	220	220	300	350
1999	250	250	300	350
(DM) 2000–2001	270	270	300	350
(Euro) 2002–2008	154	154	154	179
ab 1/2009	164	164	170	195
ab 1/2010	184	184	190	215
ab 1/2015	188	188	194	219
Ab 1/2016	190	190	196	221

6) Beträge bis 2001 in DM, ab 2002 in EUR.
7) Das Kindergeld war einkommensabhängig, vgl. § 10 Abs. 2 BKGG i. d. bis zum 31.12.1995 geltenden Fassung der Bekanntmachung vom 31. Januar 1994, BGBl. I S. 168. Ab 1986 wurde zu dem Kindergeld gemäß § 11 a BKGG ein Kindergeldzuschlag zugunsten der Berechtigten gewährt, die den einkommensteuerrechtlichen Kinderfreibetrag in Höhe von 4104 DM jährlich (§ 32 a Abs. 6 EStG a. F.) mangels hinreichenden steuerpflichtigen Einkommens nicht oder nicht voll in Anspruch nehmen konnten. Die Höhe des Zuschlags war von den individuellen Verhältnissen (d. h. den im Einzelfall maßgebenden Besteuerungsmerkmalen) abhängig, er betrug zuletzt höchstens 65 DM mtl.
8) Durch § 44 e Abs. 2 BKGG i. d. F. des Steueränderungsgesetzes 1992 v. 25.02.1992 (BGBl. I S. 297) erfolgte eine Nachbesserung des Kindergeldes für die Jahre 1983 bis 1985 durch Erhöhung der Sockelbeträge nach § 10 Abs. 2 BKGG a. F. für das 3. Kind (auf 200 DM), 4. Kind (auf 180 DM) und das 5. Kind (auf 155 DM) für die Fälle, in denen für das betreffende Jahr – über die Minderung des Kindergeldes nach nicht bindend entschieden worden war und – keine Nachbesserung bei der Besteuerung erfolgte.

6. Zur Leistung des Mindestunterhalts erforderliches Einkommen 2015[9]

a) Januar bis Juli 2015

Altersstufe	Kinder				Einkommen		
	1 Kind			Summe	Bereinigt Netto[10]	Monat brutto[11] ca.	Stundenlohn ca.
1	225			225	1.305	2.008	11,70
2	272			272	1.352	2.100	12,20
3	334			334	1.414	2.222	12,90
2 Kinder							
1/1	225	225		450	1.530	2.435	14,20
1/2	225	272		497	1.577	2.532	14,70
1/3	225	334		559	1.639	2.656	15,40
2/2	272	272		544	1.624	2.625	15,30
2/3	272	334		606	1.686	2.755	16,00
3/3	334	334		668	1.748	2.884	16,80
3 Kinder							
1/1/1	222	225	225	672	1.752	2.869	16,70
1/1/2	222	225	272	719	1.799	2.969	17,30
1/1/3	222	225	334	781	1.861	3.100	18,00
1/2/2	222	272	272	766	1.846	3.068	17,80
1/2/3	222	272	334	828	1.906	3.200	18,60
1/3/3	222	334	334	890	1.970	3.336	19,40
2/2/2	269	272	272	813	1.893	3.169	18,40
2/2/3	269	272	334	875	1.955	3.303	19,20
2/3/3	269	334	334	937	2.017	3.438	20,00
3/3/3	331	334	334	999	2.079	3.575	20,80

9) Die Übersicht ermöglicht eine Schätzung des zur Leistung des Mindestunterhalts (abzüglich anteiliges Kindergeld, §§ 1612 a, 1612 b BGB) für bis zu 3 minderjährige Kinder erforderlichen Einkommens (vgl. BVerfG Beschluss, vom 20. Oktober 2009, 1 BvR 443/09; FamRZ 2010 S. 183). Angegeben sind die nach Abzug des hälftigen Kindergeldes zu zahlenden Beträge. Bruttoverdienst und Stundenlohn sind gerundete Werte. Diese können nur einen Anhaltspunkt bieten, da der Nettoverdienst von individuellen Einflüssen abhängt.

10) Monat netto ./. 5% berufsbedingte Aufwendungen, bezogen auf einen Selbstbehalt von 1.080 Euro

11) Monatsbetrag brutto für Alleinstehende; auf folgenden Annahmen beruhende Berechnung: Lohnsteuerabzug StKl. I/ anteilige Kinderfreibeträge; Solidarzuschlag 5,5%; Kirchensteuer 9 %; Krankenversicherung 14,6% (zzgl. 0,9% Zusatzbeitrag); Pflegeversicherung 2,35%; Rentenversicherung 18,7%; Arbeitslosenversicherung 3,0%;

b)   ab August 2015

Altersstufe	Kinder				Einkommen		
	1 Kind			Summe	Bereinigt Netto[12]	Monat brutto[13] ca.	Stundenlohn ca.
1	236			236	1.316	2.030	11,80
2	284			284	1.364	2.125	12,30
3	348			348	1.428	2.250	13,10
2 Kinder							
1/1	236	236		472	1.552	2.480	14,40
1/2	236	284		520	1.600	2.575	15,00
1/3	236	348		584	1.664	2.710	15,80
2/2	284	284		568	1.648	2.676	15,60
2/3	284	348		632	1.712	2.810	16,30
3/3	348	348		696	1.776	2.940	17,10
3 Kinder							
1/1/1	233	236	236	705	1.785	2.940	17,10
1/1/2	233	236	284	753	1.833	3.040	17,70
1/1/3	233	236	348	817	1.897	3.180	18,50
1/2/2	233	284	284	801	1.881	3.140	18,30
1/2/3	233	284	348	865	1.945	3.280	19,10
1/3/3	233	348	348	929	2.009	3.440	20,00
2/2/2	281	284	284	849	1.929	3.245	18,90
2/2/3	281	284	348	913	1.993	3.385	19,70
2/3/3	281	348	348	977	2.057	3.530	20,50
3/3/3	345	348	348	1.041	2.121	3.670	21,30

12) Monat netto ./. 5% berufsbedingte Aufwendungen, bezogen auf einen Selbstbehalt von 1.080 Euro
13) Monatsbetrag brutto für Alleinstehende; auf folgenden Annahmen beruhende Berechnung: Lohnsteuerabzug StKl. I/
anteilige Kinderfreibeträge; Solidarzuschlag 5,5%; Kirchensteuer 9 %; Krankenversicherung 14,6% (zzgl. 0,9 %
Zusatzbeitrag); Pflegeversicherung 2,35%; Rentenversicherung 18,7%; Arbeitslosenversicherung 3,0%;

Kalender

Unterhalt

Versorgungsausgleich

Sozialrecht

Steuerrecht

Verfahrensrecht

7. Altersvorsorgeunterhalt (Stand 01. Januar 2015)[14]

a) Bremer Tabelle zur Berechnung des Altersvorsorgeunterhalts

Stand: 01.01.2015

Nettobemessungsgrundlage in EUR	Zuschlag in Prozent zur Berechnung der Bruttobemessungsgrundlage	Nettobemessungsgrundlage in EUR	Zuschlag in Prozent zur Berechnung der Bruttobemessungsgrundlage
1– 915	13 %	2.761– 2.845	44 %
916– 965	14 %	2.846– 2.910	45 %
966–1.020	15 %	2.911– 2.975	46 %
1.021–1.070	16 %	2.976– 3.035	47 %
1.071–1.120	17 %	3.036– 3.095	48 %
1.121–1.165	18 %	3.096– 3.155	49 %
1.166–1.205	19 %	3.156– 3.215	50 %
1.206–1.235	20 %	3.216– 3.275	51 %
1.236–1.265	21 %	3.276– 3.335	52 %
1.266–1.295	22 %	3.336– 3.395	53 %[15]
1.296–1.340	23 %	3.396– 3.455	54 %
1.341–1.380	24 %	3.456– 3.515	55 %
1.381–1.430	25 %	3.516– 3.580	56 %
1.431–1.485	26 %	3.581– 3.645	57 %
1.486–1.545	27 %	3.646– 3.715	58 %
1.546–1.605	28 %	3.716– 3.785	59 %
1.606–1.670	29 %	3.786– 3.975	60 %[16]
1.671–1.735	30 %	3.976– 4.195	61 %
1.736–1.805	31 %	4.196– 4.445	62 %
1.806–1.875	32 %	4.446– 4.720	63 %
1.876–1.950	33 %	4.721– 5.035	64 %
1.951–2.025	34 %	5.036– 5.390	65 %
2.026–2.100	35 %	5.391– 5.805	66 %
2.101–2.180	36 %	5.806– 6.285	67 %
2.181–2.260	37 %	6.286– 6.850	68 %
2.261–2.340	38 %	6.851– 7.530	69 %
2.341–2.425	39 %	7.531– 8.365	70 %
2.426–2.505	40 %	8.366– 9.400	71 %
2.506–2.590	41 %	9.401–1.0730	72 %
2.591–2.675	42 %	10.731–12.495	73 %
2.676–2.760	43 %	12.496–13.285	74 %
		ab 13.286	75 %

14) Fortgeführt von Richter am OLG a.D. *Werner Gutdeutsch*, München.
   Berechnet unter Berücksichtigung von Beitragssätzen von 18,7 % für die Rentenversicherung und 3 % für die Arbeitslosenversicherung, und Lohnsteuer der Klasse 1 ohne Kinderfreibeträge mit Solidaritätszuschlag; zur Anwendung vgl. BGH FamRZ 81, 442, 444, 445 = NJW 81, 1556, 1558, 1559, FamRZ 83, 888, 889, 890 = NJW 83, 2937, 2938, 2939, s. a. BGH FamRZ 85, 471, 472, 473 = NJW 85, 1347 [LS].
15) In den neuen Bundesländern wird bei einer Beitragsbemessungsgrenze von 5200 Euro mit einer Nettobemessungsgrundlage von 3389,5 Euro und einem Zuschlag von 53,41% der höchstmögliche Einzahlungsbetrag in die gesetzliche Rentenversicherung von 972 Euro erreicht.
16) In den alten Bundesländern wird bei einer Beitragsbemessungsgrenze von 6050 Euro mit einer Nettobemessungsgrundlage von 3791,74 Euro und einem Zuschlag von 59,56% der höchstmögliche Einzahlungsbetrag in die gesetzliche Rentenversicherung von 1131 Euro erreicht. Nach BGH FamRZ 2007, 117 ist aber auch ein Vorsorgeunterhalt jenseits der Beitragsbemessungsgrenze nach den Grundsätzen der Bremer Tabelle zu berechnen.

b) Altersvorsorgeunterhalt (3/7-Quote) – Tabellarische Übersicht auf der Grundlage der Bremer Tabelle (Stand 01. Januar 2015)[17]

1 Einkommen bzw. Einkommensdifferenz	2 3/7-Quote (Basisbetrag)	3 AVU	4 endgültiger Elementarunterhalt	1 Einkommen bzw. Einkommensdifferenz	2 3/7-Quote (Basisbetrag)	3 AVU	4 endgültiger Elementarunterhalt
100	43	9	39	5.100	2.186	560	1.946
200	86	18	78	5.200	2.229	571	1.984
300	129	27	117	5.300	2.271	586	2.020
400	171	36	156	5.400	2.314	597	2.058
500	214	45	195	5.500	2.357	613	2.094
600	257	54	234	5.600	2.400	624	2.133
700	300	63	273	5.700	2.443	640	2.169
800	343	73	312	5.800	2.486	651	2.207
900	386	82	351	5.900	2.529	667	2.243
1.000	429	91	390	6.000	2.571	678	2.281
1.100	471	99	429	6.100	2.614	694	2.317
1.200	514	109	468	6.200	2.657	706	2.355
1.300	557	118	507	6.300	2.700	722	2.391
1.400	600	127	546	6.400	2.743	733	2.429
1.500	643	136	585	6.500	2.786	750	2.464
1.600	686	145	624	6.600	2.829	762	2.502
1.700	729	154	663	6.700	2.871	778	2.538
1.800	771	163	702	6.800	2.914	795	2.574
1.900	814	172	741	6.900	2.957	807	2.611
2.000	857	181	780	7.000	3.000	825	2.646
2.100	900	190	819	7.100	3.043	842	2.682
2.200	943	201	857	7.200	3.086	854	2.720
2.300	986	212	895	7.300	3.129	872	2.755
2.400	1.029	223	933	7.400	3.171	890	2.790
2.500	1.071	234	971	7.500	3.214	902	2.828
2.600	1.114	244	1.010	7.600	3.257	920	2.863
2.700	1.157	255	1.048	7.700	3.300	938	2.898
2.800	1.200	267	1.086	7.800	3.343	957	2.933
2.900	1.243	281	1.122	7.900	3.386	969	2.970
3.000	1.286	293	1.160	8.000	3.429	988	3.005
3.100	1.329	306	1.197	8.100	3.471	1.006	3.040
3.200	1.371	318	1.235	8.200	3.514	1.019	3.078
3.300	1.414	331	1.272	8.300	3.557	1.038	3.112
3.400	1.457	343	1.310	8.400	3.600	1.057	3.147
3.500	1.500	356	1.347	8.500	3.643	1.070	3.184
3.600	1.543	367	1.386	8.600	3.686	1.089	3.219
3.700	1.586	380	1.423	8.700	3.729	1.109	3.253
3.800	1.629	393	1.460	8.800	3.771	1.121	3.291
3.900	1.671	406	1.497	8.900	3.814	1.141	3.325
4.000	1.714	417	1.536	9.000	3.857	1.154	3.363
4.100	1.757	430	1.573	9.100	3.900	1.167	3.400
4.200	1.800	441	1.611	9.200	3.943	1.180	3.437
4.300	1.843	455	1.648	9.300	3.986	1.200	3.471
4.400	1.886	469	1.685	9.400	4.029	1.213	3.509
4.500	1.929	480	1.723	9.500	4.071	1.226	3.546
4.600	1.971	494	1.760	9.600	4.114	1.239	3.583
4.700	2.014	505	1.798	9.700	4.157	1.252	3.621
4.800	2.057	519	1.835	9.800	4.200	1.272	3.655
4.900	2.100	530	1.873	9.900	4.243	1.285	3.692
5.000	2.143	545	1.909	10.000	4.286	1.298	3.729

17) Von Richter am OLG a. D. *Werner Gutdeutsch*, München.

Zur Erläuterung

Spalte 1: Das für die Quotenberechnung maßgebende anrechenbare Einkommen – bei beiderseitigem Einkommen die Einkommensdifferenz – ggf. nach Abzug von Kindesunterhalt und Krankenvorsorgeunterhalt.

Spalte 2: 3/7-Quote entspricht dem Unterhaltsbetrag ohne Berücksichtigung von Altersvorsorgeunterhalt – bei der üblichen zweistufigen Berechnung handelt es sich um die Nettobemessungsgrundlage für den Altersvorsorgeunterhalt nach Spalte 3.

Spalte 3: Auf der Grundlage von Spalte 2 berechneter Altersvorsorgeunterhalt (AVU).

Spalte 4: Endgültig maßgebender Elementarunterhalt bei zweistufiger Berechnung.

Zur Anwendung s. im Einzelnen *Gutdeutsch/Hampel*, FamRZ 1992, 1028.

Kalender

Unterhalt

Versorgungsausgleich

Sozialrecht

Steuerrecht

Verfahrensrecht

c) Altersvorsorgeunterhalt (45%-Quote) – Tabellarische Übersicht auf der Grundlage der Bremer Tabelle (Stand 01. Januar 2015)[18]

1	2	3	4	1	2	3	4
Einkommen bzw. Einkommensdifferenz	45 %-Quote (Basisbetrag)	AVU	endgültiger Elementarunterhalt	Einkommen bzw. Einkommensdifferenz	45 %-Quote (Basisbetrag)	AVU	endgültiger Elementarunterhalt
100	45	10	41	5.100	2.295	592	2.029
200	90	19	81	5.200	2.340	604	2.068
300	135	29	122	5.300	2.385	620	2.106
400	180	38	163	5.400	2.430	636	2.144
500	225	47	204	5.500	2.475	648	2.183
600	270	57	244	5.600	2.520	664	2.221
700	315	67	285	5.700	2.565	676	2.261
800	360	76	326	5.800	2.610	693	2.298
900	405	86	366	5.900	2.655	705	2.338
1.000	450	95	407	6.000	2.700	722	2.375
1.100	495	105	448	6.100	2.745	734	2.415
1.200	540	114	489	6.200	2.790	751	2.452
1.300	585	124	529	6.300	2.835	763	2.492
1.400	630	133	570	6.400	2.880	781	2.529
1.500	675	143	611	6.500	2.925	799	2.565
1.600	720	152	652	6.600	2.970	811	2.605
1.700	765	162	692	6.700	3.015	829	2.642
1.800	810	171	733	6.800	3.060	847	2.679
1.900	855	181	774	6.900	3.105	865	2.716
2.000	900	190	815	7.000	3.150	878	2.755
2.100	945	201	855	7.100	3.195	896	2.792
2.200	990	213	894	7.200	3.240	915	2.828
2.300	1.035	225	934	7.300	3.285	934	2.865
2.400	1.080	236	974	7.400	3.330	947	2.904
2.500	1.125	248	1.013	7.500	3.375	966	2.940
2.600	1.170	260	1.053	7.600	3.420	985	2.977
2.700	1.215	273	1.092	7.700	3.465	1.004	3.013
2.800	1.260	285	1.132	7.800	3.510	1.017	3.052
2.900	1.305	300	1.170	7.900	3.555	1.037	3.088
3.000	1.350	313	1.209	8.000	3.600	1.057	3.124
3.100	1.395	326	1.248	8.100	3.645	1.070	3.164
3.200	1.440	339	1.287	8.200	3.690	1.090	3.200
3.300	1.485	350	1.328	8.300	3.735	1.111	3.235
3.400	1.530	363	1.367	8.400	3.780	1.124	3.274
3.500	1.575	377	1.405	8.500	3.825	1.144	3.310
3.600	1.620	391	1.444	8.600	3.870	1.158	3.349
3.700	1.665	402	1.484	8.700	3.915	1.171	3.388
3.800	1.710	416	1.523	8.800	3.960	1.185	3.427
3.900	1.755	430	1.562	8.900	4.005	1.206	3.462
4.000	1.800	441	1.602	9.000	4.050	1.219	3.501
4.100	1.845	455	1.640	9.100	4.095	1.233	3.540
4.200	1.890	470	1.679	9.200	4.140	1.246	3.579
4.300	1.935	481	1.719	9.300	4.185	1.260	3.618
4.400	1.980	496	1.757	9.400	4.230	1.282	3.653
4.500	2.025	508	1.796	9.500	4.275	1.295	3.692
4.600	2.070	523	1.835	9.600	4.320	1.309	3.731
4.700	2.115	538	1.873	9.700	4.365	1.322	3.770
4.800	2.160	549	1.913	9.800	4.410	1.336	3.809
4.900	2.205	565	1.951	9.900	4.455	1.358	3.844
5.000	2.250	577	1.990	10.000	4.500	1.372	3.883

18) Von Richter am OLG a. D. *Werner Gutdeutsch*, München.

Zur Erläuterung:

Spalte 1: Das für die Quotenberechnung maßgebende anrechenbare Einkommen – bei beiderseitigem Einkommen die Einkommensdifferenz – ggf. nach Abzug von Kindesunterhalt und Krankenvorsorgeunterhalt.

Spalte 2: 3/7-Quote entspricht dem Unterhaltsbetrag ohne Berücksichtigung von Altersvorsorgeunterhalt – bei der üblichen zweistufigen Berechnung handelt es sich um die Nettobemessungsgrundlage für den Altersvorsorgeunterhalt nach Spalte 3.

Spalte 3: Auf der Grundlage von Spalte 2 berechneter Altersvorsorgeunterhalt (AVU).

Spalte 4: Endgültig maßgebender Elementarunterhalt bei zweistufiger Berechnung.

Zur Anwendung s. im Einzelnen *Gutdeutsch/Hampel*, FamRZ 1992, 1028.

8. Altersvorsorgeunterhalt (Stand 01. Januar 2014)[19]

a) Bremer Tabelle zur Berechnung des Altersvorsorgeunterhalts

Stand: 01.01.2014

Nettobemessungsgrundlage in EUR	Zuschlag in Prozent zur Berechnung der Bruttobemessungsgrundlage	Nettobemessungsgrundlage in EUR	Zuschlag in Prozent zur Berechnung der Bruttobemessungsgrundlage
1– 875	13 %	2.671–2.750	44 %
876– 925	14 %	2.751–2.810	45 %
926– 980	15 %	2.811–2.870	46 %
981–1.030	16 %	2.871–2.930	47 %
1.031–1.080	17 %	2.931–2.990	48 %
1.081–1.125	18 %	2.991–3.050	49 %
1.126–1.165	19 %	3.051–3.110	50 %
1.166–1.200	20 %	3.111–3.170	51 %
1.201–1.230	21 %	3.171–3.225	52 %[20]
1.231–1.260	22 %	3.226–3.285	53 %
1.261–1.295	23 %	3.286–3.340	54 %
1.296–1.340	24 %	3.341–3.395	55 %
1.341–1.380	25 %	3.396–3.455	56 %
1.381–1.435	26 %	3.456–3.520	57 %
1.436–1.490	27 %	3.521–3.585	58 %
1.491–1.550	28 %	3.586–3.670	59 %[21]
1.551–1.610	29 %	3.671–3.860	60 %
1.611–1.675	30 %	3.861–4.075	61 %
1.676–1.740	31 %	4.076–4.315	62 %
1.741–1.810	32 %	4.316–4.580	63 %
1.811–1.880	33 %	4.581–4.885	64 %
1.881–1.955	34 %	4.886–5.235	65 %
1.956–2.030	35 %	5.236–5.635	66 %
2.031–2.105	36 %	5.636–6.100	67 %
2.106–2.180	37 %	6.101–6.650	68 %
2.181–2.260	38 %	6.651–7.310	69 %
2.261–2.340	39 %	7.311–8.120	70 %
2.341–2.425	40 %	8.121– 9.125	71 %
2.426–2.505	41 %	9.126–10.415	72 %
2.506–2.590	42 %	10.416–12.130	73 %
2.591–2.670	43 %	12.131–13.115	74 %
		ab 13.116	75 %

19) Fortgeführt von Richter am OLG a. D. *Werner Gutdeutsch*, München.
Berechnet unter Berücksichtigung von Beitragssätzen von 18,9 % für die Rentenversicherung und 3 % für die Arbeitslosenversicherung, und Lohnsteuer der Klasse 1 ohne Kinderfreibeträge mit Solidaritätszuschlag. Die geplante Erhöhung des Beitragssatzes zur Pflegeversicherung könnte zwar noch gewisse (minimale) Änderungen bringen, zur Anwendung vgl. BGH FamRZ 81, 442,444,445 = NJW 81,1556,1558,1559, FamRZ 83, 888,889,890 = NJW 83, 2937,2938,2939, s.a. BGH FamRZ 85, 471,472,473 = NJW 85, 1347 [LS.].

20) In den neuen Bundesländern wird bei einer Beitragsbemessungsgrenze von 4.900 EUR mit einer Nettobemessungsgrundlage von 3.212,00 EUR und einem Zuschlag von 52,53% der höchstmögliche Einzahlungsbetrag in die gesetzliche Rentenversicherung von 926 EUR erreicht.

21) In den alten Bundesländern wird bei einer Beitragsbemessungsgrenze von 5.800 EUR mit einer Nettobemessungsgrundlage von 3.635,86 EUR und einem Zuschlag von 59,52% der höchstmögliche Einzahlungsbetrag in die gesetzliche Rentenversicherung von 1.096 EUR erreicht. Nach BGH FamRZ 2007, 117 ist aber auch ein Vorsorgeunterhalt jenseits der Beitragsbemessungsgrenze nach den Grundsätzen der Bremer Tabelle zu berechnen.

Kalender

Unterhalt

Versorgungsausgleich

Sozialrecht

Steuerrecht

Verfahrensrecht

b) Altersvorsorgeunterhalt (3/7-Quote) – Tabellarische Übersicht auf der Grundlage der Bremer Tabelle (Stand 01. Januar 2014)[22)]

1	2	3	4	1	2	3	4
Einkommen bzw. Einkommensdifferenz	3/7-Quote (Basisbetrag)	AVU	endgültiger Elementarunterhalt	Einkommen bzw. Einkommensdifferenz	3/7-Quote (Basisbetrag)	AVU	endgültiger Elementarunterhalt
100	43	10	39	5.100	2.186	596	1.930
200	86	19	78	5.200	2.229	607	1.968
300	129	29	116	5.300	2.271	623	2.004
400	171	38	155	5.400	2.314	635	2.042
500	214	47	194	5.500	2.357	651	2.078
600	257	57	233	5.600	2.400	663	2.116
700	300	66	272	5.700	2.443	680	2.151
800	343	76	310	5.800	2.486	697	2.187
900	386	85	349	5.900	2.529	709	2.225
1.000	429	95	388	6.000	2.571	726	2.260
1.100	471	104	427	6.100	2.614	738	2.298
1.200	514	114	465	6.200	2.657	755	2.334
1.300	557	123	504	6.300	2.700	767	2.371
1.400	600	133	543	6.400	2.743	785	2.406
1.500	643	142	582	6.500	2.786	803	2.442
1.600	686	152	621	6.600	2.829	815	2.479
1.700	729	162	659	6.700	2.871	833	2.514
1.800	771	171	698	6.800	2.914	851	2.550
1.900	814	180	737	6.900	2.957	869	2.585
2.000	857	191	775	7.000	3.000	882	2.622
2.100	900	203	813	7.100	3.043	901	2.657
2.200	943	214	851	7.200	3.086	919	2.692
2.300	986	226	889	7.300	3.129	938	2.727
2.400	1.029	236	927	7.400	3.171	951	2.764
2.500	1.071	248	965	7.500	3.214	970	2.799
2.600	1.114	260	1.003	7.600	3.257	989	2.833
2.700	1.157	272	1.041	7.700	3.300	1.009	2.868
2.800	1.200	287	1.077	7.800	3.343	1.029	2.902
2.900	1.243	300	1.114	7.900	3.386	1.042	2.939
3.000	1.286	313	1.152	8.000	3.429	1.062	2.973
3.100	1.329	326	1.189	8.100	3.471	1.082	3.008
3.200	1.371	338	1.227	8.200	3.514	1.095	3.045
3.300	1.414	352	1.263	8.300	3.557	1.115	3.079
3.400	1.457	366	1.300	8.400	3.600	1.129	3.116
3.500	1.500	379	1.338	8.500	3.643	1.142	3.153
3.600	1.543	390	1.376	8.600	3.686	1.156	3.190
3.700	1.586	404	1.413	8.700	3.729	1.177	3.224
3.800	1.629	418	1.449	8.800	3.771	1.190	3.261
3.900	1.671	432	1.486	8.900	3.814	1.204	3.298
4.000	1.714	443	1.524	9.000	3.857	1.217	3.336
4.100	1.757	458	1.561	9.100	3.900	1.231	3.372
4.200	1.800	469	1.599	9.200	3.943	1.252	3.406
4.300	1.843	484	1.635	9.300	3.986	1.266	3.443
4.400	1.886	499	1.672	9.400	4.029	1.279	3.480
4.500	1.929	510	1.710	9.500	4.071	1.293	3.517
4.600	1.971	525	1.746	9.600	4.114	1.306	3.555
4.700	2.014	537	1.784	9.700	4.157	1.320	3.591
4.800	2.057	552	1.821	9.800	4.200	1.342	3.625
4.900	2.100	568	1.857	9.900	4.243	1.356	3.662
5.000	2.143	580	1.894	10.000	4.286	1.369	3.699

22) Von Richter am OLG a. D. *Werner Gutdeutsch*, München.
Zur Erläuterung
Spalte 1: Das für die Quotenberechnung maßgebende anrechenbare Einkommen – bei beiderseitigem Einkommen die Einkommensdifferenz – ggf. nach Abzug von Kindesunterhalt und Krankenvorsorgeunterhalt.
Spalte 2: 3/7-Quote entspricht dem Unterhaltsbetrag ohne Berücksichtigung von Altersvorsorgeunterhalt – bei der üblichen zweistufigen Berechnung handelt es sich um die Nettobemessungsgrundlage für den Altersvorsorgeunterhalt nach Spalte 3.
Spalte 3: Auf der Grundlage von Spalte 2 berechneter Altersvorsorgeunterhalt (AVU).
Spalte 4: Endgültig maßgebender Elementarunterhalt bei zweistufiger Berechnung.
Zur Anwendung s. im Einzelnen *Gutdeutsch/Hampel*, FamRZ 1992, 1028.

c) **Altersvorsorgeunterhalt (45%-Quote) – Tabellarische Übersicht auf der Grundlage der Bremer Tabelle (Stand 01. Januar 2014)**[23]

1	2	3	4	1	2	3	4
Einkommen bzw. Einkommensdifferenz	45 %-Quote (Basisbetrag)	AVU	endgültiger Elementarunterhalt	Einkommen bzw. Einkommensdifferenz	45 %-Quote (Basisbetrag)	AVU	endgültiger Elementarunterhalt
100	43	9	39	5.100	2.186	566	1.943
200	86	18	78	5.200	2.229	577	1.981
300	129	28	117	5.300	2.271	592	2.018
400	171	36	156	5.400	2.314	608	2.054
500	214	46	195	5.500	2.357	619	2.092
600	257	55	234	5.600	2.400	635	2.128
700	300	64	273	5.700	2.443	646	2.166
800	343	73	312	5.800	2.486	662	2.202
900	386	82	351	5.900	2.529	674	2.240
1.000	429	92	389	6.000	2.571	690	2.276
1.100	471	101	428	6.100	2.614	702	2.313
1.200	514	110	467	6.200	2.657	718	2.349
1.300	557	119	506	6.300	2.700	730	2.387
1.400	600	128	545	6.400	2.743	747	2.423
1.500	643	137	584	6.500	2.786	758	2.461
1.600	686	146	623	6.600	2.829	775	2.496
1.700	729	156	662	6.700	2.871	792	2.532
1.800	771	165	701	6.800	2.914	804	2.570
1.900	814	174	740	6.900	2.957	822	2.605
2.000	857	183	779	7.000	3.000	839	2.640
2.100	900	192	818	7.100	3.043	851	2.678
2.200	943	203	856	7.200	3.086	869	2.713
2.300	986	214	894	7.300	3.129	887	2.748
2.400	1.029	226	932	7.400	3.171	905	2.784
2.500	1.071	237	970	7.500	3.214	917	2.821
2.600	1.114	249	1.008	7.600	3.257	936	2.856
2.700	1.157	260	1.046	7.700	3.300	954	2.891
2.800	1.200	272	1.083	7.800	3.343	967	2.928
2.900	1.243	284	1.121	7.900	3.386	985	2.964
3.000	1.286	299	1.158	8.000	3.429	1.005	2.998
3.100	1.329	311	1.195	8.100	3.471	1.023	3.033
3.200	1.371	324	1.233	8.200	3.514	1.036	3.070
3.300	1.414	334	1.271	8.300	3.557	1.055	3.105
3.400	1.457	347	1.308	8.400	3.600	1.075	3.139
3.500	1.500	360	1.346	8.500	3.643	1.088	3.177
3.600	1.543	373	1.383	8.600	3.686	1.108	3.211
3.700	1.586	387	1.420	8.700	3.729	1.128	3.245
3.800	1.629	397	1.458	8.800	3.771	1.140	3.283
3.900	1.671	411	1.495	8.900	3.814	1.153	3.320
4.000	1.714	421	1.534	9.000	3.857	1.166	3.357
4.100	1.757	435	1.571	9.100	3.900	1.179	3.395
4.200	1.800	449	1.608	9.200	3.943	1.200	3.429
4.300	1.843	460	1.646	9.300	3.986	1.213	3.466
4.400	1.886	474	1.683	9.400	4.029	1.226	3.503
4.500	1.929	489	1.719	9.500	4.071	1.239	3.540
4.600	1.971	499	1.758	9.600	4.114	1.252	3.578
4.700	2.014	514	1.794	9.700	4.157	1.273	3.612
4.800	2.057	525	1.832	9.800	4.200	1.286	3.649
4.900	2.100	540	1.869	9.900	4.243	1.299	3.686
5.000	2.143	551	1.907	10.000	4.286	1.312	3.723

23) Von Richter am OLG a. D. *Werner Gutdeutsch*, München.
Zur Erläuterung:
Spalte 1: Das für die Quotenberechnung maßgebende anrechenbare Einkommen – bei beiderseitigem Einkommen die Einkommensdifferenz – ggf. nach Abzug von Kindesunterhalt und Krankenvorsorgeunterhalt.
Spalte 2: 3/7-Quote entspricht dem Unterhaltsbetrag ohne Berücksichtigung von Altersvorsorgeunterhalt – bei der üblichen zweistufigen Berechnung handelt es sich um die Nettobemessungsgrundlage für den Altersvorsorgeunterhalt nach Spalte 3.
Spalte 3: Auf der Grundlage von Spalte 2 berechneter Altersvorsorgeunterhalt (AVU).
Spalte 4: Endgültig maßgebender Elementarunterhalt bei zweistufiger Berechnung.
Zur Anwendung s. im Einzelnen *Gutdeutsch/Hampel*, FamRZ 1992, 1028.

Kalender

Unterhalt

Versorgungsausgleich

Sozialrecht

Steuerrecht

Verfahrensrecht

C. Tabellen zum Versorgungsausgleich

1. Umrechnung einer Rentenanwartschaft in Entgeltpunkte[1), 2)]

a) Werte der Rentenversicherung der Arbeiter und der Angestellten

Ehezeitende	Aktueller Rentenwert	Aktueller Rentenwert (Ost)
1977 (DM)	25,20	
1/1978 – 6/1978	27,01	
7/1978 – 12/1979	26,34	
1980	27,39	
1981	28,48	
7/1982 – 6/1983	30,12	
7/1983 – 6/1984	31,81	
7/1984 – 6/1985	32,89	
7/1985 – 6/1986	33,87	
7/1986 – 6/1987	34,86	
7/1987 – 6/1988	36,18	
7/1988 – 6/1989	37,27	
7/1989 – 6/1990	38,39	
7/1990 – 12/1990	39,58	15,95
1/1991 – 6/1991	39,58	18,35
7/1991 – 12/1991	41,44	21,11
1/1992 – 6/1992	41,44	23,57
7/1992 – 12/1992	42,63	26,57
1/1993 – 6/1993	42,63	28,19
7/1993 – 12/1993	44,49	32,17
1/1994 – 6/1994	44,49	33,34
7/1994 – 12/1994	46,00	34,49
1/1995 – 6/1995	46,00	35,45
7/1995 – 12/1995	46,23	36,33
1/1996 – 6/1996	46,23	37,92
7/1996 – 6/1997	46,67	38,38
7/1997 – 6/1998	47,44	40,51
7/1998 – 6/1999	47,65	40,87
7/1999 – 6/2000	48,29	42,01
7/2000 – 6/2001	48,58	42,26
7/2001 – 12/2001	49,51	43,15
1/2002 – 6/2002 (€)	25,31406	22,06224
7/2002 – 6/2003	25,86	22,70
7/2003 – 6/2007	26,13	22,97
7/2007 – 6/2008	26,27	23,09
7/2008 – 6/2009	26,56	23,34
7/2009 – 6/2011	27,20	24,13
7/2011 – 6/2012	27,47	24,37
7/2012 – 6/2013	28,07	24,92
7/2013 – 6/2014	28,14	25,74
7/2014 – 6/2015	28,61	26,39
Ab 7/2015	29,21	27,05

b) Werte der knappschaftlichen Rentenversicherung

Ehezeitende	Aktueller Rentenwert	Aktueller Rentenwert (Ost)
1977 (DM)	33,60	
1/1978 – 6/1978	36,01	
7/1978 – 12/1979	35,12	
1980	36,52	
1981	37,97	
7/1982 – 6/1983	40,16	
7/1983 – 6/1984	42,41	
7/1984 – 6/1985	43,85	
7/1985 – 6/1986	45,16	
7/1986 – 6/1987	46,48	
7/1987 – 6/1988	48,23	
7/1988 – 6/1989	49,69	
7/1989 – 6/1990	51,19	
7/1990 – 12/1990	52,77	21,27
1/1991 – 6/1991	52,77	24,47
7/1991 – 12/1991	55,25	28,15
1/1992 – 6/1992	55,25	31,43
7/1992 – 12/1992	56,84	35,43
1/1993 – 6/1993	56,84	37,59
7/1993 – 12/1993	59,32	42,89
1/1994 – 6/1994	59,32	44,45
7/1994 – 12/1994	61,33	45,99
1/1995 – 6/1995	61,33	47,27
7/1995 – 12/1995	61,44	48,44
1/1996 – 6/1996	61,44	50,56
7/1996 – 6/1997	62,23	51,17
7/1997 – 6/1998	63,25	54,01
7/1998 – 6/1999	63,53	54,49
7/1999 – 6/2000	64,39	56,01
7/2000 – 6/2001	64,77	56,35
7/2001 – 12/2001	66,01	57,53
1/2002 – 6/2002 (€)	33,75124	29,41558
7/2002 – 6/2003	34,48	30,27
7/2003 – 6/2007	34,84	30,63
7/2007 – 6/2008	35,03	30,79
7/2008 – 6/2009	35,41	31,12
7/2009 – 6/2011	36,27	32,17
7/2011 – 6/2012	36,63	32,49
7/2012 – 6/2013	37,43	33,23
7/2013 – 6/2014	37,52	34,32
7/2014 – 6/2015	38,15	35,19
Ab 7/2015	38,95	36,07

---

1) §§ 76 IV, 264 a Abs. 2 S. 1 SGB VI.
2) Entgeltpunkte werden in eine Rentenanwartschaft (DM/Monat bzw. EUR/Monat) umgerechnet, indem sie mit dem zum Zeitpunkt des Endes der Ehezeit maßgeblichen Rentenwert vervielfältigt werden. Die Berechnung erfolgt auf zwei Dezimalstellen; die zweite Ziffer ist um 1 zu erhöhen, wenn in der dritten Stelle eine der Ziffern 5 bis 9 erscheinen würde (§§ 121 Abs. 2, 123 Abs. 1 SGB VI).

2. Umrechnung von Entgeltpunkten in Beiträge[3]

a) Werte der Rentenversicherung der Arbeiter und der Angestellten ab 1992

Beitragszahlung	Umrechnungsfaktor	Umrechnungsfaktor (Ost)
1992 (DM)	8.122,3530	5.543,5115
1993	8.691,0250	6.325,8061
1994	9.960,3840	7.713,4547
1995	9.480,7920	7.706,7079
1996	9.812,7360	8.344,1633
1997	10.922,6180	9.385,3050
1998	10.910,2350	9.091,1049
1/1999–3/1999	10.775,6460	9.088,0037
4/1999–12/1999	10.350,9900	8.729,8558
2000	10.521,0090	8.652,1456
2001	10.444,6440	8.749,8065
2002 (€)	5.446,9380	4.545,5545
2003	5.699,8500	4.770,1481
2004	5.738,4600	4.817,3774
2005	5.765,9550	4.851,4556
2006	5.714,2800	4.797,4813
2007	5.868,1120	5.049,1413
2008	5.986,7160	5.061,9058
2009	6.144,9210	5.177,7224
2010	6.368,5970	5.356,7138
2011	6.023,3320	5.270,2179
2012	6.359,4160	5.410,4271
2013	6.439,4190	5.472,4390
2014	6.587,9730	5.548,7013
2015	6.544,8130	5.585,7412

b) Werte der knappschaftlichen Rentenversicherung ab 1992

Beitragszahlung	Umrechnungsfaktor	Umrechnungsfaktor (Ost)
1992 (DM)	10.760,9705	7.344,3697
1993	11.546,6475	8.404,2852
1994	13.228,6350	10.244,4320
1995	12.590,0840	10.234,1766
1996	13.032,5400	11.082,0918
1997	14.473,8140	12.436,6850
1998	14.457,4050	12.046,8336
1/1999–3/1999	14.279,0580	12.042,7241
4/1999–12/1999	13.748,2380	11.595,0392
2000	13.955,3280	11.476,4211
2001	13.889,7360	11.635,8683
2002 (€)	7.243,5720	6.044,8736
2003	7.570,5700	6.335,7352
2004	7.621,8520	6.398,4654
2005	7.658,3710	6.443,7282
2006	7.589,7360	6.372,0393
2007	7.784,8320	6.698,3583
2008	7.942,1760	6.715,2921
2009	8.152,0560	6.868,9383
2010	8.448,7920	7.106,3941
2011	7.990,7520	6.991,6458
2012	8.435,9600	7.177,0972
2013	8.551,8210	7.267,6307
2014	8.749,1070	7.368,9101
2015	8.679,7520	7.407,8279

3) Beitragszahlung § 187 SGB VI.

3. Umrechnung von Beiträgen in Entgeltpunkte

a) Werte der Rentenversicherung der Arbeiter und der Angestellten ab 1992

Beitragszahlung	Umrechnungsfaktor	Umrechnungsfaktor (Ost)
1992	0,0001231170	0,0001803911
1993	0,0001150612	0,0001580826
1994	0,0001003977	0,0001296436
1995	0,0001054764	0,0001297571
1996	0,0001019084	0,0001198443
1997	0,0000915531	0,0001065495
1998	0,0000916571	0,0001099976
1/1999–3/1999	0,0000928019	0,0001100352
4/1999–12/1999	0,0000966091	0,0001145494
2000	0,0000950479	0,0001155783
2001	0,0000957429	0,0001142882
2002	0,0001835894	0,0002199952
2003	0,0001754432	0,0002096371
2004	0,0001742628	0,0002075818
2005	0,0001734318	0,0002061237
2006	0,0001750002	0,0002084427
2007	0,0001704126	0,0001980535
2008	0,0001670365	0,0001975541
2009	0,0001627360	0,0001931351
2010	0,0001570205	0,0001866816
2011	0,0001660211	0,0001897455
2012	0,0001572471	0,0001848283
2013	0,0001552935	0,0001827339
2014	0,0001517918	0,0001802224
2015	0,0001527928	0,0001790273

b) Werte der knappschaftlichen Rentenversicherung ab 1992

Beitragszahlung	Umrechnungsfaktor	Umrechnungsfaktor (Ost)
1992	0,0000929284	0,0001361587
1993	0,0000866052	0,0001189869
1994	0,0000755936	0,0000976140
1995	0,0000794276	0,0000977118
1996	0,0000767310	0,0000902357
1997	0,0000690903	0,0000804073
1998	0,0000691687	0,0000830094
1/1999–3/1999	0,0000700326	0,0000830377
4/1999–12/1999	0,0000727366	0,0000862438
2000	0,0000716572	0,0000871352
2001	0,0000719956	0,0000859412
2002	0,0001380534	0,0001654294
2003	0,0001320905	0,0001578349
2004	0,0001312017	0,0001562875
2005	0,0001305761	0,0001551897
2006	0,0001317569	0,0001569356
2007	0,0001284549	0,0001492903
2008	0,0001259101	0,0001489138
2009	0,0001226684	0,0001455829
2010	0,0001183601	0,0001407183
2011	0,0001251447	0,0001430278
2012	0,0001185402	0,0001393321
2013	0,0001169342	0,0001375964
2014	0,0001142974	0,0001357053
2015	0,0001152107	0,0001349923

Kalender

Unterhalt

Versorgungsausgleich

Sozialrecht

Steuerrecht

Verfahrensrecht

4. Unmittelbare Umwertung von Kapitalwerten in regeldynamische Rentenanwartschaften (ab 1992)[4]

Ehezeitende	Umrechnungsfaktor	Ehezeitende	Umrechnungsfaktor
1/1992 – 6/1992	0,0051019685	7/2000 – 12/2000	0,0046174270
7/1992 – 12/1992	0,0052484777	1/2001 – 6/2001	0,0046511901
1/1993 – 6/1993	0,0049050590	7/2001 – 12/2001	0,0047402310
7/1993 – 12/1993	0,0051190728	1/2002 – 6/2002	0,0046473931
1/1994 – 6/1994	0,0044666937	7/2002 – 12/2002	0,0047476219
7/1994 – 12/1994	0,0046182942	1/2003 – 6/2003	0,0045369612
1/1995 – 6/1995	0,0048519144	7/2003 – 12/2003	0,0045843308
7/1995 – 12/1995	0,0048761740	2004	0,0045534870
1/1996 – 6/1996	0,0047112253	2005	0,0045317729
7/1996 – 12/1996	0,0047560650	2006	0,0045727552
1/1997 – 6/1997	0,0042727832	1/2007 – 6/2007	0,0044528812
7/1997 – 12/1997	0,0043431791	7/2007 – 12/2007	0,0044767390
1/1998 – 6/1998	0,0043482128	1/2008 – 6/2008	0,0043880489
7/1998 – 12/1998	0,0043674608	7/2008 – 12/2008	0,0044364894
1/1999 – 3/1999	0,0044220105	1/2009 – 6/2009	0,0043222682
4/1999 – 6/1999	0,0046 034236	7/2009 – 12/2009	0,0044264129
7/1999 – 12/1999	0,0046652534	2010	0,0042709576
1/2000 – 6/2000	0,0045898631		

5. Allgemeiner Rentenwert und allgemeiner Rentenwert (Ost) in der Alterssicherung der Landwirte

	Allgemeiner Rentenwert	Allgemeiner Rentenwert (Ost)
1/1995 – 6/1995 (DM)	21,24	16,37
7/1995 – 12/1995	21,35	16,78
1/1996 – 6/1996	21,35	17,51
7/1996 – 12/1996	21,55	17,72
1/1997 – 6/1997	21,55	17,72
7/1997 – 12/1997	21,91	18,70
1/1998 – 6/1998	21,91	18,70
7/1998 – 12/1998	22,01	18,87
1/1999 – 6/1999	22,01	18,87
7/1999 – 12/1999	22,30	19,40
1/2000 – 6/2000	22,30	19,40
7/2000 – 12/2000	22,43	19,52
1/2001 – 6/2001	22,43	19,52
7/2001 – 12/2001	22,86	19,93
1/2002 – 6/2002 (€)	11,68813	10,19005
7/2002 – 12/2002	11,94	10,48
1/2003 – 6/2003	11,94	10,48
7/2003 – 12/2003	12,06	10,60
1/2004 – 6/2004	12,06	10,60
7/2004 – 12/2004	12,06	10,60
1/2005 – 6/2005	12,06	10,60
7/2005 – 12/2005	12,06	10,60
7/2007 – 6/2008	12,13	10,66
7/2008 – 6/2009	12,26	10,78
7/2009 – 6/2011	12,56	11,14
7/2011 – 6/2012	12,68	11,25
7/2012 – 6/2013	12,96	11,50
7/2013 – 6/2014	12,99	11,88
7/2014 – 6/2015	13,21	12,18
ab 7/2015	13,49	12,48

---

4) Der Kapitalwert ist mit dem für das Ende der Ehezeit maßgeblichen Umrechnungsfaktor zu vervielfältigen.

6. Bezugsgröße und Bezugsgröße (Ost)

a) Bezugsgröße

Ehezeitende	monatlich Bezugsgröße	§ 225 II SGB VI § 18 Vers AusglG, § 225 FamFG	§ 3 b I Nr. 1 VAHRG §§ 14, 33, 51 VersAusglG	§ 18 Vers AusglG § 225 FamFG	§§ 14, 33 VAHRG
		1%	2%	120%	240%
– 1977 (DM)	1.850	18,50	37,00	2.220	4.440
1978	1.950	19,50	39,00	2.340	4.680
1979	2.100	21,00	42,00	2.520	5.040
1980	2.200	22,00	44,00	2.640	5.280
1981	2.340	23,40	46,80	2.808	5.616
1982	2.460	24,60	49,20	2.952	5.904
1983	2.580	25,80	51,60	3.096	6.192
1984	2.730	27,30	54,60	3.276	6.552
1985	2.800	28,00	56,00	3.360	6.720
1986	2.870	28,70	57,40	3.444	6.888
1987	3.010	30,10	60,20	3.612	7.224
1988	3.080	30,80	61,60	3.696	7.392
1989	3.150	31,50	63,00	3.780	7.560
1990	3.290	32,90	65,80	3.948	7.896
1991	3.360	33,60	67,20	4.032	8.064
1992	3.500	35,00	70,00	4.200	8.400
1993	3.710	37,10	74,20	4.452	8.904
1994	3.920	39,20	78,40	4.704	9.408
1995	4.060	40,60	81,20	4.872	9.744
1996	4.130	41,30	82,60	4.956	9.912
1997	4.270	42,70	85,40	5.124	10.248
1998	4.340	43,40	86,80	5.208	10.416
1999	4.410	44,10	88,20	5.292	10.584
2000	4.480	44,80	89,60	5.376	10.752
2001	4.480	44,80	89,60	5.376	10.752
2002 (€)	2.345	23,45	46,90	2.814	5.628
2003	2.380	23,80	47,60	2.856	5.712
2004	2.415	24,15	48,30	2.898	5.796
2005	2.415	24,15	48,30	2.898	5.796
2006	2.450	24,50	49,00	2.940	5.880
2007	2.450	24,50	49,00	2.940	5.880
2008	2.485	24,85	49,70	2.982	5.964
2009	2.520	25,20	50,40	3.024	6.048
2010	2.555	25,55	51,10	3.066	6.132
2011	2.555	25,55	51,10	3.066	6.132
2012	2.625	26,25	52,50	3.150	6.300
2013	2.695	26,95	53,90	3.234	6.468
2014	2.765	27,65	55,30	3.318	6.636
2015	2.835	28,35	56,70	3.402	6.804

Kalender

Unterhalt

Versorgungsausgleich

Sozialrecht

Steuerrecht

Verfahrensrecht

b) Bezugsgröße (Ost)

Ehezeitende	Bezugsgröße Ost	§ 10 a II VAHRG	§ 3 b I Nr. 1 VAHRG §§ 14, 33, 51 VersAusglG
		0,5%	2%
– 1990 (DM)	1.400	7,00	–
1/1991 – 6/1991	1.540	7,70	–
7/1991 – 12/1991	1.750	18,75	–
1992	2.100	10,50	42,00
1993	2.730	13,65	54,60
1994	3.080	15,40	61,60
1995	3.290	16,45	65,80
1996	3.500	17,50	70,00
1997	3.640	18,20	72,80
1998	3.640	18,20	72,80
1999	3.710	18,55	74,20
2000	3.640	18,20	72,80
2001	3.780	18,90	75,60
2002 (€)	1.960	9,80	39,20
2003	1.995	9,98	39,90
2004	2.030	10,15	40,60
2005	2.030	10,15	40,60
2006	2.065	10,33	41,30
2007	2.100	10,50	42,00
2008	2.100	10,50	42,00
2009	2.135	10,68	42,70

7. Grenzwert nach § 17 VersAusglG

Jahr	Grenzwert § 17 VersAusglG Bezogen auf die Beitragsbemessungsgrenze (§ 159 SGB VI)
2002	54.000
2003	61.200
2004	61.800
2005	62.400
2006	63.000
2007	63.000
2008	63.600
2009	64.800
2010	66.000
2011	66.000
2012	67.200
2013	69.600
2014	71.400
2015	72.600

8. Tabelle zur Schätzung von Renten in der gesetzlichen Rentenversicherung (2015)[5]

a) Verdienst und Rentenhöhe alte Bundesländer

Vorläufiges jährliches Durchschnittsentgelt 34.999 Euro, Rentenwert 29,21 Euro

Brutto mtl.	entspr. EP/J	Die bei einem erzielten Durchschnittsverdienst zu erwartende Rente beträgt bei einer Beschäftigungszeit von:								
		5 J.	10 J.	15 J.	20 J.	25 J.	30 J.	35 J.	40 J.	45 J.
581	0,2	29	58	88	117	146	175	204	234	263
872	0,3	44	88	131	175	219	263	307	351	394
1.162	0,4	58	117	175	234	292	351	409	467	526
1.453	0,5	73	146	219	292	365	438	511	584	657
1.743	0,6	88	175	263	351	438	526	613	701	789
2.034	0,7	102	204	307	409	511	613	716	818	920
2.324	0,8	117	234	351	467	584	701	818	935	1.052
2.615	0,9	131	263	394	526	657	789	920	1.052	1.183
2.905	**1,0**	**146**	**292**	**438**	**584**	**730**	**876**	**1.022**	**1.168**	**1.314**
3.196	1,1	161	321	482	643	803	964	1.125	1.285	1.446
3.486	1,2	175	351	526	701	876	1.052	1.227	1.402	1.577
3.777	1,3	190	380	570	759	949	1.139	1.329	1.519	1.709
4.067	1,4	204	409	613	818	1.022	1.227	1.431	1.636	1.840
4.358	1,5	219	438	657	876	1.095	1.314	1.534	1.753	1.972
4.648	1,6	234	467	701	935	1.168	1.402	1.636	1.869	2.103
4.939	1,7	248	497	745	993	1.241	1.490	1.738	1.986	2.235
5.229	1,8	263	526	789	1.052	1.314	1.577	1.840	2.103	2.366

b) Verdienst und Rentenhöhe im Beitrittsgebiet

Vorläufiges jährliches Durchschnittsentgelt 29.870 Euro[6], Rentenwert Ost 27,05 Euro

Brutto mtl.	entspr. EP/J	Die bei einem erzielten Durchschnittsverdienst zu erwartende Rente beträgt bei einer Beschäftigungszeit von:								
		5 J.	10 J.	15 J.	20 J.	25 J.	30 J.	35 J.	40 J.	45 J.
489	0,2	27	54	81	108	135	162	189	216	243
734	0,3	41	81	122	162	203	243	284	325	365
979	0,4	54	108	162	216	271	325	379	433	487
1.224	0,5	68	135	203	271	338	406	473	541	609
1.468	0,6	81	162	243	325	406	487	568	649	730
1.713	0,7	95	189	284	379	473	568	663	757	852
1.958	0,8	108	216	325	433	541	649	757	866	974
2.202	0,9	122	243	365	487	609	730	852	974	1.096
2.447	**1,0**	**135**	**271**	**406**	**541**	**676**	**812**	**947**	**1.082**	**1.217**
2.692	1,1	149	298	446	595	744	893	1.041	1.190	1.339
2.936	1,2	162	325	487	649	812	974	1.136	1.298	1.461
3.181	1,3	176	352	527	703	879	1.055	1.231	1.407	1.582
3.426	1,4	189	379	568	757	947	1.136	1.325	1.515	1.704
3.671	1,5	203	406	609	812	1.014	1.217	1.420	1.623	1.826
3.915	1,6	216	433	649	866	1.082	1.298	1.515	1.731	1.948
4.160	1,7	230	460	690	920	1.150	1.380	1.609	1.839	2.069
4.405	1,8	243	487	730	974	1.217	1.461	1.704	1.948	2.191

5) Die Tabelle ermöglicht eine Schätzung der zu erwartenden Rente in der gesetzlichen Rentenversicherung, wenn über eine Beschäftigungszeit von ... Jahren ein entsprechendes Durchschnittseinkommen erreicht wird. Alle Beträge sind gerundet.

6) Umrechnungsfaktor Anlage 10 SGB VI – Werte zur Umrechnung der Beitragsbemessungsgrundlagen des Beitrittgebiets.

9. Tabellen zum bis 2009 geltenden Recht

a) Unmittelbare Umwertung von Kapitalwerten in regeldynamische Rentenanwartschaften (ab 1992)[7]

Ehezeitende	Umrechnungsfaktor	Ehezeitende	Umrechnungsfaktor
1/1992 – 6/1992	0,0051019685	7/2000 – 12/2000	0,0046174270
7/1992 – 12/1992	0,0052484777	1/2001 – 6/2001	0,0046511901
1/1993 – 6/1993	0,0049050590	7/2001 – 12/2001	0,0047402310
7/1993 – 12/1993	0,0051190728	1/2002 – 6/2002	0,0046473931
1/1994 – 6/1994	0,0044666937	7/2002 – 12/2002	0,0047476219
7/1994 – 12/1994	0,0046182942	1/2003 – 6/2003	0,0045369612
1/1995 – 6/1995	0,0048519144	7/2003 – 12/2003	0,0045843308
7/1995 – 12/1995	0,0048761740	2004	0,0045534870
1/1996 – 6/1996	0,0047112253	2005	0,0045317729
7/1996 – 12/1996	0,0047560650	2006	0,0045727552
1/1997 – 6/1997	0,0042727832	1/2007 – 6/2007	0,0044528812
7/1997 – 12/1997	0,0043431791	7/2007 – 12/2007	0,0044767390
1/1998 – 6/1998	0,0043482128	1/2008 – 6/2008	0,0043880489
7/1998 – 12/1998	0,0043674608	7/2008 – 12/2008	0,0044364894
1/1999 – 3/1999	0,0044220105	1/2009 – 6/2009	0,0043222682
4/1999 – 6/1999	0,0046 034236	7/2009 – 12/2009	0,0044264129
7/1999 – 12/1999	0,0046652534	1/2010 – 6/2010	0,0042709576
1/2000 – 6/2000	0,0045898631		

---

7) Der Kapitalwert ist mit dem für das Ende der Ehezeit maßgeblichen Umrechnungsfaktor zu vervielfältigen.

b) Tabellen der BarwertVO

Tabelle 1 Barwert einer zumindest bis zum Leistungsbeginn nicht volldynamischen Anwartschaft auf eine lebenslange Versorgung wegen Alters und verminderter Erwerbsfähigkeit (§ 2 Abs. 2)

Lebensalter zum Ende der Ehezeit	Vervielfacher	Lebensalter zum Ende der Ehezeit	Vervielfacher
bis 25	2,0	45	4,8
26	2,1	46	5,0
27	2,2	47	5,2
28	2,3	48	5,4
29	2,4	49	5,7
30	2,5	50	5,9
31	2,6	51	6,2
32	2,7	52	6,5
33	2,8	53	6,8
34	3,0	54	7,1
35	3,1	55	7,4
36	3,2	56	7,7
37	3,4	57	8,0
38	3,5	58	8,3
39	3,7	59	8,7
40	3,8	60	9,0
41	4,0	61	9,4
42	4,2	62	9,8
43	4,4	63	10,2
44	4,6	64	10,7
		ab 65	11,0

Anmerkungen:

1. Für jedes Jahr, um das der Beginn der Altersrente vor der Vollendung des 65. Lebensjahres liegt, sind die Werte dieser Tabelle um 7,5 vom Hundert, mindestens jedoch auf die sich nach Tabelle 2 und der Anmerkung 1 hierzu ergebenden Werte, zu erhöhen; für jedes Jahr, um das der Beginn der Altersrente nach der Vollendung des 65. Lebensjahres liegt, sind die Werte dieser Tabelle um 5 vom Hundert, höchstens aber um 35 vom Hundert, zu kürzen.
2. Steigt der Wert der Versorgung ab Leistungsbeginn in gleicher Weise wie der Wert einer volldynamischen Versorgung, so sind die Werte dieser Tabelle um 50 vom Hundert zu erhöhen.

Tabelle 2 Barwert einer zumindest bis zum Leistungsbeginn nicht volldynamischen Anwartschaft auf eine lebenslange Versorgung wegen Alters (§ 2 Abs. 3)

Lebensalter zum Ende der Ehezeit	Vervielfacher	Lebensalter zum Ende der Ehezeit	Vervielfacher
bis 25	1,6	45	4,0
26	1,7	46	4,2
27	1,8	47	4,5
28	1,9	48	4,7
29	1,9	49	4,9
30	2,0	50	5,1
31	2,1	51	5,4
32	2,2	52	5,7
33	2,3	53	6,0
34	2,4	54	6,3
35	2,5	55	6,6
36	2,7	56	7,0
37	2,8	57	7,3
38	2,9	58	7,7
39	3,1	59	8,1
40	3,2	60	8,6
41	3,4	61	9,1
42	3,5	62	9,6
43	3,7	63	10,1
44	3,9	64	10,7
		ab 65	11,0

Anmerkungen:

1. Für jedes Jahr, um das der Beginn der Altersrente vor der Vollendung des 65. Lebensjahres liegt, sind die Werte dieser Tabelle um 10,5 vom Hundert zu erhöhen; für jedes Jahr, um das der Beginn der Altersrente nach der Vollendung des 65. Lebensjahres liegt, sind die Werte dieser Tabelle um 8,5 vom Hundert, höchstens aber um 65 vom Hundert, zu kürzen.

2. Steigt der Wert der Versorgung ab Leistungsbeginn in gleicher Weise wie der Wert einer volldynamischen Versorgung, so sind die Werte dieser Tabelle um 65 vom Hundert zu erhöhen.

**Tabelle 3 Barwert einer zumindest bis zum Leistungsbeginn nicht volldynamischen Anwart-
schaft auf eine lebenslange Versorgung wegen verminderter Erwerbsfähigkeit
(§ 2 Abs. 4)**

Lebensalter zum Ende der Ehezeit	Vervielfacher
bis 29	1,2
30–39	1,7
40–45	2,4
46–51	3,0
52–60	3,5
61–62	2,6
63	1,6
64	0,6
ab 65	0,3

Anmerkungen:

1. Für jedes Jahr, um das das Höchstalter für den Beginn der Rente wegen verminderter Erwerbsfähigkeit vor der Vollendung des 65. Lebensjahres liegt, sind die Werte dieser Tabelle
   um 8,5 vom Hundert zu kürzen; für jedes Jahr, um das das Höchstalter nach der Vollendung
   des 65. Lebensjahres liegt, sind die Werte dieser Tabelle um 7 vom Hundert, höchstens aber
   um 25 vom Hundert, zu erhöhen.
2. Steigt der Wert der Versorgung ab Leistungsbeginn in gleicher Weise wie der Wert einer
   volldynamischen Versorgung, so sind die Werte dieser Tabelle um 55 vom Hundert zu erhöhen.
3. Der erhöhte Wert darf bei dieser Tabelle nicht den Vervielfacher übersteigen, der sich bei
   Anwendung der Tabelle 1 ergäbe.

Kalender

Unterhalt

Versorgungsausgleich

Sozialrecht

Steuerrecht

Verfahrensrecht

Tabelle 4 Barwert einer nur bis zum Leistungsbeginn volldynamischen Anwartschaft auf eine lebenslange Versorgung wegen Alters und verminderter Erwerbsfähigkeit (§ 3 Abs. 2)

Lebensalter zum Ende der Ehezeit	Vervielfacher	Lebensalter zum Ende der Ehezeit	Vervielfacher
bis 25	9,7	45	10,1
26	9,7	46	10,1
27	9,7	47	10,1
28	9,8	48	10,1
29	9,8	49	10,2
30	9,8	50	10,2
31	9,8	51	10,3
32	9,8	52	10,3
33	9,8	53	10,3
34	9,8	54	10,4
35	9,8	55	10,4
36	9,9	56	10,5
37	9,9	57	10,5
38	9,9	58	10,6
39	9,9	59	10,7
40	9,9	60	10,7
41	10,0	61	10,8
42	10,0	62	10,8
43	10,0	63	10,9
44	10,0	64	11,0
		ab 65	11,0

Anmerkung:

Für jedes Jahr, um das der Beginn der Altersrente vor der Vollendung des 65. Lebensjahres liegt, sind die Werte dieser Tabelle um 4 vom Hundert, mindestens jedoch auf die sich nach der Tabelle 5 und der Anmerkung hierzu ergebenden Werte, zu erhöhen; für jedes Jahr, um das der Beginn der Altersrente nach der Vollendung des 65. Lebensjahres liegt, sind die Werte dieser Tabelle um 3,5 vom Hundert, höchstens aber um 25 vom Hundert, zu kürzen.

Tabelle 5 Barwert einer nur bis zum Leistungsbeginn volldynamischen Anwartschaft auf eine lebenslange Versorgung wegen Alters (§ 3 Abs. 3)

Lebensalter zum Ende der Ehezeit	Vervielfacher	Lebensalter zum Ende der Ehezeit	Vervielfacher
bis 25	8,4	45	8,8
26	8,5	46	8,9
27	8,5	47	8,9
28	8,5	48	9,0
29	8,5	49	9,0
30	8,5	50	9,1
31	8,5	51	9,2
32	8,5	52	9,2
33	8,5	53	9,3
34	8,5	54	9,4
35	8,6	55	9,5
36	8,6	56	9,6
37	8,6	57	9,8
38	8,6	58	9,9
39	8,6	59	10,1
40	8,7	60	10,3
41	8,7	61	10,4
42	8,7	62	10,6
43	8,8	63	10,8
44	8,8	64	10,9
		ab 65	11,0

Anmerkung:

Für jedes Jahr, um das der Beginn der Altersrente vor der Vollendung des 65. Lebensjahres liegt, sind die Werte dieser Tabelle um 6 vom Hundert zu erhöhen; für jedes Jahr, um das der Beginn der Altersrente nach der Vollendung des 65. Lebensjahres liegt, sind die Werte dieser Tabelle um 6,5 vom Hundert, höchstens aber um 60 vom Hundert, zu kürzen.

Kalender

Unterhalt

Versorgungsausgleich

Sozialrecht

Steuerrecht

Verfahrensrecht

Tabelle 6 Barwert einer nur bis zum Leistungsbeginn volldynamischen Anwartschaft auf eine lebenslange Versorgung wegen verminderter Erwerbsfähigkeit (§ 3 Abs. 4)

Lebensalter zum Ende der Ehezeit	Vervielfacher
bis 29	4,7
30 – 39	4,8
40 – 45	4,8
46 – 51	4,8
52 – 60	4,6
61 – 62	2,8
63	1,6
64	0,6
ab 65	0,3

Anmerkungen:

1. Für jedes Jahr, um das das Höchstalter für den Beginn der Rente wegen verminderter Erwerbsfähigkeit vor der Vollendung des 65. Lebensjahres liegt, sind die Werte dieser Tabelle um 10,5 vom Hundert zu kürzen; für jedes Jahr, um das das Höchstalter nach der Vollendung des 65. Lebensjahres liegt, sind die Werte dieser Tabelle um 10 vom Hundert, höchstens aber um 50 vom Hundert, zu erhöhen.
2. Der erhöhte Wert darf bei dieser Tabelle jedoch nicht den Vervielfacher übersteigen, der sich bei Anwendung der Tabelle 4 ergäbe.

Tabelle 7 Barwert einer bereits laufenden lebenslangen und zumindest ab Leistungsbeginn nicht volldynamischen Versorgung (§ 5)

Lebensalter zum Ende der Ehezeit	Vervielfacher	Lebensalter zum Ende der Ehezeit	Vervielfacher
bis 25	11,5	55	12,3
26	11,6	56	12,3
27	11,6	57	12,3
28	11,7	58	12,2
29	11,7	59	12,1
30	11,8	60	12,0
31	11,8	61	11,8
32	11,8	62	11,6
33	11,9	63	11,4
34	11,9	64	11,1
35	11,9	65	10,8
36	11,9	66	10,5
37	11,9	67	10,2
38	11,9	68	9,8
39	12,0	69	9,5
40	12,0	70	9,2
41	12,0	71	8,9
42	12,0	72	8,5
43	12,0	73	8,2
44	12,1	74	7,9
45	12,1	75	7,5
46	12,1	76	7,2
47	12,1	77	6,9
48	12,2	78	6,6
49	12,2	79	6,3
50	12,2	80	6,0
51	12,3	81	5,7
52	12,3	82	5,5
53	12,3	83	5,2
54	12,3	84	4,9
		Ab 85	4,7

Kalender

Unterhalt

Versorgungsausgleich

Sozialrecht

Steuerrecht

Verfahrensrecht

D. Sozialrecht

1. Existenzminimum lt. Existenzminimumbericht

		2016[1]		2015		2014[2]		2013	
		Jahr	Monat	Jahr	Monat	Jahr	Monat	Jahr	Monat
Alleinste-hende	Regelsatz	4.872	406	4.788	399	4.680	390	4.584	382
	Kosten der Unterkunft	3.060	255	2.988	249	2.868	239	2.796	233
	Heizkosten	720	60	696	58	804	67	744	62
	Sächl. Existenzminimum	**8.652**	**721**	**8.472**	**706**	**8.352**	**696**	**8.124**	**677**
	Steuerl. Freibetrag	**8.652**	721	**8.472**	706	8.354	696,16	8.130	677,50
Ehepaare	Regelsatz	8.784	732	8.640	720	8.448	704	8.280	690
	Kosten der Unterkunft[3]	4.788	399			4.560	380	–	–
	Heizkosten	900	75			1.008	84	–	–
	Sächl. Existenzminimum	**14.472**	**1.206**			**14.016**	**1.168**	–	–
	Steuerl. Freibetrag	17.304	1.442	16.944	1.412	16.708	1.392,33	16.260	1.355
Kinder	Regelsatz[4]	3.228	269	3.168	264	3.096	258		
	Bildung und Teilhabe[5]	228	19	228	19	228	19	228	19
	Kosten der Unterkunft	960	80	936	78	912	76		
	Heizkosten	192	16	180	15	204	17		
	Sächl. Existenzminimum	**4.608**	**384**	**4.512**	**376**	**4.440**	**370**	**4.272**	**356**
	Kinderfreibetrag[6]	4.608	384	4.512	376	4.368	364	4.368	364

---

1) Zehnter Existenzminimumbericht BTDrs. 18/3893.
2) Neunter Existenzminimumbericht BTDrs. 17/11425.
3) werden für Ehepaar nur für das jeweilige Berichtsjahr ausgewiesen.
4) gewichteter Durchschnitt für Kinder bis zum vollendeten 18. Lebensjahr.
5) gewichteter Durchschnitt einschließlich Schulbedarf und Ausflüge.
6) verdoppelter Wert.

Kalender

Unterhalt

Versorgungsausgleich

Sozialrecht

Steuerrecht

Verfahrensrecht

2. Einkommens- und Bemessungsgrenzen

		2015 aBL	2015 nBL	2014 aBL	2014 nBL	2013 aBL	2013 nBL
Bezugsgröße § 18 SGB IV							
	Jahr	34.020	28.980	33.180	28.140	32.340	27.300
	Monat	2.835	2.415	2.765	2.345	2.695	2.275
Vorläuf. Durchschnittsentgelt/Jahr		34.999		34.857		33.659	
Jahresarbeitsentgeltgrenze							
Versicherungspflicht in der Kranken- und	Jahr	54.900		53.550		52.200	
Pflegeversicherung § 6 Abs. 6 SGB V	Monat	4.575		4.462,50		4.350,00	
Am 31.12. des Vorjahres wegen Überschrei-	Jahr	49.500		48.600		47.250	
tens der Jahresarbeitsentgeltgrenze versiche- rungsfreie Personen § 6 Abs. 7 SGB V	Monat	4.125		4.050		3.937,50	
Beitragsbemessungsgrenze							
Kranken- und Pflegeversicherung	Jahr	49.500		48.600		47.250	
	Monat	4.125		4.050		3.937,50	
Renten- und Arbeitslosenversicherung	Jahr	72.600	62.400	71.400	60.000	69.600	58.800
	Monat	6.050	5.200	5.950	5.000	5.800	4.900
Knappschaftliche Rentenversicherung	Jahr	89.400	76.200	87.600	73.800	85.200	72.600
	Monat	7.450	6.350	7.300	6.150	7.100	6.050
Einkommensgrenze zur Familienversicherung (§ 10 Abs. 1 Nr. 5 SGBV)		405		395		385	
Geringfügigkeitsgrenze § 8 SGB IV[7]		450		450		450	
Geringverdienergrenze für alleinige Beitragspflicht des Arbeitgebers							
Auszubildende § 20 Abs. 3 SGB IV	Monat	325		325		325	
Behinderte § 346 Abs. 2 SGB III	Monat	567		553		539	
(Mindest)beitragsbemessungsgrundlage in der Kranken- und Pflegeversicherung § 240 Abs. 4 SGB V							
Freiwillige Mitglieder	Monat[8]	945,00		921,67		898,33	
Freiwillig versicherte Selbstständige[9]	Monat	4.125,00		4.050,00		3.937,50	
Freiwillig versicherte Selbstständige[10]	Monat	2.126,25		2.073,75		2.021,25	
Existenzgründer	Monat	1.417,50		1.382,50		1.347,50	
Rentenantragsteller § 239 SGBV	Monat	945,00		921,67		898,33	

3. Mindest- und Höchstbeiträge in der gesetzlichen Rentenversicherung für pflichtversicherte Selbständige und freiwillig Versicherte[11]

	2015 aBl	2015 nBl	2014 aBl	2014 nBl	2013 aBl	2013 nBl
Mindestbeitrag	84,15	84,15	85,05	85,05	85,05	85,05
Regelbeitrag	530,15	451,61	522,59	443,21	509,36	429,98
Halber Regelbeitrag	265,07	225,80	261,29	221,60	254,68	214,99
Höchstbeitrag	1.131,35	972,40[12]	1.124,55	945,00	1.096,20	926,10

---

7) ab 01.01.2013; BGBl. I 2012, 2474.

8) Woche = Monat/4, 286; Tag = Monat/30.

9) Höchstbeitrag als Regelfall, § 240 Abs. 2 S. 2 SGB V.

10) Bei Nachweis niedrigerer Einnahmen als der allgemeinen Beitragsbemessungsgrenze (§ 240 Abs. 4 S. 2 Hs. 2 SGB V).

11) Der Beitrag gilt einheitlich für alle Bundesländer.

12) Für freiwillig Versicherte gilt für West und Ost als Höchstbeitrag der für die alten Bundesländer maßgeblich Betrag.

4. Beitragssätze in der Renten-, Kranken- und Pflegeversicherung

	Rentenversicherung		Krankenversicherung[13]		Pflegeversicherung	
	Allgemeine	Knappschaft		ermäßigt[14]		Zuschlag[15]
2000	19,3 %	25,6 %			1,70%	
2001	19,1 %	25,4 %			1,70%	
2002	19,1 %	25,4 %			1,70%	
2003	19,5 %	25,9 %			1,70%	
2004	19,5 %	25,9 %			1,70%	
2005	19,5 %	25,9 %			1,70%	0,25%
2006	19,5 %	25,9 %			1,70%	0,25%
2007	19,9 %	26,4 %			1,70%	0,25%
2008	19,9 %	26,4 %			1,70%	0,25%
2009	19,9 %	26,4 %	15,5%	14,9%	1,95%	0,25%
ab Juli 2009	19,9 %	26,4 %	14,9%	14,3%	1,95%	0,25%
2010	19,9 %	26,4 %	14,9%	14,3%	1,95%	0,25%
2011	19,9 %	26,4 %	15,5%	14,9%	1,95%	0,25%
2012	19,6 %	26,0 %	15,5%	14,9%	1,95%	0,25%
2013	18,9 %	25,1 %	15,5%	14,9%	2,05%	0,25%
2014	18,9 %	25,1 %	15,5%	14,9%	2,05%	0,25%
2015	18,7 %	24,8 %	14,6%[16]	14,0%	2,35%	0,25%

5. Anpassung der Regelaltersgrenze[17]

§ 235 Abs. 2 SGB VI

Versicherte, die vor dem 1. Januar 1947 geboren sind, erreichen die Regelaltersgrenze mit Vollendung des 65. Lebensjahres. Für Versicherte, die nach dem 31. Dezember 1946 geboren sind, wird die Regelaltersgrenze wie folgt angehoben:

Versicherte Geburtsjahr	Anhebung um Monate	auf Alter	
		Jahr	Monat
1947	1	65	1
1948	2	65	2
1949	3	65	3
1950	4	65	4
1951	5	65	5
1952	6	65	6
1953	7	65	7
1954	8	65	8
1955	9	65	9
1956	10	65	10
1957	11	65	11
1958	12	66	0
1959	14	66	2
1960	16	66	4
1961	18	66	6
1962	20	66	8
1963	22	66	10

13) Ein einheitlicher Beitragssatz (§ 241 SGB VI) gilt erst ab Januar 2009; der vom Mitglied allein zu tragende Sonderbeitrag 0,9 Prozentpunkten (§§ 249, 249a SGB VI) entfällt ab 2015, an seine Stelle treten die Zusatzbeiträge

14) Für Mitglieder ohne Anspruch auf Krankengeld (§ 243 SGB VI).

15) Zuschlag für Kinderlose ab Vollendung 23. Lebensjahr, ausgenommen sind Geburtsjahrgänge bis 1939, § 55 Abs. 3 SGB XI; ab 2005 aufgrund BVerfG Urteil vom 3. April 2001 – 1 BvR 1629/94 – BVerfGE 103, 242.

16) Krankenkassen erheben einen vom Versicherten zu tragenden Zusatzbeitrag, der in der Regel 0,9% beträgt.

17) Die Regelaltersgrenze wird mit Vollendung des 67. Lebensjahres erreicht (§ 35 SGB VI), für die Geburtsjahrgänge 1947–1963 gibt es eine allmähliche Anpassung. Die Anhebung betrifft alle Vorschriften, die an die Regelaltersgrenze anknüpfen, § 51 Abs. 2 BBeamtG, § 7a SGB II, § 41 Abs. 2 SGB XII, § 93a ALG.

Kalender · Unterhalt · Versorgungsausgleich · Sozialrecht · Steuerrecht · Verfahrensrecht

6.   Mindesthinzuverdienstgrenzen in der Rentenversicherung

	2015		2014		2013	
	aBL	nBL	aBL	nBL	aBL	nBL
Altersrente (§ 34 Abs. 3 SGBVI)						
Regelaltersrente ab Regelaltersgrenze	unbeschränkt					
bis zur Lebensaltersgrenze[17]						
a) Vollrente	450,00	450,00	450,00	450,00	450,00	450,00
b) Teilrente 2/3 der Vollrente: mindestens	552,83	511,95	539,18	497,34	525,53	466,55
c) Teilrente 1/2 der Vollrente: mindestens	807,98	748,23	788,03	726,88	768,08	681,88
d) Teilrente 1/3 der Vollrente: mindestens	1.063,13	984,51	1.036,88	956,42	1010,63	897,21
Renten wegen verminderter Erwerbsfähigkeit (Rentenbeginn ab 2001)						
Renten wegen teilweiser Erwerbsminderung (§§ 43 Abs. 1, 96a Abs. 2 Nr. 1 SGB VI)[18]						
a) Vollrente: mindestens	978,08	905,75	953,93	872,57	929,73	825,44
b) Teilrente 1/2 der Vollrente: mindestens	1.190,70	1.102,65	1.161,30	1.062,26	1.131,90	1.004,88
Renten wegen voller Erwerbsminderung (§ 43 Abs. 2, 96a Abs. 2 Nr. 2, 3 SGB VI)[19]						
a) Vollrente	450	450	450	450	450	450
b) Teilrente 3/4 der Vollrente: mindestens	722,93	669,47	705,08	650,36	687,23	610,11
c) Teilrente 1/2 der Vollrente: mindestens	978,08	905,75	953,93	879,91	929,78	825,44
d) Teilrente 1/4 der Vollrente: mindestens	1.190,70	1.102,65	1.161,30	1.071,19	1.131,90	1.004,88
Renten wegen verminderter Erwerbsfähigkeit bei Bergleuten (§ 43 Abs. 2, 96a Abs. 2 Nr. 4 SGB VI)[20]						
a) Vollrente: mindestens	1.063,13	984,51	1.036,88	948,44	1.024,10	897,21
b) Teilrente 2/3 der Vollrente: mindestens	1.445,85	1.338,93	1.410,15	1.300,73	1.360,98	1.220,21
c) Teilrente 1/3 der Vollrente: mindestens	1.786,05	1.653,98	1.741,95	1.593,38	1.697,85	1.507,32

7.   Bezugsdauer beim Arbeitslosengeld, § 127 SGB III[22]

nach Versicherungspflichtverhältnissen mit einer Dauer von insgesamt mindestens ... Monaten	und nach Vollendung des ... Lebensjahres	Dauer des Anspruchs auf Arbeitslosengeld in Monaten
12	–	6
16	–	8
20	–	10
24	–	12
30	50.	15
36	55.	18
48	58.	24

18) Bei Teilrente von: 1/3 der Vollrente das 0,25fache, 1/2 der Vollrente das 0,19fache, 2/3 der Vollrente das 0,13fache der monatlichen Bezugsgröße, jeweils vervielfältigt mit der Summe der Entgeltpunkte der letzten 3 Jahre, mind. jedoch mit 1,5; bei Tätigkeit im Beitrittsgebiet ist § 228a Abs. 2 SGB VI zu beachten.

19) Bei Vollrente das 0,23fache, bei Teilrente von 1/2 der Vollrente das 0,28fache der monatlichen Bezugsgröße, jeweils vervielfältigt mit der Summe der Entgeltpunkte der letzten 3 Jahre, mind. jedoch mit 1,5.

20) Bei Teilrente von: 3/4 der Vollrente das 0,17fache, 1/2 der Vollrente das 0,23fache, 1/4 der Vollrente das 0,28fache der monatlichen Bezugsgröße, jeweils vervielfältigt mit der Summe der Entgeltpunkte der letzten 3 Jahre, mind. jedoch mit 1,5.

21) Bei Vollrente das 0,25fache, bei Teilrente von 2/3 der Vollrente das 0,34fache, bei Teilrente von 1/3 der Vollrente das 0,42fache der monatlichen Bezugsgröße, jeweils vervielfältigt mit der Summe der Entgeltpunkte der letzten 3 Jahre, mind. jedoch mit 1,5.

22) Neuregelung rückwirkend zum 1. Januar 2008 durch Gesetz v. 8. April 2008, BGBl. I, S. 681.

8. Freibeträge § 11b Abs. 4 SGB II

Bruttolohn	Grundfreibetrag nach§ 11b Abs. 2 Satz 2[1]	Freibetrag nach § 30	Gesamtfreibetrag
100	100	–	100
200	100	20	120
300	100	40	140
400	100	60	160
500	100	80	180
600	100	100	200
700	100	120	220
800	100	140	240
900	100	160	260
1.000	100	180	280
1.100	100	190	290
1.200	100	200	300
1.300[2]	100	210[2]	310
1.400[2]	100	220[2]	320
1.500[2]	100	230[2]	330

[1] Der Freibetrag umfasst bei Einkommen bis zu 400 € pauschal die Aufwendungen für Werbungskosten, private Vorsorgeaufwendungen und Versicherungen; bei höheren Einkommen sind höhere Aufwendungen auf Nachweis zu berücksichtigen. Für Bezieher von nach § 3 Nummer 12, 26, 26a oder 26b EStG steuerfreien Einnahmen tritt an die Stelle der Beträge von 100 € und 400 € jeweils der Betrag von 175 €.
[2] Nur bei erwerbsfähigen Hilfebedürftigen, die mindestens ein minderjähriges Kind haben oder mit mindestens einem (nicht notwendig eigenen) minderjährigen Kind in Bedarfsgemeinschaft leben.

9. Regelleistungen in der Grundsicherung für Erwerbsfähige (SGB II)

Empfänger	2015	2014	2013
Alleinstehende (§ 20 Abs. 2 SGB II)	399	391	382
Volljährige Partner in Bedarfsgemeinschaft (§ 20 Abs. 4 SGB II)	360	353	345
Volljährige Erwerbsfähige Angehörige in Bedarfsgemeinschaft (§ 20 Abs. 2 SGB II)	320	313	306
Erwerbsfähige Jugendliche 15–17 J. (§ 23 Nr. 1 SGB II i.V.m. § 77 SGB II)	302	296	289
Kinder 7–14 Jahre (§ 23 Nr. 1 SGB II)	267	261	255
Kinder 0–6 Jahre (§ 23 Nr. 1 SGB II)	234	229	224

10. Mehrbedarfe nach SGB II

Empfänger		2015	2014	2013
Schwangere ab 13. Woche § 21 Abs. 2 SGB II				
bei Regelleistung 100%	17%	67,83	66,47	64,94
bei Regelleistung 90%	17%	61,20	60,01	58,65
bei Regelleistung 80%	17%	54,40	53,21	52,02
Alleinerziehende				
1. Kind über 7 Jahre	12%	47,88	46,92	45,84
1. Kind unter 7 J., 2 oder 3 Kinder unter 16 J. § 21 Abs. 3 Nr. 1 SGB II	36%	143,64	140,76	137,52
4 Kinder § 21 Abs. 3 Nr. 2 SGB II	48%	191,52	187,68	183,36
5 und mehr Kinder § 21 Abs. 3 Nr. 2 SGB II	60%	239,40	234,60	229,20
Schüler (§ 24a SGB II)[22]	100 €	70 + 30	70 + 30	70 + 30
Erwerbsfähige Behinderte, die Hilfen nach § 33 SGB IX erhalten (Behinderte) § 21 Abs. 4 SGB II	35%	139,65	136,85	133,70
Bei notwendiger kostenaufwändiger Ernährung § 21 Abs. 5 SGB II		In angemessener Höhe (s. Ziff. 11)		
Unabweisbarer Mehrbedarf § 21 Abs. 6 SGB II		In voller Höhe, soweit angemessen		
Die Summe der Mehrbedarfe darf – mit Ausnahme der Mehrbedarfe nach § 21 Abs. 6 SGB II – die Höhe der jeweils maßgebenden Regelleistung nicht übersteigen 21 Abs 8 SGB II.				

23) Als Teil der Bedarfe für Bildung und Teilhabe; die Auszahlung erfolgt in zwei Teilbeträgen im August (70 EUR) und Februar (30 EUR).

Kalender
Unterhalt
Versorgungsausgleich
Sozialrecht
Steuerrecht
Verfahrensrecht

11. Mehrbedarfe für aufwändige Ernährung (§ 21 Abs. 5 SGB II)[24]

Art der Erkrankung	Krankenkost/Kostform	Krankenkostzulage	
		% RL	Ab 01.01. 2015
Niereninsuffizienz (Nierenversagen)	Eiweißdefinierte Kost	10%	39,90 €
Niereninsuffizienz mit Hämodialysebehandlung	Dialysediät	20%	79,80 €
Zöliakie/Sprue (Durchfallerkrankung bedingt durch Überempfindlichkeit gegenüber Klebereiweiß)	Glutenfreie Kost	20%	79,80 €
Der Höhe nach sind Abweichungen in besonders gelagerten Einzelfällen möglich.			

Ein krankheitsbedingter Mehrbedarf für kostenaufwändige Ernährung ist bei folgenden Krankheiten in der Regel nur bei schweren Verläufen oder dem Vorliegen besondere Umstände zu bejahen.			
Krebs (bösartiger Tumor)		10%	39,90 €
HIV-Infektion / AIDS		10%	39,90 €
Multiple Sklerose (degenerative Erkrankung des Zentralnervensystems, häufig schubweise verlaufend)		10%	39,90 €
Colitis ulcerosa (mit Geschwürsbildungen einhergehende Erkrankung der Dickdarmschleimhaut)	Mehrbedarf aufgrund einer verzehrenden Krankheit	10%	39,90 €
Morbus Crohn (Erkrankung des Magen-Darmtrakts mit Neigung zur Bildung von Fisteln und Verengungen)		10%	39,90 €

* DV 21.24: Eine von den Empfehlungen des Deutschen Vereins abweichende Entscheidung ist nur im Einzelfall unter Einbeziehung des Ärztlichen Dienstes bzw. des zuständigen Gesundheitsamtes möglich. Dies gilt ebenfalls, sofern ein Mehrbedarf für Krankheiten geltend gemacht wird, die nicht in den Empfehlungen des DV aufgeführt sind, z.B. bei Lebensmittelunverträglichkeiten.
Bei folgenden Erkrankungen ist in der Regel ein krankheitsbedingter Mehrbedarf zu verneinen, da Vollkost angezeigt ist und davon ausgegangen werden kann, dass der im Regelbedarf enthaltene Anteil für Ernährung den notwendigen Aufwand für Vollkost deckt: • Hyperlipidämie (Erhöhung der Blutfette) • Hyperurikämie (Erhöhung der Harnsäure im Blut) • Gicht (Erkrankung durch Harnsäureablagerungen) • Hypertonie (Bluthochdruck) • Kardinale und renale Ödeme (Gewebswasseransammlungen bei Herz- oder Nierenerkrankungen) • Diabetes mellitus (Zuckerkrankheit – Typ II und Typ I, konventionell und intensiviert konventionell behandelt) • Ulcus duodeni (Geschwür am Zwölffingerdarm) • Ulcus ventriculi (Magengeschwür) • Neurodermitis (Überempfindlichkeit von Haut und Schleimhäuten auf genetischer Basis) • Leberinsuffizienz

---

24) Hinweise der Bundesagentur für Arbeit zu § 21 SGB II, zu den Mehrbedarfen s. im Übrigen Empfehlungen des Deutschen Vereins Gewährung von Krankenkostzulagen in der Sozialhilfe vom 1. Oktober 2008; www.deutscher-verein.de.

12. Zuschlag zum Kindergeld nach § 6 a BKGG

Aufteilung der Wohnkosten § 6 a IV S. 2 BKGG[25]

	Alleinstehend		Ehepaar	
	Anteil Kind	Anteil Eltern	Anteil Kind	Anteil Eltern
1 Kind	23,4%	76,6%	16,8%	83,2%
2 Kinder	37,9%	62,1%	28,8%	71,2%
3 Kinder	47,8%	52,2%	37,8%	62,2%
4 Kinder	54,9%	45,1%	44,8%	55,2%
5 Kinder	60,4%	39,6%	50,3%	49,7%

13. Regelbedarfe in der Sozialhilfe § 8 RBEG

Stand 01. Januar 2015[26]

Regel-Bedarfsstufe		Bundeseinheitlicher Satz	Regionale Erhöhung Stadt München
1	alleinstehende oder alleinerziehende Leistungsberechtigte, auch beim Zusammenleben mit Erwachsenen, die der Regelbedarfsstufe 3 angehören	399	420
2	Ehegatten und Lebenspartner sowie andere erwachsene Leistungsberechtigte, die in einem gemeinsamen Haushalt leben und gemeinsam wirtschaften	360	378
3	erwachsene Leistungsberechtigte, die keinen eigenen Haushalt führen, weil sie im Haushalt anderer Personen leben	320	336
4	Jugendliche vom Beginn des 15. bis zur VE des 18. Lebensjahres	302	317
5	Kinder vom Beginn des siebten bis zur VE des 14. Lebensjahres	267	278
6	Kinder bis zur VE des sechsten Lebensjahres	234	244

---

25) Kosten für Unterkunft und Heizung aufgeteilt nach dem Verhältnis der im Existenzminimumbericht für Erwachsene und Kinder ausgewiesenen Wohnkosten; Grundlage 10. Existenzminimumbericht (2016) BTDrs. 18/3893.

26) fortgeschriebene Anlage zu § 28 SGB XII, BGBl. I 2014, 1618
Die Stadt München hat aufgrund der Ermächtigung nach § 29 Abs. 3 SGB XII die Regelsätze für die Hilfe zum Lebensunterhalt abweichend festgesetzt.

Kalender

Unterhalt

Versorgungsausgleich

Sozialrecht

Steuerrecht

Verfahrensrecht

14. Anlage zur Kostenbeitragsverordnung 2013[27)]

Maßgebliches Einkommen nach § 93 des Achten Buches Sozialgesetzbuch		Beitrags-stufe 1 Vollstationär erste Person	Beitrags-stufe 2 Vollstationär zweite Person	Beitrags-stufe 3 Vollstationär dritte Person	Beitrags-stufe 4 Teil-stationär
Einkommensgruppe		Euro	Euro	Euro	Euro
1	– 1.100,00	–	–	–	–
2	1.101,00 – 1.200,99	50	–	–	40
3	1.201,00 – 1.300,99	130	–	–	50
4	1.301,00 – 1.450,99	210	30	–	60
5	1.451,00 – 1.600,99	259	60	30	70
6	1.601,00 – 1.800,99	289	85	40	85
7	1.801,00 – 2.000,99	342	105	50	95
8	2.001,00 – 2.200,99	378	140	60	105
9	2.201,00 – 2.400,99	437	175	80	115
10	2.401,00 – 2.700,99	510	220	120	130
11	2.701,00 – 3.000,99	570	275	165	145
12	3.001,00 – 3.300,99	630	335	210	160
13	3.301,00 – 3.600,99	725	410	260	175
14	3.601,00 – 3.900,99	825	485	320	190
15	3.901,00 – 4.200,99	932	560	380	205
16	4.201,00 – 4.600,99	1.056	635	440	220
17	4.601,00 – 5.000,99	1.152	715	500	240
18	5.001,00 – 5.500,99	1.313	790	555	265
19	5.501,00 – 6.000,99	1.438	865	605	290
20	6.001,00 – 6.500,99	1.563	940	658	315
21	6.501,00 – 7.000,99	1.688	1.015	710	340
22	7.001,00 – 7.500,99	1.813	1.090	763	365
23	7.501,00 – 8.000,99	1.938	1.165	815	390
24	8.001,00 – 8.500,99	2.063	1.240	868	415
25	8.501,00 – 9.000,99	2.188	1.315	920	440
26	9.001,00 – 9.500,99	2.313	1.390	973	465
27	9.501,00 – 10.000,99	2.438	1.465	1.025	490

Die Kostenbeitragsverordnung vom 1. Oktober 2005[28)] ist nicht mehr anzuwenden. Vom Abdruck wurde abgesehen.

---

27) 1. VO zur Änderung der Kostenbeitragsverordnung vom 05. Dezember 2013; BGBl. I 2013, 4041, gültig ab 04. Dezember 2013.
28) BGBl. I S. 2907; zur Anwendung s. BVerwG, Urteil vom 19. August 2010 – 5 C 10.09 – NJW 2011, 97; DIJuF JAmt 2010, 555; Pütz, ZKJ 2011, 94.

Kalender

Unterhalt

Versorgungsausgleich

Sozialrecht

Steuerrecht

Verfahrensrecht

15. Wohngeld – Höchstbeträge, § 12 WoGG[29]

Bei der Leistung des Wohngeldes wird die Miete oder Belastung insoweit nicht berücksichtigt, als sie monatlich folgende Höchstbeträge übersteigt:

Anzahl der zu berücksichtigenden Haushaltsmitglieder	Mietenstufe					
	I	II	III	IV	V	VI
1	292	308	330	358	385	407
2	352	380	402	435	468	501
3	424	451	479	517	556	594
4	490	523	556	600	649	693
5	561	600	638	688	737	787
Mehrbetrag für jedes weitere anzurechnende Haushaltsmitglied	66	72	77	83	88	99

16. Sozialversicherungsentgeltverordnung (SvEV)[30]

	2015	2014[30]	2013[31]
Freie Verpflegung und Unterkunft			
monatlich	452,00	450,00	440,00
täglich	15,06	15,00	14,67
Freie Unterkunft[32]			
monatlich	223,00	221,00	216,00
täglich	7,43	7,37	7,20
Miete pro m² normale Ausstattung[33]	3,92	3,88	3,80
Miete pro m² einfache Ausstattung	3,20	3,17	3,10
freie Verpflegung monatlich	229,00	229,00	224,00
Frühstück	49,00	49,00	48,00
Mittagessen	90,00	90,00	88,00
Abendessen	90,00	90,00	88,00
freie Verpflegung täglich	7,63	7,63	7,47
Frühstück	1,63	1,63	1,60
Mittagessen	3,00	3,00	2,93
Abendessen	3,00	3,00	2,93

---

29) Ab dem 1. Januar 2009 gilt nur noch ein nach der Mietenstufe der Gemeinde und nach der Haushaltsgröße gestaffelter Miethöchstbetrag. Die bisherige Differenzierung nach dem Baualter und der Ausstattung entfällt.

30) Bis 2006 Sachbezugsverordnung; Verordnungsermächtigung § 17 SGB IV.

31) BGBl. I 2013, 3871.

32) BGBl. I 2012, 2714.

33) Bundeseinheitlich seit 2008; Abschläge von 15%–60% sind vorzunehmen bei Jugendlichen und Auszubildenden, Gemeinschaftsunterkunft und Belegung mit mehreren Beschäftigten (§ 2 Abs. 3 SvEV).

34) Die Bewertung hat grundsätzlich nach dem ortsüblichen Mietzins zu erfolgen (§ 2 Abs. 4 SvEV), die Quadratmeterpreise sind maßgeblich, wenn die Feststellungen des ortsüblichen Mietzinses mit außergewöhnlichen Schwierigkeiten verbunden ist.

E. Steuern und statistische Daten

1. Tarifstruktur[1]

		2016	2015	2014
Grundfreibetrag	Grundtabelle	8.652	8.472	8.354
	Splittingtabelle	17.305	16.945	16.709
Progressionszone	steigender Grenzsteuersatz	14,0–42 %	14,0–42 %	14,0–42 %
Obere Proportionalzone	Grenzsteuersatz konstant	42,0 %	42,0 %	42,0 %
ab einem zu versteuerndem	Grundtabelle	52.882	52.882	52.882
Einkommen von	Splittingtabelle	105.763	105.763	105.763
Spitzensteuersatz ab	Grenzsteuersatz konstant	45 %	45 %	45 %
einem zu versteuerndem	Grundtabelle	250.731	250.731	250.731
Einkommen von	Splittingtabelle	501.463	501.463	501.463
Kirchensteuer	Baden-Württemberg, Bayern	8 %		
Bemessungsgrundlage ist eine unter Berücksichtigung der Kinderfreibeträge fiktiv ermittelte Einkommensteuer (§ 51 II EStG)	Übrige Bundesländer	9 %		

2. Struktur der Lohnsteuertabelle Tarif 2016

Steuerklasse	I	II	III	IV[2]	V
Grundfreibetrag	8.652	8.652	17.305	8.652	0
Arbeitnehmer-Pauschbetrag	1.000	1.000	1.000	1.000	1.000
Sonderausgabenpauschbetrag	36	36	72	36	0
Vorsorgeaufwendungen[3]	ja	ja	ja	ja	nein
Entlastungsbetrag f. Alleinerziehende[4]	0	1.908	0	0	0
Jedes weitere Kind zzgl	240				

---

1) § 32 a Abs. 1 EStG i.V.m. § 52 Abs. 41.
2) Ehegatten können die Lohnsteuerklasse IV in Verbindung mit einem Faktor wählen, um einen der individuellen Steuerschuld angenäherten Lohnsteuerabzug zu erreichen (§ 39 f EStG).
3) Ab VZ 2010 sind Beiträge zur Krankenversicherung zur Erlangung eines sozialhilfegleichen Versorgungsniveaus – dies sind die Beiträge zur gesetzlichen Krankenversicherung bzw. in der privaten Krankenversicherung die dafür erforderlichen Beitragsanteile – als Sonderausgaben abzugsfähig (§ 10 Abs. 2 EStG).
4) § 24 b EStG.

3. Brutto-/Nettolohntabelle – Monat 2015[5]

Nettolohn	Bruttolohn StKl. I/IV		Bruttolohn StKl. III		Bruttolohn StKl. V	
	aBL	nBL	aBL	nBL	aBL	nBL
500	595		595		705	
600	740		740		877	
700	879		879		1.032	
800	1.015		1.004		1.243	
900	1.170		1.130		1.523	
1.000	1.333		1.256		1.787	
1.100	1.518		1.381		2.006	
1.200	1.711		1.507		2.235	
1.300	1.897		1.633		2.475	
1.400	2.083		1.758		2.729	
1.500	2.273		1.901		2.998	
1.600	2.465		2.054		3.247	
1.700	2.662		2.215		3.506	
1.800	2.862		2.381		3.765	
1.900	3.065		2.554		4.025	
2.000	3.273		2.732		4.266	
2.100	3.485		2.922		4.494	
2.200	3.700		3.108		4.724	
2.300	3.921		3.289		4.952	
2.400	4.145		3.472		5.180	5.180
2.500	4.350		3.656		5.409	5.376
2.600	4.561		3.842		5.638	5.569
2.700	4.776		4.029		5.866	5.762
2.800	4.997		4.207		6.088	5.954
2.900	5.224	5.220	4.376		6.280	6.147
3.000	5.452	5.412	4.547		6.473	6.339
3.100	5.681	5.605	4.719		6.666	6.532
3.200	5.909	5.798	4.891		6.858	6.725
3.300	6.124	5.990	5.066		7.051	6.917
3.400	6.316	6.183	5.242	5.236	7.244	7.109
3.500	6.509	6.376	5.419	5.389	7.436	7.303
3.600	6.702	6.568	5.598	5.544	7.629	7.495
3.700	6.895	6.761	5.779	5.669	7.821	7.688
3.800	7.087	6.954	5.961	5.856	8.014	7.880
3.900	7.280	7.146	6.132	6.014	8.206	8.073
4.000	7.473	7.339	6.292	6.173	8.399	8.266

5) auf folgenden Annahmen beruhende Berechnung: Solidarzuschlag 5,5%; Kirchensteuer 9%; Krankenversicherung 14,6% (ohne Zusatzbeitrag); Pflegeversicherung 2,35%; Rentenversicherung 18,7%; Arbeitslosenversicherung 3,0%; keine Freibeträge.
Die Tarifentlastung wirkt sich zwar auf das Nettoeinkommen aus, bei dem Lohnsteuerabzug unterliegenden Einkommen erfolgt die Anpassung aber erst über eine Nachzahlung im Dezember.

4. Brutto-/Nettolohntabelle – Jahr 2015[6)]

Nettolohn	Bruttolohn StKl. I/IV		Bruttolohn StKl. III		Bruttolohn StKl. V	
	aBL	nBL	aBL	nBL	aBL	nBL
6.000	7.122		7.122		8.433	
7.000	8.576		8.576		10.200	
8.000	10.030		10.030		11.738	
9.000	11.282		11.284		13.373	
10.000	12.768		12.535		15.868	
11.000	14.327		13.789		18.778	
12.000	15.951		15.042		21.375	
13.000	17.761		16.296		23.555	
14.000	19.717		17.549		25.799	
15.000	21.596		18.803		28.143	
16.000	23.486		20.056		30.580	
17.000	25.304		21.310		33.138	
18.000	27.196		22.763		35.718	
19.000	29.116		24.282		38.300	
20.000	31.063		25.860		40.880	
21.000	33.038		27.502		43.461	
22.000	35.044		29.184		46.041	
23.000	37.080		30.916		48.624	
24.000	39.150		32.700		51.009	
25.000	41.255		34.589		53.293	
26.000	43.397		36.476		55.580	
27.000	45.575		38.277		57.865	
28.000	47.796		40.090		60.150	
29.000	49.995		41.915		62.435	62.430
30.000	52.044		43.752		64.721	64.357
32.500	57.350		48.398		70.434	69.172
35.000	62.955	62.867	52.721		75.592	73.988
37.500	68.667	67.684	57.000		80.406	78.804
40.000	74.101	72.499	61.347		85.222	83.621
42.500	78.918	77.316	65.778	65.315	90.037	88.436
45.000	83.733	82.131	70.290	69.201	94.854	93.253
47.500	88.550	86.948	74.573	73.148	99.671	98.069
50.000	93.365	91.764	78.600	77.162	104.487	102.884

6) auf folgenden Annahmen beruhende Berechnung: Solidarzuschlag 5,5%; Kirchensteuer 9 %; Krankenversicherung 14,6% (ohne Zusatzbeitrag); Pflegeversicherung 2,35%; Rentenversicherung 18,7%; Arbeitslosenversicherung 3,0%; keine Freibeträge
Die Tarifentlastung wirkt sich zwar auf das Nettoeinkommen aus, bei dem Lohnsteuerabzug unterliegenden Einkommen erfolgt die Anpassung aber erst über eine Nachzahlung im Dezember.

Kalender

Unterhalt

Versorgungsausgleich

Sozialrecht

Steuerrecht

Verfahrensrecht

5. Freibeträge

	2016	2015	2014
Kinderfreibetrag je Elternteil (§ 32 VI S. 1 EStG)[7]	2.304	2.256	2.184
Erziehungsfreibetrag je Elternteil (§ 32 VI S. 1 EStG)	1.320	1.320	1.320
Entlastungsbetrag f. Alleinerziehende (§ 24 b EStG)	1.908 je weiteres Kind zzgl. 240	1.908 je weiteres Kind zzgl. 240	1.308
Altersentlastungsbetrag § 24 a EStG)[8] Höchstbetrag	1.064	1.140	1.216
Versorgungsfreibetrag (§ 19 II EStG)[9] Höchstbetrag	1.680	1.800	1.920
Zuschlag zum Versorgungsfreibetrag (§ 19 II EStG)	504	540	576
Ausbildungsfreibetrag (§ 33 a II EStG)	924	924	924

6. Pauschbeträge

		2016	2015	2014
Werbungskosten				
Einnahmen aus nichtselbstständiger Arbeit (§ 9a I Nr. 1 EStG)		1.000	1.000	1.000
Pauschale je Entfernungskilometer zw. Whg. und Arbeitsstätte[10] (§ 9 II 2 EStG)		0,30	0,30	0,30
Einnahmen aus Kapitalvermögen[11]	Einzelveranlagung	801	801	801
	Zusammenveranlagung	1.602	1.602	1.602
Einnahmen aus Unterhalt/Vorsorgeverträgen (§ 9a I Nr. 3 EStG)		102	102	102
Sonderausgaben				
Sonderausgabenpauschbetrag (§ 10 c I, IV EStG)	Einzelveranlagung	36	36	36
	Zusammenveranlagung	72	72	72
Höchstbetrag für Altersvorsorgeaufwendungen (§ 10 III i.V.m. I Nr. 2 EStG)[12]	Einzelveranlagung		22.172	20.000
	Zusammenveranlagung		44.344	40.000
Höchstbetrag für Krankenvorsorgeaufwendungen (§ 10 IV i.V.m. I Nr. 3 EStG)[13]	Steuerpfl., die 100% der Aufwendungen zu tragen haben	2.800	2.800	2.800
Zusammenveranlagte Ehegatten: Summe der Höchstbeträge für jeden Ehegatten	Teilw. Erstattungsanspruch ohne eigene Beiträge (Beihilfe)	1.900	1.900	1.900
Kinderbetreuung bis zum 14. LJ. § 10 I Nr. 5 EStG	2/3 der Leistungen – Höchstbetrag je Kind	4.000	4.000	4.000

7. Außergewöhnliche Belastung

Außergewöhnliche Belastung aufgrund zwangsläufiger größerer Aufwendungen können abgezogen werden, soweit sie die zumutbare Belastung übersteigt (§ 33 EStG). Die zumutbare Belastung beträgt			
Gesamtbetrag der Einkünfte	bis 15.340	über 15.340 bis 51.130	über 51.130
Veranlagung nach Grundtabelle, keine Kinder	5%	6%	7%
Zusammenveranlage Eheleute (Splittingtarif), keine Kinder	4%	5%	6%
Steuerpflichtige, bis zu 2 Kindern	2%	3%	4%
Steuerpflichtige, mehr als 2 Kinder	1%	1%	2%
	des Gesamtbetrags der Einkünfte		

---

7) Der Freibetrag entfällt bei volljährigen Kindern, wenn die Einkünfte und Bezüge des Kindes im Jahr 7.188 € (VZ 2003) bzw. 7.680 € (ab VZ 2004) im Kalenderjahr übersteigen (§ 32 IV EStG).

8) Der prozentuale Anteil an den Einkünften und der Höchstbetrag sinken kontinuierlich ab VZ 2005–VZ 2040.

9) Bis VZ 2004 40 % der Versorgungsbezüge begrenzt durch Höchstbetrag; ab VZ 2005 weiterer Zuschlag zum Versorgungsfreibetrag; prozentualer Anteil, Höchstbetrag und Zuschlag sinken kontinuierlich ab VZ 2005–2040.

10) Die Entfernungspauschale wird wieder uneingeschränkt gewährt (rückwirkend ab VZ 2007; Gesetz vom 20. April 2009, BGBl. I 774).

11) § 9a I Nr. 2 EStG entfällt ab VZ 2008; jetzt Sparerpauschbetrag § 20 Abs. 9 EStG.

12) geändert durch Art. 5 Nr. 8 des G. v. 22. Dezember 2014, BGBl. I S. 2417, Höchstbetrag abhängig von der Beitragsbemessungsgrenze in der knappschaftlichen Versicherung.

13) § 10 Abs. 4 EStG geändert durch Gesetz v. 16.07.2009, BGBl. I, 1959 mit Wirkung vom 23.07.2009.

Außergewöhnliche Belastung in besonderen Fällen				
		2016	**2015**	**2014**
Freibetrag für Unterhalt/Ausbildung, wenn kein Anspruch auf Kinderfreibetrag oder Kindergeld besteht, ab VZ 2010 ggf. zzgl. Vorsorgeaufwendungen[14] (§ 33a I EStG)	Der Betrag vermindert sich um die 624 übersteigenden Einkünfte und Bezüge der unterhaltenen Person	8.652	8.472	8.354
Ausbildungsfreibetrag für vollj. Kind bei auswärtiger Unterbringung (§ 33a II EStG)		924	924[15]	924
Pauschbeträge für Behinderte § 33b II EStG	Grad der Behinderung			
	25 und 30	310	310	310
	35 und 40	430	430	430
	45 und 50	570	570	570
	55 und 60	729	729	729
	65 und 70	890	890	890
	75 und 80	1.060	1.060	1.060
	85 und 90	1.230	1.230	1.230
	95 und 100	1.420	1.420	1.420
	Hilflose und Blinde	3.700	3.700	3.700
Hinterbliebenen-Pauschbetrag § 33b IV EStG		370	370	370
Pflege-Pauschbetrag § 33b VI EStG		924	924	924

8. Steuerfreie Pauschalen bei Dienstreisen[16]

	2016	**2015**	**2014**
Dienstreisen Pauschale Kilometersätze je gefahrenen Kilometer (§ 3 Nr. 13 EStG; LStR H 9.5)			
PKW	0,30 €	0,30 €	0,30 €
Motorrad/Motorroller	0,13 €	0,13 €	0,13 €
Moped/Mofa	0,08 €	0,08 €	0,08 €
Fahrrad	0,05 €	0,05 €	0,05 €
Verpflegungsmehraufwand (§§ 3 Nr. 13, 4 V S. 1 Nr. 5 EStG) bei Abwesenheit von der Wohnung von			
mehr als 24 Stunden	24,00 €	24,00 €	24,00 €
mind. 14 bis zu 24 Stunden	12,00 €	12,00 €	12,00 €
mind. 8 bis zu 14 Stunden	6,00 €	6,00 €	6,00 €

Sozialversicherungsentgeltvrordnung (SvEV) s. S. 48

14) Gesetz vom 16. Juli 2009, BGBl. I 1959.
15) Bis VZ 2011 verminderte sich der Freibetrag um die 1.848 € übersteigenden Einkünfte und Bezüge des Kindes.
16) Erstattung von Fahrtkosten und Verpflegungsmehraufwand ist bis zur Höhe der Pauschalen steuerfreies Einkommen (§ 3 Nr. 13 EStG); der die Pauschalen übersteigende Spesenanteil ist steuerpflichtig.

Kalender

Unterhalt

Versorgungsausgleich

Sozialrecht

Steuerrecht

Verfahrensrecht

9. Pauschbeträge für unentgeltliche Wertabgaben (2015)[17]

Vorbemerkungen

1. Die Pauschbeträge für unentgeltliche Wertabgaben werden durch die zuständigen Finanzbehörden festgesetzt.

2. Sie beruhen auf Erfahrungswerten und bieten dem Steuerpflichtigen die Möglichkeit, die Warenentnahmen monatlich pauschal zu verbuchen. Sie entbinden ihn damit von der Aufzeichnung einer Vielzahl von Einzelentnahmen.

3. Diese Regelung dient der Vereinfachung und lässt keine Zu- und Abschläge wegen individueller persönlicher Ess- oder Trinkgewohnheiten zu. Auch Krankheit und Urlaub rechtfertigen keine Änderung der Pauschbeträge.

4. Die Pauschbeträge sind Jahreswerte für eine Person. Für Kinder bis zum vollende-

ten 2. Lebensjahr entfällt der Ansatz eines Pauschbetrages. Bis zum vollendeten 12. Lebensjahr ist die Hälfte des jeweiligen Wertes anzusetzen. Tabakwaren sind in den Pauschbeträgen nicht enthalten. Soweit diese entnommen werden, sind die Pauschbeträge entsprechend zu erhöhen (Schätzung).

5. Die pauschalen Werte berücksichtigen im jeweiligen Gewerbezweig das allgemein übliche Warensortiment.

6. Bei gemischten Betrieben (Metzgerei oder Bäckerei mit Lebensmittelangebot oder Gastwirtschaft) ist nur der jeweils höhere Pauschbetrag der entsprechenden Gewerbeklasse anzusetzen.

Gewerbezweig	Jahreswert für eine Person ohne Umsatzsteuer		
	ermäßigter Steuersatz	voller Steuersatz	insgesamt
	EUR	EUR	EUR
Bäckerei	1.192	402	1.594
Fleischerei	925	831	1.756
Gaststätten aller Art			
a) mit Abgabe von kalten Speisen	1.166	978	2.144
b) mit Abgabe von kalten und warmen Speisen	1.608	1.755	3.363
Getränkeeinzelhandel	94	295	389
Café und Konditorei	1.152	643	1.795
Milch, Milcherzeugnisse, Fettwaren und Eier (Eh.)	643	67	710
Nahrungs- und Genussmittel (Eh.)	1.313	750	2.063
Obst, Gemüse, Südfrüchte und Kartoffeln (Eh.)	295	215	510

---

17) DStR 2014, 2569.

10. Erbschafts-/Schenkungssteuer[18]

Steuerklasse, § 15 ErbStG

I	1. der Ehegatte
	2. die Kinder und Stiefkinder
	3. die Abkömmlinge der in Nummer 2 genannten Kinder und Stiefkinder
	4. die Eltern und Voreltern bei Erwerben von Todes wegen
II	1. die Eltern und Voreltern, soweit sie nicht zur Steuerklasse I gehören,
	2. die Geschwister
	3. die Abkömmlinge ersten Grades von Geschwistern
	4. die Stiefeltern
	5. die Schwiegerkinder
	6. die Schwiegereltern
	7. der geschiedene Ehegatte
III	alle übrigen Erwerber und die Zweckzuwendungen

Freibeträge, § 16 ErbStG

I	1. des Ehegatten	500.000 €
	2. der Kinder und Kinder verstorbener Kinder i.S. der Steuerklasse I Nr. 2	400.000 €
	3. der Kinder der Kinder im Sinne der Steuerklasse I Nr. 2	200.000 €
	4. der übrigen Personen der Steuerklasse I	100.000 €
II	5. der Personen der Steuerklasse II	20.000 €
III	6. des Lebenspartners	500.000 €
	7. der übrigen Personen der Steuerklasse III	20.000 €

Besondere Versorgungs-Freibeträge beim Erwerb von Todes wegen, § 17 ErbStG

Ehegatte und Lebenspartner	256.000 €
Kinder iS. der Steuerklasse I Nr. 2 bei einem Alter	
1. bis zu 5 Jahren	52.000 €
2. mehr als 5 bis zu 10 Jahren	41.000 €
3. mehr als 10 bis zu 15 Jahren	30.700 €
4. mehr als 15 bis zu 20 Jahren	20.500 €
5. mehr als 20 Jahren bis zur Vollendung des 27. Lebensjahres	10.300 €
Sofern der Ehegatte oder die Kinder aus Anlass des Todesfalls steuerfreie Versorgungsbezüge erhalten, vermindert sich der Freibetrag um den Kapitalwert dieser Bezüge.	

Sonstige persönliche Freibeträge im Todesfall, § 13 ErbStG[19]

a) Hausrat, Kleidung, Wäsche für Personen der Steuerklasse I und Lebenspartner	41.000 €
b) Sonstige körperliche Gegenstände für Personen der Steuerklasse I	12.000 €
c) Hausrat, Kleidung, sonstige Gegenstände für Personen der Steuerklasse II/III	12.000 €
Bei a–c gilt die Befreiung nicht für Gegenstände, die zum land- und forstwirtschaftlichen Vermögen, zum Grundvermögen oder zum Betriebsvermögen gehören, für Zahlungsmittel, Wertpapiere, Münzen, Edelmetalle, Edelsteine und Perlen	
Erwerb nach § 1969 BGB (Dreißigster) (§ 13 I Nr. 4 ErbStG)	100 %
Erwerb durch Eltern, Adoptiveltern, Stiefeltern oder Großeltern des Erblassers bei Erwerbsunfähigkeit (§ 13 I Nr. 6 ErbStG)	41.000 €
Erwerb durch Personen, die den Erblasser unentgeltlich oder nur gegen geringes Entgelt gepflegt oder unterhalten haben (§ 13 I Nr. 9 ErbStG)	20.000 €

---

18) Gesetz vom 24. Dezember 2008, BGBl. I, 3018.

19) Daneben regelt § 13 ErbStG weitere Freibeträge aus sachlichen und sozialen Gründen; zu den Freibeträgen bei **Betriebsvermögen** s. §§ 13a, 13b, 19 a ErbStG.

Kalender

Unterhalt

Versorgungsausgleich

Sozialrecht

Steuerrecht

Verfahrensrecht

Steuersätze, § 19 ErbStG

Wert des steuerpflichtigen Erwerbs (§ 10) bis einschließlich ... Euro[20]	Vomhundertsatz in der Steuerklasse		
	I	II	III
75.000	7	15	30
300.000	11	20	30
600.000	15	25	30
6.000.000	19	30	30
13.000.000	23	35	50
26.000.000	27	40	50
über 26.000.000	30	43	50

11. Basis- und Verzugszinssatz

Gültig ab	Basiszinssatz § 247 BGB	Verzugszinssatz	
		Verbrauchergeschäfte § 288 I 1 BGB (+ 5%)	Handelsgeschäfte § 352 I 1 HGB (+ 8%)
1. Juli 2015	–0,83 %	4,17 %	8,17 %
1. Januar 2015	–0,83 %	4,17 %	8,17 %
1. Juli 2014	–0,73 %	4,27 %	7,27 %
1. Januar 2014	–0,63 %	4,37 %	7,37 %
1. Juli 2013	–0,38 %	4,62 %	7,62 %
1. Januar 2013	– 0,13 %	4,87 %	7,87 %
1. Juli 2012	0,12 %	5,12 %	8,12 %
1. Januar 2012	0,12 %	5,12 %	8,12 %
1. Juli 2011	0,37 %	5,37 %	8,37 %
1. Januar 2011	0,12 %	5,12 %	8,12 %
1. Juli 2010	0,12 %	5,12 %	8,12 %
1. Januar 2010	0,12 %	5,12 %	8,12 %
1. Juli 2009	0,12 %	5,12 %	8,12 %
1. Januar 2009	1,62 %	6,62 %	9,62 %
1. Juli 2008	3,19 %	8,19 %	11,19 %
1. Januar 2008	3,32 %	8,32 %	11,32 %
1. Juli 2007	3,19 %	8,19 %	11,19 %
1. Januar 2007	2,70 %	7,70 %	10,70 %
1. Juli 2006	1,95 %	6,95 %	9,95 %
1. Januar 2006	1,37 %	6,37 %	9,37 %
1. Juli 2005	1,17 %	6,17 %	9,17 %
1. Januar 2005	1,21 %	6,21 %	9,21 %
1. Juli 2004	1,13 %	6,13 %	9,13 %
1. Januar 2004	1,14 %	6,14 %	9,14 %
1. Juli 2003	1,22 %	6,22 %	9,22 %
1. Januar 2003	1,97 %	6,97 %	9,97 %
1. Juli 2002	2,47 %	7,47 %	10,47 %
1. Januar 2002	2,57 %	7,57 %	10,57 %

---

20) Der Unterschied zwischen der sich nach dieser Tabelle ergebenden Steuer und der Steuer, die sich berechnen würde, wenn der Erwerb die letztvorhergehende Wertgrenze nicht überstiegen hätte, wird nur insoweit erhoben, als er bei einem Steuersatz bis zu 30 % aus der Hälfte und bei einem Steuersatz über 30 % aus 3/4 des die Wertgrenze übersteigenden Betrags gedeckt werden kann (§ 19 Abs. 3 ErbStG).

12. Lebenshaltungskosten

a) Verbraucherpreisindex (2010 = 100)[21]

1991	Jahresmittel	70,2		1995	Jahresmittel	80,5		1999	Jahresmittel	84,5
	Januar	68,6			Januar	79,9			Januar	83,9
	Februar	68,9			Februar	80,3			Februar	84,0
	März	68,9			März	80,3			März	84,0
	April	69,2			April	80,4			April	84,4
	Mai	69,4			Mai	80,4			Mai	84,4
	Juni	69,8			Juni	80,5			Juni	84,5
	Juli	70,6			Juli	80,7			Juli	84,9
	August	70,6			August	80,7			August	84,8
	September	70,6			September	80,7			September	84,6
	Oktober	71,7			Oktober	80,5			Oktober	84,5
	November	72,0			November	80,5			November	84,7
	Dezember	72,1			Dezember	80,8			Dezember	85,0
1992	Jahresmittel	73,8		1996	Jahresmittel	81,6		2000	Jahresmittel	85,7
	Januar	72,5			Januar	81,0			Januar	85,2
	Februar	72,9			Februar	81,5			Februar	85,3
	März	73,2			März	81,5			März	85,3
	April	73,5			April	81,5			April	85,3
	Mai	73,7			Mai	81,6			Mai	85,2
	Juni	73,9			Juni	81,7			Juni	85,6
	Juli	74,1			Juli	81,8			Juli	86,0
	August	74,1			August	81,8			August	85,8
	September	74,1			September	81,8			September	86,0
	Oktober	74,1			Oktober	81,8			Oktober	85,9
	November	74,4			November	81,7			November	86,0
	Dezember	74,5			Dezember	82,0			Dezember	86,7
1993	Jahresmittel	77,1		1997	Jahresmittel	83,2		2001	Jahresmittel	87,4
	Januar	75,8			Januar	82,7			Januar	86,4
	Februar	76,4			Februar	82,8			Februar	86,9
	März	76,6			März	82,8			März	86,9
	April	76,8			April	82,7			April	87,3
	Mai	76,9			Mai	82,9			Mai	87,6
	Juni	77,1			Juni	83,0			Juni	87,7
	Juli	77,5			Juli	83,7			Juli	87,8
	August	77,5			August	83,8			August	87,6
	September	77,4			September	83,6			September	87,6
	Oktober	77,4			Oktober	83,5			Oktober	87,5
	November	77,5			November	83,5			November	87,3
	Dezember	77,7			Dezember	83,7			Dezember	88,1
1994	Jahresmittel	79,1		1998	Jahresmittel	84,0		2002	Jahresmittel	88,6
	Januar	78,1			Januar	83,7			Januar	88,2
	Februar	78,7			Februar	83,9			Februar	88,5
	März	78,8			März	83,8			März	88,7
	April	78,9			April	83,9			April	88,6
	Mai	79,1			Mai	84,0			Mai	88,7
	Juni	79,2			Juni	84,1			Juni	88,7
	Juli	79,4			Juli	84,4			Juli	88,8
	August	79,6			August	84,2			August	88,7
	September	79,4			September	84,0			September	88,7
	Oktober	79,3			Oktober	83,9			Oktober	88,6
	November	79,4			November	83,9			November	88,3
	Dezember	79,6			Dezember	84,0			Dezember	89,1

21) Das Statistische Bundesamt hat zum 1. Januar 2013 den Verbraucherpreisindex auf das Basisjahr 2010 umgestellt, für weiter zurückliegende Stichtage ist noch der Index 2055 = 100 heranzuziehen.

Kalender

Unterhalt

Versorgungsausgleich

Sozialrecht

Steuerrecht

Verfahrensrecht

2003	Jahresmittel	89,6
	Januar	89,1
	Februar	89,6
	März	89,7
	April	89,4
	Mai	89,2
	Juni	89,5
	Juli	89,7
	August	89,7
	September	89,6
	Oktober	89,6
	November	89,4
	Dezember	90,1
2004	Jahresmittel	91,0
	Januar	90,1
	Februar	90,3
	März	90,6
	April	90,9
	Mai	91,1
	Juni	91,1
	Juli	91,3
	August	91,4
	September	91,2
	Oktober	91,3
	November	91,1
	Dezember	92,1
2005	Jahresmittel	92,5
	Januar	91,4
	Februar	91,8
	März	92,2
	April	92,0
	Mai	92,2
	Juni	92,3
	Juli	92,7
	August	92,8
	September	92,9
	Oktober	93,0
	November	92,7
	Dezember	93,4
2006	Jahresmittel	93,9
	Januar	93,1
	Februar	93,5
	März	93,5
	April	93,8
	Mai	93,8
	Juni	94,0
	Juli	94,4
	August	94,2
	September	93,9
	Oktober	94,0
	November	94,0
	Dezember	94,7

2007	Jahresmittel	96,1
	Januar	94,7
	Februar	95,1
	März	95,3
	April	95,8
	Mai	95,8
	Juni	95,8
	Juli	96,3
	August	96,2
	September	96,4
	Oktober	96,6
	November	97,1
	Dezember	97,7
2008	Jahresmittel	98,6
	Januar	97,4
	Februar	97,8
	März	98,3
	April	98,1
	Mai	98,7
	Juni	98,9
	Juli	99,5
	August	99,2
	September	99,1
	Oktober	98,9
	November	98,4
	Dezember	98,8
2009	Jahresmittel	98,9
	Januar	98,3
	Februar	98,9
	März	98,7
	April	98,8
	Mai	98,7
	Juni	99,0
	Juli	99,0
	August	99,2
	September	98,9
	Oktober	98,9
	November	98,8
	Dezember	99,6
2010	Jahresmittel	100,0
	Januar	99,0
	Februar	99,4
	März	99,9
	April	100,0
	Mai	99,9
	Juni	99,9
	Juli	100,1
	August	100,2
	September	100,1
	Oktober	100,2
	November	100,3
	Dezember	100,9

2011	Jahresmittel	102,1
	Januar	100,7
	Februar	101,3
	März	101,9
	April	101,9
	Mai	101,9
	Juni	102,0
	Juli	102,2
	August	102,3
	September	102,5
	Oktober	102,5
	November	102,7
	Dezember	102,9
2012	Jahresmittel	104,1
	Januar	102,8
	Februar	103,5
	März	104,1
	April	103,9
	Mai	103,9
	Juni	103,7
	Juli	104,1
	August	104,5
	September	104,6
	Oktober	104,6
	November	104,7
	Dezember	105,0
2013	Jahresmittel	105,7
	Januar	104,5
	Februar	105,1
	März	105,6
	April	105,1
	Mai	105,5
	Juni	105,6
	Juli	106,1
	August	106,1
	September	106,1
	Oktober	105,9
	November	106,1
	Dezember	106,5
2014	Jahresmittel	106,6
	Januar	105,9
	Februar	106,4
	März	106,7
	April	106,5
	Mai	106,4
	Juni	106,7
	Juli	107,0
	August	107,0
	September	107,0
	Oktober	106,7
	November	106,7
	Dezember	106,7

2015	Jahresmittel								
	Januar	105,6							
	Februar	106,5							
	März	107,0							
	April	107,0							
	Mai	107,1							
	Juni	107,0							
	Juli	107,2							
	August								
	September								
	Oktober								
	November								
	Dezember								

b)   Verketteter Verbraucherpreisindex (2010 = 100)[22]

1957	23,5	1986	63,0
1958	23,9	1987	63,1
1959	24,3	1988	63,9
1960	24,6	1989	65,7
1961	25,2	1990	67,5
1962	25,9	1991	70,2
1963	26,7	1992	73,8
1964	27,3	1993	77,1
1965	28,2	1994	79,1
1966	29,2	1995	80,5
1967	29,7	1996	81,6
1968	30,2	1997	83,2
1969	30,8	1998	84,0
1970	31,8	1999	84,5
1971	33,5	2000	85,7
1972	35,3	2001	87,4
1973	37,8	2002	88,6
1974	40,4	2003	89,6
1975	42,8	2004	91,0
1976	44,7	2005	92,5
1977	46,3	2006	93,9
1978	47,3	2007	96,1
1979	49,5	2008	98,6
1980	52,5	2009	98,9
1981	55,5	2010	100,0
1982	58,4	2011	102,1
1983	60,3	2012	104,1
1984	61,8	2013	105,7
1985	63,1	2014	106,6

22)   Jahresdurchschnittswerte (2005 = 100), s. Gutdeutsch/Hauß, FamRB 2013, S. 203.

Kalender

Unterhalt

Versorgungsausgleich

Sozialrecht

Steuerrecht

Verfahrensrecht

c) Entwicklung der Indizes der Tarifgehälter und der Lebenshaltungskosten Basis 1950

Datum	Gehaltserhöhung in %	Gehaltsindex	Lebenshaltungsindex[23]	Datum	Gehaltserhöhung in %	Gehaltsindex	Lebenshaltungsindex[24]
01.01.51	10,0	110,0	101,8	01.04.79	5,1	812,6	236,6
01.01.52	10,0	121,0	111,7	01.04.80	7,5	873,5	249,4
01.01.53	7,5	130,1	109,4	01.04.81	5,2	918,9	264,6
01.01.54	6,0	137,9	107,5	01.04.82	4,2	957,5	277,1
01.01.55	7,5	148,2	109,4	01.04.83	3,2	988,1	288,4
01.01.56	7,0	158,6	110,9	01.04.84	3,5	1.022,7	296,4
01.01.57	6,0	168,1	113,9	01.04.85	3,6	1.059,5	303,2
01.01.58	6,0	178,2	117,3	01.04.86	3,2	1.093,4	303,2
01.07.59	4,5	186,2	119,2	01.04.87	3,0	1.126,2	302,8
01.07.60	7,0	199,2	120,8	01.04.88	3,5	1.165,6	305,5
01.10.61	10,8	220,7	123,8	01.04.89	3,9	1.211,1	314,9
01.10.62	7,0	236,1	126,9	01.10.90	6,0	1.283,8	327,0
01.10.63	5,0	247,9	130,6	01.10.91	6,7	1.369,8	339,5
01.10.64	3,0	255,3	134,0	01.11.92	4,2	1.427,3	352,8
01.02.65	5,0	268,1	136,3	01.02.94	2,0	1.455,8	369,8
01.01.66	4,0	278,8	141,6	01.05.95	3,8	1.511,1	378,5
01.07.66	7,1	298,6	143,8	01.05.96	1,9	1.539,8	383,0
01.07.67	2,75	306,8	145,7	01.12.97	2,0	1.570,6	391,7
01.07.68	5,0	322,1	146,9	01.04.99	3,2	1.620,9	395,9
01.04.69	6,8	344,0	149,5	01.05.00	2,5	1.661,4	399,9
01.12.69	6,2	365,3	151,4	01.06.01	2,8	1.707,9	411,6
01.04.70	10,1	402,2	154,4	01.07.02	3,5	1.767,7	416,8
01.04.71	7,7	433,2	161,2	01.01.04	1,8	1.799,5	422,8
01.04.72	7,5	465,7	169,6	01.01.05	1,3	1.822,9	429,6
01.11.72	1,5	472,7	175,6	01.04.06	2,0	1.859,4	441,6
01.04.73	11,6	527,5	181,3	01.04.07	1,0	1.878,0	450,0
01.04.74	11,4	587,6	193,8	01.01.08	3,0	1.934,3	453,0
01.07.74	1,3	595,2	196,4	01.01.09	1,6	1.965,2	457,1
01.10.74	0,9	600,6	198,0	01.04.10	2,5	2.014,3	464,0
01.04.75	6,5	639,6	205,5	01.09.11	3,0	2.074,7	475,6
01.04.76	6,0	678,0	216,5	01.10.12	2,2	2.120,3	485,3
01.04.77	8,1	732,9	223,7	01.08.13	3,2	2.188,10	492,3
01.04.78	5,5	773,2	229,8	01.10.14	2,2	2.236,20	–

23) Stichtagsindex der Tarifgehälter; Basis: 1950 = 100.
Bis Ende 1999 wird der Preisindex für die Lebenshaltung von 4-Personen-Arbeitnehmer-Haushalten mit mittlerem Einkommen jeweils im Monat der Tarifgehaltserhöhung verwendet; berechnet nach der Verbraucherstruktur von 1995. Danach wird der Verbraucherpreisindex für Deutschland (VPI) verwendet.
Quelle: www.agv-vers.de.

d)   Entwicklung des Tarifgehaltsindex seit 1980 (Jahresbasis)[24]

Jahr	Gehaltsindex	Erhöhung gegenüber Vorjahr	Lebenshaltungsindex	Erhöhung gegenüber Vorjahr
1980	100,0	–	100,0	–
1981	105,8	5,8	106,5	6,5
1982	110,6	4,5	112,1	5,3
1983	114,4	3,5	115,7	3,2
1984	118,3	3,4	118,6	2,5
1985	122,6	3,6	121,1	2,1
1986	126,6	3,3	120,9	– 0,2
1987	130,6	3,1	121,2	0,3
1988	135,0	3,4	122,7	1,2
1989	140,1	3,8	126,3	2,9
1990	143,6	2,5	129,7	2,7
1991	152,5	6,2	134,5	3,7
1992	161,2	5,7	139,8	4,0
1993	166,9	3,5	144,7	3,5
1994	169,9	1,8	148,6	2,7
1995	174,5	2,7	151,0	1,6
1996	178,8	2,5	153,3	1,5
1997	180,2	0,8	156,2	1,9
1998	183,5	1,8	157,6	0,9
1999	187,9	2,4	158,5	0,6
2000	192,6	2,5	160,8	1,4
2001	197,4	2,5	163,8	1,9
2002	203,1	2,9	166,3	1,5
2003	206,8	1,8	167,9	1,0
2004	210,5	1,8	170,8	1,7
2005	213,2	1,3	173,4	1,5
2006	216,4	1,5	176,1	1,6
2007	219,3	1,3	180,2	2,3
2008	225,8	3,0	184,9	2,6
2009	229,5	1,6	185,3	0,4
2010	233,8	1,9	187,6	1,1
2011	237,5	1,6	191,6	2,1
2012	243,7	2,6	195,4	2,0
2013	250,0	2,6	198,3	1.5
2014	256,0	2,4	–	–

24) Quelle: agv-vers.de; ermittelt vom Arbeitgeberverband, auf Jahresbasis gerechnet.

Kalender

Unterhalt

Versorgungsausgleich

Sozialrecht

Steuerrecht

Verfahrensrecht

13. Abgekürzte Sterbetafel 2009/2011[25]

Vollendetes Alter	Durchschnittliche Lebenserwartung in Jahren		Vollendetes Alter	Durschnittliche Lebenserwartung in Jahren		Vollendetes Alter	Durschnittliche Lebenserwartung in Jahren	
	männlich	weiblich		männlich	weiblich		männlich	weiblich
0	77,72	82,73	31	47,59	52,31	62	19,76	23,23
1	77,02	81,99	32	46,62	51,32	63	18,99	22,38
2	76,04	81,01	33	45,66	50,34	64	18,23	21,53
3	75,06	80,02	34	44,69	49,36	65	17,48	20,68
4	74,07	79,03	35	43,72	48,38	66	16,74	19,84
5	73,08	78,04	36	42,76	47,40	67	16,01	19,01
6	72,09	77,05	37	41,80	46,42	68	15,30	18,18
7	71,09	76,05	38	40,84	45,45	69	14,58	17,35
8	70,10	75,06	39	39,88	44,47	70	13,89	16,53
9	69,11	74,06	40	38,93	43,50	71	13,20	15,72
10	68,11	73,07	41	37,98	42,53	72	12,52	14,92
11	67,12	72,08	42	37,03	41,57	73	11,86	14,13
12	66,12	71,08	43	36,08	40,60	74	11,21	13,36
13	65,13	70,09	44	35,15	39,64	75	10,58	12,60
14	64,14	69,09	45	34,22	38,69	76	9,97	11,87
15	63,15	68,10	46	33,29	37,74	77	9,38	11,15
16	62,16	67,11	47	32,37	36,79	78	8,82	10,45
17	61,17	66,12	48	31,47	35,85	79	8,28	9,78
18	60,20	65,13	49	30,56	34,91	80	7,77	9,13
19	59,22	64,14	50	29,67	33,98	81	7,28	8,51
20	58,25	63,16	51	28,79	33,06	82	6,81	7,91
21	57,28	62,17	52	27,92	32,13	83	6,36	7,34
22	56,31	61,18	53	27,06	31,22	84	5,93	6,80
23	55,34	60,20	54	26,21	30,31	85	5,52	6,29
24	54,37	59,21	55	25,37	29,41	86	5,13	5,81
25	53,40	58,22	56	24,54	28,51	87	4,76	5,37
26	52,43	57,24	57	23,72	27,62	88	4,43	4,96
27	51,46	56,25	58	22,90	26,73	89	4,12	4,58
28	50,49	55,26	59	22,10	25,84	90	3,84	4,25
29	49,52	54,28	60	21,31	24,96	91	3,56	3,94
30	48,56	53,29	61	20,53	24,10	92	3,32	3,68

25) www.destatis.de/download/d/bevoe/sterbet04.xls.

14. Leibrententafel, jährlich vorschüssige Zahlung

a) Lebenslange Leibrente Männer basierend auf Sterbetafel 2009/2011[26]

Lebensalter bei Rentenbeginn	Zinssatz						
	3,00 %	3,50 %	4,00 %	4,50 %	5,00 %	5,50 %	6,00 %
20	27,731699	25,144621	22,945880	21,064137	19,442829	18,036854	16,810033
21	27,548359	25,003033	22,835908	20,978224	19,375316	17,983483	16,767588
22	27,359702	24,856668	22,721712	20,888614	19,304590	17,927333	16,722746
23	27,165014	24,704857	22,602662	20,794717	19,230098	17,867887	16,675024
24	26,963841	24,547160	22,478337	20,696130	19,151459	17,804784	16,624081
25	26,757884	24,385097	22,350106	20,594099	19,069813	17,739076	16,570894
26	26,545100	24,216785	22,216229	20,487009	18,983660	17,669363	16,514156
27	26,326887	24,043467	22,077821	20,375869	18,893918	17,596494	16,454651
28	26,103060	23,864952	21,934687	20,260486	18,800402	17,520286	16,392208
29	25,871860	23,679603	21,785302	20,139436	18,701778	17,439491	16,325653
30	25,634888	23,488849	21,630950	20,013883	18,599108	17,355085	16,255892
31	25,390142	23,290826	21,469893	19,882199	18,490866	17,265636	16,181574
32	25,139688	23,087390	21,303808	19,745912	18,378453	17,172433	16,103898
33	24,882308	22,877393	21,131612	19,603998	18,260900	17,074563	16,021998
34	24,617524	22,660357	20,952832	19,455994	18,137758	16,971588	15,935453
35	24,345345	22,436252	20,767405	19,301812	18,008919	16,863391	15,844138
36	24,065773	22,205037	20,575258	19,141355	17,874270	16,749845	15,747918
37	23,778801	21,966664	20,376311	18,974517	17,733686	16,630812	15,646648
38	23,484414	21,721075	20,170472	18,801182	17,587031	16,506144	15,540169
39	23,184477	21,469956	19,959271	18,622742	17,435583	16,377017	15,429570
40	22,876164	21,210653	19,740209	18,436844	17,277114	16,241321	15,312851
41	22,561500	20,944996	19,514946	18,244994	17,113005	16,100325	15,191182
42	22,238838	20,671414	19,281982	18,045763	16,941885	15,952716	15,063307
43	21,909453	20,391045	19,042334	17,840059	16,764575	15,799237	14,929900
44	21,575262	20,105633	18,797593	17,629341	16,582413	15,641124	14,792107
45	21,234653	19,813643	18,546295	17,412210	16,394062	15,477094	14,648699
46	20,887953	19,515342	18,288651	17,188828	16,199643	15,307236	14,499733
47	20,535473	19,210978	18,024858	16,959345	15,999267	15,131626	14,345261
48	20,179807	18,902945	17,757126	16,725812	15,794838	14,952039	14,186941
49	19,818765	18,589168	17,483485	16,486349	15,584564	14,766762	14,023134
50	19,453009	18,270234	17,204451	16,241412	15,368843	14,576146	13,854148
51	19,082978	17,946522	16,920353	15,991281	15,147915	14,380392	13,680151
52	18,714023	17,623043	16,635888	15,740372	14,925940	14,183429	13,504865
53	18,337268	17,291437	16,343163	15,481211	14,695827	13,978516	13,321867
54	17,956508	16,955232	16,045462	15,216865	14,460442	13,768337	13,133678
55	17,573986	16,616522	15,744741	14,949159	14,221495	13,554498	12,941809
56	17,187472	16,273181	15,438968	14,676149	13,977119	13,335203	12,744529
57	16,795460	15,923756	15,126734	14,396462	13,725977	13,109146	12,540566
58	16,401285	15,571371	14,810968	14,112852	13,470657	12,878769	12,332222
59	16,004185	15,215287	14,490950	13,824608	13,210462	12,643382	12,118819
60	15,603215	14,854582	14,165775	13,530843	12,944517	12,402124	11,899508
61	15,199127	14,489944	13,836068	13,232122	12,673333	12,155453	11,674699
62	14,790293	14,119797	13,500296	12,926949	12,395444	11,901936	11,442988
63	14,376392	13,743793	13,158088	12,614929	12,110435	11,641133	11,203915
64	13,954130	13,358745	12,806345	12,293044	11,815359	11,370169	10,954669
65	13,533485	12,974148	12,454118	11,969926	11,518459	11,096920	10,702786
66	13,106798	12,582662	12,094350	11,638782	11,213185	10,815059	10,442148
67	12,679836	12,189779	11,732277	11,304602	10,904295	10,529130	10,177094
68	12,249252	11,792271	11,364774	10,964356	10,588842	10,236260	9,904821

26) Der Kapitalwert einer lebenslangen Rente ergibt sich aus der Multiplikation des Jahresbetrages mit dem Tabellenwert für die zugrunde gelegte Verzinsung.
Bei lebenslangen Renten ist das bei Beginn der Rentenzahlung erreichte Lebensjahr maßgeblich. Ein noch nicht vollendetes Lebensjahr wird mitgezählt, wenn mehr als 6 Monate verstrichen sind.

Kalender

Unterhalt

Versorgungsausgleich

Sozialrecht

Steuerrecht

Verfahrensrecht

Lebensalter bei Rentenbeginn	Zinssatz						
	3,00 %	3,50 %	4,00 %	4,50 %	5,00 %	5,50 %	6,00 %
69	11,812840	11,387979	10,989720	10,615953	10,264762	9,934409	9,623311
70	11,375556	10,981637	10,611635	10,263707	9,936175	9,627510	9,336317
71	10,935753	10,571636	10,228942	9,906066	9,601544	9,314038	9,042326
72	10,495452	10,159905	9,843473	9,544767	9,262513	8,995548	8,742802
73	10,052794	9,744627	9,453445	9,178050	8,917341	8,670309	8,436027
74	9,611263	9,329154	9,062076	8,809001	8,568982	8,341150	8,124702
75	9,180560	8,922905	8,678512	8,446501	8,226060	8,016441	7,816955
76	8,753670	8,519120	8,296222	8,084226	7,882442	7,690229	7,506997
77	8,333268	8,120414	7,917757	7,724662	7,540543	7,364856	7,197095
78	7,923587	7,730946	7,547197	7,371805	7,204273	7,044142	6,890981
79	7,528956	7,355003	7,188779	7,029835	6,877754	6,732145	6,592648
80	7,145455	6,988839	6,838915	6,695309	6,557670	6,425672	6,299010
81	6,770056	6,629549	6,494811	6,365530	6,241415	6,122193	6,007608
82	6,410156	6,284422	6,163643	6,047562	5,935937	5,828540	5,725159
83	6,059242	5,947153	5,839300	5,735472	5,635470	5,539104	5,446200
84	5,713240	5,613781	5,517924	5,425495	5,336332	5,250279	5,167192
85	5,383189	5,295174	5,210209	5,128154	5,048876	4,972249	4,898153
86	5,064958	4,987346	4,912306	4,839724	4,769493	4,701509	4,635677
87	4,762933	4,694674	4,628575	4,564545	4,502407	4,442347	4,384017
88	4,481771	4,421834	4,363706	4,307313	4,252585	4,199456	4,147863
89	4,210756	4,158358	4,107466	4,058020	4,009965	3,963248	3,917819
90	3,971496	3,925647	3,881050	3,837656	3,795424	3,754309	3,714272

b) Lebenslange Leibrente Frauen basierend auf Sterbetafel 2009/2011[27]

Lebensalter bei Rentenbeginn	Zinssatz						
	3,00 %	3,50 %	4,00 %	4,50 %	5,00 %	5,50 %	6,00 %
20	28,710046	25,909543	23,548068	21,541601	19,824195	18,343776	17,058966
21	28,547662	25,787082	23,455180	21,470722	19,769779	18,301732	17,026270
22	28,380086	25,660049	23,358320	21,396424	19,712431	18,257184	16,991435
23	28,207732	25,528801	23,257800	21,318981	19,652402	18,210359	16,954674
24	28,030451	25,393185	23,153471	21,238251	19,589556	18,161132	16,915869
25	27,846970	25,252030	23,044248	21,153230	19,522963	18,108639	16,874217
26	27,658504	25,106411	22,931096	21,064790	19,453419	18,053612	16,830398
27	27,464619	24,955914	22,813623	20,972562	19,380578	17,995729	16,784108
28	27,265972	24,801115	22,692338	20,877004	19,304857	17,935370	16,735706
29	27,060766	24,640360	22,565715	20,776702	19,224941	17,871317	16,684050
30	26,850164	24,474677	22,434673	20,672486	19,141589	17,804262	16,629785
31	26,633185	24,303150	22,298353	20,563551	19,054045	17,733501	16,572248
32	26,410169	24,126057	22,156989	20,450096	18,962483	17,659185	16,511577
33	26,181979	23,944162	22,011259	20,332733	18,867457	17,581823	16,448244
34	25,946862	23,755836	21,859649	20,210046	18,767646	17,500179	16,381088
35	25,706164	23,562277	21,703234	20,083010	18,663940	17,415071	16,310867
36	25,457374	23,361156	21,539845	19,949601	18,554443	17,324722	16,235912
37	25,203059	23,154788	21,371585	19,811738	18,440919	17,230761	16,157737
38	24,942510	22,942494	21,197801	19,668801	18,322778	17,132629	16,075811
39	24,674506	22,723117	21,017401	19,519752	18,199038	17,029394	15,989251
40	24,401034	22,498448	20,832006	19,366071	18,071055	16,922309	15,899222
41	24,119912	22,266446	20,639703	19,205959	17,937137	16,809778	15,804214
42	23,832582	22,028401	20,441650	19,040465	17,798237	16,692674	15,705036
43	23,538560	21,783830	20,237371	18,869120	17,653899	16,570555	15,601257

---

27) Der Kapitalwert einer lebenslangen Rente ergibt sich aus der Multiplikation des Jahresbetrages mit dem Tabellenwert für die zugrunde gelegte Verzinsung.
Bei lebenslangen Renten ist das bei Beginn der Rentenzahlung erreichte Lebensjahr maßgeblich. Ein noch nicht vollendetes Lebensjahr wird mitgezählt, wenn mehr als 6 Monate verstrichen sind.

Lebensalter bei Rentenbeginn	Zinssatz						
	3,00 %	3,50 %	4,00 %	4,50 %	5,00 %	5,50 %	6,00 %
44	23,238534	21,533333	20,027392	18,692388	17,504534	16,443788	15,493211
45	22,931545	21,275989	19,810825	18,509415	17,349323	16,311588	15,380145
46	22,618243	21,012358	19,588157	18,320627	17,188638	16,174286	15,262354
47	22,298122	20,741936	19,358885	18,125524	17,021988	16,031398	15,139369
48	21,972913	20,466293	19,124441	17,925417	16,850578	15,884038	15,012222
49	21,640336	20,183275	18,882782	17,718367	16,672566	15,730454	14,879245
50	21,303575	19,895808	18,636610	17,506875	16,490275	15,572814	14,742468
51	20,958666	19,600165	18,382406	17,287614	16,300552	15,408124	14,599047
52	20,608033	19,298562	18,122205	17,062457	16,105129	15,237991	14,450476
53	20,251761	18,991045	17,856016	16,831383	15,903960	15,062349	14,296676
54	19,889093	18,676867	17,583105	16,593670	15,696335	14,880504	14,136966
55	19,518043	18,354121	17,301635	16,347546	15,480547	14,690806	13,969759
56	19,141421	18,025397	17,013997	16,095227	15,258651	14,495171	13,796840
57	18,756481	17,688068	16,717676	15,834296	15,028324	14,291364	13,616059
58	18,362613	17,341504	16,412019	15,564084	14,788885	14,078694	13,426720
59	17,962603	16,988278	16,099406	15,286795	14,542378	13,859061	13,230594
60	17,554513	16,626510	15,778011	15,000653	14,287074	13,630782	13,026042
61	17,143533	16,261067	15,452403	14,709953	14,027018	13,397673	12,816672
62	16,723801	15,886361	15,117243	14,409584	13,757309	13,155030	12,597960
63	16,298317	15,505183	14,775127	14,101964	13,480201	12,904955	12,371874
64	15,864302	15,114844	14,423447	13,784556	13,193225	12,645043	12,136068
65	15,423550	14,716991	14,063712	13,458744	12,897647	12,376451	11,891601
66	14,973146	14,308789	13,693158	13,121824	12,590821	12,096590	11,635934
67	14,516488	13,893415	13,314754	12,776574	12,275343	11,807885	11,371340
68	14,050374	13,467753	12,925457	12,420014	11,948293	11,507474	11,095006
69	13,573621	13,030589	12,524024	12,050871	11,608370	11,194026	10,805577
70	13,089955	12,585423	12,113735	11,672217	11,258448	10,870230	10,505569
71	12,598831	12,131669	11,693963	11,283382	10,897812	10,535329	10,194181
72	12,102622	11,671554	11,266785	10,886299	10,528257	10,190984	9,872950
73	11,603686	11,207305	10,834304	10,482943	10,151635	9,838926	9,543487
74	11,102359	10,739218	10,396763	10,073506	9,768079	9,479232	9,205815
75	10,602693	10,271185	9,957900	9,661566	9,381016	9,115177	8,863060
76	10,107733	9,806163	9,520573	9,249883	8,993102	8,749313	8,517674
77	9,616424	9,343146	9,083813	8,837515	8,603412	8,380728	8,168746
78	9,128000	8,881403	8,646910	8,423760	8,211248	8,008718	7,815566
79	8,649217	8,427519	8,216280	8,014863	7,822681	7,639183	7,463863
80	8,175530	7,977114	7,787685	7,606716	7,433717	7,268233	7,109838
81	7,712852	7,535985	7,366800	7,204863	7,049772	6,901149	6,758641
82	7,259766	7,102802	6,952369	6,808114	6,669705	6,536832	6,409205
83	6,823878	6,685064	6,551777	6,423731	6,300655	6,182295	6,068415
84	6,399983	6,277764	6,160198	6,047053	5,938109	5,833161	5,732015
85	5,995550	5,888298	5,784944	5,685302	5,589196	5,496461	5,406938
86	5,609591	5,515802	5,425264	5,337828	5,253354	5,171708	5,092764
87	5,241727	5,160004	5,080978	5,004532	4,930552	4,858935	4,789578
88	4,899589	4,828518	4,759675	4,692969	4,628312	4,565619	4,504810
89	4,576237	4,514643	4,454881	4,396878	4,340565	4,285877	4,232751
90	4,290665	4,237236	4,185309	4,134827	4,085737	4,037987	3,991529

Kalender

Unterhalt

Versorgungsausgleich

Sozialrecht

Steuerrecht

Verfahrensrecht

15. Kapitalwerte von Leibrenten von 12.000 EUR/jährlich bei monatlich vorschüssiger Zahlung[28]

a) Befristete Rente Zinssatz 3,0%, 4,0 % und 5,5%

Laufzeit in Jahren	Zinssatz			Laufzeit in Jahren	Zinssatz		
	3,0%	**4,0%**	**5,5%**		**3,0%**	**4,0%**	**5,5%**
1	11.815	11.764	11.689	26	216.460	194.592	167.706
2	23.269	23.045	22.738	27	221.869	198.780	170.575
3	34.382	33.887	33.206	28	227.116	202.806	173.292
4	45.132	44.310	43.128	29	232.206	206.672	175.866
5	55.594	54.331	52.531	30	237.145	210.388	178.302
6	65.749	63.965	61.441	31	241.937	213.959	180.610
7	75.606	73.226	69.887	32	246.584	217.387	182.797
8	85.176	82.130	77.891	33	251.091	220.684	184.867
9	94.465	90.692	85.477	34	255.467	223.849	186.829
10	103.483	98.923	92.666	35	259.708	226.890	188.685
11	112.237	106.837	99.481	36	263.822	229.811	190.444
12	120.734	114.445	105.938	37	267.812	232.618	192.109
13	128.986	121.760	112.060	38	271.682	235.312	193.685
14	136.993	128.791	117.859	39	275.432	237.899	195.178
15	144.777	135.553	123.356	40	279.067	240.384	196.589
16	152.312	142.051	128.567	41	282.595	242.767	197.926
17	159.635	148.300	133.502	42	286.010	245.056	199.189
18	166.742	154.303	138.179	43	289.320	247.253	200.385
19	173.638	160.073	142.609	44	292.525	249.358	201.515
20	180.326	165.616	146.804	45	295.628	251.378	202.585
21	186.815	170.941	150.779	46	298.633	253.314	203.595
22	193.109	176.057	154.542	47	301.540	255.170	204.550
23	199.216	180.972	158.106	48	304.351	256.949	205.450
24	205.139	185.694	161.482	49	307.070	258.652	206.302
25	210.886	190.231	164.678	50	309.700	260.282	207.104

---

28) Die nachfolgenden Tabellen ermöglichen die Kapitalisierung zeitlich befristeter oder lebenslanger Renten bei einem angenommenen Zinssatz von 3%, 4% sowie dem in § 15 Abs. 1 BewG normierten Zinssatz von 5,5%. Ihnen liegt jeweils eine Jahresrente von 12.000 EUR, vorschüssig zahlbar in Raten von 1.000 EUR/Monat, zugrunde.
Der Kapitalwert abweichender Rentenbeträge berechnet sich nach folgender Formel: Tabellenbetrag × Jahresrente/12.000.

b) Lebenslange Leibrente Männer basierend auf Sterbetafel 2009/2011[29]

Lebensalter bei Rentenbeginn	Zinssatz			Lebensalter bei Rentenbeginn	Zinssatz		
	3,0%	4,0%	5,5%		3,0%	4,0%	5,5%
30	302.119	254.072	202.762	58	191.316	172.232	149.046
31	299.182	252.139	201.688	59	186.551	168.391	146.221
32	296.177	250.146	200.569	60	181.739	164.490	143.326
33	293.088	248.080	199.396	61	176.890	160.534	140.366
34	289.910	245.934	198.160	62	171.984	156.504	137.323
35	286.644	243.709	196.861	63	167.017	152.398	134.194
36	283.290	241.404	195.498	64	161.950	148.176	130.943
37	279.846	239.016	194.070	65	156.902	143.949	127.663
38	276.313	236.546	192.574	66	151.782	139.632	124.282
39	272.714	234.012	191.024	67	146.658	135.288	120.850
40	269.015	231.383	189.396	68	141.492	130.878	117.336
41	265.238	228.679	187.704	69	136.254	126.377	113.713
42	261.366	225.884	185.932	70	131.008	121.840	110.030
43	257.414	223.008	184.091	71	125.730	117.247	106.268
44	253.404	220.072	182.194	72	120.446	112.622	102.446
45	249.317	217.056	180.226	73	115.134	107.941	98.544
46	245.156	213.965	178.187	74	109.836	103.246	94.594
47	240.926	210.799	176.080	75	104.668	98.642	90.697
48	236.658	207.586	173.924	76	99.545	94.054	86.783
49	232.326	204.302	171.702	77	94.500	89.514	82.879
50	227.936	200.954	169.414	78	89.584	85.067	79.030
51	223.496	197.545	167.065	79	84.848	80.766	75.286
52	219.068	194.131	164.701	80	80.246	76.567	71.609
53	214.548	190.619	162.242	81	75.742	72.438	67.697
54	209.978	187.046	159.720	82	71.443	68.464	64.442
55	205.388	183.437	157.154	83	67.211	64.572	60.969
56	200.750	179.768	154.523	84	63.059	60.715	57.504
57	196.046	176.021	151.810	85	59.099	57.023	54.167

---

29) Bei lebenslangen Renten ist das bei Beginn der Rentenzahlung erreichte Lebensjahr maßgeblich. Ein noch nicht vollendetes Lebensjahr wird mitgezählt, wenn mehr als 6 Monate verstrichen sind.
Der Kapitalwert abweichender Rentenbeträge berechnet sich nach folgender Formel: Tabellenbetrag × Jahresrente/12.000f.

Kalender
Unterhalt
Versorgungsausgleich
Sozialrecht
Steuerrecht
Verfahrensrecht

c)   Lebenslange Leibrente Frauen basierend auf Sterbetafel 2009/2011[30]

Lebensalter bei Rentenbeginn	Zinssatz			Lebensalter bei Rentenbeginn	Zinssatz		
	3,0%	4,0%	5,5%		3,0%	4,0%	5,5%
30	316.702	263.717	208.152	58	214.852	191.444	163.445
31	314.099	262.081	207.302	59	210.052	187.693	160.809
32	311.423	260.384	206.411	60	205.154	183.836	158.070
33	308.684	258.636	205.482	61	200.222	179.929	155.723
34	305.863	256.816	204.503	62	195.186	175.907	152.360
35	302.975	254.939	203.481	63	190.080	171.802	149.360
36	299.989	252.978	202.397	64	184.872	167.581	146.240
37	296.938	250.959	201.270	65	179.584	163.265	143.018
38	293.810	248.874	200.092	66	174.177	158.819	139.659
39	290.594	246.709	198.853	67	168.698	154.278	136.195
40	287.312	244.484	197.568	68	163.105	149.606	132.590
41	283.393	242.177	196.218	69	157.384	144.788	128.828
42	280.492	239.801	194.813	70	151.580	139.865	124.943
43	276.934	237.349	193.347	71	145.686	134.828	120.924
44	273.362	234.829	191.826	72	139.732	129.702	116.792
45	269.678	232.230	190.239	73	133.745	124.512	112.567
46	265.919	229.559	188.592	74	127.729	119.262	108.251
47	262.078	226.807	186.877	75	121.733	113.995	103.883
48	258.175	223.993	185.108	76	115.793	108.747	99.492
49	254.184	221.094	183.266	77	109.897	103.506	95.069
50	250.144	218.139	181.374	78	104.036	98.263	90.605
51	246.005	215.089	179.397	79	98.291	93.096	86.171
52	241.796	211.967	177.356	80	92.606	87.953	81.719
53	237.522	208.772	175.248	81	87.055	82.902	77.313
54	233.170	205.498	173.066	82	81.618	77.929	72.942
55	228.716	202.119	170.790	83	76.387	73.122	68.688
56	224.197	198.668	168.443	84	71.300	68.423	64.499
57	219.578	195.113	165.997	85	66.446	63.919	60.458

---

30) Bei lebenslangen Renten ist das bei Beginn der Rentenzahlung erreichte Lebensjahr maßgeblich. Ein noch nicht vollendetes Lebensjahr wird mitgezählt, wenn mehr als 6 Monate verstrichen sind.
Der Kapitalwert abweichender Rentenbeträge berechnet sich nach folgender Formel: Tabellenbetrag × Jahresrente/12.000.

16. Jahresrente bei einem Kapital von 100.000 EUR[31)]

a) Befristete Rente (gleicher Jahresbetrag), Zinssatz 3,0%, 4,0 % und 5,5%[32)]

Laufzeit in	Zinssatz			Laufzeit in	Zinssatz		
Jahren	**3,0%**	**4,0%**	**5,5%**	Jahren	**3,0%**	**4,0%**	**5,5%**
1	101.352	101.796	102.444	26	5.508	6.120	7.104
2	51.420	51.900	52.596	27	5.364	5.988	6.984
3	34.788	35.268	35.988	28	5.244	5.868	6.876
4	26.472	26.964	27.708	29	5.124	5.760	6.780
5	21.492	21.984	22.740	30	5.016	5.664	6.684
6	18.168	18.672	19.440	31	4.920	5.568	6.600
7	15.792	16.308	17.088	32	4.824	5.472	6.516
8	14.016	14.532	15.324	33	4.740	5.388	6.444
9	12.636	13.164	13.968	34	4.656	5.316	6.372
10	11.532	12.072	12.888	35	4.584	5.244	6.312
11	10.632	11.172	12.000	36	4.512	5.172	6.252
12	9.888	10.428	11.268	37	4.440	5.112	6.192
13	9.252	9.804	10.656	38	4.380	5.052	6.144
14	8.712	9.264	10.128	39	4.320	4.992	6.096
15	8.244	8.784	9.672	40	4.260	4.944	6.048
16	7.836	8.400	9.276	41	4.200	4.896	6.012
17	7.476	8.040	8.928	42	4.140	4.848	5.976
18	7.152	7.728	8.640	43	4.104	4.800	5.940
19	6.864	7.452	8.364	44	4.056	4.764	5.904
20	6.612	7.200	8.124	45	4.008	4.728	5.868
21	6.384	6.972	7.908	46	3.972	4.692	5.844
22	6.180	6.768	7.716	47	3.936	4.656	5.808
23	5.988	6.588	7.548	48	3.900	4.620	5.784
24	5.808	6.420	7.380	49	3.864	4.584	5.760
25	5.652	6.264	7.236	50	3.828	4.560	5.736

31) Die nachfolgenden Tabellen ermöglichen die Umrechnung eines Barkapitals in eine zeitlich befristete oder lebenslange Rente bei einem angenommenen Zinssatz von 3%, 4% sowie dem in § 15 I BewG normierten Zinssatz von 5,5%. Ihnen liegt jeweils ein Kapitalbetrag von 100.000 EUR und eine monatlich vorschüssig zu zahlende Rente zugrunde.
Der Rentenwert abweichender Kapitalbeträge berechnet sich nach folgender Formel: Tabellenbetrag × Kapitalbetrag/ 100.000.

32) Auf folgenden Annahmen beruhende Berechnung: Angegeben ist der Jahresbetrag bei monatlich vorschüssiger Zahlung, über die ganze Laufzeit gleichbleibende Raten, Steuern sind nicht berücksichtigt.

Kalender

Unterhalt

Versorgungsausgleich

Sozialrecht

Steuerrecht

Verfahrensrecht

b) Befristete Rente (Steigerung 1% jährlich, Anfangswert), Zinssatz 3,0%, 4,0% und 5,5%[33]

Laufzeit in Jahren	Zinssatz			Laufzeit in Jahren	Zinssatz		
	3,0%	4,0%	5,5%		3,0%	4,0%	5,5%
1	101.352	101.796	102.228	26	4.920	5.508	6.120
2	51.168	51.648	52.104	27	4.788	5.376	6.000
3	34.452	34.932	35.412	28	4.656	5.244	5.880
4	26.088	26.580	27.060	29	4.536	5.136	5.760
5	21.072	21.564	22.068	30	4.428	5.028	5.664
6	17.736	18.228	18.732	31	4.320	4.920	5.568
7	15.348	15.852	16.356	32	4.224	4.824	5.472
8	13.560	14.064	14.580	33	4.128	4.740	5.388
9	12.168	12.684	13.200	34	4.044	4.656	5.316
10	11.052	11.568	12.096	35	3.960	4.572	5.244
11	10.140	10.668	11.196	36	3.888	4.512	5.172
12	9.384	9.912	10.452	37	3.816	4.440	5.112
13	8.748	9.276	9.828	38	3.744	4.380	5.052
14	8.196	8.724	9.288	39	3.684	4.320	4.992
15	7.728	8.268	8.820	40	3.624	4.260	4.944
16	7.308	7.848	8.412	41	3.564	4.200	4.884
17	6.948	7.488	8.064	42	3.504	4.152	4.836
18	6.612	7.164	7.740	43	3.456	4.104	4.800
19	6.324	6.888	7.464	44	3.408	4.056	4.752
20	6.072	6.624	7.212	45	3.360	4.008	4.716
21	5.832	6.396	6.984	46	3.312	3.972	4.680
22	5.616	6.180	6.780	47	3.264	3.924	4.644
23	5.424	5.988	6.588	48	3.228	3.888	4.608
24	5.244	5.868	6.420	49	3.192	3.852	4.572
25	5.076	5.664	6.264	50	3.144	3.816	4.548

---

33) Auf folgenden Annahmen beruhende Berechnung: Angegeben ist der 1. Jahresbetrag bei monatlich vorschüssiger Zahlung und einer jährlichen Steigerung der Rente um 1%, Steuern sind nicht berücksichtigt.
Der Rentenwert abweichender Kapitalbeträge berechnet sich nach folgender Formel: Tabellenbetrag × Kapitalbetrag/ 100.000.

c) **Lebenslange Rente Männer, monatlich vorschüssige Zahlung, basierend auf Sterbetafel 2009/2011[34]**

Lebensalter bei Rentenbeginn	Zinssatz			Lebensalter bei Rentenbeginn	Zinssatz		
	3,0%	4,0%	5,5%		3,0%	4,0%	5,5%
30	3.901	4.623	5.762	58	6.097	6.752	7.765
31	3.939	4.658	5.792	59	6.248	6.901	7.909
32	3.978	4.694	5.823	60	6.409	7.059	8.063
33	4.019	4.732	5.857	61	6.579	7.227	8.227
34	4.062	4.773	5.892	62	6.761	7.407	8.402
35	4.108	4.815	5.930	63	6.956	7.600	8.590
36	4.155	4.860	5.970	64	7.166	7.809	8.795
37	4.205	4.908	6.013	65	7.389	8.029	9.012
38	4.258	4.958	6.058	66	7.630	8.268	9.246
39	4.313	5.010	6.106	67	7.887	8.523	9.497
40	4.371	5.066	6.157	68	8.164	8.799	9.769
41	4.432	5.124	6.211	69	8.465	9.099	10.066
42	4.497	5.186	6.269	70	8.791	9.424	10.387
43	4.564	5.251	6.329	71	9.144	9.776	10.736
44	4.635	5.320	6.393	72	9.528	10.159	11.117
45	4.709	5.392	6.461	73	9.947	10.578	11.534
46	4.787	5.468	6.533	74	10.404	11.035	11.989
47	4.870	5.548	6.609	75	10.893	11.523	12.474
48	4.955	5.632	6.688	76	11.424	12.054	13.004
49	5.046	5.720	6.772	77	12.000	12.630	13.578
50	5.141	5.812	6.861	78	12.621	13.250	14.196
51	5.240	5.910	6.954	79	13.282	13.911	14.854
52	5.344	6.011	7.050	80	13.995	14.622	15.563
53	5.453	6.119	7.154	81	14.771	15.397	16.334
54	5.569	6.232	7.263	82	15.600	16.224	17.157
55	5.690	6.351	7.378	83	16.504	17.125	18.053
56	5.818	6.477	7.499	84	17.503	18.123	19.047
57	5.954	6.611	7.628	85	18.576	19.193	20.112

---

34) Lebenslange Jahresrente aus einem Kapital von 100.000 EUR; bei lebenslangen Renten ist das bei Beginn der Rentenzahlung erreichte Lebensjahr maßgeblich. Ein noch nicht vollendetes Lebensjahr wird mitgezählt, wenn mehr als 6 Monate verstrichen sind.
Der Rentenwert abweichender Kapitalbeträge berechnet sich nach folgender Formel: Tabellenbetrag × Kapitalbetrag/ 100.000.

Kalender

Unterhalt

Versorgungsausgleich

Sozialrecht

Steuerrecht

Verfahrensrecht

d) Lebenslange Rente Frauen, monatlich vorschüssige Zahlung, basierend auf Sterbetafel 2009/2011[35]

Lebensalter bei Rentenbeginn	3,0%	4,0%	5,5%	Lebensalter bei Rentenbeginn	3,0%	4,0%	5,5%
30	3.724	4.457	5.617	58	5.446	6.093	7.103
31	3.755	4.485	5.639	59	5.567	6.211	7.215
32	3.786	4.513	5.663	60	5.697	6.338	7.336
33	3.819	4.543	5.688	61	5.833	6.471	7.464
34	3.854	4.575	5.714	62	5.980	6.615	7.602
35	3.890	4.608	5.742	63	6.136	6.768	7.749
36	3.928	4.643	5.772	64	6.303	6.933	7.908
37	3.968	4.679	5.804	65	6.484	7.110	8.080
38	4.009	4.717	5.837	66	6.679	7.303	8.267
39	4.053	4.758	5.872	67	6.889	7.510	8.469
40	4.098	4.800	5.909	68	7.117	7.737	8.690
41	4.146	4.845	5.949	69	7.367	7.985	8.933
42	4.196	4.892	5.991	70	7.639	8.255	9.199
43	4.248	4.941	6.035	71	7.937	8.551	9.492
44	4.303	4.993	6.081	72	8.263	8.876	9.813
45	4.361	5.048	6.131	73	8.618	9.230	10.164
46	4.421	5.105	6.183	74	9.007	9.618	10.549
47	4.485	5.166	6.238	75	9.432	10.042	10.971
48	4.551	5.229	6.296	76	9.893	10.504	11.429
49	4.621	5.296	6.357	77	10.399	11.009	11.932
50	4.694	5.366	6.421	78	10.955	11.565	12.486
51	4.771	5.440	6.490	79	11.562	12.171	13.090
52	4.852	5.518	6.563	80	12.232	12.841	13.759
53	4.938	5.600	6.639	81	12.965	13.574	14.490
54	5.028	5.687	6.720	82	13.775	14.384	15.298
55	5.123	5.780	6.807	83	14.654	15.263	16.175
56	5.224	5.878	6.899	84	15.625	16.233	17.143
57	5.331	5.982	6.997	85	16.679	17.286	18.194

---

35) Lebenslange Jahresrente aus einem Kapital von 100.000 EUR; bei lebenslangen Renten ist das bei Beginn der Rentenzahlung erreichte Lebensjahr maßgeblich. Ein noch nicht vollendetes Lebensjahr wird mitgezählt, wenn mehr als 6 Monate verstrichen sind.
Der Rentenwert abweichender Kapitalbeträge berechnet sich nach folgender Formel: Tabellenbetrag × Kapitalbetrag/ 100.000.

Kalender

Unterhalt

Versorgungsausgleich

Sozialrecht

Steuerrecht

Verfahrensrecht

F. Verfahrensrecht

1. Prozesskostenhilfe-Tabelle (§ 115 Abs. 1 S. 4 ZPO)[1]

Bei einem einzusetzenden Einkommen bis zu	eine Monatsrate von	Bei einem einzusetzenden Einkommen bis zu	eine Monatsrate von
15	0	400	135
50	15	450	155
100	30	500	175
150	45	550	200
200	60	600	225
250	75	650	250
300	95	700	275
350	115	750	300
über 750		300 zzgl. des 750 übersteigenden Teils des einzusetzenden Einkommens	

2. Absetzbeträge vom Einkommen (§ 115 Abs. 1 S. 3 ZPO)[2]

Übersicht über die vom Einkommen abzusetzenden Beträge		
auf das Einkommen entrichtete Steuer	§ 82 II Nr. 1 SGB XII	tatsächliche Höhe
Pflichtbeiträge zur Sozialversicherung	§ 82 II Nr. 2 SGB XII	tatsächliche Höhe
Beiträge zu öffentlichen und privaten Versicherungen	§ 82 II Nr. 3 SGB XII	
a) Soweit gesetzlich vorgeschrieben		tatsächliche Höhe
b) Soweit nach Grund und Höhe angemessen		tatsächliche Höhe
c) Gesetzlich geförderte Altersvorsorgebeiträge bis zur Höhe des Mindesteigenbeitrags	§§ 82, 86, 10a EStG	pro Jahr max. 2.100 €
mit der Erzielung des Einkommens verbundene notwendige Ausgaben, nur auf Nachweis	§ 82 II Nr. 4 SGB XII	tatsächliche Höhe
a) Arbeitsmittel ggf. pauschal	§ 3 VO zu § 82 SGB XII	mtl. 5,20 €
b) Fahrten zwischen Wohnung und Arbeitsplatz (Pkw)[3]		Entfernungskilometer mtl. 5,20 €
c) Fahrten zwischen Wohnung und Arbeitsplatz (Motorrad)		Entfernungskilometer mtl. 2,30 €
Arbeitsförderungsgeld und Erhöhungsbeträge des Arbeitsentgelts i.S.v. § 43 Satz 4 SGB IX	§ 82 II Nr. 5 SGB XII	mtl. max. 26 €
Freibetrag für Erwerbstätige	§ 115 I Nr. 1b ZPO	210 €
Grundfreibetrag für Partei, Ehegatte/Lebenspartner*	§ 115 I Nr. 2a ZPO	462 €
Unterhalt für andere gesetzl. Unterhaltsberechtigte im Haushalt*	§ 115 I Nr. 2b ZPO	
a) Erwachsene		370 €
b) ab 15. bis Vollendung 18. Lebensjahr		349 €
c) ab 7. bis Vollendung 14. Lebensjahr		306 €
d) bis Vollendung 6. Lebensjahr		268 €
* ggf. vermindert um eigenes Einkommen		
Mehrbedarf für**		
a) Schwangere ab 12. Woche 17% des maßgeblichen Regelbedarfs	§ 30 Abs. 2 SGB XII	61,20 – 67,83 €
b) Alleinerziehende 12 – 60% der Regelbedarfsstufe 1	§ 30 Abs. 3 SGB XII	47,88 – 239,40 €
c) kostenaufwändige Ernährung in angemessener Höhe (10/20% des Regelsatzes)	§ 30 Abs. 5 SGB XII	39,90/79,80 €
d) für behinderte Menschen ab Vollendung 15. Lebensjahr 35% der maßgeblichen Regelbedarfsstufe	§ 30 Abs. 4 SGB XII	126,00 – 139,65 €
** a) – d) in der Summe begrenzt durch den jeweiligen Regelsatz		
e) Warmwasser bei dezentraler Versorgung 0,8 – 2,3% der jeweilig maßgebenden Regelbedarfsstufe	§ 30 Abs. 7 SGB XII	1,88 – 9,17 €
f) besondere Mehrbedarfe soweit angemessen	§ 21 Abs. 6 SGB II	tatsächliche Höhe
Unterhalt durch Zahlung einer Geldrente soweit angemessen	§ 115 I S. 7 ZPO	tatsächliche Höhe

1) Die Tabelle ist noch für Altfälle (einschließlich von Änderungsverfahren) maßgeblich, bei denen der Antrag vor dem 01. Januar 2014 gestellt worden ist § 40 EGZPO, vgl. Schürmann, FuR 2014, 272.

2) Ab 01.01.2015; Prozesskostenhilfebekanntmachung 2015 – PKHB 2015 vom 09.12.2014, BGBl I, 2007.

3) BGH, Beschluss vom 13.06.2012 – XII ZB 658/11 – FamRZ 2012, 1374.

3. Pfändungstabelle zu § 850 c ZPO[4]

Pfändungstabelle (Anlage zu § 850 c Abs. 3 ZPO) Auszahlung für Monate – Stand: 01.07.2015

in Euro	Pfändbarer Betrag bei gesetzl. Unterhaltspflicht für ... Personen					
Nettolohn monatlich	0	1	2	3	4	5 und mehr
bis 1 079,99	–	–	–	–	–	–
1 080,00 bis 1 089,99	4,28	–	–	–	–	–
1 090,00 bis 1 099,99	11,28	–	–	–	–	–
1 100,00 bis 1 109,99	18,28	–	–	–	–	–
1 110,00 bis 1 119,99	25,28	–	–	–	–	–
1 120,00 bis 1 129,99	32,28	–	–	–	–	–
1 130,00 bis 1 139,99	39,28	–	–	–	–	–
1 140,00 bis 1 149,99	46,28	–	–	–	–	–
1 150,00 bis 1 159,99	53,28	–	–	–	–	–
1 160,00 bis 1 169,99	60,28	–	–	–	–	–
1 170,00 bis 1 179,99	67,28	–	–	–	–	–
1 180,00 bis 1 189,99	74,28	–	–	–	–	–
1 190,00 bis 1 199,99	81,28	–	–	–	–	–
1 200,00 bis 1 209,99	88,28	–	–	–	–	–
1 210,00 bis 1 219,99	95,28	–	–	–	–	–
1 220,00 bis 1 229,99	102,28	–	–	–	–	–
1 230,00 bis 1 239,99	109,28	–	–	–	–	–
1 240,00 bis 1 249,99	116,28	–	–	–	–	–
1 250,00 bis 1 259,99	123,28	–	–	–	–	–
1 260,00 bis 1 269,99	130,28	–	–	–	–	–
1 270,00 bis 1 279,99	137,28	–	–	–	–	–
1 280,00 bis 1 289,99	144,28	–	–	–	–	–
1 290,00 bis 1 299,99	151,28	–	–	–	–	–
1 300,00 bis 1 309,99	158,28	–	–	–	–	–
1 310,00 bis 1 319,99	165,28	–	–	–	–	–
1 320,00 bis 1 329,99	172,28	–	–	–	–	–
1 330,00 bis 1 339,99	179,28	–	–	–	–	–
1 340,00 bis 1 349,99	186,28	–	–	–	–	–
1 350,00 bis 1 359,99	193,28	–	–	–	–	–
1 360,00 bis 1 369,99	200,28	–	–	–	–	–
1 370,00 bis 1 379,99	207,28	–	–	–	–	–
1 380,00 bis 1 389,99	214,28	–	–	–	–	–
1 390,00 bis 1 399,99	221,28	–	–	–	–	–
1 400,00 bis 1 409,99	228,28	–	–	–	–	–
1 410,00 bis 1 419,99	235,28	–	–	–	–	–
1 420,00 bis 1 429,99	242,28	–	–	–	–	–
1 430,00 bis 1 439,99	249,28	–	–	–	–	–
1 440,00 bis 1 449,99	256,28	–	–	–	–	–
1 450,00 bis 1 459,99	263,28	–	–	–	–	–
1 460,00 bis 1 469,99	270,28	–	–	–	–	–
1 470,00 bis 1 479,99	277,28	–	–	–	–	–
1 480,00 bis 1 489,99	284,28	0,98	–	–	–	–
1 490,00 bis 1 499,99	291,28	5,98	–	–	–	–
1 500,00 bis 1 509,99	298,28	10,98	–	–	–	–
1 510,00 bis 1 519,99	305,28	15,98	–	–	–	–
1 520,00 bis 1 529,99	312,28	20,98	–	–	–	–
1 530,00 bis 1 539,99	319,28	25,98	–	–	–	–
1 540,00 bis 1 549,99	326,28	30,98	–	–	–	–
1 550,00 bis 1 559,99	333,28	35,98	–	–	–	–
1 560,00 bis 1 569,99	340,28	40,98	–	–	–	–
1 570,00 bis 1 579,99	347,28	45,98	–	–	–	–
1 580,00 bis 1 589,99	354,28	50,98	–	–	–	–
1 590,00 bis 1 599,99	361,28	55,98	–	–	–	–
1 600,00 bis 1 609,99	368,28	60,98	–	–	–	–

4) Gültig ab 01. Juli 2015, Bekanntmachung zu § 850c der Zivilprozessordnung vom 14. April 2015, BGBl. I 2015, 618 ff.

in Euro	Pfändbarer Betrag bei gesetzl. Unterhaltspflicht für ... Personen					
Nettolohn monatlich	0	1	2	3	4	5 und mehr
1 610,00 bis 1 619,99	375,28	65,98	–	–	–	–
1 620,00 bis 1 629,99	382,28	70,98	–	–	–	–
1 630,00 bis 1 639,99	389,28	75,98	–	–	–	–
1 640,00 bis 1 649,99	396,28	80,98	–	–	–	–
1 650,00 bis 1 659,99	403,28	85,98	–	–	–	–
1 660,00 bis 1 669,99	410,28	90,98	–	–	–	–
1 670,00 bis 1 679,99	417,28	95,98	–	–	–	–
1 680,00 bis 1 689,99	424,28	100,98	–	–	–	–
1 690,00 bis 1 699,99	431,28	105,98	–	–	–	–
1 700,00 bis 1 709,99	438,28	110,98	–	–	–	–
1 710,00 bis 1 719,99	445,28	115,98	2,72	–	–	–
1 720,00 bis 1 729,99	452,28	120,98	6,72	–	–	–
1 730,00 bis 1 739,99	459,28	125,98	10,72	–	–	–
1 740,00 bis 1 749,99	466,28	130,98	14,72	–	–	–
1 750,00 bis 1 759,99	473,28	135,98	18,72	–	–	–
1 760,00 bis 1 769,99	480,28	140,98	22,72	–	–	–
1 770,00 bis 1 779,99	487,28	145,98	26,72	–	–	–
1 780,00 bis 1 789,99	494,28	150,98	30,72	–	–	–
1 790,00 bis 1 799,99	501,28	155,98	34,72	–	–	–
1 800,00 bis 1 809,99	508,28	160,98	38,72	–	–	–
1 810,00 bis 1 819,99	515,28	165,98	42,72	–	–	–
1 820,00 bis 1 829,99	522,28	170,98	46,72	–	–	–
1 830,00 bis 1 839,99	529,28	175,98	50,72	–	–	–
1 840,00 bis 1 849,99	536,28	180,98	54,72	–	–	–
1 850,00 bis 1 859,99	543,28	185,98	58,72	–	–	–
1 860,00 bis 1 869,99	550,28	190,98	62,72	–	–	–
1 870,00 bis 1 879,99	557,28	195,98	66,72	–	–	–
1 880,00 bis 1 889,99	564,28	200,98	70,72	–	–	–
1 890,00 bis 1 899,99	571,28	205,98	74,72	–	–	–
1 900,00 bis 1 909,99	578,28	210,98	78,72	–	–	–
1 910,00 bis 1 919,99	585,28	215,98	82,72	–	–	–
1 920,00 bis 1 929,99	592,28	220,98	86,72	–	–	–
1 930,00 bis 1 939,99	599,28	225,98	90,72	0,49	–	–
1 940,00 bis 1 949,99	606,28	230,98	94,72	3,49	–	–
1 950,00 bis 1 959,99	613,28	235,98	98,72	6,49	–	–
1 960,00 bis 1 969,99	620,28	240,98	102,72	9,49	–	–
1 970,00 bis 1 979,99	627,28	245,98	106,72	12,49	–	–
1 980,00 bis 1 989,99	634,28	250,98	110,72	15,49	–	–
1 990,00 bis 1 999,99	641,28	255,98	114,72	18,49	–	–
2 000,00 bis 2 009,99	648,28	260,98	118,72	21,49	–	–
2 010,00 bis 2 019,99	655,28	265,98	122,72	24,49	–	–
2 020,00 bis 2 029,99	662,28	270,98	126,72	27,49	–	–
2 030,00 bis 2 039,99	669,28	275,98	130,72	30,49	–	–
2 040,00 bis 2 049,99	676,28	280,98	134,72	33,49	–	–
2 050,00 bis 2 059,99	683,28	285,98	138,72	36,49	–	–
2 060,00 bis 2 069,99	690,28	290,98	142,72	39,49	–	–
2 070,00 bis 2 079,99	697,28	295,98	146,72	42,49	–	–
2 080,00 bis 2 089,99	704,28	300,98	150,72	45,49	–	–
2 090,00 bis 2 099,99	711,28	305,98	154,72	48,49	–	–
2 100,00 bis 2 109,99	718,28	310,98	158,72	51,49	–	–
2 110,00 bis 2 119,99	725,28	315,98	162,72	54,49	–	–
2 120,00 bis 2 129,99	732,28	320,98	166,72	57,49	–	–
2 130,00 bis 2 139,99	739,28	325,98	170,72	60,49	–	–
2 140,00 bis 2 149,99	746,28	330,98	174,72	63,49	–	–
2 150,00 bis 2 159,99	753,28	335,98	178,72	66,49	–	–
2 160,00 bis 2 169,99	760,28	340,98	182,72	69,49	1,29	–
2 170,00 bis 2 179,99	767,28	345,98	186,72	72,49	3,29	–
2 180,00 bis 2 189,99	774,28	350,98	190,72	75,49	5,29	–

Kalender

Unterhalt

Versorgungsausgleich

Sozialrecht

Steuerrecht

Verfahrensrecht

in Euro	Pfändbarer Betrag bei gesetzl. Unterhaltspflicht für ... Personen					
Nettolohn monatlich	0	1	2	3	4	5 und mehr
2 190,00 bis 2 199,99	781,28	355,98	194,72	78,49	7,29	–
2 200,00 bis 2 209,99	788,28	360,98	198,72	81,49	9,29	–
2 210,00 bis 2 219,99	795,28	365,98	202,72	84,49	11,29	–
2 220,00 bis 2 229,99	802,28	370,98	206,72	87,49	13,29	–
2 230,00 bis 2 239,99	809,28	375,98	210,72	90,49	15,29	–
2 240,00 bis 2 249,99	816,28	380,98	214,72	93,49	17,29	–
2 250,00 bis 2 259,99	823,28	385,98	218,72	96,49	19,29	–
2 260,00 bis 2 269,99	830,28	390,98	222,72	99,49	21,29	–
2 270,00 bis 2 279,99	837,28	395,98	226,72	102,49	23,29	–
2 280,00 bis 2 289,99	844,28	400,98	230,72	105,49	25,29	–
2 290,00 bis 2 299,99	851,28	405,98	234,72	108,49	27,29	–
2 300,00 bis 2 309,99	858,28	410,98	238,72	111,49	29,29	–
2 310,00 bis 2 319,99	865,28	415,98	242,72	114,49	31,29	–
2 320,00 bis 2 329,99	872,28	420,98	246,72	117,49	33,29	–
2 330,00 bis 2 339,99	879,28	425,98	250,72	120,49	35,29	–
2 340,00 bis 2 349,99	886,28	430,98	254,72	123,49	37,29	–
2 350,00 bis 2 359,99	893,28	435,98	258,72	126,49	39,29	–
2 360,00 bis 2 369,99	900,28	440,98	262,72	129,49	41,29	–
2 370,00 bis 2 379,99	907,28	445,98	266,72	132,49	43,29	–
2 380,00 bis 2 389,99	914,28	450,98	270,72	135,49	45,29	0,13
2 390,00 bis 2 399,99	921,28	455,98	274,72	138,49	47,29	1,13
2 400,00 bis 2 409,99	928,28	460,98	278,72	141,49	49,29	2,13
2 410,00 bis 2 419,99	935,28	465,98	282,72	144,49	51,29	3,13
2 420,00 bis 2 429,99	942,28	470,98	286,72	147,49	53,29	4,13
2 430,00 bis 2 439,99	949,28	475,98	290,72	150,49	55,29	5,13
2 440,00 bis 2 449,99	956,28	480,98	294,72	153,49	57,29	6,13
2 450,00 bis 2 459,99	963,28	485,98	298,72	156,49	59,29	7,13
2 460,00 bis 2 469,99	970,28	490,98	302,72	159,49	61,29	8,13
2 470,00 bis 2 479,99	977,28	495,98	306,72	162,49	63,29	9,13
2 480,00 bis 2 489,99	984,28	500,98	310,72	165,49	65,29	10,13
2 490,00 bis 2 499,99	991,28	505,98	314,72	168,49	67,29	11,13
2 500,00 bis 2 509,99	998,28	510,98	318,72	171,49	69,29	12,13
2 510,00 bis 2 519,99	1 005,28	515,98	322,72	174,49	71,29	13,13
2 520,00 bis 2 529,99	1 012,28	520,98	326,72	177,49	73,29	14,13
2 530,00 bis 2 539,99	1 019,28	525,98	330,72	180,49	75,29	15,13
2 540,00 bis 2 549,99	1 026,28	530,98	334,72	183,49	77,29	16,13
2 550,00 bis 2 559,99	1 033,28	535,98	338,72	186,49	79,29	17,13
2 560,00 bis 2 569,99	1 040,28	540,98	342,72	189,49	81,29	18,13
2 570,00 bis 2 579,99	1 047,28	545,98	346,72	192,49	83,29	19,13
2 580,00 bis 2 589,99	1 054,28	550,98	350,72	195,49	85,29	20,13
2 590,00 bis 2 599,99	1 061,28	555,98	354,72	198,49	87,29	21,13
2 600,00 bis 2 609,99	1 068,28	560,98	358,72	201,49	89,29	22,13
2 610,00 bis 2 619,99	1 075,28	565,98	362,72	204,49	91,29	23,13
2 620,00 bis 2 629,99	1 082,28	570,98	366,72	207,49	93,29	24,13
2 630,00 bis 2 639,99	1 089,28	575,98	370,72	210,49	95,29	25,13
2 640,00 bis 2 649,99	1 096,28	580,98	374,72	213,49	97,29	26,13
2 650,00 bis 2 659,99	1 103,28	585,98	378,72	216,49	99,29	27,13
2 660,00 bis 2 669,99	1 110,28	590,98	382,72	219,49	101,29	28,13
2 670,00 bis 2 679,99	1 117,28	595,98	386,72	222,49	103,29	29,13
2 680,00 bis 2 689,99	1 124,28	600,98	390,72	225,49	105,29	30,13
2 690,00 bis 2 699,99	1 131,28	605,98	394,72	228,49	107,29	31,13
2 700,00 bis 2 709,99	1 138,28	610,98	398,72	231,49	109,29	32,13
2 710,00 bis 2 719,99	1 145,28	615,98	402,72	234,49	111,29	33,13
2 720,00 bis 2 729,99	1 152,28	620,98	406,72	237,49	113,29	34,13
2 730,00 bis 2 739,99	1 159,28	625,98	410,72	240,49	115,29	35,13
2 740,00 bis 2 749,99	1 166,28	630,98	414,72	243,49	117,29	36,13
2 750,00 bis 2 759,99	1 173,28	635,98	418,72	246,49	119,29	37,13
2 760,00 bis 2 769,99	1 180,28	640,98	422,72	249,49	121,29	38,13
2 770,00 bis 2 779,99	1 187,28	645,98	426,72	252,49	123,29	39,13

in Euro	Pfändbarer Betrag bei gesetzl. Unterhaltspflicht für ... Personen					
Nettolohn monatlich	0	1	2	3	4	5 und mehr
2 780,00 bis 2 789,99	1 194,28	650,98	430,72	255,49	125,29	40,13
2 790,00 bis 2 799,99	1 201,28	655,98	434,72	258,49	127,29	41,13
2 800,00 bis 2 809,99	1 208,28	660,98	438,72	261,49	129,29	42,13
2 810,00 bis 2 819,99	1 215,28	665,98	442,72	264,49	131,29	43,13
2 820,00 bis 2 829,99	1 222,28	670,98	446,72	267,49	133,29	44,13
2 830,00 bis 2 839,99	1 229,28	675,98	450,72	270,49	135,29	45,13
2 840,00 bis 2 849,99	1 236,28	680,98	454,72	273,49	137,29	46,13
2 850,00 bis 2 859,99	1 243,28	685,98	458,72	276,49	139,29	47,13
2 860,00 bis 2 869,99	1 250,28	690,98	462,72	279,49	141,29	48,13
2 870,00 bis 2 879,99	1 257,28	695,98	466,72	282,49	143,29	49,13
2 880,00 bis 2 889,99	1 264,28	700,98	470,72	285,49	145,29	50,13
2 890,00 bis 2 899,99	1 271,28	705,98	474,72	288,49	147,29	51,13
2 900,00 bis 2 909,99	1 278,28	710,98	478,72	291,49	149,29	52,13
2 910,00 bis 2 919,99	1 285,28	715,98	482,72	294,49	151,29	53,13
2 920,00 bis 2 929,99	1 292,28	720,98	486,72	297,49	153,29	54,13
2 930,00 bis 2 939,99	1 299,28	725,98	490,72	300,49	155,29	55,13
2 940,00 bis 2 949,99	1 306,28	730,98	494,72	303,49	157,29	56,13
2 950,00 bis 2 959,99	1 313,28	735,98	498,72	306,49	159,29	57,13
2 960,00 bis 2 969,99	1 320,28	740,98	502,72	309,49	161,29	58,13
2 970,00 bis 2 979,99	1 327,28	745,98	506,72	312,49	163,29	59,13
2 980,00 bis 2 989,99	1 334,28	750,98	510,72	315,49	165,29	60,13
2 990,00 bis 2 999,99	1 341,28	755,98	514,72	318,49	167,29	61,13
3 000,00 bis 3 009,99	1 348,28	760,98	518,72	321,49	169,29	62,13
3 010,00 bis 3 019,99	1 355,28	765,98	522,72	324,49	171,29	63,13
3 020,00 bis 3 029,99	1 362,28	770,98	526,72	327,49	173,29	64,13
3 030,00 bis 3 039,99	1 369,28	775,98	530,72	330,49	175,29	65,13
3 040,00 bis 3 049,99	1 376,28	780,98	534,72	333,49	177,29	66,13
3 050,00 bis 3 059,99	1 383,28	785,98	538,72	336,49	179,29	67,13
3 060,00 bis 3 069,99	1 390,28	790,98	542,72	339,49	181,29	68,13
3 070,00 bis 3 079,99	1 397,28	795,98	546,72	342,49	183,29	69,13
3 080,00 bis 3 089,99	1 404,28	800,98	550,72	345,49	185,29	70,13
3 090,00 bis 3 099,99	1 411,28	805,98	554,72	348,49	187,29	71,13
3 100,00 bis 3 109,99	1 418,28	810,98	558,72	351,49	189,29	72,13
3 110,00 bis 3 119,99	1 425,28	815,98	562,72	354,49	191,29	73,13
3 120,00 bis 3 129,99	1 432,28	820,98	566,72	357,49	193,29	74,13
3 130,00 bis 3 139,99	1 439,28	825,98	570,72	360,49	195,29	75,13
3 140,00 bis 3 149,99	1 446,28	830,98	574,72	363,49	197,29	76,13
3 150,00 bis 3 159,99	1 453,28	835,98	578,72	366,49	199,29	77,13
3 160,00 bis 3 169,99	1 460,28	840,98	582,72	369,49	201,29	78,13
3 170,00 bis 3 179,99	1 467,28	845,98	586,72	372,49	203,29	79,13
3 180,00 bis 3 189,99	1 474,28	850,98	590,72	375,49	205,29	80,13
3 190,00 bis 3 199,99	1 481,28	855,98	594,72	378,49	207,29	81,13
3 200,00 bis 3 209,99	1 488,28	860,98	598,72	381,49	209,29	82,13
3 210,00 bis 3 219,99	1 495,28	865,98	602,72	384,49	211,29	83,13
3 220,00 bis 3 229,99	1 502,28	870,98	606,72	387,49	213,29	84,13
3 230,00 bis 3 239,99	1 509,28	875,98	610,72	390,49	215,29	85,13
3 240,00 bis 3 249,99	1 516,28	880,98	614,72	393,49	217,29	86,13
3 250,00 bis 3 259,99	1 523,28	885,98	618,72	396,49	219,29	87,13
3 260,00 bis 3 269,99	1 530,28	890,98	622,72	399,49	221,29	88,13
3 270,00 bis 3 279,99	1 537,28	895,98	626,72	402,49	223,29	89,13
3 280,00 bis 3 289,99	1 544,28	900,98	630,72	405,49	225,29	90,13
3 290,00 bis 3 292,09	1 551,28	905,98	634,72	408,49	227,29	91,13
Der Mehrbetrag über 3 292,09 EURO ist voll pfändbar.						

Kalender

Unterhalt

Versorgungsausgleich

Sozialrecht

Steuerrecht

Verfahrensrecht

4.   JVEG

Sachverständigenhonorar § 9 JVEG

Honorargruppe	Stundensatz		Honorargruppe	Stundensatz		Honorargruppe	Stundensatz	
		neu[5]			neu			neu
1	50 €	65 €	7	80 €	95 €	13	–	125 €
2	55 €	70 €	8	85 €	100 €			
3	60 €	75 €	9	90 €	105 €			
4	65 €	80 €	10	95 €	110 €	M 1	50 €	65 €
5	70 €	85 €	11	–	115 €	M 2	60 €	75 €
6	75 €	90 €	12	–	120 €	M 3	85 €	100 €

Übersetzungshonorar § 11 JVEG

		neu[4]
Mindesthonorar	15,00 €	15,00 €
Je angefangene 55 Anschläge (Grundhonorar)	1,25 €	1,55 €
nicht elektronisch zur Verfügung gestellte editierbare Texte (erhöhtes Honorar)	–	1,75 €
Bei erheblicher Erschwerung (Grundhonorar)	1,85 €	1,85 €
Bei erheblicher Erschwerung (erhöhtes Honorar)		2,05 €
Bei außergewöhnlich schweren Texten je angefangene 55 Anschläge	4,00 €	–

Sonstige Aufwendungen §§ 7[6], 12 JVEG

			neu[4]
Ablichtungen	bis Format DIN A 3 die ersten 50 Seiten je Seite	0,50 €	0,50 €
	jede weitere Seite	0,15 €	0,15 €
	Format > DIN A 3[7]	–	3,00 €
	Farbkopien/-ausdrucke die ersten 50 Seiten je Seite	2,00 €	1,00 €
	Jede weitere Seite	–	0,30 €
	Format > DIN A 3	–	6,00 €
	Überlassung elektronischer Dateien je Datei[8]	2,50 €	1,50 €
Lichtbilder	Zur Gutachtenerstattung erforderliche Fotos je	2,00 €	2,00 €
	Abzüge/Ausdrucke, soweit nicht Teil des Gutachtens je	0,50 €	0,50 €
Schriftliche Gutachten je 1.000 Anschläge		0,75 €	0,90 €

Entschädigung für Zeitversäumnis und Verdienstausfall

			neu[4]
Zeugen §§ 20, 21, 22 JVEG	Entschädigung für Zeitversäumnis[9]	3,00 €	3,50 €
	Entschädigung für Nachteile bei der Haushaltsführung je Stunde	12,00 €	14,00 €
	Entschädigung für Verdienstausfall: Bruttoverdienst, je Stunde bis zu	17.00 €	21,00 €
Ehrenamtliche Richter §§ 16, 17, 18 JVEG	Entschädigung für Zeitversäumnis[10]	5,00 €	6,00 €
	Entschädigung für Nachteile bei der Haushaltsführung	12,00 €	14,00 €
	Entschädigung für Verdienstausfall je Stunde:		
	Bruttoverdienst, bis zu	20,00 €	24,00 €
	Heranziehung in einem Verfahren an mehr als 20 Tagen bis zu	39,00 €	46,00 €
	Heranziehung in einem Verfahren an mehr als 50 Tagen bis zu	51,00 €	61,00 €

5)   2. Kostenrechtsmodernisierungsgesetz vom 23. Juli 2013, BGBl. I, 2586.

6)   Gilt auch für Zeugen und Dritte.

7)   Bei Anfertigung durch Dritte kann Ersatz der Auslagen verlangt werden.

8)   Für in einem Arbeitsgang überlassene oder auf denselben Datenträger übertragene Dokumente werden höchstens 5 Euro ersetzt.

9)   Nur, wenn keine Entschädigung für Nachteile bei der Haushaltsführung oder Verdienstausfall beansprucht werden kann.

10) Wird zusätzlich zur Entschädigung für Nachteile bei der Haushaltsführung oder Verdienstausfall gezahlt.

Fahrtkosten § 5 JVEG		
öffentliche Verkehrsmittel 1. Wagenklasse		tats. Höhe
Kraftfahrzeug je gefahrener km	Zeugen	0,25 €
	Sachverständige, ehrenamtl. Richter (§ 1 I Nr. 1, 2 JVEG)	0,30 €

Tagegeld bei Abwesenheit vom Wohnort § 6 JVEG, § 4 V EStG	
24 Stunden	24,00 €
Mindestens 14 Stunden und weniger als 24 Stunden	12,00 €
Mindestens 8 Stunden und weniger als 14 Stunden	6,00 €

5. Gebührentabelle nach GKG, RVG, KostO

a) Fassung ab 01. August 2013[11]

Streit-/Geschäfts-/ Gegenstandswert bis ... EUR	FamGKG/GKG Gebühr ... EUR	RVG Gebühr ... EUR		GNotKG Gebühr ... EUR	
		§ 13 RVG	§ 49 RVG	Tabelle A	Tabelle B
500	35	45	45	35	15
1.000	53	80	80	53	19
1.500	71	115	115	71	23
2.000	89	150	150	89	27
3.000	108	201	201	108	33
4.000	127	252	252	127	39
5.000	146	303	257	146	45
6.000	165	354	267	165	51
7.000	184	405	277	184	57
8.000	203	456	287	203	63
9.000	222	507	297	222	69
10.000	241	558	307	241	75
13.000	267	604	321	267	83
16.000	293	650	335	293	91
19.000	319	696	349	319	99
22.000	345	742	363	345	107
25.000	371	788	377	371	115
30.000	406	863	412	406	125
35.000	441	938	447	441	135
40.000	476	1 013	447	476	145
45.000	511	1 088	447	511	155
50.000	546	1 163	447	546	165
65.000	666	1 248	447	666	192
80.000	786	1 333	447	786	219
95.000	906	1 418	447	906	246
110.000	1.026	1 503	447	1.026	273
125.000	1.146	1 588	447	1.146	300
140.000	1.266	1 673	447	1.266	327
155.000	1.386	1 758	447	1.386	354
170.000	1.506	1 843	447	1.506	381
185.000	1.626	1 928	447	1.626	408
200.000	1.746	2 013	447	1.746	435
230.000	1.925	2 133	447	1.925	485
260.000	2.104	2 253	447	2.104	535
290.000	2.283	2 373	447	2.283	585
320.000	2.462	2 493	447	2.462	635
350.000	2.641	2 613	447	2.641	685
380.000	2.820	2 733	447	2.820	735
410.000	2.999	2 853	447	2.999	785
440.000	3.178	2 973	447	3.178	835
470.000	3.357	3 093	447	3.357	885
500.000	3.536	3 213	447	3.536	935

11) 2. Kostenrechtsmodernisierungsgesetz vom 23. Juli 2013, BGBl. I, 2586.

Kalender

Unterhalt

Versorgungsausgleich

Sozialrecht

Steuerrecht

Verfahrensrecht

b) Fassung bis Juli 2013

Streit-/Geschäfts-/Gegen-standswert bis ... EUR	FamGKG/GKG Gebühr ... EUR	RVG Gebühr ... EUR	KostO Gebühr ... EUR
300	25	25	
600	35	45	
900	45	65	
1.000			10
1.200	55	85	
1.500	65	105	
2.000	73	133	18
2.500	81	161	
3.000	89	189	26
3.500	97	217	
4.000	105	245	34
4.500	113	273	
5.000	121	301	42
6.000	136	338	
7.000	151	375	
8.000	166	412	48
9.000	181	449	
10.000	196	486	
11.000			54
13.000	219	526	
14.000			60
16.000	242	566	
17.000			66
19.000	265	606	
20.000			72
22.000	288	646	
23.000			78
25.000	311	686	
26.000			84
29.000			90
30.000	340	758	
32.000			96
35.000	369	830	102
38.000			108
40.000	398	902	
41.000			114
44.000			120
45.000	427	974	
47.000			126
50.000	456	1.046	132
60.000			147
65.000	556	1.123	
70.000			162
80.000	656	1.200	177
90.000			192
95.000	756	1.277	
100.000			207
110.000	856	1.354	222
120.000			237
125.000	956	1.431	
130.000			252
140.000	1.056	1.508	267
150.000			282
155.000	1.156	1.585	
160.000			297
170.000	1.256	1.662	312
180.000			327

Streit-/Geschäfts-/Gegen-standswert bis ... EUR	FamGKG/GKG Gebühr ... EUR	RVG Gebühr ... EUR	KostO Gebühr ... EUR
185.000	1.356	1.739	
190.000			342
200.000	1.456	1.816	357
210.000			372
220.000			387
230.000	1.606	1.934	402
240.000			417
250.000			432
260.000	1.756	2.052	447
270.000			462
280.000			477
290.000	1.906	2.170	492
300.000			507
310.000			522
320.000	2.056	2.288	537
330.000			552
340.000			567
350.000	2.206	2.406	582
360.000			597
370.000			612
380.000	2.356	2.524	627
390.000			642
400.000			657
410.000	2.506	2.642	672
420.000			687
430.000			702
440.000	2.656	2.760	717
450.000			732
460.000			747
470.000	2.806	2.878	762
480.000			777
490.000			792
500.000	2.956	2.996	807

Kalender

Unterhalt

Versorgungsausgleich

Sozialrecht

Steuerrecht

Verfahrensrecht

LL-Strkt

KG

Brdbg

Brschw

Brem

Celle

Dresd

Düss

Ffm

Hbg

Hamm

Jena

Kblz

Köln

Naumbg

Oldbg

Rstk

Schlesw

SüdL

Empf
Sozhi

G.   Leitlinien

1.   Bundeseinheitliche Struktur der Leitlinien

Weitere Unterhaltsansprüche

18. **Ansprüche nach § 1615l BGB**

19. **Elternunterhalt**

20. **Lebenspartnerschaft**

Leistungsfähigkeit und Mangelfall

21. **Selbstbehalt**

21.1 Grundsatz
21.2 Notwendiger Selbstbehalt
21.3 Angemessener Selbstbehalt
    21.3.1 Volljähriges Kind
    21.3.2 gegenüber Anspruchsberechtigten
    nach § 1615l BGB
    21.3.3 beim Elternunterhalt
    21.3.4 von Großeltern gegenüber Enkeln
21.4 Mindestselbstbehalt gegenüber
Ehegatten
21.5 Anpassung des Selbstbehalts

22. **Bedarf des mit dem Pflichtigen zusammenlebenden Ehegatten**

22.1 Bedarf bei Ansprüchen des nachrangigen
geschiedenen Ehegatten
22.2 Mindestbedarf bei Ansprüchen
volljähriger Kinder
22.3 Mindestbedarf bei Ansprüchen von
Eltern oder Enkeln des anderen

Ehegatten und von gemeinsamen
Enkeln

23. **Bedarf des vom Pflichtigen getrennt lebenden oder geschiedenen Ehegatten**

23.1 Bedarf bei Ansprüchen des nachrangigen, geschiedenen Ehegatten
23.2 Bedarf bei Ansprüchen volljähriger
Kinder
23.3 Bedarf bei Ansprüchen von Eltern
oder Enkeln des anderen Ehegatten
und von gemeinsamen

24 **Mangelfall**

24.1 Grundsatz
24.2 Einsatzbeträge
    24.2.1. Minderjährige und ihnen gleichgestellte Kinder
24.3 Berechnung
24.4 Angemessenheitskontrolle

Sonstiges

25. **Rundung**

Anhang

I. **Düsseldorfer Tabelle**

II. **Kindergeldanrechnungstabelle (Zahlbeträge)**

III. **Rechenbeispiele**

2.   Leitlinien

a)   OLG Bamberg

s. Süddeutsche Leitlinien

b)   Kammergericht Berlin

Unterhaltsrechtliche Leitlinien der Familiensenate des Kammergerichts (Stand: 1. Januar 2015)

Das Kammergericht verwendet diese Leitlinien als Orientierungshilfe für den Regelfall unter Beachtung der Rechtsprechung des Bundesgerichtshofs, wobei die Angemessenheit des Ergebnisses in jedem Fall zu überprüfen ist. Sie entsprechen im Aufbau den Leitlinien anderer Oberlandesgerichte, inhaltlich ergibt sich nicht in allen Punkten eine Übereinstimmung.

Unterhaltsrechtlich maßgebendes Einkommen

Bei der Ermittlung und Zurechnung von Einkommen ist stets zu unterscheiden, ob es um Verwandten- oder Ehegattenunterhalt sowie ob es um Bedarfsbemessung einerseits oder Feststellung der Bedürftigkeit/Leistungsfähigkeit andererseits geht. Das unterhaltsrechtliche Einkommen ist nicht immer identisch mit dem steuerrechtlichen Einkommen.

1.   Geldeinnahmen

1.1   Regelmäßiges Bruttoeinkommen einschließlich Renten und Pensionen

Auszugehen ist vom Bruttoeinkommen als Summe aller Einkünfte.

1.2   Unregelmäßige Einkommen

Soweit Leistungen nicht monatlich anfallen (z.B. Weihnachts- und Urlaubsgeld, Tantiemen,

Jubiläumszuwendungen), werden sie auf ein Jahr umgelegt. Abfindungen dienen dem Ersatz des fortgefallenen Arbeitsverdienstes. Sie sind deshalb in angemessenem Umfang, in der Regel mit dem Differenzbetrag zwischen dem bisherigen Arbeitsverdienst und den tatsächlichen Einkünften (Arbeitslosengeld, neue Erwerbseinkünfte) in Ansatz zu bringen, bis sie verbraucht sind.

1.3 Überstunden

Überstundenvergütungen werden dem Einkommen voll zugerechnet, soweit sie berufstypisch sind und das in diesem Beruf übliche Maß nicht überschreiten.

1.4 Spesen und Auslösungen

Ersatz für Spesen und Reisekosten sowie Auslösungen gelten in der Regel als Einkommen. Damit zusammenhängende Aufwendungen, vermindert um häusliche Ersparnis, sind jedoch abzuziehen. Bei Aufwendungspauschalen (außer Kilometergeld) kann 1/3 als Einkommen angesetzt werden.

1.5 Einkommen aus selbständiger Tätigkeit

Bei Ermittlung des Einkommens eines Selbständigen ist in der Regel der Gewinn der letzten drei Jahre zugrunde zu legen. Für die Vergangenheit sind im Regelfall die in dem jeweiligen Kalenderjahr erzielten Einkünfte maßgebend.

1.6 Einkommen aus Vermietung und Verpachtung sowie Kapitalvermögen

Einkommen aus Vermietung und Verpachtung sowie aus Kapitalvermögen ist der Überschuss der Bruttoeinkünfte über die Werbungskosten. Für Gebäude ist keine AfA anzusetzen.

1.7 Steuererstattungen

Steuerrückzahlungen werden in der Regel auf das Jahr der Leistung umgelegt und mit den Nettobeträgen angerechnet. Eine Fortschreibung für die Zukunft setzt voraus, dass mit ihnen weiter zu rechnen ist.

1.8 Sonstige Einnahmen

Zu den Erwerbseinkünften gehören auch in vollem Umfange Trinkgelder, deren Höhe gegebenenfalls nach den Umständen zu schätzen ist.

2. Sozialleistungen

2.1 Einkommensersatzleistungen

Sozialleistungen mit Einkommensersatzfunktion (z.B. Entgeltersatzleistungen im Sinne von §§ 115–118 SGB III, Krankengeld, Krankenhaustagegeld, Mutterschaftsgeld) sind Einkommen.

2.2 Leistungen nach dem SGB II

Beim Verpflichteten sind Leistungen nach §§ 19 – 32 SGB II Einkommen.

Beim Berechtigten sind Leistungen nach § 24 SGB II als Einkommen zu berücksichtigen sowie grundsätzlich Leistungen nach § 16 Abs. 3 und § 29 SGB II, soweit diese Zahlungen nicht durch einen tatsächlich vorhandenen Mehraufwand verbraucht werden. Die übrigen Leistungen nach dem SGB II sind grundsätzlich kein Einkommen, es sei denn, der Anspruch kann nach § 33 Abs. 2 SGB II nicht übergehen oder die Nichtberücksichtigung der Leistung ist treuwidrig. Letzteres kommt in Betracht, wenn zum Zeitpunkt der letzten mündlichen Verhandlung der übergegangene Anspruch nicht mehr geltend gemacht werden kann (§ 33 Abs. 3 SGB II).

2.3 Wohngeld

Wohngeld gleicht in der Regel erhöhten Wohnbedarf aus und ist deshalb nicht als Einkommen zu behandeln.

2.4 BAföG

BAföG-Leistungen sind, soweit nicht ihretwegen der Unterhaltsanspruch übergegangen ist, als Einkommen anzusehen, Darlehen jedoch nur, wenn sie unverzinslich gewährt werden.

2.5 Erziehungsgeld/Elterngeld

Elterngeld ist Einkommen, soweit es über den Sockelbetrag von 300 € bzw. 150 € bei verlängertem Bezug hinausgeht. Der Sockelbetrag sowie Erziehungsgeld sind nur dann Einkommen, wenn ein Ausnahmefall nach § 11 BEEG vorliegt.

2.6/2.7 Unfall- und Versorgungsrenten, Leistungen aus der Pflegeversicherung, Blindengeld u.ä.

Unfall- und Versorgungsrenten, Leistungen aus der Pflegeversicherung, Blindengeld, Schwerbeschädigten- und Pflegezulagen stellen nach Abzug eines Betrags für tatsächliche Mehraufwendungen Einkommen dar. §§ 1578a, 1610a BGB sind zu beachten.

2.8 Pflegegeld

Der Anteil des Pflegegelds bei der Pflegeperson, durch den ihre Bemühungen abgegolten werden, stellt Einkommen dar. Bei Pflegegeld aus der Pflegeversicherung gilt dies nach Maßgabe des § 13 Abs. 6 SGB XI.

2.9 Leistungen nach dem Grundsicherungsgesetz

Leistungen nach dem Grundsicherungsgesetz sind im Unterhaltsrechtsverhältnis zwischen Verwandten Einkommen, nicht aber im Unterhaltsrechtsverhältnis zwischen Ehegatten (vgl. §§ 41 – 43 SGB XII).

2.10/2.11 Sozialhilfe und Unterhaltsvorschuss

Kein Einkommen sind sonstige Sozialhilfe nach SGB XII und Leistungen nach dem UVG. Die Unterhaltsforderung eines Empfängers dieser Leistungen kann in Ausnahmefällen treuwidrig sein (BGH FamRZ 1999, 843; BGH FamRZ 2001, 619).

3. Kindergeld

Kindergeld wird nicht zum Einkommen gerechnet (vgl. Nr. 14).

4. Geldwerte Zuwendungen des Arbeitgebers

Geldwerte Zuwendungen aller Art des Arbeitgebers, z.B. Firmenwagen oder freie Kost und Logis, sind Einkommen, soweit sie entsprechende Eigenaufwendungen ersparen.

5. Wohnwert

Der Wohnvorteil durch mietfreies Wohnen im eigenen Heim ist als wirtschaftliche Nutzung des Vermögens unterhaltsrechtlich wie Einkommen zu behandeln. Neben dem Wohnwert sind auch Zahlungen nach dem Eigenheimzulagengesetz anzusetzen.

Während der Trennungszeit bis zur endgültigen Vermögensauseinandersetzung oder bis zum endgültigen Scheitern der Ehe – also in der Regel bis zur Rechtshängigkeit des Scheidungsantrags – ist der Vorteil mietfreien Wohnens nur in dem Umfang zu berücksichtigen, wie er sich als angemessene Wohnungsnutzung durch den in der Ehewohnung verbliebenen Ehegatten darstellt. Dabei ist auf den Mietzins abzustellen, den er auf dem örtlichen Wohnungsmarkt für eine dem ehelichen Lebensstandard entsprechende kleinere Wohnung zahlen müsste. Ein Wohnvorteil liegt vor, soweit dieser Wohnwert die Belastungen übersteigt, die durch allgemeine Grundstückskosten und -lasten, Zins- und Tilgungsleistungen und die verbrauchsunabhängigen Kosten, mit denen ein Mieter üblicherweise nicht belastet wird, entstehen.

Nach diesem Zeitpunkt ist der objektive Mietwert maßgeblich. Bei einem selbstgenutzten Eigenheim ist auf die unterhaltsrechtlich angemessene Miete abzustellen; es besteht aber eine Obliegenheit zur wirtschaftlichen Nutzung des Eigentums. Bei den gegenzurechnenden Kosten finden Kredittilgungsleistungen in der Regel (über nach 10.1.2. zu berücksichtigende hinaus) keine Berücksichtigung.

6. Haushaltsführung

Führt jemand einem leistungsfähigen Dritten den Haushalt, so ist hierfür ein Einkommen anzusetzen; bei Haushaltsführung durch einen Nichterwerbstätigen geschieht das in der Regel mit einem Betrag von 200 – 550 €.

7. Einkommen aus unzumutbarer Erwerbstätigkeit

Einkommen aus unzumutbarer Erwerbstätigkeit kann nach Billigkeit ganz oder teilweise unberücksichtigt bleiben.

8. Freiwillige Zuwendungen Dritter

Freiwillige Zuwendungen (z.B. Geldleistungen, kostenloses Wohnen) Dritter sind als Einkommen anzusehen, wenn dies ihrer Zielrichtung entspricht.

9. Erwerbsobliegenheit und Einkommensfiktion

Inwieweit aufgrund einer Erwerbsobliegenheit erzielbare Einkünfte als Einkommen gelten, richtet sich nach den Umständen des Einzelfalles. Dies gilt auch für erzielbare Einkünfte aus Nutzung von Vermögen.

10. Bereinigung des Einkommens

10.1 Steuern und Vorsorgeaufwendungen

10.1.1 Steuern

Vom Bruttoeinkommen sind die tatsächlichen Steuern abzuziehen. Den Unterhaltsschuldner trifft eine Obliegenheit zur Geltendmachung des Realsplittings; dies jedoch nur insoweit, als er den Unterhaltsanspruch anerkannt hat, dieser rechtskräftig feststeht oder soweit er den Unterhaltsanspruch freiwillig erfüllt.

Der Splittingvorteil des Unterhaltsschuldners ist beim Verwandtenunterhalt stets zu berücksichtigen, beim Ehegattenunterhalt nur dann, wenn der Vorteil aus der Ehe mit dem Unterhaltsberechtigten resultiert oder der Unterhaltsanspruch des Unterhaltsberechtigten unter Berücksichtigung eines weiteren unterhaltsberechtigten Ehegatten zu berechnen ist.

10.1.2 Vorsorgeaufwendungen

Zu den abzuziehenden Vorsorgeaufwendungen zählen die Aufwendungen für die gesetzliche Kranken- und Pflegeversicherung, Rentenversicherung und Arbeitslosenversicherung und/oder die entsprechende private Kranken- und Altersvorsorge. Soweit tatsächlich darüber hinaus Aufwendungen zur Altersvorsorge erbracht werden, sind diese in Höhe eines Betrages von 4 % (bei Unterhaltpflicht gegenüber

Eltern von 5 %) des Gesamtbruttoeinkommens des Vorjahres als angemessene zusätzliche Altersversorgung auch bei einer Versicherungspflicht in der gesetzlichen Rentenversicherung zu berücksichtigen.

10.2 Berufsbedingte Aufwendungen

Berufsbedingte Kosten (Werbungskosten) sind abzusetzen.

10.2.1 Pauschale/Konkrete Aufwendungen

Bei Einkünften aus nichtselbständiger Tätigkeit sind berufsbedingte Aufwendungen vom Einkommen abzuziehen, wobei ohne Nachweis eine Pauschale von 5 % – mindestens 50 €, bei geringfügiger Teilzeitarbeit auch weniger, und höchstens 150 € monatlich – des Nettoeinkommens geschätzt werden kann.

Übersteigen die berufsbedingten Aufwendungen diese Pauschale, so sind sie im Einzelnen darzulegen. Bei beschränkter Leistungsfähigkeit kann im Einzelfall mit konkreten Kosten gerechnet werden.

10.2.2 Fahrtkosten

Bei Unzumutbarkeit der Nutzung öffentlicher Verkehrsmittel können notwendige Kosten der berufsbedingten Nutzung eines Kraftfahrzeuges mit 0,30 € für jeden gefahrenen Kilometer (§ 5 Abs. 2 Nr. 2 JVEG) angesetzt werden. Damit sind in der Regel Anschaffungskosten erfasst. Bei langen Fahrtstrecken (ab ca. 30 km einfach) kann nach unten abgewichen werden.

10.2.3 Ausbildungsaufwand

Minderjährigen Kindern entstehender Ausbildungsaufwand ist auf Nachweis zu berücksichtigen.

10.3 nicht besetzt

10.4 Schulden

Berücksichtigungswürdige Schulden (Zins und Tilgung) sind im Rahmen eines vernünftigen Tilgungsplanes in angemessenen Raten abzuziehen.

Bei der Bedarfsermittlung für den Ehegattenunterhalt sind grundsätzlich nur eheprägende Verbindlichkeiten abzusetzen.

Beim Verwandtenunterhalt sowie bei Leistungsfähigkeit/Bedürftigkeit für den Ehegattenunterhalt erfolgt eine Abwägung nach den Umständen des Einzelfalls. Bei der Zumutbarkeitsabwägung sind Interessen des Unterhaltsschuldners, des Drittgläubigers und des Unterhaltsgläubigers, vor allem minderjähriger Kinder, mit zu berücksichtigen. Bei eingeschränkter Leistungsfähigkeit gegenüber minderjährigen und diesen gleichgestellten Kindern kommt die Obliegenheit, ein Verbraucherinsolvenzverfahren einzuleiten in Betracht.

10.5 nicht besetzt

10.6 Vermögensbildung

Vermögensbildende Aufwendungen sind im angemessenen Rahmen abzugsfähig.

10.7 Umgangskosten

(nicht besetzt)

10.8 Krankheitsbedingte Mehraufwendungen

Krankheitsbedingte Mehraufwendungen sind abzusetzen. Als Schätzungsmaßstab für Mehraufwendungen medizinisch indizierter Diäten können die Mehrbedarfsbeträge nach § 30 Abs. 5 SGB XII herangezogen werden.

Kindesunterhalt

11. Bemessungsgrundlage

Der Barunterhalt minderjähriger und noch im elterlichen Haushalt lebender volljähriger unverheirateter Kinder bestimmt sich nach den Sätzen der Düsseldorfer Tabelle (vgl. Anhang I).

11.1 Kranken- und Pflegeversicherungsbeiträge

Die Bedarfssätze der Düsseldorfer Tabelle gehen davon aus, dass das Kind ohne zusätzliche Aufwendungen krankenversichert ist. Besteht für das Kind eine freiwillige Krankenversicherung, so sind die hierfür erforderlichen Beträge vom Unterhaltsverpflichteten zusätzlich zu zahlen, zur Ermittlung des Tabellenunterhalts jedoch vom Einkommen des Pflichtigen abzusetzen.

Die Teilnahme an Sport- und Bildungsprogrammen in einem Umfang, wie er auch für Kinder vorgesehen ist, die Leistungen nach dem SGB II beziehen, ist ebenso wie die schulische Ausstattung in den Bedarfssätzen enthalten.

11.2 Eingruppierung

Die Sätze der Düsseldorfer Tabelle sind auf den Fall zugeschnitten, dass der Unterhaltpflichtige zwei Unterhaltsberechtigten Unterhalt zu gewähren hat. Bei einer größeren/geringeren Anzahl Unterhaltsberechtigter können Ab- oder Zuschläge durch Einstufung in niedrigere/höhere Gruppen angemessen sein.

12. Minderjährige Kinder

12.1 Betreuungs-/Barunterhalt

Der Elternteil, der in seinem Haushalt ein minderjähriges Kind versorgt, braucht für dieses neben dem anderen Elternteil in der Regel keinen Barunterhalt zu leisten, weil der Betreuungsunterhalt im Sinne von § 1606 Abs. 3 S. 2 BGB wertmäßig dem vollen Barunterhalt entspricht. Etwas anderes kann

LL-Strkt

KG

Brdbg

Brschw

Brem

Celle

Dresd

Düss

Ffm

Hbg

Hamm

Jena

Kblz

Köln

Naumbg

Oldbg

Rstk

Schlesw

SüdL

Empf Sozhi

sich ergeben, wenn sein Einkommen bedeutend höher als das des anderen Elternteils ist. In diesem Fall kann der Barunterhalt des anderen Elternteils angemessen gekürzt werden.

12.2 Einkommen des Kindes

Eigenes Einkommen des Kindes mindert grundsätzlich seinen Anspruch und wird bei beiden Eltern hälftig angerechnet.

12.3 Beiderseitige Barunterhaltspflicht/Haftungsanteil

Sind bei auswärtiger Unterbringung beide Eltern zum Barunterhalt verpflichtet, haften sie anteilig nach § 1606 Abs. 3 Satz 1 BGB für den Gesamtbedarf (vgl. Nr. 13.3). Der Verteilungsschlüssel kann unter Berücksichtigung des Betreuungsaufwandes wertend verändert werden.

12.4 Zusatzbedarf

Bei Zusatzbedarf (Prozesskostenvorschuss, Mehrbedarf, Sonderbedarf) gilt die beiderseitige Barunterhaltspflicht nach § 1606 Abs. 3 Satz 1 BGB (vgl. Nr. 13.3).

13. Volljährige Kinder

13.1 Bedarf

13.1.1 Kinder im Haushalt eines Elternteils

Der Bedarf volljähriger unverheirateter Kinder ist, solange sie im Haushalt der Eltern oder eines Elternteils leben, der 4. Altersstufe der Düsseldorfer Tabelle zu entnehmen, die maßgebende Einkommensgruppe ergibt sich, wenn beide Eltern leistungsfähig sind, aus den zusammengerechneten Einkünften der Eltern ohne Erhöhung nach Nr. 11.2. Die Haftungsquote bemisst sich grundsätzlich nach Nr. 13.3. Ein Elternteil hat jedoch höchstens den Unterhalt zu leisten, der sich allein – ggf. unter Berücksichtigung von Nr. 11.2 – nach seinem Einkommen ergibt.

13.1.2 Andere volljährige Kinder

Der Regelbedarf – einschließlich des Wohnbedarfs und üblicher berufs- bzw. ausbildungsbedingter Aufwendungen – eines nicht unter Nr. 13.1.1 fallenden Kindes beträgt 670 EUR monatlich. In diesem Betrag sind Beiträge zur Kranken- und Pflegeversicherung sowie Studiengebühren nicht enthalten.

Dieser Regelbedarf kann in geeigneten Fällen, insbesondere bei guten Einkommensverhältnissen der Eltern, angemessen erhöht werden. Eine solche Erhöhung kommt unter besonderer Berücksichtigung des Einzelfalles in Betracht, wenn das gemeinsame Nettoeinkommen der Eltern 4.800 EUR monatlich übersteigt.

13.2 Einkommen des Kindes

Einkünfte des Kindes sind auf seinen Bedarf anzurechnen. Die Ausbildungsvergütung eines volljährigen Kindes ist auf den Bedarf voll anzurechnen, weil der Bedarf nach Nr. 13.1.2 die ausbildungsbedingten Aufwendungen umfasst.

13.3 beiderseitige Barunterhaltspflicht/Haftungsanteil

Die Haftungsquote von Eltern, die beide für ein Kind barunterhaltspflichtig sind, bemisst sich nach dem Verhältnis ihrer anrechenbaren Einkünfte abzüglich des jeweiligen Eigenbedarfs gemäß Nr. 21.2 bzw. 21.3.1 und abzüglich der Unterhaltsleistungen und tatsächlichen Aufwendungen für vorrangig Berechtigte.

14. Verrechnung des Kindergeldes

Kindergeld wird nach § 1612b BGB auf den Bedarf des Kindes angerechnet.

Ehegattenunterhalt

15. Unterhaltsbedarf

15.1 Bedarf nach den ehelichen Lebensverhältnissen

Der Bedarf der Ehegatten richtet sich nach ihren Einkommens- und Vermögensverhältnissen im Unterhaltszeitraum, soweit diese als die ehelichen Lebensverhältnisse prägend anzusehen sind. Nacheheliche Entwicklungen wirken sich auf die Bedarfsbemessung nach den ehelichen Lebensverhältnissen aus, wenn sie auch bei fortbestehender Ehe eingetreten wären oder in anderer Weise in der Ehe angelegt und mit hoher Wahrscheinlichkeit zu erwarten waren.

Eine Einkommensreduzierung ist dann unbeachtlich, wenn sie auf einem unterhaltsrechtlich vorwerfbaren Verhalten beruht. Unerwartete, nicht in der Ehe angelegte Steigerungen des Einkommens des Verpflichteten (insbesondere aufgrund eines Karrieresprungs) oder auf Wiederverheiratung beruhende Steuervorteile bleiben unberücksichtigt, es sei denn, sie dienen zum Ausgleich des hinzugetretenen Bedarfs weiterer Unterhaltsberechtigter.

Es ist von einem Mindestbedarf auszugehen, der 880 € beträgt.

15.2 Halbteilung und Erwerbstätigenbonus

Für den Bedarf ist maßgebend, dass Ehegatten während des Zusammenlebens gleichen Anteil an dem Lebensstandard haben. Diesem Grundsatz widerspricht es nicht, zugunsten des erwerbstätigen Ehegatten von einer strikt hälftigen Teilung in maßvoller Weise abzuweichen, um einen Anreiz zur Erwerbstätigkeit zu erhalten.

Der Bedarf beträgt daher grundsätzlich die Hälfte der den ehelichen Lebensverhältnissen zuzurechnenden Einkünfte und geldwerten Vorteile. Soweit die Einkünfte aus Erwerbseinkommen herrühren, ist dem erwerbstätigen Ehegatten ein pauschalierter Betrag dieses Einkommens als Anreiz zu belassen. Dieser beträgt 1/7 seines bereinigten Erwerbseinkommens. Leistet ein Ehegatte auch Unterhalt für ein Kind, so wird sein Erwerbseinkommen vor Ermittlung des Erwerbstätigenbonus um den diesem entsprechenden Unterhalt (Zahlbetrag) bereinigt.

15.3 Konkrete Bedarfsbemessung

Bei sehr guten Einkommensverhältnissen des Pflichtigen kommt eine konkrete Bedarfsberechnung in Betracht.

15.4 Vorsorgebedarf/Zusatz- und Sonderbedarf

Werden Altersvorsorge-, Kranken- und Pflegeversicherungskosten vom Berechtigten gesondert geltend gemacht oder vom Verpflichteten bezahlt, sind diese von dem Einkommen des Pflichtigen vorweg abzuziehen.

15.5 Bedarf bei mehreren Ehegatten und Berechtigten nach § 1615l BGB

(nicht besetzt)

15.6 Trennungsbedingter Mehrbedarf

(nicht besetzt)

15.7 Begrenzung nach § 1578b BGB

(nicht besetzt)

16. Bedürftigkeit

Eigene Einkünfte des Berechtigten sind auf den Bedarf anzurechnen, wobei das bereinigte Nettoerwerbseinkommen um den Erwerbstätigenbonus zu vermindern ist.

Inwieweit der Vermögensstamm zur Deckung des laufenden Unterhalts einzusetzen ist, hängt von den Umständen des Einzelfalles ab.

17. Erwerbsobliegenheit

17.1 Bei Kinderbetreuung

Betreut ein Ehegatte ein minderjähriges Kind, so kann von ihm bis zur Vollendung des dritten Lebensjahres des Kindes eine Erwerbstätigkeit nicht erwartet werden.

Inwieweit den betreuenden Elternteil ab der Vollendung des dritten Lebensjahrs des Kindes eine Erwerbsobliegenheit trifft, bestimmt sich nach den Umständen des Einzelfalles. Hierbei können beispielsweise eine Rolle spielen:

Kindbezogene Gründe:

– Anzahl und Alter des bzw. der zu betreuenden Kinder;
– individuelle Besonderheiten oder Veranlagungen des Kindes;
– konkrete örtliche Betreuungssituation: Kapazität, Verfügbarkeit, Qualität und Verlässlichkeit der Betreuungseinrichtung, Zumutbarkeit der Betreuungseinrichtung für das Kind;
– bislang praktiziertes Betreuungsmodell;
– Gewährung angemessener, mit dem Kindeswohl im Einklang stehender Übergangsfristen bzw. abgestufter Übergänge bei Veränderungen in der Betreuungssituation.

Elternbezogene Gründe:

– bislang praktizierte Rollen- und Aufgabenverteilung in Bezug auf die Kinderbetreuung unter Berücksichtigung auch der Dauer der Ehe bzw. Partnerschaft der Eltern;
– einvernehmlich getroffene Absprachen und gemeinsame Vorstellungen hinsichtlich der Kinderbetreuung unter Berücksichtigung der infolge der Trennung notwendig gewordenen Veränderungen;
– Vermeidung überobligatorischer Belastungen durch eine Erwerbstätigkeit neben der Kinderbetreuung;
– finanzielle Zumutbarkeit der Betreuungseinrichtung;
– Gewährung angemessener Übergangsphasen bei einem Wechsel des Betreuungsmodells unter Berücksichtigung des Vertrauens in dessen Fortbestand.

Die Darlegungs- und Beweislast für die Umstände, die einer vollen oder teilweisen Erwerbsobliegenheit ab Vollendung des dritten Lebensjahres des Kindes entgegenstehen, trifft den betreuenden Ehegatten. Dies gilt auch, wenn ein Titel über den Basisunterhalt nach § 1570 Abs. 1 S. 1 BGB abgeändert werden soll.

Der Betreuungsunterhalt nach § 1570 BGB ist nicht nach § 1578b BGB zu befristen.

17.2 Bei Trennungsunterhalt

Inwieweit in der Trennungszeit eine Erwerbsobliegenheit besteht, richtet sich nach allen Umständen des Einzelfalles.

Weitere Unterhaltsansprüche

18. Ansprüche aus § 1615 l BGB

Der Bedarf nach § 1615l BGB bemisst sich nach der Lebensstellung des betreuenden Elternteils. Er beträgt mindestens 880 €. Ist die Mutter verheiratet oder geschieden, ergibt sich ihr Bedarf aus den ehelichen Lebensverhältnissen.

Bezüglich der Erwerbsobliegenheit und der Dauer des Anspruchs gilt Nr. 17.1. entsprechend.

19. Elternunterhalt

Beim Bedarf der Eltern sind Leistungen zur Grundsicherung nach §§ 41 ff. SGB XII zu berücksichtigen (vgl. Nr. 2.9).

20. Lebenspartnerschaft

Unterhaltsansprüche nach dem LPartG sind nicht Gegenstand der Leitlinien.

Leistungsfähigkeit und Mangelfall

21. Selbstbehalt

21.1 Grundsatz

Der Eigenbedarf (Selbstbehalt) ist dem Unterhaltspflichtigen zu belassen. Es ist zu unterscheiden zwischen dem notwendigen (§ 1603 Abs. 2 BGB), dem angemessenen (§ 1603 Abs. 1 BGB) und dem eheangemessenen (§§ 1361 Abs. 1, 1578 Abs. 1 BGB).

21.2 Notwendiger Selbstbehalt

Der notwendige Selbstbehalt gilt in allen Fällen der Inanspruchnahme als unterste Grenze. Für Eltern gegenüber minderjährigen Kindern und volljährigen, unverheirateten Kindern bis zur Vollendung des 21. Lebensjahres, die im Haushalt der Eltern oder eines Elternteils leben und sich in der allgemeinen Schulausbildung befinden, gilt im Allgemeinen der notwendige Selbstbehalt. Er beträgt

– beim Erwerbstätigen 1.080 €,
– beim Nichterwerbstätigen 880 €.

21.3 Angemessener Selbstbehalt

Im Übrigen gilt der angemessene Selbstbehalt.

21.3.1 gegenüber volljährigen Kindern

Er beträgt gegenüber volljährigen nicht nach § 1603 Abs. 2 BGB privilegierten Kindern 1.300 €.

21.3.2 gegenüber Ansprüchen nach § 1615l BGB

Gegenüber Anspruchsberechtigten nach § 1615l BGB ist der Selbstbehalt in der Regel mit einem Betrag zu bemessen, der zwischen dem angemessenen Selbstbehalt des Volljährigen nach § 1603 Abs. 1 BGB und dem notwendigen Selbstbehalt nach § 1603 Abs. 2 BGB liegt. Er beträgt in der Regel 1.200 €.

21.3.3 Elternunterhalt und Enkelunterhalt

Gegenüber Eltern und Enkeln beträgt er mindestens 1.800 € wobei die Hälfte (bei Vorteilen des Zusammenlebens mit einem Partner 45 %) des diesen Mindestbetrag übersteigenden Einkommens

zusätzlich anrechnungsfrei bleiben kann, wenn dies der Angemessenheit entspricht.

21.4 Eheangemessener Selbstbehalt

Gegenüber getrenntlebenden und geschiedenen Ehegatten beträgt der angemessene Eigenbedarf im Regelfall 1.200 €.

21.5 Anpassung des Selbstbehalts

Lebt der Unterhaltspflichtige mit einem leistungsfähigen Partner in Haushaltsgemeinschaft, kommt eine Haushaltsersparnis von in der Regel 10% in Betracht.

22. Bedarf des mit dem Pflichtigen zusammenlebenden Ehegatten

22.1 Gegenüber nachrangigen (geschiedenen) Ehegatten

Ist bei Unterhaltsansprüchen nachrangiger (geschiedener) Ehegatten der Unterhaltspflichtige verheiratet, werden für den mit ihm zusammenleben- den Ehegatten 960 € angesetzt.

22.2 Mindestbedarf bei Ansprüchen volljähriger Kinder

Ist bei Unterhaltsansprüchen volljähriger nicht privilegierter Kinder der Unterhaltspflichtige verheiratet, werden für den mit ihm zusammenlebenden Ehegatten 1.040 € angesetzt.

22.3 Mindestbedarf bei Ansprüchen von Eltern oder Enkeln des anderen Ehegatten und von gemeinsamen Enkeln

Ist bei Unterhaltsansprüchen der Eltern das unterhaltspflichtige Kind oder bei Unterhaltsansprüchen von Enkeln der unterhaltspflichtige Großelternteil verheiratet, wird für den mit ihm zusammenlebenden Ehegatten der eheangemessene Bedarf, mindestens 1.440 € angesetzt.

23. Bedarf des vom Pflichtigen getrennt lebenden oder geschiedenen Ehegatten

23.1 Gegenüber nachrangigen (geschiedenen) Ehegatten

Lebt der Unterhaltspflichtige von seinem Ehegatten getrennt oder ist geschieden, werden für diesen gegenüber Unterhaltsansprüchen nachrangiger (geschiedener) Ehegatten des Unterhaltspflichtigen als notwendiger Eigenbedarf 1.200 € angesetzt.

23.2 Bedarf bei Ansprüchen volljähriger Kinder

Lebt der Unterhaltspflichtige von seinem Ehegatten getrennt oder ist geschieden, werden für diesen gegenüber Unterhaltsansprüchen nicht privilegierter volljähriger Kinder des Unterhaltspflichtigen als notwendiger Eigenbedarf 1.300 € angesetzt.

23.3 Bedarf bei Ansprüchen von Eltern oder Enkeln des anderen Ehegatten und von gemeinsamen Enkeln

Lebt der Unterhaltspflichtige von seinem Ehegatten getrennt oder ist geschieden, werden für diesen gegenüber Unterhaltsansprüchen der Eltern des Unterhaltspflichtigen als notwendiger Eigenbedarf 1.800 € angesetzt.

24. Mangelfall

24.1 Grundsatz

Reicht der Betrag, der zur Erfüllung mehrerer Unterhaltsansprüche zur Verfügung steht (Verteilungsmasse), nicht aus, um den Unterhaltsbedarf aller Unterhaltsberechtigten zu decken, so ist der den entsprechenden Selbst- behalt nach Nr. 21 übersteigende Betrag auf die Berechtigten unter Beach- tung der Rangverhältnisse zu verteilen.

24.2 Einsatzbeträge

Hierbei sind als Einsatzbeträge die Unterhaltsansprüche einzustellen, die sich ohne Berücksichtigung des Selbstbehaltes ergäben.

24.2.1 Minderjährige und ihnen gleichgestellte Kinder

Für minderjährige und ihnen gleichgestellte Kinder der sich aus der Unterhaltstabelle abzüglich des zu berücksichtigenden Kindergeldes ergebende Betrag (Zahlbetrag).

24.2.2 nicht besetzt

Sonstiges

25. Rundung

Der Unterhaltsbetrag ist auf volle EUR aufzurunden.

Anhang

I. Düsseldorfer Tabelle (Stand 1. Januar 2015)

s. S. 5

II. Tabelle der Zahlbeträge

Die folgenden Tabellen enthalten die sich nach Abzug des jeweiligen Kindergeldanteils (hälf- tiges Kindergeld bei Minderjährigen, volles Kindergeld bei Volljährigen) ergebenden Zahlbe- träge. Für das 1. und 2. Kind beträgt das Kindergeld derzeit 184 €, für das 3. Kind 190 €, ab dem 4. Kind 215 €.

s. S. 10

III. Tabellarische Zusammenstellung der Bedarfssätze und der Selbstbehalte

Bedarfssätze		
I.	Regelbedarf eines volljährigen Kindes, das nicht im Haushalt eines Elternteils lebt (Nr. 13.1.2)	670
II.	Mindestbedarf eines aus § 1615l BGB Berechtigten und anderer Unterhaltsbedürftiger, die nicht Kinder oder (geschiedene) Ehegatten sind (Nr. 18)	880
Selbstbehaltssätze		
III.	Monatlicher Selbstbehalt gegenüber minderjährigen und ihnen gleichgestellten (§ 1603 Abs. 2 BGB) Kindern (Nr. 21.2)	
	a) des erwerbstätigen Unterhaltsverpflichteten	1.080
	b) des nichterwerbstätigen Unterhaltsverpflichteten	880
IV.	Monatlicher Selbstbehalt gegenüber anderen Kindern (Nr. 21.3.1)	1.300
V.	Monatlicher Selbstbehalt gegenüber Ansprüchen nach § 1615l BGB (Nr. 21.3.2.)	1.200
VI.	Monatlicher Selbstbehalt gegenüber Verwandten aufsteigender Linie und Enkeln mindestens (ggf. zzgl. die Hälfte des dieses Einkommen übersteigenden Betrages, Nr. 21.3.3)	1.800
VII.	Monatlicher Selbstbehalt gegenüber dem getrenntlebenden und dem geschiedenen Ehegatten (Nr. 21.4)	1.200
VIII.	Bedarf des mit dem Pflichtigen zusammenlebenden Ehegatten (Nr. 22)	
	1. Gegenüber nachrangigen (geschiedenen) Ehegatten mindestens	960
	2. Gegenüber nicht unter § 1603 Abs. 2 BGB fallenden Kindern	1.040
	3. Gegenüber Eltern/Enkelunterhalt mindestens	1.440

LL-Strkt

KG

Brdbg

Brschw

Brem

Celle

Dresd

Düss

Ffm

Hbg

Hamm

Jena

Kblz

Köln

Naumbg

Oldbg

Rstk

Schlesw

SüdL

Empf Sozhi

c)   OLG Brandenburg

Unterhaltsleitlinien des Brandenburgischen Oberlandesgerichts Vorbemerkung

Die Leitlinien sind von Richterinnen und Richtern der Familiensenate des Brandenburgischen Oberlandesgerichts erarbeitet worden. Die Unterhaltsleitlinien sind keine verbindlichen Rechts- oder Rechtsanwendungssätze, dienen aber dem Ziel, die Rechtsprechung möglichst zu vereinheitlichen. Sie gelten *ab 1. August 2015*. Gegenüber den vom 1. Januar 2015 bis zum 31. Juli 2015 geltenden Leitlinien ergeben sich inhaltliche Änderungen nur in den Anlagen I und II, die auf Grund des am 23. Juli 2015 in Kraft getretenen Gesetzes zur Anhebung des Grundfreibetrags, des Kinderfreibetrags, des Kindergeldes und des Kinderzuschlags (BGBl. I, S. 1202) erforderlich wurden.

Unterhaltsrechtlich maßgebendes Einkommen

1.   Geldeinnahmen

1.1   Regelmäßiges Bruttoeinkommen einschl. Renten und Pensionen

Zum Bruttoeinkommen gehören alle Einkünfte und geldwerten Vorteile, zum Beispiel Arbeitsverdienst (inklusive anteiligen Urlaubs- und Weihnachtsgeldes sowie sonstiger Einmalleistungen, anteilig auf den Monat umgelegt), Renten und Pensionen.

1.2   Unregelmäßiges Einkommen

Höhere einmalige Zahlungen (z.B. Jubiläumszuwendungen) können auf einen längeren Zeitraum als ein Jahr verteilt werden. Abfindungen sind zur Wahrung der bisherigen Lebensverhältnisse in der Regel auf einen angemessenen Zeitraum umzulegen.

1.3   Überstunden

Überstundenvergütungen werden dem Einkommen zugerechnet, soweit sie in geringem Umfang anfallen oder berufsüblich sind.

In Mangelfällen erfolgt die Zurechnung unabhängig von Umfang und Berufsüblichkeit. Im Übrigen ist die Zurechnung unter Berücksichtigung des Einzelfalles nach Treu und Glauben zu beurteilen.

Diese Grundsätze gelten auch für Einkünfte aus einer Nebentätigkeit.

1.4   Spesen und Auslösungen

Spesen und Auslösungen werden dem Einkommen zugerechnet, soweit dadurch eine Ersparnis eintritt oder Überschüsse verbleiben. Im Zweifel kann davon ausgegangen werden, dass eine Ersparnis eintritt oder Überschüsse verbleiben, die mit einem Drittel der Nettobeträge zu bewerten und insoweit dem Einkommen zuzurechnen sind.

1.5   Einkommen aus selbstständiger Tätigkeit

Bei Ermittlung des Einkommens eines Selbstständigen ist in der Regel von dem Gewinn dreier aufeinander folgender Geschäftsjahre auszugehen.

1.6   Einkommen aus Vermietung und Verpachtung sowie Kapitalvermögen

Einnahmen aus Vermietung und Verpachtung sowie Kapitalvermögen sind nach Abzug der zur Erzielung dieser Einnahmen notwendigen Ausgaben als Einkommen zu berücksichtigen. Bei schwankenden Einnahmen ist auf den Durchschnitt mehrerer Jahre abzustellen.

1.7   Steuererstattungen

Steuererstattungen finden in der Regel in dem Jahr, in dem sie anfallen, Berücksichtigung, ebenso Steuernachzahlungen. Sie können für die nachfolgenden Jahre fortgeschrieben werden, wenn die Bemessungsgrundlagen im Wesentlichen unverändert geblieben sind.

Nach Auffassung des 3. Familiensenats sind Steuererstattungen oder -nachzahlungen stets in dem Jahr zu berücksichtigen, das dem Steuerjahr folgt. Bei Selbstständigen setzt der 3. Familiensenat in der Regel die für die Geschäftsjahre geschuldeten Steuern an, die der Unterhaltsberechnung zu Grunde gelegt werden.

2.   Sozialleistungen

2.1   Arbeitslosengeld und Krankengeld

Arbeitslosengeld gemäß § 136 SGB III ist ebenso Einkommen wie Krankengeld.

2.2   Leistungen nach dem SGB II

Arbeitslosengeld II nach dem SGB II ist auf Seiten des Unterhaltspflichtigen Einkommen. Beim Unterhaltsberechtigten sind subsidiäre Leistungen zur Sicherung des Lebensunterhalts nach §§ 19 ff. SGB II kein Einkommen. Jedoch kann seine Unterhaltsforderung bei Nichtberücksichtigung solcher Leistungen in Ausnahmefällen treuwidrig sein (BGH, FamRZ 1999, 843; FamRZ 2001, 619). Nicht subsidiäre Leistungen nach dem SGB II sind Einkommen.

2.3   Wohngeld

Wohngeld ist Einkommen, soweit es nicht erhöhte Wohnkosten deckt (vgl. BGH, FamRZ 2012, 1201 Rn. 15; FamRZ 1982, 587).

LL-Strkt

KG

Brdbg

Brschw

Brem

Celle

Dresd

Düss

Ffm

Hbg

Hamm

Jena

Kblz

Köln

Naumbg

Oldbg

Rstk

Schlesw

SüdL

Empf Sozhi

2.4 BAföG

BAföG-Leistungen sind mit Ausnahme von Vorausleistungen nach §§ 36, 37 BAföG als Einkommen anzusehen, auch soweit sie als Darlehen gewährt werden.

2.5 Erziehungs- und Elterngeld

Erziehungsgeld ist nur in den Fällen von § 9 Satz 2 BErzGG Einkommen.

Elterngeld ist nach Maßgabe des § 11 BEEG Einkommen.

2.6 Unfall- und Versorgungsrenten

Unfall- und Versorgungsrenten sind nach Abzug eines Betrages für tatsächliche Mehraufwendungen unterhaltsrechtlich als Einkommen heranzuziehen. § 1610a BGB ist zu beachten.

2.7 Leistungen aus der Pflegeversicherung, Blindengeld u. Ä.

Leistungen aus der Pflegeversicherung, Blindengeld, Schwerbeschädigten- und Pflegezulagen sind nach Abzug eines Betrages für tatsächliche Mehraufwendungen unterhaltsrechtlich als Einkommen heranzuziehen. § 1610a BGB ist zu beachten.

2.8 Pflegegeld

Der Anteil des Pflegegeldes, durch den ihre Bemühungen abgegolten werden, ist Einkommen der Pflegeperson. Bei Pflegegeld aus der Pflegeversicherung gilt dies nach Maßgabe von § 13 Abs. 6 SGB XI (vgl. BGH, FamRZ 2006, 846).

2.9 Grundsicherung beim Verwandtenunterhalt

Leistungen der Grundsicherung im Alter und bei Erwerbsminderung, §§ 41 bis 43 SGB XII, sind auf Seiten des Unterhaltsberechtigten nur gegenüber Eltern und Kindern Einkommen.

2.10 Sozialhilfe

Sozialhilfe nach dem SGB XII ist kein Einkommen. Bezieht der Unterhaltsberechtigte eine solche Sozialhilfe, kann seine Unterhaltsforderung in Ausnahmefällen treuwidrig sein (vgl. BGH, FamRZ 1999, 843; FamRZ 2001, 619).

2.11 Unterhaltsvorschuss

Leistungen nach dem UVG sind kein Einkommen. Bezieht der Unterhaltsberechtigte Unterhaltsvorschuss, kann seine Unterhaltsforderung in Ausnahmefällen treuwidrig sein (vgl. BGH, FamRZ 1999, 843; FamRZ 2001, 619).

3. Kindergeld

Kindergeld ist kein Einkommen der Eltern (vgl. auch Nr. 14).

4. Geldwerte Zuwendungen des Arbeitgebers

Geldwerte Zuwendungen des Arbeitgebers, z.B. Firmenwagen, freie Kost, kostenlose oder verbilligte Wohnung, sind Einkommen, soweit dadurch entsprechende Eigenaufwendungen erspart werden.

5. Wohnvorteil

Wohnt der Unterhaltsberechtigte oder der Unterhaltspflichtige im eigenen Haus oder in der ihm gehörenden Eigentumswohnung, so stellt der Vorteil des mietfreien Wohnens Einkommen dar. Neben dem Wohnvorteil sind auch Zahlungen nach dem Eigenheimzulagengesetz anzusetzen. Der Wohnwert errechnet sich regelmäßig unter Zugrundelegung des üblichen Entgelts für ein vergleichbares Objekt. Er kann im Einzelfall auch darunter liegen (vgl. BGH, FamRZ 1998, 899; FamRZ 2000, 950). Insbesondere beim Trennungsunterhalt kommt der volle Wohnwert regelmäßig erst dann zum Tragen, wenn nicht mehr mit einer Wiederherstellung der ehelichen Lebensgemeinschaft zu rechnen ist und auch dem in der Wohnung verbliebenen Ehegatten eine Verwertung zugemutet werden kann. Das ist meist ab Zustellung des Scheidungsantrags anzunehmen (vgl. BGH, FamRZ 2008, 963). Kosten, mit denen ein Mieter üblicherweise nicht belastet wird, sind abzusetzen (vgl. BGH, FamRZ 2009, 1300). Das sind insbesondere Finanzierungskosten. Hierbei sind die Kreditzinsen grundsätzlich abzugsfähig, während die Tilgung, soweit sie einseitige Vermögensbildung darstellt, unberücksichtigt bleibt, es sei denn, sie ist als zusätzliche Altersvorsorge i.S.v. Nr. 10.1 anzuerkennen (vgl. BGH, FamRZ 2008, 963).

6. Haushaltsführung

Führt jemand einem leistungsfähigen Dritten den Haushalt, so ist hierfür ein Einkommen anzusetzen.

7. Einkommen aus unzumutbarer Erwerbstätigkeit

Einkommen aus unzumutbarer Erwerbstätigkeit kann nach Billigkeit ganz oder teilweise unberücksichtigt bleiben.

8. Freiwillige Zuwendungen Dritter

Freiwillige Zuwendungen Dritter sind nur Einkommen, wenn dies dem Willen des Dritten entspricht.

9. Erwerbsobliegenheit und Einkommensfiktion

Wird die Erwerbsobliegenheit verletzt, sind fiktive Einkünfte anzurechnen, die nach Alter, Vorbildung und beruflichem Werdegang erzielt werden können.

10. Bereinigung des Einkommens

10.1 Steuern und Vorsorgeaufwendungen

Vom Bruttoeinkommen sind Steuern und Vorsorgeaufwendungen abzuziehen. Zu diesen zählen Aufwendungen für die gesetzliche Kranken-, Pflege-, Renten- und Arbeitslosenversicherung oder die angemessene private Kranken- und Altersvorsorge sowie die Vorsorge für den Fall der Pflegebedürftigkeit.

Grundsätzlich darf eine zusätzliche Altersversorgung betrieben werden, die unterhaltsrechtlich beim Elternunterhalt bis zu 5 % des Bruttoeinkommens (BGH, FamRZ 2006, 1511) und im Übrigen bis zu 4 % des Bruttoeinkommens (BGH, FamRZ 2005, 1817) betragen kann. Voraussetzung ist stets, dass solche Aufwendungen für die eigene Altersvorsorge tatsächlich geleistet werden (BGH, FamRZ 2007, 793).

10.2 Berufsbedingte Aufwendungen

10.2.1 Pauschale/Konkrete Aufwendungen

Berufsbedingte Aufwendungen sind im Rahmen des Angemessenen vom Arbeitseinkommen abzuziehen. Sie können in der Regel mit einem Anteil von 5 % des Nettoeinkommens angesetzt werden, wenn hinreichende Anhaltspunkte für eine Schätzung bestehen. Werden höhere Aufwendungen geltend gemacht oder liegt ein Mangelfall vor, so sind sämtliche Aufwendungen im Einzelnen darzulegen und nachzuweisen.

10.2.2 Fahrtkosten

Für berufsbedingte Fahrten, insbesondere für Fahrten zum Arbeitsplatz (Hin- und Rückfahrt), werden die Kosten einer anzuerkennenden Pkw-Benutzung grundsätzlich mit einer Kilometerpauschale von 0,30 EUR berücksichtigt.

10.2.3 Ausbildungsaufwand

Ausbildungsvergütungen sind vorbehaltlich Nr. 13.1 Abs. 3 um ausbildungsbedingte Kosten zu kürzen. Die Höhe der ausbildungsbedingten Kosten bestimmt sich nach den Verhältnissen des Einzelfalles. Sie kann, wenn hinreichende Anhaltspunkte für eine Schätzung bestehen, mit 90 EUR monatlich angenommen werden.

10.3 Kinderbetreuung

Leben im Haushalt des Unterhaltspflichtigen oder des Unterhaltsberechtigten minderjährige Kinder, so kann sich das Einkommen um Betreuungskosten (vor allem Kosten für eine notwendige Fremdbetreuung) mindern. In Betracht kommen kann auch, dass auf überobligationsmäßiger Tätigkeit beruhendes Mehreinkommen ganz oder teilweise anrechnungsfrei bleibt, wenn keine konkreten Betreuungskosten anfallen (vgl. BGH, FamRZ 2005, 1154).

Abweichend hiervon setzt der 3. Familiensenat in der Regel vom Erwerbseinkommen einen Betreuungsbonus ab, dessen Höhe bei voller Erwerbstätigkeit dem Barunterhalt entspricht, den der zugleich betreuende Elternteil zu zahlen hätte, wenn das Kind bei dem anderen Elternteil leben würde.

10.4 Schulden

Zinsen und Tilgungsraten auf Schulden, die aus der Zeit vor Eheschließung herrühren oder während des ehelichen Zusammenlebens begründet worden sind, können, soweit angemessen, einkommensmindernd berücksichtigt werden. Den Interessen minderjähriger Kinder und volljähriger unverheirateter Kinder bis zur Vollendung des 21. Lebensjahres, die im Haushalt der Eltern oder eines Elternteils leben und sich in der allgemeinen Schulausbildung befinden, ist stets besonders Rechnung zu tragen.

10.5 Unterhaltsleistungen

Bei der Prüfung, ob Unterhaltsleistungen vorweg vom Einkommen abzuziehen sind, ist zwischen Bedarfsermittlung und Leistungsfähigkeit zu unterscheiden.

10.6 Vermögensbildung

Anlagen nach den Vermögensbildungsgesetzen sind – vorbehaltlich Nr. 10.1 – nicht vom Einkommen abzuziehen. Auf der anderen Seite erhöhen vermögenswirksame Leistungen des Arbeitgebers und Sparzulagen das Einkommen nicht.

Kindesunterhalt

11. Bemessungsgrundlage (Tabellenunterhalt)

Der Barunterhalt minderjähriger unverheirateter Kinder bestimmt sich nach den Altersstufen 1 bis 3 der Tabelle in Anlage I, die mit denjenigen nach § 1612a Abs. 1 Satz 3 BGB übereinstimmen. Die Tabellensätze sind identisch mit den ab 1. August 2015 geltenden Tabellensätzen der Düsseldorfer Tabelle. Wegen des Bedarfs volljähriger Kinder vgl. Nr. 13.1.

11.1 Kranken- und Pflegeversicherungsbeiträge

In den Unterhaltsbeträgen (Tabellensätzen) sind keine Kranken- und Pflegeversicherungsbeiträge ent-

Brandenburg | 97

LL-Strkt

KG

Brdbg

Brschw

Brem

Celle

Dresd

Düss

Ffm

Hbg

Hamm

Jena

Kblz

Köln

Naumbg

Oldbg

Rstk

Schlesw

SüdL

Empf
Sozhi

halten. Soweit das Kind nicht in einer Familienversicherung mitversichert ist, hat es zusätzlich Anspruch auf Zahlung der Versicherungsbeiträge. Das Nettoeinkommen des Unterhaltspflichtigen ist in diesen Fällen vor Einstufung in die entsprechende Einkommensgruppe vorweg um diese Beiträge zu bereinigen.

11.2 Eingruppierung

Die Tabellensätze erfassen die Fälle, in denen eine Unterhaltspflicht gegenüber zwei Unterhaltsberechtigten besteht. Bei einer geringeren Anzahl von Unterhaltsberechtigten kann eine Höhergruppierung auch um mehr als eine Einkommensgruppe in Betracht kommen.

Bei einer größeren Anzahl von Unterhaltsberechtigten kann eine Korrektur an Hand des Bedarfskontrollbetrags erfolgen. Der Bedarfskontrollbetrag ist nicht identisch mit dem Selbstbehalt des Unterhaltspflichtigen. Er soll eine ausgewogene Verteilung des Einkommens zwischen dem Unterhaltspflichtigen und dem Unterhaltsberechtigten gewährleisten. Erreicht das dem Unterhaltspflichtigen nach Abzug aller Unterhaltslasten verbleibende bereinigte Einkommen nicht den für die Einkommensgruppe ausgewiesenen Bedarfskontrollbetrag, ist ggf. soweit herabzustufen, bis dem Unterhaltspflichtigen der entsprechende Kontrollbetrag verbleibt.

12. Minderjährige Kinder

12.1 Betreuungs-/Barunterhalt

Der Betreuungsunterhalt für ein minderjähriges Kind entspricht in der Regel dem Barunterhalt, sodass der betreuende Elternteil regelmäßig keinen Barunterhalt zu leisten braucht.

12.2 Einkommen des Kindes

Einkommen des minderjährigen Kindes, das nach Abzug ausbildungsbedingter Kosten (vgl. Nr. 10.2.3) verbleibt, ist zur Hälfte auf den Barunterhalt anzurechnen. Die andere Hälfte kommt dem betreuenden Elternteil zugute.

12.3 Beiderseitige Barunterhaltspflicht/ Haftungsanteil

Sind ausnahmsweise beide Elternteile gegenüber dem minderjährigen Kind barunterhaltspflichtig, bestimmt sich ihr Haftungsanteil nach dem Verhältnis ihrer den jeweiligen Selbstbehalt übersteigenden Einkommen.

12.4 Zusatzbedarf

Mehrbedarf und Sonderbedarf sind in den Unterhaltsbeträgen nicht enthalten. Insoweit sind grundsätzlich beide Elternteile barunterhaltspflichtig. Nr. 12.3 gilt entsprechend.

13. Volljährige Kinder

13.1 Bedarf

Der Barunterhalt volljähriger Schüler, Studenten und Auszubildender, die noch im Haushalt eines Elternteils leben, bestimmt sich nach Altersstufe 4 der Tabelle in *Anlage I*. Der Tabellenbetrag richtet sich nach dem zusammengerechneten Einkommen beider Elternteile. Ein Elternteil hat jedoch höchstens den Unterhalt zu leisten, der sich allein nach seinem Einkommen ergibt.

Dem 3. Familiensenat dient die Altersstufe 4 der Tabelle lediglich als Orientierung.

Der Bedarf nicht im Haushalt eines Elternteils lebender Kinder beträgt regelmäßig *670 EUR* monatlich. Kosten für eine Ausbildung im üblichen Rahmen sind darin ebenso enthalten wie ein Mietanteil (Warmmiete) von bis zu *280 EUR*. Bei guten wirtschaftlichen Verhältnissen kann eine Erhöhung des regelmäßigen Bedarfs gerechtfertigt sein, im Allgemeinen aber nicht über den doppelten Betrag hinaus.

In den Unterhaltsbeträgen sind Kranken- und Pflegeversicherungsbeiträge sowie Studiengebühren nicht enthalten.

13.2 Einkommen des Kindes

Einkommen des volljährigen unterhaltsberechtigten Kindes, das nach Abzug ausbildungsbedingter Kosten (vgl. Nr. 10.2.3) verbleibt, ist auf seinen Bedarf voll anzurechnen.

13.3 Beiderseitige Barunterhaltspflicht/ Haftungsanteil

Gegenüber volljährigen Kindern sind beide Elternteile barunterhaltspflichtig. Ihr Haftungsanteil bestimmt sich nach dem Verhältnis ihrer den jeweiligen Selbstbehalt übersteigenden Einkommen.

14. Verrechnung des Kindergeldes

Das Kindergeld ist nach Maßgabe des § 1612b BGB zur Deckung des Barbedarfs des Kindes zu verwenden (vgl. auch Nr. 3).

Ehegattenunterhalt

15. Unterhaltsbedarf

15.1 Bedarf nach den ehelichen Lebensverhältnissen

Der Unterhaltsanspruch des Ehegatten wird bestimmt und begrenzt durch den Bedarf nach den ehelichen Lebensverhältnissen, in den Fällen nachehelichen Unterhalts nach denjenigen bei der Scheidung. Leistet ein Ehegatte Unterhalt für ein Kind und hat dies bereits die ehelichen Lebensverhältnisse geprägt (vgl. BGH, FamRZ 2012, 281 Rn. 27), wird das Einkommen vorab um den Kindesunterhalt, das ist der Zahlbetrag, also der Tabellenunterhalt nach Abzug von Kindergeld, gemindert, soweit sich daraus nicht ein Missverhältnis zum wechselseitigen Lebensbedarf der Beteiligten ergibt (vgl. BGH, FamRZ 1999, 367; FamRZ 2003, 363).

Wegen der Behandlung von Erwerbseinkünften des unterhaltsberechtigten Ehegatten aus einer nach Trennung oder Scheidung aufgenommenen oder ausgeweiteten Tätigkeit wird auf das Urteil des BGH vom 13.6.2001 (FamRZ 2001, 986) verwiesen.

15.2 Halbteilung und Erwerbstätigenbonus

Der Unterhaltsbedarf des getrennt lebenden und geschiedenen Ehegatten beläuft sich grundsätzlich auf die Hälfte des zusammengerechneten eheprägenden bereinigten Einkommens beider Ehegatten.

Erwerbseinkünfte sind um einen Erwerbstätigenbonus von 1/7 als Anreiz zu kürzen.

Nach Auffassung des 3. Familiensenats beträgt der Erwerbstätigenbonus 1/10 vor Verminderung der Einkünfte um Kindesunterhalt, berücksichtigungsfähige Verbindlichkeiten usw.

Sind die eheprägenden bereinigten Einkünfte ausschließlich Erwerbseinkünfte, so führt es zu demselben rechnerischen Ergebnis, wenn der Unterhalt als Quote der Differenz der beiderseitigen bereinigten Einkünfte ermittelt wird, wegen des Erwerbstätigenbonus mit 3/7 der Differenz, nach Auffassung des 3. Familiensenats mit 45 % abzüglich der Hälfte des Kindesunterhalts sowie berücksichtigungsfähiger Verbindlichkeiten usw.

15.3 Konkrete Bedarfsbemessung

Haben außergewöhnlich hohe Einkommen die ehelichen Lebensverhältnisse geprägt, kann eine konkrete Bedarfsbemessung in Betracht kommen.

15.4 Vorsorgebedarf

Werden Altersvorsorge-, Kranken- und Pflegeversicherungskosten vom Unterhaltsberechtigten gesondert geltend gemacht oder vom Unterhaltspflichtigen gezahlt, sind diese von dem Einkommen des Pflichtigen vorweg abzuziehen.

15.5 nicht belegt

15.6 Trennungsbedingter Mehrbedarf

Trennungsbedingter Mehrbedarf kann zusätzlich berücksichtigt werden.

16. Bedürftigkeit

Bedürftigkeit besteht nur, soweit der Bedarf nicht durch eigene Einkünfte des Unterhaltsberechtigten,

ggf. vermindert um den Erwerbstätigenbonus (vgl. Nr. 15.2), gedeckt ist.

17. Erwerbsobliegenheit

17.1 bei Kindesbetreuung

Die Zumutbarkeit von Erwerbstätigkeit neben Betreuung von Kindern nach Vollendung des 3. Lebensjahres (vgl. §§ 1570 Abs. 1 Satz 1, 1615l Abs. 2 Satz 3 BGB) richtet sich nach den Umständen des Einzelfalles.

17.2 bei Trennungsunterhalt

Inwieweit in der Trennungszeit eine Erwerbsobliegenheit besteht, richtet sich nach den Umständen des Einzelfalles.

Weitere Unterhaltsansprüche

18. Ansprüche aus § 1615l BGB

Der Bedarf nach § 1615l BGB bemisst sich nach der Lebensstellung des betreuenden Elternteils.

19. Elternunterhalt

Haben Eltern Unterhaltsansprüche gegen ihre Kinder, so sind auch Pflegebedarf und Heimkosten Teile des Unterhaltsbedarfs.

20. Lebenspartnerschaft

Der Bedarf gemäß §§ 5, 12, 16 LPartG bemisst sich nach den partnerschaftlichen Lebensverhältnissen.

Leistungsfähigkeit und Mangelfall

21. Selbstbehalt

21.1 Grundsatz

Leistungsfähigkeit ist in dem Umfang gegeben, in welchem das bereinigte Einkommen, hier ohne Abzug eines Erwerbstätigenbonus, den Selbstbehalt, der dem Unterhaltspflichtigen zur Bestreitung seines eigenen Unterhalts bleiben muss, übersteigt.

21.2 Notwendiger Selbstbehalt

Der notwendige Selbstbehalt des Unterhaltspflichtigen beträgt gegenüber minder- jährigen Kindern sowie gegenüber volljährigen unverheirateten Kindern bis zur Vollendung des 21. Lebensjahres, die im Haushalt der Eltern oder eines Elternteils leben und sich in der allgemeinen Schulausbildung befinden, *1.080* EUR. Darin ist ein Mietanteil (Warmmiete) von etwa *380* EUR enthalten. Sind die Einkünfte des Unterhaltspflichtigen insgesamt oder im Wesentlichen keine Erwerbseinkünfte, beträgt der Selbstbehalt *880* EUR.

21.3 Angemessener Selbstbehalt

21.3.1 Volljähriges Kind

Gegenüber anderen volljährigen Kindern beträgt der angemessene Selbstbehalt *1.300* EUR. Darin ist ein Mietanteil (Warmmiete) von etwa *480* EUR enthalten.

21.3.2 Elternunterhalt

Der angemessene Selbstbehalt beträgt gegenüber den Eltern des Unterhaltspflichtigen *1.800* EUR zuzüglich der Hälfte des darüber hinausgehenden bereinigten Einkommens. Darin ist ein Mietanteil (Warmmiete) von etwa *480* EUR enthalten.

21.4 Eheangemessener Selbstbehalt und Ansprüche aus § 1615l BGB

Der Selbstbehalt gegenüber dem getrennt lebenden und geschiedenen Ehegatten (vgl. dazu BGH, FamRZ 2006, 683) beträgt in der Regel *1.200* EUR (billiger Selbstbehalt). Dieser Betrag gilt auch in den Fällen des § 1615l BGB (BGH, FamRZ 2005, 354).

21.5 Anpassung des Selbstbehalts

Der Selbstbehalt kann unterschritten werden, wenn der eigene Unterhalt des Pflichtigen ganz oder teilweise durch den Ehegatten gedeckt ist.

Der Selbstbehalt eines Unterhaltspflichtigen kann überdies um die durch eine gemeinsame Haushaltsführung eintretende Ersparnis, höchstens jedoch bis auf sein Existenzminimum nach sozialhilferechtlichen Grundsätzen herabgesetzt werden (vgl. BGH, FamRZ 2008, 594). Die Ersparnis kann regelmäßig mit 10 % für jeden volljährigen Partner der Haushaltsgemeinschaft in Ansatz gebracht werden (vgl. BGH, FamRZ 2012, 281 Rn. 46).

22. Bedarf des mit dem Unterhaltspflichtigen zusammenlebenden Ehegatten

Ist der Unterhaltspflichtige verheiratet, so richtet sich der Bedarf des mit ihm zusammen lebenden Ehegatten nach den ehelichen Lebensverhältnissen. Der Bedarf kann mit Rücksicht auf das Zusammenleben niedriger anzusetzen sein.

23. nicht belegt

24. Mangelfall

24.1 Grundsatz

Reicht der Betrag, der zur Erfüllung mehrerer Unterhaltsansprüche zur Verfügung steht (Verteilungsmasse), nicht aus, um den Unterhaltsbedarf aller Unterhaltsberechtigten zu decken, so ist der den Selbstbehalt übersteigende Betrag auf die Berechtigten unter Beachtung der Rangverhältnisse zu verteilen.

24.2 Einsatzbeträge

Die Einsatzbeträge für minderjährige unverheiratete und ihnen gleichgestellte volljährige Kinder entsprechen den Tabellenbeträgen der ersten Einkommensgruppe der Tabelle in Anlage I abzüglich des nach § 1612b Abs. 1 BGB zur Bedarfsdeckung zu verwendenden Kindergeldes.

24.3 Berechnung

Bei der Mangelverteilung errechnet sich der gekürzte Unterhaltsanspruch aller gleichrangigen Unterhaltsberechtigten aus dem Quotienten von Verteilungsmasse und Summe der Einsatzbeträge, multipliziert mit dem jeweiligen Einsatzbetrag.

Sonstiges

25. Rundung

Der Unterhaltsbetrag kann auf volle Euro gerundet werden.

Anlagen

I. Unterhaltstabelle Stand 1.8.2015 in Euro

s. S. 5

II. Zahlbetragstabelle Stand 1.8.2015 in Euro

s. S. 10

III. Umrechnung dynamisierter Titel alten Rechts gemäß § 36 Nr. 3 EGZPO

s. S. 9

LL-Strkt

KG

Brdbg

Brschw

Brem

Celle

Dresd

Düss

Ffm

Hbg

Hamm

Jena

Kblz

Köln

Naumbg

Oldbg

Rstk

Schlesw

SüdL

Empf Sozhi

d) OLG Braunschweig

Unterhaltsrechtliche Leitlinien der Familiensenate des Oberlandesgerichts Braunschweig (Stand: 01. August 2015)

Die Familiensenate des Oberlandesgerichts Braunschweig verwenden die unterhaltsrechtlichen Leitlinien als Orientierungshilfe für den Regelfall. Die Leitlinien dienen dem Zweck, die Rechtsprechung der Senate zu vereinheitlichen. Sie haben jedoch keine bindende Wirkung und können insbesondere die Prüfung des Einzelfalles nicht ersetzen. Das Tabellenwerk der Düsseldorfer Tabelle ist angefügt. Die Erläuterungen werden durch nachfolgende Leitlinien ersetzt.

Unterhaltsrechtliches Einkommen

Bei der Ermittlung und Zurechnung von Einkommen ist stets zu unterscheiden, ob es um Verwandten- oder Ehegattenunterhalt und ob es um die Bemessung des Bedarfs oder die Feststellung der Bedürftigkeit bzw. Leistungsfähigkeit geht. Das unterhaltsrechtliche Einkommen ist nicht immer identisch mit den steuerrechtlichen Einkünften.

1. Geldeinnahmen

1.1 Auszugehen ist vom Bruttoeinkommen als Summe aller Einkünfte.

1.2 Soweit Leistungen nicht monatlich anfallen (z.B. Weihnachtsgratifikation und Urlaubsgeld), werden sie auf ein Jahr umgelegt. Einmalige Zahlungen (z.B. Abfindungen) sind auf einen angemessenen Zeitraum zu verteilen.

1.3 Überstundenvergütungen werden dem Einkommen zugerechnet, soweit sie berufstypisch sind und das im jeweiligen Beruf übliche Maß nicht überschreiten.

Darüber hinausgehende Einnahmen aus Überstunden oder Zusatzarbeit sind auf Grund der Umstände des Einzelfalls (z.B. hohe Schuldenbelastung, Sicherung des Mindestbedarfs) nach Billigkeit zuzurechnen.

1.4 Auslösungen und Spesen werden pauschal zu 1/3-Anteil als Einkommen behandelt, soweit nicht der Nachweis geführt wird, dass derartige Leistungen notwendigerweise im weitergehenden Umfang verbraucht werden und deshalb keine entsprechende häusliche Ersparnis eintritt. Bei steuerfrei gewährten Auslösungen pp. wird grundsätzlich davon ausgegangen, dass sie als Aufwandsentschädigung auf Nachweis gezahlt worden sind.

1.5 Bei der Ermittlung des Einkommens aus selbstständiger Tätigkeit wird in der Regel an den Gewinn aus einem zeitnahen 3-Jahres-Zeitraum angeknüpft.

Privatentnahmen können im Ausnahmefall Indizcharakter für die Feststellung der für den Lebensunterhalt tatsächlich verfügbaren Mittel haben, wenn keine oder keine ordnungsgemäße Gewinnermittlung vorhanden ist oder diese offensichtlich kein zutreffendes Bild ergibt.

1.6 Einkünfte aus Vermietung und Verpachtung sowie aus Kapitalvermögen ergeben sich aus der Differenz zwischen Einnahmen und anerkennenswürdigen Werbungskosten. Für Gebäude ist in der Regel keine Abschreibung für Abnutzung (AfA) anzusetzen.

1.7 Steuererstattungen und Steuernachzahlungen sind in der Regel in dem Kalenderjahr, in dem sie anfallen, zu berücksichtigen (»In-Prinzip) und auf die Monate dieses Kalenderjahres umzulegen. Eine Fortschreibung für Folgejahre setzt voraus, dass die Bemessungsgrundlagen im Wesentlichen unverändert bleiben. Soweit Erstattungen auf Aufwendungen beruhen, die unterhaltsrechtlich nicht zu berücksichtigen sind, bleiben auch die Steuererstattungen außer Betracht.

1.8 Sonstige Einnallmen sind z.B. Sachbezüge oder Trinkgelder.

2. Sozialleistungen

2.1 Einkommen sind Arbeitslosengeld (§ 117 SGB III) und Krankengeld.

2.2 Arbeitslosengeld II (nach §§ 19-32 SGB II) ist Einkommen beim Unterhaltsverpflichteten; beim Unterhaltsberechtigten sind Leistungen zur Sicherung des Lebensunterhalts kein Einkommen, es sei denn, die Nichtberücksichtigung der Leistungen ist in Ausnahmefällen treuwidrig; nicht subsidiäre Leistungen nach dem SGB II sind in jedem Fall Einkommen.

2.3 Wohngeld ist Einkommen, soweit es nicht erhöhte Wohnkosten deckt.

2.4 BAföG-Leistungen sind, auch soweit sie als Darlehen gewährt werden, Einkommen mit Ausnahme von Vorausleistungen nach §§ 36, 37 BAföG.

2.5 Elterngeld (§ 1 BEEG – Elterngeldgesetz) und Betreuungsgeld (§ 4a BEEG) sind Einkommen nach Maßgabe der §§ 11, 6 BEEG.

2.6 Renten wegen Minderung oder Verlust der Erwerbsfähigkeit (§§ 43 SGB VI, 56 SGB VII) sind Einkommen.

2.7 Leistungen aus der Pflegeversicherung, Blindengeld, Versorgungsrenten, Schwerbeschädigten- und Pflegezulagen sind Einkommen nach Abzug eines Betrages für tatsächliche Mehraufwendungen; §§ 1610 a, 1578a BGB sind zu beachten.

2.8 Bei der Pflegeperson ist der Anteil des an sie weitergeleiteten Pflegegeldes Einkommen, durch den ihre Bemühungen abgegolten werden; bei Pflegegeld aus der Pflegeversicherung gilt dies nur in den Ausnahmefällen des § 13 Abs. 6 SGB XI.

2.9 In der Regel sind Bezüge nach §§ 41-43 SGB XII (Grundsicherung) beim Verwandtenunterhalt Einkommen (nicht aber beim Ehegattenunterhalt).

2.10 Kein Einkommen ist die sonstige Sozialhilfe nach dem SGB XII; die Unterhaltsforderung eines Empfängers dieser Leistungen kann in Ausnahmefällen treuwidrig sein (vgl. Nr. 2.2).

2.11 Kein Einkommen sind Leistungen aus dem Unterhaltsvorschussgesetz.

3.   Kindergeld

Kindergeld wird nicht zum Einkommen gerechnet (vgl. Nr. 14).

4.   Geldwerte Zuwendungen

Geldwerte Zuwendungen aller Art des Arbeitgebers (z.B. Firmenwagen, kostenlose oder verbilligte Wohnung, unentgeltliche Verpflegung) sind Einkommen, soweit sie – ggf. nach § 287 ZPO zu schätzende – entsprechende Eigenaufwendungen ersparen.

Die für Firmenwagen steuerlich in Ansatz gebrachten Beträge (1 %-Regelung) können einen Anhaltspunkt für die Bewertung des geldwerten Vorteils bieten.

5.   Wohnwert

Der Wohnvorteil durch mietfreies Wohnen im eigenen Heim ist als wirtschaftliche Nutzung des Vermögens unterhaltsrechtlich wie Einkommen zu behandeln. Neben dem Wohnwert sind auch Zahlungen nach dem Eigenheimzulagengesetz anzusetzen.

Ein Wohnvorteil liegt nur vor, soweit der Wohnwert den berücksichtigungsfähigen Schuldendienst, notwendige Instandhaltungskosten und die verbrauchsunabhängigen Kosten, mit denen ein Mieter üblicherweise nicht belastet wird, übersteigt.

Auszugehen ist vom vollen Mietwert. Wenn es nicht möglich oder nicht zumutbar ist, die Wohnung aufzugeben und das Objekt zu vermieten oder zu veräußern, kann statt dessen die ersparte Miete angesetzt werden, die angesichts der wirtschaftlichen Verhältnisse angemessen wäre. Dies kommt insbesondere für die Zeit bis zur Scheidung in Betracht, wenn ein Ehegatte das Familienheim allein bewohnt.

Beim Ehegattenunterhalt sind Tilgungsleistungen (auch bei der Bedarfsbemessung) nicht abzugsfähig, wenn der dadurch eintretende Wertzuwachs nicht (mehr) beiden Ehegatten zugute kommt (BGH

FamRZ 2008, 963, 965). Soweit die Tilgung danach unberücksichtigt bleibt, kann sie dennoch im Rahmen zusätzlicher Altersvorsorge den Wohnvorteil mindern (vgl. auch Ziffer 10.1).

Beim Kindesunterhalt ist im Rahmen des § 1603 Abs.1 BGB ein großzügiger, bei gesteigerter Unterhaltspflicht nach § 1603 Abs.2 BGB ein strengerer Maßstab für die Berücksichtigung von Tilgungsleistungen und zusätzlicher Altersvorsorge anzuwenden. Im absoluten Mangelfall sind Tilgung und zusätzliche Altersvorsorge in der Regel nicht zu berücksichtigen.

6.   Haushaltsführung

Führt ein nicht voll Erwerbstätiger einem unterhaltsrechtlich leistungsfähigen Dritten den Haushalt, so kann hierfür ein Einkommen anzusetzen sein.

Das Zusammenleben in einer häuslichen Gemeinschaft kann unter dem Gesichtspunkt ersparter Wohn- und Haushaltskosten nach den Umständen des Einzelfalls – bei Leistungsfähigkeit des Partners – die Bedürftigkeit mindern bzw. die Leistungsfähigkeit steigern. In der Regel kann dieser geldwerte Vorteil dem jeweiligen Partner der Gemeinschaft mit 10,00 Prozent des Eigenbedarfs zugerechnet werden.

7.   Einkommen aus unzumutbarer Erwerbstätigkeit

Einkommen aus unzumutbarer Erwerbstätigkeit kann nach Billigkeit ganz oder teilweise unberücksichtigt bleiben.

8.   Freiwillige Zuwendungen Dritter

Freiwillige Zuwendungen Dritter (z.B. Geldleistungen, kostenloses Wohnen) sind in der Regel nur dann als Einkommen zu berücksichtigen, wenn dies dem Willen des Dritten entspricht.

9.   Erwerbsobliegenheit und fiktives Einkommen

9.1 Einkommen sind auch auf Grund einer unterhaltsrechtlichen Obliegenheit erzielbare Einkünfte. Gegenüber minderjährigen und diesen gleich gestellten volljährigen (privilegierten) Kindern ist die Obliegenheit nach Maßgabe des § 1603 Abs. 2 BGB gesteigert, wenn kein anderer unterhaltspflichtiger Verwandter vorhanden ist.

9.2 Bei Arbeitslosigkeit sind über eine Meldung bei der Agentur für Arbeit hinausgehende Erwerbsbemühungen im Einzelnen darzulegen und zu belegen. Der Hinweis auf die Arbeitsmarktlage macht den Nachweis von Bemühungen nur im Ausnahmefall entbehrlich. Bei unzureichenden Bemühungen um einen Arbeitsplatz können bei einer nicht auszuschließenden realen Beschäftigungschance fiktive

LL-Strkt

KG

Brdbg

Brschw

Brem

Celle

Dresd

Düss

Ffm

Hbg

Hamm

Jena

Kblz

Köln

Naumbg

Oldbg

Rstk

Schlesw

SüdL

Empf Sozhi

Einkünfte nach den Umständen des Einzelfalles unter Berücksichtigung von Beruf, Alter, Gesundheitszustand, Fähigkeiten und dem zuletzt erzielten Verdienst zu Grunde gelegt werden.

10. Bereinigung des Einkommens

10.1 Vom Bruttoeinkommen sind Steuern, Sozialabgaben und/oder angemessene Vorsorgeaufwendungen abzusetzen (Nettoeinkommen).

Im Rahmen der Altersvorsorge können über die Aufwendungen für die Grundversorgung und Betriebsrente (primäre Altersvorsorge) hinaus in angemessenem Umfang tatsächlich geleistete Zahlungen für eine zusätzliche private Altersvorsorge (sekundäre Altersvorsorge) anerkannt werden.

Beim Kindesunterhalt und Ehegattenunterhalt ist für die sekundäre Altersvorsorge in der Regel ein Betrag von bis zu 4,00 Prozent des Gesamtbruttoeinkommens des Vorjahres angemessen, bei gesteigerter Unterhaltspflicht gegenüber Kindern aber nur, soweit der Mindestunterhalt gedeckt ist; beim Elternunterhalt in Höhe von bis zu 5,00 Prozent des Vorjahresbruttoeinkommens. Einem abhängig Beschäftigten, dessen Einkommen über der Beitragsbemessungsgrenze liegt, können für den darüber hinausgehenden Einkommensteil ebenso wie beim selbständig berufstätigen Unterhaltsschuldner Aufwendungen bis zu insgesamt 24,00 Prozent dieses Bruttoeinkommens als Altersvorsorge zugebilligt werden.

Es besteht die Obliegenheit, Steuervorteile in Anspruch zu nehmen (z. B. Eintragung eines Freibetrages bei erheblichen Werbungskosten; für titulierten oder unstreitig gezahlten Ehegattenunterhalt). Bei der Ermittlung der Steuervorteile sind damit verbundene Nachteile sowie Pauschbeträge gegenzurechnen.

10.2 Berufsbedingte Aufwendungen, die sich von den privaten Lebenshaltungskosten nach objektiven Merkmalen eindeutig abgrenzen lassen, sind im Rahmen des Angemessenen vom Nettoeinkommen aus unselbständiger Arbeit abzuziehen.

10.2.1 Bei Vorliegen entsprechender Anhaltspunkte kann von Einkünften aus nicht selbständiger Erwerbstätigkeit eine Pauschale von 5,00 Prozent des Nettoeinkommens (Ziffer 10.1) angesetzt werden, höchstens jedoch monatlich 150,00 € und mindestens monatlich 50,00 € (25,00 € bei geringerem Monatseinkommen als 500,00 €); übersteigen die berufsbedingten Aufwendungen diese Pauschale oder werden sie substantiiert bestritten, so sind die Aufwendungen im Einzelnen darzulegen.

10.2.2 Für die notwendigen Kosten der berufsbedingten Nutzung eines Kraftfahrzeugs kann der nach den Sätzen des § 5 Abs. 2 Satz 1 Nr. 2 JVEG anzuwendende Betrag (seit 1.01.2007: 0,30 € / für die Zeit davor: 0,26 € pro gefahrenen Kilometer) angesetzt werden; damit sind in der Regel die Anschaffungskosten für das Kraftfahrzeug erfasst. Werden die Raten für einen zur Anschaffung aufgenommenen Kredit berücksichtigt, so verringern sich die anrechnungsfähigen Fahrtkosten; bei langen Fahrstrecken (ab ca. 30 km einfach) kann der Kilometersatz für die Mehrkilometer im angemessenen Rahmen nach unten korrigiert werden (in der Regel auf 0,20 €).

Bei unverhältnismäßig hohen Fahrtkosten wegen einer weiten Entfernung zum Arbeitsplatz kommt im Rahmen der Zumutbarkeit auch die Obliegenheit zu einem Wohnortwechsel in Betracht.

10.2.3 Bei einem Auszubildenden sind in der Regel 90,00 € als pauschaler ausbildungsbedingter Aufwand abzuziehen.

10.3 Kinderbetreuungskosten sind beim Unterhaltsverpflichteten abzugsfähig, soweit die Betreuung durch Dritte in Folge der Berufstätigkeit erforderlich ist. Außerdem kann im Einzelfall ein Kinderbetreuungsbonus zu berücksichtigen sein.

Wegen der Kosten für Kindergärten oder vergleichbare Betreuungsformen, vgl. Nr. 12.4.

10.4 Schulden können je nach den Umständen des Einzelfalles (Art, Grund und Zeitpunkt des Entstehens) das anrechenbare Einkommen vermindern (auch beim Kindesunterhalt).

Sie sind im Rahmen eines angemessenen Tilgungsplanes absetzbar, wenn nach einer umfassenden Gesamtabwägung ihre Berücksichtigung der Billigkeit entspricht. Dabei sind die Belange von Unterhaltsberechtigten – insbesondere von minderjährigen Kindern –, Unterhaltsschuldnern und Drittgläubigern zu würdigen. Regelmäßig abgezogen werden voreheliche und eheliche Schulden, die die ehelichen Lebensverhältnisse geprägt haben, ihr Verwendungszweck ist in der Regel ohne Bedeutung.

Den Unterhaltsschuldner kann eine Obliegenheit zur Einleitung der Verbraucherinsolvenz treffen, wenn dieses Verfahren zulässig und geeignet ist, den laufenden Unterhalt seiner minderjährigen Kinder dadurch sicherzustellen, dass ihm Vorrang vor sonstigen Verbindlichkeiten eingeräumt wird. Das gilt nur dann nicht, wenn der Unterhaltsverpflichtete Umstände vorträgt und ggf. nachweist, die eine solche Obliegenheit im Einzelfall als unzumutbar erscheinen lassen.

10.5 Unterhaltsleistungen (Zahlbeträge) an vorrangig Berechtigte sind grundsätzlich im Wege des Vorwegabzuges zu berücksichtigen.

10.6 Bei vermögenswirksamen Leistungen ist die Arbeitgeberleistung abzugsfähig, im Rahmen angemessener Vermögensbildung ist auch die Arbeitnehmerleistung abzugsfähig.

10.7 Außergewöhnlich hohe Umgangskosten können das unterhaltsrelevante Einkommen mindern.

Kindesunterhalt

11. Bemessungsgrundlage (Tabellenunterhalt)

Der Barunterhaltsbedarf minderjähriger und noch im elterlichen Haushalt lebender volljähriger unverheirateter Kinder bestimmt sich nach den Sätzen der Düsseldorfer Tabelle (vgl. Anhang 1). Bei minderjährigen Kindern kann er als Festbetrag oder als Prozentsatz des jeweiligen Mindestunterhalts (Einkommensgruppe 1 der Düsseldorfer Tabelle) geltend gemacht werden.

11.1 Die Tabellensätze enthalten keine Beiträge zur Kranken- und Pflegeversicherung des Kindes, wenn es nicht in der gesetzlichen Familienversicherung mitversichert ist. Solche zusätzlich aufzubringenden Beiträge sind vorweg vom Einkommen des Unterhaltspflichtigen abzuziehen,

11.2 Die Tabellensätze erfassen den Fall, dass der Unterhaltspflichtige zwei Berechtigten ohne Rücksicht auf deren Rang Unterhalt zu gewähren hat; sind mehr oder weniger Unterhaltsberechtigte vorhanden, kann dies unter Umständen die »Höheroder Herabstufung« der Einkommensgruppe rechtfertigen.

Die Bedarfskontrollbeträge der Düsseldorfer Tabelle werden nicht übernommen; das mit Hilfe der Tabelle gewonnene Ergebnis ist aber stets auf seine Angemessenheit für den zu entscheidenden Einzelfall zu prüfen.

12. Minderjährige Kinder

12.1 Bei minderjährigen Kindern, die bei einem Elternteil leben, richtet sich der Tabellenunterhalt nach dem Einkommen des anderen Elternteils.

Wenn nicht ein anderer leistungsfähiger Verwandter (§ 1603 Abs. 2 Satz 3 BGB) vorhanden ist, haben die Eltern gegenüber ih(en minderjährigen Kindern eine gesteigerte Unterhaltspflicht (§ 1603 Abs.2 Satz1 BGB), die zu einer verstärkten Erwerbsobliegenheit der Eltern führt und erst beim sog. notwendigen Selbstbehalt (vgl. Ziffer 21.2) ihre Grenze findet.

Der Elternteil, der ein minderjähriges Kind betreut, leistet regelmäßig hierdurch seinen Beitrag zum Kindesunterhalt (§ 1606 Abs. 3 Satz 2 BGB) und ist auch bei eigenem Einkommen grundsätzlich nicht barunterhaltspflichtig (»Gleichwertigkeit von Betreuungs- und Barunterhalt«).

Verfügt der betreuende Elternteil etwa über das Dreifache der unterhaltsrelevanten Nettoeinkünfte des an sich barunterhaltspflichtigen Elternteils, nähert sich die Einkommensdifferenz einer Grenze, an der es unter gewöhnlichen Umständen der Billigkeit entsprechen kann, den betreuenden Elternteil auch den Barunterhalt für das Kind in voller Höhe aufbringen zu lassen (BGH, FamRZ 2013, 1558).

12.2 Eigenes Einkommen des Kindes mindert grundsätzlich seinen Unterhaltsanspruch (§ 1602 BGB); es wird nicht nur auf den Barbedarf angerechnet, sondern kommt auch dem betreuenden Elternteil zu Gute, so dass es in der Regel zur Hälfte vom Tabellenunterhalt abzuziehen ist.

12.3 Sind bei einer auswärtigen Unterbringung des Kindes oder bei einem im Vergleich zum Barunterhaltspflichtigen wesentlich höheren Einkommen des betreuenden Elternteils ausnahmsweise beide Eltern zum Barunterhalt verpflichtet, haften sie – wie beim Kindesunterhalt Volljähriger, vgl. Ziff. 13.3 – anteilig für den Gesamtbedarf (§ 1606 Abs. 3 Satz 1 BGB), und zwar nach dem Verhältnis ihrer den notwendigen Selbstbehalt übersteigenden Einkommen. Der Verteilungsschlüssel kann unter Berücksichtigung einer verbleibenden Kinderbetreuung wertend verändert werden.

12.4 Bei Zusatzbedarf (Prozesskostenvorschuss, Mehrbedarf, Sonderbedarf) gilt § 1606 Abs. 3 Satz 1 BGB (vgl. Ziff. 13.3). Kosten für Kindergärten, Kinderkrippen und vergleichbare Betreuungsformen (ohne Verpflegungskosten) sind Mehrbedarf des Kindes.

13. Volljährige Kinder

13.1 Beim Bedarf volljähriger Kinder ist zwischen Kindern mit eigenem Haushalt und im Haushalt der Eltern oder eines Elternteils lebenden Kindern zu unterscheiden:

13.1.1 Für im Haushalt der Eltern oder eines Elternteils wohnende volljährige, unverheiratete Kinder gilt die Altersstufe 4 der Düsseldorfer Tabelle. Sind beide Eltern leistungsfähig (vgl. Ziff. 21.3.1), ist der Bedarf des Kindes in der Regel nach dem zusammengerechneten Einkommen (ohne Zu- und Abschläge nach Nr. 11.2) zu bemessen, jedoch regelmäßig auf 670,00 € zu begrenzen, hierin sind Kosten der Unterkunft (Warmmiete) in Höhe von 280,00 € enthalten; für die Haftungsquote gilt Ziff. 13.3. Ein Elternteil hat aber höchstens den Unterhalt zu leisten, der sich aus seinem Einkommen nach der Düsseldorfer Tabelle ergibt.

13.1.2 Der angemessene Bedarf eines volljährigen Kindes mit eigenem Hausstand beträgt in der Regel monatlich 670,00 € ohne Beiträge zur Kranken- und Pflegeversicherung sowie Studiengebühren; enthalten sind hierin wiederum die Kosten der Unterkunft (Warmmiete) in Höhe von 280,00 €. Von diesem Bedarfsbetrag kann bei erhöhtem Bedarf oder mit Rücksicht auf die Lebensstellung der Eltern abgewichen werden.

LL-Strkt
KG
Brdbg
Brschw
Brem
Celle
Dresd
Düss
Ffm
Hbg
Hamm
Jena
Kblz
Köln
Naumbg
Oldbg
Rstk
Schlesw
SüdL
Empf
Sozhi

13.2 Auf den Unterhaltsbedarf werden Einkünfte des Kindes, auch Kindergeld (siehe Nr. 14), BAföG-Darlehen und Ausbildungsbeihilfen (letztere gekürzt um ausbildungsbedingte Aufwendungen, vgl. 10.2.3) angerechnet; Einkünfte aus unzumutbarer Erwerbstätigkeit können nach Billigkeit ganz oder teilweise unberücksichtigt bleiben.

13.3 Mit Eintritt der Volljährigkeit besteht – auch für privilegiert volljährige Kinder (§ 1603 Abs. 2 Satz 2 BGB) – grundsätzlich eine Barunterhaltspflicht beider Elternteile.

Zur Ermittlung des Haftungsanteils bei anteiliger Barunterhaltpflicht ist das bereinigte Nettoeinkommen jedes leistungsfähigen Elternteils gemäß Ziff. 10 zu ermitteln und vom unterhaltsrelevanten Resteinkommen ein Sockelbetrag in Höhe des angemessenen Selbstbehalts von 1.300,00 € abzuziehen. Der so ermittelte Haftungsanteil ist auf seine Angemessenheit zu überprüfen und kann bei Vorliegen besonderer Umstände (z. B. behindertes Kind) wertend verändert werden.

Bei volljährigen privilegierten Kindern wird der Sockel betrag auf den notwendigen Selbstbehalt (880,00 € / 11.080,00 € bei Erwerbstätigkeit) herabgesetzt.

14. Verrechnung des Kindergeldes

Das Kindergeld wird nach § 1612 b BGB bedarfsdeckend angerechnet; zur Anrechnung des Kindergeldes siehe Verrechnungstabelle (Anhang 2).

Hinweis: Das Kindergeld ist rückwirkend zum 01.Januar 2015 um 4,00 Euro erhöht worden; aufgrund Art. 8 Abs. 3 des Gesetzes zur Anhebung des Grundfreibetrages, des Kinderfreibetrages, des Kindergeldes und des Kinderzuschlags vom 16.07.2015 (BGBl I S. 1204) ist dennoch für das Jahr 2015 bei der Berechnung des Zahlbetrages nicht von den erhöhten, sondern von den bisherigen Kindergeldbeträgen (184,00 Euro, 190,00 Euro und 215,00 Euro) auszugehen.

Ehegattenunterhalt

15. Unterhaltsbedarf

15.1 Der Unterhaltsbedarf des Ehegatten wird durch die ehelichen Lebensverhältnisse, d.h. regelmäßig durch die Einkommens- und Vermögensverhältnisse der Ehegatten im Unterhaltszeitraum, bestimmt (§§ 1361, 1578 BGB).

Veränderungen des Einkommens sind grundsätzlich zu berücksichtigen. Ausnahmen gelten für Einkommenssteigerungen, die auf einer unerwarteten, vom Normalverlauf erheblich abweichenden Entwicklung beruhen, oder für unterhaltsrechtlich vorwerfbar herbeigeführte Verringerungen.

Erwerbseinkommen des Ehegatten, der während der Ehe den Haushalt geführt oder Kinder betreut hat, ist als eheprägendes Surrogationseinkommen anzusehen.

Das gilt auch für den Wert von Versorgungsleistungen, die der Ehegatte in der häuslichen Gemeinschaft mit einem neuen Partner erbringt oder für eine aus dem Versorgungsausgleich bezogene Rente.

Auch ein fiktiv anzusetzendes Erwerbseinkommen, zu dessen Erzielung der unterhaltsberechtigte Ehegatte in der Lage ist, ist als Surrogation des wirtschaftlichen Wertes seiner bisherigen Leistungen durch Haushaltsführung anzusehen.

15.2 Der Bedarf jedes Ehegatten ist grundsätzlich mit der Hälfte sämtlicher eheprägenden Einkünfte anzusetzen (Halbteilungsgrundsatz); er beträgt mindestens 880,00 € (vgl. BGH, FamRZ 2010, 357, Rn 24 ff).

Von dem anrechnungspflichtigen Einkommen des zum Kindesunterhalt verpflichteten Ehegatten ist vorweg der Zahlbetrag des Kindesunterhalts (Tabellenbetrag abzüglich – hälftiges – Kindergeldes) abzuziehen, es sei denn, der Kindesunterhalt ist in anderer Höhe unveränderlich tituliert oder gezahlt; in diesen Fällen ist der Titel- bzw. Zahlbetrag abzusetzen.

Außerdem ist ein Erwerbstätigenbonus von 1/7-Anteil als Arbeitsanreiz und zum Ausgleich derjenigen berufsbedingten Aufwendungen, die sich nicht eindeutig von privaten Lebenshaltungskosten abgrenzen lassen, einkommensmindernd zu berücksichtigen. Der Bonus ist nach Vorwegabzug berufsbedingter Aufwendungen, des Kindesunterhalts und sonstiger berücksichtigungsfähiger Schulden zu berechnen.

Die Unterhaltspflichten für einen späteren Ehegatten oder gegenüber einem betreuenden Elternteil eines nach rechtskräftiger Scheidung der Eheleute geborenen Kindes (§ 1615 l BGB) sind ebenso wie der Unterhalt eines nachehelich geborenen Kindes bei der Bemessung des Unterhaltsbedarfs des früheren Ehegatten nicht zu berücksichtigen.

Bei konkurrierenden gleichrangigen Unterhaltsansprüchen mehrerer Ehegatten oder nach § 1615 l BGB berechtigter Elternteile kann im Rahmen der Leistungsfähigkeit und Mangelverteilung die sog. »Dreiteilungsmethode« zur Anwendung kommen (BGH, FamRZ 2012, 281).

15.3 Bei sehr guten Einkommensverhältnissen der Ehegatten ist eine konkrete Bedarfsberechnung zu erwägen, die ab einem Gesamtbedarf des Unterhaltsberechtigten (Summe aus dem eigenen Einkommen und dem Quotenbedarf) von über 4.000,00 € in Betracht kommt. Der konkrete Bedarf hängt von den individuellen Verhältnissen und dem

Braunschweig | 105

LL-Strkt

KG

Brdbg

Brschw

Brem

Celle

Dresd

Düss

Ffm

Hbg

Hamm

Jena

Kblz

Köln

Naumbg

Oldbg

Rstk

Schlesw

SüdL

Empf
Sozhi

tatsächlichen Konsumverhalten der Ehegatten unter Zugrundelegung eines objektiven Maßstabes ab (BGH, FamRZ 2007, 1532).

15.4 Werden Altersvorsorgeunterhalt (zu berechnen nach der »Bremer Tabelle«) und/oder Kranken- und Pflegeversicherungskosten vom Berechtigten gesondert geltend gemacht oder vom Verpflichteten bezahlt, sind diese in der Regel vom Einkommen des Pflichtigen vorweg abzuziehen;

Vorsorgeunterhalt kann nur beansprucht werden, wenn der Elementarunterhalt sichergestellt ist.

15.5 Trennungsbedingter Mehrbedarf kann in der Regel nicht berücksichtigt werden.

15.6 Eine Herabsetzung und / oder Befristung des Ehegattenunterhalts nach § 1578 b BGB kommt bei entsprechendem Vortrag des Pflichtigen in Betracht und ist von Amts wegen zu prüfen.

Die dem Pflichtigen obliegende Darlegungs- und Beweislast wird im Hinblick auf das Fehlen ehebedingter Nachteile dadurch erleichtert, dass der Berechtigte vereinzelt zu den Umständen vorzutragen hat, die in seiner Sphäre liegen. Bei der Beurteilung der mutmaßlichen beruflichen Entwicklung des Berechtigten können nur solche Entwicklungen berücksichtigt werden, deren Eintreten hinreichend wahrscheinlich war und plausibel dargelegt worden ist (Vorbildung, Weiterbildung, berufliche Aktivitäten etc.).

Im Rahmen der umfassenden Billigkeitsabwägung sind neben ehebedingten Nachteilen sämtliche Umstände (z.B. Ehedauer, Kinderbetreuung, beiderseitige Einkommens- und Vermögensverhältnisse, Vermögenserwerb während der Ehe) zu berücksichtigen.

Der angemessene Lebensbedarf nach § 1578 b Abs. 1 Satz 1 BGB kann in der Regel nicht unterhalb des pauschalen Selbstbehalts (Nr. 21.4) angesetzt werden.

Der Betreuungsunterhalt (§ 1570 BGB) ist nicht nach § 1578 b BGB zu befristen.

16. Bedürftigkeit

Eigene Einkünfte des Unterhaltsberechtigten, die er erzielt oder durch zumutbare Erwerbstätigkeit erzielen könnte, sind grundsätzlich nach der Differenzmethode auf den Bedarf anzurechnen (§ 1577 Abs. 1 BGB); die unterhaltsrechtlich maßgeblichen Erwerbseinkünfte sind um den Erwerbstätigenbonus (1/7-Anteil) zu vermindern.

Soweit der unterhaltsberechtigte Ehegatte Einkünfte bezieht, welche die ehelichen Lebensverhältnisse nicht geprägt haben (z.B. aus Erbschaft), sind diese Einkünfte nach der Anrechnungsmethode auf den Bedarf anzurechnen, Erwerbseinkünfte zu einem 6/7- Anteil.

17. Erwerbsobliegenheit

Beim nachehelichen Unterhalt besteht nur dann keine Verpflichtung zu einer eigenen Erwerbstätigkeit, wenn der geschiedene Ehegatte insbesondere durch Kindesbetreuung, Krankheit oder Alter an der Aufnahme einer Erwerbstätigkeit gehindert ist (§§ 1570 bis 1576 BGB).

17.1 Bei Betreuung eines Kindes kann bis zur Vollendung des 3. Lebensjahres eine Erwerbstätigkeit nicht erwartet werden; in der Zeit danach richtet sich die Erwerbsobliegenheit des Ehegatten, der minderjährige Kinder betreut, nach den Umständen des Einzelfalles (Zahl und Alter der Kinder, Betreuungsbedürftigkeit, zumutbare Betreuungsmöglichkeit, Gestaltung der Ehe).

17.2 Im ersten Jahr nach der Trennung besteht für den Berechtigten in der Regel keine Obliegenheit zur Aufnahme oder Ausweitung einer Erwerbstätigkeit.

Weitere Unterhaltsansprüche

18. Ansprüche aus § 1615 l BGB

Der Bedarf nach § 1615 l BGB bemisst sich nach der Lebensstellung des betreuenden Elternteils und beträgt mindestens 880,00 €; er ist jedoch nicht höher als der fiktive Bedarf eines Ehegatten in gleicher Situation.

19. Elternunterhalt

Der Unterhaltsbedarf der Eltern ist konkret darzulegen. Leistungen nach §§ 41–43 SGB XII (Grundsicherung) sind anzurechnen (vgl. Nr. 2.9).

20. Lebenspartnerschaft

Bei Getrenntleben oder Aufhebung der Lebenspartnerschaft gelten §§ 12, 16 LPartG.

Leistungsfähigkeit und Mangelfall

21. Selbstbehalt des Verpflichteten

21.1 Dem Unterhaltpflichtigen muss nach Abzug der Unterhaltsansprüche von seinem Einkommen der Selbstbehalt (Eigenbedarf) verbleiben.

21.2 Notwendiger Selbstbehalt

Für Eltern gilt gegenüber minderjährigen Kindern und privilegiert volljährigen Kindern (§ 1603 Abs. 2 Satz 2 BGB) im Allgemeinen der notwendige Selbstbehalt als unterste Grenze der Inanspruchnahme.

Er beträgt:

– 1.080,00 € beim erwerbstätigen Unterhaltpflichtigen,
– 880,00 € beim nicht erwerbstätigen Pflichtigen.

Hierin sind Kosten des Wohnbedarfs (Warmmiete, d. h. Miete einschließlich umlagefähiger Nebenkosten und Heizung) in Höhe von 380,00 € enthalten.

Unter den Voraussetzungen des § 1603 Abs. 2 Satz 3 BGB verbleibt dem Unterhaltspflichtigen der angemessene Selbstbehalt.

21.3 Angemessener Selbstbehalt

21.3.1 Der Selbstbehalt beträgt gegenüber (nicht privilegierten) volljährigen Kindern in der Regel 1.300,00 €.

Hierin sind Kosten der Unterkunft (Miete einschließlich umlagefähiger Nebenkosten und Heizung) in Höhe von 480,00 € enthalten.

21.3.2 Bei Ansprüchen aus § 1615 l BGB ist der Selbstbehalt in der Regel mit einem Betrag zu bemessen, der zwischen dem angemessenen Selbstbehalt nach § 1603 Abs. 1 BGB und dem notwendigen Selbstbehalt nach § 1603 Abs. 2 BGB liegt.

Er entspricht damit dem eheangemessenen Selbstbehalt (vgl. Nr. 21.4.) und beträgt in der Regel 1.200,00 € beim nicht Erwerbstätigen.

Hierin sind Kosten der Unterkunft (Miete einschließlich umlagefähiger Nebenkosten und Heizung) in Höhe von 430,00 € enthalten.

21.3.3 Der Selbstbehalt gegenüber Eltern richtet sich nach den Umständen des Einzelfalles unter Berücksichtigung des angemessenen Unterhalts vorrangig Berechtigter; er beträgt mindestens 1.800,00 €, wobei die Hälfte des diesen Mindestbetrag übersteigenden Einkommens zusätzlich anrechnungsfrei bleibt.

Hierin sind Kosten der Unterkunft (Miete einschließlich umlagefähiger Nebenkosten und Heizung) in Höhe von 480,00 € enthalten.

Auf die Entscheidung des Bundesgerichtshofs zur Ermittlung der Leistungsfähigkeit zur Zahlung von Elternunterhalt, Urteil vom 28.07.2010 – XII ZR 140/07 – (FamRZ 2010, 1535) wird hingewiesen.

21.4 Eheangemessener Selbstbehalt

Gegenüber Ehegatten gilt grundsätzlich der eheangemessene Selbstbehalt. Er ist sowohl beim Trennungsunterhalt als auch beim Scheidungsunterhalt in der Regel mit einem Betrag zu bemessen, der zwischen dem angemessenen und notwendigen Selbstbehalt liegt; er beträgt regelmäßig 1.200,00 €, beim nicht Erwerbstätigen 1.100,00 € (vgl. BGH, FamRZ 2009, 307).

Hierin sind Kosten der Unterkunft (Miete einschließlich umlagefähiger Neben- kosten und Heizung) in Höhe von 430,00 € enthalten.

21.5 Der Selbstbehalt kann im Einzelfall angemessen abgesenkt oder erhöht werden.

22. Bedarf des mit dem Unterhaltspflichtigen zusammenlebenden Ehegatten

Ist der Unterhaltspflichtige verheiratet, wird für den mit ihm zusammenlebenden Ehegatten der (fiktive) eheangemessene Unterhaltsbedarf angesetzt, allerdings unter Beachtung der folgenden im Regelfall geltenden Mindestsätze:

22.1 bei Unterhaltsansprüchen von geschiedenen Ehegatten oder Elternteilen nach § 1615 l BGB:	960,00 €
22.2 bei Unterhaltsansprüchen volljähriger, nicht privilegierter Kinder:	1.040,00 €
22.3 bei Unterhaltsansprüchen von Eltern oder Enkeln: mindestens	1.440,00 €.

23. Bedarf des vorrangigen getrennt lebenden oder geschiedenen Ehegatten

Der Mindestbedarf des vom Unterhaltspflichtigen getrennt lebenden oder geschiedenen Ehegatten beträgt unabhängig davon, ob erwerbstätig oder nicht erwerbstätig:

23.1 gegenüber anderen nachrangigen geschiedenen Ehegatten:	1.200,00 €
23.2 gegenüber nicht privilegierten volljährigen Kindern:	1.300,00 €
23.3 gegenüber Ansprüchen von Eltern und Enkeln:	1.800,00 €.

24. Mangelfall

24.1 Reicht das Einkommen des Unterhaltspflichtigen zur Deckung seines eigenen notwendigen/angemessenen Eigenbedarfs und zur Erfüllung der Unterhaltsansprüche mehrerer gleichrangiger Unterhaltsberechtigter nicht aus, ist die nach Abzug des Eigenbedarfs des Pflichtigen verbleibende Verteilungsmasse anteilig auf alle gleichrangigen Unterhaltsberechtigten im Verhältnis ihrer jeweiligen Unterhaltsansprüche (Einsatzbeträge) zu verteilen.

24.2 Einsatzbeträge im Mangelfall

24.2.1 Der für minderjährige und privilegiert volljährige Kinder (§ 1603 Abs. 2 Satz 2 BGB) einzusetzende Bedarf entspricht dem Zahlbetrag nach der jeweiligen Einkommensgruppe der Düsseldorfer Tabelle.

24.2.2 Bei getrenntlebenden/geschiedenen Ehegatten und bei dem mit dem Pflichtigen im gemeinsamen Haushalt lebenden Ehegatten sowie für den Berechtigten nach § 1615 l BGB sind die jeweiligen (ungedeckten) Bedarfsbeträge anzusetzen.

24.2.3 Anrechenbares Einkommen des Berechtigten ist von seinem Einsatzbetrag abzuziehen.

24.3 Die Ansprüche aller gleichrangigen Unterhaltsberechtigten sind im Verhältnis zur

Braunschweig | 107

LL-Strkt

KG

Brdbg

Brschw

Brem

Celle

Dresd

Düss

Ffm

Hbg

Hamm

Jena

Kblz

Köln

Naumbg

Oldbg

Rstk

Schlesw

SüdL

Empf
Sozhi

Verteilungsmasse prozentual zu kürzen (Verteilungsmasse: Gesamtbedarf × 100).

24.4 Das im Rahmen der Mangelfallberechnung gewonnene Ergebnis ist auf seine Angemessenheit zu überprüfen.

Anhang

1. Düsseldorfer Tabelle (Stand: 1. August 2015)

s. S. 5

2. Tabelle Zahlbeträge

Die folgenden Tabellen enthalten die sich nach Abzug des jeweiligen Kindergeldes (hälftiges Kindergeld bei Minderjährigen, volles Kindergeld bei Volljährigen) ergebenden Zahlbeträge. Für das erste und zweite Kind beträgt das Kindergeld bis zum 31. Dezember 2015 weiterhin 184,00 €, für das dritte Kind 190,00 €, ab dem vierten Kind 215,00 € (vgl. Ziffer 14 Verrechnung des Kindergeldes.).

s. S. 10

Sonstiges

25. Rundung

Der Unterhaltsbetrag ist auf volle Euro aufzurunden.

---

e) OLG Bremen

Unterhaltsrechtliche Leitlinien der Familiensenate des Hanseatischen Oberlandesgerichts in Bremen
Stand 1. Januar 2015

Die Familiensenate des Hanseatischen Oberlandesgerichts in Bremen verwenden die Unterhaltsrechtlichen Leitlinien als Orientierungshilfe für den Regelfall unter Beachtung der Rechtsprechung des BGH. Sie beruhen auf für typische Sachverhalte geltenden Erfahrungswerten und sollen zu einer möglichst einheitlichen Rechtsprechung beitragen. Sie haben jedoch keine bindende Wirkung, können insbesondere die Prüfung des Einzelfalles nicht ersetzen.

Das Tabellenwerk der Düsseldorfer Tabelle ist angefügt. Die Erläuterungen werden durch die nachfolgenden Leitlinien ersetzt.

Unterhaltsrechtlich maßgebliches Einkommen

Bei der Ermittlung und Zurechnung von Einkommen ist stets zu unterscheiden, ob es um Verwandten- oder Ehegattenunterhalt sowie ob es um Bedarfsbemessung einerseits oder Feststellung der Bedürftigkeit/Leistungsfähigkeit andererseits geht. Das unterhaltsrechtliche Einkommen ist nicht immer identisch mit dem steuerrechtlichen Einkommen.

1. Geldeinnahmen

1.1 Auszugehen ist vom Bruttoeinkommen als Summe aller Einkünfte einschließlich Renten, Pensionen, Zulagen, Weihnachts- und Urlaubsgeld, Prämien und Tantiemen.

1.2 Soweit Leistungen nicht monatlich anfallen (z.B. Weihnachts- und Urlaubsgeld), werden sie auf ein Jahr umgelegt. Einmalige Zahlungen (z.B. Abfindungen) sind auf einen angemessenen Zeitraum umzulegen.

1.3 Überstundenvergütungen werden dem Einkommen voll zugerechnet, soweit sie berufstypisch sind und das im jeweiligen Beruf übliche Maß nicht überschreiten. Darüber hinausgehende Einnahmen aus Überstunden oder Zusatzarbeit sind aufgrund der Umstände des Einzelfalles (z.B. hohe Schuldenbelastung, Sicherung des Mindestbedarfs) nach Billigkeit anzurechnen.

1.4 Ersatz für Spesen und Reisekosten sowie Auslösungen gelten in der Regel als Einnahmen. Damit zusammenhängende Aufwendungen, vermindert um häusliche Ersparnisse, sind jedoch abzuziehen. Bei Aufwendungspauschalen kann in der Regel 1/3 als Einkommen angesetzt werden.

1.5 Bei der Ermittlung des laufenden und künftigen Einkommens eines Selbständigen ist in der Regel der Gewinn von drei Jahren zugrunde zu legen.

Für die Vergangenheit ist von den in den jeweiligen Jahren erzielten Einkünften auszugehen, wobei auch eine Durchschnittsberechnung für mehrere Jahre möglich ist. Privatentnahmen haben Indizcharakter für die Feststellung der für den Lebensunterhalt tatsächlich verfügbaren Mittel.

1.6 Bei Einkommen aus Vermietung und Verpachtung sowie aus Kapitalvermögen ist der Überschuss der Bruttoeinkünfte über die anerkennungswürdigen Werbungskosten maßgebend. Für Gebäude ist keine AfA anzusetzen.

1.7 <u>Steuererstattungen und -zahlungen</u> sind in der Regel im Kalenderjahr der tatsächlichen Leistung zu berücksichtigen. Eine Fortschreibung für Folgejahre setzt voraus, dass die Bemessungsgrundlagen im Wesentlichen unverändert bleiben.

1.8 Sonstige Einnahmen, z.B. Trinkgelder.

2. Sozialleistungen

2.1 <u>Arbeitslosengeld</u> (§ 117 SGB III) und <u>Krankengeld.</u>

2.2 <u>Arbeitslosengeld II</u> (nach dem SGB II) beim Verpflichteten. Beim Berechtigten sind Leistungen zur Sicherung des Lebensunterhalts nach §§ 19 ff. SGB II kein Einkommen, es sei denn die Nichtberücksichtigung der Leistungen ist in Ausnahmefällen treuwidrig (vgl. BGH, FamRZ 1999, 843; 2001, 619); nicht subsidiäre Leistungen nach dem SGB II sind Einkommen.

2.3 <u>Wohngeld</u>, soweit es nicht erhöhte Wohnkosten deckt

2.4 <u>BAföG</u>-Leistungen, auch soweit sie als Darlehen gewährt werden, mit Ausnahme von Vorausleistungen nach §§ 36 f. BAföG.

2.5 <u>Erziehungsgeld</u> nur in den Ausnahmefällen des § 9 S. 2 BErzGG. Der den Sockelbetrag von 300 €/Kind (bei verlängertem Bezug 150 €/Kind) übersteigende Betrag des <u>Elterngeldes;</u> der Sockelbetrag selbst nur in den Ausnahmefällen des § 11 S. 4 BEEG.

2.6 <u>Renten</u> wegen Minderung oder Verlust der Erwerbsfähigkeit (§§ 43 SGB VI, 56 SGB VII).

2.7 Leistungen aus der <u>Pflegeversicherung, Blindengeld, Versorgungsrenten, Schwerbeschädigten- und Pflegezulagen</u>, jeweils nach Abzug des Betrages für tatsächliche Mehraufwendungen; § 1610 a BGB ist zu beachten.

2.8 Der Anteil des an die Pflegeperson weitergeleiteten <u>Pflegegeldes</u>, durch den ihre Bemühungen abgegolten werden; bei Pflegegeld aus der Pflegeversicherung gilt dies nur in den Ausnahmefällen des § 13 Abs. 6 SGB XI.

2.9 Leistungen nach §§ 41 – 43 SGB XII (Grundsicherung) in der Regel beim Verwandtenunterhalt (anders beim Ehegattenunterhalt).

2.10 Kein Einkommen ist sonstige <u>Sozialhilfe</u> nach SGB XII. Die Unterhaltsforderung eines Empfängers dieser Leistungen kann in Ausnahmefällen treuwidrig sein (BGH, FamRZ 1999, 843; 2001, 619).

2.11 Kein Einkommen sind Leistungen nach dem <u>Unterhaltsvorschussgesetz</u>. Siehe 2.10.

3. Kindergeld

Kindergeld ist kein Einkommen der Eltern. Zur Berücksichtigung beim Kind vgl. Nr. 14.

4. Geldwerte Zuwendungen

Geldwerte Zuwendungen aller Art des Arbeitgebers, z.B. Firmenwagen, kostenlose oder verbilligte Wohnung, unentgeltliche Verpflegung, sind Einkommen, soweit sie – ggf. nach § 287 ZPO zu schätzende – entsprechende Eigenaufwendungen ersparen.

5. Wohnwert

Der Wohnvorteil durch mietfreies Wohnen im eigenen Heim ist als wirtschaftliche Nutzung des Vermögens wie Einkommen zu behandeln. Neben dem Wohnwert sind auch Zahlungen nach dem Eigenheimzulagengesetz anzusetzen.

Ein Wohnvorteil liegt nur vor, soweit der Wohnwert den berücksichtigungsfähigen Schuldendienst und die verbrauchsunabhängigen Kosten, die gem. § 556 I BGB i.V.m. § 1 II BetrKV nicht auf einen Mieter umgelegt werden können (insbesondere Kosten der Verwaltung und erforderliche Instandhaltungskosten), übersteigt (vgl. BGH, FamRZ 2009, 1300).

Auszugehen ist von der vollen Marktmiete (objektiver Mietwert). Ist eine Fremdvermietung oder Veräußerung nicht möglich oder nicht zumutbar, ist stattdessen die Miete anzusetzen, die für eine dem ehelichen Lebensstandard entsprechende kleinere Wohnung zu zahlen wäre (ersparte Miete). Dies kommt insbesondere für die Zeit bis zum endgültigen Scheitern der Ehe (in der Regel Ablauf des Trennungsjahres, ggf. Zustellung des Scheidungsantrags) in Betracht, wenn ein Ehegatte das Eigenheim allein bewohnt (vgl. BGH, FamRZ 2008, 963).

6. Haushaltsführung

Führt ein nicht voll Erwerbstätiger den Haushalt eines leistungsfähigen Dritten, kann hierfür ein Entgelt (von je nach den Umständen zwischen 200 EUR und 550 EUR) anzusetzen sein.

7. Einkommen aus unzumutbarer Erwerbstätigkeit

Einkommen aus unzumutbarer Erwerbstätigkeit kann nach Billigkeit ganz oder teilweise unberücksichtigt bleiben.

8. Freiwillige Zuwendungen Dritter

Freiwillige Zuwendungen Dritter (z.B. Geldleistungen, kostenloses Wohnen) sind in der Regel nur dann als Einkommen zu berücksichtigen, wenn dies dem Willen des Dritten entspricht.

9. Erwerbsobliegenheit und Einkommensfiktion

9.1 Einkommen sind auch aufgrund einer unterhaltsrechtlichen Obliegenheit erzielbare Einkünfte.

Bremen | 109

LL-Strkt

KG

Brdbg

Brschw

Brem

Celle

Dresd

Düss

Ffm

Hbg

Hamm

Jena

Kblz

Köln

Naumbg

Oldbg

Rstk

Schlesw

SüdL

Empf Sozhi

Gegenüber minderjährigen und diesen gleichgestellten volljährigen Kindern ist die Obliegenheit nach Maßgabe des § 1603 Abs. 2 BGB gesteigert.

9.2 Bei Arbeitslosigkeit sind über eine Meldung bei der Agentur für Arbeit hinausgehende Erwerbsbemühungen im Einzelnen darzulegen und zu belegen. Der Hinweis auf die Arbeitsmarktlage macht den Nachweis von Bemühungen nur im Ausnahmefall entbehrlich. Bei unzureichenden Bemühungen können fiktive Einkünfte nach den Umständen des Einzelfalles unter Berücksichtigung von Beruf, Alter und des zuletzt erzielten Verdienstes zugrunde gelegt werden.

9.3 Neben dem Bezug von Leistungen der Agentur für Arbeit kann die Aufnahme einer geringfügigen Beschäftigung (§ 141 SGB III) in Betracht kommen.

9.4 Dem wiederverheirateten Elternteil obliegt es ungeachtet seiner Pflichten aus der neuen Ehe, im Rahmen des Zumutbaren zum Unterhalt seiner barunterhaltspflichtigen Kinder aus früherer Ehe beizutragen, ggf. durch Aufnahme einer Teilzeitarbeit.

10. Bereinigung des Einkommens

10.1 Vom Bruttoeinkommen sind Steuern und Vorsorgeaufwendungen abzuziehen (Nettoeinkommen). Zu letzteren zählen Aufwendungen für die gesetzliche Kranken- und Pflegeversicherung, Renten- und Arbeitslosenversicherung bzw. die entsprechende private Kranken- und Altersvorsorge sowie Kammerbeiträge. Darüber hinausgehende Aufwendungen von bis zu 4% (bei Unterhaltspflicht gegenüber Eltern von bis zu 5%) des Gesamtbruttoeinkommens des Vorjahres können als angemessene zusätzliche Altersversorgung berücksichtigt werden, auch bei Versicherungspflicht in der gesetzlichen Rentenversicherung.

Es besteht die Obliegenheit, Steuervorteile in Anspruch zu nehmen.

10.2 Berufsbedingte Aufwendungen sind im Rahmen der Angemessenheit vom Einkommen abzuziehen.

10.2.1 Die Berücksichtigung berufsbedingter Aufwendungen setzt eine konkrete Darlegung des Aufwandes voraus.

10.2.2 Für notwendige Kosten der berufsbedingten Nutzung eines Kraftfahrzeugs kann pro gefahrenen Kilometer ein Betrag entsprechend den Sätzen des § 5 Abs. 2 Nr. 2 JVEG angesetzt werden (derzeit 0,30 EUR). Damit sind in der Regel Anschaffungskosten einschließlich Finanzierungskosten erfasst. Bei langen Fahrtstrecken (ab ca. 60 km hin und zurück) kann nach unten abgewichen werden (für jeden Mehrkilometer in der Regel Ansatz von 0,20 EUR).

10.2.3 Bei Auszubildenden sind in der Regel 90 EUR als ausbildungsbedingter Aufwand abzuziehen.

10.3 Kinderbetreuungskosten sind abzugsfähig, soweit die Betreuung durch Dritte infolge der Berufstätigkeit erforderlich ist. Außerdem kann ein Betreuungsbonus zu berücksichtigen sein. Zu den abzugsfähigen Kinderbetreuungskosten zählen nicht die Kosten des Kindergartenbesuchs; vgl. dazu Nr. 12.4.

10.4 Schulden (Zins und ggf. Tilgung) können bei tatsächlicher Zahlung im Rahmen eines vernünftigen Tilgungsplanes mit angemessenen Raten zu berücksichtigen sein. Es ist zu differenzieren:

10.4.1 Beim Ehegattenunterhalt sind für die Bedarfsbemessung grundsätzlich nur Schulden berücksichtigungsfähig, die die ehelichen Lebensverhältnisse geprägt haben.

Bei der Prüfung der Leistungsfähigkeit des Unterhaltspflichtigen können zusätzlich solche Schulden berücksichtigt werden, deren Eingehung notwendig und unabweisbar war. Das Gleiche gilt für die Bedürftigkeit des Unterhaltsberechtigten mit eigenem Einkommen.

10.4.2 Beim Unterhalt minderjähriger und gleichgestellter volljähriger privilegierter Kinder (§ 1603 Abs. 2 S. 2 BGB) können für die Einordnung in die Einkommensgruppen der Düsseldorfer Tabelle berücksichtigungswürdige Schulden vom Einkommen abgesetzt werden. Hierzu ist eine Interessenabwägung vorzunehmen (z.B. Zweck der Verbindlichkeit, Zeitpunkt und Art der Entstehung, Dringlichkeit des Bedürfnisses, Möglichkeit der Schuldenreduzierung). Geht es nur um Mindestunterhalt, ist ein besonders strenger Maßstab anzuwenden.

10.4.3 Bei sonstigem Verwandtenunterhalt, insbesondere dem nicht privilegierter volljähriger Kinder, sind Schulden nach einer Interessenabwägung ggf. abzusetzen.

10.5 (nicht belegt)

10.6 (nicht belegt)

10.7 (nicht belegt)

Kindesunterhalt

11. Bemessungsgrundlage (Tabellenunterhalt)

Der Barunterhalt minderjähriger und noch im elterlichen Haushalt lebender volljähriger unverheirateter Kinder bestimmt sich nach den Sätzen der Düsseldorfer Tabelle (Anlage 1).

Bei minderjährigen Kindern kann er als Festbetrag oder als Vomhundertsatz des Mindestunterhalts i.S. von § 1612a BGB (= 1. Gruppe der Düsseldorfer Tabelle) geltend gemacht werden.

11.1 Die Tabellensätze enthalten keine Beiträge zur Kranken- und Pflegeversicherung des Kindes, das nicht in einer gesetzlichen Familienversicherung mitversichert ist. Solche zusätzlich aufzubringenden Beiträge sind vorweg vom Einkommen des Unterhaltspflichtigen abzuziehen.

11.2 Die Unterhaltssätze sind auf den Fall zugeschnitten, dass der Unterhaltspflichtige zwei Unterhaltsberechtigten Unterhalt zu gewähren hat. Bei einer größeren oder geringeren Anzahl Unterhaltsberechtigter können Ab- oder Zuschläge durch Einstufung in eine niedrigere oder höhere Einkommensgruppe vorzunehmen sein. Dabei sind auch nachrangig Unterhaltsberechtigte zu berücksichtigen.

Bei der Eingruppierung sind die Bedarfskontrollbeträge zu beachten. Sie sollen eine ausgewogene Verteilung des Einkommens zwischen Unterhaltspflichtigem und unterhaltsberechtigten Kindern gewährleisten. Wird der Bedarfskontrollbetrag unter Berücksichtigung anderer – auch nachrangiger – Unterhaltspflichten unterschritten, ist der Tabellenbetrag der nächst niedrigeren Gruppe, deren Bedarfskontrollbetrag nicht unterschritten ist, heranzuziehen.

12. Minderjährige Kinder

12.1 Die Höhe des Barbedarfs bemisst sich im Regelfall allein nach dem Einkommen des das Kind nicht betreuenden Elternteils. Der Betreuungsunterhalt im Sinne des § 1606 Abs. 3 S. 2 BGB entspricht wertmäßig in der Regel dem vollen Barunterhalt.

12.2 Eigenes Einkommen des Kindes ist anteilig auf den Barunterhalt und den Betreuungsunterhalt zu verrechnen. Zum Kindergeld vgl. Nr. 14.

12.3 Der betreuende Elternteil braucht neben dem anderen Elternteil in der Regel keinen Barunterhalt zu leisten (§ 1606 Abs. 3 S. 2 BGB), es sei denn, sein Einkommen übersteigt das des anderen Elternteils erheblich oder der eigene angemessene Unterhalt des sonst allein barunterhaltspflichtigen Elternteils ist gefährdet und der des anderen nicht (§ 1603 Abs. 2 S. 3 BGB).

Sind bei auswärtiger Unterbringung beide Elternteile zum Barunterhalt verpflichtet, haften sie für den Gesamtbedarf anteilig (§ 1606 Abs. 3 S.1 BGB). Für die Ermittlung der Haftungsanteile gilt Nr. 13.3 Abs. 2 und 3.

12.4 Kosten für Kindergärten und vergleichbare Betreuungseinrichtungen (ohne Verpflegungskosten) sind Mehrbedarf des Kindes.

Die Tabellensätze berücksichtigen keinen Mehrbedarf oder Sonderbedarf; dafür gilt § 1606 Abs. 3 S. 1 BGB.

13. Volljährige Kinder

13.1 Beim Bedarf volljähriger Kinder ist zwischen Kindern mit einem eigenen Haushalt und im Haushalt der Eltern oder eines Elternteils lebenden Kindern zu unterscheiden.

13.1.1 Für im Haushalt der Eltern oder eines Elternteils wohnende volljährige Kinder gilt die Altersstufe 4 der Düsseldorfer Tabelle. Sind beide Elternteile leistungsfähig (vgl. Nr. 21.3.1.), ist der Bedarf des Kindes in der Regel nach dem zusammengerechneten Einkommen (ohne Zu- und Abschläge nach Nr. 11.2.) zu bemessen. Für die Haftungsquote gilt Nr. 13.3. Ein Elternteil hat jedoch höchstens den Unterhalt zu leisten, der sich aus seinem Einkommen nach der Düsseldorfer Tabelle ergibt.

13.1.2 Der angemessene Bedarf eines volljährigen Kindes mit eigenem Hausstand beträgt in der Regel monatlich 670 EUR. Darin sind Kosten für Unterkunft und Heizung von bis zu 280 EUR enthalten. Nicht enthalten sind Beiträge zur Kranken- und Pflegeversicherung sowie Studiengebühren. Bei besonders guten Einkommensverhältnissen der Eltern oder bei erhöhtem Bedarf kann hiervon abgewichen werden.

13.2 Auf den Unterhaltsbedarf werden das volle Kindergeld (vgl. Nr. 14) und Einkünfte des Kindes, auch BAföG-Darlehen und Ausbildungsbeihilfen – vermindert um ausbildungsbedingte Aufwendungen, vgl. 10.2.3. – angerechnet. Einkünfte aus nicht geschuldeter Erwerbstätigkeit können nach Billigkeit ganz oder teilweise unberücksichtigt bleiben.

13.3 Ab Volljährigkeit besteht – auch für privilegierte volljährige Kinder – grundsätzlich eine Barunterhaltspflicht beider Elternteile.

Zur Ermittlung des Haftungsanteils bei anteiliger Barunterhaltspflicht ist das bereinigte Nettoeinkommen jedes Elternteils gemäß Nr. 10 zu ermitteln und vom Restbetrag ein Sockelbetrag in Höhe des angemessenen Selbstbehalts von 1.200 EUR abzuziehen. Der so ermittelte Haftungsanteil ist auf seine Angemessenheit zu überprüfen und kann bei Vorliegen besonderer Umstände (z.B. behindertes Kind) wertend verändert werden. Nr. 13.1.1. S. 4 gilt entsprechend.

Bei volljährigen privilegierten Kindern wird der Sockelbetrag bis zum notwendigen Selbstbehalt (800 EUR / 1.000 EUR) herabgesetzt, wenn der Bedarf des Kindes andernfalls nicht gedeckt werden kann; § 1603 Abs. 2 S. 3 BGB ist zu beachten.

14. Kindergeld

Das Kindergeld ist nach Maßgabe des § 1612b BGB zur Deckung des Bedarfs des Kindes heranzuziehen.

Ehegattenunterhalt

15. Unterhaltsbedarf

15.1 Der Unterhaltsbedarf wird bestimmt und begrenzt durch die ehelichen Lebensverhältnisse. Diese werden in erster Linie durch das für den gesamten Lebensunterhalt – ggf. nach Abzug des Unterhalts (Zahlbetrag) für minderjährige oder volljährige Kinder – verfügbare Einkommen geprägt. Während der Ehe zur Vermögensbildung verwendete Teile des Einkommens bleiben bei der Bedarfsbemessung in der Regel unberücksichtigt. Der Bedarf ist mindestens in Höhe des notwendigen Selbstbehalts eines nicht erwerbstätigen Unterhaltspflichtigen anzusetzen – Mindestbedarf – (Nr. 21.2, zur Zeit 880 €). Bei Aufnahme oder Erweiterung einer Erwerbstätigkeit des Unterhaltsberechtigten nach Trennung/Scheidung gilt das (Mehr-) Einkommen in der Regel als eheprägend (BGH, FamRZ 2001, 986).

15.2 Es gilt der Halbteilungsgrundsatz, Erwerbseinkünfte werden jedoch nur zu 6/7 berücksichtigt (Abzug von 1/7 Erwerbstätigenbonus vom bereinigten Nettoeinkommen).

Leistet ein Ehegatte auch Unterhalt für ein Kind, so wird sein Einkommen vor Ermittlung des Erwerbstätigenbonus um diesen Unterhalt (Zahlbetrag) bereinigt. Erbringt der Verpflichtete sowohl Bar- als auch Betreuungsunterhalt, so gilt Nr. 10.3. (BGH, FamRZ 2001, 350).

15.3 Bei sehr guten Einkommensverhältnissen des Verpflichteten ist der Bedarf konkret zu berechnen.

15.4 Werden Altersvorsorgeunterhalt (zu berechnen nach der »Bremer Tabelle«), Kranken- und Pflegeversicherungskosten vom Berechtigten gesondert geltend gemacht oder vom Verpflichteten bezahlt, sind diese vom Einkommen des Pflichtigen vorweg abzuziehen. Der Vorwegabzug unterbleibt, sofern nicht verteilte Mittel zur Verfügung stehen, z.B. in Folge der Anrechnung nicht prägenden Einkommens des Berechtigten.

Vorsorgeunterhalt kann nur beansprucht werden, wenn der Elementarunterhalt in Höhe des notwendigen Selbstbehalts für Nichterwerbstätige sichergestellt ist.

15.5 (nicht belegt)

15.6 (nicht belegt)

15.7 (nicht belegt)

16. Bedürftigkeit

Nicht eheprägendes Einkommen des Berechtigten ist – ggf. vermindert um den Erwerbstätigenbonus – auf den Unterhaltsanspruch anzurechnen.

17. Erwerbsobliegenheit

Bei nachehelichem Unterhalt besteht dann keine Verpflichtung zu einer Erwerbstätigkeit, wenn und soweit der geschiedene Ehegatte durch Kindesbetreuung, Krankheit oder Alter an der Aufnahme einer Erwerbstätigkeit gehindert ist.

17.1 Für den Fall der Kindesbetreuung gilt:

Hat das – ggf. jüngste – betreute Kind das 3. Lebensjahr noch nicht vollendet, besteht keine Erwerbsobliegenheit (zeitlich begrenzter Basisunterhalt).

Ab Vollendung des 3. Lebensjahres des – ggf. jüngsten – betreuten Kindes besteht grundsätzlich eine Erwerbsobliegenheit. Ob und in welchem Umfang eine Erwerbstätigkeit erwartet werden kann, ist jedoch unter Berücksichtigung aller Umstände des Einzelfalls, insbesondere der bisher ausgeübten Tätigkeit und der Möglichkeiten der Kinderbetreuung, zu beurteilen.

17.2 Im ersten Jahr nach der Trennung besteht für den Berechtigten in der Regel keine Obliegenheit zur Aufnahme oder Ausweitung einer Tätigkeit.

Weitere Unterhaltsansprüche

18. Ansprüche nach § 1615l BGB

Der Bedarf nach § 1615l BGB bemisst sich nach der Lebensstellung des betreuenden Elternteils. Er beträgt in der Regel mindestens 880 EUR. Die Inanspruchnahme des Unterhaltspflichtigen ist durch den Halbteilungsgrundsatz begrenzt. Wegen des Selbstbehalts vgl. 21.3.2.

19. Elternunterhalt

Der Bedarf ist konkret darzulegen. Leistungen nach §§ 41 – 43 SGB XII (Grundsicherung) sind anzurechnen (vgl. Nr. 2.9.). Wegen des Selbstbehalts vgl. 21.3.3.

20. Lebenspartnerschaft

Bei Getrenntleben oder Aufhebung der Lebenspartnerschaft gelten §§ 12, 16 LPartG.

Leistungsfähigkeit und Mangelfall

21. Selbstbehalt des Verpflichteten

21.1 Dem Unterhaltspflichtigen muss nach Abzug der Unterhaltsansprüche von seinem Einkommen der sog. Selbstbehalt verbleiben.

21.2 Für Eltern gegenüber minderjährigen und privilegierten volljährigen Kindern gilt im Allgemeinen der notwendige Selbstbehalt als unterste Grenze.

LL-Strkt

KG

Brdbg

Brschw

Brem

Celle

Dresd

Düss

Ffm

Hbg

Hamm

Jena

Kblz

Köln

Naumbg

Oldbg

Rstk

Schlesw

SüdL

Empf
Sozhi

Er beträgt bei nicht Erwerbstätigen 880 EUR, bei Erwerbstätigen 1.080 EUR. Hierin sind Kosten des Wohnbedarfs (Warmmiete, d.h. Miete einschließlich umlagefähiger Nebenkosten und Heizung) in Höhe von 380 EUR enthalten.

21.3 Beim Verwandtenunterhalt gilt im Übrigen der angemessene Selbstbehalt.

21.3.1 Der Selbstbehalt gegenüber volljährigen Kindern beträgt 1.300 EUR. Darin sind Kosten des Wohnbedarfs in Höhe von 480 EUR enthalten. Für den Selbstbehalt gegenüber bereits wirtschaftlich selbständigen Kindern gilt 21.3.3 entsprechend (BGH, FamRZ 2012, 1553).

21.3.2 Gegenüber der Mutter / dem Vater nichtehelicher Kinder entspricht der Selbstbehalt dem nach Nr. 21.4.; er beträgt somit in der Regel 1.200 EUR.

21.3.3 Gegenüber Eltern beträgt der Selbstbehalt mindestens 1.800 EUR zuzüglich der Hälfte des darüber hinausgehenden Einkommens, bei Vorteilen des Zusammenlebens in der Regel 45% des darüber hinausgehenden Einkommens; darin sind Kosten des Wohnbedarfs in Höhe von 480 EUR enthalten (Warmmiete). Der angemessene Unterhalt eines mit dem Unterhaltspflichtigen zusammenlebenden Ehegatten bemisst sich nach den ehelichen Lebensverhältnissen (Halbteilungsgrundsatz), beträgt jedoch mindestens 1.440 EUR; darin sind Kosten des Wohnbedarfs in Höhe von 380 EUR enthalten (Warmmiete). Vgl. dazu BGH, FamRZ 2010, 1535.

21.3.4 Für den Selbstbehalt gegenüber Enkeln gilt 21.3.3 entsprechend (BGH, FamRZ 2007, 375).

21.4 Der Selbstbehalt gegenüber getrennt lebenden und geschiedenen Ehegatten ist sowohl bei Erwerbstätigkeit als auch bei mangelnder Erwerbstätigkeit des Unterhaltspflichtigen mit einem Betrag zu bemessen, der zwischen dem notwendigen Selbstbehalt nach § 1603 II BGB (800 / 1.000 EUR) und dem angemessenen Selbstbehalt nach § 1603 I BGB (1.200 EUR) liegt, in der Regel mit 1.100 EUR. Darin enthalten sind Kosten des Wohnbedarfs von 400 EUR.

21.5 Der Selbstbehalt kann im Einzelfall angemessen abgesenkt oder erhöht werden. Letzteres kommt insbesondere in Betracht, wenn die Warmmiete den im Selbstbehalt enthaltenen Betrag erheblich überschreitet und dies nicht vermeidbar ist.

22. Bedarf des mit dem Pflichtigen zusammenlebenden Ehegatten

22.1 Der Mindestbedarf des mit dem Unterhaltspflichtigen zusammenlebenden Ehegatten bei Ansprüchen des nachrangigen geschiedenen Ehegatten beträgt 880 EUR.

22.2 Der Mindestbedarf des mit dem Unterhaltspflichtigen zusammenlebenden Ehegatten bei Ansprüchen nicht privilegierter volljähriger Kinder beträgt 960 EUR.

22.3 Zum Mindestbedarf des mit dem Unterhaltspflichtigen zusammenlebenden Ehegatten bei Ansprüchen von Eltern oder Enkeln vgl. 21.3.3 bzw. 21.3.4.

23. Bedarf des vom Pflichtigen getrennt lebenden oder geschiedenen Ehegatten

23.1 Der Mindestbedarf des vom Unterhaltspflichtigen getrenntlebenden oder geschiedenen Ehegatten bei Ansprüchen des nachrangigen geschiedenen Ehegatten beträgt 1.100 EUR.

23.2 Der Mindestbedarf des vom Unterhaltspflichtigen getrennt lebenden oder geschiedenen Ehegatten bei Ansprüchen nicht privilegierter volljähriger Kinder beträgt 1.200 EUR.

23.3 Der Mindestbedarf des vom Unterhaltspflichtigen getrennt lebenden oder geschiedenen Ehegatten bei Ansprüchen von Eltern oder Enkeln beträgt 1.600 EUR.

24. Mangelfall

24.1 Reicht das Einkommen zur Deckung des Bedarfs der im ersten Rang unterhaltsberechtigten Kinder (§ 1609 Nr. 1 BGB) und zur Deckung des notwendigen Selbstbehalts des Unterhaltsverpflichteten nicht aus, ist der nach Abzug des Selbstbehalts verbleibende Betrag auf die unterhaltsberechtigten Kinder im Verhältnis ihrer jeweiligen Einsatzbeträge zu verteilen. Einsatzbeträge sind der jeweilige Mindestunterhalt (1. Gruppe der Düsseldorfer Tabelle) abzüglich des zu berücksichtigenden Kindergeldanteils (Zahlbetrag).

Berechnungsformel: $K = V : S \times 100$

K = prozentuale Kürzung

V = Verteilungsmasse (Einkommen des Verpflichteten abzüglich Selbstbehalt)

S = Summe der Einsatzbeträge aller Berechtigten

24.2 Entsprechendes gilt, wenn das unter Berücksichtigung des maßgebenden Selbstbehalts zur Verfügung stehende Einkommen des Unterhaltspflichtigen für die Deckung des Bedarfs von im zweiten (§ 1609 Nr. 2 BGB) oder einem späteren Rang (§ 1609 Nr. 3 ff. BGB) Berechtigten nicht ausreicht.

24.3 Sind neben erstrangigen auch nachrangige Unterhaltsberechtigte vorhanden und reicht das unter Berücksichtigung des Selbstbehalts zur Verfügung stehende Einkommen des Unterhaltspflichtigen nicht zur Deckung des Bedarfs aller Berechtigten

LL-Strkt

KG

Brdbg

Brschw

Brem

Celle

Dresd

Düss

Ffm

Hbg

Hamm

Jena

Kblz

Köln

Naumbg

Oldbg

Rstk

Schlesw

SüdL

Empf Sozhi

aus, so ist zunächst der Bedarf der erstrangigen Unterhaltsberechtigten zu befriedigen; dabei ist jedoch Nr. 11.2 (Bedarfskontrollbetrag) zu beachten.

24.4 Das im Rahmen der Mangelfallberechnung gewonnene Ergebnis ist auf seine Angemessenheit zu überprüfen.

Anhang

1. Düsseldorfer Tabelle:

s. S. 5

2. Zahlbeträge Kindesunterhalt (nach Abzug des jeweiligen Kindergeldanteils – hälftiges Kindergeld bei Minderjährigen, volles Kindergeld bei Volljährigen – sich er- gebende Zahlbeträge; für das erste und zweite Kind beträgt das Kindergeld derzeit 184 EUR, für das dritte Kind 190 EUR, ab dem vierten Kind 215 EUR):

s. S. 10

3. Selbstbehaltsätze im Überblick (in Euro)

		bei mangelnder Erwerbstätigkeit	bei Erwerbstätigkeit
1.	notwendiger Selbstbehalt gegenüber unverheirateten minderjährigen und privilegierten volljährigen Kindern	880	1.080
2.	angemessener Selbstbehalt: gegenüber sonstigen volljährigen Kindern	1.300	1.300
3.	Selbstbehalt gegenüber getrenntlebenden und geschiedenen Ehegatten sowie gegenüber Mutter/ Vater eines nichtehelichen Kindes in der Regel	1.200	1.200
4.	Selbstbehalt gegenüber Eltern, wirtschaftlich selbständigen Kindern und Enkeln	mindestens 1.800 vgl. im Übrigen Leitlinien Ziff. 21.3.3.	mindestens 1.800 vgl. im Übrigen Leitlinien Ziff. 21.3.3.

4. Umrechnung nach früherem Recht erstellter dynamischer Unterhaltstitel über Kindesunterhalt nach § 36 Nr. 3 EGZPO:

Vgl. Rechenformel mit Beispielen in Düsseldorfer Tabelle, Anmerkungen E.

Sonstiges

25. Rundung

Der Unterhaltsbetrag ist auf volle Euro aufzurunden.

---

f)   OLG Celle

Unterhaltsrechtliche Leitlinien der Familiensenate des Oberlandesgerichts Celle Stand 1. August 2015

Die von den Familiensenaten zusammengestellten Leitlinien dienen dem Ziel, die Rechtsprechung der Senate möglichst weitgehend zu vereinheitlichen. Sie werden der Entwicklung des Unterhaltsrechts angepasst und lassen bewusst Raum für weitere Überlegungen und Konkretisierungen. Eine bindende Wirkung kommt ihnen nicht zu.

Das Tabellenwerk der Düsseldorfer Tabelle ist eingearbeitet. Die Erläuterungen werden durch nachfolgende Leitlinien ersetzt.

Unterhaltsrechtliches Einkommen

Bei der Ermittlung und Zurechnung von Einkommen ist stets zu unterscheiden, ob es um Verwandten- oder Ehegattenunterhalt sowie ob es um Bedarfsbemessung einerseits oder Feststellung der Bedürftigkeit/Leistungsfähigkeit andererseits geht.

Das unterhaltsrechtliche Einkommen ist nicht immer identisch mit dem steuerrechtlichen Einkommen.

1.   Geldeinnahmen

1.1 Auszugehen ist vom Bruttoeinkommen als Summe aller Einkünfte.

1.2 Soweit Leistungen nicht monatlich anfallen (z.B. Weihnachts- und Urlaubsgeld), werden sie auf ein Jahr umgelegt. Einmalige Zahlungen (z.B. Abfindungen) sind auf einen angemessenen Zeitraum zu verteilen. In der Regel ist die Verteilung so vorzunehmen, dass der bisherige Lebensstandard aufrechterhalten werden kann.

1.3 Überstundenvergütungen werden dem Einkommen voll zugerechnet, soweit sie berufstypisch sind und das in diesem Beruf übliche Maß nicht überschreiten.

1.4 Spesen und Auslösungen werden pauschal zu 1/3 dem Einkommen hinzugerechnet, soweit nicht nachgewiesen wird, dass die Zulagen notwendigerweise in weitergehendem Umfang verbraucht werden und keine häusliche Ersparnis eintritt.

1.5 Bei Ermittlung des zukünftigen Einkommens eines Selbständigen ist in der Regel der durchschnittliche Gewinn der letzten drei Jahre zugrunde zu legen.

1.6 Einkünfte aus Vermietung und Verpachtung sowie aus Kapitalvermögen ergeben sich aus der Differenz zwischen Einnahmen und Werbungskosten. Für Gebäude ist in der Regel keine AfA anzusetzen.

1.7 Steuererstattungen und Steuernachzahlungen sind in der Regel in dem Kalenderjahr, in dem sie anfallen, zu berücksichtigen und auf die einzelnen Monate umzulegen. Soweit Erstattungen auf Aufwendungen beruhen, die unterhaltsrechtlich nicht zu berücksichtigen sind, bleiben auch die Steuererstattungen außer Betracht.

1.8 Sonstige Einnahmen, z.B. Trinkgelder.

2. Sozialleistungen

2.1 Arbeitslosengeld (§ 117 SGB III) und Krankengeld.

2.2 Arbeitslosengeld II und andere Leistungen nach dem SGB II beim Verpflichteten. Beim Berechtigten sind Leistungen zur Sicherung des Lebensunterhalts nach §§ 19 ff. SGB II kein Einkommen, es sei denn, die Nichtberücksichtigung der Leistungen ist in Ausnahmefällen treuwidrig (vgl. BGH FamRZ 1999, 843; 2001, 619; 2009, 307); nicht subsidiäre Leistungen nach dem SGB II sind Einkommen.

2.3 Wohngeld, soweit es nicht erhöhte Wohnkosten deckt.

2.4 BAföG-Leistungen, auch soweit sie als Darlehen gewährt werden, mit Ausnahme der subsidiären Vorausleistungen nach §§ 36, 37 BAföG.

2.5 Erziehungsgeld nur in den Ausnahmefällen des § 9 S. 2 BErzGG, soweit der eigene Selbstbehalt des Unterhaltpflichtigen sichergestellt ist (vgl. BGH FamRZ 2006, 1010); Elterngeld, soweit es über den Sockelbetrag hinausgeht nur unter den Voraussetzungen von § 11 S. 4 BEEG.

2.6 Arbeitsunfallrenten.

2.7 Leistungen aus der Pflegeversicherung, Blindengeld, Versorgungsrenten, Schwerbeschädigten- und Pflegezulagen nach Abzug eines Betrags für tatsächliche Mehraufwendungen; §§ 1610a, 1578a BGB ist zu beachten.

2.8 Der Anteil des an die Pflegeperson weitergeleiteten Pflegegeldes, durch den ihre Bemühungen abgegolten werden; bei Pflegegeld aus der Pflegeversicherung gilt dies nur in den Ausnahmefällen des § 13 VI SGB XI.

2.9 In der Regel Bezüge nach §§ 41 – 43 SGB XII (Grundsicherung) beim Verwandtenunterhalt (anders beim Ehegattenunterhalt).

2.10 und 2.11 Kein Einkommen sind sonstige Sozialhilfe nach SGB XII und Leistungen nach dem UVG. Die Unterhaltsforderung eines Empfängers dieser Leistungen kann in Ausnahmefällen treuwidrig sein (vgl. Ziff. 2.2).

3. Kindergeld

Kindergeld wird nicht zum Einkommen der Eltern gerechnet (vgl. Ziff. 14).

4. Geldwerte Zuwendungen des Arbeitgebers

Geldwerte Zuwendungen aller Art des Arbeitgebers, z.B. Firmenwagen oder freie Kost und Logis, sind Einkommen, soweit sie entsprechende Eigenaufwendungen ersparen.

5. Wohnwert

Der Wohnvorteil durch mietfreies Wohnen im eigenen Heim ist als wirtschaftliche Nutzung des Vermögens unterhaltsrechtlich wie Einkommen zu behandeln. Neben dem Wohnwert sind auch Zahlungen nach dem Eigenheimzulagengesetz anzusetzen.

Ein Wohnvorteil liegt nur vor, soweit der Wohnwert den berücksichtigungsfähigen Schuldendienst, notwendige Instandhaltungskosten (BGH FamRZ 2000, 351, 354) und die verbrauchsunabhängigen Kosten, mit denen ein Mieter üblicherweise nicht belastet wird, übersteigt. Tilgungsanteile von Kreditraten sind bei der Bemessung des Ehegattenunterhalts allerdings dann nicht mehr zu berücksichtigen, wenn der andere Ehegatte von einer damit einhergehenden Vermögensbildung nicht mehr profitiert (BGH FamRZ 2008, 963).

Auszugehen ist von der erzielbaren Miete (objektiver oder voller Wohnwert). Wenn es nicht möglich oder zumutbar ist, die Wohnung aufzugeben und das Objekt zu vermieten oder zu veräußern, kann stattdessen die ersparte Miete angesetzt werden, die angesichts der persönlichen und wirtschaftlichen Verhältnisse angemessen wäre (subjektiver oder angemessener Wohnwert). Dies kommt insbesondere für die Zeit bis zur endgültigen Vermögensauseinandersetzung oder bis zum endgültigen Scheitern der Ehe, etwa bei Zustellung des Scheidungsantrags, in Betracht, wenn ein Ehegatte das Eigenheim allein bewohnt (BGH FamRZ 2008, 963).

Celle | **115**

LL-Strkt

KG

Brdbg

Brschw

Brem

Celle

Dresd

Düss

Ffm

Hbg

Hamm

Jena

Kblz

Köln

Naumbg

Oldbg

Rstk

Schlesw

SüdL

Empf Sozhi

6. Haushaltsführung

Führt jemand einem leistungsfähigen Dritten den Haushalt, so kann hierfür ein Einkommen angesetzt werden (BGH FamRZ 2001, 1693; 2004, 1170, 1172).

7. Einkommen aus unzumutbarer Erwerbstätigkeit

Einkommen aus unzumutbarer Erwerbstätigkeit kann nach Billigkeit ganz oder teilweise unberücksichtigt bleiben (BGH FamRZ 2005, 1154).

8. Freiwillige Zuwendungen Dritter

Freiwillige Zuwendungen Dritter (z.B. Geldleistungen, kostenloses Wohnen) sind nur dann als Einkommen zu berücksichtigen, wenn dies dem Willen des Dritten entspricht.

9. Erwerbsobliegenheit und Einkommensfiktion

Einkommen können auch aufgrund einer unterhaltsrechtlichen Obliegenheit erzielbare Einkünfte sein.

10. Bereinigung des Einkommens

10.1 Vom Bruttoeinkommen sind Steuern, Sozialabgaben und/oder angemessene Vorsorgeaufwendungen abzusetzen (Nettoeinkommen).

10.1.1 Es besteht die Obliegenheit, Steuervorteile in Anspruch zu nehmen (z.B. Eintragung eines Freibetrags bei Fahrtkosten, für unstreitigen oder rechtskräftig titulierten Unterhalt (BGH FamRZ 2007, 793, 797; 2010, 1318).

10.1.2 Zur Absicherung einer angemessenen Altersvorsorge kann insbesondere der nichtselbstständig Erwerbstätige eine zusätzliche Altersvorsorge von bis zu 4 % seines jeweiligen Gesamtbruttoeinkommens (vgl. BGH FamRZ 2005, 1817; 2008, 963; 2009, 1207) des Vorjahres, gegenüber Ansprüchen auf Elternunterhalt von bis zu 5 % seines Bruttoeinkommens betreiben (vgl. BGH FamRZ 2004, 792; 2006, 1511).

Andere Personen können Aufwendungen für eine angemessene Altersversorgung von bis zu 24 % des Gesamtbruttoeinkommens, beim Elternunterhalt von bis zu 25 % einkommensmindernd geltend machen.

10.2 Berufsbedingte Aufwendungen, die sich von den privaten Lebenshaltungskosten nach objektiven Merkmalen eindeutig abgrenzen lassen, sind im Rahmen des Angemessenen vom Nettoeinkommen aus nichtselbstständiger Arbeit abzuziehen.

10.2.1 Bei Vorliegen entsprechender Anhaltspunkte kann von Einkünften aus nichtselbstständiger Erwerbstätigkeit eine Pauschale von 5 % des Nettoeinkommens (Ziff. 10.1) angesetzt werden. Übersteigen die berufsbedingten Aufwendungen diese Pauschale, so sind sie insgesamt im Einzelnen darzulegen.

10.2.2 Für die notwendigen Kosten der berufsbedingten Nutzung eines Kraftfahrzeugs kann der nach den Sätzen des § 5 II 1 Nr. 2 JVEG anzuwendende Betrag (derzeit 0,30 € pro gefahrenen Kilometer) angesetzt werden. Damit sind i.d.R. auch Anschaffungskosten erfasst. Werden die Raten für einen zur Anschaffung aufgenommenen Kredit berücksichtigt, so verringern sich die anrechnungsfähigen km-Kosten.

10.2.3 (nicht belegt)

10.3 Kinderbetreuungskosten sind abzugsfähig, soweit die Betreuung durch Dritte infolge der Berufstätigkeit erforderlich ist. Aufwendungen für die Betreuung eines Kindes in Kindergärten oder vergleichbaren Einrichtungen mindern das Einkommen nicht; es handelt sich um Mehrbedarf (vgl. Ziff. 11.1 und 12.4) des Kindes (BGH FamRZ 2009, 962).

10.4 Schulden können je nach den Umständen des Einzelfalls (Art, Grund und Zeitpunkt des Entstehens) das anrechenbare Einkommen vermindern. Die Abzahlung soll im Rahmen eines Tilgungsplans in angemessenen Raten erfolgen. Dabei sind die Belange von Unterhaltsgläubiger, Unterhaltsschuldner und Drittgläubiger gegeneinander abzuwägen. Unter Umständen besteht im Rahmen gesteigerter Unterhaltspflicht nach § 1603 II BGB die Obliegenheit zur Einleitung eines Insolvenzverfahrens und Geltendmachung der gesetzlichen Pfändungsfreigrenzen (BGH FamRZ 2005, 608; 2008, 497).

10.5 (nicht belegt)

10.6 Vermögenswirksame Sparleistungen des Arbeitnehmers, die nicht unter Ziff. 10.1.2 fallen, vermindern das Einkommen nicht. Jedoch sind im Bruttoeinkommen enthaltene Leistungen des Arbeitgebers für die vermögenswirksame Anlage zu belassen.

10.7 Aufwendungen für die Ausübung des Umgangsrechts wirken sich, soweit sie notwendigerweise anfallen, einkommensmindernd aus.

Kindesunterhalt

11. Bemessungsgrundlage (Tabellenunterhalt)

Der Barunterhaltsbedarf minderjähriger und noch im elterlichen Haushalt lebender volljähriger unverheirateter Kinder bestimmt sich nach den Sätzen der Düsseldorfer Tabelle (vgl. Anhang I). Bei minderjährigen Kindern kann er als Festbetrag oder als Prozentsatz des Mindestunterhalts nach § 1612a I BGB geltend gemacht werden.

11.1 Die Tabellensätze der Düsseldorfer Tabelle enthalten keine Kranken- und Pflegeversicherungsbeiträge für das Kind, wenn dieses nicht in einer gesetzlichen Familienversicherung mitversichert ist. Das Nettoeinkommen des Pflichtigen ist um solche zusätzlich zu zahlenden Versicherungskosten zu bereinigen. Kosten für den Besuch eines Kindergartens oder vergleichbare Betreuungsformen werden mit Ausnahme der Verpflegungskosten durch die Tabellensätze nicht erfasst. Sie sind Mehrbedarf des Kindes (BGH FamRZ 2009, 962).

11.2 Die Tabellensätze sind auf den Fall zugeschnitten, dass der Unterhaltspflichtige zwei Unterhaltsberechtigten Unterhalt zu gewähren hat. Bei einer größeren oder geringeren Anzahl Unterhaltsberechtigter können Ab- oder Zuschläge durch Einstufung in niedrigere oder höhere Einkommensgruppen vorzunehmen sein.

Zur Eingruppierung können auch die Bedarfskontrollbeträge herangezogen werden. Der Bedarfskontrollbetrag des Unterhaltspflichtigen ab Gruppe 2 ist nicht identisch mit dem Eigenbedarf. Er soll eine ausgewogene Verteilung des Einkommens zwischen dem Unterhaltspflichtigen und den unterhaltsberechtigten Kindern gewährleisten. Wird er unter Berücksichtigung anderer Unterhaltspflichten unterschritten, ist der Tabellenbetrag der nächst niedrigeren Gruppe, deren Bedarfskontrollbetrag nicht unterschritten wird, anzusetzen.

12. Minderjährige Kinder

12.1 Der betreuende Elternteil braucht neben dem anderen Elternteil in der Regel keinen Barunterhalt zu leisten (§ 1606 III 2 BGB), es sei denn, sein Einkommen ist bedeutend höher als das des anderen Elternteils oder der eigene angemessene Unterhalt des sonst allein barunterhaltspflichtigen Elternteils ist gefährdet (§ 1603 II 3 BGB).

12.2 Unterhaltsrechtlich zu berücksichtigendes Einkommen des Kindes wird je hälftig auf den Bar- und Betreuungsunterhalt angerechnet. Zum Kindergeld vgl. Ziff. 14.

12.3 Sind, z.B. bei auswärtiger Unterbringung des Kindes, beide Eltern zum Barunterhalt verpflichtet, haften sie anteilig nach § 1606 III 1 BGB für den Gesamtbedarf (vgl. Ziff. 13.3). Der Verteilungsschlüssel kann unter Berücksichtigung des Betreuungsaufwandes wertend verändert werden.

12.4 Bei Zusatzbedarf (Verfahrenskostenvorschuss, Mehrbedarf, Sonderbedarf) gilt § 1606 III 1 BGB (vgl. Ziff. 13.3). Die Kosten für den Kindergarten (ohne Verpflegungskosten) oder vergleichbare Betreuungseinrichtungen sind Mehrbedarf des Kindes (BGH FamRZ 2009, 962).

13. Volljährige Kinder

13.1 Beim Bedarf volljähriger Kinder ist zu unterscheiden, ob sie noch im Haushalt der Eltern/eines Elternteils leben oder einen eigenen Hausstand haben.

13.1.1 Für volljährige Kinder, die noch im Haushalt der Eltern oder eines Elternteils wohnen, ergibt sich der Bedarf aus der Altersstufe 4 der Düsseldorfer Tabelle. Das gilt bis zur Vollendung des 21. Lebensjahres auch für unverheiratete volljährige Kinder, die sich in der allgemeinen Schulausbildung befinden.

Dieser vom Einkommen der Eltern abgeleitete Unterhaltsbedarf bemisst sich grundsätzlich nach den zusammengerechneten Einkommen beider Elternteile ohne Höhergruppierung nach Ziff. 11.2. Ein Elternteil hat jedoch höchstens den Unterhalt zu leisten, der sich allein aus seinem Einkommen nach der Düsseldorfer Tabelle ergibt (vgl. BGH FamRZ 2006, 99, 100).

13.1.2 Der angemessene Bedarf eines volljährigen Kindes mit eigenem Hausstand beträgt in der Regel monatlich 670 € ohne Beiträge zur Kranken- und Pflegeversicherung sowie Studiengebühren.

Von diesem Betrag kann bei erhöhtem Bedarf oder mit Rücksicht auf die Lebensstellung der Eltern nach oben abgewichen werden.

13.2 Auf den Bedarf wird unterhaltsrechtlich zu berücksichtigendes Einkommen des Kindes, auch BAföG-Leistungen (vgl. Ziff. 2.4) und Ausbildungsbeihilfen (gekürzt um ausbildungsbedingte Aufwendungen) sowie das staatliche Kindergeld in voller Höhe (vgl. Ziff. 14) angerechnet.

13.3 Bei anteiliger Barunterhaltspflicht ist vor Berechnung des Haftungsanteils nach § 1606 III 1 BGB das bereinigte Nettoeinkommen jedes Elternteils gemäß Ziff. 10 zu ermitteln und davon ein Sockelbetrag in Höhe des angemessenen Selbstbehalts (vgl. Ziff. 21.3.1) abzuziehen.

Der Haftungsanteil nach § 1606 III 1 BGB errechnet sich nach der Formel:

Bereinigtes Nettoeinkommen eines Elternteils (N1 oder N2) abzüglich 1.300 € mal (Rest-)Bedarf (R), geteilt durch die Summe der bereinigten Nettoeinkommen beider Eltern (N1 + N2) abzüglich 2.600 (= 1.300 + 1.300) €.

Haftungsanteil $1 = (N1 - 1.300) \times R : (N1 + N2 - 2.600)$.

Der so ermittelte Haftungsanteil ist auf seine Angemessenheit zu überprüfen und kann bei Vorliegen besonderer Umstände (z.B. behindertes Kind) wertend verändert werden.

Bei volljährigen Schülern, die in § 1603 II 2 BGB minderjährigen Kindern gleichgestellt sind, wird der

Celle | **117**

LL-Strkt

KG

Brdbg

Brschw

Brem

Celle

Dresd

Düss

Ffm

Hbg

Hamm

Jena

Kblz

Köln

Naumbg

Oldbg

Rstk

Schlesw

SüdL

Empf
Sozhi

Sockelbetrag bis zum notwendigen Selbstbehalt (vgl. Ziff. 21.2) herabgesetzt, wenn der Mindestbedarf der Kinder andernfalls nicht gedeckt werden kann.

14. Verrechnung des Kindergeldes

Das Kindergeld wird gemäß § 1612b BGB zur Deckung des Barbedarfs verwendet, bei minderjährigen Kindern, die von einem Elternteil betreut werden, zur Hälfte, ansonsten in voller Höhe.

Ehegattenunterhalt

15. Unterhaltsbedarf

15.1 Der Bedarf der Ehegatten richtet sich nach ihren Einkommens- und Vermögensverhältnissen im Unterhaltszeitraum, soweit sich diese aus den ehelichen Lebensverhältnissen fortschreiben lassen.

Änderungen des verfügbaren Einkommens der Ehegatten sind grundsätzlich zu berücksichtigen, unabhängig davon wann sie eingetreten sind und ob es sich um Minderungen oder Erhöhungen handelt. Eine Einkommensreduzierung ist unbeachtlich, wenn sie auf einem unterhaltsrechtlich vorwerfbaren Verhalten beruht. Unerwartete, nicht in der Ehe angelegte Steigerungen des Einkommens des Unterhaltspflichtigen (insbesondere aufgrund eines Karrieresprungs) bleiben unberücksichtigt.

Der nacheheliche Unterhaltsbedarf wird bestimmt durch die Umstände, die bis zur Rechtskraft der Ehescheidung eingetreten sind. Nachfolgende Entwicklungen wirken sich auf die Bedarfsbemessung aus, wenn sie auch bei fortbestehender Ehe angelegt und mit hoher Wahrscheinlichkeit zu erwarten waren (BGH FamRZ 2012, 281). Für Unterhaltspflichten infolge eines nachehelich geborenen Kindes kann dies nicht angenommen werden (BGH FamRZ 2012, 281, 284).

Es ist von einem Mindestbedarf auszugehen, der das Existenzminimum für nicht Erwerbstätige (vgl. Ziff. 21.2) nicht unterschreiten darf.

15.2 Es gilt der Halbteilungsgrundsatz. Vom bereinigten Erwerbseinkommen kann ein Bonus von 1/7 abgezogen werden.

Leistet ein Ehegatte Unterhalt für ein unterhaltsberechtigtes Kind, wird sein Einkommen vor Ermittlung des Erwerbstätigenbonus um diesen Unterhalt (Zahlbetrag) bereinigt.

15.3 Bei sehr guten Einkommensverhältnissen des Pflichtigen kommt eine konkrete Bedarfsberechnung in Betracht.

15.4 Werden Altersvorsorge-, Kranken- und Pflegeversicherungskosten vom Berechtigten gesondert geltend gemacht oder vom Pflichtigen gezahlt, sind diese von seinem Einkommen vorweg abzuziehen. Der Vorwegabzug unterbleibt, soweit nicht verteilte

Mittel zur Verfügung stehen. Altersvorsorgeunterhalt wird nicht geschuldet, wenn das Existenzminimum des Berechtigten (vgl. Ziff. 15.1) nicht gesichert ist.

15.5 Schuldet der Unterhaltspflichtige sowohl einem geschiedenen als auch einem neuen Ehegatten Unterhalt, hat dies keinen Einfluss auf die Bemessung des Unterhaltsbedarfs der Unterhaltsberechtigten. Allerdings kann dies bei der Beurteilung der Leistungsfähigkeit (§ 1581 BGB) zu einem relativen Mangelfall und bei Gleichrang zu einer Begrenzung des geschuldeten Unterhalts (Gleichteilung) führen (BGH FamRZ 2012, 281).

15.6 (nicht belegt)

15.7 Der Betreuungsunterhalt nach § 1570 BGB ist nicht nach § 1578b BGB zu befristen.

16. Bedürftigkeit

Eigene Einkünfte des Berechtigten sind auf den Bedarf anzurechnen, wobei das bereinigte Erwerbseinkommen um einen Erwerbstätigenbonus vermindert werden kann. Auf einen konkret festgestellten Bedarf – bei guten Einkommensverhältnissen sowie einer eheunabhängigen Lebensstellung – ist eigenes Einkommen ohne Berücksichtigung eines Erwerbstätigenbonus bedarfsmindernd anzurechnen (BGH FamRZ 2012, 192)

17. Erwerbsobliegenheit

17.1 Bei Kindesbetreuung besteht bis zur Vollendung des dritten Lebensjahres eines gemeinschaftlichen Kindes keine Erwerbsobliegenheit. Gleichwohl erzieltes Erwerbseinkommen ist überobligatorisch und nach den Umständen des Einzelfalls zu berücksichtigen (BGH FamRZ 2009, 770; 2009, 1124; 2009, 1391).

Nach Vollendung des dritten Lebensjahres des Kindes kommt es bei Beurteilung der Frage, ob und inwieweit der betreuende Ehegatte bei einer bestehenden Betreuungsmöglichkeit auf eine Erwerbstätigkeit verwiesen werden kann, auf die Verhältnisse des Einzelfalls an. Bei besonderer Betreuungsbedürftigkeit des Kindes und bei nicht oder nur unzureichender Fremdbetreuung (kindbezogene Gründe, § 1570 I 2 BGB) kommt ein Unterhaltsanspruch auch nach Vollendung des dritten Lebensjahres des Kindes in Betracht.

Eine Erwerbstätigkeit des betreuenden Ehegatten kann auch aus Gründen der nachehelichen Solidarität ganz oder teilweise unbillig erscheinen. Hierbei sind das in der Ehe gewachsene Vertrauen in die vereinbarte und praktizierte Rollenverteilung und die gemeinsame Ausgestaltung der Kinderbetreuung sowie der Dauer der Ehe zu berücksichtigen (elternbezogene Gründe, § 1570 II BGB).

Die Erwerbsobliegenheit beurteilt sich auch danach, ob eine Erwerbstätigkeit neben der Betreuung des

Kindes zu einer überobligationsmäßigen Belastung führen würde.

Die Darlegungs- und Beweislast für die Umstände, die einer vollen oder teilweisen Erwerbsobliegenheit ab Vollendung des dritten Lebensjahres des Kindes entgegenstehen, trifft den betreuenden Ehegatten. Dies gilt auch, wenn ein Titel über den Basisunterhalt nach § 1570 I 1 BGB abgeändert werden soll.

17.2 In der Regel besteht für den Berechtigten im ersten Jahr nach der Trennung keine Obliegenheit zur Aufnahme oder Ausweitung einer Erwerbstätigkeit.

Weitere Unterhaltsansprüche

18. Ansprüche aus § 1615l BGB

Der Bedarf nach § 1615l BGB bemisst sich nach der Lebensstellung des betreuenden Elternteils. Er ist auch dann nicht nach dem Einkommen des Pflichtigen zu bemessen, wenn dieser mit dem betreuenden Elternteil zusammengelebt hat (BGH FamRZ 2008, 1739; 2010, 357). Der Bedarf, der sich auch aus einem Unterhaltsanspruch gegen einen früheren Ehegatten ergeben kann, darf das Existenzminimum für nicht Erwerbstätige (Ziff. 21.2) nicht unterschreiten (BGH FamRZ 2010, 357; 2010, 444).

Zur Frage der Berücksichtigung eigener Einkünfte, zu Abzügen und zur Erwerbsobliegenheit gelten die Ausführungen für den Ehegatten entsprechend.

19. Elternunterhalt

Der Bedarf der Eltern bemisst sich in erster Linie nach deren Einkommens- und Vermögensverhältnissen. Mindestens muss jedoch das Existenzminimum eines Nichterwerbstätigen (Ziff. 21.2) sichergestellt werden. Darin sind Kosten der Kranken- und Pflegeversicherung nicht enthalten. Etwaiger Mehrbedarf ist zusätzlich auszugleichen.

Bei Versorgung eines Elternteils in einer Senioreneinrichtung umfasst der Unterhaltsbedarf neben den anderweitig nicht gedeckten Heimkosten auch einen Barbedarf in Höhe des sozialrechtlich nach § 35 II 1 SGB XII gewährten Barbetrags sowie des nach § 133a SGB XII gewährten Zusatzbarbetrags (BGH FamRZ 2010, 1535).

20. Lebenspartnerschaft

Bei Getrenntleben oder Aufhebung der Lebenspartnerschaft gelten §§ 12, 16 LPartG.

Leistungsfähigkeit und Mangelfall

21. Selbstbehalt

21.1 Der Unterhaltspflichtige ist leistungsfähig, wenn ihm der Selbstbehalt verbleibt. Es ist zu unterscheiden zwischen dem notwendigen (§ 1603 II BGB) und dem angemessenen (§ 1603 I BGB)

Verwandtenselbstbehalt sowie dem Selbstbehalt gegenüber Ehegatten (§§ 1361 I, 1581 BGB; BGH FamRZ 2006, 683).

21.2 Für Eltern gegenüber minderjährigen Kindern und diesen nach § 1603 II 2 BGB gleichgestellten volljährigen Kindern gilt der notwendige Selbstbehalt als unterste Grenze der Inanspruchnahme.

Er beträgt beim Erwerbstätigen **1.080 €** und kann bei einem nichterwerbstätigen Unterhaltspflichtigen bis auf **880 €** herabgesetzt werden.

21.3 Im Übrigen gilt beim Verwandtenunterhalt der angemessene Selbstbehalt.

21.3.1 Er beträgt gegenüber volljährigen Kindern **1.300 €**.

21.3.2 Gegenüber Anspruchsberechtigten nach § 1615l BGB ist der Selbstbehalt in der Regel mit einem Betrag zu bemessen, der zwischen dem angemessenen Selbstbehalt des Volljährigen nach § 1603 I BGB und dem notwendigen Selbstbehalt nach § 1603 II BGB liegt (BGH FamRZ 2005, 354), in der Regel mit **1.200 €**.

21.3.3 Der Selbstbehalt gegenüber Eltern richtet sich nach den Umständen des Einzelfalles unter Berücksichtigung des angemessenen Unterhalts vorrangig Berechtigter; er beträgt zumindest **1.800 €**, wobei die Hälfte des diesen Mindestbetrag übersteigenden Einkommens zusätzlich anrechnungsfrei bleibt.

21.3.4 Gegenüber Enkeln beträgt der Selbstbehalt mindestens **1.800 €** (vgl. BGH FamRZ 2007, 375).

21.4 Gegenüber Ehegatten ist der Selbstbehalt in der Regel mit einem Betrag zu bemessen, der zwischen dem angemessenen Selbstbehalt des Volljährigen nach § 1603 I BGB und dem notwendigen Selbstbehalt nach § 1603 II BGB liegt (BGH FamRZ 2006, 683), in der Regel mit **1.200 €** bei Erwerbstätigkeit und **1.100 €** bei Nichterwerbstätigkeit (BGH FamRZ 2009, 307, 310; 2009, 311, 312; 2010, 802, 804).

21.5 Führt der Unterhaltspflichtige einen gemeinsamen Haushalt mit einem Ehegatten oder Partner, kann der Selbstbehalt noch weiter herabgesetzt werden (BGH FamRZ 2008, 594; 2010, 802, 804.)

22. Bedarf des mit dem Pflichtigen zusammenlebenden Ehegatten

22.1 und 22.2 Lebt der Unterhaltspflichtige mit einem Ehegatten zusammen, ist für diesen gegenüber einem nachrangigen volljährigen Kind ein Mindestbedarf in Höhe von **1.040 €**, gegenüber einem nachrangig geschiedenen Ehegatten ein solcher in Höhe von **960 €** anzunehmen.

22.3 Bei Zusammenleben des Unterhaltspflichtigen mit einem Ehegatten ist gegenüber Unterhaltsansprüchen von Eltern und Enkeln von einem

Familienselbstbehalt in Höhe von **3.240 €** (Unterhaltspflichtiger: **1.800 €**; Ehegatte: **1.440 €**) auszugehen (BGH FamRZ 2010, 1535).

23. Bedarf des vom Pflichtigen getrennt lebenden oder geschiedenen Ehegatten

23.1 bis 23.3 (nicht belegt)

24. Mangelfall

24.1 Ein Mangelfall liegt vor, wenn das Einkommen des Unterhaltsverpflichteten zur Deckung seines Selbstbehalts und der gleichrangigen Unterhaltsansprüche der Berechtigten nicht ausreicht. Für diesen Fall ist die nach Abzug des Eigenbedarfs (Selbstbehalts) des Unterhaltspflichtigen verbleibende Verteilungsmasse auf die gleichrangigen Unterhaltsberechtigten im Verhältnis ihrer jeweiligen Einsatzbeträge gleichmäßig zu verteilen.

24.2 Die Einsatzbeträge im Mangelfall belaufen sich bei minderjährigen und diesen nach § 1603 II 2 BGB gleichgestellten Kindern auf den Mindestunterhalt der jeweiligen Altersstufe nach der Düsseldorfer Tabelle (Anhang I) nach den jeweiligen Zahlbeträgen.

24.3 Der für die Kürzung maßgebende Prozentsatz berechnet sich nach der Formel:

$$\text{Prozentsatz} = \frac{\text{Verteilungsmasse}}{\text{Summe aller Einsatzbeträge}} \times 100$$

Entsprechend ist zu verfahren, wenn das unter Berücksichtigung des jeweils maßgebenden Selbstbehalts zur Verfügung stehende Einkommen des Unterhaltspflichtigen für die Deckung des Bedarfs von im zweiten (§ 1609 Nr. 2 BGB) oder einem nachfolgenden Rang stehenden Berechtigten nicht ausreicht.

24.4 Das im Rahmen der Mangelfallberechnung gewonnene Ergebnis ist auf seine Angemessenheit zu überprüfen.

Sonstiges

25. Rundung

Der Unterhaltsbetrag ist auf volle Euro zu runden.

Anhang

I. Düsseldorfer Tabelle (Fassung ab 1.8.2015)

s. S. 5

II. Tabelle Zahlbeträge

Die folgenden Tabellen enthalten die sich nach Abzug des jeweiligen Kindergeldanteils (hälftiges Kindergeld bei Minder- jährigen, volles Kindergeld bei Volljährigen) ergebenden Zahlbeträge. Gemäß Art. 8 Abs. 3 des Gesetzes zur Anhebung des Grundfreibetrags, des Kinderfreibetrags, des Kindergeldes und des Kinderzuschlags vom 16. Juli 2015 (BGBl.I 2015, 1202) bleibt bei der Anwendung des § 1612b Absatz 1 des Bürgerlichen Gesetzbu-ches für die Zeit bis zum 31. Dezember 2015 Kindergeld von monatlich 184 Euro für erste und zweite Kinder, 190 Euro für dritte Kinder und 215 Euro für das vierte und jedes weitere Kind maßgeblich.

s. S. 10

III. Umrechnung dynamischer Titel und Mangelfall

Wegen der Umrechnung dynamischer Titel über Kindesunterhalt in Mindestunterhalt (§ 36 Nr. 3 a-d EGZPO) und der Rechenbeispiele zum Mangelfall wird auf die Anmerkungen zu C. und E. der jeweils aktuellen Düsseldorfer Tabelle verwiesen.

s. S. 9

---

g) OLG Dresden

Unterhaltsleitlinien des Oberlandesgerichts Dresden
Stand 01. August 2015

Die von den Familiensenaten des Oberlandesgerichts Dresden erarbeiteten Unterhaltsleitlinien dienen dem Ziel, die Rechtsanwendung möglichst zu vereinheitlichen, stellen aber keine verbindlichen Regelungen dar, sondern verstehen sich als Orientierungshilfe, von der je nach Lage des Einzelfalls abgewichen werden kann und muss. In ihrem Aufbau folgen sie der bundeseinheitlichen Leitlinienstruktur.

Unterhaltsrechtliches Einkommen

Bei der Ermittlung und Zurechnung von Einkommen ist stets zu unterscheiden, ob es um Verwandten- oder Ehegattenunterhalt sowie ob es um Bedarfsbemessung einerseits oder Feststellung der Bedürftigkeit/Leistungsfähigkeit andererseits geht.

Das unterhaltsrechtliche Einkommen ist nicht immer identisch mit dem steuerrechtlichen Einkommen.

LL-Strkt

KG

Brdbg

Brschw

Brem

Celle

Dresd

Düss

Ffm

Hbg

Hamm

Jena

Kblz

Köln

Naumbg

Oldbg

Rstk

Schlesw

SüdL

Empf Sozhi

1. Geldeinnahmen

1.1 Auszugehen ist vom Bruttoeinkommen als Summe aller Einkünfte.

1.2 Soweit Leistungen nicht monatlich anfallen (z.B. Weihnachts- und Urlaubsgeld), werden sie auf ein Jahr umgelegt. Einmalige Zahlungen (z.B. Abfindungen) sind auf einen angemessenen Zeitraum (in der Regel mehrere Jahre) zu verteilen.

1.3 Überstundenvergütungen werden dem Einkommen regelmäßig zugerechnet, soweit sie in geringem Umfang anfallen oder berufsüblich sind, darüber hinaus im Mangelfall (vgl. Nr. 24). Entsprechendes gilt für Einkünfte aus Nebentätigkeiten.

1.4 Ersatz für Spesen und Reisekosten sowie Auslösungen gelten in der Regel als Einkommen. Damit zusammenhängende Aufwendungen, vermindert um häusliche Ersparnis, sind jedoch abzuziehen. Bei Aufwendungspauschalen (außer Kilometergeld) kann 1/3 als Einkommen angesetzt werden.

1.5 Bei Ermittlung des zukünftigen Einkommens eines Selbstständigen ist in der Regel der Gewinn der letzten drei Geschäftsjahre zugrunde zu legen. Für die Vergangenheit ist von den in den jeweiligen Jahren erzielten Einkünften auszugehen, wobei auch eine Durchschnittsberechnung für mehrere Jahre möglich ist.

1.6 Einkommen aus Vermietung und Verpachtung (ohne Gebäudeabschreibung) sowie aus Kapitalvermögen ist der Überschuss der Bruttoeinkünfte über die Werbungskosten.

1.7 Steuerzahlungen oder Erstattungen sind in der Regel im Kalenderjahr der tatsächlichen Leistung zu berücksichtigen.

1.8 Sonstige Einnahmen, z.B. Trinkgelder

2. Auch folgende Sozialleistungen sind Einkommen:

2.1 Arbeitslosengeld gemäß § 117 SGB III und Krankengeld

2.2 Arbeitslosengeld II (§§ 19 bis 32 SGB II) ist Einkommen beim Verpflichteten, beim Berechtigten dagegen nicht. Allerdings kann die Geltendmachung rückständigen Unterhalts neben bereits gewährtem Arbeitslosengeld II ausnahmsweise treuwidrig sein, wenn dies wegen eines gesetzlichen Ausschlusses des Anspruchsübergangs auf den Leistungsträger (§ 33 Abs. 2 SGB II) zu einer doppelten Befriedigung des Berechtigten führen würde.

2.3 Wohngeld, soweit es nicht überhöhte Wohnkosten deckt.

2.4 BaföG-Leistungen, auch soweit sie als Darlehen gewährt werden, mit Ausnahme von Vorausleistungen nach §§ 36, 37 BaföG.

2.5 Elterngeld ist Einkommen, soweit es über den Sockelbetrag nach § 11 Satz 1-3 BEEG hinausgeht. Der Sockelbetrag und Bundeserziehungsgeld sind kein Einkommen, es sei denn, es liegt einer der Ausnahmefälle der § 9 Satz 2 BErzGG, § 11 Satz 4 BEEG vor.

2.6 Unfallrenten

2.7 Leistungen aus der Pflegeversicherung, Blindengeld, Versorgungsrenten, Schwerbeschädigten- und Pflegezulagen nach Abzug eines Betrages für tatsächliche Mehraufwendungen; §§ 1610 a, 1578 a BGB sind zu beachten.

2.8 Der Anteil des Pflegegeldes bei der Pflegeperson, durch den ihre Bemühungen abgegolten werden; bei Pflegegeld aus der Pflegeversicherung gilt dies nach Maßgabe des § 13 Abs. 6 SGB XI.

2.9 In der Regel Leistungen nach §§ 41–43 SGB XII (Grundsicherung) beim Verwandtenunterhalt, nicht aber beim Ehegattenunterhalt.

2.10 Kein Einkommen ist sonstige Sozialhilfe nach SGB XII. Die Unterhaltsforderung eines Empfängers dieser Leistungen kann in Ausnahmefällen treuwidrig sein (vgl. Nr. 2.2.)

2.11 Leistungen nach dem Unterhaltsvorschussgesetz sind im Verhältnis zu den Eltern des Kindes kein Einkommen.

3. Kindergeld

Kindergeld wird nicht zum Einkommen der Eltern gerechnet (vgl. Nr. 14).

4. Geldwerte Zuwendungen

Geldwerte Zuwendungen aller Art des Arbeitgebers, z.B. Firmenwagen oder freie Kost und Logis, sind Einkommen, soweit durch sie entsprechende Eigenaufwendungen erspart werden.

5. Wohnwert

Der Wohnvorteil durch mietfreies Wohnen im eigenen Heim ist als wirtschaftliche Nutzung des Vermögens unterhaltsrechtlich wie Einkommen zu behandeln. Neben dem Wohnwert sind auch Zahlungen nach dem Eigenheimzulagengesetz anzusetzen.

Ein Wohnvorteil liegt nur vor, soweit der Wohnwert den berücksichtigungsfähigen Schuldendienst, erforderliche Instandhaltungskosten und die verbrauchsunabhängigen Kosten, mit denen ein Mieter üblicherweise nicht belastet wird, übersteigt.

Auszugehen ist vom vollen Mietwert. Wenn es nicht möglich oder nicht zumutbar ist, die Wohnung aufzugeben und das Objekt zu vermieten oder zu veräußern, kann stattdessen die ersparte Miete angesetzt werden, die angesichts der wirtschaftlichen

Dresden | **121**

LL-Strkt

KG

Brdbg

Brschw

Brem

Celle

Dresd

Düss

Ffm

Hbg

Hamm

Jena

Kblz

Köln

Naumbg

Oldbg

Rstk

Schlesw

SüdL

Empf
Sozhi

Verhältnisse angemessen wäre. Dies kommt insbesondere für die Zeit bis zur Rechtshängigkeit des Scheidungsantrags in Betracht, wenn ein Ehegatte das Eigenheim allein bewohnt.

6. Haushaltsführung

Führt jemand einem leistungsfähigen Dritten den Haushalt, so ist hierfür ein Einkommen anzusetzen; bei Haushaltsführung durch einen Nichterwerbstätigen geschieht das in der Regel mit einem Betrag von 200,00 EUR bis 550,00 EUR.

7. Einkommen aus unzumutbarer Erwerbstätigkeit

Einkommen aus unzumutbarer Erwerbstätigkeit kann nach Billigkeit ganz oder teilweise unberücksichtigt bleiben.

8. Freiwillige Zuwendungen Dritter

Freiwillige Zuwendungen Dritter (z.B. Geldleistungen, kostenloses Wohnen) sind als Einkommen zu berücksichtigen, wenn dies dem Willen des Dritten nicht widerspricht und in der Regel im Mangelfall.

9. Fiktives Einkommen

Einkommen können auch aufgrund einer unterhaltsrechtlichen Obliegenheit erzielbare Einkünfte sein. Fiktiv zugerechnete Einkünfte sind regelmäßig um (fiktive) berufsbedingte Aufwendungen von pauschal 5 % zu kürzen.

10. Bereinigung des Einkommens

10.1 Vom Bruttoeinkommen sind Steuern, Sozialabgaben und/oder angemessene Vorsorgeaufwendungen abzusetzen (Nettoeinkommen).

Es besteht die Obliegenheit, Steuervorteile in Anspruch zu nehmen (z.B. Eintragung eines Freibetrages bei Fahrtkosten oder für unstreitigen oder titulierten Ehegattenunterhalt).

10.2 Berufsbedingte Aufwendungen, die sich von den privaten Lebenshaltungskosten nach objektiven Merkmalen eindeutig abgrenzen lassen, sind im Rahmen des Angemessenen vom Nettoeinkommen aus unselbstständiger Arbeit abzuziehen.

10.2.1 Bei Vorliegen entsprechender Anhaltspunkte kann eine Pauschale von 5 % des Nettoeinkommens, höchstens aber 150,00 EUR angesetzt werden. Übersteigen die berufsbedingten Aufwendungen die Pauschale, so sind sie im Einzelnen darzulegen. Bei beschränkter Leistungsfähigkeit ist mit konkreten Kosten zu rechnen.

10.2.2 Für die notwendigen Kosten der berufsbedingten Nutzung eines Kraftfahrzeuges kann ein Betrag von 0,30 EUR pro gefahrenem Kilometer angesetzt werden. Hierin sind Anschaffungs-, Reparatur- und sonstige Betriebskosten enthalten. Bei langen Fahrtstrecken (ab ca. 30 km einfach) kann nach unten abgewichen werden (für die Mehrkilometer in der Regel auf 0,20 EUR). Steuervorteile sind gegenzurechnen.

10.2.3 Bei einem Auszubildenden gelten 10.2.1. und 10.2.2. entsprechend.

10.3 Kinderbetreuungskosten sind abzugsfähig, soweit die Betreuung durch Dritte allein infolge der Berufstätigkeit erforderlich ist. Zum Aufwand für die Betreuung des Kindes zählen nicht die Kosten des Kindergartens oder einer vergleichbaren Betreuungseinrichtung; diese sind Mehrbedarf des Kindes (vgl. Nr. 12.4.).

10.4 Zins- und Tilgungsraten für berücksichtigungsfähige Schulden können (ggf. unter Berücksichtigung einer möglichen Tilgungsstreckung) je nach den Umständen des Einzelfalles das anrechenbare Einkommen vermindern. Im Mangelfall (vgl. Nr. 24) sind sie in der Regel nur bis zur Höhe des pfändbaren Betrages (§ 850 c Abs. 1 Satz 2 ZPO) zu berücksichtigen.

Bei der Bedarfsermittlung für den Trennungsunterhalt sind eheprägende Verbindlichkeiten grundsätzlich voll abzusetzen; beim nachehelichen Unterhalt bleiben Tilgungsraten, die der Vermögensbildung zugute kommen, in der Regel unberücksichtigt, soweit sie nicht einer zusätzlich gebotenen Altersvorsorge dienen.

Beim Kindesunterhalt kann die Obliegenheit zur Einleitung eines Verbraucherinsolvenzverfahrens bestehen.

10.5 nicht belegt

10.6 Vermögensbildende Aufwendungen sind im angemessenen Rahmen abzugsfähig.

Kindesunterhalt

11. Bemessungsgrundlage (Tabellenunterhalt)

Der Barunterhalt minderjähriger und noch im elterlichen Haushalt lebender volljähriger unverheirateter Kinder bestimmt sich nach den Sätzen der Tabelle im Anhang (identisch mit der Düsseldorfer Tabelle). Bei minderjährigen Kindern kann er als Festbetrag oder als Prozentsatz des jeweiligen Mindestunterhalts geltend gemacht werden.

11.1 Die Tabellensätze enthalten keine Kranken- und Pflegeversicherungsbeiträge für das Kind, wenn dieses nicht in einer gesetzlichen Familienversicherung mitversichert ist. Das Nettoeinkommen des Verpflichteten ist um solche zusätzlich zu zahlenden Versicherungskosten zu bereinigen.

11.2 Die Tabellensätze sind auf den Fall zugeschnitten, dass der Unterhaltspflichtige zwei Berechtigten

Unterhalt zu gewähren hat. Bei einer größeren oder geringeren Anzahl Unterhaltsberechtigter können Ab- oder Zuschläge durch Einstufung in niedrigere oder höhere Einkommensgruppen angemessen sein.

12. Minderjährige Kinder

12.1 Die Höhe des Barbedarfes bestimmt sich in der Regel allein nach dem Einkommen des nichtbetreuenden Elternteils.

12.2 Einkommen des Kindes wird regelmäßig hälftig auf Barunterhalt und Betreuungsunterhalt angerechnet. Ein höherer Anteil kann zugunsten des Barunterhaltspflichtigen berücksichtigt werden, wenn der Betreuungsaufwand des anderen Elternteils nur noch gering ist.

12.3 Der betreuende Elternteil braucht neben dem anderen Elternteil in der Regel keinen Barunterhalt zu leisten, es sei denn, sein Einkommen ist bedeutend höher als das des anderen Elternteils und der eigene angemessene Unterhalt des sonst allein barunterhaltspflichtigen Elternteils ist gefährdet (§ 1603 Abs. 2 Satz 3 BGB).

Sind bei auswärtiger Unterbringung beide Eltern zum Barunterhalt verpflichtet, haften sie anteilig nach § 1606 Abs. 3 Satz 1 BGB für den Gesamtbedarf (vgl. Nr. 13.3.).

12.4 Kosten für Kindergärten und vergleichbare Betreuungseinrichtungen (ohne Verpflegungskosten) sind Mehrbedarf des Kindes, der, wie auch Zusatzbedarf im Übrigen (Prozesskostenvorschuss, Sonderbedarf) gem. § 1606 Abs. 3 Satz 1 BGB nach dem Verhältnis der beiderseitigen Einkünfte zwischen den Eltern aufzuteilen ist (vgl. Nr. 13.3.).

13. Volljährige Kinder

13.1 Beim Bedarf volljähriger Kinder ist zu unterscheiden, ob sie noch im Haushalt der Eltern/eines Elternteils leben oder einen eigenen Hausstand haben.

13.1.1 Für volljährige Kinder, die noch im Haushalt der Eltern oder eines Elternteils wohnen, gilt die Altersstufe 4 der Tabelle.

Der Bedarf des Kindes ist in der Regel nach dem zusammengerechneten Einkommen (ohne Anwendung von Nr. 11.2.) zu bemessen. Für die Haftungsquote gilt Nr. 13.3. Ein Elternteil hat jedoch höchstens den Unterhalt zu leisten, der sich allein aus seinem Einkommen nach der Tabelle ergibt.

13.1.2 Der angemessene Bedarf eines volljährigen Kindes mit eigenem Hausstand beträgt in der Regel monatlich 670,00 EUR. Darin sind enthalten Kosten für Unterkunft (einschließlich umlagefähiger Nebenkosten) und Heizung bis zu 280,00 EUR, jedoch keine Beiträge zu Kranken- und Pflegeversicherung und keine Studiengebühren. Von diesem Betrag

kann bei erhöhtem Bedarf oder mit Rücksicht auf die Lebensstellung der Eltern abgewichen werden.

13.2 Auf den Unterhaltsbedarf werden Einkünfte des Kindes, auch das Kindergeld, BaföG-Darlehen und Ausbildungsbeihilfen (gekürzt um ausbildungsbedingte Aufwendungen, vgl. Nr. 10.2.3.) angerechnet. Bei Einkünften aus unzumutbarer Erwerbstätigkeit gilt § 1577 Abs. 2 BGB entsprechend.

13.3 Bei anteiliger Barunterhaltspflicht ist vor Berechnung des Haftungsanteils nach § 1606 Abs. 3 Satz 1 BGB das bereinigte Nettoeinkommen jedes Elternteils gem. Nr. 10 zu ermitteln. Außerdem ist vom Restbetrag ein Sockelbetrag in Höhe des angemessenen Selbstbehaltes (1.300,00 EUR) abzuziehen.

Der Haftungsanteil nach § 1606 Abs. 3 Satz 1 BGB errechnet sich nach der Formel:

Bereinigtes Nettoeinkommen eines Elternteils (N1 oder N2) abzüglich 1.300,00 EUR mal (Rest-)Bedarf (R), geteilt durch die Summe der bereinigten Nettoeinkommen beider Eltern (N1 + N2) abzüglich 2.600,00 EUR (= 1.300,00 EUR + 1.300,00 EUR).

Haftungsanteil 1 = (N1 − 1.300,00 EUR) × R : (N1 + N2 − 2.600,00 EUR).

Der so ermittelte Haftungsanteil ist auf seine Angemessenheit zu überprüfen und kann bei Vorliegen besonderer Umstände (z.B. behindertes Kind) wertend verändert werden.

Bei volljährigen Schülern, die in § 1603 Abs. 2 Satz 2 BGB minderjährigen Kindern gleichgestellt sind, wird der Sockelbetrag bis zum notwendigen Selbstbehalt (880,00 EUR/1.080,00 EUR) herabgesetzt, wenn der Bedarf der Kinder andernfalls nicht gedeckt werden kann.

14. Verrechnung des Kindergeldes

Es wird nach § 1612 b BGB angerechnet.

Ehegattenunterhalt

15. Unterhaltsbedarf

15.1 Bei der Bedarfsbemessung darf nur eheprägendes Einkommen berücksichtigt werden. Bei Aufnahme oder Erweiterung einer Erwerbstätigkeit nach Trennung/Scheidung gilt das (Mehr-)Einkommen als prägend.

15.2 Es gilt der Halbteilungsgrundsatz, wobei jedoch Erwerbseinkünfte nur zu 6/7 zu berücksichtigen sind (Abzug von 1/7 Erwerbstätigenbonus vom bereinigten Nettoeinkommen).

Leistet ein Ehegatte auch Unterhalt für ein Kind, wird sein Einkommen vor der Ermittlung des Erwerbstätigenbonus (vgl. Nr. 15.2.) um den Kindesunterhalt (Zahlbetrag nach Abzug des

Dresden | **123**

LL-Strkt

KG

Brdbg

Brschw

Brem

Celle

Dresd

Düss

Ffm

Hbg

Hamm

Jena

Kblz

Köln

Naumbg

Oldbg

Rstk

Schlesw

SüdL

Empf
Sozhi

anzurechnenden Kindergeldes) bereinigt. Erbringt der Verpflichtete sowohl Bar- als auch Betreuungsunterhalt, so gilt Nr. 10.3.

15.3 Bei sehr guten Einkommensverhältnissen des Pflichtigen kommt eine konkrete Bedarfsberechnung in Betracht. Der Unterhalt kann regelmäßig bis zu einem Betrag von 5.000,00 EUR als Quotenunterhalt geltend gemacht werden. Für einen darüber hinausgehenden Anspruch muss der Bedarf konkret dargelegt werden. Eigenes Einkommen des Bedürftigen ist dann ohne Abzug des Erwerbstätigenbonus hierauf anzurechnen.

15.4 Werden Altersvorsorge-, Kranken- und Pflegeversicherungskosten vom Berechtigten gesondert geltend gemacht oder vom Verpflichteten bezahlt, sind diese von dem Einkommen des Pflichtigen vorweg abzuziehen. Der Vorwegabzug unterbleibt, soweit nicht verteilte Mittel zur Verfügung stehen, z.B. durch Anrechnung nicht prägenden Einkommens des Berechtigten auf seinen Bedarf.

16. Bedürftigkeit

Eigene Einkünfte des Berechtigten sind auf den Bedarf anzurechnen, wobei das bereinigte Nettoerwerbseinkommen um den Erwerbstätigenbonus zu vermindern ist.

17. Erwerbsobliegenheit

17.1 Bei Betreuung eines Kindes kann bis zur Vollendung des dritten Lebensjahres eine Erwerbstätigkeit nicht erwartet werden. Danach besteht eine Erwerbsobliegenheit nach Maßgabe der Betreuungsbedürftigkeit und der zumutbaren Betreuungsmöglichkeit. Zu berücksichtigen ist dabei auch die Belastung durch die neben der Erwerbstätigkeit verbleibende Kinderbetreuung, für die das Alter und die Anzahl der Kinder von wesentlicher Bedeutung sind.

17.2 In der Regel besteht für den Berechtigten im ersten Jahr nach der Trennung keine Obliegenheit zur Aufnahme oder Ausweitung einer Erwerbstätigkeit.

Weitere Unterhaltsansprüche

18. Ansprüche nach § 1615 l BGB

Der Bedarf nach § 1615 l BGB bemisst sich nach der Lebensstellung des betreuenden Elternteils. Er beträgt mindestens 880,00 EUR.

19. Elternunterhalt

Beim Bedarf der Eltern sind Leistungen nach den §§ 41-43 SGB XII (Grundsicherung) zu berücksichtigen (vgl. Nr. 2.9.).

20. Lebenspartnerschaft

Bei Getrenntleben oder Aufhebung der Lebenspartnerschaft gelten §§ 12, 16 LPartG.

Leistungsfähigkeit und Mangelfall

21. Selbstbehalt des Verpflichteten

21.1 Es ist zu unterscheiden zwischen dem notwendigen (§ 1603 Abs. 2 BGB), dem angemessenen (§ 1603 Abs. 1 BGB) und dem eheangemessenen (§ 1361 Abs. 1, § 1578 Abs. 1 BGB) Selbstbehalt.

21.2 Für Eltern gegenüber minderjährigen Kindern und diesen nach § 1603 Abs. 2 Satz 2 BGB gleichgestellten Kindern gilt im Allgemeinen der notwendige Selbstbehalt als unterste Grenze der Inanspruchnahme.

Er beträgt

– beim Nichterwerbstätigen 880,00 EUR
– beim Erwerbstätigen 1.080,00 EUR.

Hierin sind Kosten für Unterkunft (einschließlich umlagefähiger Nebenkosten) und Heizung in Höhe von 380,00 EUR enthalten (vgl. auch 21.5.2.).

21.3 Im Übrigen gilt beim Verwandtenunterhalt der angemessene Selbstbehalt.

21.3.1 Er beträgt gegenüber nicht privilegierten volljährigen Kindern 1.300,00 EUR und gegenüber der Mutter/dem Vater eines nichtehelichen Kindes in der Regel 1.200,00 EUR. Hierin sind Kosten für Unterkunft (einschließlich umlagefähiger Nebenkosten) und Heizung in Höhe von 450,00 EUR enthalten (vgl. auch 21.5.2.).

21.3.2 Gegenüber Eltern und Enkeln beträgt er mindestens 1.800,00 EUR, wobei gegenüber Eltern die Hälfte des diesen Mindestbetrag übersteigenden Einkommens zusätzlich anrechnungsfrei bleibt. Hierin sind Kosten für Unterkunft (einschließlich umlagefähi-ger Nebenkosten) und Heizung in Höhe von 480,00 EUR enthalten (vgl. auch 21.5.2.).

21.4 Der Selbstbehalt gegenüber einem Anspruch auf Trennungsunterhalt oder nachehelichen Unterhalt (Ehegattenselbstbehalt) ist in der Regel mit einem Betrag zu bemessen, der zwischen dem angemessenen Selbstbehalt und dem notwendigen Selbstbehalt liegt, derzeit also regelmäßig mit 1.200,00 EUR; darin sind Kosten für Unterkunft (einschließlich umlagefähiger Nebenkosten) und Heizung in Höhe von 450,00 EUR enthalten (vgl. auch 21.5.2).

21.5 Anpassung des Selbstbehaltes

21.5.1 Der jeweilige Selbstbehalt kann unterschritten werden, wenn der eigene Unterhalt des Pflichtigen ganz oder teilweise durch seinen Ehegatten gedeckt ist (vgl. Nr. 22).

Wegen der Kostenersparnisse bei gemeinschaftlicher Haushaltsführung kommt eine Kürzung des Selbstbehaltes auch dann in Betracht, wenn der Unterhaltspflichtige mit einem Dritten zusammenlebt.

21.5.2 Wird (ggf. nach Abzug von Wohngeld) der in dem Selbstbehalt berücksichtigte Wohnkostenanteil erheblich überschritten und ist dies den Umständen nach nicht vermeidbar, so kann der Selbstbehalt erhöht werden. Wird die Wohnung von mehreren Personen genutzt, ist der Wohnkostenanteil des Pflichtigen festzustellen. Bei Erwachsenen geschieht die Aufteilung in der Regel nach Köpfen. Kinder sind vorab mit einem Anteil von 20 % ihres Anspruchs auf Barunterhalt (Zahlbetrag) zu berücksichtigen.

22. Bedarf des mit dem Pflichtigen zusammenlebenden Ehegatten

22.1 Ist bei Unterhaltsansprüchen des nachrangigen geschiedenen Ehegatten der Unterhaltspflichtige verheiratet, werden für den mit ihm zusammenlebenden Ehegatten mindestens 960,00 EUR angesetzt.

22.2 Ist bei Unterhaltsansprüchen nicht privilegierter volljähriger Kinder oder der Enkel der Unterhaltspflichtige verheiratet, werden für den mit ihm zusammenlebenden Ehegatten mindestens 1.040,00 EUR angesetzt.

22.3 Ist bei Unterhaltsansprüchen der Eltern/Großeltern der Unterhaltspflichtige verheiratet, werden für den mit ihm zusammenlebenden Ehegatten mindestens 1.440,00 EUR angesetzt. Im Familienbedarf von 3.240,00 EUR (1.800,00 EUR + 1.440,00 EUR) sind Kosten für Unterkunft (einschließlich umlagefähiger Nebenkosten) und Heizung in Höhe von 800,00 EUR enthalten.

23. Bedarf des vom Pflichtigen getrennt lebenden oder geschiedenen Ehegatten

23.1 Bei Unterhaltsansprüchen des nachrangigen geschiedenen Ehegatten werden für den vom Unterhaltspflichtigen getrennt lebenden oder geschiedenen Ehegatten mindestens 1.200,00 EUR angesetzt.

23.2 Bei Unterhaltsansprüchen nicht privilegierter volljähriger Kinder oder der Enkel werden für den vom Unterhaltspflichtigen getrennt lebenden oder geschiedenen Ehegatten mindestens 1.300,00 EUR angesetzt.

23.3 Bei Unterhaltsansprüchen der Eltern/Großeltern werden für den vom Unterhaltspflichtigen getrennt lebenden oder geschiedenen Ehegatten mindestens 1.800,00 EUR angesetzt.

24. Mangelfall

24.1 Ein Mangelfall liegt vor, wenn das Einkommen des Verpflichteten zur Deckung seines notwendigen Selbstbehaltes und der gleichrangigen Unterhaltsansprüche nicht ausreicht.

24.2 Zur Feststellung des Mangelfalls entspricht der einzusetzende Bedarf für minderjährige und diesen nach § 1603 Abs. 2 Satz 2 BGB gleichgestellte Kindern dem Zahlbetrag, der aus der ersten Einkommensgruppe entnommen werden kann.

24.3 Die nach Abzug des notwendigen Selbstbehaltes des Unterhaltspflichtigen verbleibende Verteilungsmasse ist anteilig auf alle gleichrangigen Unterhaltsberechtigten im Verhältnis der (ggf. um eigene Einkünfte gekürzten) Einsatzbeträge zu verteilen.

24.4 Das im Rahmen der Mangelfallberechnung gewonnene Ergebnis ist auf seine Angemessenheit zu überprüfen.

25. Rundung

Der Unterhaltsbetrag ist auf volle EURO aufzurunden.

Anhang: Unterhaltstabelle, Stand 1. August 2015

s. S. 5

h) OLG Düsseldorf

Leitlinien zum Unterhalt
Stand: 01. August 2015

zur Ergänzung der Düsseldorfer Tabelle herausgegeben von den Senaten für Familiensachen des Oberlandesgerichts Düsseldorf

Unterhaltsrechtliches Einkommen

1. Geldeinnahmen

1.1 Auszugehen ist vom Jahresbruttoeinkommen einschließlich Weihnachts- und Urlaubsgeld sowie sonstiger Zuwendungen, wie z.B. Tantiemen und Gewinnbeteiligungen.

1.2 Einmalige höhere Zahlungen, wie z.B. Abfindungen oder Jubiläumszuwendungen, sind auf einen angemessenen Zeitraum zu verteilen (in der Regel mehrere Jahre).

LL-Strkt

KG

Brdbg

Brschw

Brem

Celle

Dresd

Düss

Ffm

Hbg

Hamm

Jena

Kblz

Köln

Naumbg

Oldbg

Rstk

Schlesw

SüdL

Abfindungen aus Anlass der Beendigung eines Arbeitsverhältnisses sind grundsätzlich auch bei Aufnahme einer neuen Arbeitsstelle mit dauerhaft geringerem Einkommen bis zur Höchstgrenze des Bedarfs nach dem früheren Einkommen zu verwenden; ob eine Aufstockung bis zum bisherigen Einkommen zur vollständigen Aufrechterhaltung des bisherigen Lebensstandards geboten ist, beurteilt sich nach den Umständen des Einzelfalls, insbesondere der zu erwartenden weiteren Einkommensentwicklung.

1.3 Überstundenvergütungen werden in der Regel dem Einkommen voll zugerechnet, soweit sie berufsüblich sind oder nur in geringem Umfang anfallen oder wenn der Mindestunterhalt minderjähriger Kinder oder der entsprechende Unterhalt ihnen nach § 1603 Abs. 2 S. 2 BGB gleichgestellter volljähriger Kinder nicht gedeckt ist. Sonst ist die Anrechnung unter Berücksichtigung des Einzelfalls nach Treu und Glauben zu beurteilen.

Dies gilt gleichermaßen für Einkünfte aus einer Nebentätigkeit, die neben einer vollschichtigen Erwerbstätigkeit ausgeübt wird. Zur Sicherstellung des Mindestunterhalts minderjähriger Kinder oder ihnen nach § 1603 Abs. 2 S. 2 BGB gleichgestellter volljähriger Kinder kann es dem Pflichtigen obliegen, Überstunden zu leisten und/oder eine Nebentätigkeit auszuüben, soweit dies – in den Grenzen der §§ 3 und 6 ArbZG – zumutbar ist.

1.4 Auslösungen und Spesen sind nach den Umständen des Einzelfalls anzurechnen. Soweit solche Zuwendungen geeignet sind, laufende Lebenshaltungskosten zu ersparen, ist diese Ersparnis in der Regel mit 1/3 des Nettobetrags zu bewerten.

1.5 Bei Selbständigen ist grundsätzlich vom durchschnittlichen Gewinn während eines längeren Zeitraums von in der Regel mindestens drei aufeinander folgenden Jahren, möglichst den letzten drei Jahren, auszugehen.

Für die Vergangenheit sind die in dem jeweiligen Kalenderjahr erzielten Einkünfte maßgebend.

Anstatt auf den Gewinn kann ausnahmsweise auf die Entnahmen abzüglich der Einlagen abgestellt werden, wenn eine zuverlässige Gewinnermittlung nicht möglich oder der Betriebsinhaber unterhaltsrechtlich zur Verwertung seines Vermögens verpflichtet ist.

Abschreibungen (Absetzung für Abnutzung: AfA) können insoweit anerkannt werden, als dem steuerlich zulässigen Abzug ein tatsächlicher Wertverlust entspricht. Wegen des Umfangs der Abschreibung kann auf die von der Finanzverwaltung herausgegebenen AfA-Tabellen abgestellt werden. Dies gilt in der Regel jedoch nicht für Gebäude. Zinsen für Kredite, mit denen die absetzbaren Wirtschaftsgüter finanziert werden, mindern den Gewinn. Wenn und soweit die Abschreibung unterhaltsrechtlich anerkannt wird, sind Tilgungsleistungen nicht zu berücksichtigen.

Steuer und Vorsorgeaufwendungen sind nach Nr. 10.1 zu berücksichtigen. Der Gewinn ist nicht um berufsbedingte Aufwendungen (Nr. 10.2.1) zu kürzen.

1.6 Einkünfte aus Vermietung und Verpachtung werden durch eine Überschussrechnung ermittelt. Dabei kann zur Ermittlung der durchschnittlichen Einkünfte auf einen Mehrjahreszeitraum abgestellt werden. Nr. 1.5 Abs. 2 gilt entsprechend. Hinsichtlich der Abschreibungen gilt Nr. 1.5.

Kapitaleinkünfte sind nach Abzug der Werbungskosten und Steuern unterhaltsrechtliches Einkommen.

1.7 Steuererstattungen sind in der Regel in dem Jahr, in dem sie anfallen, zu berücksichtigen (In-Prinzip); bei Selbständigen kann zur Ermittlung eines repräsentativen Einkommens auf den Zeitraum der Veranlagung abgestellt werden (Für-Prinzip). Steuervorteile, die auf unterhaltsrechtlich nicht zu berücksichtigenden Aufwendungen beruhen, bleiben außer Betracht. Steuervorteile sind wahrzunehmen.

1.8 Sonstige Einnahmen wie z.B. berufstypische Trinkgelder, Krankentagegeld sind Einkommen.

2. Sozialleistungen

2.1 Arbeitslosengeld (§ 136 SGB III) und sonstige Lohnersatzleistungen nach dem SGB III (Übergangs-, Ausbildungs-, Kurzarbeiter- und Insolvenzgeld) sowie Krankengeld sind Einkommen.

2.2 Arbeitslosengeld II und andere Leistungen nach dem SGB II sind Einkommen beim Verpflichteten. Beim Berechtigten sind Arbeitslosengeld II und Sozialgeld kein Einkommen, nicht subsidiäre Leistungen nach dem SGB II sind Einkommen, insbesondere befristete Zuschläge § 24 SGB II, Einstiegsgeld § 29 SGB II, Entschädigung für Mehraufwendungen § 16 SGB II. Die Geltendmachung von Unterhalt durch den Hilfeempfänger kann treuwidrig sein, wenn er infolge des Ausschlusses des Anspruchsübergangs (vgl. § 33 Abs. 2 SGB II) insbesondere für die Vergangenheit (aber allenfalls bis zur Rechtshängigkeit) durch das Arbeitslosengeld II oder das Sozialgeld und den Unterhalt mehr als seinen Bedarf erhalten würde.

2.3 Wohngeld ist Einkommen, soweit es nicht erhöhte Wohnkosten abdeckt.

2.4 BAföG-Leistungen (außer Vorausleistungen) sind Einkommen, auch soweit sie als Darlehen gewährt werden.

2.5 Elterngeld ist Einkommen, soweit es über den Sockelbetrag von 300 EUR bzw. 150 EUR bei verlängertem Bezug hinausgeht. Der Sockelbetrag des Elterngeldes, das Betreuungsgeld und das Erziehungsgeld sind nur dann Einkommen, wenn einer der Ausnahmefälle der §§ 11 BEEG, 9 S. 2 BErzGG vorliegt.

2.6 Unfall- und Versorgungsrenten sowie Übergangsgelder aus der Unfall- bzw. Rentenversicherung sind Einkommen.

2.7 Leistungen aus der Pflegeversicherung, Blindengeld, Schwerbeschädigten- und Pflegezulagen nach Abzug eines Betrages für tatsächliche Mehraufwendungen sind Einkommen; bei Sozialleistungen nach § 1610a BGB wird widerlegbar vermutet, dass sie durch Aufwendungen aufgezehrt werden.

2.8 Der Anteil des an die Pflegeperson weitergeleiteten Pflegegeldes, durch den ihre Bemühungen abgegolten werden, ist Einkommen. Bei Pflegegeld aus der Pflegeversicherung gilt dies nur nach Maßgabe des § 13 Abs. 6 SGB XI.

2.9 Leistungen zur Grundsicherung nach den §§ 41 ff. SGB XII sind anders als beim Ehegattenunterhalt beim Verwandtenunterhalt (insbesondere Eltern- und Kindesunterhalt) als Einkommen des Beziehers zu berücksichtigen.

2.10 Sozialhilfeleistungen nach dem SGB XII sind kein Einkommen.

Hinsichtlich der Geltendmachung von Unterhalt durch den Hilfeempfänger gilt Ziffer 2.2 Absatz 2 entsprechend.

2.11 Leistungen nach dem Unterhaltsvorschussgesetz sind kein Einkommen.

3. Kindergeld

Kindergeld ist kein Einkommen der Eltern. Kinderzulagen und Kinderzuschüsse zur Rente sind, wenn die Gewährung des staatlichen Kindergeldes entfällt (§ 65 EStG; § 270 SGB VI), in dessen Höhe wie Kindergeld, im Übrigen wie Einkommen zu behandeln.

4. Geldwerte Zuwendungen des Arbeitgebers

Geldwerte Zuwendungen des Arbeitgebers aller Art, z.B. Firmenwagen, freie Kost und Logis, mietgünstige Wohnung, sind dem Einkommen hinzuzurechnen, soweit sie entsprechende Eigenaufwendungen ersparen. Die hierfür steuerlich in Ansatz gebrachten Beträge bieten einen Anhaltspunkt für die Bewertung des geldwerten Vorteils.

5. Wohnwert

Der Wohnvorteil durch mietfreies Wohnen im eigenen Heim ist als wirtschaftliche Nutzung des Vermögens wie Einkommen zu behandeln, wenn sein Wert die Belastungen übersteigt, die unter Berücksichtigung der staatlichen Eigenheimförderung durch die allgemeinen Grundstückskosten und -lasten,

durch Annuitäten und durch sonstige nicht nach § 556 BGB umlagefähige Kosten entstehen.

Zinsen sind in diesem Zusammenhang absetzbar, Tilgungsleistungen, wenn sie nicht der einseitigen Vermögensbildung dienen, insoweit kommt allein eine Berücksichtigung unter dem Gesichtspunkt der ergänzenden Altersvorsorge in Betracht (vgl. Ziffer 10.1).

Auszugehen ist von der erzielbaren Miete (objektiver oder voller Wohnwert). Wenn es nicht möglich oder zumutbar ist, die Wohnung aufzugeben und das Objekt zu vermieten oder zu veräußern, kann stattdessen die ersparte Miete angesetzt werden, die angesichts der persönlichen und wirtschaftlichen Verhältnisse angemessen wäre (subjektiver oder angemessener Wohnwert). Dies kommt insbesondere für die Zeit bis zur endgültigen Vermögensauseinandersetzung oder bis zum endgültigen Scheitern der Ehe, etwa bei Zustellung des Scheidungsantrags, in Betracht, wenn ein Ehegatte das Eigenheim allein bewohnt. Auf den subjektiven oder angemessenen Wohnwert ist bei der Inanspruchnahme auf Elternunterhalt abzustellen.

6. Haushaltsführung

Für die Führung des Haushalts eines leistungsfähigen Dritten ist ein Einkommen anzusetzen. Bei der Haushaltsführung durch einen Nichterwerbstätigen kann in der Regel ein Betrag von 400 EUR monatlich angesetzt werden.

7. Einkommen aus unzumutbarer Erwerbstätigkeit

Einkünfte aus Nebentätigkeit und unzumutbarer Erwerbstätigkeit sind im Rahmen der Billigkeit (vgl. §§ 242, 1577 Abs. 2 BGB) als Einkommen zu berücksichtigen.

8. Freiwillige Zuwendungen Dritter

Freiwillige Leistungen Dritter (z.B. Geldleistungen, mietfreies Wohnen) sind kein Einkommen, es sei denn, dass die Anrechnung dem Willen des Dritten entspricht. Wenn der Mindestunterhalt minderjähriger Kinder oder ihnen nach § 1603 Abs. 2 S. 2 BGB gleichgestellter volljähriger Kinder sowie das Existenzminimum des Ehegatten nicht gedeckt sind, kommt eine Anrechnung ebenfalls in Betracht.

9. Erwerbsobliegenheit und Einkommensfiktion

Einkommen sind auch aufgrund einer unterhaltsrechtlichen Obliegenheit erzielbare Einkünfte, die sich bei gesteigerter Unterhaltspflicht gemäß § 1603 Abs. 2 BGB im Rahmen der Zumutbarkeit auch aus einer Nebentätigkeit ergeben können (vgl. Nr. 1.3 Abs. 2).

10. Bereinigung des Einkommens

10.1 Steuern und Vorsorgeaufwendungen

Vom Bruttoeinkommen sind Steuern, Sozialabgaben und/oder angemessene Vorsorgeaufwendungen abzusetzen (Nettoeinkommen); zu den angemessenen Vorsorgeaufwendungen kann auch eine zusätzliche Altersvorsorge zählen.

Personen, die der gesetzlichen Rentenversicherung nicht unterliegen, können für ihre Altersvorsorge regelmäßig 20 % ihres Bruttoeinkommens aufwenden. Für eine zusätzliche Altersvorsorge können sie ebenso wie gesetzlich Rentenversicherte weitere 4 % (bei Elternunterhalt 5 %) ihres Bruttoeinkommens einsetzen. Ferner können bei Personen, die der gesetzlichen Rentenversicherung unterliegen, weitere 20 % des oberhalb der Beitragsbemessungsgrenze der gesetzlichen Rentenversicherung liegenden Einkommens als angemessene Altersversorgung aufgewendet werden. Wenn der Mindestunterhalt minderjähriger Kinder oder ihnen nach § 1603 Abs. 2 S. 2 BGB gleichgestellter volljähriger Kinder nicht gedeckt ist, sind Aufwendungen für die zusätzliche Altersvorsorge nicht zu berücksichtigen.

Steuerzahlungen und -nachzahlungen sind in der Regel in dem Jahr, in dem sie anfallen, zu berücksichtigen (In-Prinzip). Bei Selbständigen kann auf den Zeitraum der Veranlagung abgestellt werden (Für-Prinzip). Grundsätzlich ist jeder gehalten, ihm zustehende Steuervorteile in Anspruch zu nehmen; hierzu gehört das unstreitig, freiwillig geleistetem oder tituliertem, aber nicht angegriffenem Unterhalt auch das Realsplitting. Ob im laufenden Jahr von der Möglichkeit der Eintragung eines Freibetrages Gebrauch zu machen ist, richtet sich nach den Umständen des Einzelfalls.

10.2 Berufsbedingte Aufwendungen

10.2.1 Für berufsbedingte Aufwendungen gilt Anm. A. 3 der Düsseldorfer Tabelle.

10.2.2 Als notwendige Kosten der berufsbedingten Nutzung eines Kraftfahrzeugs können 0,30 EUR pro gefahrenem Kilometer (§ 5 Abs. 2 Nr. 2 JVEG) angesetzt werden. Ab dem 31. Entfernungskilometer kommt in der Regel eine Kürzung der Kilometerpauschale auf 0,20 EUR in Betracht.

10.2.3 Für die Ausbildungsvergütung eines Kindes, das im Haushalt der Eltern oder eines Elternteils wohnt, gilt Anm. A. 8 der Düsseldorfer Tabelle. Lebt das Kind im eigenen Haushalt, ist Anm. A. 3 der Düsseldorfer Tabelle anzuwenden.

10.3 Kinderbetreuung

Das Einkommen aus einer neben der Kinderbetreuung ausgeübten Erwerbstätigkeit kann um den notwendigen, konkret dargelegten Aufwand für die Betreuung des Kindes vermindert werden. Zum Aufwand für die Betreuung des Kindes zählen nicht die Kosten des Kindergartenbesuchs, diese sind Mehrbedarf des Kindes.

10.4 Schulden

Schulden können je nach den Umständen des Einzelfalls (Art, Grund und Zeitpunkt des Entstehens) das anrechenbare Einkommen vermindern. Die Abzahlung soll im Rahmen eines Tilgungsplans in angemessenen Raten erfolgen. Dabei sind die Belange von Unterhaltsgläubiger, Unterhaltsschuldner und Drittgläubiger gegeneinander abzuwägen. Unter Umständen besteht im Rahmen gesteigerter Unterhaltspflicht nach § 1603 Abs. 2 BGB die Obliegenheit zur Einleitung eines Insolvenzverfahrens und Geltendmachung der gesetzlichen Pfändungsfreigrenzen.

10.5 nicht besetzt

10.6 Vermögensbildung

Vermögenswirksame Leistungen, die nicht unter Nr. 10.1 fallen, vermindern das Einkommen nicht. Zusatzleistungen des Arbeitgebers für die vermögenswirksame Anlage sind dem Bezieher zu belassen.

10.7 Umgangskosten

Umgangskosten können durch einen – teilweisen – Abzug vom Einkommen oder eine Erhöhung des Selbstbehalts berücksichtigt werden.

Kindesunterhalt

11. Bemessungsgrundlage (Tabellenunterhalt)

Der Kindesunterhalt ist der Düsseldorfer Tabelle unter Beachtung des Bedarfskontrollbetrages (Anm. A. 6) zu entnehmen. Bei minderjährigen Kindern kann er als Festbetrag oder als Prozentsatz des Mindestunterhalts gemäß § 1612 a Abs. 1 BGB geltend gemacht werden.

11.1 In den Unterhaltsbeträgen sind Beiträge zur Kranken- und Pflegeversicherung sowie Studiengebühren mit Ausnahme der Semesterbeiträge nicht enthalten.

11.2 Bei minderjährigen Kindern, die bei einem Elternteil leben, richtet sich die Eingruppierung in die Düsseldorfer Tabelle nach dem anrechenbaren Einkommen des anderen Elternteils. Der Bedarfskontrollbetrag (Anm. A. 6 der Düsseldorfer Tabelle) und Ab- oder Zuschläge (Anm. A. 1 der Düsseldorfer Tabelle) sind zu beachten.

12. Minderjährige Kinder

12.1 Der betreuende Elternteil braucht in der Regel keinen Barunterhalt für das minderjährige Kind zu leisten. Eine Barunterhaltspflicht des nicht betreuenden Elternteils kann jedoch entfallen oder sich ermäßigen, wenn er zu Unterhaltszahlungen nicht ohne Beeinträchtigung seines angemessenen Unterhalts in der Lage wäre, während der andere Elternteil neben der Betreuung des Kindes auch den Barunterhalt leisten könnte, ohne dass dadurch sein eigener angemessener Unterhalt gefährdet würde und ohne die Beteiligung des betreuenden Elternteils am Barunterhalt ein erhebliches finanzielles Ungleichgewicht zwischen den Eltern entstehen würde. In solchen Fällen entfällt die gesteigerte Unterhaltspflicht nach § 1603 Abs. 2 Satz 1 und 2 BGB, also die Beschränkung auf den notwendigen Selbstbehalt. Die Unterhaltspflicht mit dem Einkommen, das den angemessenen Selbstbehalt übersteigt, wird davon nicht berührt. Erzielt der betreuende Elternteil über das Dreifache der Nettoeinkünfte des an sich barunterhaltspflichtigen Elternteils, kann es allerdings der Billigkeit entsprechen, den betreuenden Elternteil den Barunterhalt in voller Höhe aufbringen zu lassen. Unterhalb dieser Schwelle kann bei einer erheblichen Einkommensdifferenz eine beiderseitige Barunterhaltspflicht der Eltern nach Nr. 13.3 der Leitlinien in Betracht kommen, wobei zugunsten des betreuenden Elternteils eine wertende Veränderung des Verteilungsmaßstabs vorzunehmen ist.

12.2 Das bereinigte Einkommen des Kindes, das von einem Elternteil betreut wird, wird nur teilweise, in der Regel zur Hälfte auf den Barunterhalt angerechnet; im Übrigen kommt es dem betreuenden Elternteil zu Gute.

12.3 Sind, z.B. bei auswärtiger Unterbringung des Kindes, beide Eltern zum Barunterhalt verpflichtet, haften sie anteilig für den Gesamtbedarf (Berechnung nach Nr. 13.3). Gleiches gilt bei einem Wechselmodell, wobei die Haftungsanteile wegen der beiderseitigen Betreuungsleistungen um die Hälfte zu kürzen sind.

Bei einem über das übliche Maß hinausgehenden Umgangsrecht können dadurch bedingte hohe Mehraufwendungen (z.B. Fahrt- und Unterbringungskosten) zu einer Herabstufung um eine oder mehrere Einkommensgruppen der Düsseldorfer Tabelle oder zum Absehen von einer erforderlichen Höherstufung führen. Reicht das Einkommen des umgangsberechtigten Elternteils nur zur Zahlung des Mindestunterhalts aus, kann der Mehraufwand bei der Einkommensermittlung oder durch Erhöhung des Selbstbehalts berücksichtigt werden. Ferner kann der Unterhaltsbedarf des Kindes dadurch gemindert sein, dass der umgangsberechtigte Elternteil dem Kind im Zuge seines erweiterten Umgangsrechts Leistungen erbringt, mit denen er den Unterhaltsbedarf des Kindes auf andere Weise als durch Zahlung einer Geldrente teilweise deckt.

12.4 Bei Zusatzbedarf (Kostenvorschuss, Mehrbedarf, Sonderbedarf) gilt § 1606 Abs. 3 Satz 1 BGB.

13. Volljährige Kinder

13.1 Der Unterhalt für volljährige Kinder, die noch im Haushalt der Eltern oder eines Elternteils wohnen, richtet sich nach der 4. Altersstufe der Düsseldorfer Tabelle. Dies gilt bis zur Vollendung des 21. Lebensjahres auch für unverheiratete volljährige Kinder, die sich in der allgemeinen Schulausbildung befinden. Ihr Bedarf bemisst sich, falls beide Eltern leistungsfähig sind, in der Regel nach dem zusammengerechneten Einkommen ohne Höhergruppierung nach Anm. A. 1 der Düsseldorfer Tabelle. Für die Haftungsquote gilt Nr. 13.3. Ein Elternteil hat jedoch höchstens den Unterhalt zu leisten, der sich allein – unter Berücksichtigung von Anm. A. 1 der Düsseldorfer Tabelle – nach seinem Einkommen ergibt.

Für ein volljähriges Kind mit eigenem Hausstand gilt Anm. A. 7 Abs. 2 der Düsseldorfer Tabelle. Von diesem Regelbetrag kann bei entsprechender Lebensstellung der Eltern abgewichen werden.

13.2 Das bereinigte Einkommen des volljährigen Kindes wird in der Regel in vollem Umfange auf den Bedarf angerechnet. Bei Einkünften aus unzumutbarer Erwerbstätigkeit gilt § 1577 Abs. 2 BGB entsprechend. Zu den Einkünften des Kindes gehören auch BAföG-Darlehen und Ausbildungsbeihilfen.

13.3 Sind beide Eltern barunterhaltspflichtig, bemisst sich die Haftungsquote nach dem Verhältnis ihrer anrechenbaren Einkünfte. Diese sind vorab jeweils um den Sockelbetrag zu kürzen. Der Sockelbetrag entspricht dem angemessenen Selbstbehalt gemäß Anm. A 5 Abs. 2 der Düsseldorfer, bei minderjährigen unverheirateten und ihnen gleichgestellten volljährigen Kindern (§ 1603 Abs. 2 S. 2 BGB) jedoch dann dem notwendigen Selbstbehalt gemäß Anm. A. 5 Abs. 1 der Düsseldorfer Tabelle, wenn bei einem Sockelbetrag in Höhe des angemessenen Selbstbehalts der Bedarf dieser Kinder nach der ersten Einkommensgruppe nicht sichergestellt ist.

Bei minderjährigen unverheirateten und ihnen gleichgestellten volljährigen Kindern (§ 1603 Abs. 2 Satz 2 BGB) sind die anrechenbaren Einkommen der Eltern außerdem wegen gleichrangiger Unterhaltspflichten und bei anderen volljährigen Kindern wegen vorrangiger Unterhaltspflichten zu kürzen.

Der Verteilungsschlüssel kann bei Vorliegen besonderer Umstände (z.B. Betreuung eines behinderten Volljährigen) wertend verändert werden.

LL-Strkt

KG

Brdbg

Brschw

Brem

Celle

Dresd

Düss

Ffm

Hbg

Hamm

Jena

Kblz

Köln

Naumbg

Oldbg

Rstk

Schlesw

SüdL

Empf Sozhi

14. Verrechnung des Kindergeldes

Kindergeld wird nach § 1612 b BGB zur Deckung des Barbedarfs verwandt, bei minderjährigen Kindern, die von einem Elternteil betreut werden zur Hälfte, ansonsten in voller Höhe.

Ehegattenunterhalt

15. Unterhaltsbedarf

15.1 Der Bedarf der Ehegatten richtet sich nach ihren Einkommens- und Vermögensverhältnissen im Unterhaltszeitraum, soweit diese als die ehelichen Lebensverhältnisse nachhaltig prägend anzusehen sind. Die ehelichen Lebensverhältnisse im Sinne von § 1578 Abs. 1 Satz 1 BGB werden dabei grundsätzlich durch die Umstände bestimmt, die bis zur Rechtskraft der Ehescheidung eingetreten sind. Nachträgliche Entwicklungen wirken sich auf die Bedarfsbemessung nach den ehelichen Lebensverhältnissen aus, wenn sie auch bei fortbestehender Ehe eingetreten wären oder in anderer Weise in der Ehe angelegt und mit hoher Wahrscheinlichkeit zu erwarten waren.

Es ist von einem Mindestbedarf auszugehen, der nicht unter dem Existenzminimum für nicht Erwerbstätige liegen darf (Anm. B V Nr. 2 der Düsseldorfer Tabelle).

Bei Berechnung des Bedarfs ist von dem anrechenbaren Einkommen des Pflichtigen (Nr. 10) vorab der prägende Kindesunterhalt – Zahlbetrag – abzuziehen. Ergänzend wird auf B. III der Düsseldorfer Tabelle Bezug genommen. Bedarfsabsenkungen nach Nr. 12.3 Abs. 2 sind nicht zu berücksichtigen. Unterhalt für nachrangige volljährige Kinder ist vorab abzusetzen, wenn der Kindesunterhalt die ehelichen Lebensverhältnisse geprägt hat und den Eheleuten ein angemessener Unterhalt verbleibt.

15.2 Der Bedarf eines jeden Ehegatten ist grundsätzlich mit der Hälfte des unterhaltsrechtlich relevanten Einkommens beider Ehegatten anzusetzen (Halbteilungsgrundsatz).

Dem erwerbstätigen Ehegatten steht vorab ein Bonus von $1/_7$ seiner Erwerbseinkünfte zu. Der Erwerbstätigenbonus ist von dem gemäß Nr. 10 bereinigten Erwerbseinkommen, das zusätzlich um den Kindesunterhalt in Höhe des Zahlbetrages zu mindern ist, zu bilden.

Der Erwerbstätigenbonus ist von dem gemäß Nr. 10 bereinigten Erwerbseinkommen, das zusätzlich um den Kindesunterhalt in Höhe des Zahlbetrages zu mindern ist, zu bilden.

Der Bedarf des berechtigten Ehegatten beträgt danach $3/_7$ der Erwerbseinkünfte des anderen Ehegatten und $4/_7$ der eigenen Erwerbseinkünfte sowie $1/_2$ der sonstigen Einkünfte beider Eheleute.

Der Bedarf des Verpflichteten beträgt $4/_7$ der eigenen Erwerbseinkünfte und $3/_7$ der Erwerbseinkünfte des anderen Ehegatten sowie $1/_2$ des sonstigen Einkommens beider Eheleute (Quotenbedarf).

15.3 Bei sehr guten Einkommensverhältnissen der Eheleute ist der Bedarf in der Regel konkret zu berechnen. Von sehr guten Einkommensverhältnissen kann ausgegangen werden, wenn das bereinigte Gesamteinkommen der Eheleute die höchste Einkommensgruppe der Düsseldorfer Tabelle übersteigt. Einkünfte des Berechtigten sind ohne Erwerbstätigenbonus auf den konkret ermittelten Bedarf anzurechnen.

15.4 Verlangt der Berechtigte neben dem Elementarunterhalt Vorsorgeunterhalt für Alter, Krankheit und Pflegebedürftigkeit, den er aus seinen eigenen Einkünften nicht decken kann, sind die vom Pflichtigen hierfür geschuldeten Beträge wie eigene Vorsorgeaufwendungen (Nr. 10.1) von seinem Einkommen abzuziehen.

Die zweistufige Berechnung und der Vorwegabzug des Vorsorgeunterhalts für Alter, Krankheit oder Pflegebedürftigkeit können unterbleiben, soweit der Verpflichtete über nicht prägendes Einkommen verfügt, das den Mehrbedarf übersteigt, oder soweit auf den Bedarf nicht prägendes Einkommen des Berechtigten angerechnet wird und im Fall einer konkreten Bedarfsberechnung nach Nr. 15.3.

Altersvorsorgeunterhalt wird wegen Vorrangs des Elementarunterhalts nicht geschuldet, wenn das Existenzminimum des Berechtigten nicht gesichert ist.

Zur Ermittlung des Altersvorsorgeunterhalts wird zunächst ein vorläufiger Elementarunterhalt nach Nrn. 15.2, 21.4 bestimmt. Einkünfte des Berechtigten, die zu keiner Altersvorsorge führen, bleiben unberücksichtigt. Hinzu kommt ein Zuschlag entsprechend der jeweils gültigen. Bremer Tabelle. Von dieser Bruttobemessungsgrundlage wird mit Hilfe des jeweiligen Beitragssatzes in der gesetzlichen Rentenversicherung (Arbeitgeber- und Arbeitnehmerbeitrag) der Vorsorgeunterhalt errechnet. Dieser wird vom bereinigten Nettoeinkommen des Verpflichteten abgezogen; auf dieser Basis wird der endgültige Elementarunterhalt errechnet.

15.5 Ohne Auswirkung auf den Unterhaltsbedarf sind nacheheliche Entwicklungen, die keinen Anknüpfungspunkt in der Ehe haben, wie die Unterhaltspflicht gegenüber einem neuen Ehegatten, der Splittingvorteil aus der neuen Ehe, sonstige von der neuen Ehe abhängige Einkommenszuschläge, der Vorteil des Zusammenlebens in der neuen Ehe, Unterhaltspflichten für nachehelich geborene Kinder und hierdurch bedingte Ansprüche nach § 1615 l BGB. Wegen der möglichen Auswirkungen auf die Leistungsfähigkeit ist Nr. 21.3.2 zu beachten.

15.6 Trennungsbedingter Mehrbedarf kann berücksichtigt werden, wenn der Berechtigte oder der Verpflichtete über zusätzliches nicht prägendes Einkommen verfügen, das die Zahlung des nach dem prägenden Einkommen berechneten Unterhalts sowie des trennungsbedingten Mehrbedarfs erlaubt.

15.7 Nach Scheidung der Ehe ist in der Regel zunächst Unterhalt nach dem eheangemessenen Bedarf zu zahlen. Dem berechtigten Ehegatten ist regelmäßig eine auch unter Berücksichtigung der Ehedauer angemessene Übergangsfrist einzuräumen.

Bei der Billigkeitsprüfung nach § 1578b BGB ist vorrangig zu berücksichtigen, ob ehebedingte Nachteile eingetreten sind. Im Rahmen der Billigkeitsabwägung sind daneben sämtliche Umstände (wie beiderseitige Einkommens- und Vermögensverhältnisse, Vermögenserwerb während der Ehe, Beitrag zur beruflichen Entwicklung des anderen Ehegatten, Dauer und Umfang des gezahlten Trennungsunterhalts) zu berücksichtigen. Der Dauer der Ehe kommt in diesem Rahmen eine besondere Bedeutung zu. Bei Fehlen ehebedingter Nachteile kann eine fortwirkende nacheheliche Solidarität einer Begrenzung des Anspruchs auf nachehelichen Unterhalt entgegenstehen.

16. Bedürftigkeit

Eigenes Einkommen des Berechtigten ist auf den Bedarf (Nr. 15) anzurechnen. Erwerbseinkommen ist um $1/_7$ zu kürzen (Nr. 15.2).

17. Erwerbsobliegenheit

17.1 Bei Kindesbetreuung besteht bis zur Vollendung des dritten Lebensjahres eines gemeinschaftlichen Kindes keine Erwerbsobliegenheit. Eine gleichwohl ausgeübte Erwerbstätigkeit ist überobligatorisch, hieraus erzieltes Einkommen ist entsprechend § 1577 Abs. 2 BGB nach Billigkeit zu berücksichtigen.

Nach Vollendung des dritten Lebensjahres des Kindes kommt es bei Beurteilung der Frage, ob und inwieweit der betreuende Ehegatte bei einer bestehenden Betreuungsmöglichkeit auf eine Erwerbstätigkeit verwiesen werden kann, auf die Verhältnisse des Einzelfalls an. Bei besonderer Betreuungsbedürftigkeit des Kindes und bei fehlender oder nur unzureichender Fremdbetreuung (kindbezogene Gründe, § 1570 Abs. 1 S. 2 BGB) kommt ein Unterhaltsanspruch auch nach Vollendung des dritten Lebensjahres des Kindes in Betracht. Zur Vermeidung eines abrupten Wechsels ist ein stufenweiser Übergang bis zu einer vollschichtigen Erwerbstätigkeit möglich.

Eine Erwerbstätigkeit des betreuenden Ehegatten kann auch aus Gründen der nachehelichen Solidarität ganz oder teilweise unbillig erscheinen. Hierbei sind das in der Ehe gewachsene Vertrauen in die vereinbarte und praktizierte Rollenverteilung und die gemeinsame Ausgestaltung der Kinderbetreuung sowie der Dauer der Ehe zu berücksichtigen (elternbezogene Gründe, § 1570 Abs. 2 BGB).

Die Erwerbsobliegenheit beurteilt sich auch danach, ob eine Erwerbstätigkeit neben der Betreuung des Kindes zu einer überobligationsmäßigen Belastung führen würde. Eine tatsächlich ausgeübte Tätigkeit kann überobligatorisch sein.

Umstände, die einer vollen oder teilweisen Erwerbsobliegenheit ab Vollendung des dritten Lebensjahres des Kindes entgegenstehen, hat der betreuende Elternteil darzulegen und zu beweisen. Dies gilt auch, wenn ein Titel über den Basisunterhalt nach § 1570 Abs. 1 S. 1 BGB abgeändert werden soll.

Der Betreuungsunterhalt nach § 1570 BGB ist nicht nach § 1578 b BGB zu begrenzen. Ein nicht auf § 1570 BGB beruhender Unterhaltsanteil (Aufstockungsunterhalt) kann nach § 1578 b BGB entsprechend Nr. 15.7 begrenzt werden.

17.2 Beim Trennungsunterhalt besteht für den Berechtigten im ersten Jahr nach der Trennung in der Regel keine Obliegenheit zur Aufnahme oder Ausweitung einer Erwerbstätigkeit.

18. Ansprüche nach § 1615 l BGB

Der Bedarf nach § 1615 l BGB bemisst sich nach der Lebensstellung des betreuenden Elternteils. Er ist auch dann nicht nach dem Einkommen des Pflichtigen zu bemessen, wenn dieser mit dem betreuenden Elternteil zusammengelebt hat. Der Bedarf, der sich auch aus einem Unterhaltsanspruch gegen einen früheren Ehegatten ergeben kann, darf das Existenzminimum für nicht Erwerbstätige (Anm. B V Nr. 2 der Düsseldorfer Tabelle) nicht unterschreiten.

Zur Frage der Berücksichtigung eigener Einkünfte, zu Abzügen und zur Erwerbsobliegenheit gelten die Ausführungen für den Ehegatten entsprechend.

19. Elternunterhalt

Der Bedarf der Eltern bemisst sich in erster Linie nach deren Einkommens- und Vermögensverhältnissen. Er ist konkret darzulegen. Mindestens muss jedoch das Existenzminimum eines Nichterwerbstätigen (Anm. B V Nr. 2 der Düsseldorfer Tabelle) sichergestellt werden. Darin sind Kosten der Kranken- und Pflegeversicherung nicht enthalten. Etwaiger Mehrbedarf ist zusätzlich auszugleichen. Bei einem Heimaufenthalt des Berechtigten wird der Bedarf durch die dadurch anfallenden notwendigen Kosten zuzüglich eines Barbetrags für die persönlichen Bedürfnisse entsprechend § 27 b SGB XII bestimmt. Leistungen zur Grundsicherung nach §§ 41 ff SGB XII sind zu berücksichtigen.

20. Lebenspartnerschaft

Bei Getrenntleben oder Aufhebung der Lebenspartnerschaft gelten §§ 12, 16 LPartG.

Leistungsfähigkeit und Mangelfall

21. Selbstbehalt des Verpflichteten

21.1 Der Unterhaltsverpflichtete ist leistungsfähig, wenn ihm der Selbstbehalt verbleibt. Es ist zu unterscheiden zwischen dem notwendigen (§ 1603 Abs. 2 BGB) und dem angemessenen Selbstbehalt.

21.2 Der notwendige Selbstbehalt gilt gegenüber minderjährigen unverheirateten und ihnen gleichgestellten volljährigen Kindern (§ 1603 Abs. 2 Satz 2 BGB). Er beträgt nach Anm. A. 5 Abs. 1 und B. IV der Düsseldorfer Tabelle derzeit für Nichterwerbstätige 880 € und für Erwerbstätige 1.080 €.

Bei Deckung des Mindestunterhalts gilt auch gegenüber Ansprüchen minderjähriger Kinder und ihnen gleichgestellter volljähriger Kinder der angemessene Selbstbehalt nach Nr. 21.3.1.

21.3 Der angemessene Selbstbehalt gilt gegenüber volljährigen Kindern, die minderjährigen Kindern nicht gleichgestellt sind, dem Ehegatten, der Mutter oder dem Vater eines nicht ehelich geborenen Kindes gemäß § 1615 l BGB sowie den Eltern des Unterhaltsverpflichteten.

21.3.1 Der angemessene Selbstbehalt gegenüber volljährigen Kindern (§ 1603 Abs. 1 BGB) beträgt nach Anm. A. 5 Abs. 2 der Düsseldorfer Tabelle derzeit 1.300 EURO.

21.3.2 Der angemessene Selbstbehalt gegenüber dem Ehegatten sowohl beim Trennungs- als auch beim nachehelichen Unterhalt und gegenüber Ansprüchen nach § 1615 l BGB beträgt gemäß Anm. B. IV. und D. II. der Düsseldorfer Tabelle derzeit 1.200 EURO, unabhängig davon, ob der Unterhaltspflichtige erwerbstätig ist oder nicht.

Im Rahmen der Leistungsfähigkeit des Unterhaltspflichtigen nach § 1581 BGB ist ferner ein individueller Selbstbehalt zu berücksichtigen, bei dem der Halbteilungsgrundsatz zu beachten ist, was zu einem relativen Mangelfall führen kann, wenn dem Unterhaltspflichtigen für den eigenen Unterhalt weniger verbleibt, als der Unterhaltsberechtigte mit dem Unterhalt zur Verfügung hat. Sonstige Verpflichtungen gegenüber anderen Unterhaltsberechtigten, die nicht bereits den Bedarf des Unterhaltsberechtigten beeinflusst haben, sind entsprechend ihrem Rang zu berücksichtigen. Der Rang bestimmt sich auch dann nach § 1609 Nr. 2 BGB, wenn der Anspruch auf Ehegattenunterhalt nur teilweise auf § 1570 BGB beruht.

Sind ein geschiedener und ein neuer Ehegatte nach § 1609 BGB gleichrangig, ist im Rahmen der Leistungsfähigkeit des Unterhaltspflichtigen eine Billigkeitsabwägung in Form einer Dreiteilung des gesamten unterhaltsrelevanten Einkommens zulässig. Weitere individuelle Billigkeitserwägungen können berücksichtigt werden.

Die Erwerbsobliegenheit des neuen, mit dem Unterhaltspflichtigen zusammenlebenden Ehegatten bestimmt sich nach Maßgabe der §§ 1569 ff BGB, wobei ein Anspruch nach § 1570 Abs. 2 BGB wegen elternbezogener Gründe, die auf der Rollenverteilung in der neuen Ehe beruhen, in der Regel außer Betracht bleibt.

21.3.3 Der Selbstbehalt gegenüber Eltern beträgt gemäß D.1 der Düsseldorfer Tabelle derzeit mindestens 1.800 EURO.

21.4 Bei Zusammenleben mit einem Ehegatten oder Partner, der sich in angemessener Weise an den Kosten der Haushaltsführung beteiligen kann, kommt eine Herabsetzung des Selbstbehalts in Betracht. Die Ersparnis kann im Regelfall mit 10 % des jeweiligen Selbstbehalts angesetzt werden.

21.4 Vorteile durch das Zusammenleben mit einem Ehegatten oder Partner können eine Herabsetzung des notwendigen Selbstbehalts rechtfertigen.

22. Bedarf des mit dem Pflichtigen zusammenlebenden Ehegatten

Insoweit wird auf Anm. B. VI der Düsseldorfer Tabelle verwiesen.

23. Mangelfall

23.1 Ein absoluter Mangelfall liegt vor, wenn das Einkommen des Unterhaltsverpflichteten zur Deckung seines Selbstbehalts und der gleichrangigen Unterhaltsansprüche der Berechtigten nicht ausreicht. Für diesen Fall ist die nach Abzug des Eigenbedarfs (Selbstbehalts) des Unterhaltspflichtigen verbleibende Verteilungsmasse auf die gleichrangigen Unterhaltsberechtigten im Verhältnis ihrer jeweiligen Einsatzbeträge gleichmäßig zu verteilen.

23.2 Die Einsatzbeträge im Mangelfall belaufen sich bei minderjährigen und diesen nach § 1603 Abs. 3, S. 2 BGB gleichgestellten volljährigen Kindern auf den Mindestunterhalt der jeweiligen Altersstufe nach der Düsseldorfer Tabelle nach den jeweiligen Zahlbeträgen.

24. Rundung

Der Unterhalt ist auf volle Euro zu runden.

LL-Strkt

KG

Brdbg

Brschw

Brem

Celle

Dresd

Düss

Ffm

Hbg

Hamm

Jena

Kblz

Köln

Naumbg

Oldbg

Rstk

Schlesw

SüdL

Empf Sozhi

Anhang

I. Rechenbeispiel zu Nr. 15.2

a)
Nur ein Ehegatte hat Einkommen:
Erwerbseinkommen V: 2.100 €
B (ohne Einkommen) ist wegen Krankheit erwerbsunfähig
Ehegattenunterhalt: 2.100 € × 3/7 = 900 €

b)
beide Ehegatten haben prägendes Einkommen:
Erwerbseinkommen V: 2.100 €
Erwerbseinkommen B: 1.400 €
Unterhaltsberechnung nach der Quotenbedarfsmethode (vgl. Nr. 15.2):
Der Bedarf beträgt 1.700 €,
nämlich 2.100 × 3/7 + 1.400 × 4/7.
Auf den Bedarf ist das Erwerbseinkommen B von 1.400 €
mit 7/7 anzurechnen.
Es bleibt ein ungedeckter Bedarf (Anspruch) von 300 €.
Verkürzte Unterhaltsberechnung in diesem Fall nach der Differenzmethode:
(2.100 − 1.400) × 3/7 = 300 €

c)
beide Ehegatten haben prägendes Einkommen, B hat zusätzlich nicht prägende
Einkünfte (z.B. Lottogewinn, Erbschaft, nach unvorhersehbarem Karrieresprung,
unzumutbares Einkommen):
prägendes Erwerbseinkommen V: 2.100 €
prägendes Erwerbseinkommen B: 1.050 €
zusätzliches nicht prägendes Zinseinkommen B: 350 €
Unterhaltsberechnung nach der Quotenbedarfsmethode (vgl. Nr. 15.2):
Bedarf B: 2.100 × 3/7 + 1.050 × 4/7 = 1.500 €
anzurechnen:
das prägende Erwerbseinkommen von B (1.050 × 7/7) 1.050 €
das nicht prägende Einkommen von B 350 €
Restbedarf (= Anspruch): 100 €

Unterhaltsberechnung nach der Additionsmethode:
Bedarf B: 1/2 (2.100 € × 6/7 + 1.050 × 6/7) = 1.350 €
anzurechnen:
Gesamteinkommen B: 1.050 € × 6/7 + 350 = 1.250 €
Restbedarf (Anspruch) 100 €

d)
V hat prägendes, B hat nicht prägendes Einkommen (Zinsen aus nach Scheidung
angefallener Erbschaft). Bei B, nicht bei V, ist trennungsbedingter
Mehrbedarf von 150 € zu berücksichtigen:
Prägendes Erwerbseinkommen V: 2.100 €
nicht prägendes Zinseinkommen B: 300 €
Unterhaltsberechnung nach der Anrechnungsmethode:
Bedarf B: 3/7 × 2.100 = 900 €
trennungsbedingter Mehrbedarf B: 150 €
Gesamtbedarf B: 1.050 €
anzurechnen: 7/7 × 300 = 300 €
Restbedarf: 750 €.

V ist leistungsfähig, weil ihm mit 1.350 € mehr als sein Bedarf von (2.100 × 4/7 =) 1.200 € verbleibt.

Zu Nr. 23 Mangelfall

Wegen der Unterhaltsberechnung im Mangelfall wird auf das Rechenbeispiel in der Düsseldorfer Tabelle
unter C. Bezug genommen.

Düsseldorf I **133**

LL-Strkt

KG

Brdbg

Brschw

Brem

Celle

Dresd

Düss

Ffm

Hbg

Hamm

Jena

Kblz

Köln

Naumbg

Oldbg

Rstk

Schlesw

SüdL

Empf
Sozhi

II. Düsseldorfer Tabelle

Stand: 01. August 2015

s. S. 5

III. Kindesunterhalt

s. S. 10

i) OLG Frankfurt/Main

Unterhaltsgrundsätze des OLG Frankfurt
Stand: 01. August 2015

Präambel

Die von den Richtern der Familiensenate des für ganz Hessen zuständigen OLG Frankfurt am Main erarbeiteten Grundsätze beruhen auf der Rechtsprechung des Bundesgerichtshofs und sollen im Interesse der Einheitlichkeit und Überschaubarkeit Orientierungslinien für die Praxis geben. Sie orientieren sich an der bundeseinheitlichen Leitlinienstruktur.

Sie binden den Richter nicht; dieser wird in eigener Verantwortung die angemessenen Lösungen des Einzelfalls finden müssen.

Das Tabellenwerk der Düsseldorfer Tabelle ist eingearbeitet. Die Erläuterungen werden durch nachfolgende Grundsätze ersetzt.

Unterhaltsrechtlich maßgebendes Einkommen

1. Geldeinnahmen

1.1 Regelmäßiges Bruttoeinkommen einschließlich Renten und Pensionen

Auszugehen ist vom Bruttoeinkommen als Summe aller Einkünfte, regelmäßig bezogen auf das Kalenderjahr.

Der Splittingvorteil aus einer zweiten Ehe ist beim Kindesunterhalt zu berücksichtigen, soweit er auf dem Einkommen des Pflichtigen beruht (BGH FamRZ 2008, 2189, Tz. 16, 33), beim Ehegattenunterhalt für einen ersten Ehegatten jedoch nur, wenn auf der Leistungsebene die Berücksichtigung aller Ansprüche erfolgt, etwa im Wege der Dreiteilung (BGH FamRZ 2012, 281, Tz. 26, 47, 52), während er bei Vorrang des ersten Ehegatten der neuen Ehe verbleibt.

1.2 Unregelmäßige Einkommen (z.B. Abfindungen etc.)

Soweit Leistungen nicht monatlich anfallen (z.B. Weihnachts- und Urlaubsgeld), werden sie auf ein Jahr umgelegt. Einmalige Zahlungen (z.B. Abfindungen) sind auf einen angemessenen Zeitraum (in der Regel mehrere Jahre) zu verteilen. In der Regel sind Abfindungen bei der Aufnahme einer neuen Arbeitsstelle mit dauerhaft geringerem Einkommen bis zur Höchstgrenze des Bedarfs aufgrund des früheren Einkommens sowohl beim Kindes- als auch beim Ehegattenunterhalt für den Unterhalt zu verwenden; ob eine Aufstockung bis zum bisherigen Einkommen unter vollständiger Aufrechterhaltung des bisherigen Lebensstandards geboten ist, beurteilt sich nach den Umständen des Einzelfalls, insbesondere der beim Pflichtigen zu erwartenden weiteren Einkommensentwicklung. Eine Doppelberücksichtigung der Abfindung beim Ehegattenunterhalt und im Güterrecht ist zu vermeiden.

1.3 Überstunden

Überstundenvergütungen werden voll angerechnet, soweit sie berufstypisch sind oder in geringem Umfang anfallen oder der Mindestbedarf der Kinder nicht gedeckt ist. Im Übrigen ist der Anrechnungsteil nach Zumutbarkeit zu ermitteln. Die Weiterführung überobligationsmäßiger Überstundenleistungen kann regelmäßig nicht verlangt werden. Dies gilt entsprechend auch für Nebentätigkeiten. Zur Obliegenheit einer Nebentätigkeit zur Deckung des Mindestbedarfs minderjähriger Kinder vgl. BVerfG FamRZ 2003, 661.

1.4 Spesen und Auslösungen

Über die Anrechenbarkeit von Spesen und Auslösungen ist nach Maßgabe des Einzelfalls zu entscheiden. Als Anhaltspunkt kann eine anzurechnende häusliche Ersparnis (also nicht für reine Übernachtungskosten oder Fahrtkosten bis zu der in Nr. 10.2.2 definierten Höhe) von einem Drittel in Betracht kommen.

1.5 Einkommen aus selbständiger Tätigkeit

Bei Einkünften aus selbständiger Tätigkeit oder aus Gewerbebetrieb wird regelmäßig an den Gewinn (§ 4 Abs. 1, Abs. 3 EStG) aus einem zeitnahen Dreijahreszeitraum angeknüpft. Mit der Vorlage der ESt-Bescheide und der entsprechenden Bilanzen mit G+V-Rechnung oder den Einnahme/Überschuss-Rechnungen wird der besonderen

Darlegungslast (BGH FamRZ 93, 789, 792) in der Regel genügt. Auf substantiierten Einwand sind gegebenenfalls weitere Erläuterungen vorzunehmen oder Belege vorzulegen. Zu Ansparabschreibungen/Investitionsabzugsbeträgen und zur Beachtung von Besonderheiten der Einkommensentwicklung siehe BGH FamRZ 2004, 1177 – 1179. Zur Berechnung des Einkommens für vergangene Zeiträume vgl. BGH FamRZ 2007, 1532 ff. (1534, Tz. 23).

1.6 Einkommen aus Vermietung und Verpachtung sowie Kapitalvermögen

Einkommen aus Vermietung und Verpachtung sowie Kapitalvermögen ist der Überschuss der Bruttoeinkünfte über die Werbungskosten und notwendige Instandhaltungsrücklagen. Für Wohngebäude ist keine AfA anzusetzen; im Einzelfall kommt stattdessen die Berücksichtigung angemessener Tilgungsleistungen in Betracht.

1.7 Steuererstattungen

Steuererstattungen sind grundsätzlich im Kalenderjahr der tatsächlichen Leistung zu berücksichtigen. Steuervorteile, die auf unterhaltsrechtlich nicht zu berücksichtigenden Aufwendungen beruhen, bleiben in der Regel außer Betracht. Vgl. BGH FamRZ 2005, 1159 ff. und 1817 ff.

1.8 Sonstige Einnahmen

Sonstige Einnahmen sind z.B. Trinkgelder.

2. Sozialleistungen

2.1 Arbeitslosengeld (§§ 136 ff. SGB III) und Krankengeld

Arbeitslosengeld (§§ 136 ff. SGB III) und Krankengeld sind Einkommen.

2.2 Leistungen nach dem SGB II

Leistungen nach dem SGB II sind auf Seiten des Verpflichteten wie Einkommen zu behandeln, weshalb anrechnungsfrei belassener Hinzuverdienst zu einer teilweisen Leistungsfähigkeit des Verpflichteten führen kann. Durch die Titulierung von Unterhalt und den dadurch ermöglichten Abzug nach § 11b Abs. 1 S. 1 Nr. 7 SGB II kann die unterhaltsrechtliche Leistungsfähigkeit aber nicht erhöht werden (vgl. BGH v. 19.6.2013, XII ZB 39/11, FamRZ 2013, 1378).

Auf Seiten des Berechtigten sind Leistungen zur Sicherung des Lebensbedarfes nach §§ 19 ff SGB II kein Einkommen, es sei denn die Nichtberücksichtigung der Leistungen ist in Ausnahmefällen treuwidrig (vgl. BGH FamRZ 1999, 843; 2001, 619); nicht subsidiäre Leistungen nach dem SGB II sind Einkommen, insbesondere Einstiegsgeld (§ 16 b SGB II) und Entschädigung für Mehraufwendungen »1 Euro-job« (§ 16 d SGB II).

2.3 Wohngeld

Wohngeld gleicht in der Regel erhöhten Wohnbedarf aus und ist deshalb grundsätzlich nicht als Einkommen zu behandeln. Nur mit einem dafür nicht verbrauchten Teilbetrag, zu dem substantiiert vorzutragen hat, wer sich darauf beruft, ist das Wohngeld als Einkommen zu berücksichtigen (vgl. BGH FamRZ 2012, 1201, Tz. 15).

2.4 BAföG-Leistungen

BAföG-Leistungen sind Einkommen, auch soweit sie als Darlehen gewährt werden, mit Ausnahme von Vorausleistungen nach §§ 36, 37 BAföG.

2.5 Elterngeld

Elterngeld ist, soweit es je Kind über den Sockelbetrag i. H. v. 300,– €, bei verlängertem Bezug über 150,– €, hinausgeht, Einkommen. Der Sockelbetrag des Elterngeldes und Betreuungsgeld nach § 4a BEEG, soweit es trotz Nichtigkeit des Gesetzes aus Gründen des Vertrauensschutzes übergangsweise weitergewährt wird (vgl. BVerfG, Urteil vom 21.7.2015, 1 BvF 2/13, Rn. 73), sind kein Einkommen, es sei denn, es liegt einer der Ausnahmefälle des § 11 Satz 4 BEEG vor.

2.6 Unfall- und Versorgungsrenten

Unfall- und Versorgungsrenten, z.B. nach dem Bundesversorgungsgesetz, sind nach Abzug des Betrages für tatsächliche Mehraufwendungen zu berücksichtigen (§§ 1610a, 1578a BGB).

2.7 Leistungen aus der Pflegeversicherung, Blindengeld und Ähnliches

Leistungen aus der Pflegeversicherung an den Pflegling, Blindengeld, Schwerbeschädigten- und Pflegezulagen sind jeweils nach Abzug des Betrages für tatsächliche Mehraufwendungen zu berücksichtigen (§§ 1610a, 1578a BGB).

2.8 Pflegegeld

Der Anteil des Pflegegeldes bei der Pflegeperson, durch den ihre Bemühungen abgegolten werden, ist als Einkommen zu betrachten; bei Pflegegeld aus der Pflegeversicherung gilt dies nach Maßgabe des § 13 Abs. 6 SGB XI.

2.9 Grundsicherungsleistungen

Die Leistungen gemäß §§ 41 – 43 SGB XII sind beim Berechtigten im Rahmen von Verwandtenunterhaltsansprüchen in der Regel als Einkommen zu berücksichtigen.

LL-Strkt

KG

Brdbg

Brschw

Brem

Celle

Dresd

Düss

Ffm

Hbg

Hamm

Jena

Kblz

Köln

Naumbg

Oldbg

Rstk

Schlesw

SüdL

Empf
Sozhi

Im Rahmen von Ehegattenunterhaltsansprüchen sind sie im Regelfall nicht als Einkommen zu bewerten.

2.10 Sonstige Leistungen nach dem SGB XII

Leistungen nach dem SGB XII zur Sicherung des Lebensunterhalts sind auf Seiten des Verpflichteten wie Einkommen zu behandeln, weshalb anrechnungsfrei belassener Hinzuverdienst zu einer teilweisen Leistungsfähigkeit des Verpflichteten führen kann. Sonstige Leistungen nach dem SGB XII sind auf Seiten des Berechtigten nicht als Einkommen zu bewerten; siehe aber Nr. 2.11 für treuwidrige Unterhaltsforderungen.

2.11 Leistungen nach dem Unterhaltsvorschussgesetz

Diese Leistungen sind nicht als Einkommen zu bewerten. Die Unterhaltsforderung eines Empfängers dieser Leistungen kann aber in Ausnahmefällen treuwidrig sein, vgl. BGH FamRZ 1999, 843 (847); 2001, 619 (620).

Dies gilt vor allem bei der Geltendmachung von Kindesunterhalt gegen Großeltern.

2.12 Leistungen nach den Vermögensbildungsgesetzen

Leistungen nach den Vermögensbildungsgesetzen beeinflussen das Einkommen nicht, d.h. der vermögenswirksame Anlagebetrag mindert das Einkommen nicht; andererseits erhöhen vermögenswirksame Beiträge des Arbeitgebers und die Sparzulage nicht das Einkommen.

3. Kindergeld

Kindergeld wird nicht zum Einkommen der Eltern gerechnet (vgl. Nr. 14).

4. Geldwerte Zuwendungen des Arbeitgebers

Geldwerte Zuwendungen aller Art des Arbeitgebers, z.B. Firmenwagen oder freie Kost und Logis, sind Einkommen, soweit sie entsprechende Eigenaufwendungen ersparen.

5. Wohnwert

Der Wohnvorteil durch mietfreies Wohnen im eigenen Heim ist als wirtschaftliche Nutzung des Vermögens unterhaltsrechtlich wie Einkommen zu behandeln. Neben dem Wohnwert sind auch Zahlungen nach dem Eigenheimzulagengesetz anzusetzen.

Ein Wohnvorteil liegt nur vor, soweit der Wohnwert die berücksichtigungsfähigen Finanzierungslasten, erforderliche Instandhaltungskosten und die verbrauchsunabhängigen Kosten, mit denen ein Mieter gem. § 556 Abs. 1 BGB iVm § 1 Abs. 2 BetrKV nicht belastet werden kann (vgl. dazu BGH, FamRZ 2009, 1300 ff., 1303), übersteigt. Auszugehen ist vom vollen Mietwert (objektiver Wohnwert). Wenn es nicht möglich oder nicht zumutbar ist, die Wohnung aufzugeben und das Objekt zu vermieten oder zu veräußern, kann stattdessen die ersparte Miete angesetzt werden, die angesichts der wirtschaftlichen Verhältnisse angemessen wäre (subjektiver Wohnwert). Dies kommt insbesondere für die Zeit bis zum endgültigen Scheitern der Ehe in Betracht, wenn ein Ehegatte das Eigenheim allein bewohnt. Als Untergrenze für den subjektiven Wohnwert ist der Kaltmietanteil im kleinen Selbstbehalt anzusetzen. Bei höherem Einkommen ist der Wohnwert angemessen zu erhöhen.

Finanzierungslasten mindern den Wohnwert, soweit sie tatsächlich durch Ratenzahlungen bedient werden. Tilgungsleistungen sind bei der Berechnung des Ehegattenunterhalts solange zu berücksichtigen, wie der berechtigte Ehegatte am Vermögenszuwachs teilhat. Nach diesem Zeitpunkt mindern neben den Zinszahlungen die Tilgungsleistungen den Wohnwert nur dann, wenn weder Veräußerung noch Tilgungsaussetzung oder Tilgungsstreckung möglich sind.

Soweit Tilgungsleistungen danach unberücksichtigt bleiben, können sie als zusätzliche angemessene Altersvorsorge berücksichtigt werden (bis zu 4 % bei Ehegatten- und Kindesunterhalt, bis zu 5 % bei Elternunterhalt).

Beim Kindesunterhalt gilt im Rahmen des § 1603 Abs. 1 BGB ein großzügigerer, im Anwendungsbereich des § 1603 Abs. 2 BGB hingegen ein strengerer Maßstab für die Berücksichtigung von Tilgungsleistungen und zusätzlicher Altersvorsorge. Im absoluten Mangelfall sind Tilgungsleistungen und zusätzliche Altersvorsorge in der Regel nicht zu berücksichtigen.

6. Haushaltsführung

Führt jemand einem leistungsfähigen Dritten den Haushalt, so ist hierfür ein Einkommen anzusetzen, vgl. BGH FamRZ 1995, 343 f. (344); bei Haushaltsführung durch einen nicht Erwerbstätigen geschieht das in der Regel mit einem Betrag von 450,– €.

7. Einkommen aus unzumutbarer Erwerbstätigkeit

Einkommen aus unzumutbarer Erwerbstätigkeit kann nach Billigkeit ganz oder teilweise unberücksichtigt bleiben.

8. Freiwillige Zuwendungen Dritter

Freiwillige Zuwendungen Dritter (z.B. Geldleistungen, kostenloses Wohnen) sind als Einkommen zu berücksichtigen, wenn dies dem Willen des Dritten entspricht.

Keine freiwilligen Zuwendungen Dritter sind Leistungen, die einem Ehegatten im Rahmen des Familienunterhalts zufließen.

Zum Wohnen im Haus seines Ehegatten, mit dem die Lebensgemeinschaft besteht, vgl. BGH FamRZ 2008, 968 ff. (974, Tz. 57).

9. Erwerbsobliegenheit und Einkommensfiktion

Einkommen können im Fall einer eingeschränkten oder fehlenden Leistungsfähigkeit auch aufgrund einer unterhaltsrechtlichen Obliegenheit erzielbare Einkünfte sein (fiktives Einkommen), wenn der Unterhaltsverpflichtete eine ihm mögliche und zumutbare Erwerbstätigkeit unterlässt.

Im Rahmen dieser nach den Umständen des Einzelfalls zu bestimmenden Erwerbsobliegenheit, die gegenüber minderjährigen oder ihnen gleichgestellten Kindern nach Maßgabe des § 1603 Abs. 2 S. 1 BGB gesteigert ist, bedarf es bei Ausübung einer Erwerbstätigkeit der Darlegung, dass die Arbeitskraft entsprechend den persönlichen Eigenschaften und Fähigkeiten und der Arbeitsmarktlage in zumutbarer Weise selbst unter Berücksichtigung zumutbarer Arbeitsplatz-, Berufs- oder Ortswechsel bestmöglich eingesetzt wird. Zum Umfang der Obliegenheit im Einzelnen vgl. BGH FamRZ 2009, 314 (317).

Bei Arbeitslosigkeit sind hinreichende Bemühungen um eine Arbeitsstelle und etwaige Tatsachen zur berechtigten Beendigung eines bisher bestehenden Arbeitsverhältnisses darzulegen; dabei bedarf es über die Meldung bei der Agentur für Arbeit hinaus einer nachprüfbaren und belegten Darstellung der ohne Erfolg gebliebenen Bemühungen unter Angabe zu Zeitpunkt, Inhalt und Ergebnis der erfolgten Bewerbungen, die sich im Zweifel auch auf nicht der eigenen Berufsausbildung entsprechende Stellen zu erstrecken haben; der Hinweis auf die Arbeitsmarktlage macht dann den Nachweis dieser Bemühungen regelmäßig nicht entbehrlich. Zweifel an der Ernsthaftigkeit der Arbeitsbemühungen gehen zu Lasten des Arbeitssuchenden.

Bei unzureichenden Bemühungen um einen Arbeitsplatz können bei einer objektiv feststellbaren realen Beschäftigungschance fiktive Einkünfte nach den Umständen des Einzelfalls unter Berücksichtigung der jeweiligen Verhältnisse auf dem Arbeitsmarkt, insbesondere auch Lohnstruktur und Mindestlöhne, und der persönlichen Eigenschaften des Arbeitssuchenden, insbesondere Alter, Ausbildung, Berufserfahrung, Gesundheitszustand, Geschlecht u. ä., zugrunde gelegt werden; die Feststellung der realen Beschäftigungschance ist auch bei Inanspruchnahme auf den Mindestunterhalt eines minderjährigen Kindes nicht entbehrlich (vgl. BVerfG vom 18. Juni 2012, 1 BvR 774/10, NJW 2012, 2420–2422).

10. Bereinigung des Einkommens

10.1 Steuern und Vorsorgeaufwendungen

Vom Bruttoeinkommen sind Steuern und Vorsorgeaufwendungen abzuziehen. Zu den Vorsorgeaufwendungen zählen Aufwendungen für die gesetzliche Kranken- und Pflegeversicherung, Rentenversicherung und Arbeitslosenversicherung und/ oder eine angemessene private Kranken- und Altersvorsorge.

Es besteht die Obliegenheit, Steuervorteile in zumutbarem Rahmen in Anspruch zu nehmen. Zur Obliegenheit, das Realsplitting geltend zu machen, siehe BGH FamRZ 2007, 793 ff. und BGH FamRZ 2007, 882 ff.

Aufwendungen für die Altersvorsorge sind bis zu 23 % des Bruttoeinkommens, beim Elternunterhalt bis zu 24 % des Bruttoeinkommens (je einschließlich der Gesamtbeiträge von Arbeitnehmern und Arbeitgebern zur gesetzlichen Rentenversicherung) abzusetzen.

Die darin enthaltene freiwillige, den Beitragssatz der gesetzlichen Rentenversicherung übersteigende, zusätzliche Altersvorsorge kann minderjährigen und privilegiert volljährigen Kindern bei der Geltendmachung von Mindestunterhalt nicht entgegengehalten werden.

Als zusätzliche Altersvorsorge sind neben den zertifizierten Riester- oder Rürupverträgen auch andere Vermögensbildungsmaßnahmen anzusehen, die einer Absicherung im Alter dienen können, insbesondere die Tilgungsleistungen auf Kredite für Immobilien.

Altersvorsorge, die unter Beachtung der jeweiligen Unterhaltsgrundsätze, abzugsfähig war, kommt unter Umständen Bestandsschutz zu.

10.2 Berufsbedingte Aufwendungen

Berufsbedingte Aufwendungen, die sich von den privaten Lebenshaltungskosten nach objektiven Merkmalen eindeutig abgrenzen lassen, sind im Rahmen des Angemessenen vom Nettoeinkommen aus unselbständiger Arbeit abzuziehen.

10.2.1 Pauschale/konkrete Aufwendungen

Bei Vorliegen entsprechender Anhaltspunkte kann eine Pauschale von 5 % des Nettoeinkommens (maximal 150,— €) abgesetzt werden. Diese Pauschale wird vom Nettoeinkommen vor Abzug von Schulden und besonderen Belastungen abgezogen. Übersteigen die berufsbedingten Aufwendungen diese Pauschale, so sind sie im Einzelnen darzulegen.

10.2.2 Fahrtkosten

Werden berufsbedingte Aufwendungen konkret berechnet, erfolgt ein Abzug von Fahrtkosten zur

Arbeitsstätte mit dem eigenen PKW grundsätzlich nur in Höhe der Fahrtkosten öffentlicher Verkehrsmittel, wenn deren Benutzung zumutbar ist. Ist wegen schwieriger öffentlicher Verkehrsverbindungen oder aus sonstigen Gründen die Benutzung eines PKW als angemessen anzuerkennen, so wird eine Kilometerpauschale in Höhe des Betrages nach § 5 Abs. 2 Nr. 2 JVEG (zurzeit 0,30 € für jeden gefahrenen Kilometer) berücksichtigt.

Anhaltspunkte für die Bestimmung der Angemessenheit können einerseits die ehelichen Lebensverhältnisse und andererseits das Verhältnis der Fahrtkosten zu dem Einkommen sein.

Die Fahrtkostenpauschale deckt in der Regel sowohl die laufenden Betriebskosten als auch die Anschaffungskosten des PKW ab.

Bei hoher Fahrleistung ist, da die Fahrtkosten nicht gleichmäßig ansteigen, eine abweichende Bewertung veranlasst. In der Regel kann bei einer Entfernung von mehr als 30 km (einfach) und einer PKW-Nutzung an ca. 220 Tagen im Jahr für jeden Mehrkilometer die Pauschale auf die Hälfte des Satzes herabgesetzt werden.

Bei unverhältnismäßig hohen Fahrtkosten infolge weiter Entfernung zum Arbeitsplatz kommt auch eine Obliegenheit zu einem Wohnortwechsel in Betracht (BGH FamRZ 1998, 1501, 1502).

10.2.3 Ausbildungsaufwand

Bei Vorliegen entsprechender Anhaltspunkte kann eine Pauschale von 5 % der Ausbildungsvergütung abgesetzt werden. Übersteigen die Aufwendungen diese Pauschale, so sind sie im Einzelnen darzulegen (vgl. Nr. 10.2.1).

10.3 Kinderbetreuung

Kinderbetreuungskosten sind abzugsfähig, soweit die Betreuung durch Dritte infolge der Berufstätigkeit erforderlich ist. Geht ein Ehegatte einer Erwerbstätigkeit nach, obwohl er eines oder mehrere minderjährige Kinder betreut, so kann ihm – auch neben den in Satz 1 genannten konkreten Kosten – noch ein Ausgleich für Aufwendungen bis zu 200 € zugebilligt werden, wenn er darlegt, dass er oder Dritte zusätzliche Aufwendungen durch die Betreuung der Kinder haben (wie z.B. Großeltern, Nachbarn oder Freunde betreuen die Kinder unentgeltlich, ohne dadurch den Unterhaltspflichtigen entlasten zu wollen; Fahrtkosten zu Betreuungsstellen etc.). Für die Höhe dieses Betrags sind u.a. folgende Faktoren von Bedeutung: Zahl und Alter der Kinder; Umfang der Berufstätigkeit; Umfang der Fremdbetreuung, deren Kosten nicht im Rahmen der in S.1 genannten konkreten Kosten geltend gemacht werden; Höhe der konkreten Kosten.

Zum Aufwand für die Betreuung des Kindes zählen nicht die Kosten einer Kindertagesstätte (Kinderkrippe, Kindergarten, Schülerhort); diese sind Mehrbedarf des Kindes und nach dem Verhältnis der beiderseitigen Einkünfte zwischen den Eltern aufzuteilen (siehe Nr. 12.4). Die auf jeden Elternteil entfallenden Anteile bzw. tatsächlich gezahlten Beträge sind als Kindesunterhalt vom Einkommen vorweg abzuziehen.

10.4 Schulden

Berücksichtigungswürdige Schulden (Zins und Tilgung) sind abzuziehen; die Abzahlung soll im Rahmen eines vernünftigen Tilgungsplanes in angemessenen Raten erfolgen. Zur Obliegenheit, im Einzelfall ein Verbraucherinsolvenzverfahren einzuleiten, um für Kindesunterhalt leistungsfähig zu werden, vgl. BGH FamRZ 2005, 608 f.; beim Ehegattenunterhalt besteht eine solche Obliegenheit nicht (BGH FamRZ 2008, 497). Bei der Bedarfsermittlung für den Ehegattenunterhalt sind unterhaltsrechtlich nicht vorwerfbar eingegangene Verbindlichkeiten grundsätzlich abzusetzen. Sowohl beim Verwandten- als auch beim Ehegattenunterhalt erfolgt noch eine Abwägung nach den Umständen des Einzelfalls. Bei der Zumutbarkeitsabwägung sind Interessen des Unterhaltsschuldners, des Drittgläubigers und des Unterhaltsgläubigers, vor allem minderjähriger Kinder, mit zu berücksichtigen. Bei der Unterhaltsbemessung nach einem fiktiven Einkommen ist auch ein fiktiver Schuldendienst berücksichtigungsfähig.

10.5 Unterhaltsleistungen (bleibt unbesetzt)

10.6 Vermögensbildung

Vermögensbildende Aufwendungen sind bei guten Einkommensverhältnissen im angemessenen Rahmen abzugsfähig.

10.7 Umgangskosten

Notwendige Kosten des Umgangs, die über den dem Umgangsberechtigten verbleibenden Anteil am Kindergeld erheblich hinausgehen, können sich einkommensmindernd auswirken.

Kindesunterhalt

11. Bemessungsgrundlage (Tabellenunterhalt)

Der Barunterhalt minderjähriger und noch im elterlichen Haushalt lebender volljähriger unverheirateter Kinder bestimmt sich nach den Sätzen der Düsseldorfer Tabelle ohne Bedarfskontrollbeträge (Anhang 1). Bei minderjährigen Kindern kann er als Festbetrag oder als Prozentsatz des jeweiligen Mindestunterhalts geltend gemacht werden.

LL-Strkt

KG

Brdbg

Brschw

Brem

Celle

Dresd

Düss

Ffm

Hbg

Hamm

Jena

Kblz

Köln

Naumbg

Oldbg

Rstk

Schlesw

SüdL

Empf Sozhi

11.1 Kranken- und Pflegeversicherungsbeiträge

Die Tabellensätze der Düsseldorfer Tabelle enthalten keine Kranken- und Pflegeversicherungsbeiträge für das Kind, wenn dieses nicht in einer gesetzlichen Familienversicherung mitversichert ist. Dieser Aufwand gehört jedoch zum Grundbedarf und ist von dem/den Barunterhaltspflichtigen zu tragen.

Besteht für das Kind eine freiwillige Krankenversicherung, so sind die hierfür erforderlichen Beiträge von dem/den Barunterhaltspflichtigen zusätzlich zu zahlen, zur Ermittlung des Tabellenunterhalts jedoch in Höhe des jeweiligen Anteils vom Einkommen abzusetzen.

11.2 Eingruppierung

Die Tabellensätze sind auf den Fall zugeschnitten, dass der Unterhaltspflichtige zwei Unterhaltsberechtigten (ohne Rücksicht auf den Rang, soweit für den Nachrangigen Mittel vorhanden sind) Unterhalt zu gewähren hat. Bei einer größeren oder geringeren Anzahl Unterhaltsberechtigter sind in der Regel Ab- oder Zuschläge durch Einstufung in niedrigere oder höhere Einkommensgruppen vorzunehmen. Liegt insoweit das verfügbare Einkommen des Unterhaltspflichtigen im Bereich bis 1.300,- €, ist für die Aufstufung eine besondere Prüfung notwendig.

12. Minderjährige Kinder

12.1 Betreuungs-/Barunterhalt

Der sorgeberechtigte Elternteil, der ein minderjähriges Kind betreut, leistet in der Regel hierdurch seinen Beitrag zum Kindesunterhalt (§ 1606 Abs. 3 S. 2 BGB).

12.2 Einkommen des Kindes

Einkommen des Kindes wird bei beiden Eltern hälftig angerechnet. Zum Kindergeld vgl. Nr. 14.

12.3 Beiderseitige Barunterhaltspflicht/Haftungsanteil

Der betreuende Elternteil braucht neben dem anderen Elternteil in der Regel keinen Barunterhalt zu leisten (§ 1606 Abs. 3 Satz 2 BGB), es sei denn

a) der angemessene Selbstbehalt des nicht betreuenden Elternteils wäre durch den Barbedarf des Kindes gefährdet und der betreuende Elternteil wäre insoweit leistungsfähig, ohne dass sein eigener angemessener Selbstbehalt gefährdet würde (§ 1603 Abs. 2 Satz 3 BGB, vgl. BGH, FamRZ 2011, 1041).

oder

b) der angemessene Selbstbehalt des nicht betreuenden Elternteils wäre durch den Barbedarf des Kindes zwar nicht gefährdet, die Leistungsfähigkeit des betreuenden Elternteils ist aber bedeutend höher als diejenige des nicht betreuenden Elternteils, etwa bei dreifach höherem verfügbaren Einkommen oder guten Vermögensverhältnissen (vgl. BGH vom 10.07.2013, XII ZB 297/12 = FamRZ 2013, 1558).

Fall a) führt dazu, dass das Einkommen des nicht betreuenden Elternteils nur bis zur Grenze seines angemessenen Selbstbehalts für Unterhaltszahlungen einzusetzen ist und dass im Übrigen der betreuende Elternteil im Rahmen seiner Ausfallhaftung für den Barunterhalt des Kindes haftet.

Fall b) führt zur Kürzung bis hin zum völligen Wegfall der Barunterhaltpflicht des nicht betreuenden Elternteils.

Sind bei auswärtiger Unterbringung des Kindes beide Eltern zum Barunterhalt verpflichtet, haften sie anteilig nach § 1606 Abs. 3 Satz 1 BGB für den Gesamtbedarf (vgl. Nr. 13.3). Der Verteilungsschlüssel kann unter Berücksichtigung des Betreuungsaufwandes wertend verändert werden.

12.4 Zusatzbedarf

Bei Zusatzbedarf (Verfahrenskostenvorschuss, Mehrbedarf, Sonderbedarf) gilt § 1606 Abs. 3 Satz 1 BGB (vgl. Nr. 13.3). Zum Mehrbedarf des Kindes zählen die Kosten für den Besuch einer Kindertagesstätte (Kinderkrippe, Kindergarten, Schülerhort) abzüglich des ersparten Verpflegungsmehraufwandes. Schulpaket und Bildungspaket ergeben keinen Zusatzbedarf.

13. Volljährige Kinder

13.1 Bedarf

Beim Bedarf volljähriger Kinder ist zu unterscheiden, ob sie noch im Haushalt der Eltern/eines Elternteils leben oder einen eigenen Hausstand haben.

13.1.1

Für volljährige Kinder, die noch im Haushalt der Eltern oder eines Elternteils wohnen, gilt die Altersstufe 4 der Düsseldorfer Tabelle. Sind beide Elternteile leistungsfähig (vgl. Nr. 21.3.1), ist der Bedarf des Kindes in der Regel nach dem zusammengerechneten Einkommen zu bemessen. Hierbei findet bei einer Unterhaltsverpflichtung gegenüber nur einem Kind eine Höherstufung um eine Einkommensgruppe nicht statt (vgl. entsprechend beim früheren Zuschnitt der Tabelle auf drei Unterhaltsberechtigte OLG Hamm FamRZ 1993, 353, 355, bestätigt durch BGH FamRZ 1994, 696, 697). Für die Haftungsquote gilt Nr.13.3. Ein Elternteil hat jedoch höchstens den Unterhalt zu leisten, der sich allein aus seinem Einkommen aus der Düsseldorfer Tabelle ergibt.

Dies gilt auch für ein Kind im Sinne des § 1603 Abs. 2 Satz 2 BGB.

Erzielt das volljährige Kind eigenes Einkommen, beträgt der Unterhaltsbedarf (ohne Kranken-/Pflegeversicherungsbedarf) mindestens monatlich 560 €.

13.1.2

Der angemessene Bedarf eines volljährigen Kindes mit eigenem Hausstand beträgt in der Regel monatlich 670 € (darin sind enthalten Kosten für Unterkunft und Heizung bis zu 280 €), ohne Beiträge zur Kranken- und Pflegeversicherung sowie ohne Studiengebühren. Von diesem Betrag kann bei erhöhtem Bedarf oder mit Rücksicht auf die Lebensstellung der Eltern abgewichen werden.

13.2 Einkommen des Kindes

Auf den Unterhaltsbedarf werden Einkünfte des Kindes, auch das Kindergeld (siehe Nr. 14), BAföG-Darlehen und Ausbildungsbeihilfen (gekürzt um ausbildungsbedingte Aufwendungen, vgl. Nr. 10.2.3) angerechnet. Bei Einkünften aus unzumutbarer Erwerbstätigkeit gilt § 1577 Abs. 2 BGB entsprechend.

13.3 Beiderseitige Barunterhaltspflicht/ Haftungsanteil

Für den Bedarf des Volljährigen haften die Eltern anteilig nach dem Verhältnis ihrer verfügbaren Einkommen. Vor der Bildung der Haftungsquote sind der angemessene Selbstbehalt jedes Elternteils (1.300 €, siehe Nr. 21.3.1) und der Unterhalt vorrangig Berechtigter abzusetzen (vgl. zur Berechnungsmethode BGH FamRZ 1986, 151 = NJW-RR 1986, 426; FamRZ 1986, 153 = NJW-RR 1986, 293). Die Haftung ist auf den Tabellenbetrag nach Maßgabe des eigenen Einkommens des jeweils Verpflichteten begrenzt.

Diese Berechnung findet für den Bedarf des volljährigen Schülers im Sinne des § 1603 Abs.2 Satz 2 BGB entsprechende Anwendung: Zur Bildung der Haftungsquote ist vorab der angemessene Selbstbehalt jedes Elternteils und der Barbedarf weiterer jetzt gleichrangiger Kinder abzusetzen, wenn der verbleibende Betrag zur Bedarfsdeckung aller Kinder ausreicht. Ist dies nicht der Fall (Mangelfall) wird der Selbstbehalt auf den notwendigen Selbstbehalt herabgesetzt. Außerdem ist statt eines Vorwegabzugs des Bedarfs der anderen Kinder der Bedarf des volljährigen Kindes aus dem nach Abzug des eigenen Selbstbehalts der Eltern verbleibenden Betrag anteilig zu befriedigen. Zur Berechnungsweise im Übrigen vgl. BGH FamRZ 2002, 815, (818).

14. Verrechnung des Kindergeldes

Es wird nach § 1612 b BGB ausgeglichen.

Für das gesamte Jahr 2015, d. h. auch für die Zeit vom 01.08.2015 bis 31.12.2015, bleiben dabei die bis 2014 geltenden Kindergeldbeträge (monatlich 184 EUR für erste und zweite Kinder, 190 EUR für dritte Kinder und 215 EUR für das vierte und jedes weitere Kind) maßgeblich.

Ehegattenunterhalt

15. Unterhaltsbedarf

Der Unterhaltsanspruch eines bedürftigen Ehegatten (§§ 1361, 1569 ff. BGB) besteht in dem Unterschiedsbetrag zwischen seinem eheangemessenen Bedarf und seinen tatsächlich erzielten oder zurechenbaren Einkünften im Rahmen der Leistungsfähigkeit des Verpflichteten.

15.1 Bedarf nach ehelichen Lebensverhältnissen

Bei der Bedarfsbemessung ist das eheprägende Einkommen zu berücksichtigen (Stichtag: Rechtskraft der Scheidung).

Umstände, die auch bei fortbestehender Ehe eingetreten wären, und Umstände, die bereits in anderer Weise in der Ehe angelegt und mit hoher Wahrscheinlichkeit zu erwarten waren, sind zu berücksichtigen. Dies gilt für normale absehbare weitere Entwicklungen von Einkünften aus derselben Einkommensquelle, wie für übliche Lohnerhöhungen, sowie einen nicht vorwerfbaren nachehelichen Einkommensrückgang, etwa durch Arbeitslosigkeit, Eintritt in das gesetzliche Rentenalter oder Krankheit. Ist der Pflichtige wieder verheiratet, berechnet sich der Bedarf des früheren Ehegatten aufgrund einer fiktiven Besteuerung der Einkünfte des Pflichtigen nach der Grundtabelle, also ohne den Splittingvorteil. Unterhaltsleistungen, die während der Ehe für Kinder erbracht worden sind, prägen die Ehe und sind daher bei der Bedarfsberechnung grundsätzlich vorweg in Abzug zu bringen. Zu den bei der Bedarfsberechnung zu beachtenden Umständen gehört auch das Hinzutreten weiterer Unterhaltsberechtigter bis zur rechtskräftigen Ehescheidung. Auch ein Unterhaltsanspruch aus § 1615l BGB, den ein betreuender Elternteil eines vor der Rechtskraft der Scheidung geborenen Kindes hat, prägt die ehelichen Lebensverhältnisse. Dagegen sind die Unterhaltspflichten für ein nach Rechtskraft der Scheidung geborenes Kind, gegenüber dessen betreuenden Elternteil nach § 1615l BGB sowie gegenüber einem späteren Ehegatten bei der Bemessung des Unterhaltsbedarfs nach § 1578 Abs. 1 S. 1 BGB (anders als bei der Leistungsfähigkeit) nicht zu berücksichtigen (siehe Nr. 15.5).

Das Unterhaltsrecht will den geschiedenen Ehegatten nicht besser stellen, als er während der Ehe stand oder aufgrund einer absehbaren Entwicklung ohne die Scheidung stehen würde. Daher sind nur

LL-Strkt

KG

Brdbg

Brschw

Brem

Celle

Dresd

Düss

Ffm

Hbg

Hamm

Jena

Kblz

Köln

Naumbg

Oldbg

Rstk

Schlesw

SüdL

Empf Sozhi

solche Steigerungen des verfügbaren Einkommens zu berücksichtigen, die schon in der Ehe angelegt waren, nicht aber z.B. ein Einkommenszuwachs infolge eines Karrieresprungs.

Soweit ein nachehelicher Karrieresprung lediglich einen neu hinzugetretenen Unterhaltsbedarf auffängt und nicht zu einer Erhöhung des Unterhalts nach den während der Ehe absehbaren Verhältnissen führt, ist das daraus resultierende Einkommen aber in die Unterhaltsbemessung einzubeziehen.

Einkünfte, die aus einer überobligationsmäßig ausgeübten Erwerbstätigkeit erzielt werden, prägen die ehelichen Lebensverhältnisse nicht (BGH FamRZ 2003, 518).

Der Mindestbedarf eines Ehegatten liegt aber nicht unter 880,- Euro, ggf. abzüglich etwa zu berücksichtigender Synergieeffekte durch Zusammenleben mit einem leistungsfähigen Partner.

15.2 Halbteilung und Erwerbstätigenbonus

Der eheangemessene Bedarf eines Ehegatten (ohne Vorsorgebedarf) beträgt (ungeachtet eines etwaigen Erwerbstätigenbonus) 1/2 den den ehelichen Lebensverhältnissen entsprechenden Einkommens eines oder beider Ehegatten, bereinigt um die berücksichtigungsfähigen Lasten und den Zahlbetrag des Kindesunterhalts (Quotenunterhalt).

Erbringt der Verpflichtete sowohl Bar- als auch Betreuungsunterhalt, so gilt Nr. 10.3 (BGH FamRZ 2001, 350).

Auf Erwerbstätigkeit beruhendes Einkommen der Ehegatten wird bei quotaler Bedarfsberechnung vorab um einen Bonus von 1/7 bereinigt. Dieser wird jeweils nach Abzug der mit der Erzielung des Erwerbseinkommens verbundenen Aufwendungen (Werbungskosten) sowie grundsätzlich der ehelichen Lasten und des von dem Erwerbstätigen zu leistenden Kindesunterhalts berechnet. Bei der Prüfung der Leistungsfähigkeit des Unterhaltspflichtigen ist ein Erwerbstätigkeitsbonus nicht zu berücksichtigen, siehe Ziffer 21.4.

Sind mit der Erzielung von Nichterwerbseinkommen (insbes. Wohnvorteil, Kapitaleinkünfte pp.) besondere Aufwendungen verbunden, werden diese von der jeweiligen Einkunftsart abgezogen.

Nach der Anrechnungsmethode sind Einkünfte des Berechtigten aus Vermögen, das in der Ehe nicht für den Lebensunterhalt zur Verfügung stand, sowie Einkünfte aus dem vom Pflichtigen geleisteten Altersvorsorgeunterhalt zu berücksichtigen.

15.3 Konkrete Bedarfsbemessung

Ein eheangemessener Unterhaltsbedarf (Elementarunterhalt) kann bis zu einem *Gesamtbedarf* von 2.500 € als Quotenunterhalt geltend gemacht werden. Ein darüber hinausgehender Bedarf auf Elementarunterhalt muss konkret dargelegt werden; eigenes Einkommen des bedürftigen Ehegatten ist hierauf ohne Abzug eines Erwerbstätigenbonus (BGH vom 10.11.2010, XII ZR 197/08 = FamRZ 2011, 192, Tz. 24) anzurechnen.

Obergrenze ist jedoch auch insoweit die unter Beachtung des Halbteilungsgrundsatzes zu errechnende Unterhaltsquote unter Berücksichtigung eines Erwerbstätigenbonus, wenn der Pflichtige sich unter Offenlegung seiner Einkommensverhältnisse darauf beruft.

Die konkrete Darlegung des Bedarfs kann vom Berechtigten und Verpflichteten dadurch geschehen, dass die Höhe des zur Verfügung stehenden Gesamteinkommens sowie die hiervon betriebenen Aufwendungen zur Vermögensbildung dargelegt werden.

15.4 Vorsorgebedarf/Zusatz- und Sonderbedarf

Werden Altersvorsorge-, Kranken- und Pflegeversicherungskosten vom Berechtigten gesondert geltend gemacht oder vom Verpflichteten bezahlt, sind diese von dem Einkommen des Pflichtigen vorweg abzuziehen. Der Vorwegabzug unterbleibt, soweit nicht verteilte Mittel zur Verfügung stehen, z.B. durch Anrechnung nicht prägenden Einkommens des Berechtigten auf seinen Bedarf.

Bei der Bemessung des Altersvorsorgebedarfs kann nach den Grundsätzen der Bremer Tabelle verfahren werden. Altersvorsorgeunterhalt kann in der Regel nur dann verlangt werden, wenn der angemessene Eigenbedarf (großer Selbstbehalt) gedeckt ist. Der Altersvorsorgeunterhalt ist nicht auf den Höchstbetrag nach Maßgabe der Beitragsbemessungsgrenze beschränkt und soll gegebenenfalls aus nicht prägendem Einkommen gedeckt werden, so dass dann die zweite Berechnungsstufe entfallen kann, vgl. BGH FamRZ 1999, 372, FamRZ 2007, 117 ff., XII ZR 35/09 = FamRZ 2012, 945.

Altersvorsorgeunterhalt kann für die Vergangenheit nicht erst von dem Zeitpunkt an verlangt werden, in dem er ausdrücklich geltend gemacht worden ist. Es reicht für die Inanspruchnahme des Unterhaltspflichtigen vielmehr aus, dass von diesem Auskunft mit dem Ziel der Geltendmachung eines Unterhaltsanspruchs begehrt worden ist (BGH FamRZ 2007, 193 ff., insoweit unter Bestätigung von OLG Frankfurt am Main FPR 2004, 398 ff.), anders bei bereits erfolgter Bezifferung, BGH v. 7.11.2012, XII ZB 229/11 = FamRZ 2013, 109.

Der Beitrag für Krankenversicherung und Pflegeversicherung ist in jeweils nachzuweisender konkreter Höhe zu berücksichtigen.

LL-Strkt

KG

Brdbg

Brschw

Brem

Celle

Dresd

Düss

Ffm

Hbg

Hamm

Jena

Kblz

Köln

Naumbg

Oldbg

Rstk

Schlesw

SüdL

Empf
Sozhi

15.5 Bedarf bei mehreren Ehegatten und Berechtigten nach § 1615 l BGB

Der Bedarf der Ehegatten berechnet sich nach dem Prioritätsgrundsatz. Danach sind die Unterhaltspflichten für einen späteren Ehegatten oder gegenüber dem betreuenden Elternteil eines nach der Scheidung der Eheleute geborenen Kindes (§ 1615l BGB) bei der Bemessung des Unterhaltsbedarfs des ersten Ehegatten nach § 1578 Abs. 1 S.1 BGB nicht zu berücksichtigen. Zur Anwendung der so genannten Dreiteilungsmethode kann es aber noch im Rahmen der Leistungsfähigkeit und der Mangelverteilung kommen (vgl. Nr. 24.3.2), wenn der erste Ehegatte nicht vorrangig ist. Der Bedarf eines späteren Ehegatten wird zwar durch die Unterhaltslast des Pflichtigen aus einer früheren Ehe geprägt. Der endgültige Unterhaltsbedarf des späteren Ehegatten lässt sich aber erst im Zusammenspiel mit der Leistungsfähigkeit des Unterhaltspflichtigen gegenüber einem früheren Ehegatten bemessen. Verbleibt dem Unterhaltspflichtigen danach gegenüber einem früheren Ehegatten wieder ein höherer Betrag, wirkt sich dies zugleich auf den im Wege der Halbteilung zu ermittelnden Bedarf seines späteren Ehegatten aus (BGH FamRZ 2012, 281, Tz. 45).

Zum dabei zu berücksichtigenden Einkommen vgl. Nr. 1.1 und 15.1.

15.6 Trennungsbedingter Mehrbedarf

Trennungsbedingter Mehrbedarf kann zusätzlich berücksichtigt werden, wenn ausnahmsweise noch die Anrechnungsmethode Anwendung findet. Obergrenze ist das Ergebnis der Differenzmethode.

15.7 Begrenzung nach § 1578 b BGB

Nach Scheidung der Ehe ist in der Regel zunächst der eheangemessene Unterhalt weiterzuzahlen, eine sofortige Begrenzung wird bis auf Ausnahmefälle nicht in Betracht kommen. Dem berechtigten Ehegatten ist in der Regel eine auch unter Berücksichtigung der Ehedauer angemessene Übergangsfrist einzuräumen, binnen derer er sich auf die nicht an den ehelichen Lebensverhältnissen ausgerichteten neuen Verhältnisse einstellen kann.

Für die Frage der Begrenzung des nachehelichen Unterhalts kommt es nach § 1578 b BGB maßgeblich darauf an, ob ehebedingte Nachteile eingetreten sind oder eine Begrenzung des Unterhaltsanspruchs unter Berücksichtigung der Dauer der Ehe unbillig wäre.

Der Ehegattenunterhalt ist nicht auf den Ausgleich ehebedingter Nachteile beschränkt. Wenn und soweit solche fehlen, ist über eine Herabsetzung auf den angemessenen Lebensbedarf im Wege einer umfassenden Billigkeitsabwägung zu entscheiden, die auch das jeweilige Maß an fortwirkender nachehelicher Solidarität einzubeziehen hat. Diesem Gedanken ist besonders Rechnung zu tragen, wenn Unterhalt wegen Krankheit geschuldet wird.

Im Rahmen der umfassenden Billigkeitsabwägung sind sämtliche Umstände (wie z.B. beiderseitige Einkommens- und Vermögensverhältnisse, Vermögenserwerb während der Ehe, die vom Berechtigten in der Ehe erbrachte Lebensleistung, Umfang und Dauer des vom Pflichtigen bis zur Scheidung gezahlten Trennungsunterhalts bzw. des nach der Scheidung gezahlten Unterhalts) zu berücksichtigen. Die Ehedauer, bei der auf die Zeit von der Eheschließung bis zur Zustellung des Scheidungsantrags abzustellen ist, gewinnt bei der Bestimmung des Maßes der nachehelichen Solidarität ihr besonderes Gewicht aus der Wechselwirkung zwischen der Rollenverteilung in der Ehe und der darauf beruhenden Verflechtung der wirtschaftlichen Verhältnisse.

Die Möglichkeit der Herabsetzung und/oder Befristung des Ehegattenunterhalts nach § 1578b BGB ist als rechtsvernichtende bzw. rechtsbeschränkende Einwendung bei entsprechendem Vortrag zu berücksichtigen. Im Rahmen der Herabsetzung und zeitlichen Begrenzung des Unterhalts ist der Unterhaltspflichtige für die Tatsachen darlegungs- und beweisbelastet, die für eine Begrenzung sprechen.

Hinsichtlich der Tatsache, dass ehebedingte Nachteile nicht entstanden sind, trifft den Unterhaltsberechtigten jedoch eine sekundäre Darlegungslast. Er muss die Behauptung, es seien keine ehebedingten Nachteile entstanden, substantiiert bestreiten und seinerseits darlegen, welche konkreten ehebedingten Nachteile entstanden sein sollen. Im Einzelfall kann der Vortrag genügen, dass in dem vor der Ehe ausgeübten Beruf Gehaltssteigerungen in einer bestimmten Höhe mit zunehmender Berufserfahrung bzw. Betriebszugehörigkeit üblich sind. Anders verhält es sich bei einem erkennbaren beruflichen Aufstieg. Hier muss der Unterhaltsberechtigte darlegen, aufgrund welcher Umstände (wie etwa Fortbildungsbereitschaft, bestimmte Befähigungen, Neigungen, Talente etc.) er eine entsprechende Karriere gemacht hätte.

Der Betreuungsunterhalt nach § 1570 BGB ist nicht nach § 1578b BGB zu befristen.

16. Bedürftigkeit

Eigene (erzielte oder zurechenbare) Einkünfte des Berechtigten sind auf den Bedarf anzurechnen, wobei bei einer Berechnung nach Quoten das bereinigte Nettoerwerbseinkommen um den Erwerbstätigenbonus zu vermindern ist.

17. Erwerbsobliegenheit

17.1 bei Kindesbetreuung

Die nach Vollendung des 3. Lebensjahres des Kindes grundsätzlich einsetzende Erwerbsobliegenheit des betreuenden Elternteils ist hinsichtlich Art und Umfang an den Belangen des Kindes auszurichten.

Stehen solche Belange einer Fremdbetreuung generell entgegen oder besteht eine kindgerechte Betreuungsmöglichkeit nicht, hat das Prinzip der Eigenverantwortung des betreuenden Elternteils für seinen Unterhalt zurückzustehen.

Dieser Maßstab bestimmt auch die Verpflichtung zur Aufnahme einer Teilzeit- oder Vollzeittätigkeit.

Vgl. hierzu die Gesetzesbegründung, FamRZ 2007, 1947, 2. Spalte:

». . . Die Neuregelung verlangt (also) keineswegs einen abrupten, übergangslosen Wechsel von der elterlichen Betreuung zu Vollzeiterwerbstätigkeit. Im Interesse des Kindeswohls wird vielmehr auch künftig ein gestufter, an den Kriterien von § 1570 Abs. 1 BGB-Entwurf orientierter Übergang möglich sein.«

Folgende Kriterien sind insbesondere zu prüfen:

Kindbezogene Gründe:

1. Generelle Betreuungsbedürftigkeit aufgrund des Alters
2. Fehlende kindgerechte Betreuungsmöglichkeiten, wobei die staatlichen Betreuungsmöglichkeiten nach der Rechtsprechung des BGH als kindgerecht anzusehen sind.
3. Krankheiten, die durch die Betreuung in einer Einrichtung nicht aufgefangen werden können und damit die Betreuung durch einen Elternteil erfordern.

Elternbezogene Gründe:

1. Vertrauen in die vereinbarte oder praktizierte Rollenverteilung und Ausgestaltung der Kinderbetreuung. Zu berücksichtigen ist dabei auch die Aufgabe einer Erwerbstätigkeit wegen Kindererziehung und die Dauer der Ehe.
2. Umfang der Betreuungsbedürftigkeit des Kindes im Anschluss an die Betreuung in einer Betreuungseinrichtung, wobei der Betreuungsbedarf in der Regel bei jüngeren Kindern größer ist als bei älteren Kindern.

Darlegungs- und beweispflichtig für diese Umstände ist der Unterhaltsbedürftige.

Bei entsprechend konkretem Vortrag dürfte eine vollschichtige Erwerbsobliegenheit neben der Betreuung eines Kindes bis zum Ende der Grundschulzeit eher selten in Betracht kommen.

An die für eine Verlängerung des Betreuungsunterhalts, insbesondere aus kindbezogenen Gründen, erforderlichen Darlegungen sind keine überzogenen Anforderungen zu stellen (BGH FamRZ 2012, 1040).

Eine überobligationsmäßige Belastung des betreuenden Elternteils (Berufstätigkeit, Kinderbetreuung, Haushaltsführung) ist zu vermeiden.

Bei Inanspruchnahme von privater Betreuung, z.B. durch Angehörige, kann es sich um eine freiwillige Leistung Dritter handeln, die den Unterhaltspflichtigen nicht entlasten soll. Die Kinderbetreuung während des Umgangs durch den Unterhaltspflichtigen kann allenfalls dann, wenn der Umgang geregelt ist oder unproblematisch funktioniert, zu einer Erwerbsobliegenheit des Unterhaltsberechtigten in den feststehenden Zeiten führen. Die Änderung einer bestehenden Umgangsregelung zum Zweck der Ausweitung der Erwerbstätigkeit des betreuenden Unterhaltsberechtigten kann in der Regel nicht verlangt werden.

Der Betreuungsunterhalt ist nicht zu befristen.

17.2 bei Trennungsunterhalt

In der Regel besteht für den Berechtigten im ersten Jahr nach der Trennung keine Obliegenheit zur Aufnahme oder Ausweitung einer Erwerbstätigkeit.

Für den Trennungsunterhalt gelten zunächst großzügigere Anforderungen hinsichtlich einer Erwerbsobliegenheit als sie in § 1574 BGB für den nachehelichen Unterhalt bestimmt sind. Die bestehenden Verhältnisse sollen geschützt werden, damit die Wiederherstellung der ehelichen Lebensgemeinschaft nicht erschwert wird. Mit zunehmender Verfestigung der Trennung wird allerdings eine allmähliche Annäherung der unterschiedlichen Maßstäbe der Erwerbsobliegenheit bewirkt (BGH FamRZ 2012, 1201, Tz. 18).

Weitere Unterhaltsansprüche

18. Ansprüche aus § 1615 l BGB

Der Bedarf nach § 1615 l BGB bemisst sich nach der Lebensstellung des betreuenden Elternteils. Erleidet dieser einen konkreten Verdienstausfall, ist er auch für den Unterhalt zu Grunde zu legen.

Der Mindestbedarf entspricht in der Regel dem notwendigen Selbstbehalt für nicht Erwerbstätige (880,– €).

Bezüglich der Erwerbsobliegenheit und Dauer des Anspruchs gilt Nr. 17.1 entsprechend.

19. Elternunterhalt

Der Bedarf bemisst sich nach der eigenen Lebensstellung des unterhaltsberechtigten Elternteils, wobei nachteilige Veränderungen der Lebensverhältnisse, wie sie regelmäßig mit dem Eintritt in den Ruhestand einhergehen, zu berücksichtigen sind. Auch bei bescheidenen wirtschaftlichen Verhältnissen ist die Untergrenze des Bedarfs so zu bemessen, dass das Existenzminimum sichergestellt wird. Dieser Mindestbedarf kann in Höhe des notwendigen Selbstbehalts eines nicht Erwerbstätigen pauschaliert werden.

Bei einem Heimaufenthalt wird der Bedarf durch die dadurch anfallenden notwendigen Kosten zuzüglich

LL-Strkt

KG

Brdbg

Brschw

Brem

Celle

Dresd

Düss

Ffm

Hbg

Hamm

Jena

Kblz

Köln

Naumbg

Oldbg

Rstk

Schlesw

SüdL

Empf
Sozhi

eines Barbetrags für die persönlichen Bedürfnisse entsprechend § 27 b Abs. 2 SGB XII bestimmt.

Das unterhaltspflichtige Kind, das nur geringe oder keine eigenen Einkünfte erzielt und einen Anspruch auf Familienunterhalt hat, ist nur dann zur Zahlung von Elternunterhalt leistungsfähig, wenn es im Rahmen des Familienunterhalts selbst vollständig abgesichert ist und aus eigenen Erwerbseinkünften oder aus Taschengeld Elternunterhalt leisten kann.

Zur Höhe des Taschengeldeinsatzes vgl. BGH FamRZ 2013, 363 mit der Maßgabe der Klarstellungen BGH FamRZ 2014, 1990, Rn. 12 ff.

Zur Berechnung des sogenannten individuellen Familienselbstbehalts vgl. BGH FamRZ 2010, 1535 und FamRZ 2014, 538, Rn. 22 ff.

Der Wohnwert ist bei der Inanspruchnahme auf Elternunterhalt in der Regel nicht mit der bei einer Fremdvermietung erzielbaren objektiven Marktmiete, sondern auf der Grundlage der unter den gegebenen Verhältnissen ersparten Miete zu bemessen.

Altersvorsorgevermögen, das der Anlage von 5 % des Jahresbruttoeinkommens des Pflichtigen, bezogen auf seine gesamte Erwerbstätigkeit bis zur Inanspruchnahme auf Elternunterhalt, entspricht, ist nicht für Unterhaltszwecke einzusetzen.

Der Wert einer selbstgenutzten Immobilie bleibt bei der Bemessung des Altersvorsorgevermögens eines auf Elternunterhalt in Anspruch genommenen Unterhaltspflichtigen grundsätzlich unberücksichtigt, BGH, XII ZB 269/12 vom 7.8.2013 = FamRZ 2013, 1554.

Angemessene Aufwendungen, die dem Unterhaltspflichtigen für Besuche bei dem Elternteil entstehen, mindern grundsätzlich seine Leistungsfähigkeit, weil ihr Zweck auf einer unterhaltsrechtlich anzuerkennenden sittlichen Verpflichtung beruht.

20. Lebenspartnerschaft

Bei Getrenntleben oder Aufhebung der Lebenspartnerschaft gelten §§ 12, 16 LPartG.

Leistungsfähigkeit und Mangelfall

21. Selbstbehalt

21.1 Grundsatz

Es ist zu unterscheiden zwischen dem notwendigen (§ 1603 Abs. 2 BGB), dem angemessenen (§ 1603 Abs. 1 BGB) und dem eheangemessenen (§§ 1361 Abs. 1, 1578 Abs. 1 BGB; BGH FamRZ 2006, 683) Selbstbehalt.

21.2 Notwendiger Selbstbehalt

Für Eltern gegenüber minderjährigen Kindern und diesen nach § 1603 Abs. 2 Satz 2 BGB gleichgestellten Kindern gilt im Allgemeinen der notwendige Selbstbehalt als unterste Grenze der Inanspruchnahme. Er beträgt 1.080 €. Davon entfallen 380 € auf den Wohnbedarf (290 € Kaltmiete, 90 € Nebenkosten und Heizung).

Für nicht Erwerbstätige beträgt er 880 €; bei Anhaltspunkten für unterhaltsrechtlich bedeutsame zusätzliche Kosten kann der Selbstbehalt angemessen erhöht werden. Bei geringfügiger Erwerbstätigkeit wird wegen des notwendigen Selbstbehalts auf BGH FamRZ 2008, 594 ff., 597, Tz. 29, verwiesen.

Verursacht der Umgang des Unterhaltspflichtigen mit den minderjährigen Kindern besondere Kosten, die er nur unter Gefährdung seines Selbstbehalts aufbringen könnte, kommt eine maßvolle Erhöhung in Betracht.

21.3 Angemessener Selbstbehalt

21.3.1 gegenüber volljährigen Kindern

Er beträgt gegenüber volljährigen Kindern 1.300 €. Davon entfallen 480 € auf den Wohnbedarf (370 € Kaltmiete, 110 € Nebenkosten und Heizung).

Gegenüber volljährigen Kindern, die ihre bereits einmal erreichte wirtschaftliche Selbständigkeit wieder verloren haben, gilt Nr. 21.3.3. und ggf. Nr. 22.3.

21.3.2 bei Ansprüchen aus § 1615l BGB

Gegenüber Anspruchsberechtigten nach § 1615 l BGB entspricht der Selbstbehalt dem eheangemessenen Selbstbehalt (Nr. 21.4).

21.3.3 beim Elternunterhalt

Gegenüber Eltern beträgt er mindestens 1.800 €, wobei die Hälfte des diesen Mindestbetrag übersteigenden Einkommens zusätzlich anrechnungsfrei bleibt. In diesem Mindestbetrag sind Kosten für Unterkunft und Heizung in Höhe von 480 € (370 € Kaltmiete, 110 € Nebenkosten und Heizung) enthalten.

21.3.4 von Großeltern gegenüber Enkeln (und umgekehrt)

Dies gilt entsprechend für sonstige Unterhaltsansprüche von Verwandten der auf- und absteigenden Linie (Großeltern/Enkel, vgl. BGH FamRZ 2006, 26, 28, FamRZ 2007, 375 f.).

21.4 Mindestselbstbehalt gegenüber Ehegatten

Der Mindestselbstbehalt gegenüber getrennt lebenden und geschiedenen Unterhaltsberechtigten ist bei Erwerbstätigen in der Regel mit 1.200 € zu bemessen, bei nicht Erwerbstätigen mit regelmäßig 1.090 € (Mittelbetrag zwischen unterschiedlichem notwendigem und dem angemessenen Selbstbehalt), davon 430 € für den Wohnbedarf (330 € Kaltmiete, 100 € Nebenkosten und Heizung).

Bei der Prüfung der Leistungsfähigkeit des Unterhaltspflichtigen ist ein Erwerbstätigkeitsbonus nicht zu berücksichtigen.

21.5 Anpassung des Selbstbehalts

21.5.1

Beim Verwandtenunterhalt kann der jeweilige Selbstbehalt unterschritten werden, wenn der eigene Unterhalt des Pflichtigen ganz oder teilweise durch seinen Ehegatten gedeckt ist.

21.5.2

Der Selbstbehalt soll erhöht werden, wenn die Wohnkosten (Warmmiete) den ausgewiesenen Betrag überschreiten und nicht unangemessen sind.

21.5.3

Eine Herabsetzung des Selbstbehalts mit Rücksicht auf geringere Wohnkosten des Unterhaltspflichtigen kommt nicht in Betracht, BGH FamRZ 2006, 1664, 1666.

Lebt der Unterhaltspflichtige mit einem leistungsfähigen Partner in Haushaltsgemeinschaft, kommt eine Haushaltsersparnis in Betracht, in der Regel 10 % des jeweils maßgeblichen Selbstbehalts. Untergrenze ist der Sozialhilfesatz (vgl. BGH FamRZ 2008, 594 ff.).

22. Bedarf des mit dem Pflichtigen zusammen lebenden Ehegatten

22.1 Mindestbedarf bei Ansprüchen des nachrangigen geschiedenen Ehegatten

Ist bei Unterhaltsansprüchen des nachrangigen geschiedenen Ehegatten der Unterhaltspflichtige wieder verheiratet, beträgt der Bedarf für den mit ihm zusammen lebenden Ehegatten mindestens 880 €. Vgl. zur Bedarfsberechnung im Übrigen BGH FamRZ 2012, 281, Tz. 45, 48.

22.2 Mindestbedarf bei Ansprüchen volljähriger Kinder

Ist bei Unterhaltsansprüchen nicht privilegierter volljähriger Kinder der Unterhaltspflichtige verheiratet, werden für den mit ihm zusammen lebenden Ehegatten mindestens 880 € angesetzt.

22.3 Mindestbedarf bei Ansprüchen von Eltern oder Enkeln des anderen Ehegatten und von gemeinsamen Enkeln

Ist bei Unterhaltsansprüchen der Eltern das unterhaltspflichtige Kind verheiratet, werden für den mit ihm zusammen lebenden Ehegatten mindestens

1.440 € angesetzt. Im Familienbedarf von 3.240 € (1.800 € + 1.440 €) sind Kosten für Unterkunft und Heizung von 860 € (660 € kalt + 200 € Nebenkosten und Heizung) enthalten. Dies gilt auch für Unterhaltsansprüche von und gegen Großeltern und Enkel(n).

23. Bedarf des vom Pflichtigen getrennt lebenden oder geschiedenen Ehegatten

Bei Ansprüchen wie in Nr. 22: bleibt unbesetzt.

24. Mangelfall

24.1 Grundsatz

Ein absoluter Mangelfall liegt vor, wenn das Einkommen des Verpflichteten zur Deckung seines jeweils maßgeblichen Selbstbehalts und der gleichrangigen Unterhaltsansprüche nicht ausreicht. Zur Feststellung des Mangelfalls entspricht der einzusetzende Bedarf für minderjährige und diesen nach § 1603 Abs. 2 Satz 2 BGB gleichgestellten Kindern dem Zahlbetrag (Differenz zwischen dem Tabellenbetrag und dem anzurechnenden Kindergeld).

Reicht die Leistungsfähigkeit des Unterhaltspflichtigen für den Unterhalt sämtlicher (auch nachrangiger) Berechtigter nicht aus, so führt die Angemessenheitsbetrachtung beim Unterhaltsbedarf gemäß § 1610 BGB regelmäßig dazu, dass der Kindesunterhalt nur in Höhe des Existenzminimums zu veranschlagen ist (BGH FamRZ 2008, 2189, Tz. 22).

24.2 Einsatzbeträge

Zu den Einsatzbeträgen im Mangelfall beim Kindesunterhalt siehe Rechenbeispiel im Anhang III. Zwischen gleichrangigen Ehegatten bzw. bei Ansprüchen nach § 1615l BGB ist der Mindestbedarf von 880 €, ggf. herabgesetzt um Synergieeffekte und eigenes Einkommen, maßgebend. (Für die Altfälle, d.h. für die bis zum 31.12.2007 fällig gewordenen Unterhaltsansprüche, wird auf die Nr. 23.2 der Unterhaltsgrundsätze, Stand 01.07.2005, verwiesen, vgl. dazu auch BGH FamRZ 2003, 363).

24.3 Berechnung

24.3.1 Im absoluten Mangelfall ist die nach Abzug des maßgeblichen Selbstbehalts des Unterhaltspflichtigen verbleibende Verteilungsmasse anteilig auf alle gleichrangigen Unterhaltsberechtigten im Verhältnis ihrer Unterhaltsansprüche zu verteilen.

24.3.2 Stehen mehrere nach § 1609 Nr. 2 oder 3 BGB Berechtigte im gleichen Rang, schränkt die Unterhaltspflicht gegenüber dem jeweils anderen Berechtigten die Leistungsfähigkeit des Pflichtigen nach § 1581 S.1 BGB ein (sog. relativer Mangelfall). Dem kann zur Wahrung des Halbteilungsgrundsatzes dadurch Rechnung getragen werden, dass die Unterhaltsansprüche im Regelfall nach den Grundsätzen der so genannten Dreiteilung bemessen werden (BGH FamRZ 2012, 281), wobei kein Erwerbstätigenbonus zu berücksichtigen ist (BGH v. 19.3.2014 – XII ZB 19/13 = FamRZ 2014, 912 Rn. 39). Das schließt eine abweichende Verteilung aufgrund der Berücksichtigung weiterer individueller Billigkeitsabwägungen nicht aus.

24.3.3 Steht ein Berechtigter im Rang des § 1609 Nr. 2 BGB und ein anderer im dritten Rang, gilt folgendes: Ist der spätere Ehegatte nachrangig, berührt eine ihm gegenüber bestehende Unterhaltsverpflichtung den Unterhaltsanspruch des vorrangigen Ehegatten grundsätzlich nicht.

Ist der Unterhaltsanspruch des späteren Ehegatten oder des nach § 1615l BGB Berechtigten vorrangig, bleibt zwar die Bedarfsberechnung für den zeitlich früheren Ehegatten von der neuen Unterhaltsverpflichtung unberührt. Jedoch darf der vorrangig Unterhaltsberechtigte nicht schlechter stehen als nach einer Berechnung gemäß Nr. 24.3.2 (BGH FamRZ 2012, 281, Tz. 42 u. 48).

24.4 Angemessenheitskontrolle

Das gewonnene Ergebnis ist jeweils noch auf seine Angemessenheit zu überprüfen.

Sonstiges

25. Rundung

Der Unterhaltsbetrag ist auf volle Euro aufzurunden.

26. Übergangsregelung

Für bis zum 31.12.2007 fällig gewordene Unterhaltsansprüche gilt das bis dahin geltende Recht.

Die an § 32 Abs. 6 S. 1 EStG i. d. F. des Gesetzes zur Anhebung des Grundfreibetrags, des Kinderfreibetrags, des Kindergelds und des Kinderzuschlags vom 16.7.2015 (BGBl. I 2015, 1202) ausgerichteten Mindestunterhaltsbeträge i. S. d. § 1612a BGB gelten in sinngemäßer Anwendung von § 1613 Abs. 1 S. 1 BGB erst ab 01.08.2015, ungeachtet der steuerrechtlich rückwirkend ab Januar 2015 in Kraft tretenden Kinderfreibeträge.

Anhang

Anhang I – Düsseldorfer Tabelle

s. S. 5

Anhang II – Umrechnung dynamischer Titel über Kindesunterhalt in Mindestunterhalt gem. § 36 Nr. 3 EGZPO

s. S. 9

Siehe Düsseldorfer Tabelle unter E.

Während die dort errechneten Prozentsätze unverändert bleiben, auch wenn das Kind in eine höhere Altersstufe wechselt (BGH FamRZ 2012, 1048), müssen die ausgewiesenen Zahlbeträge für 2009 erstmals geändert werden, vgl. Diehl, FamExpress (Deubner-Verlag), Heft 2/2009, aufrufbar bei www.hefam.de unter Unterhaltsgrundsätze/Arbeitspapier, Anhang II, oder in der »Chronik« 2009-01-06. Für 1.1.2010 bis 31.7.2015 gelten die Beträge im Anhang II der Unterhaltsgrundsätze vom 1.1.2015.

Aufgrund der Erhöhung des Mindestunterhalts zum 1. 8. 2015 ergeben sich seither folgende Zahlbeträge:

Bsp. 1 seit 1.8.2015:
$328 \times 97{,}8\%$ = aufgerundet 321 EUR, abzüglich hälftiges Kindergeld 92 EUR = 229 EUR.

Bsp. 2 seit 1.8.2015:
$328 \times 70{,}2\%$ = aufgerundet 231 EUR zuzüglich hälftiges Kindergeld 92 EUR = 323 EUR.

Bsp. 3 seit 1.8.2015:
$376 \times 102{,}7\%$ = aufgerundet 387 EUR abzüglich volles Kindergeld 184 EUR = 203 EUR.

Bsp. 4 seit 1.8.2015:
$440 \times 111{,}2\%$ = aufgerundet 490 EUR abzüglich hälftiges Kindergeld 92 EUR = 398 EUR.

Anhang III – Rechenbeispiele

Absoluter Mangelfall (für 1.8.2015 gerechnet)

Der Verpflichtete M hat ein bereinigtes Nettoeinkommen von 1.760 €. Unterhaltsberechtigt sind ein 18-jähriges Kind K1, das bei der Mutter lebt und das Gymnasium besucht, und die beiden minderjährigen Kinder K2 (14 Jahre) und K3 (10 Jahre), die von der Mutter betreut werden. Das Kindergeld von 570 € (188 € + 188 € + 194 €, zur weiteren Anrechnung der Altbeträge im Jahr 2015 siehe aber oben Nr. 14) wird an die Mutter ausbezahlt, deren sonstiges Einkommen unter 880 € liegt.

Unterhaltsberechnung gemäß Nr. 24.1: Mangels Leistungsfähigkeit der Mutter alleinige Barunterhaltspflicht von M für alle Kinder. M erzielt zwar ein Einkommen nach der 2. Einkommensgruppe, ist aber bei drei Berechtigten in die 1. Einkommensgruppe einzustufen. Da ersichtlich ein Mangelfall vorliegt, ist das außerdem auch bereits deshalb der Fall.

LL-Strkt
KG
Brdbg
Brschw
Brem
Celle
Dresd
Düss
Ffm
Hbg
Hamm
Jena
Kblz
Köln
Naumbg
Oldbg
Rstk
Schlesw
SüdL
Empf Sozhi

Mindestbedarf K1: 504 € (Düsseldorfer Tabelle Gruppe 1, 4. Altersstufe) – 184 € Kindergeld => offener Bedarf = Einsatzbetrag 320 €

Mindestunterhalt K2: 440 € – 92 € hälftiges Kindergeld => offener Bedarf = Einsatzbetrag 348 €

Mindestunterhalt K3: 376 € – 95 € hälftiges Kindergeld => offener Bedarf = Einsatzbetrag 281 €

Summe der Einsatzbeträge: 320 + 348 + 281 = 949 €
Verteilungsmasse: 1.760 € – 1080 € = 680 €

Prozentuale Kürzung: 680/949 * 100 = 71,65 %

Berechnung der gekürzten Unterhaltsansprüche:
K1: 320 € * 71,65 % = 230 €; zum Leben verfügbar also 230 + 184 = 414 €;
K2: 348 € * 71,65 % = 250 €; zum Leben verfügbar also 250 + 92 = 342 €;
K3: 281 € * 71,65 % = 202 €; zum Leben verfügbar also 202 + 95 = 297 €.

j) OLG Hamburg

Unterhaltsrechtliche Leitlinien des Hanseatischen Oberlandesgerichts Hamburg (Stand 1. August 2015)

Vorbemerkung

Die Familiensenate des Hanseatischen Oberlandesgerichts Hamburg verwenden diese Leitlinien als Orientierungshilfe für den Regelfall unter Beachtung der Rechtsprechung des BGH, wobei die Angemessenheit des Ergebnisses in jedem Fall zu überprüfen ist. Das Tabellenwerk der Düsseldorfer Tabelle ist eingearbeitet. Die Erläuterungen werden durch nachfolgende Leitlinien ersetzt. Sie gelten ab 1.8.2015. Gegenüber den bis zum 1.1.2015 geltenden Leitlinien ergeben sich Änderungen in den Nummern 13.3, 15.1, 18, 21.2, 21.3.1, 21.3.3, 21.4, 21.5, 22.1, 22.2, 22.3, 23.1, 23.2, 23.3, 24.2.

Unterhaltsrechtlich maßgebendes Einkommen

Bei der Ermittlung und Zurechnung von Einkommen ist stets zu unterscheiden, ob es um Verwandten- oder Ehegattenunterhalt sowie ob es um Bedarfsbemessung einerseits oder Feststellung der Bedürftigkeit/ Leistungsfähigkeit andererseits geht. Das unterhaltsrechtliche Einkommen ist nicht immer identisch mit dem steuer- und sozialrechtlichen Einkommen.

1. Geldeinnahmen

1.1 Auszugehen ist vom Jahresbruttoeinkommen einschließlich Weihnachts- und Urlaubsgeld sowie sonstiger Zuwendungen, wie z.B. Tantiemen und Gewinnbeteiligungen.

1.2 Soweit Leistungen nicht monatlich anfallen (z.B. Weihnachts- und Urlaubsgeld), werden sie auf ein Jahr umgelegt. Einmalige Zahlungen (z.B. Abfindungen) sind auf einen angemessenen Zeitraum (in der Regel mehrere Jahre) zu verteilen.

1.3 Überstundenvergütungen werden in der Regel dem Einkommen voll zugerechnet, soweit sie berufstypisch sind oder nur in geringem Umfang anfallen oder wenn der Mindestunterhalt minderjähriger Kinder oder der entsprechende Unterhalt ihnen nach § 1603 Abs. 2 Satz 2 BGB gleichgestellter Volljähriger nicht gedeckt ist. Sonst ist die Anrechnung unter Berücksichtigung des Einzelfalls nach Billigkeit zu beurteilen.

1.4 Ersatz für Spesen und Reisekosten sowie Auslösungen gelten in der Regel als Einkommen. Damit zusammenhängende Aufwendungen, vermindert um häusliche Ersparnisse, sind jedoch abzuziehen. Bei Aufwendungspauschalen (außer Kilometergeld) kann in der Regel 1/3 als Einkommen geschätzt werden.

1.5 Bei Selbständigen ist vom durchschnittlichen Gewinn während eines längeren Zeitraums von in der Regel mindestens drei aufeinander folgenden Jahren, möglichst den letzten drei Jahren, auszugehen. Für die Vergangenheit sind die in dem jeweiligen Kalenderjahr erzielten Einkünfte maßgeblich. Anstatt auf den Gewinn kann ausnahmsweise auf die Entnahmen abzüglich der Einlagen abgestellt werden, wenn eine zuverlässige Gewinnermittlung nicht möglich oder der Betriebsinhaber unterhaltsrechtlich zur Verwertung seines Vermögens verpflichtet ist. Lineare Abschreibungen (Absetzungen für Abnutzung: AfA) werden in der Regel anerkannt. Ansonsten können Abschreibungen insoweit anerkannt werden, als dem steuerlich zulässigen Abzug ein tatsächlicher Wertverlust entspricht.

1.6 Einkommen aus Vermietung und Verpachtung sowie aus Kapitalvermögen ist der Überschuss der Bruttoeinkünfte über die Werbungskosten. Für Gebäude ist keine AfA anzusetzen.

1.7 Steuerzahlungen oder Erstattungen sind in der Regel im Kalenderjahr der tatsächlichen Leistung zu berücksichtigen. Steuervorteile, die auf unterhaltsrechtlich nicht zu berücksichtigenden Aufwendungen beruhen, bleiben in der Regel außer Betracht.

1.8 Sonstige Einnahmen, z.B. Einkünfte aus sog. »1 €-Jobs«, Taschengeldanspruch und Trinkgelder sind Einkommen.

2. Sozialleistungen

2.1 Arbeitslosengeld (§§ 136 ff. SGB III) und Krankengeld sind Einkommen.

2.2 Arbeitslosengeld II (§§ 19-30 SGB II) und andere Leistungen nach dem SGB II beim Verpflichteten sind Einkommen. Beim Berechtigten sind Arbeitslosengeld II und Sozialgeld kein Einkommen, nicht subsidiäre Leistungen nach dem SGB II sind Einkommen, insbesondere befristete Zuschläge § 24 SGB II, Einstiegsgeld § 16 b SGB II, Entschädigung für Mehraufwendungen § 16 d SGB II. Die Geltendmachung von Unterhalt durch den Hilfeempfänger kann jedoch treuwidrig sein, wenn er infolge des Ausschlusses des Anspruchsübergangs (vgl. § 33 Abs. 2 SGB II) insbesondere für die Vergangenheit (aber allenfalls bis zur Rechtshängigkeit) durch das Arbeitslosengeld II oder das Sozialgeld und den Unterhalt mehr als seinen Bedarf erhalten würde.

2.3 Wohngeld ist Einkommen, soweit es nicht erhöhte Wohnkosten deckt.

2.4 BAföG-Leistungen sind Einkommen, auch soweit sie als Darlehen gewährt werden, mit Ausnahme von Vorausleistungen nach §§ 36, 37 BAföG.

2.5 Elterngeld ist Einkommen, soweit es über den Sockelbetrag von 300 € bzw. 150 € bei verlängertem Bezug hinausgeht. Der Sockelbetrag des Elterngeldes sowie Betreuungsgeld nach § 4 a BEEG sind nur dann Einkommen, wenn einer der Ausnahmefälle des § 11 BEEG vorliegt.

2.6 Unfallrenten und Versorgungsrenten sind Einkommen.

2.7 Leistungen aus der Pflegeversicherung, Blindengeld, Schwerbeschädigten- und Pflegezulagen nach Abzug eines Betrags für tatsächliche Mehraufwendungen sind Einkommen; §§ 1610 a, 1578 a BGB sind zu beachten.

2.8 Der Anteil des Pflegegelds bei der Pflegeperson, durch den ihre Bemühungen abgegolten werden, ist Einkommen; bei Pflegegeld aus der Pflegeversicherung gilt dies nach Maßgabe des § 13 Abs. 6 SGB XI.

2.9 In der Regel sind Leistungen nach §§ 41 – 43 SGB XII (Grundsicherung) beim Verwandtenunterhalt Einkommen, nicht aber beim Ehegattenunterhalt.

2.10 Kein Einkommen sind auf Seiten des Berechtigten sonstige Leistungen nach dem SGB XII. Die Unterhaltsforderung eines Hilfeempfängers kann in Ausnahmefällen treuwidrig sein (vgl. Nr. 2.2).

2.11 Leistungen nach dem Unterhaltsvorschussgesetz sind kein Einkommen. Die Unterhaltsforderung eines Hilfeempfängers kann in Ausnahmefällen treuwidrig sein (vgl. Nr. 2.2).

3. Kindergeld

Kindergeld wird nicht zum Einkommen des Unterhaltspflichtigen gerechnet.

4. Geldwerte Zuwendungen

Geldwerte Zuwendungen aller Art des Arbeitgebers, z.B. Firmenwagen oder freie Kost und Logis, sind Einkommen, soweit sie entsprechende Eigenaufwendungen ersparen.

5. Wohnwert

Der Wohnvorteil durch mietfreies Wohnen im eigenen Heim ist als wirtschaftliche Nutzung des Vermögens unterhaltsrechtlich wie Einkommen zu behandeln. Neben dem Wohnwert sind auch Zahlungen nach dem Eigenheimzulagengesetz anzusetzen. Ein Wohnvorteil liegt nur vor, soweit der Wohnwert den berücksichtigungsfähigen Schuldendienst, erforderliche Instandhaltungskosten und die verbrauchsunabhängigen Kosten, mit denen ein Mieter gemäß § 556 Abs. 1 BGB i.V.m. § 1 Abs. 2 BetrKV üblicherweise nicht belastet wird, übersteigt. Auszugehen ist vom vollen Mietwert. Wenn es nicht möglich oder nicht zumutbar ist, die Wohnung aufzugeben und das Objekt zu vermieten oder zu veräußern, kann stattdessen die ersparte Miete angesetzt werden, die angesichts der wirtschaftlichen Verhältnisse angemessen wäre. Dies kommt insbesondere für die Zeit bis zum endgültigen Scheitern der Ehe in Betracht, wenn ein Ehegatte das Eigenheim allein bewohnt. Zinsen sind in diesem Zusammenhang absetzbar, Tilgungsleistungen, wenn sie nicht der einseitigen Vermögensbildung dienen, insoweit kommt allein eine Berücksichtigung unter dem Gesichtspunkt der ergänzenden Altersvorsorge in Betracht (vgl. Ziffer 10.1.2).

6. Haushaltsführung

Führt jemand einem leistungsfähigen Dritten den Haushalt, so kann hierfür ein angemessenes Einkommen anzusetzen sein.

7. Einkommen aus unzumutbarer Erwerbstätigkeit

Einkommen aus unzumutbarer Erwerbstätigkeit kann nach Billigkeit ganz oder teilweise unberücksichtigt bleiben (§ 1577 Abs. 2 BGB).

8. Freiwillige Zuwendungen Dritter

Freiwillige Zuwendungen Dritter (z.B. Geldleistungen, kostenloses Wohnen) sind als Einkommen nur zu berücksichtigen, wenn dies dem Willen des Dritten entspricht.

LL-Strkt

KG

Brdbg

Brschw

Brem

Celle

Dresd

Düss

Ffm

Hbg

Hamm

Jena

Kblz

Köln

Naumbg

Oldbg

Rstk

Schlesw

SüdL

Empf
Sozhi

9. Erwerbsobliegenheit und fiktives Einkommen

Einkommen können auch aufgrund einer unterhaltsrechtlichen Obliegenheit erzielbare Einkünfte sein, wenn der Unterhaltsverpflichtete eine ihm mögliche und zumutbare Erwerbstätigkeit unterlässt. Bei Arbeitslosigkeit sind über eine Meldung bei der Agentur für Arbeit oder telefonische Nachfragen hinausgehende eigenständige Erwerbsbemühungen im Einzelnen darzulegen und zu belegen. Der Hinweis auf die Arbeitsmarktlage macht den Nachweis von Bemühungen nur im Ausnahmefall entbehrlich. Bei unzureichenden Bemühungen um einen Arbeitsplatz können bei einer feststellbaren realen Beschäftigungschance fiktive Einkünfte nach den Umständen des Einzelfalls unter Berücksichtigung von Beruf, Alter, Gesundheit und des zuletzt erzielten Verdienstes zugrunde gelegt werden. Neben dem Bezug von Leistungen der Arbeitsverwaltung kann die Aufnahme einer geringfügigen Beschäftigung (§ 141 SGB III) in Betracht kommen. Dem wiederverheirateten Elternteil obliegt es grundsätzlich, ungeachtet seiner Pflichten aus der neuen Ehe, durch Aufnahme einer Teilzeitarbeit zum Unterhalt der Kinder aus einer früheren Ehe beizutragen.

10. Bereinigung des Einkommens

10.1 Vom Bruttoeinkommen sind Steuern und Vorsorgeaufwendungen abzusetzen (Nettoeinkommen).

10.1.1 Es besteht die Obliegenheit, mögliche Steuervorteile – insbesondere als außergewöhnliche Belastung (§ 33 a Abs. 1 EStG) bzw. aus dem begrenzten Realsplitting (§ 10 Abs. 1 Nr. 1 EStG) – in Anspruch zu nehmen (z.B. Eintragung eines Freibetrags bei Fahrtkosten, für unstreitigen oder titulierten Unterhalt).

10.1.2 Zu den Vorsorgeaufwendungen gehören die Aufwendungen für die gesetzliche Kranken- und Pflegeversicherung, Rentenversicherung und Arbeitslosenversicherung und / oder die angemessene private Kranken-, Pflege- und Altersvorsorge. Zu den angemessenen Vorsorgeaufwendungen kann auch eine zusätzliche, tatsächlich geleistete Altersvorsorge in Höhe von 4 % des Jahresbruttoeinkommens beim Kindes- und Ehegattenunterhalt und 5 % beim Elternunterhalt zählen, soweit kein Mangelfall vorliegt.

Diese Grundsätze gelten entsprechend für Personen, die in Folge der Ausübung einer selbständigen Tätigkeit der gesetzlichen Rentenversicherung nicht unterliegen.

10.2 Berufsbedingte Aufwendungen, die sich von den privaten Lebenshaltungskosten nach objektiven Merkmalen eindeutig abgrenzen lassen, sind im Rahmen des Angemessenen vom Nettoeinkommen aus unselbständiger Arbeit abzuziehen.

10.2.1 Eine Pauschale wird in der Regel nicht gewährt, sondern die berufsbedingten Aufwendungen sind im Einzelnen darzulegen.

10.2.2 Für die Kosten der notwendigen berufsbedingten Nutzung eines Kraftfahrzeugs kann der nach den Sätzen des § 5 Abs. 2 Nr. 2 JVEG anzuwendende Betrag (derzeit 0,30 €) pro gefahrenen Kilometer angesetzt werden. Damit sind i.d.R. Anschaffungskosten erfasst. Bei langen Fahrtstrecken kann nach unten abgewichen werden (regelmäßig 0,20 €).

10.2.3 Bei einem Auszubildenden ist ausbildungsbedingter Aufwand konkret darzulegen.

10.3 Das Einkommen aus einer neben der Kinderbetreuung ausgeübten Erwerbstätigkeit kann um den notwendigen, konkret dargelegten Aufwand für die Betreuung des Kindes vermindert werden. Zum Aufwand für die Betreuung des Kindes zählen nicht die Kosten des Kindergartenbesuchs, diese sind Mehrbedarf des Kindes.

10.4 Schulden (Zins und Tilgung) sind bei tatsächlicher Zahlung im Rahmen eines vernünftigen Tilgungsplanes mit angemessenen Raten zu berücksichtigen. Bei der Bedarfsermittlung für den Ehegattenunterhalt sind grundsätzlich nur eheprägende Verbindlichkeiten abzusetzen. Beim Verwandtenunterhalt sowie bei Leistungsfähigkeit/Bedürftigkeit für den Ehegattenunterhalt erfolgt eine Abwägung nach den Umständen des Einzelfalls. Bei der Zumutbarkeitsabwägung sind Interessen des Unterhaltsschuldners, des Drittgläubigers und des Unterhaltsgläubigers, vor allem minderjähriger Kinder, mit zu berücksichtigen. Unter Umständen besteht im Rahmen gesteigerter Unterhaltspflicht nach § 1603 Abs. 2 BGB die Obliegenheit zur Einleitung eines Insolvenzverfahrens und Geltendmachung der gesetzlichen Pfändungsfreigrenzen.

10.5 (derzeit nicht besetzt)

10.6 Die vermögenswirksame Leistung des Arbeitgebers und die Arbeitnehmersparzulage gehören nicht zum Einkommen. Der vom Arbeitnehmer vermögenswirksam gesparte Betrag mindert nicht das anrechenbare Einkommen.

10.7 Konkret nachgewiesene Umgangskosten können berücksichtigt werden, soweit sie über das anteilige Kindergeld nicht abgedeckt werden und das übliche Maß übersteigen.

Kindesunterhalt

11. Bemessungsgrundlage (Tabellenunterhalt)

Der Barunterhalt minderjähriger und noch im elterlichen Haushalt lebender volljähriger unverheirateter

LL-Strkt

KG

Brdbg

Brschw

Brem

Celle

Dresd

Düss

Ffm

Hbg

Hamm

Jena

Kblz

Köln

Naumbg

Oldbg

Rstk

Schlesw

SüdL

Empf
Sozhi

Kinder bestimmt sich nach den Sätzen der Düsseldorfer Tabelle (Anhang 1). Bei minderjährigen Kindern kann er als Festbetrag oder als Vomhundertsatz des jeweiligen Mindestunterhalts geltend gemacht werden.

11.1 Die Tabellensätze der Düsseldorfer Tabelle enthalten keine Kranken- und Pflegeversicherungsbeiträge für das Kind, wenn dieses nicht in einer gesetzlichen Familienversicherung mitversichert ist. Das Nettoeinkommen des Verpflichteten ist um solche zusätzlich zu zahlenden Versicherungskosten zu bereinigen. Studiengebühren sind in den Tabellensätzen ebenfalls nicht enthalten.

11.2 Die Tabelle weist den Unterhaltsbedarf aus, bezogen auf zwei Unterhaltsberechtigte ohne Rücksicht auf den Rang, soweit für den Nachrangigen Mittel vorhanden sind. Der Bedarf ist nicht identisch mit dem Zahlbetrag. Letzterer ergibt sich nach Abzug des jeweiligen Kindergeldanteils (hälftiges Kindergeld bei Minderjährigen, volles Kindergeld bei Volljährigen) von dem Bedarfsbetrag. Bei einer größeren oder geringeren Anzahl Unterhaltsberechtigter können Ab- oder Zuschläge durch Einstufung in niedrigere oder höhere Einkommensgruppen angemessen sein. In jedem Fall wird – gegebenenfalls auch unter Heranziehung der Bedarfskontrollbeträge – darauf zu achten sein, dass der Kindesunterhalt in einem angemessenen Verhältnis zu dem Betrag steht, der dem Unterhaltspflichtigen für den eigenen Bedarf zu verbleiben hat.

12. Minderjährige Kinder

12.1 Der sorgeberechtigte Elternteil, der ein minderjähriges Kind betreut, leistet in der Regel hierdurch seinen Beitrag zum Kindesunterhalt (Ausnahmen: z.B. § 1603 Abs. 2 Satz 3 BGB).

12.2 Eigenes Einkommen des Kindes ist auf den Barbedarf zur Hälfte anzurechnen.

12.3 Sind beide Eltern zur Zahlung von Barunterhalt verpflichtet, zum Beispiel bei auswärtiger Unterbringung, haften sie anteilig nach § 1606 Abs. 1 BGB für den Gesamtbedarf (vgl. Nr. 13.3). Der Verteilungsschlüssel kann unter Berücksichtigung des Betreuungsaufwandes wertend verändert werden.

12.4 Bei Zusatzbedarf (Kostenvorschuss, Mehrbedarf, Sonderbedarf) gilt § 1606 Abs. 3 Satz 1 BGB. Zum Mehrbedarf des Kindes zählen die Kosten für den Besuch einer Kindertagesstätte (Kinderkrippe, Kindergarten, Schülerhort) abzüglich des ersparten Verpflegungsmehraufwandes.

13. Volljährige Kinder

13.1 Beim Bedarf volljähriger Kinder ist zu unterscheiden, ob sie noch im Haushalt der Eltern/eines Elternteils leben oder einen eigenen Hausstand haben.

13.1.1 Für volljährige, unverheiratete Kinder, die noch im Haushalt der Eltern oder eines Elternteils wohnen, gilt die Altersstufe 4 der Düsseldorfer Tabelle. Sind beide Elternteile leistungsfähig, ist der Bedarf des Kindes i.d.R. nach dem zusammengerechneten Einkommen (ohne Anwendung von Nr. 11.2) zu bemessen. Für die Haftungsquote gilt Nr. 13.3. Ein Elternteil hat jedoch höchstens den Unterhalt zu leisten, der sich allein aus seinem Einkommen aus der Düsseldorfer Tabelle ergibt.

13.1.2 Der angemessene Bedarf eines volljährigen Kindes mit eigenem Hausstand beträgt in der Regel monatlich 670 € (darin sind enthalten Kosten für Unterkunft und Heizung bis zu 280 €), ohne Beiträge zur Kranken- und Pflegeversicherung sowie ohne Studiengebühren und vergleichbare Aufwendungen. Von diesem Betrag kann bei erhöhtem Bedarf oder mit Rücksicht auf die Lebensstellung der Eltern abgewichen werden.

13.2 Auf den Unterhaltsbedarf werden Einkünfte des Kindes, auch BAföG-Darlehen und Ausbildungsbeihilfen (gekürzt um ausbildungsbedingte Aufwendungen) angerechnet. Bei Einkünften aus unzumutbarer Erwerbstätigkeit gilt § 1577 Abs. 2 BGB entsprechend.

13.3 Bei anteiliger Barunterhaltspflicht ist vor Berechnung des Haftungsanteils nach § 1606 Absatz 3 Satz 1 BGB das bereinigte Nettoeinkommen jedes Elternteils gem. Nr. 10 zu ermitteln. Außerdem ist vom Restbetrag ein Sockelbetrag in Höhe des angemessenen Selbstbehalts (1.300 €) abzuziehen. Der Haftungsanteil nach § 1606 Absatz 3 Satz 1 BGB errechnet sich nach der Formel: bereinigtes Nettoeinkommen eines Elternteils (N1 oder N2) abzüglich 1.300 € mal (Rest-)Bedarf (R), geteilt durch die Summe der bereinigten Nettoeinkommen beider Eltern (N1 + N2) abzüglich 2.600 € (= 1.300 € + 1.300 €). Haftungsanteil 1 = (N1 – 1.300) × R : (N1 + N2 – 2.600 €). Bei minderjährigen unverheirateten und ihnen gleichgestellten volljährigen Kindern (§ 1603 Abs. 2 Satz 2 BGB) sind die anrechenbaren Einkommen der Eltern außerdem wegen gleichrangiger Unterhaltspflichten und bei anderen volljährigen Kindern wegen vorrangiger Unterhaltspflichten zu kürzen. Der ermittelte Haftungsanteil ist auf seine Angemessenheit zu überprüfen und kann bei Vorliegen besonderer Umstände (z.B. behindertes Kind) wertend verändert werden. Bei volljährigen Schülern, die in § 1603 Abs. 2 Satz 2 BGB minderjährigen Kindern gleichgestellt sind, wird der Sockelbetrag bis zum notwendigen Selbstbehalt (880 €/1.080 €) herabgesetzt, wenn der Bedarf der Kinder andernfalls nicht gedeckt werden kann.

14. Verrechnung des Kindergeldes

Das Kindergeld mindert im Umfang des § 1612 b BGB den Bedarf des minderjährigen und volljährigen Kindes.

Ehegattenunterhalt

15. Unterhaltsbedarf

15.1 Bei der Bedarfsbemessung ist das eheprägende Einkommen zu berücksichtigen. Umstände, die auch bei fortbestehender Ehe eingetreten wären und Umstände, die bereits in anderer Weise in der Ehe angelegt und mit hoher Wahrscheinlichkeit zu erwarten waren, sind zu berücksichtigen. Eine Einkommensreduzierung ist dann unbeachtlich, wenn sie auf einem unterhaltsrechtlich vorwerfbaren Verhalten beruht. Beim Unterhaltsberechtigten ist zusätzlich § 1573 Abs. 4 BGB zu berücksichtigen. Unerwartete, nicht in der Ehe angelegte Steigerungen des Einkommens des Verpflichteten (insbesondere aufgrund eines Karrieresprungs) bleiben unberücksichtigt, es sei denn, sie dienen zum Ausgleich des hinzutretenden Bedarfs weiterer Unterhaltsberechtigter. Es ist von einem Mindestbedarf auszugehen, der nicht unter 880 € abzüglich etwaiger Synergieeffekte durch Zusammenleben mit einem leistungsfähigen Partner liegen darf.

15.2 Es gilt der Halbteilungsgrundsatz, wobei jedoch Erwerbseinkünfte nur zu 6/7 zu berücksichtigen sind (Abzug von 1/7 Erwerbstätigenbonus vom bereinigten Nettoeinkommen). Leistet ein Ehegatte auch Unterhalt für ein Kind, so wird sein Einkommen vor Ermittlung des Erwerbstätigenbonus um den Zahlbetrag (i.d.R. Tabellenbetrag abzüglich des bedarfsmindernd anzurechnenden Kindergeldes) bereinigt. Erbringt der Verpflichtete sowohl Bar- als auch Betreuungsunterhalt, so gilt Nr. 10.3.

15.3 Bei sehr guten Einkommensverhältnissen des Pflichtigen kommt eine konkrete Bedarfsberechnung in Betracht.

15.4 Werden Altersvorsorge-, Kranken- und Pflegeversicherungskosten vom Berechtigten gesondert geltend gemacht oder vom Verpflichteten bezahlt, sind diese vom dem Einkommen des Pflichtigen vorweg abzuziehen. Altersvorsorgeunterhalt wird nur geschuldet, soweit der Elementarunterhalt gedeckt ist. Der Vorwegabzug unterbleibt, soweit nicht verteilte Mittel zur Verfügung stehen, z.B. durch Anrechnung nicht prägenden Einkommens des Berechtigten auf seinen Bedarf.

15.5 Bei Wiederverheiratung des Unterhaltsverpflichteten oder bei Berechtigten nach § 1615l BGB bemisst sich der Unterhaltsbedarf des geschiedenen Ehegatten nach den ehelichen Lebensverhältnissen ohne Berücksichtigung der nachehelich entstandenen Unterhaltspflichten. Die unterschiedliche Rangfolge der Ansprüche nach § 1609 Nr. 2 und 3 BGB ist erst im Rahmen der Prüfung der Leistungsfähigkeit zu berücksichtigen. Die sogenannte Drittelmethode kann im Rahmen der Leistungs-

fähigkeit und Mangelverteilung zur Anwendung kommen, wenn der Unterhaltsanspruch des ersten Ehegatten nicht vorrangig ist.

15.6 Trennungsbedingter Mehrbedarf kann berücksichtigt werden, wenn der Berechtigte oder der Verpflichtete über zusätzliches nicht prägendes Einkommen verfügen, das die Zahlung des nach dem prägenden Einkommen berechneten Unterhalts sowie des trennungsbedingten Mehrbedarfs erlaubt.

15.7 Nach der Scheidung der Ehe ist in der Regel zunächst der eheangemessene Unterhalt weiterzuzahlen, eine sofortige Befristung wird bis auf Ausnahmefälle nicht in Betracht kommen. Dem berechtigten Ehegatten ist in der Regel eine auch unter Berücksichtigung der Ehedauer angemessene Übergangsfrist einzuräumen, binnen derer er sich auf die nicht an den ehelichen Lebensverhältnissen ausgerichteten neuen Verhältnissen einstellen kann.

Für die Befristung des nachehelichen Unterhalts kommt es nach § 1578 b BGB maßgeblich darauf an, ob ehebedingte Nachteile eingetreten sind oder eine Befristung unter Berücksichtigung der Dauer der Ehe unbillig wäre. Sind ehebedingte Nachteile vorhanden, die aus tatsächlichen Gründen nicht mehr ausgeglichen werden können, kommt eine Herabsetzung, nicht jedoch eine Befristung in Betracht. Auch nach Herabsetzung muss dem berechtigten Ehegatten nach Anrechnung eigener eventuell auch fiktiver Einkünfte der Betrag zur Verfügung stehen, den er ohne einen ehebedingten Nachteil zur Verfügung hätte.

Der Ehegattenunterhalt ist nicht auf den Ausgleich ehebedingter Nachteile beschränkt. Wenn und soweit solche fehlen, ist über eine Herabsetzung auf den angemessenen Lebensbedarf oder eine Befristung unter Berücksichtigung des jeweiligen Maßes an fortwirkender nachehelicher Solidarität und der Ehedauer im Wege einer umfassenden Billigkeitsabwägung zu entscheiden. Dem Gedanken der nachehelichen Solidarität ist besonders Rechnung zu tragen, wenn Unterhalt wegen Krankheit geschuldet wird.

Die Beweislast für die Umstände, aus denen die Unbilligkeit der Fortzahlung des Unterhalts resultiert, trägt der Verpflichtete. Hinsichtlich der Tatsache, dass ehebedingte Nachteile nicht entstanden sind, trifft den Unterhaltsberechtigten jedoch eine sekundäre Darlegungslast. Er muss substantiiert vortragen, welche konkreten ehebedingten Nachteile entstanden sein sollen. Behauptet der Berechtigte einen beruflichen Aufstieg, muss er insbesondere darlegen, aufgrund welcher Umstände er eine entsprechende Karriere gemacht hätte.

Der Betreuungsunterhalt nach § 1570 BGB ist nicht nach § 1578b BGB zu befristen.

16. Bedürftigkeit

Eigene Einkünfte des Berechtigten sind auf den Bedarf anzurechnen, wobei das bereinigte Nettoerwerbseinkommen um den Erwerbstätigenbonus von 1/7 zu vermindern ist. Bei einer Bedarfsermittlung nach den konkreten Verhältnissen ist eigenes Erwerbseinkommen des Unterhaltsberechtigten zur Ermittlung der Bedürftigkeit nicht gekürzt um einen Erwerbstätigenbonus, sondern in vollem Umfang auf den Bedarf anzurechnen.

17. Erwerbsobliegenheit

17.1 Bei Kindesbetreuung besteht bis zur Vollendung des dritten Lebensjahres eines gemeinschaftlichen Kindes keine Erwerbsobliegenheit. Gleichwohl erzieltes Erwerbseinkommen ist überobligatorisch und nach den Umständen des Einzelfalls zu berücksichtigen. Nach Vollendung des dritten Lebensjahres des Kindes kommt es bei Beurteilung der Frage, ob und inwieweit der betreuende Ehegatte bei einer bestehenden Betreuungsmöglichkeit auf eine Erwerbstätigkeit verwiesen werden kann, auf die Verhältnisse des Einzelfalls an. Bei besonderer Betreuungsbedürftigkeit des Kindes oder bei nicht vorhandener oder nur unzureichender Fremdbetreuung (kindbezogene Gründe, § 1570 Abs. 1 Satz 2 BGB) kommt ein Unterhaltsanspruch auch nach Vollendung des dritten Lebensjahres des Kindes in Betracht. Eine Erwerbstätigkeit kann aus Gründen der nachehelichen Solidarität ganz oder teilweise unbillig erscheinen. Hierbei sind das in der Ehe gewachsene Vertrauen in die vereinbarte und praktizierte Rollenverteilung und die gemeinsame Ausgestaltung der Kinderbetreuung sowie die Dauer der Ehe zu berücksichtigen (elternbezogene Gründe, § 1570 Abs. 2 BGB). Die Erwerbsobliegenheit beurteilt sich auch danach, ob eine Erwerbstätigkeit neben der Betreuung des Kindes zu einer unzumutbaren Belastung führen würde. Die Darlegungs- und Beweislast für die Umstände, die einer vollen oder teilweisen Erwerbsobliegenheit ab Vollendung des dritten Lebensjahres des Kindes entgegenstehen, trifft den betreuenden Ehegatten. Dies gilt auch, wenn ein Titel über den Basisunterhalt nach § 1570 Abs. 1 Satz 1 BGB abgeändert werden soll.

Der Anspruch auf Betreuungsunterhalt richtet sich beim nichtehelichen Kind nach denselben Grundsätzen wie beim ehelichen Kind.

17.2 In der Regel besteht für den Berechtigten im ersten Jahr nach der Trennung keine Obliegenheit zur Aufnahme oder Ausweitung einer Erwerbstätigkeit.

Weitere Unterhaltsansprüche

18. Ansprüche nach § 1615 l BGB

Der Bedarf nach § 1615 l BGB bemisst sich nach der Lebensstellung des betreuenden Elternteils. Er beträgt mindestens 880 €, bei Erwerbstätigkeit mindestens 1.080 €.

19. Elternunterhalt

Der Bedarf bemisst sich nach der eigenen Lebensstellung des unterhaltsberechtigten Elternteils. Auch bei bescheidenen wirtschaftlichen Verhältnissen ist die Untergrenze des Bedarfs so zu bemessen, dass das Existenzminimum sichergestellt wird. Bei einem Heimaufenthalt wird der Bedarf durch die dadurch anfallenden Kosten einschließlich der für die privaten Bedürfnisse gewährten Leistungen nach dem SGB XII bestimmt (vgl. Nr. 2.9).

Der Wohnvorteil durch mietfreies Wohnen im eigenen Heim ist bei der Inanspruchnahme auf Elternunterhalt nicht mit der bei einer Fremdvermietung erzielbaren objektiven Marktmiete, sondern auf der Grundlage der unter den gegebenen Verhältnissen ersparten Miete zu bemessen.

20. Lebenspartnerschaft

Bei Getrenntleben oder Aufhebung der Lebenspartnerschaft gelten §§ 12, 16 LPartG.

Leistungsfähigkeit und Mangelfall

21. Selbstbehalt des Verpflichteten

21.1 Es ist zu unterscheiden zwischen dem notwendigen (§ 1603 Abs. 2 BGB), dem angemessenen (§ 1603 Abs. 1 BGB) sowie dem eheangemessenen Selbstbehalt (§§ 1361 Abs. 1, 1578 Abs. 1 BGB).

21.2 Für Eltern gegenüber minderjährigen Kindern und diesen nach § 1603 Abs. 2 BGB gleichgestellten Kindern (»privilegierte Volljährige«) gilt im Allgemeinen der notwendige Selbstbehalt als unterste Grenze für die Inanspruchnahme. Er beträgt
– beim dauerhaft Nichterwerbstätigen 880 €
– beim Erwerbstätigen 1.080 €.
Hierin sind Kosten für Unterkunft und Heizung in Höhe von 380 € enthalten.

21.3 Im Übrigen gilt beim Verwandtenunterhalt der angemessene Selbstbehalt.

21.3.1 Er beträgt gegenüber nicht privilegierten, volljährigen Kindern, die eine wirtschaftliche Selbständigkeit noch nicht erlangt haben, 1.300 €. Hierin sind Kosten für Unterkunft und Heizung in Höhe von 480 € enthalten.

21.3.2 Gegenüber Anspruchsberechtigten nach § 1615 l BGB entspricht der Selbstbehalt dem eheangemessenen Selbstbehalt (vgl. Nr. 21.4)

21.3.3 Gegenüber Eltern und volljährigen Kindern, die eine wirtschaftliche Selbständigkeit bereits erlangt hatten, beträgt er mindestens 1.800 €, wobei die Hälfte des diesen Mindestbetrag übersteigenden Einkommens zusätzlich anrechnungsfrei bleibt.

Im Selbstbehalt sind Kosten für Unterkunft und Heizung in Höhe von 480 € enthalten.

21.3.4 Gegenüber Enkeln gelten dieselben Beträge wie unter 21.3.3.

21.4 Gegenüber Ehegatten und geschiedenen Ehegatten gilt grundsätzlich der eheangemessene Selbstbehalt (§§ 1361, 1578 BGB). Im Regelfall beträgt dieser für den Nichterwerbstätigen und Erwerbstätigen 1.200 €. Hierin sind 430 € für Unterkunft und Heizung enthalten. Er ist nach unten durch den notwendigen Selbstbehalt und nach oben durch den angemessenen Selbstbehalt begrenzt.

21.5 Der Selbstbehalt kann im Einzelfall angemessen abgesenkt oder erhöht werden. Er soll insbesondere dann erhöht werden, wenn die Kosten der Unterkunft und Heizung den im jeweiligen Selbstbehalt enthaltenen Betrag überschreiten und nicht unangemessen sind.

Lebt der Unterhaltspflichtige mit einem leistungsfähigen Partner in Haushaltsgemeinschaft, kommt eine Haushaltsersparnis in Betracht, in der Regel 10 % des jeweils maßgeblichen Selbstbehalts. Untergrenze ist der Sozialhilfesatz.

22. Bedarf des mit dem Pflichtigen zusammenlebenden Ehegatten

22.1 Ist bei Unterhaltsansprüchen des nachrangigen geschiedenen Ehegatten der Unterhaltspflichtige verheiratet, werden für den mit ihm zusammenlebenden, nicht erwerbstätigen oder erwerbstätigen Ehegatten mindestens 960 € angesetzt.

22.2 Ist bei Unterhaltsansprüchen von nicht privilegierten volljährigen Kindern der Unterhaltspflichtige verheiratet, werden für den mit ihm zusammenlebenden, nicht erwerbstätigen oder erwerbstätigen Ehegatten mindestens 1.040 € angesetzt.

22.3 Sind bei Unterhaltsansprüchen der Eltern und Enkel das unterhaltspflichtige Kind bzw. der unterhaltspflichtige Großelternteil verheiratet, werden für den mit ihm zusammenlebenden, nicht erwerbstätigen oder erwerbstätigen Ehegatten mindestens 1.440 € angesetzt.

23. Bedarf des vom Pflichtigen getrennt lebenden oder geschiedenen Ehegatten

23.1. Der Bedarf des vom Unterhaltspflichtigen getrennt lebenden oder geschiedenen Ehegatten bei Ansprüchen des nachrangigen, geschiedenen Ehegatten beträgt mindestens 1.200 €.

23.2 Der Bedarf des vom Unterhaltspflichtigen getrennt lebenden oder geschiedenen Ehegatten bei Ansprüchen nicht privilegierter volljähriger Kinder beträgt mindestens 1.300 €.

23.3 Der Bedarf des vom Unterhaltspflichtigen getrennt lebenden oder geschiedenen Ehegatten bei Ansprüchen von Eltern oder Enkeln beträgt mindestens 1.800 €.

24. Mangelfall

24.1 Ein absoluter Mangelfall liegt vor, wenn das Einkommen des Verpflichteten zur Deckung seines notwendigen Selbstbehalts und der gleichrangigen Unterhaltsansprüche nicht ausreicht. Zur Feststellung des Mangelfalls entspricht der einzusetzende Bedarf für minderjährige und diesen nach § 1603 Abs. 2 Satz 2 BGB gleichgestellten Kindern dem Zahlbetrag (z.B. Tabellenbetrag abzüglich des bedarfsmindernd anzurechnenden Kindesgeldes).

24.2 Die Einsatzbeträge im Mangelfall belaufen sich bei minderjährigen und diesen nach § 1603 Abs. 2 Satz 2 BGB gleichgestellten Kindern auf den Zahlbetrag nach der jeweiligen Einkommensgruppe der Düsseldorfer Tabelle, für den zum Barunterhalt verpflichteten Elternteil bei Nichterwerbstätigen auf 880 €, bei Erwerbstätigen auf 1.080 €. Anrechenbares Einkommen des Unterhaltsberechtigten ist vom Einsatzbetrag abzuziehen.

24.3 Die nach Abzug des Selbstbehalts des Unterhaltspflichtigen verbleibende Verteilungsmasse ist anteilig auf alle gleichrangigen Unterhaltsberechtigten im Verhältnis ihrer Unterhaltsansprüche zu verteilen.

Die prozentuale Kürzung berechnet sich nach der Formel: $K = V : S \times 100$
K = prozentuale Kürzung

S = Summe der Einsatzbeträge aller Berechtigten

V = Verteilungsmasse (Einkommen des Verpflichteten abzüglich Selbstbehalt)
Der proportional gekürzte Unterhalt ergibt sich aus der Multiplikation mit dem Einsatzbetrag.

24.4 Für die Kindergeldverrechnung gilt § 1612 b BGB.

24.5 Das im Rahmen der Mangelfallberechnung gewonnene Ergebnis ist auf seine Angemessenheit zu überprüfen.

Sonstiges

25. Rundung

Der Unterhaltsbetrag ist auf volle Euro aufzurunden.

Hamm I **153**

LL-Strkt

KG

Brdbg

Brschw

Brem

Celle

Dresd

Düss

Ffm

Hbg

Jena

Kblz

Köln

Naumbg

Oldbg

Rstk

Schlesw

SüdL

Empf
Sozhi

Anhang

Stand: 1.8.2015

I.   Düsseldorfer Tabelle

s. S. 5

Anhang: Tabelle Zahlbeträge

Die folgenden Tabellen enthalten die sich nach Abzug des jeweiligen Kindergeldanteils (hälftiges Kindergeld bei Minderjährigen, volles Kindergeld bei Volljährigen) ergebenden Zahlbeträge. Bei der Anwendung des § 1612 b Abs. 1 BGB ist für die Zeit bis zum 31.12.2015 Kindergeld von monatlich 184 EUR für erste und zweite Kinder, 190 EUR für dritte Kinder und 215 EUR für das vierte und jedes weitere Kind maßgeblich.

s. S. 10

II.   Umrechnung dynamischer Titel nach § 36 Nr. 3 EGZPO

Die Umrechnung dynamischer Titel über Kindesunterhalt nach § 36 Nr. 3 EGZPO erfolgt gemäß der Anmerkung E (Übergangsregelung) zur Düsseldorfer Tabelle, Stand 1.1.2013.

s. S. 9

---

k)   OLG Hamm

Leitlinien des Oberlandesgerichts Hamm zum Unterhaltsrecht
Stand: 1. August 2015

Vorbemerkung

Die Leitlinien sind von den Familiensenaten des Oberlandesgerichts Hamm erarbeitet worden, um eine möglichst einheitliche Rechtsprechung im gesamten OLG-Bezirk zu erzielen. Sie stellen keine verbindlichen Regeln dar – das verbietet sich schon mit Rücksicht auf die richterliche Unabhängigkeit – und sollen dazu beitragen, angemessene Lösungen zu finden, ohne den Spielraum einzuengen, der erforderlich ist, um den jeweiligen Besonderheiten des Einzelfalls gerecht zu werden.

Die Bedarfssätze/Tabellenbeträge der Düsseldorfer Tabelle sind zum 01.08.2015 aufgrund des erhöhten Mindestbedarfs geändert worden. Dies ist der Grund für die im Übrigen unveränderten neuen Leitlinien. Zwar ist auch das Kindergeld erhöht worden, und zwar rückwirkend zum 1.1.2015. Gemäß § 8 Abs. 3 des Gesetzes zur Anhebung des Grundfreibetrags, des Kinderfreibetrags und des Kinderzuschlags ist allerdings bei der Anwendung von § 1612b Abs. 1 BGB für die Zeit bis zum 31.12.2015 weiterhin das Kindergeld in bisheriger Höhe maßgebend.

Unterhaltsrechtliches Einkommen

1.   Geldeinnahmen

1.1 Auszugehen ist von einem durchschnittlichen **Jahresbruttoeinkommen** einschließlich Urlaubs- und Weihnachtsgeld sowie sonstigen Zuwendungen, auch Sachbezügen und Gewinnbeteiligungen.

1.2 Höhere **einmalige Zuwendungen** (z.B. Jubiläumsulagen) können auf einen längeren Zeitraum verteilt werden. **Abfindungen** sind regelmäßig auf einen angemessenen Zeitraum zur Aufrechterhaltung eines angemessenen Lebensstandards umzulegen. Grundsätzlich sind Abfindungen bei der Aufnahme einer neuen Arbeitsstelle mit dauerhaft geringerem Einkommen bis zur Höchstgrenze des Bedarfs aufgrund des früheren Einkommens sowohl beim Kindes- als auch beim Ehegattenunterhalt für den Unterhalt zu verwenden; ob eine Aufstockung bis zum bisherigen Einkommen unter vollständiger Aufrechterhaltung des bisherigen Lebensstandards geboten ist, beurteilt sich nach den Umständen des Einzelfalls, insbesondere der beim Pflichtigen zu erwartenden weiteren Einkommensentwicklung. Beim Ehegattenunterhalt gilt dies nicht, soweit der Abfindungsbetrag bereits güterrechtlich Berücksichtigung gefunden hat.

1.3 **Überstundenvergütungen** sind Einkommen, wenn die Überstunden entweder in geringem Umfang anfielen oder berufstypisch sind. Vergütungen für Überstunden, die deutlich über dieses übliche Maß hinausgehen, sind nach Billigkeitsgesichtspunkten und unter Berücksichtigung der Umstände des Einzelfalles sowie des in § 1577 Abs. 2 BGB zum Ausdruck kommenden Rechtsgedankens anzurechnen. Beim Ehegattenunterhalt sind Überstundenvergütungen nach vorstehender Maßgabe bedarfsbestimmend zu berücksichtigen, wenn sie bereits die intakten Lebensverhältnisse mitgeprägt haben.

Die gleichen Erwägungen gelten für Einkünfte aus einer **Nebentätigkeit**, die neben einer vollschichtigen Erwerbstätigkeit ausgeübt wird. In Fällen gesteigerter Unterhaltsverpflichtung (§ 1603 Abs. 2 BGB) kann es dem Pflichtigen obliegen, zur Deckung des Mindestunterhalts Überstunden zu leisten und/oder eine Nebentätigkeit auszuüben, soweit dies <u>möglich und</u> zumutbar ist, jedoch nicht über die Grenzen der §§ 3 und 6 ArbZG hinaus.

1.4 Über die Anrechenbarkeit von **Auslösungen** und **Spesen** ist nach Maßgabe des Einzelfalls zu entscheiden. Im Zweifel kann davon ausgegangen werden, dass eine Ersparnis eintritt, die mit einem Drittel der Nettobeträge zu bewerten und insoweit dem anrechenbaren Einkommen zuzurechnen ist.

1.5 (1) Einkommen aus **selbständiger Tätigkeit** ist an Hand der Gewinn- und Verlustrechnungen bzw. der Einnahmen-Überschuss-Rechnungen zu ermitteln. Zur Ermittlung der laufenden und zukünftigen Einkünfte ist auf einen mehrjährigen Zeitraum abzustellen; in der Regel sind hierzu drei Jahre ausreichend, während bei erheblichem Einkommensrückgang oder Anhaltspunkten für Manipulationen zur Überprüfung weitere Jahrgänge einbezogen werden können. In diesem Zusammenhang kann den Entnahmen eine Indizwirkung zukommen. Für die Vergangenheit ist von den in den jeweiligen Jahren erzielten Einkünften auszugehen. <u>Eine Durchschnittsberechnung über den Zeitraum, für den Unterhalt verlangt wird, ist möglich.</u>

(2) Lineare Abschreibungen (AfA) von Wirtschaftsgütern sind regelmäßig als gewinnmindernd anzuerkennen. Hinsichtlich des Umfanges der Abschreibungen haben die von der Finanzverwaltung herausgegebenen AfA-Tabellen die Vermutung der Richtigkeit für sich. Soweit Abschreibungen unterhaltsrechtlich nicht anerkannt werden, kommt die Berücksichtigung der Tilgungsleistungen in Betracht.

1.6 Einnahmen aus **Vermietung und Verpachtung** und aus **Kapitalvermögen**

1.6.1 Einnahmen aus Vermietung und Verpachtung sind – vermindert um die Aufwendungen zur Finanzierung und Erhaltung des Objektes – Einkommen. Die Berücksichtigungsfähigkeit von Tilgungsleistungen richtet sich nach den Umständen des Einzelfalles. AfA-Beträge sind für Gebäude regelmäßig nicht abzusetzen.

1.6.2 Einnahmen aus Kapitalvermögen sind nach Abzug der Werbungskosten als Einkommen zu berücksichtigen.

1.7 **Steuererstattungen bzw. Steuernachzahlungen** sind grundsätzlich auf das Zahlungsjahr umzulegen (sog. In-Prinzip); <u>insbesondere</u> bei Selbständigen und Gewerbetreibenden kann es sich allerdings zum Zwecke der Entzerrung empfehlen, die für

das jeweilige Kalenderjahr veranlagten Steuern anzusetzen (sog. Für-Prinzip). Es besteht die Obliegenheit, mögliche Steuervorteile in Anspruch zu nehmen. Dies gilt für das steuerliche Realsplitting nur, soweit die Unterhaltsverpflichtung auf einem Anerkenntnis oder rechtskräftiger Verurteilung beruht oder freiwillig erfüllt wird.

1.8 Sonstige Einnahmen (z.B. Trinkgelder).

2. Sozialleistungen

2.1 **Arbeitslosengeld** (§ 117 SGB III), **Krankengeld, Krankentagegeld** und **Übergangsgeld** (§ 24 SGB II) sind Einkommen.

2.2 **Arbeitslosengeld II** (§§ 19 – 32 SGB II) ist Einkommen bei dem Verpflichteten; bei dem Berechtigten dagegen nicht. Allerdings kann die Geltendmachung rückständigen Unterhalts neben bereits gewährtem Arbeitslosengeld II ausnahmsweise treuwidrig sein, wenn dies wegen eines gesetzlichen Ausschlusses des Anspruchsüberganges auf den Leistungsträger (§ 33 Abs. 2 SGB II) zu einer doppelten Befriedigung des Berechtigten führen würde.

2.3 **Wohngeld** ist Einkommen, soweit es nicht erhöhte Wohnkosten deckt.

2.4 **BAföG-Leistungen** sind mit Ausnahme von Vorausleistungen nach §§ 36, 37 BAföG Einkommen. Das gilt in der Regel auch dann, wenn sie als Darlehn gewährt werden.

2.5 **Elterngeld** ist als Einkommen zu behandeln; für den Mindestbetrag von monatlich 300 € bzw. im Fall des § 6 S. 2 BEEG von monatlich 150 € gilt dies nur ausnahmsweise (§ 11 S. 4 BEEG).

2.6 **Unfall- und Versorgungsrenten** sowie Übergangsgelder aus der Unfall- bzw. Rentenversicherung sind Einkommen.

2.7 Leistungen aus der **Pflegeversicherung, Blindengeld und ähnliche Sozialleistungen** sind Einkommen, wobei § 1610a BGB zu beachten ist.

2.8 **Pflegegeld** nach dem PflegeversicherungG (§§ 37 ff SGB XI), das an den Pflegenden weitergeleitet wird, ist nur unter den Voraussetzungen des § 13 Abs. 6 SGB XI Einkommen. Pflegegeld nach § 64 SGB XII für eigene schwerbehinderte Kinder und nach § 39 SGB VIII für die Aufnahme fremder Kinder ist mit seinem im Einzelfall zu bemessenden Vergütungsanteil Einkommen.

2.9 Leistungen zur **Grundsicherung** nach den §§ 41 – 43 SGB XII sind Einkommen beim Verwandtenunterhalt.

2.10 Sonstige **Sozialhilfe** (SGB XII) ist in der Regel kein Einkommen. Bei der Geltendmachung rückständigen Unterhalts und Ausschluss des Anspruchsüberganges (§ 94 Abs. 3 SGB XII) gilt Nr. 2.2 (Satz 2) entsprechend.

Hamm | 155

LL-Strkt
KG
Brdbg
Brschw
Brem
Celle
Dresd
Düss
Ffm
Hbg
Hamm
Jena
Kblz
Köln
Naumbg
Oldbg
Rstk
Schlesw
SüdL
Empf
Sozhi

2.11 Für **Leistungen nach dem Unterhaltsvorschussgesetz** gelten die Ausführungen unter Nr. 2.2 und 2.10.

3. Kindergeld / Kindergeldanrechnung

(1) Das staatliche **Kindergeld** zählt nicht zum bedarfsprägenden Einkommen der Eltern. Es mindert den Barbedarf des Kindes in voller Höhe bzw. in Höhe der Hälfte des Kindergeldbetrages, wenn ein Elternteil seine Unterhaltspflicht gegenüber einem minderjährigen Kind durch Betreuung erfüllt – § 1612b Abs.1 BGB (siehe dazu die Kindergeldanrechnungstabelle in Anhang II). Von der Anrechnung auf den Bedarf des Kindes ausgenommen ist der sog. Zählkindervorteil (§ 1612b Abs. 2 BGB). Das volljährige Kind hat im Fall des § 1612b Abs.1 Nr.2 BGB gegen den Empfänger des Kindergeldes Anspruch auf Auszahlung, soweit dies nicht zur Deckung seines Bedarfs verwendet wird.

(2) Kinderzulagen und Kinderzuschüsse zur Rente sind, wenn die Gewährung des staatlichen Kindergeldes entfällt, in Höhe des fiktiven Kindergeldes wie Kindergeld zu behandeln (§ 4 BKGG, § 65 EStG, § 270 SGB VI, § 1612c BGB).

4. Geldwerte Zuwendungen des Arbeitgebers

Geldwerte Zuwendungen des Arbeitgebers aller Art, z.B. Firmenwagen oder freie Kost und Logis, sind Einkommen, soweit sie entsprechende Aufwendungen ersparen. Die hierfür steuerlich in Ansatz gebrachten Beträge bieten einen Anhaltspunkt für die Bewertung des geldwerten Vorteils.

5. Wohnwert

5.1 Der **Vorteil des mietfreien Wohnens** im eigenen Haus oder in der Eigentumswohnung – Wohnvorteil – ist als wirtschaftliche Nutzung des Vermögens wie Einkommen zu behandeln.

5.2 (1) Beim **Ehegattenunterhalt** ist während der Trennungszeit bis zur endgültigen Vermögensauseinandersetzung oder bis zum endgültigen Scheitern der Ehe – also in der Regel bis zur Rechtshängigkeit des Scheidungsantrags – der Wohnvorteil des bleibenden Ehegatten entsprechend der nur noch eingeschränkten Nutzung mit dem sog. **angemessenen Wohnwert** anzusetzen. Dieser richtet sich nach dem Mietpreis (Nettokaltmiete) auf dem örtlichen Wohnungsmarkt für eine den ehelichen Lebensverhältnissen angemessene kleinere Wohnung. Die gemäß § 556 BGB nicht umlagefähigen Betriebskosten (z.B. Kosten für die Verwaltung und Geldverkehr) und die erforderlichen – konkreten – Instandhaltungskosten mindern den angemessenen Wohnwert. (Zu den Finanzierungslasten s. Nr. 5.4).

(2) Ebenso berechnet sich der Wohnwert in dieser Phase für den **Kindesunterhalt**; nur in eng begrenz-

ten Ausnahmefällen kann im Hinblick auf § 1603 Abs. 2 BGB der Ansatz des objektiven Wohnwerts (Nr. 5.3) geboten sein.

5.3 Nach der endgültigen Vermögensauseinandersetzung oder dem endgültigen Scheitern der Ehe richtet sich der Wohnvorteil im Ehegattenunterhalt bei der Bedarfsbemessung (§ 1578 BGB) nach dem **objektiven** oder **vollen Mietwert** (Marktmiete) unter Abzug der unter Nr. 5.2 genannten Belastungen. Eine Ausnahme kommt in Betracht, wenn dem in der Wohnung verbliebenen Ehegatten eine andere Verwertung der Wohnung, insbesondere durch seinen Auszug noch nicht möglich oder zumutbar ist. Nach der Veräußerung des Familienheimes treten die tatsächlichen bzw. die erzielbaren Einkünfte aus dem Erlös an die Stelle des Wohnwertes, ohne auf diesen beschränkt zu sein.

5.4 (1) **Finanzierungslasten** (Immobiliendarlehen) mindern den Wohnwert, soweit sie tatsächlich durch Ratenzahlungen bedient werden. Für die Berechnung des Ehegattenunterhalts bis zum endgültigen Scheitern der Ehe sind Ratenzahlungen in aller Regel mit Zins und Tilgung zu berücksichtigen.

(2) Nach dem endgültigen Scheitern der Ehe mindern **Zinszahlungen** weiterhin den Wohnwert. Für die Berücksichtigungsfähigkeit von **Tilgungsleistungen** kommt es auf die Umstände des Einzelfalls an, insbesondere auf die Frage, ob Miteigentum an der Immobilie besteht, ob einseitige Vermögensbildung betrieben wird, ob eine Streckung/Aussetzung der Tilgung möglich und zumutbar ist, ohne dass eine Zwangsversteigerung droht. Soweit Tilgungsleistungen danach unberücksichtigt bleiben, können sie unter dem Gesichtspunkt der sekundären Altersvorsorge (Nr. 10.1) gleichwohl vom Einkommen abzuziehen sein. Im Einzelfall kann zu prüfen sein, ob eine Obliegenheit zur Vermögensumschichtung durch Verkauf der Immobilie besteht. Dabei ist allerdings zu beachten, dass selbst genutztes Immobilieneigentum nach § 90 Abs. 2 Nr. 8 SGB XII zum geschützten Vermögen gehört.

(3) Beim **Kindesunterhalt** gilt für die Berücksichtigung der Finanzierungslasten im Rahmen des § 1603 Abs. 1 BGB ein großzügigerer, im Anwendungsbereich des § 1603 Abs. 2 BGB hingegen ein strengerer Maßstab. Im absoluten Mangelfall sind Tilgungsleistungen in der Regel nicht zu berücksichtigen, es sei denn, eine Tilgungsstreckung ist ausgeschlossen. Vgl. im Übrigen Nr. 21.5.

6. Haushaltsführung / Zusammenleben

6.1 Für die **unentgeltliche Führung des Haushalts eines leistungsfähigen Dritten**, insbesondere eines neuen Partners, ist eine angemessene Vergütung zu fingieren und als Einkommen zu berücksichtigen. Dieses kann im Falle einer Vollversorgung mit Beträgen von 250 € bis 500 € angesetzt werden.

6.2 Das **Zusammenleben in einer häuslichen Gemeinschaft** kann unter dem Gesichtspunkt ersparter Wohn- und Haushaltskosten nach den Umständen des Einzelfalles – bei Leistungsfähigkeit des Partners – die Leistungsfähigkeit steigern. In der Regel kann dieser geldwerte Vorteil für die Gemeinschaft mit bis zu 20 % des Selbstbehalts/Eigenbedarfs bemessen und dem jeweiligen Partner zur Hälfte zugerechnet werden. Vgl. auch Nr. 21.5.

7. Einkommen aus überobligatorischer (unzumutbarer) Erwerbstätigkeit

Einkommen aus überobligatorischer Erwerbstätigkeit kann nach Billigkeit ganz oder teilweise unberücksichtigt bleiben. Vgl. im Übrigen Nr. 1.3, Nr. 10.3 sowie Nr. 17.3.

8. Freiwillige Leistungen Dritter

Freiwillige Leistungen Dritter (z.B. Geldleistungen, Wohnungsgewährung) sind regelmäßig nicht als Einkommen zu berücksichtigen, es sei denn die Berücksichtigung entspricht dem Willen des zuwendenden Dritten. Im Mangelfall kann jedoch bei der Beurteilung der Leistungsfähigkeit bzw. Bedürftigkeit eine Anrechnung derartiger Leistungen auch gegen den Willen des Zuwendenden erwogen werden.

9. Einkommensfiktion

Zum Einkommen können auch Einkünfte zu rechnen sein, die aufgrund einer unterhaltsrechtlichen Obliegenheit erzielt werden müssten, aber tatsächlich nicht erzielt werden.

10. Bereinigung des Einkommens

10.1 In dem jeweiligen Jahr gezahlte **Steuern** auf das Einkommen sind vom Bruttoeinkommen abzuziehen. Auf Nr. 1.7 wird verwiesen. Abzuziehen sind ebenfalls notwendige **Vorsorgeaufwendungen**. Hierzu zählen Aufwendungen für Kranken-, Pflege-, Renten- und Arbeitslosenversicherung. Im Rahmen der Altersvorsorge können über die Aufwendungen für die Grundversorgung (primäre Altersvorsorge) hinaus in angemessenem Umfang tatsächlich geleistete Zahlungen für eine zusätzliche private Altersvorsorge (sekundäre Altersvorsorge) anerkannt werden. Personen, die der gesetzlichen Versicherungspflicht nicht unterliegen, können für ihre primäre Altersversorgung entsprechend dem Aufwand eines nicht Selbständigen in der Regel etwa 20 % des Bruttoeinkommens einsetzen, es sei denn, die Altersvorsorge ist bereits auf andere Weise gesichert. Beim Ehegattenunterhalt ist für die sekundäre Altersvorsorge in der Regel ein Betrag von bis zu 4 % des Gesamtbruttoeinkommens des Vorjahres angemessen, beim Elternunterhalt ein Betrag etwa in Höhe von 5 % und beim Kindesunterhalt in Höhe von bis zu 4 %, soweit der Mindestunterhalt gedeckt

ist. Höhere Altersvorsorgeaufwendungen während der Ehe können ab dem endgültigen Scheitern der Ehe nicht mehr berücksichtigt werden.

10.2 Berufsbedingte Aufwendungen

10.2.1 Notwendige berufsbedingte Aufwendungen von Gewicht mindern das Einkommen, soweit sie konkret dargelegt werden. Werden fiktiv Erwerbseinkünfte zugerechnet, kann für beruflichen Aufwand pauschal ein Abzug von 5 % des Nettoeinkommens vorgenommen werden.

10.2.2 Für **Fahrten von der Wohnung zum Arbeitsplatz** sind – jedenfalls in engen wirtschaftlichen Verhältnissen – in der Regel nur die Kosten öffentlicher Verkehrsmittel absetzbar. Ist die Benutzung öffentlicher Verkehrsmittel unzumutbar, sind die Kosten der PKW-Nutzung in der Regel mit 0,30 € je Kilometer (Formel: Entfernungskilometer x 2 x 0,30 € x 220 Arbeitstage : 12 Monate) abzugsfähig. Wenn die einfache Entfernung über 30 Kilometer hinausgeht, wird empfohlen, die weiteren Kilometer wegen der eintretenden Kostenersparnis nur mit den Betriebskosten von 0,20 €/km anzusetzen. Neben den Fahrtkosten sind regelmäßig keine weiteren Kosten (etwa für Kredite oder Reparaturen) abzugsfähig.

10.2.3 Bei einem Auszubildenden sind in der Regel 90 € als **Ausbildungsaufwand** abzuziehen (Nr. 12.2), soweit dieser Aufwand nicht bereits in dem Bedarfssatz enthalten ist (Nr. 13.1.2).

10.3 Das Einkommen aus einer neben der **Kinderbetreuung** ausgeübten Erwerbstätigkeit kann um den notwendigen, konkret dargelegten Aufwand für die Betreuung des Kindes vermindert werden. Zum Aufwand für die Betreuung des Kindes zählen nicht die Kosten des Kindergartenbesuchs; diese sind Mehrbedarf des Kindes und nach dem Verhältnis der beiderseitigen Einkünfte zwischen den Eltern aufzuteilen (Nr. 12.4). Fallen keine konkreten Betreuungskosten an, kann – sofern besondere Erschwernisse dargelegt werden – ein Teil des Einkommens nach Billigkeitsgrundsätzen entsprechend § 1577 Abs. 2 S. 2 BGB (für den unterhaltsberechtigten Ehegatten vgl. Nr. 17.3) anrechnungsfrei bleiben. Das gilt ebenfalls bei der Prüfung der Frage, ob ein Elternteil auch zum Barunterhalt eines von ihm betreuten Kindes beitragen muss (§ 1603 Abs. 2 S. 3 BGB). Auf Nr. 12.3 wird verwiesen.

10.4 Schulden

10.4.1 (1) Schulden können das anrechenbare Einkommen vermindern. Beim Ehegattenunterhalt sind Verbindlichkeiten zu berücksichtigen, wenn sie schon vor oder während der ehelichen Zusammenlebens eingegangen wurden. Nach der Trennung entstandene Schulden können das anrechenbare Einkommen mindern, wenn sie berücksichtigungswürdig sind.

Hamm | 157

LL-Strkt

KG

Brdbg

Brschw

Brem

Celle

Dresd

Düss

Ffm

Hbg

Hamm

Jena

Kblz

Köln

Naumbg

Oldbg

Rstk

Schlesw

SüdI

Empf
Sozhi

(2) Eine den Billigkeitsgrundsätzen entsprechende Gesamtabwägung der Einzelfallumstände kann es erfordern, dass die jeweils für sich anerkennungsfähigen Verbindlichkeiten nur im Rahmen eines vernünftigen Tilgungsplans in angemessenen Raten (Zinsen und Tilgung) abzugsfähig sind.

10.4.2 Beim Unterhalt für minderjährige und privilegierte volljährige Kinder sind Schulden nach obiger Maßgabe regelmäßig nur dann voll berücksichtigungsfähig, wenn der Mindestunterhalt sichergestellt wird. Andernfalls ist, wenn die Einleitung eines Verbraucherinsolvenzverfahrens nicht möglich oder nicht zumutbar ist, lediglich ein Anwachsen der Verbindlichkeiten zu vermeiden (nur Abzug von Kreditzinsen).

10.5 Zurzeit nicht besetzt.

10.6 **Vermögenswirksame Leistungen** vermindern das Einkommen nicht, soweit sie nicht im Rahmen zulässiger sekundärer Altersvorsorge berücksichtigungsfähig sind (Nr. 10.1). Jedoch sind dem Pflichtigen bzw. Berechtigten in jedem Fall etwaige Zusatzleistungen des Arbeitgebers für die vermögenswirksame Anlage (mit dem Nettobetrag) sowie die staatliche Sparzulage voll zu belassen.

10.7 Notwendige **Kosten des Umgangs** mit Kindern können das Einkommen mindern, wenn ansonsten der notwendige Selbstbehalt unterschritten würde.

Kindesunterhalt

11. Bemessungsgrundlage

Der Unterhaltsbedarf **minderjähriger sowie noch im Haushalt eines Elternteils lebender volljähriger** unverheirateter Kinder ist der Unterhaltstabelle (Düsseldorfer Tabelle) zu entnehmen (siehe Anhang I).

11.1 In den Tabellensätzen sind Beiträge zur Kranken- und Pflegeversicherung nicht enthalten.

11.2 Eingruppierung

11.2.1 Die Tabellensätze sind auf den Fall zugeschnitten, dass der Pflichtige zwei Berechtigten Unterhalt zu gewähren hat, ohne Rücksicht auf deren Rang. Bei einer größeren Anzahl von Berechtigten können Abschläge, bei einer geringeren Anzahl Zuschläge – durch Einstufung in höhere/niedrigere Gruppen – angemessen sein. Eine Eingruppierung in eine höhere Einkommensgruppe setzt jedoch voraus, dass dem Pflichtigen nach Abzug des Kindesunterhalts und des Ehegattenunterhalts bzw. des Unterhalts für Berechtigte nach § 1615l BGB der für die höhere Einkommensgruppe maßgebende Bedarfskontrollbetrag (Nr. 11.2.2) verbleibt.

11.2.2 Der Kindesunterhalt muss in einem angemessenen Verhältnis zu dem Betrag stehen, der dem Pflichtigen nach Abzug des Kindesunterhalts

(Zahlbetrag) und des Ehegattenunterhaltes für den eigenen Bedarf verbleibt (**Bedarfskontrollbetrag**). Wird der Bedarfskontrollbetrag unterschritten, ist der Unterhalt der nächst niedrigeren Einkommensgruppe, deren Bedarfskontrollbetrag gewahrt wird, zu entnehmen.

12. Minderjährige Kinder

12.1 Minderjährige Kinder haben Anspruch auf den Mindestunterhalt nach § 1612a BGB; dem entspricht der Barunterhalt aus der ersten Einkommensgruppe der Unterhaltstabelle in der jeweiligen Altersstufe. Der Betreuungsunterhalt im Sinne des § 1606 Abs. 3 S. 2 BGB entspricht wertmäßig in der Regel dem vollen Barunterhalt.

12.2 Einkommen des Kindes wird hälftig auf seinen Bedarf angerechnet. Die Ausbildungsvergütung ist – nach Kürzung um den ausbildungsbedingten Mehrbedarf (Nr. 10.2.3) – als Einkommen zu behandeln. Zur Kindergeldanrechnung siehe Nr. 3.

12.3 Der Elternteil, der in seinem Haushalt ein minderjähriges unverheiratetes Kind betreut, braucht deshalb (vgl. Nr. 12.1) neben dem anderen Elternteil regelmäßig keinen Barunterhalt zu leisten. Er kann jedoch auch barunterhaltspflichtig sein, wenn sein Einkommen bedeutend höher als das des anderen Elternteils ist oder wenn sein eigener angemessener Unterhaltsbedarf (1.300 €) bei zusätzlicher Leistung auch des Barunterhalts nicht unterschritten wird, während der an sich allein barunterhaltspflichtige Elternteil hierzu ohne Beeinträchtigung seines eigenen angemessenen Unterhaltsbedarfs nicht in der Lage ist (§ 1603 Abs. 2 S. 3 BGB).

12.4 Bei Zusatzbedarf (Verfahrenskostenvorschuss, Mehrbedarf, Sonderbedarf) haften die Eltern grundsätzlich anteilig nach ihren Erwerbs- und Vermögensverhältnissen unter Wahrung ihres Selbstbehalts (vgl. Nr. 13.3.2). Zum Mehrbedarf des Kindes zählen die Kindergartenkosten.

13. Volljährige Kinder

13.1.1 Volljährige Kinder, die noch **im Haushalt der Eltern** oder eines Elternteils leben, erhalten, wenn keine besonderen Umstände vorliegen, den Tabellenbetrag der vierten Altersstufe. Ihr Bedarf bestimmt sich – wenn beide Elternteile barunterhaltspflichtig sind – nach dem zusammengerechneten Einkommen der Eltern aus der Unterhaltstabelle (dazu Nr.11), und zwar ohne Abzug wegen doppelter Haushaltsführung. Diese Grundsätze finden auch auf privilegierte volljährige Kinder (§ 1603 Abs. 2 S. 2 BGB) Anwendung. Zur Kindergeldanrechnung siehe Nr. 3.

13.1.2 Der Bedarf eines **Studenten** beträgt bei auswärtiger Unterbringung in der Regel 670 € (darin sind Kosten für Unterkunft und Heizung bis zu

280 € enthalten). Dieser Bedarfssatz kann auch sonst für ein **Kind** mit **eigenem Hausstand** angesetzt werden. Ein eigener Kranken-bzw. Pflegeversicherungsbeitrag ist in diesem Betrag nicht enthalten. Dagegen sind in dem Bedarfssatz ausbildungs- bzw. berufsbedingte Aufwendungen bis zu einem Betrag von monatlich 90 € enthalten.

13.2 **Einkommen des Kindes**, auch BAföG-Darlehn und Ausbildungsbeihilfen, wird – gekürzt um ausbildungsbedingte Aufwendungen (vgl. Nr.10.2.3) – in voller Höhe auf den Bedarf angerechnet. Überobligationsmäßig erzielte Einkünfte bleiben entsprechend § 1577 Abs. 2 BGB ganz oder teilweise unberücksichtigt.

13.3 **Beiderseitige Barunterhaltspflicht/Haftungsanteil**

13.3.1 Die Haftungsanteile der Eltern (§ 1606 Abs. 3 S. 1 BGB), die für ein **volljähriges Kind** unterhaltspflichtig sind, bestimmen sich nach dem Verhältnis ihrer anrechenbaren Einkommen **grundsätzlich** abzüglich ihres angemessenen Selbstbehalts (1.300 €) und abzüglich der Unterhaltsleistungen an vorrangig Berechtigte.

13.3.2 Für die Unterhaltspflicht gegenüber **privilegierten volljährigen Kindern** i.S.d. § 1603 Abs. 2 S. 2 BGB bemessen sich die Haftungsanteile der Eltern grundsätzlich nach dem Verhältnis ihrer anrechenbaren Einkommen abzüglich ihres angemessenen Selbstbehalts (1.300 €), im Mangelfall abzüglich ihres notwendigen Selbstbehalts (880 € bzw. 1.080 €). Die Barunterhaltspflichten gegenüber minderjährigen Kindern sind auch in diesem Fall vorweg abzuziehen. Hiervon kann im Einzelfall abgesehen werden, wenn der Vorwegabzug zu einem unbilligen Ergebnis führt.

13.3.3 Ein Elternteil hat jedoch in der Regel höchstens den Unterhalt zu leisten, der sich allein nach seinem Einkommen aus der Unterhaltstabelle ergibt.

14. Zur **Anrechnung** des **Kindgeldes** siehe Nr. 3.

Ehegattenunterhalt

15. Unterhaltsbedarf

15.1 (1) Der Anspruch eines Ehegatten wird begrenzt durch den **Bedarf nach den ehelichen Lebensverhältnissen** (§ 1578 BGB). Die ehelichen Lebensverhältnisse werden grundsätzlich durch die Umstände bestimmt, die bis zur Rechtskraft der Ehescheidung eingetreten sind. Umstände, die auch bei fortbestehender Ehe eingetreten wären, und Umstände, die bereits in anderer Weise in der Ehe angelegt und mit hoher Wahrscheinlichkeit zu erwarten waren, sind zu berücksichtigen. Dies gilt für normale absehbare weitere Entwicklungen von Einkünften aus derselben Einkommensquelle, wie für übliche Lohnerhöhungen, sowie einen nicht vor-

werfbaren nachehelichen Einkommensrückgang, etwa durch Arbeitslosigkeit, Eintritt in das gesetzliche Rentenalter oder Krankheit.

(2) Ist der Pflichtige wieder verheiratet, berechnet sich der Bedarf des früheren Ehegatten aufgrund einer fiktiven Besteuerung der Einkünfte des Pflichtigen nach der Grundtabelle, also ohne den Splittingvorteil.

(3) Unterhaltsleistungen, die während der Ehe für Kinder erbracht worden sind, prägen die Ehe und sind daher bei der Bedarfsberechnung grundsätzlich vorweg in Abzug zu bringen. Zu den bei der Bedarfsberechnung zu beachtenden Umständen gehört auch das Hinzutreten weiterer Unterhaltsberechtigter bis zur rechtskräftigen Ehescheidung.

(4) Auch ein Unterhaltsanspruch aus § 1615l BGB, den der betreuende Elternteil eines vor der Rechtskraft der Scheidung geborenen Kindes hat, prägt die ehelichen Lebensverhältnisse.

(5) Dagegen sind die Unterhaltspflichten für ein nach Rechtskraft der Scheidung geborenes Kind, gegenüber dessen betreuenden Elternteil nach § 1615l BGB sowie gegenüber einem späteren Ehegatten bei der Bemessung des Unterhaltsbedarfs nach § 1578 Abs. 1 S.1 BGB nicht zu berücksichtigen.

(6) Der Bedarf eines späteren Ehegatten wird durch die Unterhaltslast des Pflichtigen aus einer früheren Ehe geprägt und gemindert (vgl. Nr. 24.3.3).

(7) Als **Existenzminimum** des unterhaltsberechtigten Ehegatten, kommt – einschließlich evtl. trennungsbedingten Mehrbedarfs – in der Regel ein Betrag von 880 € in Betracht. Bei Vorteilen aus dem Zusammenleben mit einem leistungsfähigen Partner *kann* dieser Betrag herabgesetzt werden.

15.2 Halbteilung, Erwerbstätigenbonus und Berechnungsmethoden

15.2.1 Es gilt der Halbteilungsgrundsatz, wobei jedoch Erwerbseinkünfte nur zu 6/7 zu berücksichtigen sind (Abzug von 1/7 Erwerbstätigenbonus vom bereinigten Einkommen). Besteht Anspruch auf angemessenen Unterhalt (§§ 1361, 1569 ff BGB) und verfügt der Berechtigte nicht über eigenes Einkommen, schuldet der Pflichtige danach in der Regel 3/7 seines verteilungsfähigen Erwerbseinkommens und 1/2 seiner sonstigen anrechenbaren Einkünfte.

15.2.2 Hat der Berechtigte eigenes Erwerbseinkommen, kann er 3/7 des Unterschiedsbetrages zum Erwerbseinkommen des Pflichtigen und 1/2 des Unterschiedsbetrages sonstiger eheprägender Einkünfte beider Ehegatten beanspruchen (**Differenzmethode**). Beim Zusammentreffen von Erwerbseinkommen mit anderen Einkünften empfiehlt sich aus Gründen der Übersichtlichkeit die Anwendung der **Additionsmethode**, die zum gleichen Ergebnis führt

Hamm | 159

LL-Strkt
KG
Brdbg
Brschw
Brem
Celle
Dresd
Düss
Ffm
Hbg
Hamm
Jena
Kblz
Köln
Naumbg
Oldbg
Rstk
Schlesw
SüdL
Empf Sozhi

wie die Differenzmethode (Beispiel zu den Berechnungsmethoden siehe Anhang III).

15.2.3 (1) Nach der **Anrechnungsmethode** zu berücksichtigen sind Einkünfte des Berechtigten aus Vermögen, das in der Ehe nicht für den Lebensunterhalt zur Verfügung stand.

(2) Zu Einkünften des Berechtigten aus überobligatorischer Erwerbstätigkeit wird auf Nr. 17.3 verwiesen.

15.2.4 Bei der Berechnung des **Erwerbstätigenbonus** und der Quote von 3/7 bzw. 1/2 ist von den Mitteln auszugehen, die den Ehegatten nach Vorwegabzug ihrer zu berücksichtigenden Verbindlichkeiten (z.B. Beiträge zur Alters-, Kranken- und Pflegeversicherung, Kredit- und Sparraten, berufsbedingte Aufwendungen) und des Zahlbetrags des Kindesunterhalts noch für den Verbrauch zur Verfügung stehen.

15.3 Bei besonders günstigen wirtschaftlichen Verhältnissen ist in der Regel eine **konkrete Bedarfsberechnung** erforderlich. Einkünfte des Berechtigten sind ohne Erwerbstätigenbonus auf den Bedarf anzurechnen.

15.4 Vorsorgebedarf

15.4.1 Aufwendungen für eine notwendige Kranken- und Pflegeversicherung des berechtigten Ehegatten sowie die Kosten der Altersvorsorge (Altersvorsorgeunterhalt) können zusätzlich verlangt werden. Diese Kosten sind bei der Berechnung der 3/7- bzw. 1/2 Quote vorab vom anrechenbaren Einkommen des Pflichtigen abzuziehen.

15.4.2 Der **Altersvorsorgeunterhalt** (§ 1578 Abs. 3 BGB) wird in Anknüpfung an den dem Berechtigten zustehenden Elementarunterhalt regelmäßig nach der Bremer Tabelle zweistufig berechnet. In Fällen besonders günstiger wirtschaftlicher Verhältnisse und bei Anwendung der Anrechnungsmethode kommt eine einstufige Berechnung in Betracht. Soweit Einkünften des Berechtigten kein Versorgungswert zukommt (z.B. Einkünfte wegen der Versorgung eines neuen Partners), bleiben diese bei der Berechnung des Altersvorsorgeunterhalts unberücksichtigt.

15.4.3 Wegen des Vorrangs des Elementarunterhalts besteht ein Anspruch auf Altersvorsorgeunterhalt nur insoweit, als das Existenzminimum des Berechtigten (vgl. Nr. 15.1 Abs. 7) gedeckt ist.

15.5 Der Bedarf berechnet sich nicht unter Anwendung der so genannten Dreiteilungsmethode. Diese kommt allenfalls im Rahmen der Leistungsfähigkeit und der Mangelverteilung zum Zuge (vgl. Nr. 24.3).

15.6 Konkret geltend gemachter **trennungsbedingter Mehrbedarf** kann darüber hinaus berücksichtigt werden, wenn dieser Bedarf aus zusätzlichen nicht prägenden Einkünften befriedigt werden kann.

15.7 (1) Die Möglichkeit der **Herabsetzung** und/oder **Befristung** des Ehegattenunterhalts nach § 1578b BGB ist als rechtsvernichtende bzw. rechtsbeschränkende Einwendung bei entsprechendem Vortrag des Pflichtigen von Amts wegen zu berücksichtigen. Die dem Pflichtigen obliegende Beweislast wird im Falle eines zu erbringenden Negativbeweises (Fehlen ehebedingter Nachteile) dadurch erleichtert, dass der Berechtigte substantiiert zu den Umständen vorzutragen hat, die in seiner Sphäre liegen. Die Darlegungen müssen so konkret sein, dass die für den Unterhaltsberechtigten seinerzeit vorhandenen beruflichen Entwicklungschancen und seine persönlichen Fähigkeiten, etwa auch anhand vergleichbarer Karrieren, vom Gericht auf ihre Plausibilität überprüft werden können und der Widerlegung durch den Pflichtigen zugänglich sind, wobei die Anforderungen nicht überspannt werden dürfen und den Besonderheiten des Einzelfalls Rechnung tragen müssen.

(2) Im Einzelfall kann der Unterhaltsberechtigte seiner sekundären Darlegungslast genügen, wenn er vorträgt, dass in dem von ihm erlernten oder vor der ehebedingten Berufspause ausgeübten Beruf Gehaltssteigerungen in einer bestimmten Höhe mit zunehmender Berufserfahrung oder Betriebszugehörigkeit üblich seien.

(3) Wird dagegen ein berufliche Aufstieg behauptet, muss der Unterhaltsberechtigte darlegen, aufgrund welcher Umstände (Fortbildungsbereitschaft, besondere Befähigungen, Neigungen oder Talente), eher eine entsprechende Karriere gemacht hätte.

(4) § 1578b BGB ist nicht auf den Ausgleich ehebedingter Nachteile beschränkt. Im Rahmen der umfassenden Billigkeitsabwägung sind sämtliche Umstände (wie z.B. beiderseitige Einkommens- und Vermögensverhältnisse, Vermögenserwerb während der Ehe, Beitrag zur Berufsausbildung des anderen Ehegatten) zu berücksichtigen. Der Ehedauer kommt in diesem Rahmen eine besondere Bedeutung zu. Dies gilt auch für die Bemessung einer Übergangsfrist. Der angemessene Lebensbedarf nach § 1578b Abs. 1 S. 1 BGB kann in der Regel nicht unterhalb des pauschalen billigen Selbstbehalts angesetzt werden und darf das Existenzminimum nicht unterschreiten.

16.   Zurzeit nicht besetzt

17.   Erwerbsobliegenheit/Betreuungsunterhalt/überobligatorisches Einkommen

17.1.1 (1) Die **Erwerbsobliegenheit** des kinderbetreuenden Ehegatten korrespondiert mit dem **Betreuungsunterhalt** nach § 1570 BGB.

(2) Betreut ein Ehegatte ein gemeinschaftliches Kind, das noch nicht drei Jahre alt ist, so besteht keine Verpflichtung, einer Erwerbstätigkeit nach-

zugehen. Der Umfang der danach regelmäßig einsetzenden Erwerbsobliegenheit – eine sogleich vollschichtige Erwerbsobliegenheit wird vielfach nicht in Betracht kommen, da ein abrupter Wechsel vermieden und ein stufenweiser Übergang erfolgen soll – richtet sich nach Billigkeitsgesichtspunkten im Einzelfall, besonders nach dem bestehenden Möglichkeiten der Kinderbetreuung, den Belangen des Kindes (etwa Fremdbetreuungsfähigkeit, physischer und psychischer Gesundheitszustand) und der erfolgten bzw. geplanten Rollenverteilung der Eltern in der Ehe sowie der Dauer ihrer Ehe. Zu berücksichtigen ist auch der Umfang der Belastung durch die neben der Erwerbstätigkeit verbleibende Kindesbetreuung (Gesichtspunkt der gerechten Lastenverteilung).

(3) Derjenige Elternteil, der das Bestehen einer Erwerbsobliegenheit in Abrede stellt, hat die hierfür maßgebenden Umstände konkret und einzelfallbezogen darzulegen und zu beweisen. Dies gilt auch, wenn ein – grundsätzlich nicht zu befristender – Titel über Betreuungsunterhalt nach § 1570 BGB abgeändert werden soll.

17.1.2 Zur Berücksichtigung von Kinderbetreuungskosten siehe Nr. 10.3.

17.2 Im ersten Jahr nach der Trennung besteht für den Berechtigten in der Regel keine Obliegenheit zur Aufnahme oder Ausweitung einer Erwerbstätigkeit.

17.3 Einkünfte aus einer – auch erst nach Trennung/ Scheidung aufgenommenen – **überobligatorischen Erwerbstätigkeit** sind nur mit ihrem unterhaltsrelevanten Anteil in die Differenz- bzw. Additionsberechnung einzustellen. Dieser nach den §§ 1577 Abs. 2, 242 BGB zu bemessende Anteil ergibt sich, indem das Einkommen zunächst um den mit der überobligatorischen Erwerbstätigkeit verbundenen Aufwand (z.B. konkrete Kinderbetreuungskosten, die nicht Mehrbedarf des Kindes sind, vgl. Nr. 10.3) vermindert und sodann ein individuell nach Billigkeitsgesichtspunkten festzusetzender Einkommensteil von den Gesamteinkünften des Berechtigten in Abzug gebracht wird. Der Abzugsbetrag – der nicht unterhaltsrelevante Anteil der Einkünfte des Berechtigten – bleibt bei der Unterhaltsberechnung unberücksichtigt (siehe auch Nr. 7).

Weitere Unterhaltsansprüche

18. Ansprüche aus § 1615l BGB

Der Bedarf der Mutter und des Vaters eines nichtehelichen Kindes (§ 1615l BGB) richtet sich nach der Lebensstellung des betreuenden Elternteils; er beträgt aber in der Regel monatlich mindestens 880 € (ohne Kranken- und Pflegeversicherungskosten, die zusätzlicher Bedarf sein können). Die Inanspruchnahme des Pflichtigen ist durch den Halbteilungsgrundsatz begrenzt. Die Erwerbsobliegenheit des betreuenden Elternteils richtet sich – sinngemäß – nach Nr. 17.1.1.

19. Elternunterhalt

Schulden sind beim Elternunterhalt in der Regel großzügiger zu berücksichtigen als beim Ehegatten- oder Kindesunterhalt (siehe Nr. 10.4). Für ihre Anerkennung spricht es, wenn die Verbindlichkeit eingegangen wurde, bevor eine gegenüber den Eltern eintretende Unterhaltsverpflichtung ersichtlich war. Die dem Pflichtigen zu belassende Vermögensreserve ist gegenüber den Eltern deutlich höher zu bemessen als beim Kindesund Ehegattenunterhalt. Zum Selbstbehalt des Pflichtigen siehe Nr. 21.3.2.

20. Zurzeit nicht besetzt.

Leistungsfähigkeit und Mangelfall

21. Selbstbehalt des Pflichtigen

21.1 Dem Pflichtigen muss nach Abzug der Unterhaltsansprüche der **Selbstbehalt** (Eigenbedarf) verbleiben.

21.2 Notwendiger Selbstbehalt

Der Selbstbehalt des Pflichtigen beträgt im Falle des § 1603 Abs. 2 BGB gegenüber minderjährigen und privilegierten volljährigen (§ 1603 Abs. 2 S. 2 BGB) Kindern in der Regel mindestens 880 €, bei Erwerbstätigkeit des Pflichtigen mindestens 1.080 €; bei teilweiser Erwerbstätigkeit können die Beträge modifiziert werden. Hierin sind Kosten für Unterkunft einschließlich umlagefähiger Nebenkosten und Heizung (Warmmiete) in Höhe von 380 € enthalten.

21.3 Angemessener Selbstbehalt

21.3.1 Der Selbstbehalt des Pflichtigen beträgt **gegenüber** nicht privilegierten **volljährigen Kindern** (§ 1603 Abs. 1 BGB) im Regelfall 1.300 €. Hierin sind Kosten für Unterkunft einschließlich umlagefähiger Nebenkosten und Heizung (Warmmiete) in Höhe von 480 € enthalten.

21.3.2 Der angemessene Selbstbehalt **gegenüber der Mutter/dem Vater eines nichtehelichen Kindes** (§ 1615l BGB) entspricht dem billigen Selbstbehalt gegenüber dem Ehegatten (Nr. 21.4).

21.3.3 Der angemessene Selbstbehalt eines pflichtigen Kindes **gegenüber den Eltern** beträgt mindestens 1.800 €. Das darüber hinausgehende Einkommen kann in der Regel zur Hälfte und bei Vorteilen aus dem Zusammenleben mit einem Partner zu 45% dem Mindestselbstbehalt hinzugerechnet werden. In dem Selbstbehalt sind Kosten für Unterkunft einschließlich umlagefähiger Nebenkosten und Heizung (Warmmiete) in Höhe von 480 € enthalten. Hinsichtlich des Ehegatten des Unterhaltspflichtigen vgl. Nr. 22.3 u. Nr. 23.3.

21.3.4 Für den Selbstbehalt von Großeltern **gegenüber Enkeln** gelten die gleichen Beträge wie unter Nr. 21.3.3

LL-Strkt

KG

Brdbg

Brschw

Brem

Celle

Dresd

Düss

Ffm

Hbg

Hamm

Jena

Kblz

Köln

Naumbg

Oldbg

Rstk

Schlesw

SüdL

Empf Sozhi

21.4 Eheangemessener Selbstbehalt

Der Selbstbehalt des Pflichtigen gegenüber dem Anspruch des Ehegatten (**billiger Selbstbehalt**) beträgt in der Regel mindestens 1.090 €, bei Erwerbstätigkeit des Pflichtigen 1.200 €, auch wenn bei dem berechtigten Ehegatten minderjährige oder privilegierte volljährige Kinder leben, die ebenfalls Unterhaltsansprüche gegen den Pflichtigen haben.

21.5 Anpassung des Selbstbehalts

(1) Der Selbstbehalt soll erhöht werden, wenn die Wohnkosten (Warmmiete) den ausgewiesenen Betrag überschreiten und nicht unangemessen sind. Eine angemessene Erhöhung des Selbstbehalts kommt zudem z. B. in Betracht, wenn das nach Abzug eines zugerechneten geldwerten Vorteils (für die private Nutzung eines Firmenwagens oder einer Wohnung) verbleibende Einkommen nicht ausreicht, um den restlichen Lebensbedarf sicherzustellen.

(2) Der Selbstbehalt ist in der Regel nicht schon deshalb abzusenken, weil die tatsächlichen Wohnkosten die in den jeweiligen Selbstbehalten enthaltenen Wohnkosten nicht erreichen. Beim Verwandtenunterhalt kann der jeweilige Selbstbehalt unterschritten werden, wenn der eigene Unterhalt des Pflichtigen ganz oder teilweise durch seinen Ehegatten gedeckt wird. Das Zusammenleben in häuslicher Gemeinschaft mit einem leistungsfähigen Partner kann nach Nr. 6.2 berücksichtigt werden, maximal bis zur Grenze des sozialhilferechtlichen Existenzminimums.

22. Bedarf des mit dem Pflichtigen zusammenlebenden Ehegatten

22.1 Zurzeit nicht besetzt.

22.2 Ist bei Unterhaltsansprüchen nicht privilegierter volljähriger Kinder oder Enkel der Pflichtige verheiratet, werden für den mit ihm zusammenlebenden Ehegatten im Regelfall 1.040 € angesetzt.

22.3 Ist bei Unterhaltsansprüchen der Eltern das unterhaltspflichtige Kind verheiratet, werden für den mit ihm zusammenlebenden Ehegatten mindestens 1.440 € angesetzt, soweit nicht der Anteil am Familienunterhalt nach §§ 1360, 1360a BGB, der regelmäßig der Hälfte des für den gemeinsamen Lebensbedarf zur Verfügung stehenden Einkommens entspricht, höher ist. Im Familienbedarf von mindestens 3.240 € (1.800 € + 1.440 €) sind Kosten für Unterkunft und Heizung in Höhe von insgesamt 860 € (480 € + 380 €) enthalten.

23. Bedarf des vom Pflichtigen getrennt lebenden oder geschiedenen Ehegatten

23.1 Zurzeit nicht besetzt.

23.2 Bei Ansprüchen eines nicht privilegierten volljährigen Kindes: <u>1.300 €</u>.

23.3 Bei Ansprüchen von Eltern oder Enkeln des anderen Ehegatten und von gemeinsamen Enkeln: 1.800 €.

24. Mangelfall

24.1 Ist der Unterhaltspflichtige unter Berücksichtigung des ihm jeweils zustehenden Selbstbehalts außerstande, allen Unterhaltsberechtigten Unterhalt zu gewähren, so gilt für die Befriedigung der Ansprüche die **Rangfolge des § 1609 BGB**.

24.2 Reicht das Einkommen des Pflichtigen nach Abzug seines Selbstbehalts (Nr. 21) zur Deckung des Bedarfs aller gleichrangigen Unterhaltsberechtigten nicht aus, liegt ein **Mangelfall** vor.

24.3.1 Die **Einsatzbeträge** im Mangelfall belaufen sich für minderjährige und privilegierte volljährige Kinder auf den <u>Bedarfssatz</u> der Einkommensgruppe 1 der Unterhaltstabelle) abzüglich des nach § 1612b BGB bedarfsdeckenden Kindergeldanteils (bei minderjährigen Kindern das halbe und bei volljährigen Kindern das volle Kindergeld).

24.3.2 Stehen mehrere nach § 1609 Nr. 2 und 3 BGB Berechtigte im gleichen Rang, schränkt die Unterhaltspflicht gegenüber dem jeweils anderen Berechtigten die Leistungsfähigkeit des Pflichtigen nach § 1581 S.1 BGB ein. Dem kann dadurch Rechnung getragen werden, dass die Unterhaltsansprüche nach den Grundsätzen der sogenannten Dreiteilung bemessen werden. Das schließt eine abweichende Verteilung aufgrund der Berücksichtigung weiterer individueller Billigkeitsabwägungen nicht aus.

24.3.3 (1) Steht ein Berechtigter im Rang des § 1609 Nr. 2 BGB und ein anderer im dritten Rang, gilt Folgendes:

(2) Ist der Unterhaltsanspruch des neuen, also späteren Ehegatten – oder des nach § 1615l BGB Berechtigten – gegenüber dem Unterhaltsanspruch eines geschiedenen Ehegatten vorrangig, bleibt die Bedarfsberechnung des geschiedenen, zeitlich früheren Ehegatten von der neuen Unterhaltsverpflichtung unberührt. Jedoch ist im Rahmen der Leistungsfähigkeit der vorrangige Unterhaltsanspruch gegenüber dem nachrangigen geschiedenen Ehegatten zu berücksichtigen.

(3) Ist der neue Ehegatte nachrangig, berührt eine ihm gegenüber bestehende Unterhaltsverpflichtung den Unterhaltsanspruch des vorrangigen Ehegatten nicht.

24.4 Das im Rahmen der Leistungsfähigkeit gefundene Verteilungsergebnis ist abschließend auf seine Angemessenheit zu überprüfen.

24.5 Rechenbeispiel zum Mangelfall siehe **Anhang III**.

Sonstiges

25. Der Unterhaltsbetrag ist auf volle Euro zu runden.

26. **Zusammentreffen von Ansprüchen mit bereits titulierten Ansprüchen:** Soweit Unterhaltsansprüche anderer Berechtigter bereits tituliert sind, ist die Rechtslage in der Regel wie bei gleichzeitiger Entscheidung über alle Unterhaltsansprüche zu beurteilen. Der Verpflichtete/Berechtigte ist auf einen Abänderungsantrag gemäß §§ 238, 239 FamFG zu verweisen. Soweit eine Abänderung für die Vergangenheit nicht mehr verlangt werden kann, kann auf die geleisteten Beträge abgestellt werden.

Anhang

I. Düsseldorfer Tabelle

s. S. 5

II. Kindergeldanrechnungstabelle

Die folgenden Tabellen enthalten die sich nach Abzug des jeweiligen Kindergeldanteils (hälftiges Kindergeld bei Minderjährigen, volles Kindergeld bei Volljährigen) ergebenden Zahlbeträge. Für das 1. und 2. Kind beträgt das nach Art. 8 Abs. 3 des Gesetzes zur Anhebung des Grundfreibetrags, des Kinderfreibetrags und des Kinderzuschusses maßgebende Kindergeld derzeit 184 € für das 3. Kind 190 €, ab dem 4. Kind 215 €.

s. S. 10

III. Rechenbeispiele

1. Differenzmethode/Additionsmethode

Mann (M): 3.500 € Nettoeinkommen; Frau (F): 700 € Nettoeinkommen
800 € Wohnvorteil des in der Ehewohnung verbliebenen M,
600 € berücksichtigungsfähige Hauslasten, von M getragen

Additionsmethode:

$$3.500 € \times 6/7 = \quad 3.000 € \quad \text{Einkommen M}$$
$$+ 800 € \quad \text{Wohnvorteil}$$
$$- 600 € \quad \text{Hauslasten}$$
$$700 € \times 6/7 = \quad + 600 € \quad \text{Einkommen F}$$
$$\overline{3.800 €}$$
$$1/2 = \quad 1.900 € \quad \text{Bedarf der F}$$
$$- 600 € \quad \text{Einkommen F}$$
$$\overline{1.300 €} \quad \text{Anspruch F}$$

Differenzmethode:

$$3.500 € \times 6/7 = \quad 3.000 € \quad \text{Einkommen M}$$
$$+ 800 € \quad \text{Wohnvorteil}$$
$$- 600 € \quad \text{Hauslasten}$$
$$700 € \times 6/7 = \quad - 600 € \quad \text{Einkommen F}$$
$$\overline{2.600 €}$$
$$1/2 = \quad 1.300 € \quad \text{Anspruch F}$$

oder (3.500 € – 700 €) × 3/7 = 1.200 € + ([800 € – 600 €] × 1/2) = 1.300 €

2. Mangelfallberechnung:

a) mit gleichrangigen Unterhaltsberechtigten

Vater (V) 1.380 € Nettoeinkommen; Kind 19 Jahre (K1) besucht Gymnasium; Kind 16 Jahre (K2); Kind 11 Jahre (K3)

1. Stufe: Bedarfsermittlung und Prüfung, ob ein Mangelfall vorliegt (vgl. Nr. 24.2 HLL):

Gesamtbedarf :

K1: 504 € Tabellen-Bedarfssatz der 1. Eink.-Gruppe /4. Altersstufe abzgl. 184 € Kindergeldanteil = 320 €

K2: 440 € Tabellen-Bedarfssatz der 1. Eink.-Gruppe /3. Altersstufe abzgl. 92 € Kindergeldanteil = 348 €

K3: 376 € Tabellen-Bedarfssatz der 1. Eink.-Gruppe /2. Altersstufe abzgl. 95 € Kindergeldanteil = 281 €

Gesamtbedarf daher: 949 €

V verblieben (1.380 € – 949 €) 431 €. Da hiermit der notwendige Selbstbehalt des V von 1.080 € unterschritten wird, ist eine Mangelverteilung vorzunehmen.

2. Stufe: Mangelverteilung:

Bei der Mangelverteilung ist das den Selbstbehalt übersteigende Einkommen des V von 300 € (1.380 € – 1.080 €), die Verteilungsmasse, auf die Kinder im Verhältnis ihrer um das hälftige Kindergeld bzw. bei dem volljährigen privilegierten Kind (K1) um das volle Kindergeld gekürzten Einsatzbeträge zu verteilen (vgl. Nr. 24.3.1 HLL). Die Verteilungsquote beträgt 31,61 % (300 € Verteilungsmasse: 949 € Gesamtbedarf der Kinder).

Danach entfallen auf

K1: 320 € × 31,61 % = 101,15 € oder rd. 101 €
K2: 348 € × 31,61 % = 110,00 €
K3: 281 € × 31,61 % = 88,82 € oder rd. 89 €

b) mit Unterhaltsberechtigten verschiedener Rangstufen nach § 1609 BGB

Vater (V) 1.900 € Nettoerwerbseinkommen; Mutter (M) kein Einkommen; Kind 8 Jahre (K1); Kind 5 Jahre (K2)

LL-Strkt

KG

Brdbg

Brschw

Brem

Celle

Dresd

Düss

Ffm

Hbg

Hamm

Jena

Kblz

Köln

Naumbg

Oldbg

Rstk

Schlesw

SüdL

Empf
Sozhi

1. Stufe: Bedarfsermittlung und Prüfung, ob ein Mangelfall vorliegt (Nr. 24.2 HLL):

Gesamtbedarf (Herabstufung nach Nr. 11.2.1 HLL; wegen des Bedarfskontrollbetrages – Nr.11.2.2 HLL – ist auf den Bedarf der 1. Einkommensgruppe abzustellen):

K1: 376 € Tabellen-Bedarfssatz der 1. Eink.-Gruppe/2. Altersstufe abzgl. 92 € Kindergeldanteil = 284 €

K2: 328 € Tabellen-Bedarfssatz der 1. Eink.-Gruppe / 1. Altersstufe abzgl. 92 € Kindergeldanteil = 236 €

M: 1.900 € anrechenbares Einkommen des V abzgl. 284 € Zahlbetrag K1 abzgl. 236 € Zahlbetrag K2 (vgl. jeweils Nr. 15.2.4 HLL) = 1.380 €-; 3/7 hiervon ergeben einen eheangemessenen Bedarf der M von (gerundet) 591 €.

Bei einem Gesamtbedarf von danach 1.111 € (284 € + 236 € + 591 €) ist die Leistungsfähigkeit des V eingeschränkt. Im ersten Rang, also gegenüber den vorrangigen Kindern, liegt aber kein Mangelfall vor, da der notwendige Selbstbehalt des V von 1.080 € gewahrt ist, wenn der Kindesunterhalt geleistet wird (1.900 € – 284 € – 236 € = 1.380 €).

2. Stufe: Mangelverteilung:

Im zweiten Rang dagegen, also gegenüber der nachrangigen M, liegt eine Mangelsituation vor. Die nach Abzug der Zahlbeträge für den Kindesunterhalt verbleibenden 1.380 € beschränken hinsichtlich des Ehegattenunterhalts der M unter Berücksichtigung des dem V insoweit zustehenden billigen Selbstbehalts (Nr. 21.4) von 1.200 € dessen Leistungsfähigkeit auf 180 €.

I) OLG Jena

Unterhaltsrechtliche Leitlinien der Familiensenate des Thüringer Oberlandesgerichts
Stand: 01. August 2015

Die Familiensenate des Thüringer Oberlandesgerichts verwenden diese Leitlinien als Orientierungshilfe für den Regelfall unter Beachtung der Rechtsprechung des BGH.

Die »Düsseldorfer Tabelle«, Stand: 01.08.2015, ist einbezogen.

Die Erläuterungen werden durch die nachfolgenden Leitlinien ersetzt.

Unterhaltsrechtliches Einkommen

1. Einkünfte aus Erwerb und Vermögen

1.1 Auszugehen ist vom regelmäßigen Bruttoeinkommen als Summe aller Einkünfte.

1.2 Soweit Leistungen nicht monatlich anfallen (z.B. Weihnachts- und Urlaubsgeld), werden sie auf 1 Jahr umgelegt. Einmalige Zahlungen (z.B. Abfindungen) sind grundsätzlich auf einen angemessenen Zeitraum zu verteilen.

1.3 Überstundenvergütungen werden dem Einkommen voll zugerechnet, soweit sie berufstypisch sind und das in diesem Beruf übliche Maß nicht überschreiten.

1.4 Ersatz für Spesen und Reisekosten sowie Auslösungen gelten in der Regel als Einkommen. Damit zusammenhängende Aufwendungen, vermindert um häusliche Ersparnis, sind abzuziehen.

Bei Aufwendungspauschalen (ausgenommen km-Geld) kann 1/3 als Einkommen angesetzt werden.

1.5 Bei Ermittlung des Einkommens eines Selbständigen ist in der Regel der Gewinn der letzten drei Jahre zu Grunde zu legen.

1.6 Einkommen aus Vermietung und Verpachtung sowie aus Kapitalvermögen ist der Überschuss der Bruttoeinkünfte über die Werbungskosten. Für Gebäude ist keine AfA anzusetzen.

2. Einkünfte aus Sozialleistungen

2.1 Arbeitslosengeld (§ 117 SGB III) und Krankengeld.

2.2 Leistungen nach den §§ 19 ff SGB II beim Verpflichteten; Leistungen zur Sicherung des Lebensunterhalts nach §§ 19 ff. SGB II sind beim Berechtigten kein Einkommen, es sei denn die Nichtberücksichtigung der Leistungen ist in Ausnahmefällen treuwidrig (vgl. BGH FamRZ 1999, 843; 2001, 619); nicht subsidiäre Leistungen nach dem SGB II sind Einkommen, insbesondere befristete Zuschläge (§ 24 SGB II), Einstiegsgeld (§ 29 SGB II), Entschädigung für Mehraufwendungen »1 Eurojob« (§ 16 Abs. 3 SGB II).

2.3 Wohngeld, soweit es nicht erhöhte Wohnkosten deckt.

2.4 BAföG-Leistungen, auch soweit sie als Darlehen gewährt werden, mit Ausnahme von Vorausleistungen nach §§ 36, 37 BAföG.

2.5 Elterngeld ist, soweit es über den Sockelbetrag i.H.v. 300,– EUR, bei verlängertem Bezug über 150,– EUR, hinausgeht, Einkommen. Der Sockelbetrag des Elterngeldes und das Betreuungsgeld sind kein Einkommen, es sei denn, es liegt ein Ausnahmefälle des § 11 Satz 4 BEEG vor.

2.6 Unfallrenten

2.7 Leistungen aus der Pflegeversicherung, Blindengeld, Versorgungsrenten, Schwerbeschädigten- und Pflegezulagen nach Abzug eines Betrages für tatsächliche Mehraufwendungen; §§ 1610 a, 1578 a BGB sind zu beachten.

2.8 Der Anteil des Pflegegeldes bei der Pflegeperson, durch den ihre Bemühungen abgegolten werden; bei Pflegegeld aus der Pflegeversicherung gilt dies nach Maßgabe des § 13 Abs. 6 SGB XI.

2.9 In der Regel Leistungen nach §§ 41 – 43 SGB XII (Grundsicherung) beim Verwandtenunterhalt, nicht aber beim Ehegattenunterhalt.

2.10 Kein Einkommen sind sonstige Sozialhilfe nach SGB XII und Leistungen nach dem UVG.

3. Kindergeld

Kindergeld mindert den Unterhaltsbedarf der Kinder nach Maßgabe des § 1612b BGB und unterstützt den betreuenden Elternteil bei der Erbringung der Betreuungsleistungen. Es stellt kein Einkommen des Bezugsberechtigten dar.

4. Geldwerte Zuwendungen

Geldwerte Zuwendungen aller Art des Arbeitgebers (z.B. Firmenwagen oder freie Kost und Logis) sind Einkommen, soweit sie entsprechende Eigenaufwendungen ersparen.

5. Wohnwert

Der Vorteil durch mietfreies Wohnen im eigenen Heim ist als wirtschaftliche Nutzung des Vermögens unterhaltsrechtlich wie Einkommen zu behandeln. Neben dem Wohnwert sind auch Zahlungen nach dem Eigenheimzulagengesetz anzusetzen.

Ein Wohnvorteil liegt nur vor, soweit der Wohnwert den berücksichtigungsfähigen Schuldendienst, erforderliche Instandhaltungskosten und jene Kosten, mit denen ein Mieter üblicherweise nicht belastet wird, übersteigt.

Während des Getrenntlebens ist zunächst regelmäßig die ersparte Miete anzusetzen, die angesichts der wirtschaftlichen Verhältnisse angemessen wäre. Ist eine Wiederherstellung der ehelichen Lebensgemeinschaft nicht mehr zu erwarten, sind Ausnahmen von der Berücksichtigung des vollen Mietwertes grundsätzlich nicht mehr gerechtfertigt (BGH, FamRZ 2008, 963 ff.), es sei denn, es ist nicht möglich oder zumutbar, die Wohnung aufzugeben und das Objekt zu vermieten oder zu veräußern.

Die in den Selbstbehaltsätzen ausgewiesenen Kaltmiet-Wohnkosten können im Mangelfall als Maßstab für die Anrechnung mietfreien Wohnens herangezogen werden.

6. Haushaltsführung

Die Führung des Haushalts eines leistungsfähigen Dritten kann dem Nichterwerbstätigen als (fiktives) Einkommen zugerechnet werden. In der Regel kann ein Betrag von 450,00 € monatlich dafür angesetzt werden.

7. Einkommen aus unzumutbarer Erwerbstätigkeit

Einkommen aus unzumutbarer Erwerbstätigkeit kann nach Billigkeit ganz oder teilweise unberücksichtigt bleiben.

8. Freiwillige Zuwendungen Dritter

Freiwillige Zuwendungen Dritter (z.B. Geldleistungen, kostenloses Wohnen) sind regelmäßig nicht als Einkommen zu berücksichtigen (BGH, Beschluss vom 01.07.2015, Az. XII ZB 240/14). Keine freiwilligen Zuwendungen Dritter sind Leistungen, die einem Ehegatten im Rahmen des Familienunterhalts zufließen.

9. Fiktives Einkommen

Einkommen können auch aufgrund einer unterhaltsrechtlichen Obliegenheit erzielbare Einkünfte sein.

10. Bereinigung des Einkommens

10.1 Vom Bruttoeinkommen sind Steuern, Sozialabgaben und/oder tatsächliche, angemessene Vorsorgeaufwendungen abzusetzen (Nettoeinkommen).

Es besteht die Obliegenheit, Steuervorteile in Anspruch zu nehmen (z.B. Eintragung eines Freibetrags).

10.2.1 Berufsbedingte Aufwendungen, die sich von den privaten Lebenshaltungskosten nach objektiven Merkmalen eindeutig abgrenzen lassen, sind vom Einkommen abzuziehen. Bei entsprechenden Anhaltspunkten kann – auch bei fiktiven Einkünften – eine Pauschale von 5 % des Nettoeinkommens – mindestens 50 EUR, bei geringfügiger Teilzeitarbeit auch weniger, und höchstens 150 EUR monatlich – geschätzt werden. Übersteigen die berufsbedingten Aufwendungen die Pauschale, sind sie in voller Höhe konkret darzulegen.

10.2.2 Nachgewiesene notwendige Fahrtkosten zur und von der Arbeitsstätte werden mit 0,30 € pro gefahrenem Kilometer berücksichtigt, wobei in der Regel eine einfache Entfernung von mehr als 40 km nicht mehr als angemessen angesehen werden kann. Anschaffungs-, Reparatur- und sonstige Betriebskosten sind enthalten.

10.3 Kinderbetreuungskosten sind abzugsfähig, soweit die Betreuung durch Dritte infolge der

Berufstätigkeit erforderlich ist. Kindergartenkosten stellen jedoch Mehrbedarf des Kindes dar, BGH FamRZ 2009, S. 962 ff. Geht ein Ehegatte überobligatorisch einer Vollzeittätigkeit nach, obwohl er minderjährige Kinder betreut, so kann ihm gegenüber dem anderen Ehegatten ein Kinderbetreuungsbonus anrechnungsfrei belassen werden, wenn er darlegt, dass er oder Dritte zusätzliche Kosten durch die Betreuung der Kinder haben.

10.7 Zur ausnahmsweisen Berücksichtigung von Umgangskosten (BGH, FamRZ 2009, 1300, 1391, 1477, 1479; FamRZ 2014, 917–921).

Kindesunterhalt

11. Bemessungsgrundlage (Tabellenunterhalt)

Der Barunterhalt minderjähriger und noch im elterlichen Haushalt lebender volljähriger unverheirateter Kinder bestimmt sich nach den Sätzen der Düsseldorfer Tabelle (Anlage I).

11.1 In den Tabellenbeträgen sind Krankenkassen- und Pflegeversicherungsbeiträge nicht enthalten.

11.2 Die Tabelle weist monatliche Unterhaltsrichtsätze aus, bezogen auf zwei Unterhaltspflichten ohne Rücksicht auf den Rang.

Bei einer größeren/geringeren Anzahl Unterhaltsberechtigter können Ab- oder Zuschläge durch Einstufung in niedrigere/höhere Gruppen angemessen sein.

12. Minderjährige Kinder

Der Betreuungsunterhalt i. S. d. § 1606 Abs. 3 S. 2 BGB entspricht wertmäßig in der Regel dem vollen Barunterhalt.

13. Volljährige Kinder

13.1 Bedarf

Der Bedarf des volljährigen Schülers oder Studenten umfasst in der Regel den Wohnbedarf und übliche ausbildungsbedingte Aufwendungen.

Beim Bedarf volljähriger Kinder ist zu unterscheiden, ob sie noch im Haushalt der Eltern / eines Elternteils leben oder einen eigenen Hausstand haben.

13.1.1 Für volljährige Kinder, die noch im Haushalt der Eltern oder eines Elternteils wohnen, gilt die Altersstufe 4 der Düsseldorfer Tabelle. Sind beide Elternteile leistungsfähig (vgl. Nr. 21.3), ist der Bedarf des Kindes in der Regel nach dem zusammengerechneten Einkommen zu bemessen. Für die Haftungsquote gilt Nr. 13.3. Ein Elternteil hat jedoch höchstens den Unterhalt zu leisten, der sich allein aus seinem Einkommen aus der Düsseldorfer Tabelle ergibt.

Dies gilt auch für ein Kind im Sinne des § 1603 Abs. 2 Satz 2 BGB.

Erzielt das volljährige Kind eigenes Einkommen, beträgt der Unterhaltsbedarf (ohne Kranken-/Pflegeversicherungsbedarf und ohne Studiengebühren) mindestens monatlich 560 EUR.

Die Ausbildungsvergütung eines in der Berufsausbildung stehenden Kindes, das im Haushalt der Eltern oder eines Elternteils wohnt, ist vor ihrer Anrechnung in der Regel um einen ausbildungsbedingten Mehrbedarf von monatlich 90 EUR zu kürzen.

Die Anrechnung darf nicht zu unangemessenen Ergebnissen führen.

13.1.2 Der angemessene Bedarf eines volljährigen Kindes mit eigenem Hausstand beträgt in der Regel monatlich mindestens 670 EUR (darin sind enthalten Kosten für Unterkunft und Heizung bis zu 280 EUR), ohne Beiträge zur Kranken- und Pflegeversicherung sowie ohne Studiengebühren. Von diesem Betrag kann bei erhöhtem Bedarf oder mit Rücksicht auf die Lebensstellung der Eltern abgewichen werden.

13.2 Einkommen des Kindes

Auf den Unterhaltsbedarf werden Einkünfte des Kindes, auch das Kindergeld (siehe Nr. 14), BAföG-Darlehen und Ausbildungsvergütung bzw. -beihilfen angerechnet. Bei in der Berufsausbildung befindlichen Volljährigen sind von diesen Einkünften des Kindes ausbildungsbedingte Aufwendungen abzuziehen. Bei Einkünften aus unzumutbarer Erwerbstätigkeit gilt § 1577 Abs. 2 BGB entsprechend.

13.3 Beiderseitige Barunterhaltspflicht/ Haftungsanteil

Für den Bedarf des Volljährigen haften die Eltern anteilig nach dem Verhältnis ihrer verfügbaren Einkommen. Vor der Bildung der Haftungsquote sind der angemessene Selbstbehalt jedes Elternteils (vgl. Nr. 21.3.1) und der Unterhalt vorrangig Berechtigter abzusetzen. Die Haftung ist auf den Tabellenbetrag nach Maßgabe des eigenen Einkommens des jeweils Verpflichteten begrenzt.

Diese Berechnung findet für den Bedarf des volljährigen Schülers im Sinne des § 1603 Abs.2 Satz 2 BGB entsprechende Anwendung. In diesem Fall ist vor der Bildung der Haftungsquote der notwendige Selbstbehalt jedes Elternteils (vgl. Nr. 21.2) abzusetzen.

Ehegattenunterhalt

15. Unterhaltsbedarf

15.1 Maßgeblich sind jeweils die die ehelichen Lebensverhältnisse prägenden Einkünfte der (geschiedenen) Ehegatten.

Bei Aufnahme oder Erweiterung einer Erwerbstätigkeit nach Trennung/Scheidung gilt das (Mehr-) Einkommen als prägend.

Verfügt der Berechtigte über die ehelichen Lebensverhältnisse nicht prägendes eigenes Einkommen, so kommt die sog. Anrechnungsmethode zur Anwendung. Hier wird das Erwerbseinkommen des Berechtigten mit 6/7 angerechnet.

15.2 Hat der Berechtigte kein eigenes Einkommen, beträgt der Bedarf 3/7 des bereinigten Nettoeinkommens zuzüglich ½ der anrechenbaren sonstigen Einkünfte des Verpflichteten.

Hat der Berechtigte eigenes Einkommen, beträgt der Bedarf 3/7 der Differenz zwischen dem anrechenbaren Nettoeinkommen der (geschiedenen) Ehegatten bzw. ½ der anrechenbaren sonstigen Einkünfte, jeweils begrenzt durch den vollen Bedarf nach den ehelichen Lebensverhältnissen (§ 1578 BGB).

15.3 Einen eheangemessenen Bedarf von mehr als 2500 EUR (ohne Alters- und Krankenvorsorgebedarf) muss der Berechtigte konkret darlegen (sog. relative Sättigungsgrenze). Eigenes Einkommen des bedürftigen Ehegatten – Erwerbseinkommen ohne Abzug des Erwerbstätigenbonus – ist hierauf anzurechnen (BGH, FamRZ 2011, 192).

Weitere Unterhaltsansprüche

18. Ansprüche nach § 1615 l BGB

Der Bedarf nach § 1615 l BGB bemisst sich nach der Lebensstellung des betreuenden Elternteils. Erleidet dieser einen konkreten Verdienstausfall, ist er auch für den Unterhalt zu Grunde zu legen. Der Mindestbedarf entspricht in der Regel dem notwendigen Selbstbehalt eines Nichterwerbstätigen (Ziff. 21.2 a), vgl. BGH, FamRZ 2010, S. 357 ff.

Leistungsfähigkeit und Mangelfall

21. Selbstbehalt des Verpflichteten

21.1 Es ist zu unterscheiden zwischen dem notwendigen (§ 1603 Abs. 2 BGB), dem angemessenen (§ 1603 Abs. 1 BGB), dem eheangemessenen (§§ 1361 Abs. 1, 1578 Abs. 1 BGB) sowie dem billigen Selbstbehalt (§ 1581 BGB).

21.2 Er beträgt gegenüber Minderjährigen und gemäß § 1603 Abs. 2 Satz 2 BGB privilegierten volljährigen Kindern (notwendiger oder kleiner Selbstbehalt)

a) für nicht erwerbstätige Unterhaltspflichtige: 880 EUR
b) für erwerbstätige Unterhalts-
   pflichtige: 1080 EUR

Darin enthalten sind 380 EUR für Unterkunft einschließlich umlagefähiger Nebenkosten und Heizung (Warmmiete).

Verursacht der Umgang des Unterhaltspflichtigen mit den minderjährigen Kindern besondere Kosten, die er nur unter Gefährdung seines Selbstbehalts aufbringen könnte, kommt eine maßvolle Erhöhung in Betracht.

Bei Deckung des Mindestunterhalts gilt auch gegenüber Ansprüchen minderjähriger Kinder und ihnen gleichgestellter volljähriger Kinder der angemessene Selbstbehalt nach 21.3.1.

21.3.1
gegenüber volljährigen Kindern,
die nicht gemäß § 1603 Abs. 2
Satz 2 BGB privilegiert sind (angemessener oder großer Selbstbehalt):   1300 EUR

Darin ist eine Warmmiete in Höhe von 480 EUR enthalten.

21.3.2
gegenüber dem getrennt lebenden
und geschiedenen Ehegatten (eheangemessener Selbstbehalt) sowie
dem nach § 1615 l BGB Unterhaltsberechtigten: 1200 EUR

Darin enthalten sind bis 430 EUR für Unterkunft einschließlich umlagefähiger Nebenkosten und Heizung (Warmmiete) enthalten.

21.3.3
Der Selbstbehalt (Ziffer 21.5) beträgt gegenüber den Eltern 1800 EUR, wobei die Hälfte des diesen Mindestbetrag übersteigenden Einkommens zusätzlich anrechnungsfrei bleibt. Darin enthalten sind Kosten des Wohnbedarfs in Höhe von 480 EUR (Warmmiete) enthalten.

Der angemessene Unterhalt eines mit dem Unterhaltspflichtigen zusammenlebenden Ehegatten bemisst sich nach den ehelichen Lebensverhältnissen (Halbteilungsgrundsatz), beträgt jedoch mindestens 1440 EUR; darin sind Kosten des Wohnbedarfs in Höhe von 380 EUR enthalten (Warmmiete).

Bei Zusammenleben beträgt der Familienselbstbehalt (1800 + 1440 =) 3240 EUR, wobei 45 % des darüber hinausgehenden Einkommens anrechnungsfrei verbleiben (BGH, FamRZ 2010, 1535-1541).

21.3.4 Der Selbstbehalt der Großeltern beträgt 1800 EUR, wobei die Hälfte des diesen Mindestbetrag übersteigenden Einkommens zusätzlich anrechnungsfrei bleibt. Bei Zusammenleben der Großeltern beträgt der Selbstbehalt 3240 EUR, wobei 45 % des darüber hinausgehenden Einkommens anrechnungsfrei verbleiben (BGH, FamRZ 2010, 1535-1541).

Die Haushaltsersparnis, die bezogen auf das den Familienselbstbehalt übersteigende Erwerbseinkommen eintritt, ist regelmäßig mit 10 % dieses Mehreinkommens zu bemessen.

Aufwendungen für eine Hausrat- und Haftpflicht-versicherung sind auch bei der Inanspruchnahme auf Elternunterhalt nicht als vorweg abziehbare Verbindlichkeiten zu behandeln (BGH, a.a.O.).

21.4 Der Selbstbehalt kann erhöht werden, wenn die Wohnkosten (Warmmiete) den ausgewiesenen Betrag überschreiten und nicht unangemessen sind.

22. Bedarf des mit dem Pflichtigen zusammenlebenden Ehegatten

Das Existenzminimum des unterhaltsberechtigten Ehegatten einschließlich des trennungsbedingten Mehrbedarfs beträgt in der Regel:

1. falls erwerbstätig: 1080 EUR
2. falls nicht erwerbstätig: 880 EUR

23. Bedarf des vom Pflichtigen getrennt lebenden oder geschiedenen Ehegatten unabhängig davon, ob erwerbstätig oder nicht erwerbstätig

1. Monatlicher notwendiger Eigenbedarf des von dem Unterhaltspflichtigen getrennt lebenden oder geschiedenen Ehegatten unabhängig davon, ob erwerbstätig oder nicht erwerbstätig:

a) gegenüber einem nachrangigen
   geschiedenen Ehegatten 1200 EUR
b) gegenüber nicht privilegierten
   volljährigen Kindern 1300 EUR
c) gegenüber Eltern des Unterhaltspflichtigen 1800 EUR

2. Monatlicher notwendiger Eigenbedarf des Ehegatten, der in einem gemeinsamen Haushalt mit dem Unterhaltspflichtigen lebt, unabhängig davon, ob erwerbstätig oder nicht erwerbstätig:

a) gegenüber einem nachrangigen
   geschiedenen Ehegatten 960 EUR
b) gegenüber nicht privilegierten
   volljährigen Kindern 1040 EUR
c) gegenüber Eltern des Unterhaltspflichtigen 1440 EUR
(s. Anm. 21.3.3.)

24. Mangelfall

24.1 Ein Mangelfall liegt vor, wenn das Einkommen des Unterhaltsverpflichteten zur Deckung seines Selbstbehalts und der gleichrangigen Unterhaltsansprüche der Berechtigten nicht ausreicht. Für diesen Fall ist die nach Abzug des Eigenbedarfs (Selbstbehalts) des Unterhaltspflichtigen verbleibende Verteilungsmasse auf die gleichrangigen Unterhaltsberechtigten im Verhältnis ihrer jeweiligen Einsatzbeträge gleichmäßig zu verteilen.

24.2 Die Einsatzbeträge im Mangelfall belaufen sich bei minderjährigen und diesen nach § 1603 Abs. 3,

S. 2 BGB gleichgestellten Kindern auf den Mindestunterhalt der jeweiligen Altersstufe nach der Düsseldorfer Tabelle nach den jeweiligen Zahlbeträgen.

Beim Kindesunterhalt ist im Mangelfall gegenüber Berechtigten im Sinne von § 1609 Nr. 2 BGB trotz Vorrangs nur der Mindestunterhalt anzusetzen, BGH FamRZ 2008, 2189 ff.

Die nach Abzug des Eigenbedarfs (Selbstbehalts) des Unterhaltspflichtigen verbleibende Verteilungsmasse ist anteilig auf die gleichrangigen Unterhaltsberechtigten im Verhältnis ihrer jeweiligen Einsatzbeträge gleichmäßig zu verteilen.

Anrechenbares Einkommen des Unterhaltsberechtigten ist vom Einsatzbetrag abzuziehen.

Sonstiges

25. Rundungen

Der Unterhaltsbetrag ist auf volle EUR aufzurunden.

Anmerkung:

Die nicht durchgängige Nummerierung beruht auf der einheitlichen Gliederung der Leitlinien in den Oberlandesgerichtsbezirken. Die fehlenden Punkte wurden beim Thüringer Oberlandesgericht nicht besonders geregelt.

Anlage I

Düsseldorfer Tabelle für den Kindesunterhalt Stand: 01.08.2015

s. S. 5

Anlage II

Umrechnung dynamischer Titel nach § 36 Nr. 3 EGZPO:

s. S. 9

Anhang: Tabelle Zahlbeträge

Die folgenden Tabellen enthalten die sich nach Abzug des jeweiligen Kindergeldanteils (hälftiges Kindergeld bei Minderjährigen, volles Kindergeld bei Volljährigen) ergebenden Zahlbeträge. Bei der Anwendung des § 1612 b Abs. 1 BGB ist für die Zeit bis zum 31.12.2015 Kindergeld von monatlich 184 EUR für erste und zweite Kinder, 190 EUR für dritte Kinder und 215 EUR für das vierte und jedes weitere Kind maßgeblich.

s. S. 10

LL-Strkt
KG
Brdbg
Brschw
Brem
Celle
Dresd
Düss
Ffm
Hbg
Hamm
Jena
Kblz
Köln
Naumbg
Oldbg
Rstk
Schlesw
SüdL
Empf Sozhi

m)   OLG Karlsruhe

s. Süddeutsche Leitlinien

n)   OLG Koblenz

Unterhaltsrechtliche Leitlinien der Familiensenate des Oberlandesgerichts Koblenz (KoL) Stand 01. Januar 2015

(Die Leitlinien orientieren sich weitgehend an den Leitlinien des Oberlandesgerichts Düsseldorf)

Unterhaltsrechtliches Einkommen

1.   Geldeinnahmen

1.1 Auszugehen ist vom **Jahresbruttoeinkommen** einschließlich Weihnachts- und Urlaubsgeld sowie sonstiger Zuwendungen, wie z.B. Tantiemen und Gewinnbeteiligungen.

1.2 Einmalige höhere Zahlungen, wie z.B. Abfindungen oder Jubiläumszuwendungen, sind auf einen angemessenen Zeitraum nach Zufluss zu verteilen (in der Regel mehrere Jahre).

1.3 **Überstundenvergütungen** werden in der Regel dem Einkommen voll zugerechnet, soweit sie berufsüblich sind oder nur in geringem Umfang anfallen oder wenn der Mindestunterhalt minderjähriger Kinder oder der entsprechende Unterhalt ihnen nach § 1603 Abs. 2 S. 2 BGB gleichgestellter Volljähriger nicht gedeckt ist. Sonst ist die Anrechnung unter Berücksichtigung des Einzelfalls nach Treu und Glauben zu beurteilen.

1.4 **Auslösungen und Spesen** sind nach den Umständen des Einzelfalls anzurechnen. Soweit solche Zuwendungen geeignet sind, laufende Lebenshaltungskosten zu ersparen, ist diese Ersparnis in der Regel mit 1/3 des Nettobetrags zu bewerten.

1.5 Bei **Selbständigen** ist zur Ermittlung der laufenden oder zukünftigen Einkünfte vom durchschnittlichen Gewinn während eines längeren Zeitraums von in der Regel mindestens drei aufeinander folgenden Jahren, möglichst den letzten drei Jahren, auszugehen; es sei denn, die spezifische Geschäftsentwicklung legt die Berücksichtigung kürzerer oder längerer Zeiträume nahe. Für die Vergangenheit ist von dem in dem jeweiligen Jahr erzielten Einkommen auszugehen. Bei erheblich schwankenden Einkünften kann auch ein anderer Zeitraum zugrunde gelegt werden. Anstatt auf den Gewinn kann ausnahmsweise auf die Entnahmen abzüglich der Einlagen abgestellt werden, wenn eine zuverlässige Gewinnermittlung nicht möglich oder der Betriebsinhaber unterhaltsrechtlich zur Verwertung seines Vermögens verpflichtet ist.

1.5.1 **Abschreibungen** (Absetzung für Abnutzung, AfA) können insoweit anerkannt werden, als dem steuerlich zulässigen Abzug ein tatsächlicher Wertverlust entspricht. Dies ist bei Gebäuden in der Regel nicht der Fall. Zinsen für Kredite, mit denen die absetzbaren Wirtschaftsgüter finanziert werden, mindern den Gewinn. Wenn und soweit die Abschreibung unterhaltsrechtlich anerkannt wird, sind Tilgungsleistungen nicht zu berücksichtigen.

1.5.2 Steuern und Vorsorgeaufwendungen sind nach Nr.10.1 zu berücksichtigen. Der Gewinn ist nicht um berufsbedingte Aufwendungen (Nr.10.2.1) zu kürzen.

1.6 Einkünfte aus **Vermietung und Verpachtung** werden durch eine Überschussrechnung ermittelt. Dabei kann zur Ermittlung durchschnittlicher Einkünfte auf einen Mehrjahreszeitraum abgestellt werden. Für die Vergangenheit ist von dem in dem jeweiligen Jahr erzielten Einkommen auszugehen. Instandhaltungskosten können entsprechend § 28 der Zweiten Berechnungsverordnung pauschaliert werden. Hinsichtlich der Abschreibungen gilt Nr.1.5.1.

Auch **Kapitaleinkünfte** sind – vermindert um die hierauf entfallenden Steuern – unterhaltsrechtliches Einkommen. Wenn sich die konkrete individuelle Steuerlast nicht ermitteln lässt, kann ein Steuersatz von derzeit höchstens 29 % (Abgeltungssteuer incl. Solidaritätszuschlag und Kirchensteuer) berücksichtigt werden (nach Abzug des Freibetrags von derzeit 801,00 € / 1.602,00 €).

1.7 **Steuererstattungen** sind in der Regel in dem Jahr, in dem sie anfallen, zu berücksichtigen (In-Prinzip); bei Selbständigen kann zur Ermittlung eines repräsentativen Einkommens auf den Zeitraum der Veranlagung abgestellt werden (Für-Prinzip).

1.8 sonstige Einnahmen

2.   Sozialleistungen

2.1 Arbeitslosengeld I (§ 117 SGB III) und Krankengeld (§ 44 SGB V) sind Einkommen.

2.2 Arbeitslosengeld II (§ 19 SGB II) und andere Leistungen nach dem SGB II sind Einkommen beim Verpflichteten, beim Berechtigten nur, soweit der Unterhaltsanspruch nicht nach § 33 SGB II auf den Leistungsträger übergegangen ist. Nicht subsidiäre Leistungen nach dem SGB II sind Einkommen, insbesondere befristete Zuschläge (§ 24 SGB II) und Entschädigung für Mehraufwendungen (§ 16 SGB II).

2.3 Wohngeld ist Einkommen, soweit es nicht erhöhte Wohnkosten abdeckt.

2.4 BAföG-Leistungen (außer Vorausleistungen nach § 36 BAföG) sind Einkommen, auch soweit sie als Darlehen gewährt werden.

2.5 Elterngeld ist Einkommen, soweit es über den Sockelbetrag von 300 € bzw.150 € bei verlängertem Bezug hinausgeht. Der Sockelbetrag sowie Erziehungsgeld sind nur dann Einkommen, wenn einer der Ausnahmefälle der §§ 11 BEEG, 9 S. 2 BErz-GG vorliegt.

2.6 Unfall-, Versorgungs- und Waisenrenten sowie Übergangsgelder aus der Unfall- bzw. Rentenversicherung sind Einkommen.

2.7 Leistungen aus der Pflegeversicherung, Blindengeld, Schwerbeschädigten- und Pflegezulagen nach Abzug eines Betrages für tatsächliche Mehraufwendungen sind Einkommen; bei Sozialleistungen nach § 1610a BGB wird widerlegbar vermutet, dass sie durch Aufwendungen aufgezehrt werden.

2.8 Der Anteil des an die Pflegeperson weitergeleiteten Pflegegeldes, durch den ihre Bemühungen abgegolten werden, ist Einkommen. Bei Pflegegeld aus der Pflegeversicherung gilt dies nur nach Maßgabe des § 13 Abs. 6 SGB XI.

2.9 Die Grundsicherung nach §§ 41ff. SGB XII ist beim Verwandtenunterhalt (insbesondere Eltern- und Kindesunterhalt) als Einkommen des Beziehers zu berücksichtigen, nicht aber beim Ehegattenunterhalt.

2.10 Sozialhilfe ist kein Einkommen des Berechtigten;jedoch kann die Geltendmachung von Unterhalt durch den Hilfeempfänger treuwidrig sein, wenn er infolge des Ausschlusses des Anspruchsübergangs (vgl. § 94 Abs. 1 S. 3 und 4, Abs. 2 und 3 SGB XII) – insbesondere für die Vergangenheit (aber allenfalls bis zur Rechtshängigkeit) – durch die Sozialhilfe und den Unterhalt mehr als seinen Bedarf erhalten würde.

2.11 Leistungen nach dem Unterhaltsvorschussgesetz sind kein Einkommen.

3. Kindergeld

Kindergeld ist unterhaltsrechtlich kein Einkommen der Eltern, sondern dient der Bedarfsdeckung des Kindes. Kinderzuschüsse zur Rente sind, wenn die Gewährung des staatlichen Kindergeldes entfällt (§ 4 BKGG, § 65 EStG; § 270 SGB VI), in dessen Höhe wie Kindergeld, im Übrigen – ebenso wie der Kinderzuschlag (§ 6a BKGG) – wie Einkommen der Eltern zu behandeln.

4. Geldwerte Zuwendungen des Arbeitgebers

Geldwerte Zuwendungen des Arbeitgebers aller Art, z.B. Firmenwagen, freie Kost und Logis, mietgünstige Wohnung, sind – in der Regel in Höhe der steuerlichen Ansätze (für Firmenwagen: §§ 6, 8 EStG: 1 % des Bruttolistenpreises zuzüglich 0,03 % des Bruttolistenpreises je Entfernungs-km zwischen Wohnung und Arbeitsstätte) – dem Einkommen hinzuzurechnen, soweit sie entsprechende Eigenaufwendungen ersparen.

5. Wohnwert

Der Wohnvorteil durch mietfreies Wohnen im eigenen Heim ist als wirtschaftliche Nutzung des Vermögens wie Einkommen zu behandeln, wenn sein Wert die Belastungen übersteigt, die unter Berücksichtigung der staatlichen Eigenheimförderung durch die allgemeinen Grundstückskosten und -lasten, durch Annuitäten und durch sonstige nicht nach § 556 BGB umlagefähige Kosten entstehen.

Zinsen sind in diesem Zusammenhang absetzbar, Tilgungsleistungen, wenn sie nicht der einseitigen Vermögensbildung dienen, insoweit kommt allein eine Berücksichtigung unter dem Gesichtspunkt der ergänzenden Altersvorsorge in Betracht (vgl. Nr.10.1.2).

Auszugehen ist von der erzielbaren Miete (objektiver oder voller Wohnwert). Wenn es nicht möglich oder zumutbar ist, die Wohnung aufzugeben und das Objekt zu vermieten oder zu veräußern, kann stattdessen die ersparte Miete angesetzt werden, die angesichts der persönlichen und wirtschaftlichen Verhältnisse angemessen wäre (subjektiver oder angemessener Wohnwert). Dies kommt insbesondere für die Zeit bis zur endgültigen Vermögensauseinandersetzung oder bis zur Zustellung des Scheidungsantrags in Betracht, wenn ein Ehegatte das Eigenheim allein bewohnt.

6. Haushaltsführung

Führt jemand einem leistungsfähigen Dritten den Haushalt, so ist hierfür, soweit es sich nicht um eine überobligatorische Leistung handelt, ein (fiktives) Einkommen von regelmäßig 350 € anzusetzen.

7. Einkommen aus unzumutbarer Erwerbstätigkeit

Einkünfte aus Nebentätigkeit und unzumutbarer Erwerbstätigkeit sind im Rahmen der Billigkeit (vgl. §§ 242, 1577 Abs. 2 BGB) als Einkommen zu berücksichtigen.

LL-Strkt

KG

Brdbg

Brschw

Brem

Celle

Dresd

Düss

Ffm

Hbg

Hamm

Jena

Kblz

Köln

Naumbg

Oldbg

Rstk

Schlesw

SüdL

Empf
Sozhi

8. Freiwillige Zuwendungen Dritter

Freiwillige Leistungen Dritter (z.B. Geldleistungen, mietfreies Wohnen) sind kein Einkommen, es sei denn, dass die Anrechnung dem Willen des Dritten entspricht.

9. Erwerbsobliegenheit und Einkommensfiktion

Einkommen sind auch aufgrund einer unterhaltsrechtlichen Obliegenheit erzielbare – d.h. fiktive – Einkünfte. Dabei dürfen die Anforderungen nicht überspannt werden. Es ist auf das Einkommen abzustellen, das aufgrund Ausbildung, Erwerbsbiographie und persönlicher Umstände (z.B. Alter, Gesundheitszustand) mit Wahrscheinlichkeit erzielt werden kann. Richtschnur können dabei bestehende Tarifverträge, Mindestlöhne oder zuvor oder aktuell tatsächlich erzielte Stundenlöhne sein.

10. Bereinigung des Einkommens

10.1   Steuern und Vorsorgeaufwendungen:

Vom Bruttoeinkommen sind Steuern, Sozialabgaben und/oder angemessene Vorsorgeaufwendungen abzusetzen (Nettoeinkommen).

10.1.1 Steuerzahlungen und -nachzahlungen sind in der Regel in dem Jahr, in dem sie anfallen, zu berücksichtigen (In-Prinzip). Bei Selbständigen kann auf den Zeitraum der Veranlagung abgestellt werden (Für-Prinzip). Grundsätzlich ist jeder gehalten, ihm zustehende Steuervorteile in Anspruch zu nehmen; hierzu gehört auch das Realsplitting, soweit der Unterhaltsanspruch anerkannt ist, rechtskräftig feststeht oder freiwillig erfüllt wird (BGH FamRZ 2007, 793). Ob im laufenden Jahr von der Möglichkeit der Eintragung eines Freibetrages Gebrauch zu machen ist, richtet sich nach den Umständen des Einzelfalls.

Werden Aufwendungen unterhaltsrechtlich nicht berücksichtigt, die zu steuerlichen Entlastungen führen, sind die entsprechenden Steuervorteile aus den Steuerbescheiden herauszurechnen.

10.1.2 Personen, die der gesetzlichen Rentenversicherung nicht unterliegen, können für ihre Altersvorsorge regelmäßig 20 % ihres Bruttoeinkommens aufwenden. Für eine zusätzliche Altersvorsorge können sie ebenso wie gesetzlich Rentenversicherte weitere 4 % (bei Elternunterhalt 5 %) ihres Bruttoeinkommens einsetzen. Ferner können bei Personen, die der gesetzlichen Rentenversicherung unterliegen, 20 % des oberhalb der Beitragsbemessungsgrenze der gesetzlichen Rentenversicherung liegenden Einkommens als angemessene Altersversorgung aufgewendet werden.

10.2   Berufsbedingte Aufwendungen

10.2.1 Berufsbedingte Aufwendungen, die sich von den privaten Lebenshaltungskosten nach objektiven Merkmalen abgrenzen lassen, sind vom Einkommen abzuziehen, wobei bei entsprechenden Anhaltspunkten eine Pauschale von 5% des Nettoeinkommens – bei Vollerwerbstätigkeit – mindestens 50 €, bei Teilzeitarbeit auch weniger, und höchstens 150 € monatlich – geschätzt werden kann. Übersteigen die berufsbedingten Aufwendungen die Pauschale, sind sie insgesamt nachzuweisen.

10.2.2 Als notwendige Kosten der berufsbedingten Nutzung eines Kraftfahrzeugs können in der Regel 10 € pro Entfernungskilometer im Monat angesetzt werden. Hierin sind alle mit dem Kfz verbundenen Kosten enthalten (einschließlich Finanzierungskosten). Bei längerer Fahrtstrecke (über 30 Entfernungskilometer) kommt eine Kürzung der Pauschale (ab dem 31. Kilometer) auf die Hälfte in Betracht.

10.2.3 Bei einem Auszubildenden sind in der Regel 90 € als ausbildungsbedingter Aufwand abzuziehen.

10.3   Kinderbetreuung

Konkret dargelegte Kinderbetreuungskosten sind abzuziehen, soweit die Betreuung durch Dritte infolge der Berufstätigkeit erforderlich ist. Zum Aufwand für die Betreuung des Kindes zählen nicht die Kosten des Kindergartenbesuchs, diese sind Mehrbedarf des Kindes.

10.4   Schulden

Schulden können je nach den Umständen des Einzelfalls (Art, Grund und Zeitpunkt des Entstehens) das anrechenbare Einkommen vermindern. Die Abzahlung soll im Rahmen eines Tilgungsplans in angemessenen Raten erfolgen. Dabei sind die Belange von Unterhaltsgläubiger, Unterhaltsschuldner und Drittgläubiger gegeneinander abzuwägen.

10.5   Unterhaltsleistungen

Unterhaltsleistungen an minderjährige oder privilegiert volljährige Kinder sind stets vorweg abzuziehen. Im Übrigen richtet sich der Abzug nach den Umständen des Einzelfalles.

10.6   Vermögensbildung

Vermögenswirksame Leistungen vermindern das Einkommen nicht, es sei denn, sie sind als angemessene Vorsorgeaufwendungen (Nr. 10.1.2) anzuerkennen.

Bei gehobenen Einkünften können Aufwendungen zur Vermögensbildung, die bereits die ehelichen Lebensverhältnisse geprägt haben und nach dem vorhandenen Einkommen vom Standpunkt eines vernünftigen Betrachters aus als angemessen erscheinen, einkommensmindernd berücksichtigt werden (BGH FamRZ 2007, 1532).

10.7 Umgangskosten

Erhöhte Umgangskosten können – je nach den Umständen des Einzelfalles – berücksichtigt werden.

Kindesunterhalt

11. Bemessungsgrundlage (Tabellenunterhalt)

Der Kindesunterhalt ist der Düsseldorfer Tabelle zu entnehmen. Bei minderjährigen Kindern kann er als Festbetrag oder als Prozentsatz des Mindestunterhalts geltend gemacht werden.

11.1 In den Unterhaltsbeträgen sind Beiträge zur Kranken- und Pflegeversicherung, Studiengebühren und Semestergebühren, sowie Kindergartenbeiträge und Privatschulgebühren nicht enthalten.

11.2 Bei minderjährigen Kindern, die bei einem Elternteil leben, richtet sich die Eingruppierung in die Düsseldorfer Tabelle nach dem anrechenbaren Einkommen des anderen Elternteils. Ab- oder Zuschläge (Anm. A. 1 der Düsseldorfer Tabelle) kommen in Betracht. Für volljährige Kinder: siehe 13.1.

12. Minderjährige Kinder

12.1. Der betreuende Elternteil braucht in der Regel keinen Barunterhalt für das minderjährige Kind zu leisten, es sei denn, sein Einkommen ist bedeutend höher als das des anderen Elternteils oder dessen angemessener Bedarf (§ 1603 Abs. 2 Satz 3 BGB, Anm. A 5 II der Düsseldorfer Tabelle) ist bei Leistung des Barunterhalts gefährdet und der angemessene Selbstbehalt des Betreuenden ist auch bei (anteiliger) Leistung des Barunterhalts gewahrt. Die Unterhaltspflicht mit dem Einkommen, das den angemessenen Selbstbehalt übersteigt, wird davon nicht berührt (BGH, FamRZ 2011, 1041).

12.2 Das bereinigte Einkommen des Kindes, das von einem Elternteil betreut wird, wird nur zur Hälfte auf den Barbedarf angerechnet; im Übrigen kommt es dem betreuenden Elternteil zu Gute.

12.3 Sind, z.B. bei auswärtiger Unterbringung des Kindes, beide Eltern zum Barunterhalt verpflichtet, haften sie anteilig nach Nr. 13.3 für den Gesamtbedarf.

12.4 Bei Zusatzbedarf (Prozesskostenvorschuss, Mehrbedarf, Sonderbedarf) haften die Eltern anteilig nach ihren Erwerbs- und Vermögensverhältnissen (§ 1606 Abs. 3 Satz 1 BGB).

13. Volljährige Kinder

13.1 Der Unterhalt für volljährige Kinder, die noch im Haushalt der Eltern oder eines Elternteils wohnen, richtet sich nach der 4. Altersstufe der Düsseldorfer Tabelle. Ihr Bedarf bemisst sich, falls

beide Eltern leistungsfähig sind, in der Regel nach dem zusammengerechneten Einkommen ohne Höhergruppierung nach Anm. A. 1 der Düsseldorfer Tabelle. Für die Haftungsquote gilt Nr. 13.3. Ein Elternteil hat jedoch höchstens den Unterhalt zu leisten, der sich allein – unter Berücksichtigung von Anm. A. 1 der Düsseldorfer Tabelle – nach seinem Einkommen als Zahlbetrag ergibt.

Der angemessene Gesamtunterhaltsbedarf eines volljährigen Kindes mit eigenem Hausstand beträgt in der Regel monatlich 670 €. Von diesem Regelbetrag kann bei entsprechender Lebensstellung der Eltern abgewichen werden.

13.2 Das bereinigte Einkommen des volljährigen Kindes wird in der Regel in vollem Umfange auf den Bedarf angerechnet. Bei Einkünften aus unzumutbarer Erwerbstätigkeit (was in der Regel bei Nebentätigkeiten von Schülern oder Studenten angenommen werden kann) gilt § 1577 Abs. 2 BGB entsprechend. Zu den Einkünften des Kindes gehören auch BAföG-Darlehen und Ausbildungsbeihilfen.

13.3 Sind beide Eltern barunterhaltspflichtig, bemisst sich die Haftungsquote nach dem Verhältnis ihrer anrechenbaren Einkünfte. Diese sind vorab jeweils um den Sockelbetrag zu kürzen. Der Sockelbetrag entspricht dem angemessenen Selbstbehalt gemäß Anm. 5 Abs. 2 der Düsseldorfer Tabelle, bei minderjährigen unverheirateten und ihnen gleichgestellten volljährigen Kindern (§ 1603 Abs. 2 S. 2 BGB) jedoch dann dem notwendigen Selbstbehalt gemäß Anm. 5 Abs. 1 der Düsseldorfer Tabelle, wenn bei einem Sockelbetrag in Höhe des angemessenen Selbstbehalts der Bedarf dieser Kinder nach der ersten Einkommensgruppe nicht sichergestellt ist.

Bei minderjährigen unverheirateten und ihnen gleichgestellten volljährigen Kindern (§ 1603 Abs. 2 Satz 2 BGB) sind die anrechenbaren Einkommen der Eltern außerdem wegen gleichrangiger Unterhaltspflichten und bei anderen volljährigen Kindern wegen vorrangiger Unterhaltspflichten zu kürzen.

Der Verteilungsschlüssel kann bei Vorliegen besonderer Umstände (z.B. Betreuung eines behinderten Volljährigen) wertend verändert werden.

14. Verrechnung des Kindergeldes

Kindergeld wird nach § 1612 b BGB zur Deckung des Barbedarfs verwandt, bei Minderjährigen, die von einem Elternteil betreut werden, zur Hälfte, ansonsten insgesamt.

Ehegattenunterhalt

15. Unterhaltsbedarf

15.1 Der Bedarf der Ehegatten richtet sich nach ihren Einkommens- und Vermögensverhältnissen im Unterhaltszeitraum, soweit diese als die eheli-

LL-Strkt

KG

Brdbg

Brschw

Brem

Celle

Dresd

Düss

Ffm

Hbg

Hamm

Jena

Kblz

Köln

Naumbg

Oldbg

Rstk

Schlesw

SüdL

Empf
Sozhi

chen Lebensverhältnisse nachhaltig prägend anzusehen sind. Die ehelichen Lebensverhältnisse im Sinne von § 1578 Abs. 1 Satz 1 BGB werden dabei grundsätzlich durch die Umstände bestimmt, die bis zur Rechtskraft der Ehescheidung eingetreten sind. Nachträgliche Entwicklungen wirken sich auf die Bedarfsbemessung nach den ehelichen Lebensverhältnissen aus, wenn sie auch bei fortbestehender Ehe eingetreten wären oder in anderer Weise in der Ehe angelegt und mit hoher Wahrscheinlichkeit zu erwarten waren (BGH FamRZ 2012, 281). Es ist von einem Mindestbedarf auszugehen, der nicht unter dem Existenzminimum für nicht Erwerbstätige liegen darf (Anm. B V Nr. 2 der Düsseldorfer Tabelle).

Ebenso können einem neuen Partner gegenüber erbrachte geldwerte Versorgungsleistungen als Surrogat der früheren Haushaltstätigkeit angesehen werden.

Die den Lebenszuschnitt mitbestimmenden Nutzungsvorteile mietfreien Wohnens im eigenen Haus (Nr. 5) setzen sich an Zinsvorteilen des Verkaufserlöses fort. Bei Berechnung des Bedarfs ist von dem anrechenbaren Einkommen des Pflichtigen (Nr. 10) vorab der die Ehe prägende Unterhalt (Zahlbetrag) der Kinder abzuziehen.

Auch die Ehe prägender Unterhalt für nachrangige volljährige Kinder ist abzusetzen, wenn den Eheleuten ein angemessener Unterhalt verbleibt.

15.2 Der Bedarf eines jeden Ehegatten ist grundsätzlich mit der Hälfte des unterhaltsrechtlich relevanten Einkommens beider Ehegatten anzusetzen.

Jedem erwerbstätigen Ehegatten steht vorab ein Bonus von 1/7 seiner Erwerbseinkünfte als Arbeitsanreiz und zum Ausgleich derjenigen berufsbedingten Aufwendungen zu, die sich nicht nach objektiven Merkmalen eindeutig von den privaten Lebenshaltungskosten abgrenzen lassen. Der Bonus ist vom Erwerbseinkommen nach Abzug berufsbedingter Aufwendungen, des Kindesunterhalts, ggf. der Betreuungskosten und berücksichtigungsfähiger Schulden zu errechnen.

15.3 Bei sehr guten Einkommensverhältnissen (in der Regel mindestens das Doppelte des Höchstbetrages nach der Düsseldorfer Tabelle als frei verfügbares Einkommen) der Eheleute kommt eine **konkrete Bedarfsberechnung** in Betracht.

15.4 Verlangt der Berechtigte neben dem Elementarunterhalt für Alter, Krankheit und Pflegebedürftigkeit **Vorsorgeunterhalt**, den er aus seinen eigenen Einkünften nicht decken kann, sind zur Ermittlung des geschuldeten Elementarunterhalts grundsätzlich die vom Pflichtigen geschuldeten Beträge wie eigene Vorsorgeaufwendungen (Nr.10.1) von seinem Einkommen vorweg abzuziehen.

Altersvorsorgeunterhalt wird nicht geschuldet, wenn das Existenzminimum (notwendiger Selbstbehalt) des Berechtigten nicht gesichert ist. Zur Ermittlung des Krankheitsvorsorgeunterhalts hat der Berechtigte konkret die Kosten einer eheangemessenen Absicherung gegen Krankheit darzulegen.

Zur Ermittlung des Altersvorsorgeunterhalts wird zunächst ein vorläufiger Elementarunterhalt nach Nr. 15.2, 21.4 bestimmt. Einkünfte des Berechtigten, die zu keiner Altersvorsorge führen, bleiben unberücksichtigt. Hinzu kommt ein Zuschlag entsprechend der jeweils gültigen Bremer Tabelle. Von dieser Bruttobemessungsgrundlage wird mit Hilfe des jeweiligen Beitragssatzes in der gesetzlichen Rentenversicherung (Arbeitgeber- und Arbeitnehmerbeitrag) der Vorsorgeunterhalt errechnet. Dieser wird vom bereinigten Nettoeinkommen des Verpflichteten abgezogen; auf dieser Basis wird der endgültige Elementarunterhalt errechnet.

Die zweistufige Berechnung und der Vorwegabzug des Vorsorgeunterhalts für Alter, Krankheit oder Pflegebedürftigkeit können unterbleiben, wenn und soweit der Verpflichtete über nicht prägendes Einkommen verfügt, das den Mehrbedarf übersteigt, oder wenn und soweit auf den Bedarf nicht prägendes Einkommen des Berechtigten angerechnet wird (BGH FamRZ 1999, 372).

15.5 Die Unterhaltspflichten für neue Ehegatten sowie für nachehelich geborene Kinder und den dadurch bedingten Betreuungsunterhalt nach § 1615 l BGB sind nicht bei der Bemessung des Unterhaltsbedarfs eines geschiedenen Ehegatten zu berücksichtigen.

16. Bedürftigkeit

Eigenes Einkommen des Berechtigten mindert den nach Nr. 15 ermittelten Bedarf.

17. Erwerbsobliegenheit

17.1 Bei Kindesbetreuung besteht bis zur Vollendung des dritten Lebensjahres eines gemeinschaftlichen Kindes keine Erwerbsobliegenheit. Gleichwohl erzieltes Erwerbseinkommen ist überobligatorisch und nach den Umständen des Einzelfalls zu berücksichtigen (BGH FamRZ 2009, 770; FamRZ 2009, 1124; FamRZ 2009, 1391).

Nach Vollendung des dritten Lebensjahres des Kindes kommt es bei Beurteilung der Frage, ob und inwieweit der betreuende Ehegatte bei einer bestehenden Betreuungsmöglichkeit auf eine Erwerbstätigkeit verwiesen werden kann, auf die Verhältnisse des Einzelfalls an. Bei besonderer Betreuungsbedürftigkeit des Kindes und bei nicht oder nur unzureichender Fremdbetreuung (kindbezogene

LL-Strkt

KG

Brdbg

Brschw

Brem

Celle

Dresd

Düss

Ffm

Hbg

Hamm

Jena

Kblz

Köln

Naumbg

Oldbg

Rstk

Schlesw

SüdL

Empf
Sozhi

Gründe, § 1570 Abs. 1 S. 2 BGB) kommt ein Unterhaltsanspruch auch nach Vollendung des dritten Lebensjahres des Kindes in Betracht.

Eine Erwerbstätigkeit des betreuenden Ehegatten kann auch aus Gründen der nachehelichen Solidarität ganz oder teilweise unbillig erscheinen. Hierbei sind das in der Ehe gewachsene Vertrauen in die vereinbarte und praktizierte Rollenverteilung und die gemeinsame Ausgestaltung der Kinderbetreuung sowie der Dauer der Ehe zu berücksichtigen (elternbezogene Gründe, § 1570 Abs. 2 BGB).

Die Erwerbsobliegenheit beurteilt sich auch danach, ob eine Erwerbstätigkeit neben der Betreuung des Kindes zu einer überobligationsmäßigen Belastung führen würde.

Die Darlegungs- und Beweislast für die Umstände, die einer vollen oder teilweisen Erwerbsobliegenheit ab Vollendung des dritten Lebensjahres des Kindes entgegenstehen, trifft den betreuenden Ehegatten. Dies gilt auch, wenn ein Titel über den Basisunterhalt nach § 1570 Abs. 1 S. 1 BGB abgeändert werden soll.

Der Betreuungsunterhalt nach § 1570 BGB ist nicht nach § 1578b BGB zu befristen.

17.2 In der Regel besteht spätestens ein Jahr nach der Trennung eine Obliegenheit zur Aufnahme oder Ausweitung einer Erwerbstätigkeit. Dabei sind die unter 17.1 genannten Grundsätze anzuwenden.

18. Ansprüche nach § 1615 l BGB

Der Bedarf nach § 1615 l BGB bemisst sich nach der bisherigen Lebensstellung des betreuenden Elternteils. Er ist auch dann nicht nach dem Einkommen des Pflichtigen zu bemessen, wenn dieser mit dem betreuenden Elternteil zusammengelebt hat (BGH FamRZ 2008, 1739; FamRZ 2010, 357). Der Bedarf, der sich auch aus einem Unterhaltsanspruch gegen einen früheren Ehegatten ergeben kann, darf das Existenzminimum für Nichterwerbstätige (Anm. B V Nr. 2 der Düsseldorfer Tabelle) nicht unterschreiten (BGH FamRZ 2010, 357, FamRZ 2010, 444).

Zur Frage der Berücksichtigung eigener Einkünfte, zu Abzügen hiervon und zur Erwerbsobliegenheit gelten die Ausführungen für den Ehegatten entsprechend.

19. Elternunterhalt

Der Bedarf der Eltern bemisst sich in erster Linie nach deren Einkommens- und Vermögensverhältnissen. Mindestens muss jedoch das Existenzminimum eines Nichterwerbstätigen (Anm. B V Nr. 2 der Düsseldorfer Tabelle: 880 €) sichergestellt werden. Darin sind Kosten der Kranken- und Pflegeversicherung nicht enthalten. Etwaiger Mehrbedarf (z.B. Heimunterbringung) ist zusätzlich auszugleichen.

20. Lebenspartnerschaft

Bei Getrenntleben oder Aufhebung der Lebenspartnerschaft gelten §§ 12, 16 LPartG.

Leistungsfähigkeit und Mangelfall

21. Selbstbehalt des Verpflichteten

21.1 Der Unterhaltsverpflichtete ist leistungsfähig, wenn ihm der Selbstbehalt verbleibt. Es ist zu unterscheiden zwischen dem notwendigen (§ 1603 Abs. 2 BGB), dem angemessenen (§ 1603 Abs. 1 BGB) sowie dem billigen Selbstbehalt (§ 1581 BGB).

21.2 Der **notwendige Selbstbehalt** beträgt beim nicht erwerbstätigen Unterhaltspflichtigen monatlich 880 €, beim erwerbstätigen Unterhaltspflichtigen monatlich 1.080 €. Hierin sind 380 € für Unterkunft einschließlich umlagefähiger Nebenkosten und Heizung (Warmmiete) enthalten. Der Selbstbehalt kann angemessen erhöht werden, wenn dieser Betrag im Einzelfall erheblich überschritten wird und dies nicht vermeidbar ist.

Der notwendige Selbstbehalt gilt gegenüber minderjährigen unverheirateten und ihnen gleichgestellten volljährigen Kindern (§ 1603 Abs. 2 Satz 2 BGB).

21.3 Der **angemessene Selbstbehalt** gilt gegenüber volljährigen Kindern, die minderjährigen Kindern nicht gleichgestellt sind, sowie gegenüber den Eltern des Unterhaltsverpflichteten und gegenüber Ansprüchen nach § 1615 l BGB.

21.3.1 Er beträgt gegenüber volljährigen Kindern in der Regel mindestens monatlich 1.300 €, darin ist eine Warmmiete bis 480 € enthalten.

21.3.2 Er beträgt gegenüber Ansprüchen nach 1615 l BGB monatlich 1.200 €.

21.3.3 Gegenüber Eltern beträgt der Selbstbehalt monatlich mindestens 1.800 € (einschließlich 480 € Warmmiete) zuzüglich der Hälfte des darüber hinausgehenden Einkommens.

21.3.4 Der Selbstbehalt von Großeltern gegenüber Enkeln entspricht dem Selbstbehalt beim Elternunterhalt.

21.4 Der **billige Selbstbehalt** des Unterhaltsverpflichteten beim Ehegattenunterhalt (§ 1581 BGB) beläuft sich in der Regel auf die Mitte zwischen angemessenem und notwendigem Selbstbehalt (derzeit: gerundet 1.200 €), unabhängig davon, ob der Unterhaltspflichtige erwerbstätig ist oder nicht.

21.5 Vorteile durch das Zusammenleben mit einer anderen Person können eine Herabsetzung des Selbstbehalts rechtfertigen, es sei denn, deren Einkommen liegt unter 650 €. Dabei beträgt die Ersparnis im Regelfall 10% des Selbstbehalts.

22. Notwendiger Bedarf des mit dem Pflichtigen zusammenlebenden Ehegatten

Insoweit wird auf Anm. B VI Nr. 2 der Düsseldorfer Tabelle verwiesen.

23. Mangelfall

23.1. Ein Mangelfall liegt vor, wenn das Einkommen des Unterhaltsverpflichteten zur Deckung seines Selbstbehalts und der Unterhaltsansprüche der gleichrangigen Berechtigten nicht ausreicht. Für diesen Fall ist die nach Abzug des Selbstbehalts des Unterhaltspflichtigen verbleibende Verteilungsmasse auf die gleichrangigen Unterhaltsberechtigten im Verhältnis ihrer jeweiligen Einsatzbeträge gleichmäßig zu verteilen.

23.2 **Die Einsatzbeträge im Mangelfall** sind (nach Maßgabe der in § 1609 BGB geregelten Rangfolge)

23.2.1 bei minderjährigen und diesen nach § 1603 Abs. 3, S. 2 BGB gleichgestellten Kindern der jeweilige Zahlbetrag des Mindestunterhalts.

23.2.2 bei getrennt lebenden oder geschiedenen Ehegatten und bei mit dem Pflichtigen in gemeinsamem Haushalt lebenden Ehegatten, sowie bei nach § 1615 l BGB Unterhaltsberechtigten der jeweilige ungedeckte Bedarfsbetrag.

24. Rundung

Der Unterhalt ist auf volle Euro zu runden.

Anhang

Düsseldorfer Tabelle nebst Anmerkungen

(s. S. 5)

Koblenz, im Januar 2015

---

o)   OLG Köln

Unterhaltsleitlinien der Familiensenate des Oberlandesgerichts Köln
Stand: 01. August 2015

Vorbemerkung

Die Familiensenate des OLG Köln verwenden diese Leitlinien für den Regelfall, um eine in praktisch bedeutsamen Unterhaltsfragen möglichst einheitliche Rechtsprechung zu erreichen. Die Leitlinien können die Richter nicht binden. Sie sollen die angemessene Lösung des Einzelfalls – das gilt auch für die »Tabellen-Unterhaltssätze« – nicht antasten.

Die Leitlinien folgen der Düsseldorfer Tabelle und den Süddeutschen Leitlinien, weichen jedoch in Einzelfragen davon ab.

Die Leitlinien gelten ab 1. August 2015. Gegenüber den vom 1. Januar bis zum 31. Juli 2015 geltenden Leitlinien ergeben sich inhaltliche Änderungen nur in den Anhängen I. und II., die auf Grund des am 23. Juli 2015 in Kraft getretenen Gesetzes zur Anhebung des Grundfreibetrags, des Kinderfreibetrags, des Kindergeldes und des Kinderzuschlags (BGBl. I, S. 1202) erforderlich wurden.

Unterhaltsrechtliches Einkommen

Bei der Ermittlung und Zurechnung von Einkommen ist stets zu unterscheiden, ob es um Verwandten- oder Ehegattenunterhalt sowie ob es um Bedarfsbemessung einerseits oder Feststellung der Bedürftigkeit/Leistungsfähigkeit andererseits geht.

Das unterhaltsrechtliche Einkommen ist nicht immer identisch mit dem steuerrechtlichen Einkommen.

1.   Geldeinnahmen

1.1   Regelmäßiges Bruttoeinkommen einschl. Renten und Pensionen

Auszugehen ist vom Bruttoeinkommen als Summe aller Einkünfte.

1.2.   Unregelmäßiges Einkommen

Soweit Leistungen nicht monatlich anfallen (z.B. Weihnachts- und Urlaubsgeld), werden sie auf ein Jahr verteilt. Einmalige Zahlungen (z.B. Abfindungen) sind auf einen angemessenen Zeitraum (i.d.R. mehrere Jahre) zu verteilen.

Eine zusätzlich zu dem in unveränderter Höhe bezogenen Einkommen erhaltene Abfindung bleibt jedenfalls für den Ehegattenunterhalt unberücksichtigt (BGH, Urt. v. 2.6.2010 – XII ZR 138/08, FamRZ 2010, 1311). Im Übrigen ist eine Abfindung bis zur Höchstgrenze des Bedarfs aufgrund des früheren Einkommens grundsätzlich für den Unterhalt zu verwenden (BGH. Urt. v. 28.03.2007 – XII ZR 163/04, FamRZ 2007, 983, v. 02.06.2010 – XII ZR 138/08, FamRZ 2010, 1311 und v. 08.04.2012 – XII ZR 65/10, FamRZ 2012, 1040, teilweise Aufgabe von BGH, Urt. v. 29.01.2003 – XII ZR 92/01, FamRZ 2003, 590).

Ob eine Aufstockung bis zum bisherigen Einkommen geboten ist und der bisherige Lebensstandard vollständig aufrechterhalten werden muss oder eine nur teilweise Aufstockung angemessen ist, um die Abfindung auf einen längeren Zeitraum zu verteilen, beurteilt sich nach den Umständen des

Köln | **175**

LL-Strkt

KG

Brdbg

Brschw

Brem

Celle

Dresd

Düss

Ffm

Hbg

Hamm

Jena

Kblz

Köln

Naumbg

Oldbg

Rstk

Schlesw

SüdL

Empf Sozhi

Einzelfalls unter Berücksichtigung der beiderseitigen Interessen, insbesondere auch nach der vom Unterhaltspflichtigen zu erwartenden weiteren Einkommensentwicklung (BGH, Urt. v. 08.04.2012 – XII ZR 65/10, FamRZ 2012, 1040).

1.3 Überstunden

Überstundenvergütungen werden dem Einkommen voll zugerechnet, soweit sie berufstypisch sind und das in diesem Beruf übliche Maß nicht überschreiten. Ob und in welchem Umfang weitergehende Einkünfte durch Überstunden, aus Nebentätigkeit oder Zweitarbeit anrechenbar sind, ist nach Billigkeit nach den Umständen des Einzelfalls (Höhe der Einkünfte, hohe Schuldenbelastung, Sicherung des Mindestbedarfs, Alter, beidseitige wirtschaftliche Verhältnisse) zu entscheiden (vgl. BGH, Urt. v. 31.10.2012 – XII ZR 30/10).

1.4 Spesen und Auslösungen

Ersatz für Spesen und Reisekosten sowie Auslösungen gelten in der Regel als Einkommen. Damit zusammenhängende Aufwendungen, vermindert um häusliche Ersparnis, sind jedoch abzuziehen.

1.5 Einkommen aus selbstständiger Tätigkeit

Bei der Ermittlung des zukünftigen Einkommens eines Selbstständigen ist in der Regel der Gewinn der letzten drei Jahre zugrunde zu legen. Für die Vergangenheit ist in der Regel auf das tatsächlich erzielte Jahreseinkommen abzustellen; Durchschnittsberechnungen für den gesamten Unterhaltszeitraum oder für einzelne Unterhaltszeiträume sind möglich.

1.6 Einkommen aus Vermietung und Verpachtung sowie Kapitalvermögen

Einkommen aus Vermietung und Verpachtung sowie aus Kapitalvermögen ist der Überschuss der Bruttoeinkünfte über die Werbungskosten. Für Gebäude ist keine AfA anzusetzen.

1.7 Steuererstattungen

Steuerzahlungen oder Erstattungen sind in der Regel im Kalenderjahr der tatsächlichen Leistung zu berücksichtigen.

1.8 Sonstige Einnahmen

Sonstige Einnahmen (z.B. Trinkgelder, Krankenhaustagegeld).

2. Sozialleistungen

2.1 Arbeitslosengeld (§§ 136 ff. SGB III), Insolvenzgeld (§§ 165 ff. SGB III), Krankengeld und Übergangsgeld sind Einkommen.

2.2 Leistungen nach dem SGB II

Arbeitslosengeld II und Sozialgeld (§§ 19 – 23 SGB II) ist Einkommen beim Verpflichteten. Beim Berechtigten sind Leistungen nach dem SGB II kein Einkommen.

2.3 Wohngeld

Wohngeld ist Einkommen, soweit es nicht erhöhte Wohnkosten deckt.

2.4 BAföG

BAföG-Leistungen sind Einkommen, auch soweit sie als Darlehn gewährt werden, mit Ausnahme von Vorausleistungen nach §§ 36, 37 BAföG.

2.5 Erziehungs- und Elterngeld

Elterngeld nach § 1 BEEG ist als Einkommen zu behandeln; für den Mindestbetrag von monatlich 300 € bzw. 150 € bei verlängertem Bezug gilt dies nur ausnahmsweise (§ 11 S. 4 BEEG).

2.6 Unfall- und Versorgungsrenten

Unfall- und Versorgungsrenten sowie Übergangsgelder aus der Unfall- und Rentenversicherung sind Einkommen; §§ 1610a, 1578a BGB sind zu beachten.

2.7 Leistungen aus der Pflegeversicherung u.ä.

Leistungen aus der Pflegeversicherung, Blindengeld, Schwerbeschädigten- und Pflegezulagen, jeweils nach Abzug des Betrags für tatsächliche Mehraufwendungen, sind Einkommen; §§ 1610a, 1578a BGB sind zu beachten.

2.8 Pflegegeld

Der Anteil des an die Pflegeperson weitergeleiteten Pflegegeldes, durch ihre Bemühungen abgegolten werden, ist Einkommen; bei Pflegegeld aus der Pflegeversicherung gilt dies nach Maßgabe des § 13 Abs. 6 SGB XI.

2.9 Grundsicherung beim Verwandtenunterhalt

In der Regel sind Leistungen nach §§ 41-43 SGB XII (Grundsicherung) beim Verwandtenunterhalt Einkommen, nicht aber beim Ehegattenunterhalt.

2.10 Sozialhilfe

Kein Einkommen sind sonstige Sozialhilfeleistungen nach SGB XII.

2.11 Unterhaltsvorschuss

Leistungen nach dem UVG sind nicht als Einkommen zu bewerten. Die Unterhaltsforderung eines

Empfängers dieser Leistungen kann in Ausnahme-fällen treuwidrig sein.

3. Kindergeld

Kindergeld wird nicht zum Einkommen der Eltern gerechnet.

4. Geldwerte Zuwendungen des Arbeitgebers

Geldwerte Zuwendungen aller Art des Arbeitge-bers, z.B. Firmenwagen oder freie Kost und Logis, sind Einkommen, soweit sie entsprechende Eigen-aufwendungen ersparen.

5. Wohnwert

Der Wohnvorteil durch mietfreies Wohnen im eige-nen Heim ist als wirtschaftliche Nutzung des Vermö-gens unterhaltsrechtlich wie Einkommen zu behan-deln. Neben dem Wohnwert sind auch Zahlungen nach dem Eigenheimzulagengesetz anzusetzen.

Ein Wohnvorteil liegt nur vor, soweit der Wohnwert den berücksichtigungsfähigen Schuldendienst (Zins und beim Trennungsunterhalt in der Regel auch Tilgung), erforderliche Instandhaltungskos-ten sowie nicht umlagefähige Kosten i.S.v. § 556 Abs. 1 BGB, §§ 1, 2 BetrKV übersteigt. Nach Zu-stellung des Scheidungsantrags sind Tilgungsleis-tungen, die der einseitigen Vermögensbildung die-nen, in der Regel allein unter dem Gesichtspunkt der ergänzenden Altersvorsorge (vgl. Nr. 10.1) absetzbar.

Auszugehen ist vom vollen Mietwert (objektiver Wohnwert). Wenn es nicht möglich oder nicht zu-mutbar ist, die Wohnung aufzugeben und das Objekt zu vermieten oder zu veräußern, kann statt dessen die ersparte Miete angesetzt werden, die angesichts der wirtschaftlichen Verhältnisse angemessen wäre (subjektiver Wohnwert). Dies kommt insbesondere für die Zeit bis zur Zustellung des Scheidungsantrags in Betracht, wenn ein Ehegatte das Eigenheim allein bewohnt (BGH, Urt. v. 05.03.2008 – XII ZR 22/06, FamRZ 2008, 963, 965; Urt. v. 31.10.2012 – XII ZR 30/10).

6. Haushaltsführung

Führt jemand einem leistungsfähigen Dritten den Haushalt, so ist hierfür ein Einkommen anzusetzen. Bei Haushaltsführung durch einen Nichterwerbs-tätigen können in der Regel 200 – 550 € angesetzt werden.

7. Einkommen aus unzumutbarer Erwerbstätigkeit

Einkommen aus unzumutbarer Erwerbstätigkeit kann nach Billigkeit ganz oder teilweise unberück-sichtigt bleiben.

8. Freiwillige Zuwendungen Dritter

Freiwillige Zuwendungen Dritter (z.B. Geldleistun-gen, kostenloses Wohnen) sind nur als Einkommen zu berücksichtigen, wenn dies dem Willen des Drit-ten entspricht.

9. Erwerbsobliegenheit und Einkommensfiktion

Einkommen können auch aufgrund einer unter-haltsrechtlichen Obliegenheit erzielbare Einkünfte, ggfs. unter Berücksichtigung pauschaler berufsbe-dingter Kosten (BGH, Urt. v. 03.12.2008 – XII ZR 182/06, FamRZ 2009, 314, 317), sein.

Erzielbare Einkünfte sind im Einzelfall unter Be-rücksichtigung der jeweiligen Verhältnisse auf dem Arbeitsmarkt und der persönlichen Eigenschaften des Erwerbspflichtigen, namentlich Alter, Aus-bildung, Berufserfahrung, Gesundheitszustand, Geschlecht, zu ermitteln und setzen auch bei In-anspruchnahme auf den Mindestunterhalt durch ein minderjähriges Kind eine objektiv feststellbare reale Beschäftigungschance voraus (BVerfG, 1. Sen. 2. Kammer, Beschl. v. 11.03.2010 – 1 BvR 3031/08 -, FamRZ 2010, 793).

10. Bereinigung des Einkommens

Das nach Nr. 1 bis 9 ermittelte Einkommen ist wie folgt zu bereinigen:

10.1 Steuern und Vorsorgeaufwendungen

Vom Bruttoeinkommen sind Steuern, Sozialabga-ben und/oder angemessene Vorsorgeaufwendun-gen abzuziehen (Nettoeinkommen).

10.1.1 Steuern/Splittingvorteil

Es besteht die Obliegenheit, Steuervorteile in An-spruch zu nehmen (z.B. Eintragung eines Freibe-trags bei Fahrtkosten, für unstreitigen oder tituli-er-ten Unterhalt).

10.1.2 Vorsorgeaufwendungen

Vom Einkommen sind ferner Aufwendungen für Kranken-, Pflege-, Renten- und Arbeitslosenversi-cherung abzuziehen.

Im Rahmen der Altersvorsorge können über die Aufwendungen zur Grundversorgung (primäre Altersvorsorge) hinaus in angemessenem Umfang auch tatsächlich geleistete Zahlungen für eine zu-sätzliche private Altersvorsorge (sekundäre Al-tersvorsorge) angesetzt werden. Für die primäre Altersvorsorge können Personen, die nicht der ge-setzlichen Versicherungspflicht unterliegen, in der Regel etwa 20 % des Bruttoeinkommens ansetzen, sofern die Aufwendungen tatsächlich erfolgen und die Altersvorsorge nicht bereits auf andere Weise

Köln | **177**

LL-Strkt

KG

Brdbg

Brschw

Brem

Celle

Dresd

Düss

Ffm

Hbg

Hamm

Jena

Kblz

Köln

Naumbg

Oldbg

Rstk

Schlesw

SüdL

Empf Sozhi

gesichert ist. Für die sekundäre Altersvorsorge ist in der Regel beim Ehegattenunterhalt und – wenn der Mindestbedarf gedeckt ist – beim Kindesunterhalt ein Betrag in Höhe von 4 %, bei Eltern- und Enkelunterhalt in Höhe von 5% des Bruttoeinkommens angemessen.

10.2 Berufungsbedingte Aufwendungen

Berufsbedingte Aufwendungen, die sich von den privaten Lebenshaltungskosten nach objektiven Merkmalen eindeutig abgrenzen lassen, sind im Rahmen des Angemessenen vom Nettoeinkommen abzuziehen.

10.2.1 Konkrete Aufwendungen

Eine Pauschale von 5 % wird in der Regel nicht gewährt, sondern die berufsbedingten Aufwendungen sind im Einzelnen darzulegen.

10.2.2 Fahrtkosten

Für notwendige Kosten der berufsbedingten Nutzung eines Kraftfahrzeugs kann der nach den Sätzen des § 5 Abs. 2 Nr. 2 JVEG anzuwendende Betrag (derzeit 0,30 €) pro gefahrenem Kilometer angesetzt werden. Damit sind i.d.R. Anschaffungs- und Betriebskosten erfasst. Bei langen Fahrtstrecken (ab ca. 30 km einfach) kann nach unten abgewichen werden (für die Mehrkilometer i.d.R. 0,20 €). Daneben sind weitere Kosten (etwa für Kredite oder Reparaturen) regelmäßig nicht absetzbar. Eine Verweisung auf die Benutzung öffentlicher Verkehrsmittel kommt nach Billigkeit in Betracht, insbesondere wenn der Mindestunterhalt nicht geleistet werden kann.

10.2.3 Ausbildungsaufwand

Bei einem Auszubildenden sind in der Regel 90 € als ausbildungsbedingter Aufwand abzuziehen.

10.3 Kinderbetreuung

Kinderbetreuungskosten und damit zusammenhängende Aufwendungen sind abzugsfähig, soweit die Betreuung durch Dritte infolge der Berufstätigkeit erforderlich wird. Der pauschale Abzug eines Betreuungsbonus kommt dagegen nicht in Betracht (BGH, Urt. v. 21.04.2010 – XII ZR 134/08, FamRZ 2010, 1050).

10.4 Schulden

Berücksichtigungswürdige Schulden (Zinsen und Tilgung) sind abzuziehen; die Abzahlung soll im Rahmen eines vernünftigen Tilgungsplans in angemessenen Raten erfolgen.

Im Verhältnis zu minderjährigen und privilegierten volljährigen Kindern besteht grundsätzlich die Obliegenheit zur Einleitung der Verbraucherinsolvenz (BGHZ 162, 234), nicht aber gegenüber sonstigen

Unterhaltsberechtigten (BGH, Urt. v. 12.12.2007 – XII ZR 23/06, FamRZ 2008, 497).

Bei der Bedarfsermittlung für den Ehegattenunterhalt sind nur eheprägende Schulden abzuziehen. Nacheheliche Entwicklungen wirken sich auf die Bedarfsbemessung nach den ehelichen Lebensverhältnissen aus, wenn sie auch bei fortbestehender Ehe eingetreten wären oder in anderer Weise in der Ehe angelegt oder mit hoher Wahrscheinlichkeit zu erwarten waren (BGH, Urt. v. 07.12.2011 – XII ZR 151/09, FamRZ 2012, 281).

Bei Verwandtenunterhalt sowie bei der Leistungsfähigkeit/Bedürftigkeit für den Ehegattenunterhalt erfolgt eine Abwägung nach den Umständen des Einzelfalls. Bei der Zumutbarkeitsabwägung sind die Interessen des Unterhaltsschuldners, des Drittgläubigers und des Unterhaltsgläubigers, vor allem minderjähriger Kinder, mit zu berücksichtigen.

10.5 Unterhaltsleistungen

Unterhaltsleistungen für vorrangig Berechtigte sind beim Verpflichteten zur Ermittlung der Leistungsfähigkeit vorweg mit dem Zahlbetrag abzuziehen. Leistet der Berechtigte einem nicht gemeinsamen minderjährigen oder privilegierten volljährigen Kind Barunterhalt, so ist auch dieser mit dem nach seinen Einkommensverhältnissen maßgeblichen Zahlbetrag abzugsfähig. Im Übrigen richtet sich die Abzugsfähigkeit von Unterhaltsleistungen nach den Umständen des Einzelfalls.

10.6 Vermögensbildung

Bei vermögenswirksamen Leistungen nach den Vermögensbildungsgesetzen sind die Arbeitgeberleistung und die Arbeitnehmersparzulage nicht als unterhaltsrechtliches Einkommen zu werten. Eine weitergehende Arbeitnehmerleistung ist vom Einkommen abzuziehen, wenn sie als angemessene Vorsorgeaufwendung (Nr. 10.1.2) anerkannt werden kann.

10.7. Umgangskosten

Kosten der Ausübung des Umgangsrechts, die deutlich über den verbleibenden Anteil am Kindergeld (vgl. Nr. 14) hinausgehen, können durch einen – teilweisen – Abzug vom Einkommen oder eine Erhöhung des Ehegattenselbstbehalts berücksichtigt werden (BGH, Urt. v. 17.06.2009 – XII ZR 102/08, FamRZ 2009, 1391, 1396).

Kindesunterhalt

11. Bemessungsgrundlage (Tabellenunterhalt)

Der Barunterhalt minderjähriger und noch im elterlichen Haushalt lebender volljähriger Kinder bestimmt sich nach den Sätzen der Düsseldorfer

Tabelle (Anlage 1). Die Richtsätze der 1. Einkommensgruppe der ersten drei Altersstufen entsprechen dem Mindestbedarf gemäß § 1612a Abs.1 BGB. Bei minderjährigen Kindern kann der Barunterhalt als Festbetrag oder als Prozentsatz des jeweiligen Mindestunterhalts geltend gemacht werden.

11.1 Kranken- und Pflegeversicherungsbeiträge, Studiengebühren

Die Tabellensätze der Düsseldorfer Tabelle enthalten keine Kranken- und Pflegeversicherungsbeiträge für das Kind. Ist dieses nicht in einer gesetzlichen Familienversicherung mitversichert, so sind die Beiträge zusätzlich zu zahlen.. Das Nettoeinkommen des Verpflichteten ist um solche Versicherungskosten zu bereinigen. In den Tabellenbeträgen sind auch Studiengebühren nicht enthalten.

11.2 Eingruppierung

Die Tabellensätze sind auf den Fall zugeschnitten, dass der Unterhaltspflichtige zwei Berechtigten, ohne Rücksicht auf den Rang, Unterhalt zu gewähren hat. Bei einer größeren oder geringeren Anzahl Unterhaltsberechtigter können Ab- oder Zuschläge durch Einstufung in niedrigere oder höhere Gruppen angemessen sein. Reicht das verfügbare Einkommen auch dann nicht aus, setzt sich der Vorrang der Kinder nach § 1609 Nr.1 BGB durch (Nr. 24).

12. Minderjährige Kinder

12.1 Betreuungs-/Barunterhalt

Der betreuende Elternteil braucht neben dem anderen Elternteil in der Regel keinen Barunterhalt zu leisten, es sei denn, sein Einkommen ist bedeutend höher als das des anderen Elternteils und der eigene angemessene Unterhalt (1.300 €) des sonst allein barunterhaltspflichtigen Elternteils ist gefährdet (§ 1603 Abs. 2 S. 3 BGB).

12.2 Einkommen des Kindes

Einkommen des Kindes Einkommen des Kindes wird bei beiden Eltern hälftig angerechnet.

12.3 Beiderseitige Barunterhaltspflicht/ Haftungsanteil

Sind bei auswärtiger Unterbringung oder bei Praktizierung eines echten Wechselmodells (Betreuung 50:50) beide Eltern zum Barunterhalt verpflichtet, haften sie anteilig nach § 1606 Abs. 3 S. 1 BGB für den Gesamtbedarf (Berechnung siehe Nr.13.3). Bei auswärtiger Unterbringung kann der Verteilungsschlüssel unter Berücksichtigung des Betreuungsaufwands wertend verändert werden.

12.4 Zusatzbedarf

Bei Zusatzbedarf (Prozess-/Verfahrenskostenvorschuss, Mehrbedarf, Sonderbedarf) gilt § 1606 Abs. 3 S. 1 BGB (vgl. Nr. 13.3). Beiträge für Kindereinrichtungen stellen mit Ausnahme der Verpflegungskosten ebenfalls Mehrbedarf des Kindes dar (BGH, Urt. v. 26.11.2008 – 65/07, FamRZ 2009, 962).

13. Volljährige Kinder

13.1 Bedarf

Beim Bedarf volljähriger Kinder ist zu unterscheiden, ob sie noch im Haushalt der Eltern/ eines Elternteils leben oder einen eigenen Hausstand haben.

Für volljährige Kinder, die noch im Haushalt der Eltern/eines Elternteils wohnen, gilt die Altersstufe 4 der Düsseldorfer Tabelle. Sind beide Eltern leistungsfähig (vgl. Nr. 21.3.1), ist der Bedarf des Kindes i.d.R. nach dem zusammengerechneten Einkommen (ohne Höhergruppierung oder Herabstufung) zu bemessen. Ein Elternteil hat jedoch höchstens den Unterhalt zu leisten, der sich allein nach seinem Einkommen aus der Düsseldorfer Tabelle ergibt.

Der angemessene Bedarf eines volljährigen Kindes mit eigenem Hausstand beträgt in der Regel monatlich 670 € (darin sind enthalten Kosten für Unterkunft und Heizung bis zu 280 €) ohne Beiträge zur Kranken- und Pflegeversicherung sowie Studiengebühren. Von diesem Betrag kann bei erhöhtem Bedarf oder mit Rücksicht auf die Lebensstellung der Eltern nach oben abgewichen werden.

Für die Haftungsquote gilt in beiden Fällen Nr.13.3.

13.2 Einkommen des Kindes

Auf den Unterhaltsbedarf werden das Kindergeld (Nr. 14) sowie Einkünfte des Kindes, auch BAföG-Darlehen und Ausbildungsbeihilfen (gekürzt um ausbildungsbedingte Aufwendungen, vgl. Nr.10.2.3) angerechnet. Bei Einkünften aus unzumutbarer Erwerbstätigkeit gilt § 1577 Abs. 2 BGB entsprechend.

13.3 Beiderseitige Barunterhaltspflicht

Bei anteiliger Barunterhaltspflicht ist vor Berechnung des Haftungsanteils nach § 1606 Abs. 3 S. 1 BGB das bereinigte Nettoeinkommen jedes Elternteils gem. Nr. 10 zu ermitteln. Hiervon ist bei Unterhaltsansprüchen nicht privilegierter volljähriger Kinder ein Sockelbetrag in Höhe des angemessenen Selbstbehalts (1.300 €) abzuziehen.

Der Haftungsanteil nach § 1606 Abs. 3 S. 1 BGB errechnet sich nach der Formel:

Bereinigtes Nettoeinkommen eines Elternteils (N1 oder N2) abzüglich 1.300 € mal (Rest-)Bedarf gemäß Nr. 13.1./13.2. (R), geteilt durch die Summe der

LL-Strkt

KG

Brdbg

Brschw

Brem

Celle

Dresd

Düss

Ffm

Hbg

Hamm

Jena

Kblz

Köln

Naumbg

Oldbg

Rstk

Schlesw

SüdL

Empf Sozhi

bereinigten Nettoeinkommen beider Eltern (N1 + N2) abzüglich 2.600 (=1.300 + 1.300) €.

Haftungsanteil Elternteil 1 = (N1 – 1.300) x R : (N1 + N2 – 2.600).

Der so ermittelte Haftungsanteil ist auf seine Angemessenheit zu überprüfen und kann bei Vorliegen besonderer Umstände (z.B. behindertes Kind) wertend verändert werden.

Bei volljährigen Schülern, die in § 1603 Abs. 2 S. 2 BGB minderjährigen Kindern gleichgestellt sind, wird der Sockelbetrag bis zum notwendigen Selbstbehalt (880 €/1.080 €) herabgesetzt, wenn der Bedarf der Kinder andernfalls nicht gedeckt werden kann.

14. Verrechnung des Kindergeldes

Das auf das jeweilige Kind entfallende Kindergeld ist nach § 1612b BGB auf den Tabellenunterhalt anzurechnen, vgl. Anhang Tabelle Zahlbeträge.

Ehegattenunterhalt

15. Unterhaltsbedarf

15.1 Bedarf nach den ehelichen Lebensverhältnissen

Der Unterhaltsbedarf richtet sich nach den ehelichen Lebensverhältnissen. Nacheheliche Entwicklungen wirken sich auf die Bedarfsbemessung nach den ehelichen Lebensverhältnissen aus, wenn sie auch bei fortbestehender Ehe eingetreten wären oder in anderer Weise in der Ehe angelegt oder mit hoher Wahrscheinlichkeit zu erwarten waren (BGH, Urt. v. 07.12.2011 – XII ZR 151/09, FamRZ 2012, 281).

Bei Aufnahme oder Ausdehnung einer Erwerbstätigkeit nach der Scheidung ist das (Mehr)einkommen, welches der Berechtigte erzielt oder pflichtwidrig zu erzielen unterlässt, als Surrogat der Haushaltsführung anzusehen (BGH, Urt. v. 07.12.2011 – XII ZR 151/09, FamRZ 2012, 281).

Nachrangige Unterhaltsansprüche volljähriger Kinder sind bei der Bemessung des Unterhaltsbedarfs des Ehegatten zu berücksichtigen, wenn sie eheprägende Verbindlichkeiten darstellen (BGH, Urt. v. 31.10.2012 – XII ZR 30/10).

Ohne Auswirkung auf den Unterhaltsbedarf sind nacheheliche Entwicklungen, die keinen Anknüpfungspunkt in der Ehe haben, wie die Unterhaltspflicht gegenüber einem neuen Ehegatten, den Splittingvorteil aus der neuen Ehe, sonstige von der neuen Ehe abhängige Einkommenszuschläge, der Vorteil des Zusammenlebens in der neuen Ehe, die Unterhaltspflicht für ein nachehelich geborenes Kind (BGH, Urt. v. 07.12.2011 – XII ZR 151/09, FamRZ 2012, 281).

Übersteigt der so ermittelte Bedarf des Berechtigten den Betrag, der dem Verpflichteten für den eigenen Unterhalt verbleibt (relativer Mangelfall), führt dies zur Kürzung des Unterhalts des Berechtigten und des individuellen Selbstbehalts des Verpflichteten. Ist für den Unterhaltsberechtigten die Untergrenze seines eigenen Selbstbehalts erreicht (absoluter Mangelfall), ist der Unterhalt des Berechtigten entsprechend der in § 1609 BGB geregelten Rangfolge und bei Gleichrang anteilig zu kürzen (BGH, Urt. v. 07.12.2011 – XII ZR 151/09, FamRZ 2012, 281).

15.2 Halbteilung und Erwerbstätigenbonus

Es gilt der Halbteilungsgrundsatz, wobei jedoch tatsächliche und fiktive Erwerbseinkünfte nur zu 6/7 zu berücksichtigen sind (Abzug von 1/7 Erwerbstätigenbonus vom gemäß Nr. 10 bereinigten Nettoeinkommen).

15.3 Konkrete Bedarfsbemessung

Bei sehr guten Einkommensverhältnissen des Pflichtigen kommt eine konkrete Bedarfsberechnung in Betracht.

15.4 Vorsorgebedarf/Zusatz- und Sonderbedarf

Werden Altersvorsorge-, Kranken- und Pflegeversicherungskosten vom Berechtigten gesondert geltend gemacht oder vom Verpflichteten bezahlt, sind diese vom Einkommen des Pflichtigen vorweg abzuziehen. Wegen des Vorrangs des Elementarunterhalts besteht ein Anspruch auf Altersvorsorgeunterhalt nur insoweit, als das Existenzminimum des Berechtigten (Nr. 23.2) gesichert ist.

Der Altersvorsorgeunterhalt ist regelmäßig nach der Bremer Tabelle zweistufig zu berechnen. Bei besonders günstigen wirtschaftlichen Verhältnissen kommt eine einstufige Berechnung in Betracht. Der Altersvorsorgeunterhalt ist nicht auf den Höchstbetrag nach Maßgabe der Beitragsbemessungsgrenze in der gesetzlichen Rentenversicherung beschränkt (BGH, Urt. v. 25.10.2006 – XII ZR 141/04, FamRZ 2007, 117).

15.5 Bedarf bei Zusammentreffen von Unterhaltsansprüchen mehrerer Ehegatten und/ oder Berechtigter nach § 1615l BGB

Bei Zusammentreffen von Unterhaltsansprüchen des geschiedenen Ehegatten und des mit dem Unterhaltspflichtigen zusammenlebenden (neuen) Ehegatten bemisst sich der Unterhaltsbedarf des geschiedenen Ehegatten nach den ehelichen Lebensverhältnissen ohne Berücksichtigung der nachehelichen Entwicklungen (vgl. Nr. 15.1).

Die unterschiedliche Rangfolge der Ansprüche (§ 1609 Nr. 2, 3 BGB) ist erst im Rahmen der

Prüfung der Leistungsfähigkeit zu berücksichtigen. Entsprechendes gilt bei Berechtigten nach § 1615l BGB, es sei denn, ihr Bedarf (Nr. 18) ist geringer.

15.6 Trennungsbedingter Mehrbedarf

Trennungsbedingter Mehrbedarf bleibt in der Regel außer Betracht (BGH, Urt. v. 18.11.2009 – XII ZR 65/09, FamRZ 2010, 111).

15.7 Begrenzung und Befristung nach § 1578b BGB

Aus § 1578b BGB ergibt sich, dass die Herabsetzung wie auch die Befristung des Unterhalts nicht die Regel, sondern die Ausnahme darstellt (BGH, Urt. v. 04.08.2010 – XII ZR 7/09, FamRZ 2010, 1633).

Ein Anspruch auf nachehelichen Unterhalt ist nach § 1578b Abs. 1 S. 1 BGB auf den angemessenen Lebensbedarf, nicht jedoch geringer als 880 €, herabzusetzen, wenn eine an den ehelichen Lebensverhältnissen orientierte Bemessung des Unterhaltsanspruchs auch unter Wahrung der Belange eines dem Berechtigten zur Pflege oder Erziehung anvertrauten gemeinschaftlichen Kindes unbillig wäre. Nach § 1578b Abs. 2 S. 1 BGB ist ein Anspruch auf nachehelichen Unterhalt zeitlich zu begrenzen, wenn ein zeitlich unbegrenzter Unterhaltsanspruch unbillig wäre (BGH, Urt. V. 20.10.2010 – XII ZR 53/09, FamRZ 2010, 2059).

Bei der Billigkeitsprüfung nach § 1578b Abs. 1 S. 2 BGB ist vorrangig zu berücksichtigen, ob ehebedingte Nachteile eingetreten sind. Diese stehen schon deshalb regelmäßig einer Befristung des nachehelichen Unterhalts entgegen, weil der Unterhaltsberechtigte dann seinen eigenen angemessenen Unterhalt nicht selbst erzielen kann. Fehlen ehebedingte Nachteile, so ist über eine Herabsetzung auf den angemessenen Lebensbedarf im Wege einer umfassenden Billigkeitsabwägung zu entscheiden, bei der auch eine über die Kompensation ehebedingter Nachteile hinausgehende nacheheliche Solidarität zu berücksichtigen ist. Die Ehedauer, bei der auf die Zeit von der Eheschließung bis zur Zustellung des Scheidungsantrags abzustellen ist, gewinnt durch eine wirtschaftliche Verflechtung an Gewicht, die insbesondere durch Aufgabe einer eigenen Erwerbstätigkeit wegen der Betreuung gemeinsamer Kinder oder der Haushaltsführung eintritt (BGH, Urt. v. 6.10.2010 – XII ZR 202/08, FamRZ 2010, 1971). Im Rahmen der Abwägung nach § 1578b BGB findet eine Aufarbeitung ehelichen Fehlverhaltens nicht statt (BGH, Urt. v. 20.10.2010 – XII ZR 53/09, FamRZ 2010, 2059).

Im Rahmen der Herabsetzung und zeitlichen Begrenzung des Unterhalts ist der Unterhaltspflichtige für die Tatsachen darlegungs- und beweisbelastet, die für eine Befristung sprechen. Hinsichtlich der Tatsache, dass ehebedingte Nachteile nicht

entstanden sind, trifft den Unterhaltsberechtigten aber nach den Regeln zum Beweis negativer Tatsachen eine sog. sekundäre Darlegungslast. Der Unterhaltsberechtigte muss die Behauptung, es seien keine ehebedingten Nachteile entstanden, substanziiert bestreiten und seinerseits darlegen, welche konkreten ehebedingten Nachteile entstanden sein sollen. Erst wenn das Vorbringen des Unterhaltsberechtigten diesen Anforderungen genügt, müssen die vorgetragenen ehebedingten Nachteile vom Unterhaltspflichtigen widerlegt werden (BGH, Urt. v. 24.03.2010 – XII ZR 175/08, FamRZ 2010, 875).

Der Unterhaltsberechtigte kann im Einzelfall seiner – sekundären – Darlegungslast genügen, wenn er vorträgt, dass in dem von ihm erlernten Beruf Gehaltssteigerungen in einer bestimmten Höhe mit zunehmender Berufserfahrung bzw. Betriebszugehörigkeit üblich sind (BGH, Urt. v. 20.10.2010 – XII ZR 53/09, FamRZ 2010, 2059).

16. Bedürftigkeit

Eigene Einkünfte, die der Berechtigte erzielt oder pflichtwidrig zu erzielen unterlässt, sind auf den Bedarf anzurechnen, wobei das bereinigte Nettoerwerbseinkommen um den Erwerbstätigenbonus (1/7) zu vermindern ist.

17. Erwerbsobliegenheit

17.1 bei Kindesbetreuung

Es besteht bei der Betreuung von Kindern nach Vollendung des dritten Lebensjahres die Obliegenheit, für den eigenen Unterhalt zu sorgen, solange keine kind- oder elternbezogenen Gründe im Sinne des § 1570 BGB diese Erwerbsobliegenheit einschränken (BGH, Urt. v. 18.03.2009 – XII ZR 74/08, FamRZ 2009, 770; Urt. v. 17.06.2009 – XII ZR 102/08, FamRZ 2009, 1391 und Urt. v. 21.04.2010 – XII ZR 134/08 – , FamRZ 2010, 1050).

Im Rahmen der Billigkeitsentscheidung über eine Verlängerung des Betreuungsunterhalts aus kindbezogenen Gründen (§ 1570 Abs. 1 S. 2 und 3 BGB) ist stets zunächst der individuelle Umstand zu prüfen, ob und in welchem Umfang die Kindesbetreuung auf andere Weise gesichert ist oder in kindgerechten Betreuungseinrichtungen gesichert werden könnte. Mit der Neugestaltung des nachehelichen Betreuungsunterhalts in § 1570 BGB hat der Gesetzgeber für Kinder ab Vollendung des dritten Lebensjahres des Kindes den Vorrang der persönlichen Betreuung aufgegeben (BGH, Urt. v. 18.03.2009 – XII ZR 74/08 -, FamRZ 2009, 770, Urt. v. 17.06.2009 – XII ZR 102/08 -, FamRZ 2009, 1391, Urt. v. 21.04.2010 – XII ZR 134/08 -, FamRZ 2010, 1050 und Urt. v. 8.4.2012 – XII ZR 65/10, FamRZ 2012, 1040).

Eine Erwerbstätigkeit kann auch aus Gründen der nachehelichen Solidarität unbillig erscheinen.

Das in der Ehe gewachsene Vertrauen in die vereinbarte und praktizierte Rollenverteilung und die gemeinsame Ausgestaltung der Kinderbetreuung gewinnen bei längerer Ehedauer oder Aufgabe der Erwerbstätigkeit zur Erziehung gemeinsamer Kinder weiter an Bedeutung (ehebezogene Gründe, § 1570 Abs. 2 BGB, vgl. BGH, Urt. v. 15.09.2010 – XII ZR 20/09, FamRZ 2010, 1880). Zur Beurteilung einer überobligationsmäßigen Belastung im Rahmen der Verlängerung des Betreuungsunterhalts ist auch der Aspekt einer gerechten Lastenverteilung zwischen unterhaltsberechtigtem und unterhaltspflichtigem Elternteil zu berücksichtigen (BGH, Urt. v. 18.3.2009 – XII ZR 74/08, FamRZ 2009, 770; v. 16.7.2008 – XII ZR 109/05, FamRZ 2008, 1739, v. 21. April 2010 – XII ZR 134/08, FamRZ 2010, 1050 und v. 8.4.2012 – XII ZR 65/10, FamRZ 2012, 1040).

Die Darlegungs- und Beweislast für die Umstände, die einer vollen oder teilweisen Erwerbsobliegenheit entgegenstehen, trifft den betreuenden Elternteil. Dies gilt auch, wenn ein Titel über den Basisunterhalt nach § 1570 Abs. 1 S. 1 BGB abgeändert werden soll. An die für eine Verlängerung des Betreuungsunterhalts insbesondere aus kindbezogenen Gründen erforderlichen Darlegungen sind keine überzogenen Anforderungen zu stellen (BGH, Urt. v. 15.6.2011 – XII ZR 94/09, FamRZ 2011, 1375, Urt. V. 8.4.2012 – XII ZR 65/10, FamRZ 2012, 1040).

Der Titel über den zeitlichen Basisunterhalt nach § 1570 Abs. 1 S. 1 BGB ist grundsätzlich nicht zu befristen. Eine Befristung des Titels über Betreuungsunterhalt im Übrigen kommt nicht in Betracht, eine Begrenzung vom eheangemessenen auf den angemessenen Unterhalt nach der eigenen Lebensstellung kann unter Berücksichtigung des Kindeswohls aus Gründen der Billigkeit erfolgen (BGH, Urt. v. 06.05.2009 – XII ZR 114/08 -, FamRZ 2009, 1124).

17.2   bei Trennungsunterhalt

In der Regel besteht für den Berechtigten im ersten Jahr nach der Trennung keine Obliegenheit zur Aufnahme oder Ausweitung einer Erwerbstätigkeit.

Weitere Unterhaltsansprüche

18.   Ansprüche nach § 1615l BGB

Der Bedarf des nach § 1615l Abs. 2 S. 2, Abs. 4 BGB unterhaltsberechtigten Elternteils bemisst sich nach dem Lebensstandard, den er vor der Geburt des Kindes erreicht hatte. Der Bedarf kann nicht von dem ggfls. höheren Einkommen des Unterhaltspflichtigen abgeleitet werden, auch dann nicht, wenn die Kindeseltern längere Zeit zusammengelebt haben (BGH, Urt. v. 16.07.2008 – XII ZR 109/05-, FamRZ 2008, 1739). Dem Berechtigten ist

jedoch jedenfalls ein Bedarf zuzubilligen, der nicht unter dem Existenzminimum liegt und mit dem notwendigen Selbstbehalt des Unterhaltspflichtigen von gegenwärtig 880 € angesetzt werden kann (BGH Urt. v. 16.12.2009 – XII ZR 50/08 -, FamRZ 2010, 357). Hinsichtlich der Erwerbsobliegenheit gelten die Grundsätze unter Nr. 17.1 entsprechend.

19.   Elternunterhalt

Beim Bedarf der Eltern sind Leistungen zur Grundsicherung nach §§ 41 ff. SGB XII zu berücksichtigen (vgl. Nr. 2.9).

20.   Lebenspartnerschaft

Bei Getrenntleben oder Aufhebung der Lebenspartnerschaft gelten §§ 5, 12, 16 LPartG.

Leistungsfähigkeit und Mangelfall

21.   Selbstbehalt

Dem Unterhaltspflichtigen muss nach Abzug der Unterhaltsansprüche der Selbstbehalt (Eigenbedarf) verbleiben.

21.1   Grundsatz

Es ist zu unterscheiden zwischen dem notwendigen (§ 1603 Abs. 2 BGB), dem angemessenen (§ 1603 Abs. 1 BGB) sowie dem eheangemessenen Selbstbehalt (§§ 1361 Abs. 1, 1578 Abs. 1 BGB; BGH, Urt. v. 15.03.2006 – XII ZR 30/04, FamRZ 2006, 683).

21.2   Notwendiger Selbstbehalt

Der notwendige Selbstbehalt (Eigenbedarf) beträgt gegenüber minderjährigen unverheirateten Kindern und gegenüber volljährigen unverheirateten Kindern bis zur Vollendung des 21. Lebensjahres, die im Haushalt der Eltern oder eines Elternteils leben und sich in der allgemeinen Schulausbildung befinden,

–   beim nichterwerbstätigen Unterhaltspflichtigen monatlich **880 €**,
–   beim erwerbstätigen Unterhaltspflichtigen monatlich **1.080 €**.

Hierin sind 380 € für Unterkunft einschließlich umlagefähiger Nebenkosten und Heizung (Warmmiete) enthalten.

21.3   Angemessener Selbstbehalt

Der angemessene Selbstbehalt beträgt:

21.3.1   gegenüber nicht privilegiertem volljährigen Kind

in der Regel **1.300 €**. Hierin sind Kosten für Unterkunft und Heizung in Höhe von **480 €** enthalten.

LL-Strkt

KG

Brdbg

Brschw

Brem

Celle

Dresd

Düss

Ffm

Hbg

Hamm

Jena

Kblz

Köln

Naumbg

Oldbg

Rstk

Schlesw

SüdL

Empf
Sozhi

Nach Verlust einer bereits erlangten wirtschaftlichen Selbstständigkeit des Kindes beträgt der angemessene Selbstbehalt **1.800 €** (vgl. BGH, Urt. v. 18.01.2012 – XII ZR 15/10, FamRZ 2012, 530, und v. 18.07.2012 – XII ZR 91/10, FamRZ 2012, 1553).

21.3.2 gegenüber Anspruchsberechtigten nach § 1615l BGB

1.200 €. Hierin sind Kosten für Unterkunft und Heizung in Höhe von **430 €** enthalten.

21.3.3 beim Elternunterhalt

mindestens monatlich **1.800 € (Sockelbetrag),** wobei die Hälfte des diesen Mindestbetrag übersteigenden Einkommens, bei Vorteilen des Zusammenlebens in der Regel 45 % zusätzlich anrechnungsfrei bleibt (vgl. BGH, Urt. v. 28.07.2010 – XII ZR 140/07 -, FamRZ 2010, 1535).

Hierin sind Kosten für Unterkunft und Heizung in Höhe von **480 €** enthalten.

21.3.4 von Großeltern gegenüber Enkeln

mindestens monatlich **1.800 €,** wobei die Hälfte des diesen Mindestbetrag übersteigenden Einkommens, bei Vorteilen des Zusammenlebens in der Regel 45 % zusätzlich anrechnungsfrei bleibt (vgl. BGH, Urt. v. 28.07.2010 – XII ZR 140/07, FamRZ 2010, 1535). Hierin sind Kosten für Unterkunft und Heizung in Höhe von **480 €** enthalten.

21.4 Mindestselbstbehalt gegenüber Ehegatten

Der eheangemessene Selbstbehalt beträgt **1.200 €.** Hierin sind Kosten für Unterkunft und Heizung in Höhe von **430 €** enthalten.

21.5 Anpassung des Selbstbehalts

Beim Verwandtenunterhalt kann der jeweilige Selbstbehalt unterschritten werden, wenn der eigene Unterhalt des Pflichtigen ganz oder teilweise durch seinen Ehegatten gedeckt ist (vgl. Nr. 22).

Wird konkret eine erhebliche und nach den Umständen nicht vermeidbare Überschreitung der in den einzelnen Selbstbehalten enthaltenen Wohnkosten dargelegt, erhöht sich der Selbstbehalt. Wird die Wohnung von mehreren Personen genutzt, ist der Wohnkostenanteil des Pflichtigen festzustellen. Bei Erwachsenen geschieht die Aufteilung in der Regel nach Köpfen. Kinder sind vorab mit einem Anteil von 20 % ihres Anspruchs auf Barunterhalt zu berücksichtigen. Besteht für den Verpflichteten ein Anspruch auf Wohngeld, ist dieser wohnkostenmindernd zu berücksichtigen (vgl. Nr. 2.3).

Eine Herabsetzung des Selbstbehalts allein wegen geringerer als der im Selbstbehalt berücksichtigten Wohnkosten kommt auch im Rahmen der gesteigerten Unterhaltsverpflichtung gegenüber minderjährigen Kindern nicht in Betracht.

Hingegen kann der Selbstbehalt eines Unterhaltspflichtigen wegen einer infolge gemeinsamer Haushaltsführung tatsächlich eingetretenen Ersparnis herabgesetzt werden, höchstens jedoch bis auf sein Existenzminimum nach sozialhilferechtlichen Grundsätzen (BGH, Urt. v. 03.12.2008 – XII ZR 182/06, FamRZ 2009, 314, 316 und v. 09.01.2008 – XII ZR 170/05, FamRZ 2008, 594, 598).

22. Bedarf des mit dem Pflichtigen zusammenlebenden Ehegatten

22.1 Bedarf bei Ansprüchen des nachrangigen geschiedenen Ehegatten

Der Mindestbedarf des mit dem Unterhaltspflichtigen zusammenlebenden neuen Ehegatten wird mit **960 €** angesetzt.

22.2 Mindestbedarf bei Ansprüchen volljähriger Kinder

Der Mindestbedarf des mit dem Unterhaltspflichtigen zusammenlebenden Ehegatten bei Ansprüchen nicht privilegierter volljähriger Kinder beträgt **1.040 €,** nach Verlust einer bereits erlangten wirtschaftlichen Selbstständigkeit des Kindes 1.440 € (vgl. 21.3.1).

22.3 Mindestbedarf bei Ansprüchen von Eltern oder Enkeln des anderen Ehegatten und von gemeinsamen Enkeln

Ist bei Unterhaltsansprüchen der Eltern oder von Enkeln der Unterhaltspflichtige verheiratet, wird für den mit ihm zusammenlebenden Ehegatten ein Betrag von mindestens **1.440 €** angesetzt. Im Familienmindestbedarf (vgl. Nr. 21.3.3 und 21.3.4) von **3.240 €** (1.800 € + 1.440 €) sind die Kosten für Unterkunft und Heizung in Höhe von **860 €** enthalten.

Der Familienselbstbehalt trägt bereits dem Umstand Rechnung, dass die Ehegatten durch ihr Zusammenleben Haushaltsersparnisse erzielen (BGH, Urt. v. 18.07.2012 – XII ZR 91/10, FamRZ 2012, 1553).

23. Bedarf des vom Pflichtigen getrennt lebenden oder geschiedenen Ehegatten

23.1 Bedarf bei Ansprüchen des nachrangigen, geschiedenen Ehegatten

Der Bedarf des vom Pflichtigen getrennt lebenden oder geschiedenen Ehegatten beträgt bei Ansprüchen des nachrangigen, geschiedenen Ehegatten **1.200 €.**

23.2 Bedarf bei Ansprüchen volljähriger Kinder

Der Bedarf des vom Pflichtigen getrennt lebenden oder geschiedenen Ehegatten beträgt bei Ansprüchen volljähriger Kinder **1.300 €**.

23.3 Bedarf bei Ansprüchen von Eltern oder Enkeln des anderen Ehegatten und von gemeinsamen Enkeln

Der Bedarf des vom Pflichtigen getrennt lebenden oder geschiedenen Ehegatten beträgt bei Ansprüchen von Eltern oder Enkeln des anderen Ehegatten und von gemeinsamen Enkeln **1.800 €**.

24. Mangelfall

24.1 Grundsatz

Ein absoluter Mangelfall liegt vor, wenn das Einkommen des Verpflichteten zur Deckung seines notwendigen Selbstbehalts und der gleichrangigen Unterhaltsansprüche nicht ausreicht. Zur Feststellung des Mangelfalls entspricht der einzusetzende Bedarf für minderjährige und diesen nach § 1603 Abs. 2 S. 2 BGB gleichgestellte Kinder dem Zahlbetrag der Unterhaltstabelle, für den getrenntlebenden/geschiedenen Ehegatten und für den Berechtigten nach § 1615l BGB sowie den mit dem Pflichtigen zusammenlebenden Ehegatten den jeweiligen ungedeckten Bedarfsbeträgen (Nr. 15, 16).

24.2 Einsatzbeträge

Als Einsatzbeträge im Mangelfall (Existenzminimum) sind im Verhältnis von gleichrangigen Berechtigten zueinander anzusetzen:

bei minderjährigen und diesen nach § 1603 Abs. 2 S. 2 BGB gleichgestellten Kindern der Mindest-

unterhalt der jeweiligen Altersstufe nach der Düsseldorfer Tabelle (Zahlbeträge)
bei allen anderen Berechtigten der nach den allgemeinen Regeln bestimmte Bedarf.

Anrechenbares Einkommen des Berechtigten ist von seinem Einsatzbetrag abzuziehen.

24.3. Berechnung

Die nach Abzug des Selbstbehalts des Unterhaltspflichtigen verbleibende Verteilungsmasse ist anteilig auf alle gleichrangigen Unterhaltsberechtigten im Verhältnis ihrer Unterhaltsansprüche zu verteilen.

24.4 Angemessenheitskontrolle

Das im Rahmen der Mangelfallberechnung gewonnene Ergebnis ist auf seine Angemessenheit zu überprüfen.

25. Rundung

Der Unterhaltsbetrag ist auf volle € aufzurunden.

Anhang

I. Düsseldorfer Tabelle

s. S. 5

II. Tabelle Zahlbeträge

s. S. 10

III. Umrechnung dynamischer Titel über Kindesunterhalt in Mindestunterhalt gemäß § 36 Abs. 3 EGZPO

s. S. 9

---

p) OLG München

s. Süddeutsche Leitlinien

---

q) OLG Naumburg

OLG Naumburg Unterhaltsrechtliche Leitlinien (Stand: 01. August 2015)

Die nachfolgenden Unterhaltsleitlinien der Familiensenate des Oberlandesgerichts Naumburg dienen als Orientierungshilfe für den Regelfall und bedürfen hinsichtlich der Angemessenheit des Ergebnisses in jedem Einzelfall der Überprüfung,

Die auf den tabellarischen Anhang 1 und Anhang 2 beschränkte **Neufassung** der Leitlinien trägt den

Gesetzesänderungen Rechnung, die sich ab dem 1. August 2015 durch das *Gesetz zur Anhebung des Grundfreibetrags, des Kinderfreibetrags, des Kindergeldes und des Kinderzuschlags* vom 16. Juli 2015 (BGBl. I, S. 1202 - 1206, Art. 1 Nr. 2, Art. 8 Abs. 3, Art. 10 Abs. 1) in Bezug auf den Mindestunterhalt minderjähriger Kinder nach § 1612 a Abs. 1 Satz 2 BGB durch die Erhöhung des steuerlichen Kinderfreibetrags nach § 32 Abs. 6 Satz 1 EStG ergeben haben.

LL-Strkt
KG
Brdbg
Brschw
Brem
Celle
Dresd
Düss
Ffm
Hbg
Hamm
Jena
Kblz
Köln
Naumbg
Oldbg
Rstk
Schlesw
SüdL
Empf Sozhi

Das Tabellenwerk der *Düsseldorfer Tabelle* – ohne Bedarfskontrollbetrag – ist als Anhang eingearbeitet, die Anmerkungen zur Tabelle werden durch die nachfolgenden Leitlinien ersetzt.

I. Unterhaltsrechtlich maßgebendes Einkommen

Bei der Ermittlung und Zurechnung von Einkommen ist stets zu unterscheiden, ob es sich um Verwandten- oder Ehegattenunterhalt handelt und ob es um Bedarfsbemessung einerseits oder Feststellung der Bedürftigkeit und Leistungsfähigkeit andererseits geht.

Das unterhaltsrechtlich maßgebliche Einkommen ist nicht identisch mit dem Einkommen im steuerrechtlichen Sinne.

1. Geldeinnahmen

1.1 Regelmäßiges Bruttoeinkommen einschließlich Renten und Pensionen

Auszugehen ist vom Bruttoeinkommen als Summe aller Einkünfte inklusive Weihnachts- und Urlaubsgeld sowie anderer Zulagen.

1.2 Unregelmäßige Einkommen

Soweit Leistungen nicht monatlich anfallen, werden sie auf ein Jahr umgelegt. Einmalige Zahlungen (z.B. Abfindungen) sind auf einen angemessenen Zeitraum (in der Regel mehrere Jahre) zu verteilen.

1.3 Überstunden

Überstundenvergütungen werden dem Einkommen voll zugerechnet, soweit sie berufstypisch sind und das in diesem Beruf übliche Maß nicht überschreiten.

Unabhängig davon sind sie stets zu berücksichtigen, soweit dies zur Deckung des Mindestunterhalts für minderjährige Kinder und privilegierte volljährige Kinder im Sinne des § 1603 Abs. 2 Satz 2 BGB erforderlich ist.

1.4 Spesen und Auslösungen

Ersatz für Spesen und Reisekosten sowie Auslösungen gelten in der Regel als Einkommen. Damit zusammenhängende Aufwendungen, vermindert um häusliche Ersparnis, sind jedoch abzuziehen.

Bei Aufwendungspauschalen (außer Kilometergeld) kann 1/3 als Einkommen angesetzt werden.

1.5 Einkommen aus selbständiger Tätigkeit

Bei Ermittlung des zukünftigen Einkommens eines Selbständigen ist in der Regel der Gewinn der letzten drei Jahre zu Grunde zu legen.

1.6 Einkommen aus Vermietung und Verpachtung sowie Kapitalvermögen

Auszugehen ist von den Einnahmen abzüglich notwendiger Ausgaben. Für Gebäude ist keine Absetzung für Abnutzung (AfA) anzusetzen.

1.7 Steuererstattungen

Steuererstattungen sind in der Regel im Zahlungsjahr zu berücksichtigen und auf dieses umzulegen. Es besteht die Obliegenheit, mögliche Steuervorteile in Anspruch zu nehmen.

1.8 Sonstige Einnahmen (z.B. Trinkgelder)

2. Sozialleistungen

2.1 Arbeitslosengeld (§ 136 SGB III) und Krankengeld

2.2 Leistungen nach dem SGB II

Arbeitslosengeld II, Sozialgeld und Einstiegsgeld (§§ 19 – 32 SGB II) ist beim Verpflichteten stets Einkommen, beim Berechtigten nur, soweit dessen Unterhaltsanspruch nicht nach § 33 SGB II übergegangen ist.

2.3 Wohngeld

Wohngeld ist grundsätzlich Einkommen (vgl. Nr. 21.5.3), nur insoweit nicht, als es erhöhte Wohnkosten deckt.

2.4 BAföG

BAföG-Leistungen zählen zum Einkommen, auch soweit sie als Darlehen gewährt werden. Dies gilt nicht für Vorausleistungen nach den §§ 36, 37 BAföG.

2.5 Elterngeld, Erziehungsgeld

Elterngeld ist beim Kindesunterhalt nach §§ 1603 Abs. 2 BGB sowie in den Fällen der § 1611 Abs. 1, 1361 Abs. 3, 1579 BGB vollen Unfanges als Einkommen zu berücksichtigen, im Übrigen nur insoweit, als es über den Sockelbetrag nach § 11 Satz 1 bis 3 BEEG hinausgeht.

Entsprechendes gilt für das Erziehungsgeld nach § 9 Satz 1 und 2 BErzGG.

2.6 Unfall- und Versorgungsrenten

2.7 Leistungen aus der Pflegeversicherung, Blindengeld u.Ä.

Die Leistungen sind um einen Betrag für tatsächliche Mehraufwendungen zu kürzen; § 1610 a BGB und die darauf verweisenden § 1578 a und § 1361 Abs. 1 Satz 1, 2. Halbs. BGB sind insoweit zu beachten.

2.8 Pflegegeld

Einkommen ist der Anteil des Pflegegelds bei der Pflegeperson, durch den ihre Bemühungen abgegolten werden; bei Pflegegeld aus der Pflegeversicherung gilt dies nach Maßgabe des § 13 Abs. 6 SGB XI.

2.9 Leistungen der Grundsicherung

Beim Verwandtenunterhalt sind in der Regel Leistungen der Grundsicherung im Alter und bei

Erwerbsminderung nach den §§ 41 – 43 SGB XII als Einkommen des Unterhaltsberechtigten zu berücksichtigen. Dies gilt nicht für den Ehegattenunterhalt.

2.10 Sozialhilfe

Kein Einkommen wegen des Anspruchsübergangs nach § 94 SGB XII ist die vom Unterhaltsberechtigten bezogene Sozialhilfe. Die Unterhaltsforderung eines Empfängers dieser Leistungen kann in Ausnahmefällen treuwidrig sein.

2.11 Unterhaltsvorschuss

Kein Einkommen sind Leistungen nach dem Unterhaltsvorschussgesetz. Die Unterhaltsforderung eines Empfängers dieser Leistungen kann in Ausnahmefällen treuwidrig sein.

3. Kindergeld

Kindergeld zählt nicht zum Einkommen. Es wird nach Maßgabe des § 1612 b BGB auf den Barbedarf des Kindes angerechnet.

4. Geldwerte Zuwendungen des Arbeitgebers

Geldwerte Zuwendungen aller Art des Arbeitgebers, z.B. Firmenwagen oder freie Kost und Logis, sind Einkommen, soweit sie entsprechende Eigenaufwendungen ersparen.

5. Wohnwert

Der Wohnvorteil durch mietfreies Wohnen im eigenen Heim ist als wirtschaftliche Nutzung des Vermögens unterhaltsrechtlich wie Einkommen zu behandeln. Neben dem Wohnwert sind auch Zahlungen nach dem Eigenheimzulagengesetz anzusetzen.

Ein Wohnvorteil liegt nur vor, soweit der Wohnwert den berücksichtigungsfähigen Schuldendienst und erforderliche Instandhaltungskosten übersteigt.

Auszugehen ist vom vollen Mietwert (Nettokaltmiete). Wenn es nicht möglich oder nicht zumutbar ist, die Wohnung aufzugeben und das Objekt zu vermieten oder zu veräußern, kann statt dessen die ersparte Miete angesetzt werden, die angesichts der wirtschaftlichen Verhältnisse angemessen wäre. Dies kommt insbesondere für die Zeit bis zur Scheidung in Betracht, wenn ein Ehegatte das Eigenheim allein bewohnt.

6. Haushaltsführung

Führt jemand einem leistungsfähigen Dritten den Haushalt, so ist hierfür ein Einkommen anzusetzen; dies gilt nicht im Falle der Haushaltsführung durch einen voll Erwerbstätigen.

7. Einkommen aus unzumutbarer Erwerbstätigkeit

Einkommen aus unzumutbarer Erwerbstätigkeit kann nach Billigkeit ganz oder teilweise unberücksichtigt bleiben.

8. Freiwillige Zuwendungen Dritter

Freiwillige Zuwendungen Dritter (z.B. Geldleistungen, kostenloses Wohnen) sind nicht als Einkommen zu berücksichtigen, es sei denn, dies entspricht dem Willen des Dritten.

9. Erwerbsobliegenheit und Einkommensfiktion

Einkommen können auch bei Arbeitslosigkeit des Unterhaltsverpflichteten aufgrund einer unterhaltsrechtlichen Erwerbsobliegenheit erzielbare Einkünfte sein (fiktives Einkommen).

10. Bereinigung des Einkommens

10.1 Steuern und Vorsorgeaufwendungen

Vom Bruttoeinkommen sind Steuern, Sozialabgaben und/oder angemessene Vorsorgeaufwendungen abzusetzen (Nettoeinkommen).

Es besteht die Obliegenheit, Steuervorteile in Anspruch zu nehmen (z.B. Eintragung eines Freibetrags bei Fahrtkosten, für unstreitigen oder titulierten Unterhalt).

10.2 Berufsbedingte Aufwendungen

Berufsbedingte Aufwendungen, die sich von den privaten Lebenshaltungskosten nach objektiven Merkmalen eindeutig abgrenzen lassen, sind im Rahmen des Angemessenen vom Nettoeinkommen aus unselbständiger Arbeit abzuziehen.

10.2.1 Pauschale/Konkrete Aufwendungen

Bei Vorliegen entsprechender Anhaltspunkte kann eine Pauschale von 5 % des Nettoeinkommens monatlich angesetzt werden. Übersteigen die berufsbedingten Aufwendungen diese Pauschale oder liegt ein Mangelfall vor, so sind sie im Einzelnen darzulegen und gegebenenfalls nachzuweisen.

10.2.2 Fahrtkosten

Für die notwendigen Kosten der berufsbedingten Nutzung eines Kraftfahrzeugs kann der nach den Sätzen des § 5 Abs. 2 Satz 1 Nr. 2 JVEG anzuwendende Betrag (derzeit 0,30 Euro) pro gefahrenen Kilometer angesetzt werden. Damit sind in der Regel Anschaffungs-, Reparatur- und sonstige Betriebskosten erfasst. Bei langen Fahrtstrecken (ab ca. 30 km einfach) kann nach unten abgewichen werden.

LL-Strkt

KG

Brdbg

Brschw

Brem

Celle

Dresd

Düss

Ffm

Hbg

Hamm

Jena

Kblz

Köln

Naumbg

Oldbg

Rstk

Schlesw

SüdL

Empf Sozhi

10.2.3 Ausbildungsaufwand

Die Ausbildungsvergütung eines in der Berufsausbildung stehenden Kindes, das im Haushalt der Eltern oder eines Elternteils wohnt, ist vor ihrer Anrechnung in der Regel, sofern für eine derartige Schätzung hinreichende Anhaltspunkte bestehen, um einen ausbildungsbedingten Mehrbedarf von 10 %, maximal 90 Euro zu kürzen.

10.3 Kinderbetreuung

Kinderbetreuungskosten sind abzugsfähig, soweit die Betreuung durch Dritte infolge der Berufstätigkeit erforderlich ist. Außerdem kann ein Kinderbetreuungsbonus angesetzt werden.

10.4 Schulden

Berücksichtigungswürdige Schulden (Zins und Tilgung) sind im Rahmen eines vernünftigen Tilgungsplanes in angemessenen Raten abzuziehen.

Beim Verwandtenunterhalt sowie bei Prüfung der Leistungsfähigkeit oder Bedürftigkeit für den Ehegattenunterhalt erfolgt eine Abwägung nach den Umständen des Einzelfalls. Bei der Zumutbarkeitsabwägung sind Interessen des Unterhaltsschuldners, des Drittgläubigers und des Unterhaltsgläubigers, vor allem minderjähriger Kinder, mit zu berücksichtigen.

Kann der Unterhaltsschuldner den Mindestunterhalt minderjähriger Kinder nicht decken, sind Schulden in der Regel nur bis zur Höhe des pfändbaren Betrages nach § 850 c Abs. 1 Satz 2 ZPO (evtl. in Verb. mit den §§ 36 Abs. 1 Satz 2, 89 Abs. 2 InsO) zu berücksichtigen.

10.5 Unterhaltsleistungen

Unterhaltsleistungen an vorrangig Berechtigte sind vorweg abzuziehen; Unterhaltsleistungen an nachrangige Berechtigte sind angemessen zu berücksichtigen.

10.6 Vermögensbildung

Vermögensbildende Aufwendungen sind im angemessenen Rahmen abzugsfähig.

II. Kindesunterhalt

11. Bemessungsgrundlage (Tabellenunterhalt)

Der Barunterhalt minderjähriger und noch im elterlichen Haushalt lebender volljähriger unverheirateter Kinder bis zur Vollendung des 21. Lebensjahres bestimmt sich nach der *Tabelle zum Kindesunterhalt* im **Anhang 1** und – unter Verrechnung des Kindergeldes gemäß Nr. 14 – nach der *Unterhaltstabelle – Zahlbeträge* im **Anhang 2** zu diesen Leitlinien.

Bei minderjährigen Kindern kann der Barunterhalt als Festbetrag oder, wie im Anhang 1 und 2 tabellarisch dargestellt, gemäß § 1612 a BGB als Prozentsatz des jeweiligen Mindestunterhalts geltend gemacht werden.

11.1 Kranken- und Pflegeversicherungsbeiträge

Die Tabellensätze enthalten keine Kranken- und Pflegeversicherungsbeiträge für das Kind, wenn dieses nicht in einer gesetzlichen Familienversicherung mitversichert ist. Das Nettoeinkommen des Verpflichteten ist um solche zusätzlich zu zahlenden Versicherungskosten zu bereinigen.

11.2 Eingruppierung

Die Tabellensätze sind auf den Fall zugeschnitten, dass der Unterhaltspflichtige zwei Berechtigten Unterhalt zu gewähren hat. Bei einer größeren oder geringeren Anzahl Unterhaltsberechtigter sind in der Regel Ab- oder Zuschläge durch Einstufung in eine niedrigere oder höhere Einkommensgruppe vorzunehmen.

12. Minderjährige Kinder

12.1 Betreuungs-/Barunterhalt

Der Betreuungsunterhalt im Sinne des § 1606 Abs. 3 S. 2 BGB entspricht wertmäßig in der Regel dem vollen Barunterhalt. Deshalb wird ein Einkommen des Kindes bei beiden Eltern, ggfs. nach Abzug eines ausbildungsbedingten Mehrbedarfs (vgl. Nr. 10.2.3), hälftig angerechnet.

12.2 Einkommen des Kindes

Einkommen des Kindes wird bei beiden Eltern hälftig angerechnet.

12.3 Beiderseitige Barunterhaltspflicht/Haftungsanteil

Der das Kind betreuende Elternteil braucht in der Regel neben dem anderen Elternteil keinen Barunterhalt zu leisten, es sei denn, sein Einkommen ist bedeutend höher als das des anderen Elternteils (§ 1606 Abs. 3 Satz 2 BGB) oder der eigene angemessene Unterhalt des sonst allein barunterhaltspflichtigen Elternteils ist gefährdet (§ 1603 Abs. 2 Satz 3 BGB). Im letzteren Fall kann jedoch nach der so genannten »Hausmann«-Rechtsprechung eine Haftung in Betracht kommen.

Der Verteilungsschlüssel kann ggfs. unter Berücksichtigung des zusätzlichen Betreuungsaufwandes eines Elternteils wertend verändert werden.

Sind bei auswärtiger Unterbringung des Kindes beide Eltern zum Barunterhalt verpflichtet, haften sie anteilig nach § 1606 Abs. 3 Satz 1 BGB für den Gesamtbedarf (Nr. 13.3). Bei vergleichbarer

Naumburg | **187**

LL-Strkt
KG
Brdbg
Brschw
Brem
Celle
Dresd
Düss
Ffm
Hbg
Hamm
Jena
Kblz
Köln
Naumbg
Oldbg
Rstk
Schlesw
SüdL
Empf Sozhi

wirtschaftlicher Lage ist insoweit hinsichtlich Bedarf und Bedürftigkeit des Kindes die Regelung für volljährige Schüler, Studenten und Auszubildende entsprechend anzuwenden (Nr. 13).

12.4 Zusatzbedarf

Bei Zusatzbedarf (Prozesskostenvorschuss, Mehrbedarf, Sonderbedarf) gilt § 1606 Abs. 3 Satz 1 BGB (s. Nr. 13.3).

13. Volljährige Kinder

13.1 Bedarf

13.1.1 Kinder ohne eigenen Hausstand

Volljährige Schüler, Studenten und Auszubildende, die noch im Haushalt eines Elternteils wohnen, erhalten den Tabellenbetrag der vierten Altersstufe bis zur Beendigung der Ausbildung.

Der Bedarf des Kindes bestimmt sich in der Regel, sofern beide Elternteile leistungsfähig sind, nach dem zusammengerechneten Einkommen beider Elternteile; Nr. 11.2 findet keine Anwendung.

13.1.2 Kinder mit eigenem Hausstand

Der angemessene Bedarf eines volljährigen Kindes mit eigenem Hausstand beträgt in der Regel 670 Euro monatlich. Darin enthalten sind Kosten für Unterkunft und Heizung bis zu 270 Euro, jedoch keine Beiträge zur Kranken- und Pflegeversicherung.

Von diesem Betrag kann bei erhöhtem Bedarf oder mit Rücksicht auf die Lebensstellung der Eltern abgewichen werden

13.2 Einkommen des Kindes

Auf den Unterhaltsbedarf werden Einkünfte des Kindes, auch BAföG-Darlehen und Ausbildungsbeihilfen (gekürzt um ausbildungsbedingte Aufwendungen, vgl. Nr. 10.2.3) angerechnet. Bei Einkünften aus unzumutbarer Erwerbstätigkeit gilt § 1577 Abs. 2 BGB entsprechend.

13.3 Beiderseitige Barunterhaltspflicht/Haftungsanteil

Die anteilige Barunterhaltspflicht beider Elternteile bestimmt sich nach Maßgabe des § 1606 Abs. 3 Satz 1 BGB, geht jedoch für den einzelnen Elternteil nicht über den Unterhaltsbetrag hinaus, der sich allein nach seinem Einkommen aus der Unterhaltstabelle (Anhang) ergibt.

Vor Berechnung des Haftungsanteils nach § 1606 Abs. 3 Satz 1 BGB ist das Nettoeinkommen jedes Elternteils gemäß Nr. 10 zu ermitteln. Außerdem ist vom Restbetrag ein Sockelbetrag in Höhe des angemessenen Selbstbehalts (1.300 €) oder, sofern es um Unterhaltsansprüche privilegierter Volljähriger

gemäß § 1603 Abs. 2 Satz 2 BGB geht, des (entweder 1.080 € oder 880 € betragenden) notwendigen Selbstbehalts abzuziehen.

14. Verrechnung des Kindergeldes

Kindergeld mindert nach Maßgabe des § 1612 b BGB den Barbedarf des Kindes.

III. Ehegattenunterhalt

15. Unterhaltsbedarf

15.1 Bedarf nach ehelichen Lebensverhältnissen

Bei der Bedarfsbemessung dürfen nur eheprägendes Einkommen und grundsätzlich nur eheprägende Schulden voll berücksichtigt werden. Bei Aufnahme oder Erweiterung einer Erwerbstätigkeit nach Trennung oder Scheidung gilt das (Mehr-)Einkommen als prägend.

15.2 Halbteilung und Erwerbstätigenbonus

Es gilt der Halbteilungsgrundsatz, wobei jedoch Erwerbseinkünfte nur zu 90 % zu berücksichtigen sind (Abzug von 1/10 Erwerbstätigenbonus vom bereinigten Nettoeinkommen).

Leistet ein Ehegatte auch Unterhalt für ein Kind und hat dies die ehelichen Lebensverhältnisse geprägt, so wird sein Einkommen vor Ermittlung des Erwerbstätigenbonus um diesen Unterhalt (Zahlbetrag) bereinigt.

Erbringt der Verpflichtete sowohl Bar- als auch Betreuungsunterhalt, so gilt Nr. 10.3 entsprechend.

15.3 Konkrete Bedarfsbemessung

Bei sehr guten Einkommensverhältnissen des Pflichtigen kommt eine konkrete Bedarfsberechnung in Betracht.

15.4 Vorsorgebedarf/Zusatz- und Sonderbedarf

Werden Altersvorsorge-, Kranken- und Pflegeversicherungskosten vom Berechtigten gesondert geltend gemacht oder vom Verpflichteten bezahlt, sind diese von dem Einkommen des Pflichtigen vorweg abzuziehen. Der Vorwegabzug unterbleibt, soweit nicht verteilte Mittel zur Verfügung stehen, z.B. durch Anrechnung nicht prägenden Einkommens des Berechtigten auf seinen Bedarf.

15.5 Trennungsbedingter Mehrbedarf

Trennungsbedingter Mehrbedarf kann zusätzlich berücksichtigt werden.

16. Bedürftigkeit

Eigene Einkünfte des Berechtigten sind auf den Bedarf anzurechnen, wobei das bereinigte Nettoerwerbseinkommen um den Erwerbstätigenbonus zu vermindern ist.

17. Erwerbsobliegenheit

17.1 Erwerbsobliegenheit bei Kindesbetreuung

Die Erwerbsobliegenheit des Ehegatten, der minderjährige Kinder betreut, richtet sich nach den Umständen des Einzelfalles. Dabei ist insbesondere auf die Zahl der Kinder und deren Alter, auf etwaige Schulprobleme und andere Betreuungsmöglichkeiten abzustellen (vgl. § 1570 BGB).

Geht der unterhaltsberechtigte Ehegatte über das an sich zumutbare Maß hinaus einer Erwerbstätigkeit nach, so richtet sich die Anrechenbarkeit seines dadurch erzielten Einkommens auf den Unterhaltsanspruch nach § 1577 Abs. 2 BGB.

17.2 Erwerbsobliegenheit bei Trennungsunterhalt

In der Regel besteht für den Berechtigten im ersten Jahr nach der Trennung keine Obliegenheit zur Aufnahme oder Ausweitung einer Erwerbstätigkeit.

IV. Weitere Unterhaltsansprüche

18. Ansprüche aus § 1615 l BGB

Der Bedarf der Mutter oder des Vaters eines nichtehelichen Kindes richtet sich nach der Lebensstellung des betreuenden Elternteils (§§ 1615 l Abs. 3 Satz 1, 1610 BGB) und beträgt in der Regel 880 Euro.

19. Elternunterhalt

Für die Unterhaltsverpflichtung gegenüber Eltern gilt ein erhöhter angemessener Selbstbehalt des unterhaltspflichtigen Kindes gemäß § 1603 Abs. 1 BGB (vgl. Nr. 21.3.2).

Beim Bedarf der Eltern sind Leistungen der Grundsicherung im Alter und bei Erwerbsminderung nach den §§ 41 – 43 SGB XII zu berücksichtigen (vgl. Nr 2.9).

20. Lebenspartnerschaft

Für den Unterhalt bei Getrenntleben der Lebenspartner gilt § 12 LPartG und für den Unterhalt bei Aufhebung der Lebenspartnerschaft § 16 LPartG.

V. Leistungsfähigkeit und Mangelfall

21. Selbstbehalt

21.1 Grundsatz

Es ist zu unterscheiden zwischen dem notwendigen (§ 1603 Abs. 2 BGB), dem angemessenen (§ 1603 Abs. 1 BGB), dem eheangemessenen (§§ 1361 Abs. 1, 1578 Abs. 1 BGB) sowie dem billigen Selbstbehalt (§ 1581 BGB).

In dem jeweiligen Selbstbehalt sind unterschiedlich hohe Kosten für Unterkunft und Heizung enthalten (vgl. Nr. 21.5.2).

21.2 Notwendiger Selbstbehalt

Der notwendige Selbstbehalt gilt in allen Fällen der Inanspruchnahme als unterste Grenze.

Er beträgt

- beim Nichterwerbstätigen 880 Euro und
- beim Erwerbstätigen 1.080 Euro.

Für Eltern gegenüber ihren minderjährigen Kindern und diesen nach § 1603 Abs. 2 Satz 2 BGB gleichgestellten volljährigen Kindern gilt im Allgemeinen der notwendige Selbstbehalt.

21.3 Angemessener Selbstbehalt

Im Übrigen gilt beim Verwandtenunterhalt der angemessene Selbstbehalt.

21.3.1 Volljährige Kinder

Der angemessene Selbstbehalt gegenüber volljährigen Kindern beträgt in der Regel 1.300 Euro. Er kann nach den Umständen des Einzelfalles, insbesondere bei nichterwerbstätigen Unterhaltsschuldnern, herabgesetzt werden.

21.3.2 Ansprüche aus § 1615 l BGB

Der angemessene Selbstbehalt gegenüber der Mutter oder dem Vater eines nichtehelichen Kindes beträgt in der Regel 1.200 Euro. Er kann nach den Umständen des Einzelfalles, insbesondere bei nichterwerbstätigen Unterhaltsschuldnern, herabgesetzt werden.

21.3.3 Enkel- und Elternunterhalt

Gegenüber Enkeln und Eltern als Unterhaltsberechtigten beträgt der erhöhte angemessene Selbstbehalt des Unterhaltspflichtigen mindestens 1.800 Euro, wobei die Hälfte des den Mindestbetrag übersteigenden Einkommens zusätzlich anrechnungsfrei bleibt.

21.4 Eheangemessener Selbstbehalt

Gegenüber Ehegatten gilt grundsätzlich ein eheangemessener Selbstbehalt in Höhe von 1.200 Euro.

Eine Begrenzung auf den notwendigen Selbstbehalt (Nr. 21.2) kommt insbesondere bei Betreuung gemeinschaftlicher minderjähriger Kinder seitens des Unterhaltsberechtigten in Betracht.

21.5 Anpassung des Selbstbehalts

21.5.1 Beim Verwandtenunterhalt kann der jeweilige Selbstbehalt unterschritten werden, wenn der eigene Unterhalt des Pflichtigen ganz oder teilweise durch den Ehegatten gedeckt ist.

21.5.2 Im notwendigen Selbstbehalt sind Kosten für Unterkunft und Heizung (Wohnkosten) in Höhe von 380 Euro, im angemessenen Selbstbehalt in Höhe von 480 Euro, im Familienbedarf bei

Naumburg | 189

LL-Strkt

KG

Brdbg

Brschw

Brem

Celle

Dresd

Düss

Ffm

Hbg

Hamm

Jena

Kblz

Köln

Naumbg

Oldbg

Rstk

Schlesw

SüdL

Empf
Sozhi

Ansprüchen der Eltern gegen verheiratete Kinder und von Enkeln gegenüber den Großeltern (Nr. 21.3.2, 22.3) in Höhe von 770 Euro enthalten. Der Selbstbehalt erhöht sich, wenn konkret eine erhebliche und nach den Umständen nicht vermeidbare Überschreitung dieser Wohnkosten dargelegt ist.

21.5.3 Besteht für den Verpflichteten ein Anspruch auf Wohngeld, ist dieser wohnkostenmindernd zu berücksichtigen (vgl. Nr. 2.3).

22. Bedarf des mit dem Unterhaltspflichtigen zusammenlebenden Ehegatten

22.1 Volljährige Kinder und Ansprüche aus § 1615 l BGB
Ist der Unterhaltspflichtige verheiratet, werden für den mit ihm zusammenlebenden Ehegatten im Regelfall als angemessener Eigenbedarf 1.040 Euro angesetzt.

22.2 Eltern- und Enkelunterhalt

Ist das unterhaltspflichtige Kind oder der unterhaltspflichtige Großelternteil verheiratet, werden für den mit ihm zusammenlebenden Ehegatten als erhöhter angemessener Eigenbedarf mindestens 1.440 Euro angesetzt.

22.3 Ehegattenunterhalt

Bei nachrangigen Unterhaltsansprüchen geschiedener Ehegatten beträgt der Mindestbedarf des mit dem Unterhaltspflichtigen in einem Haushalt lebenden Ehegatten 960 Euro.

23. Mangelfall

23.1 Grundsatz

Reicht der Betrag, der zur Erfüllung mehrerer Unterhaltsansprüche unter Berücksichtigung des Selbstbehalts des Verpflichteten (Nr. 21) zur Verfügung steht (Nr. 1 – 10), nicht aus, um alle Ansprüche zu erfüllen, so findet, sofern nicht ein Unterhaltsanspruch nach Maßgabe der §§ 1609, 1582, 1615 l Abs. 3 Satz 2 BGB vorgeht und ein anderer nur nachrangig Berücksichtigung findet, eine Mangelfallberechnung statt.

23.2 Einsatzbeträge

Die Einsatzbeträge für minderjährige unverheiratete Kinder und ihnen nach § 1603 Abs. 2 Satz 2 BGB gleichgestellte volljährige Kinder entsprechen dem Existenzminimum nach § 1612 a Abs. 1 Satz 2 und 3 BGB abzüglich des nach § 1612 b BGB auf den Bedarf anzurechnenden Kindergeldes, das heißt den im Anhang 2 in der 1. Einkommensgruppe aufgeführten Unterhaltszahlbeträgen.

Für den in einem gemeinsamen Haushalt mit dem Unterhaltspflichtigen lebenden Ehegatten ist im Mangelfall der seiner jeweiligen Lebenssituation entsprechende notwendige Eigenbedarf (Nr. 22) als Einsatzbetrag zu berücksichtigen.

23.3 Berechnung

Bei der Mangelfallberechnung errechnet sich der gekürzte Unterhaltsanspruch aller gleichrangigen Unterhaltsberechtigten aus dem Quotienten von Verteilungsmasse und Summe der Einsatzbeträge, multipliziert mit dem jeweiligen Einsatzbetrag.

VI. Sonstiges

24. Rundung

Der Unterhaltsbetrag ist stets auf volle Euro aufzurunden.

25. Ost-West-Fälle

In so genannten Ost-West-Fällen richtet sich bis zum 31. Dezember 2007 der Bedarf nach dem Wohnort des Unterhaltsberechtigten, die Leistungsfähigkeit bzw. der Selbstbehalt nach dem Wohnort des Unterhaltspflichtigen.

26. Unterhaltsvereinbarungen

Unterhaltsvereinbarungen regeln im Zweifel lediglich den gesetzlichen Unterhalt.

27. Selbstbehalts- und Bedarfssätze

Eine Übersicht der nach den aktuellen Unterhaltsleitlinien maßgeblichen *Selbstbehalts- und Bedarfssätze* ist beigefügt als **Anhang 3**.

Naumburg, den 27. Juli 2015

Goerke-Berzau Feldmann Dr. Deppe-Hilgenberg Buchloh

Anhang 1

Tabelle zum Kindesunterhalt

s. S. 5

Anhang 2

Unterhaltstabelle – Zahlbeträge (1. und 2. Kind)

s. S. 10

Anhang 3

Selbstbehalts- und Bedarfssätze

ab 1. Januar 2015

Nr. ULL[1]	Art des Selbstbehalts bzw. Bedarfs	Betrag
	Selbstbehalt	
21.2	**Notwendiger Selbstbehalt**	
	Erwerbstätige Unterhaltsschuldner	1.080 €
	Nicht erwerbstätige Unterhaltsschuldner	880 €
21.3	**Angemessener Selbstbehalt**	
21.3.1	Ansprüche volljähriger Kinder	1.300 €
21.3.2	Ansprüche aus § 1615 l BGB	1.200 €
21.3.3	Enkel- und Elternunterhalt	1.800 € und die Hälfte des darüber hinausgehenden Einkommens
21.4	**Eheangemessener Selbstbehalt**	1.200 €
	Bedarf	
22	**Bedarf des Ehegatten**, der mit dem Unterhaltspflichtigen zusammenlebt, gegenüber Unterhaltsansprüchen	
22.1	– nicht privilegierter volljähriger Kinder und Berechtigter gemäß § 1615 l BGB	1.040 €
22.2	– der Enkel und Eltern mindestens	1.440 €
22.3	– nachrangiger geschiedener Ehegatten	960 €
10.2.3	**Ausbildungsbedingter Mehrbedarf eines Kindes**	10 % der Ausbildungsvergütung, maximal 90 €
13.1.2	**Bedarf volljähriger Kinder mit eigenem Hausstand**	670 €
18	**Bedarf des nach § 1615 l BGB berechtigten Elternteils**	880 €

---

1 ULL = Unterhaltsleitlinien

r) OLG Nürnberg

s. Süddeutsche Leitlinien

s) OLG Oldenburg

Unterhaltsrechtliche Leitlinien der Familiensenate des Oberlandesgerichts Oldenburg

Stand 01. Januar 2015
mit Düsseldorfer Tabelle

Die Unterhaltsrechtlichen Leitlinien der Familiensenate des Oberlandesgerichts Oldenburg dienen nur als Hilfsmittel zur Bestimmung des angemessenen Unterhalts. Sie beruhen auf für typische Sachverhalte geltenden Erfahrungswerten. Insofern sollen sie zu einer einheitlichen Rechtsprechung beitragen. Sie haben jedoch keine bindende Wirkung und können die Prüfung des Einzelfalls nicht ersetzen.

Unterhaltsrechtlich maßgebendes Einkommen

Der Unterhaltsberechnung sind alle Einnahmen und Ausgaben mit 1/12 ihres Jahresbetrages zugrunde zu legen.

1. Geldeinnahmen

1.1 Maßgebend sind die Einnahmen eines Jahres einschließlich Zulagen, Weihnachts- und Urlaubsgeld, Prämien, Tantiemen sowie sonstiger regelmäßiger Einmalzahlungen.

1.2 Bei Auflösung des Arbeitsverhältnisses gezahlte Abfindungen sind auf einen angemessenen Zeitraum umzulegen. Entsprechend ist bei anderen einmaligen Zuwendungen zu verfahren.

1.3 Vergütungen für Überstunden sind unterhaltspflichtige Einnahmen, soweit sie berufstypisch sind und das im jeweiligen Beruf übliche Maß nicht überschreiten.

Darüber hinausgehende Einnahmen aus Überstunden oder Zusatzarbeit sind aufgrund der Umstände

LL-Strkt

KG

Brdbg

Brschw

Brem

Celle

Dresd

Düss

Ffm

Hbg

Hamm

Jena

Kblz

Köln

Naumbg

Oldbg

Rstk

Schlesw

SüdL

Empf
Sozhi

des Einzelfalls (hohe Schuldenbelastung, Sicherung des Mindestbedarfs) nach Billigkeit anzurechnen.

1.4 Auslösungen und Spesen sind Einnahmen, soweit sie sich nicht auf die Erstattung nachgewiesener Auslagen beschränken. Aufwendungspauschalen sind aufgrund häuslicher Ersparnis in der Regel mit 1/3 ihres Nettowertes anzurechnen.

1.5 Bei Einkünften aus selbständiger Tätigkeit sind die im Durchschnitt von 3 oder mehr Jahren für den Lebensunterhalt tatsächlich verfügbaren Mittel maßgebend.

1.5.1 Wird auf den steuerlich maßgeblichen Gewinn abgestellt, sind für das Wirtschaftsjahr gebildete Rückstellungen (§ 5 Abs. II – IVb EStG), die nach §§ 7a – 7k EStG vorgenommenen Absetzungen für Abnutzung und Substanzverringerung sowie Sonderabschreibungen unterhaltsrechtlich zu korrigieren. Soweit Abschreibungen dem Gewinn hinzugerechnet werden, sind die für diese Wirtschaftsgüter notwendigen Ausgaben sowie die Tilgung betrieblicher Kredite vom Gewinn abzusetzen

1.5.2 Privatentnahmen haben Indizcharakter für die Feststellung der verfügbaren Mittel.

1.6 Bei Einkünften aus Vermietung und Verpachtung sowie Kapitalvermögen sind die Einnahmen abzüglich notwendiger Ausgaben maßgebend.

1.7 Steuererstattungen und -zahlungen gehören in der Regel zu den Einnahmen und Ausgaben im Jahr der Zahlung. Eine Fortschreibung für nachfolgende Jahre setzt voraus, dass die Bemessungsgrundlagen im Wesentlichen unverändert bleiben.

Steuererstattungen sind nicht als Einkommen anzurechnen, soweit der ihnen zugrunde liegende Aufwand unterhaltsrechtlich unberücksichtigt bleibt.

2. Sozialleistungen

2.1 Arbeitslosengeld (§ 117 SGB III) und Krankengeld

2.2 Arbeitslosengeld II (§§ 19-32 SGB II)

Leistungen zur Sicherung des Lebensunterhalts sind nicht als unterhaltsrelevantes Einkommen anzurechnen. Soweit ein Übergang des Anspruchs auf den Träger der Leistungen nach § 33 Abs. 2 SGB II ausgeschlossen ist (auch bei fiktivem Einkommen), können Unterhaltsforderungen eines Leistungsempfängers für die Vergangenheit treuwidrig sein (vgl. BGH FamRZ 1999, 843).

2.3 Wohngeld

2.4 BAföG-Leistungen, auch soweit sie als Darlehn gewährt werden, mit Ausnahme von Vorausleistungen nach §§ 36, 37 BAföG.

2.5 Elterngeld ist mit dem 300 Euro/Kind (bei verlängertem Bezug 150 Euro) übersteigende Betrag als Einkommen anzurechnen. Eine Anrechnung des Sockelbetrages erfolgt nur unter den Voraussetzungen des § 11 S. 4 BEEG.

2.6 Renten wegen teilweiser oder vollständiger Minderung der Erwerbsfähigkeit (§§ 43 SGB VI, 56 SGB VII)

2.7 Leistungen aus der Pflegeversicherung (§ 13 SGB XI), Blindengeld sowie Schwerverletzten- und Pflegezulagen, jeweils nach Abzug des Betrages für tatsächliche Mehraufwendungen, wobei § 1610a BGB zu beachten ist.

2.8 An die Pflegeperson weitergeleitetes Pflegegeld nach Maßgabe von § 13 VI SGB XI sowie der Erziehungsbeitrag im Pflegegeld für Vollzeitpflege (§ 39 SGB VIII, Nds.MBl. 2013, 876).

2.9 Leistungen zur Grundsicherung im Alter und bei Erwerbsminderung (§§ 41 ff SGB XII) nur beim Verwandtenunterhalt.

2.10 Nicht als Einkommen anzurechnen sind Sozialhilfe (SGB XII) und Leistungen nach dem Unterhaltsvorschussgesetz. Für Unterhaltsrückstände gilt Ziff. 2.2 entsprechend.

3. Kindergeld

Kindergeld wird nicht als Einkommen der Eltern angerechnet. Es ist für den Bedarf des Kindes zu verwenden.

4. Geldwerte Zuwendungen des Arbeitgebers

Sachbezüge (kostenlose oder verbilligte Wohnung, Vorteil KFZ-Nutzung, unentgeltliche Verpflegung, Mitarbeiterrabatt) sind mit den nach § 287 ZPO zu schätzenden ersparten Aufwendungen als Einkommen anzusetzen.

5. Wohnwert

Der Vorteil mietfreien Wohnens im eigenen Heim ist als wirtschaftliche Nutzung von Vermögen wie Einkommen zu behandeln.

5.1 Ein Wohnvorteil liegt nur vor, soweit die ersparte Kaltmiete den berücksichtigungsfähigen Schuldendienst – ggf. vermindert um die Eigenheimzulage – und erforderliche Instandhaltungskosten übersteigt. Die nach § 2 BetrKV umlagefähigen Betriebskosten sind nicht abzusetzen.

5.2 In der Zeit bis zur endgültigen Vermögensauseinandersetzung oder bis zum endgültigen Scheitern der Ehe (Zustellung des Scheidungsantrags) ist in der Regel die angesichts der wirtschaftlichen Verhältnisse angemessene, ersparte Miete anzusetzen.

5.3 Nach der endgültigen Vermögensauseinandersetzung oder dem endgültigen Scheitern der Ehe ist auf den aus Vermietung bzw. bei Anlage des

Reinerlöses erzielbaren Nettoertrag abzustellen, mindestens jedoch auf den nach Ziff. 5.2 anzusetzenden Betrag, sofern nicht ausnahmsweise eine anderweitige Nutzung der Wohnung unzumutbar ist.

6. Haushaltsführung

Für Haushaltsführungsleistungen in einer nichtehelichen Partnerschaft ist auf Seiten des Unterhaltsberechtigten ein wirtschaftlicher Vorteil anzusetzen, sofern nicht die Leistungsunfähigkeit des Partners feststeht. Dieser Vorteil ist im Regelfall mit 500 Euro zu bewerten.

7. Einkommen aus unzumutbarer Erwerbstätigkeit

Aus unzumutbarer Tätigkeit erzieltes Einkommen kann nach Billigkeit ganz oder teilweise unberücksichtigt bleiben.

8. Freiwillige Zuwendungen Dritter

Freiwillige Zuwendungen Dritter (z.B. Geldleistungen, mietfreies Wohnen) sind in der Regel nur dann als Einkommen zu berücksichtigen, wenn dies dem Willen des Dritten entspricht.

9. Erwerbsobliegenheit und Einkommensfiktion

9.1 Eine Erwerbsobliegenheit besteht bis zum Erreichen der Regelaltersgrenze. Auszugehen ist von der Erwerbsobliegenheit eines Unterhaltsverpflichteten, die gegenüber minderjährigen und diesen gleichgestellten Kindern nach Maßgabe des § 1603 BGB gesteigert ist. Im Einzelfall kann diese auch die Aufnahme einer Nebentätigkeit umfassen.

9.1.1 Bei Arbeitslosigkeit sind über eine Meldung bei der Agentur für Arbeit oder telefonische Nachfragen hinausgehende eigenständige Erwerbsbemühungen im Einzelnen darzulegen und zu belegen.

9.1.2 Der Hinweis auf die Arbeitsmarktlage macht den Nachweis von Bemühungen nur im Ausnahmefall entbehrlich.

9.2 Bei unzureichenden Bemühungen um einen Arbeitsplatz können fiktive Einkünfte nach den Umständen des Einzelfalls unter Berücksichtigung von Beruf, Alter und des zuletzt erzielten Verdienstes zugrunde gelegt werden

9.2.1 Bei ungelernten Arbeitskräften ist in der Regel als Untergrenze von dem branchenüblichen Mindestlohn auszugehen. Bei einem Mindestlohn von 8,50 Euro ist ein bereinigtes Nettoeinkommen von zumindest 580 Euro bei halbtägiger Erwerbstätigkeit und von 1.050 Euro bei ganztägiger Erwerbstätigkeit zugrunde zu legen.

9.2.2 Diese Beträge berücksichtigen bereits Steuern und Sozialabgaben sowie die Berufskostenpauschale, nicht aber einen etwaigen Erwerbstätigenbonus.

9.3 Neben dem Bezug von Leistungen der Agentur für Arbeit kann die Aufnahme einer geringfügigen Beschäftigung (§ 155 SGB III) in Betracht kommen.

9.4 Dem wiederverheirateten Elternteil obliegt es ungeachtet seiner Pflichten aus der neuen Ehe durch Aufnahme einer Erwerbstätigkeit zum Unterhalt der Kinder aus einer früheren Ehe beizutragen, ggf. durch Aufnahme einer Teilzeitarbeit.

10. Bereinigung des Einkommens

10.1 Von den Einnahmen sind die tatsächlich gezahlten Steuern abzuziehen. Es besteht grundsätzlich die Obliegenheit, mögliche Steuervorteile – insbesondere als außergewöhnliche Belastung (§ 33 a Abs. 1 EStG) bzw. aus dem begrenzten Realsplitting (§ 10 Abs. 1 Nr. 1 EStG) – durch Eintragung eines Freibetrages in Höhe des unstreitig geschuldeten Unterhaltsbetrages in Anspruch zu nehmen.

Solche Vorteile und mit einem bevorstehenden Wechsel der Steuerklasse verbundene Veränderungen können aufgrund einer Schätzung berücksichtigt werden.

Bei abhängig Beschäftigten sind zur Alters- und Krankenvorsorge die gesetzlichen Abgaben zur Sozialversicherung sowie Beiträge zur privaten Altersvorsorge zu berücksichtigen. Tatsächlich entrichtete Beiträge zur Alters- und Krankenvorsorge sind regelmäßig in einem im Verhältnis zu den Einnahmen angemessenen Umfang abzuziehen, bei zusätzlichen Beiträgen zur privaten Altersvorsorge in der Regel mit 4 %, beim Elternunterhalt mit 5 % des Bruttoeinkommens.

Bei gesteigerter Unterhaltspflicht sind jedoch allenfalls nach § 82 EStG geförderte Vorsorgebeiträge bis zur Höhe des Mindesteigenbeitrags nach § 86 EStG (z.B. Riesterrente) abzugsfähig.

10.2 Berufsbedingte Aufwendungen sind von den Einnahmen vorweg abzuziehen.

10.2.1 Bei Einnahmen aus nichtselbständiger Tätigkeit ist eine Pauschale von 5 % des Nettoeinkommens – bei Vollzeittätigkeit mindestens 50 Euro und höchstens 150 Euro – anzusetzen.

Eine Anerkennung von diese Pauschale übersteigenden sowie mit anderen Einnahmen verbundenen Aufwendungen setzt die konkrete Darlegung des Aufwandes voraus.

10.2.2 Für PKW-Kosten können dabei pauschal 30 Cent für die ersten 60 gefahrenen Kilometer sowie

20 Cent ab dem 61. Kilometer abgesetzt werden. Darin sind Finanzierungskosten enthalten. Ausnahmsweise können stattdessen 20 Cent je gefahrenen Kilometer zuzüglich der Aufwendungen zur Fahrzeugfinanzierung angesetzt werden. Ggf. kommt eine Verweisung auf die Nutzung öffentlicher Verkehrsmittel in Betracht.

10.2.3 Bei einem in der Berufsausbildung stehenden Kind sind als ausbildungsbedingte Aufwendungen in der Regel 90 Euro anzusetzen.

10.3 Als weitere berufsbedingte Aufwendungen gelten Kinderbetreuungskosten, soweit infolge der Berufstätigkeit eine Betreuung durch Dritte erforderlich ist. Eine nach §§ 22ff SGB VIII mögliche Unterstützung sowie Steuerermäßigungen sind in Anspruch zu nehmen. Ziff. 12.4. ist zu beachten.

10.4 Schulden (Zins und Tilgung) sind bei tatsächlicher Zahlung im Rahmen eines vernünftigen Tilgungsplans mit angemessenen Raten zu berücksichtigen.

10.4.1 Für die Bedarfsermittlung sind Kreditbelastungen aus der Zeit vor der Eheschließung und die bis zur Trennung eingegangenen Verpflichtungen zu berücksichtigen.

10.4.2 Der Umfang abzuziehender Schulden ist unter Abwägung aller Umstände des Einzelfalls zu beurteilen Bei gesteigerter Unterhaltspflicht hat der Unterhaltsschuldner in der Regel sein nach §§ 850 c, f ZPO unpfändbares Einkommen einzusetzen. Es kommt in diesen Fällen eine Obliegenheit zur Einleitung eines Verbraucherinsolvenzverfahrens in Betracht, wenn ein Antrag auf Restschuldbefreiung möglich und zumutbar ist.

10.5 Nicht belegt

10.6 Nicht belegt

10.7 Notwendige Aufwendungen zur Ausübung des Umgangsrechts können einkommensmindernd berücksichtigt werden, insbesondere dann, wenn ansonsten der notwendige Selbstbehalt unterschritten würde.

Kindesunterhalt

11. Bemessungsgrundlage

Der Unterhaltsbedarf minderjähriger und volljähriger Kinder bemisst sich nach den Sätzen der Düsseldorfer Tabelle.

11.1 Die Tabellensätze enthalten keine Beiträge zur Kranken- und Pflegeversicherung. Solche zusätzlich aufzubringenden Beiträge sind vorweg vom Einkommen des Unterhaltspflichtigen abzuziehen.

11.2 Bei einer größeren/geringeren Anzahl Unterhaltsberechtigter können Ab- oder Zuschläge

durch Einstufung in eine niedrigere bzw. höhere Einkommensgruppe vorgenommen werden. Wird bei Leistung des Kindesunterhalts der angemessene Selbstbehalt (s. Ziff. 21.2) unterschritten, kommt eine Herabstufung in Betracht.

12. minderjährige Kinder

12.1 Die Höhe des Barbedarfs bemisst sich im Regelfall allein nach dem – um die für nachrangig Berechtigte gewährten Vorteile verminderten – Einkommen des das Kind nicht betreuenden Elternteils.

12.2 Eigenes Einkommen des Kindes ist auf den Barbedarf zur Hälfte anzurechnen.

12.3 Der das Kind betreuende Elternteil ist nur dann barunterhaltspflichtig, wenn sein Einkommen das Einkommen des anderen Elternteils erheblich übersteigt. Ferner kann er in angemessenem Umfang barunterhaltspflichtig sein, wenn der angemessene Bedarf des anderen Elternteils bei Leistung des Unterhalts gefährdet wäre (§ 1603 II S. 3 BGB).

Sind bei auswärtiger Unterbringung beide Elternteile zum Barunterhalt verpflichtet, haben sie den um das volle Kindergeld verminderten Gesamtbedarf anteilig nach dem Verhältnis ihrer den angemessenen Selbstbehalt übersteigenden Einkommen zu tragen (§ 1606 Abs. 3 S. 1 BGB). Das den notwendigen Selbstbehalt übersteigende Einkommen ist maßgebend, wenn der Bedarf des Kindes andernfalls nicht gedeckt werden kann.

12.4 Die Tabellensätze berücksichtigen keinen vom Normalfall abweichenden erhöhten Bedarf und Sonderbedarf (§ 1613 II Nr. 1 BGB). Hierzu gehören die berücksichtigungsfähigen Aufwendungen für den Besuch von Kindergärten und vergleichbare Betreuungsformen. Soweit die Aufwendungen das hälftige Kindergeld (s. Ziff. 14) übersteigen, sind sie entsprechend Ziff. 12.3 Abs. 2 von beiden Eltern zu tragen.

13. volljährige Kinder

13.1 Beim Bedarf volljähriger Kinder ist zwischen Kindern mit eigenem Haushalt und im Haushalt der Eltern oder eines Elternteils lebenden Kindern zu unterscheiden.

13.1.1 Für im Haushalt der Eltern oder eines Elternteils wohnende volljährige Kinder bemisst sich der Bedarf nach der sich aus der Summe beider Einkommen ergebenden Einkommensgruppe – ohne Höher- oder Herabstufung.

13.1.2 Bei Kindern mit eigenem Hausstand beträgt der angemessene Bedarf in der Regel monatlich 670 Euro. Dieser Betrag enthält keine Beiträge zur Kranken- und Pflegeversicherung sowie Studiengebühren.

LL-Strkt
KG
Brdbg
Brschw
Brem
Celle
Dresd
Düss
Ffm
Hbg
Hamm
Jena
Kblz
Köln
Naumbg
Oldbg
Rstk
Schlesw
SüdL
Empf Sozhi

13.2 Auf den Bedarf sind Kindergeld und eigenes Einkommen des Kindes wie folgt anzurechnen

- Kindergeld in voller Höhe
- Ausbildungsvergütung in voller Höhe, für Kinder ohne eigenen Hausstand vermindert um ausbildungsbedingte Aufwendungen
- BAföG-Leistungen in voller Höhe – auch bei Gewährung als Darlehen – nicht jedoch die Vorausleistungen
- Einkünfte aus nicht geschuldeter Erwerbstätigkeit (z.B. Ferienjob) können nach Billigkeit ganz oder teilweise unberücksichtigt bleiben.

13.3 Ab Volljährigkeit besteht – auch für minderjährigen Kindern gleichgestellte volljährige Kinder – grundsätzlich eine Barunterhaltspflicht beider Elternteile.

Beide Eltern schulden Unterhalt nach dem Verhältnis ihres jeweiligen den angemessenen Selbstbehalt von 1.300 Euro bzw. bei minderjährigen Kindern gleichgestellten volljährigen Kindern ggf. den notwendigen Selbstbehalt übersteigenden Einkommens. Ziff. 10.5 und Ziff. 12.3 Abs. 2 sind zu beachten. Kein Elternteil hat einen höheren Unterhaltsbetrag zu zahlen, als sich allein nach seinem Einkommen aus der Düsseldorfer Tabelle ergäbe.

14. Verrechnung des Kindergeldes

Kindergeld wird nach § 1612 b BGB bedarfsmindernd angerechnet. Der nach § 1612b Abs. 1 Nr. 1 BGB nicht anzurechnende Teil des Kindergeldes steht ggf. für den laufenden Lebensunterhalt übersteigende Bedarfe zur Verfügung (s. Ziff. 3, 12.4).

Ehegattenunterhalt

15. Unterhaltsbedarf

15.1 Beim Trennungsunterhalt und nachehelichen Unterhalt wird der Bedarf bestimmt und begrenzt durch die ehelichen Lebensverhältnisse. Diese werden in erster Linie durch das für den gesamten Lebensunterhalt – ggf. nach Abzug des Zahlbetrags für minderjährige oder des Bedarfs für volljährige und noch in der Berufsausbildung befindliche Kinder – verfügbare Einkommen geprägt. Zur Vermögensbildung verwendete Teile des Einkommens bleiben bei der Bedarfsbemessung unberücksichtigt.

Bei Aufnahme oder Ausweitung einer Erwerbstätigkeit nach Trennung/Scheidung gilt das (Mehr)einkommen im Regelfall als prägend.

15.2 Bei durchschnittlichen Einkommensverhältnissen bestimmt sich der Bedarf nach einer Quote vom Einkommen bzw. der Einkommensdifferenz. Bei Einkommen aus Erwerbsarbeit ist ein Erwerbstätigenbonus von 1/7 zu berücksichtigen. Im Übrigen gilt der Halbteilungsgrundsatz.

Erbringt der Verpflichtete sowohl Bar- als auch Betreuungsunterhalt, kann hiervon abgewichen werden.

15.3 Bei hohen Einkommen – in der Regel, wenn das für den Ehegattenunterhalt verfügbare Einkommen die höchste Einkommensgruppe der Düsseldorfer Tabelle übersteigt – ist der Bedarf konkret darzulegen.

15.4 Der nach einer Quote vom Einkommen ermittelte Bedarf umfasst keine Beiträge zur Alters- und Krankenvorsorge. Altersvorsorgebedarf kann nur bei Sicherung des Elementarunterhalts beansprucht werden und ist in der Regel vom Einkommen des Unterhaltspflichtigen vorweg abzuziehen.

15.5 Nicht belegt

15.6 Nicht belegt

15.7 Nicht belegt

16. Bedürftigkeit

Auf einen konkret festgestellten Bedarf – bei guten Einkommensverhältnissen sowie einer eheunabhängigen Lebensstellung – ist eigenes Einkommen ohne Berücksichtigung eines Erwerbstätigenbonus bedarfsmindernd anzurechnen.

17. Erwerbsobliegenheit

Bei nachehelichem Unterhalt besteht nur dann keine Verpflichtung zu einer eigenen Erwerbstätigkeit, wenn und soweit der geschiedene Ehegatte wegen Kindesbetreuung, Krankheit oder Alter an der Aufnahme einer Erwerbstätigkeit gehindert ist.

17.1 Vor Vollendung des 3. Lebensjahres eines Kindes besteht keine Obliegenheit, eine Erwerbstätigkeit aufzunehmen oder auszuweiten.

Ob und in welchem Umfang anschließend die Aufnahme oder Ausweitung einer Erwerbstätigkeit neben der Betreuung minderjähriger Kinder zumutbar ist, ist unter Berücksichtigung aller Umstände des Einzelfalles, insbesondere der bisher ausgeübten Tätigkeit und den Möglichkeiten der Kinderbetreuung, zu beurteilen.

17.2 Bei Getrenntlebensunterhalt besteht in der Regel nach Ablauf des ersten Trennungsjahres die Obliegenheit, den eigenen Unterhalt durch Aufnahme oder Ausweitung einer Erwerbstätigkeit zu sichern. Ziff. 17.1 ist zu beachten.

weitere Unterhaltsansprüche

18. Ansprüche aus § 1615 l BGB

Der Bedarf nach § 1615 l BGB bemisst sich nach der Lebensstellung des betreuenden Elternteils.

LL-Strkt

KG

Brdbg

Brschw

Brem

Celle

Dresd

Düss

Ffm

Hbg

Hamm

Jena

Kblz

Köln

Naumbg

Oldbg

Rstk

Schlesw

SüdL

Empf
Sozhi

19. Elternunterhalt

Der Bedarf ist konkret darzulegen. Leistungen nach §§ 41 ff SGB XII (Grundsicherung im Alter und bei Erwerbsminderung) sind zu berücksichtigen.

20. Lebenspartnerschaft

Bei Getrenntleben oder Aufhebung einer Lebenspartnerschaft gelten §§ 12, 16 LPartG.

Leistungsfähigkeit und Mangelfall

21. Selbstbehalt

21.1 Die Selbstbehalte bezeichnen den Teil des Einkommens, der dem Unterhaltsschuldner für seine eigene Lebensführung zu verbleiben hat. Als Mindestbetrag umfassen sie jeweils den laufenden Lebensbedarf iSd. § 20 Abs. 1 Satz 1 SGBII, übliche Versicherungen, angemessene Wohnkosten (einschließlich Nebenkosten und Heizung entsprechend den in der Düsseldorfer Tabelle ausgewiesenen Beträgen) sowie für Erwerbstätige einen weiteren Betrag als Erwerbsanreiz. Nicht im Selbstbehalt enthalten sind Mehrbedarfe i.S.v. § 21 SGB II, § 30 SGB XII.

21.2 Gegenüber minderjährigen und ihnen gleichgestellten volljährigen Kindern ist der angemessene Selbstbehalt (Ziff. 21.3) zu wahren. Im Mangelfall (Ziff. 24.1) ist als unterste Grenze der Inanspruchnahme der notwendige Selbstbehalt maßgeblich. Dieser beträgt

1.080 Euro	bei Erwerbstätigen
880 Euro	bei Nichterwerbstätigen

21.3 Der angemessene Selbstbehalt beträgt zumindest

1.300 Euro	gegenüber minderjährigen und volljährigen Kindern
1.200 Euro	bei Ansprüchen aus §§ 1570, 1615 l BGB
1.800 Euro	als Sockelbetrag gegenüber Eltern, wirtschaftlich selbständigen Kindern und Enkeln, zuzüglich der Hälfte des diesen Mindestbetrag übersteigenden Einkommens.

21.4 Gegenüber Ehegatten ist der eheangemessene Selbstbehalt nach den ehelichen Lebensverhältnissen zu wahren. Dem Schuldner sind wenigstens 1.200 Euro zu belassen.

21.5 Der Selbstbehalt ist regelmäßig auf seine Angemessenheit zu überprüfen und ist bei unvermeidbar hohen unterhaltsrechtlich erheblichen Aufwendungen angemessen zu erhöhen. Beim Zusammenleben mit einem Partner, der über ein für den eigenen Lebensbedarf ausreichendes Einkommen verfügt, kommt eine Herabsetzung um bis zu 10% in Betracht.

22. Bedarf des mit dem Pflichtigen zusammenlebenden Ehegatten

22.1 Für den in Haushaltsgemeinschaft mit dem Unterhaltspflichtigen lebenden und nicht erwerbstätigen Ehegatten werden zumindest 960 Euro angesetzt.

22.2 Bei Unterhaltsansprüchen volljähriger Kinder werden für den in Haushaltsgemeinschaft mit dem Unterhaltspflichtigen lebenden Ehegatten zumindest 1.040 Euro angesetzt.

22.3 Bei Unterhaltsansprüchen von Eltern und Enkeln wird für die in Haushaltsgemeinschaft lebenden Ehegatten ein Familienbedarf von mindestens 3.240 Euro (1.800 + 1.440 Euro) angesetzt.

23. nicht belegt

24. Mangelfall

24.1 Ein Mangelfall liegt vor, wenn das Einkommen bei Wahrung des jeweils angemessenen Selbstbehalts nicht genügt, um den Bedarf aller Unterhaltsberechtigten zu decken. Eine gesteigerte Unterhaltspflicht besteht, soweit das Einkommen nicht zur Deckung des notwendigen Unterhalts minderjähriger und ihnen gleichgestellter volljähriger Kinder genügt.

Reicht das Einkommen zur Deckung des Bedarfs aller Unterhaltsberechtigten zur Deckung des Selbstbehalts nicht aus, ist der nach Abzug des Eigenbedarfs des Unterhaltspflichtigen verbleibende Betrag auf die Unterhaltsberechtigten im Verhältnis ihrer jeweiligen Einsatzbeträge zu verteilen.

24.2 Als Einsatzbeträge sind – ggf. vermindert um eigenes Einkommen der Unterhaltsberechtigten – anzusetzen:

24.2.1 Für minderjährige und ihnen gleichgestellte volljährige Kinder der Mindestunterhalt (erste Einkommensgruppe der Düsseldorfer Tabelle), vermindert um den bedarfsmindernd anzurechnenden Teil des auf das jeweilige Kind entfallenden Kindergeldes.

24.2.2 Für alle anderen Berechtigten ihr nach den allgemeinen Regeln bestimmter Bedarf.

24.3 Die Ansprüche jeweils gleichrangig Unterhaltsberechtigter sind im Verhältnis zum verteilungsfähigen Teil des Einkommens prozentual zu kürzen (Verteilungsmasse: Gesamtbedarf × 100).

24.4 Nicht belegt

24.5 Nicht belegt

Sonstiges

25. Rundung

Ehegattenunterhalt soll auf fünf Euro gerundet werden.

26. Beweislast

26.1 Bedarf

Der Unterhaltsberechtigte trägt die Darlegungs- und Beweislast für die Bedarfsberechnung. Dazu gehören insbesondere:

- das Einkommen des Verpflichteten,
- die fehlende Möglichkeit, den Bedarf durch eigenes Erwerbseinkommen zu decken,
- die eine Verlängerung des Anspruchs wegen Kindesbetreuung (§§ 1570 Abs. 1 S. 2, 3; Abs. 2 BGB) rechtfertigenden Umstände,
- das Fehlen anderer tatsächlicher oder fiktiver Einkünfte, welche den Bedarf mindern könnten; dies betrifft vor allem die Fälle,
- dass kein eheähnliches Verhältnis besteht,
- oder der neue Partner nicht leistungsfähig ist:

Diese negative Darlegungs- und Beweislast wird erst durch einen substantiierten Vortrag des Pflichtigen zum Bestehen einer derartigen Beziehung des Berechtigten zu einem neuen Partner ausgelöst.

26.2 Leistungsfähigkeit

Steht der Unterhaltsbedarf der Höhe nach fest, so trägt der Pflichtige die Beweislast dafür, dass er nicht über ausreichende Einkünfte verfügt, um diesen Bedarf zu decken.

Anhang

Düsseldorfer Tabelle

s. S. 5

---

t) OLG Rostock

Unterhaltsrechtliche Leitlinien der Familiensenate des Oberlandesgerichts Rostock (Stand: 01. August 2015)

Die Familiensenate des Oberlandesgerichts Rostock verwenden diese Leitlinien als Orientierungshilfe für den Regelfall unter Beachtung der Rechtsprechung des BGH, wobei die Angemessenheit des Ergebnisses in jedem Fall zu überprüfen ist. Inhaltliche Änderungen zu den bis 31.07.2015 geltenden Leitlinien beruhen auf dem Inkrafttreten des Gesetzes zur Anhebung des Grundfreibetrags, des Kinderfreibetrags, des Kindergeldes und des Kinderzuschlags vom 16.07.2015 (BGBl. I S. 1202 ff.) und betreffen die Bedarfssätze beim Kindesunterhalt im Anhang I. (Unterhaltstabelle) und die Anrechnung von Kindergeld in Ziff. 14. und im Anhang 11. (Zahlbetragstabelle).

Unterhaltsrechtlich maßgebendes Einkommen

Bei der Ermittlung und Zurechnung von Einkommen ist stets zu unterscheiden, ob es um Verwandten- oder Ehegattenunterhalt sowie ob es um Bedarfsbemessung einerseits oder Feststellung der Bedürftigkeit/Leistungsfähigkeit andererseits geht.

Das unterhaltsrechtliche Einkommen ist nicht immer identisch mit dem steuerrechtlichen Einkommen.

1. Geldeinnahmen

1.1 Auszugehen ist vom Bruttoeinkommen als Summe aller Einkünfte einschließlich Renten und Pensionen.

1.2 Soweit Leistungen nicht monatlich anfallen (z.B. Weihnachts- und Urlaubsgeld), werden sie auf ein Jahr umgelegt. Einmalige Zahlungen (z.B. Abfindungen) sind auf einen angemessenen Zeitraum (in der Regel mehrere Jahre) zu verteilen.

1.3 Überstundenvergütungen werden dem Einkommen regelmäßig zugerechnet, soweit sie in geringem Umfang anfallen oder berufsüblich sind, darüber hinaus im absoluten Mangelfall (vgl. Nr. 23). Entsprechendes gilt für Einkünfte aus Nebentätigkeiten.

1.4 Ersatz für Spesen und Reisekosten sowie Auslösungen gelten in der Regel als Einkommen. Damit zusammenhängende Aufwendungen – vermindert um häusliche Ersparnis – sind jedoch abzuziehen. Bei Aufwendungspauschalen (außer Kilometergeld) kann 1/3 als Einkommen eingesetzt werden.

1.5 Bei der Ermittlung des zukünftigen Einkommens eines Selbstständigen ist in der Regel der Gewinn der letzten drei Jahre zugrunde zu legen.

1.6 Einkommen aus Vermietung und Verpachtung sowie Kapitalvermögen:

Auszugehen ist von den Einnahmen abzüglich notwendiger Ausgaben. Für Gebäude ist keine Absetzung für Abnutzung (AfA) anzusetzen.

1.7 Steuerzahlungen oder -erstattungen sind in der Regel im Kalenderjahr der tatsächlichen Leistung zu berücksichtigen. Es besteht die Obliegenheit, mögliche Steuervorteile in Anspruch zu nehmen.

1.8 Sonstige Einnahmen, z.B. Trinkgelder

2. Auch folgende Sozialleistungen sind Einkommen:

2.1 Arbeitslosengeld (§ 117 SGB III) und Krankengeld.

2.2 Arbeitslosengeld II (§§ 19 ff. SGB II) beim Verpflichteten; beim Berechtigten nur, soweit es um Unterhalt für die Vergangenheit geht und der Unterhaltsanspruch nicht nach § 33 SGB II auf den Leistungsträger übergegangen ist.

2.3 Wohngeld, soweit es nicht erhöhte Wohnkosten deckt.

2.4 BAföG-Leistungen, auch soweit sie als Darlehen gewährt werden, mit Ausnahme von Vorausleistungen nach den §§ 36, 37 BAföG.

2.5 Elterngeld nach Maßgabe des § 11 Bundeselterngeldgesetz.

Erziehungsgeld nur in den Ausnahmefällen des § 9 Satz 2 BErzGG.

2.6 Unfall- und Versorgungsrenten nach Abzug des Betrages für tatsächliche Mehraufwendungen.

2.7 Leistungen aus der Pflegeversicherung, Blindenhilfe, Schwerbeschädigten- und Pflegezulagen nach Abzug eines Betrages für tatsächliche Mehraufwendungen; §§ 1610 a, 1578 a BGB sind zu beachten.

2.8 Der Anteil des Pflegegeldes bei der Pflegeperson, durch den ihre Bemühungen abgegolten werden; bei Pflegegeld aus der Pflegeversicherung gilt dies nach Maßgabe des § 13 Abs. 6 SGB XI.

2.9 In der Regel Leistungen nach §§ 41 bis 43 SGB XII (Grundsicherung) beim Verwandtenunterhalt, nicht aber beim Ehegattenunterhalt.

2.10/11 Kein Einkommen sind Sozialhilfe nach dem SGB XII und Leistungen nach dem UVG. Die Unterhaltsforderung eines Empfängers dieser Leistungen kann in Ausnahmefällen treuwidrig sein.

3. Kindergeld

Kindergeld ist kein Einkommen der Eltern (vgl. Nr. 14).

4. Geldwerte Zuwendungen des Arbeitgebers

Geldwerte Zuwendungen aller Art des Arbeitgebers, z.B. Firmenwagen oder freie Kost und Logis, sind Einkommen, soweit sie entsprechende Eigenaufwendungen ersparen.

5. Wohnwert

Der Wohnvorteil durch mietfreies Wohnen ist als wirtschaftliche Nutzung des Vermögens unterhaltsrechtlich wie Einkommen zu behandeln. Neben dem Wohnwert sind auch Zahlungen nach dem Eigenheimzulagengesetz anzusetzen.

Ein Wohnvorteil liegt nur vor, soweit der Wohnwert den berücksichtigungsfähigen Schuldendienst, erforderliche Instandhaltungskosten und die verbrauchsunabhängigen Kosten, mit denen ein Mieter üblicherweise nicht belastet wird, übersteigt.

Auszugehen ist vom vollen Mietwert (Nettokaltmiete). Wenn es nicht möglich oder nicht zumutbar ist, die Wohnung aufzugeben und das Objekt zu vermieten oder zu veräußern, kann statt dessen die ersparte Miete angesetzt werden, die angesichts der wirtschaftlichen Verhältnisse angemessen wäre. Dies kommt insbesondere für die Zeit bis zum endgültigen Scheitern der Ehe (in der Regel Ablauf des Trennungsjahres, ggf. Zustellung des Scheidungsantrags) in Betracht, wenn ein Ehegatte das Eigenheim allein bewohnt.

6. Haushaltsführung

Führt jemand einem leistungsfähigen Dritten den Haushalt, so ist hierfür ein Einkommen anzusetzen. Bei Haushaltsführung durch einen Nichterwerbstätigen geschieht das in der Regel mit einem Betrag von 200 EUR bis 550,00 EUR.

7. Einkommen aus unzumutbarer Erwerbstätigkeit

Einkommen aus unzumutbarer Erwerbstätigkeit kann nach Billigkeit ganz oder teilweise unberücksichtigt bleiben.

8. Freiwillige Zuwendungen Dritter

Freiwillige Zuwendungen Dritter (z.B. Geldleistungen, kostenloses Wohnen) sind als Einkommen zu berücksichtigen, wenn dies dem Willen des Dritten entspricht.

9. Erwerbsobliegenheit und Einkommensfiktion

Einkommen können auch auf Grund einer unterhaltsrechtlichen Obliegenheit erzielbare Einkünfte sein (fiktives Einkommen).

10. Bereinigung des Einkommens

10.1 Vom Bruttoeinkommen sind Steuern, Sozialabgaben und/oder angemessene Vorsorgeaufwendungen abzusetzen (Nettoeinkommen).

10.1.1 Es besteht die Obliegenheit, Steuervorteile in Anspruch zu nehmen (z.B. Eintragung eines Freibetrags bei Fahrtkosten, für unstreitigen oder rechtskräftig titulierten Unterhalt).

10.1.2 Zur Absicherung einer angemessenen Altersvorsorge kann insbesondere der nichtselbstständig

LL-Strkt

KG

Brdbg

Brschw

Brem

Celle

Dresd

Düss

Ffm

Hbg

Hamm

Jena

Kblz

Köln

Naumbg

Oldbg

Rstk

Schlesw

SüdL

Empf Sozhi

Erwerbstätige eine zusätzliche Altersvorsorge von bis zu 4 % seines jeweiligen Gesamtbruttoeinkommens des Vorjahres, gegenüber Ansprüchen auf Elternunterhalt von bis zu 5 % seines Bruttoeinkommens betreiben.

10.2 Berufsbedingte Aufwendungen sind – wenn sie geltend gemacht, dargelegt und im Falle des Bestreitens bewiesen werden – im Rahmen des Angemessenen vom Arbeitseinkommen abzuziehen. Eine Schätzung ist möglich, § 287 ZPO.

10.2.1 Konkrete Aufwendungen

10.2.2 Die Kosten einer notwendigen Pkw-Nutzung für berufsbedingte Fahrten, insbesondere zum Arbeitsplatz, werden mit einer Pauschale in Höhe von 0,30 EUR je gefahrenen Kilometer berücksichtigt. Hierin sind Anschaffungs-, Reparatur- und sonstige Betriebskosten enthalten. Bei langen Fahrtstrecken (ab ca. 30 km einfach) kann für die Gesamtstrecke nach unten abgewichen werden. Steuervorteile sind gegenzurechnen.

10.2.3 Der Auszubildende hat seinen Ausbildungsaufwand konkret darzulegen und zu beweisen, ein pauschaler Abzug erfolgt nicht.

10.3 Kinderbetreuungskosten sind abzugsfähig, soweit die Betreuung durch Dritte infolge der Berufstätigkeit erforderlich ist. Ein auf überobligatorischer Tätigkeit beruhendes Mehreinkommen kann ganz oder teilweise anrechnungsfrei bleiben, wenn keine konkreten Betreuungskosten anfallen. Aufwendungen für die Betreuung eines Kindes in Kindergärten oder vergleichbaren Einrichtungen mindern das Einkommen nicht; es handelt sich um Mehrbedarf des Kindes.

10.4 Schulden

Zins- und Tilgungsraten (ggf. unter Berücksichtigung einer möglichen Tilgungsstreckung) für Schulden können je nach den Umständen des Einzelfalls (Art, Grund und Zeitpunkt der Entstehung) das anrechenbare Einkommen vermindern.

Beim Verwandtenunterhalt sowie bei Prüfung der Leistungsfähigkeit oder Bedürftigkeit für den Ehegattenunterhalt erfolgt eine Abwägung nach den Umständen des Einzelfalls. Bei der Zumutbarkeitsabwägung sind Interessen des Unterhaltsschuldners, des Drittgläubigers und des Unterhaltsgläubigers, vor allem minderjähriger Kinder, mit zu berücksichtigen.

Kann der Unterhaltsschuldner den Mindestunterhalt minderjähriger Kinder aus anderen Mitteln nicht decken, sind Schulden in der Regel nur bis zur Höhe des pfändbaren Betrages (§ 850 c Abs. 1 Satz 2 ZPO) zu berücksichtigen.

10.5 Unterhaltsleistungen an vorrangig Berechtigte sind vorweg abzuziehen; Unterhaltsleistungen an nachrangig Berechtigte sind angemessen zu berücksichtigen.

10.6 Vermögensbildende Aufwendungen sind, soweit sie angemessen sind, abzugsfähig.

10.7 Aufwendungen für die Ausübung des Umgangsrechts, die über den dem Umgangsberechtigten verbleibenden Anteil am Kindergeld hinausgehen, können sich, soweit sie notwendigerweise anfallen, einkommensmindernd auswirken.

Kindesunterhalt

11. Bemessungsgrundlage (Tabellenunterhalt)

Der Barunterhalt minderjähriger und noch im elterlichen Haushalt lebender volljähriger unverheirateter Kinder bestimmt sich nach den Sätzen der Unterhaltstabelle im Anhang I (Düsseldorfer Tabelle). Bei minderjährigen Kindern kann er als Festbetrag oder gemäß § 1612 a BGB als Prozentsatz des jeweiligen Mindestunterhalts geltend gemacht werden.

11.1 Die Tabellensätze enthalten keine Kranken- und Pflegeversicherungsbeiträge für das Kind, wenn dieses nicht in einer gesetzlichen Familienversicherung mitversichert ist. Das Nettoeinkommen des Verpflichteten ist um solche zusätzlich zu zahlenden Versicherungskosten zu bereinigen. Kosten für den Besuch eines Kindergartens oder vergleichbare Betreuungsformen werden mit Ausnahme der Verpflegungskosten durch die Tabellensätze nicht erfasst. Sie sind Mehrbedarf des Kindes.

11.2 Die Tabellensätze sind auf den Fall zugeschnitten, dass der Unterhaltspflichtige zwei Berechtigten Unterhalt zu gewähren hat. Bei einer größeren oder geringeren Anzahl Unterhaltsberechtigter sind in der Regel Ab- oder Zuschläge durch Einstufung in eine niedrigere oder höhere Einkommensgruppe vorzunehmen.

Bei einer größeren Anzahl von Unterhaltsberechtigten kann eine Korrektur an Hand des Bedarfskontrollbetrages erfolgen. Der Bedarfskontrollbetrag des Unterhaltspflichtigen ab Gruppe 2 ist nicht identisch mit dem Eigenbedarf. Er soll eine ausgewogene Verteilung des Einkommens zwischen dem Unterhaltspflichtigen und den Unterhaltsberechtigten gewährleisten. Erreicht das dem Unterhaltspflichtigen nach Abzug aller Unterhaltslasten verbleibende bereinigte Einkommen nicht den für die Einkommensgruppe ausgewiesenen Bedarfskontrollbetrag, ist soweit herabzustufen, bis dem Unterhaltspflichtigen der entsprechende Kontrollbetrag verbleibt.

12. Minderjährige Kinder

12.1 Der Betreuungsunterhalt im Sinne des § 1606 Abs. 3 Satz 2 BGB entspricht wertmäßig in der Regel dem vollen Barunterhalt.

12.2 Einkommen des minderjährigen Kindes, das nach Abzug ausbildungsbedingter Kosten (vgl. Nr. 10.2.3) verbleibt, ist zur Hälfte auf den Bar- und Betreuungsunterhalt anzurechnen.

12.3 Der betreuende Elternteil braucht neben dem anderen Elternteil in der Regel keinen Barunterhalt zu leisten, es sei denn, sein Einkommen ist bedeutend höher als das des anderen Elternteils oder der eigene angemessene Unterhalt (1.300,00 EUR) des sonst allein barunterhaltspflichtigen Elternteils ist gefährdet (§ 1603 Abs. 2 Satz 3 BGB) und der des anderen nicht.

Sind bei auswärtiger Unterbringung beide Elternteile zum Barunterhalt verpflichtet, haften sie anteilig nach § 1606 Abs. 3 Satz 1 BGB für den Gesamtbedarf. Betreuungsleistungen sind zu berücksichtigen.

12.4 Bei Zusatzbedarf (Verfahrens-/Prozesskostenvorschuss, Mehrbedarf, Sonderbedarf) gilt § 1606 Abs. 3 Satz 1 BGB. Die Kosten für den Kindergarten (ohne Verpflegungskosten) oder vergleichbare Betreuungseinrichtungen sind Mehrbedarf des Kindes.

13. Volljährige Kinder

13.1 Bedarf

Beim Bedarf volljähriger Kinder ist zu unterscheiden, ob sie noch im Haushalt der Eltern/eines Elternteils leben oder einen eigenen Hausstand haben.

13.1.1 Volljährige Kinder, die noch im Haushalt eines Elternteils leben:

Der Bedarf volljähriger unverheirateter Kinder ist der 4. Altersstufe der beiliegenden Unterhaltstabelle zu entnehmen, solange sie im Haushalt der Eltern oder eines Elternteils leben; die maßgebende Einkommensgruppe ergibt sich, wenn beide Elternteile leistungsfähig sind, aus den zusammengerechneten Einkünften der Eltern ohne Erhöhung/Herabsetzung nach Nr. 11.2.

Ein Elternteil hat jedoch höchstens den Unterhalt zu leisten, der sich allein aus seinem Einkommen nach der Tabelle ergibt.

13.1.2 Andere volljährige Kinder:
Der Bedarf (einschließlich Wohnbedarf) eines nicht unter Nr. 13.1.1 fallenden Kindes beträgt 670 EUR monatlich.

In diesem Betrag sind Beiträge zur Kranken- und Pflegeversicherung sowie Studiengebühren nicht enthalten.

Von diesem Betrag kann bei erhöhtem Bedarf oder mit Rücksicht auf die Lebensstellung der Eltern abgewichen werden.

13.2 Auf den Unterhaltsbedarf werden das volle Kindergeld (Nr. 14) und die Einkünfte des Kindes,

auch BAföG-Darlehen und Ausbildungsbeihilfen (gekürzt um ausbildungsbedingte Aufwendungen) angerechnet. Bei Einkünften aus unzumutbarer Erwerbstätigkeit gilt § 1577 Abs. 2 BGB entsprechend.

13.3 Bei anteiliger Barunterhaltspflicht ist vor Berechnung des Haftungsanteils nach § 1606 Abs. 3 Satz 1 BGB das bereinigte Nettoeinkommen jedes Elternteils gemäß Nr. 10 zu ermitteln. Außerdem sind vom Restbetrag ein Sockelbetrag in Höhe des angemessenen Selbstbehalts von 1.300,00 EUR und Unterhaltsleistungen für vorrangig Berechtigte abzuziehen.

Bei volljährigen Schülern, die in § 1603 Abs. 2 Satz 2 BGB minderjährigen Kindern gleichgestellt sind, wird der Sockelbetrag bis zum notwendigen Selbstbehalt (1.080,00 EUR/880,00 EUR) herabgesetzt, wenn der Bedarf der Kinder andernfalls nicht gedeckt werden kann.

14. Verrechnung des Kindergeldes

Kindergeld ist nach Maßgabe des § 1612 b BGB zur Deckung des Barbedarfs des Kindes zu verwenden. Für die Zeit bis zum 31.12.2015 bleibt Kindergeld in bisheriger Höhe von monatlich 184,00 EUR für das erste und zweite Kind, 190,00 EUR für das dritte Kind und 215,00 EUR für das vierte und jedes weitere Kind maßgeblich (Gesetz zur Nichtanrechnung rückwirkender Erhöhungen des Kindergeldes – Art. 8 Abs. 3 des Gesetzes zur Anhebung des Grundfreibetrags, des Kinderfreibetrags, des Kindergeldes und des Kinderzuschlags vom 16.07.2015, BGBl. I S. 1205).

Ehegattenunterhalt

15. Unterhaltsbedarf

15.1 Bei der Bedarfsbemessung dürfen nur eheprägendes Einkommen und grundsätzlich nur eheprägende Schulden berücksichtigt werden. Spätere Änderungen des verfügbaren Einkommens der Ehegatten sind grundsätzlich zu berücksichtigen, unabhängig davon, wann sie eingetreten sind und ob es sich um Minderungen oder Erhöhungen handelt.

Eine Einkommensreduzierung ist dann unbeachtlich, wenn sie auf einem unterhaltsrechtlich vorwerfbaren Verhalten beruht. Unerwartete, nicht in der Ehe angelegte Steigerungen des Einkommens des Unterhaltspflichtigen (insbesondere aufgrund eines Karrieresprungs) oder auf Wiederverheiratung beruhende Steuervorteile bleiben unberücksichtigt, es sei denn, sie dienen zum Ausgleich des hinzugetretenen Bedarfs weiterer Unterhaltsberechtigter.

15.2 Es gilt der Halbteilungsgrundsatz; vom bereinigten Nettoerwerbseinkommen ist ein Erwerbstätigenbonus von 1/7 abzuziehen.

LL-Strkt

KG

Brdbg

Brschw

Brem

Celle

Dresd

Düss

Ffm

Hbg

Hamm

Jena

Kblz

Köln

Naumbg

Oldbg

Rstk

Schlesw

SüdL

Empf Sozhi

Leistet ein Ehegatte auch Unterhalt für ein Kind, so wird sein Einkommen vor Ermittlung des Erwerbstätigenbonus um diesen Unterhalt (Zahlbetrag nach Abzug des anzurechnenden Kindergeldes) bereinigt. Erbringt der Verpflichtete sowohl Bar- als auch Betreuungsunterhalt, so gilt Nr. 10.3.

15.3 Bei sehr guten Einkommensverhältnissen des Pflichtigen kommt eine konkrete Bedarfsberechnung in Betracht.

15.4 Werden Altersvorsorge-, Kranken- und Pflegeversicherungskosten vom Berechtigten gesondert geltend gemacht oder vom Verpflichteten bezahlt, sind diese von dem Einkommen des Pflichtigen vorweg abzuziehen. Der Vorwegabzug unterbleibt, soweit nicht verteilte Mittel zur Verfügung stehen, z.B. durch Anrechnung nicht prägenden Einkommens des Berechtigten auf seinen Bedarf. Vorsorgeunterhalt kann nur beansprucht werden, wenn der Elementarunterhalt in Höhe des notwendigen Selbstbehalts für Nichterwerbstätige sichergestellt ist.

16. Bedürftigkeit

Eigene Einkünfte des Berechtigten sind auf den Bedarf anzurechnen, wobei das bereinigte Nettoerwerbseinkommen um den Erwerbstätigenbonus zu vermindern ist.

17. Erwerbsobliegenheit

17.1 Bei Betreuung eines gemeinschaftlichen Kindes kann bis zur Vollendung des 3. Lebensjahres eine Erwerbstätigkeit nicht erwartet werden. Danach besteht eine Erwerbsobliegenheit nach Maßgabe der Betreuungsbedürftigkeit und der zumutbaren Betreuungsmöglichkeit. Soweit mehrere Kinder zu betreuen sind, ist auf die Umstände des Einzelfalls abzustellen.

Geht der unterhaltsberechtigte Ehegatte über das an sich zumutbare Maß hinaus einer Erwerbstätigkeit nach, so richtet sich die Anrechenbarkeit seines dadurch erzielten Einkommens auf den Unterhaltsanspruch nach § 1577 Abs. 2 BGB.

17.2 In der Regel besteht für den Berechtigten im ersten Jahr nach der Trennung keine Obliegenheit zur Aufnahme oder Ausweitung einer Erwerbstätigkeit.

Weitere Unterhaltsansprüche

18. Ansprüche nach § 1615 l BGB

Der Bedarf der Mutter oder des Vaters eines nichtehelichen Kindes richtet sich nach der Lebensstellung des betreuenden Elternteils (§§ 1615 l Abs. 3 Satz 1, 1610 BGB).

19. Elternunterhalt

Beim Bedarf der Eltern sind Leistungen nach den §§ 41 bis 43 SGB XII (Grundsicherung) zu berücksichtigen (vgl. Nr. 2.9).

20. Lebenspartnerschaft

Bei Getrenntleben oder Aufhebung der Lebenspartnerschaft gelten die §§ 12, 16 LPartG.

Leistungsfähigkeit und Mangelfall

21. Selbstbehalt des Verpflichteten

21.1 Es ist zu unterscheiden zwischen dem notwendigen (§ 1603 Abs. 2 BGB), dem angemessenen (§ 1603 Abs. 1 BGB) sowie dem Selbstbehalt gegenüber Ehegatten (§ 1581 BGB).

21.2 Für Eltern gegenüber minderjährigen Kindern und diesen nach § 1603 Abs. 2 Satz 2 BGB gleichgestellten volljährigen Kindern gilt im Allgemeinen der notwendige Selbstbehalt als unterste Grenze der Inanspruchnahme.

Er beträgt:
– beim Erwerbstätigen	**1.080 EUR**
– beim Nichterwerbstätigen	**880 EUR.**

21.3 Im Übrigen gilt beim Verwandtenunterhalt der angemessene Selbstbehalt.

21.3.1 Er beträgt gegenüber volljährigen Kindern, die nicht gemäß § 1603 Abs. 2 Satz 2 BGB privilegiert sind, **1.300 EUR.**

21.3.2

Gegenüber der Mutter oder dem Vater nichtehelicher Kinder nach § 1615 l Abs. 1 BGB beträgt der angemessene Selbstbehalt **1.200 EUR.**

21.3.3

Gegenüber Eltern beträgt der Selbstbehalt mindestens **1.800 EUR** zuzüglich der Hälfte des darüber hinausgehenden Einkommens (bei Vorteilen des Zusammenlebens in der Regel 45 % des darüber hinausgehenden Einkommens). Der angemessene Unterhalt eines mit dem Unterhaltspflichtigen zusammenlebenden Ehegatten bemisst sich nach den ehelichen Lebensverhältnissen (Halbteilungsgrundsatz), beträgt jedoch mindestens **1.440 EUR.**

21.3.4 Für den Selbstbehalt gegenüber Enkeln gilt 21.3.3 entsprechend.

21.4

Gegenüber Ehegatten beträgt der Selbstbehalt (§ 1581 BGB) **1.200 EUR.**

Bei beengten wirtschaftlichen Verhältnissen, insbesondere im absoluten Mangelfall, kann der Selbstbehalt angemessen bis zum notwendigen Selbstbehalt (1.080 EUR/880 EUR) vermindert werden.

21.5 Beim Verwandtenunterhalt kann der jeweilige Selbstbehalt unterschritten werden, wenn der eigene Unterhalt des Pflichtigen ganz oder teilweise durch seinen Ehegatten gedeckt ist (vgl. Nr. 22). Wegen der Kostenersparnisse bei gemeinschaftlicher Haushaltsführung kommt eine Kürzung des Selbstbehalts dann in Betracht, wenn der Unterhaltspflichtige mit einem Dritten zusammenlebt.

22. Bedarf des mit dem Pflichtigen zusammenlebenden Ehegatten

22.1
Der Mindestbedarf des mit dem Unterhaltspflichtigen zusammenlebenden Ehegatten bei Ansprüchen des nachrangigen geschiedenen Ehegatten beträgt **960 EUR.**

22.2
Der Mindestbedarf des mit dem Unterhaltspflichtigen zusammenlebenden Ehegatten bei Ansprüchen nicht privilegierter volljähriger Kinder beträgt **1.040 EUR.**

22.3 Zum Mindestbedarf des mit dem Unterhaltspflichtigen zusammenlebenden Ehegatten bei Ansprüchen von Eltern oder Enkeln vgl. 21.3.3 bzw. 21.3.4.

23. Bedarf des vom Pflichtigen getrenntlebenden oder geschiedenen Ehegatten

23.1
gegenüber einem nachrangigen geschiedenen Ehegatten **1.200 EUR**

23.2
gegenüber nicht privilegierten volljährigen Kindern **1.300 EUR**

23.3
gegenüber Eltern und Enkeln des Unterhaltspflichtigen **1.800 EUR**

24. Mangelfall

24.1 Grundsatz

Reicht der Betrag, der zur Erfüllung mehrerer Unterhaltsansprüche unter Berücksichtigung des Selbstbehalts des Verpflichteten (Nr. 21) zur Verfügung steht, nicht aus, um alle Ansprüche zu erfüllen, so ist der den Selbstbehalt übersteigende Betrag auf die Berechtigten unter Beachtung der Rangverhältnisse zu verteilen.

24.2 Einsatzbeträge

Die Einsatzbeträge für minderjährige unverheiratete und ihnen gleichgestellte volljährige Kinder entsprechen den Tabellenbeträgen der ersten Einkommensgruppe der Tabelle in Anlage I abzüglich des nach § 1612 b Abs. 1 BGB zur Bedarfsdeckung zu verwendenden Kindergeldes.

24.3 Berechnung

Die nach Abzug des notwendigen Selbstbehalts des Unterhaltspflichtigen verbleibende Verteilungsmasse ist anteilig auf alle gleichrangigen Unterhaltsberechtigten im Verhältnis der (ggf. um eigene Einkünfte gekürzten) Einsatzbeträge zu verteilen.

24.4 Angemessenheitskontrolle

Das im Rahmen der Mangelfallberechnung gewonnene Ergebnis ist auf seine Angemessenheit zu überprüfen.

Sonstiges

25. Rundung

Der Unterhaltsbetrag ist auf volle Euro aufzurunden.

Anlagen

I. Unterhaltstabelle

s. S. 5

II. Zahlbetragstabelle

s. S. 10

III. Umrechnung dynamisierter Titel alten Rechts gemäß § 36 Nr. 3 EGZPO

s. S. 9

LL-Strkt

KG

Brdbg

Brschw

Brem

Celle

Dresd

Düss

Ffm

Hbg

Hamm

Jena

Kblz

Köln

Naumbg

Oldbg

Rstk

Schlesw

SüdL

Empf Sozhi

u) OLG Saarbrücken

Unterhaltsrechtliche Leitlinien der Senate für Familiensachen bei dem Saarländischen Oberlandesgericht (Stand: 1. Januar 2015)

Die Senate für Familiensachen bei dem Saarländischen Oberlandesgericht werden die ab 1. Januar 2015 geltende Düsseldorfer Tabelle in der bisherigen Weise als Orientierungshilfe benutzen.

Der Selbstbehalt des Unterhaltsverpflichteten beträgt

1. gegenüber minderjährigen Kindern und gegenüber volljährigen unverheirateten Kindern bis zur Vollendung des 21. Lebensjahres, die im Haushalt der Eltern oder eines Elternteils leben und sich in der allgemeinen Schulausbildung befinden

a) für Erwerbstätige	1.080 EUR
b) für Nichterwerbstätige	880 EUR
2. gegenüber anderen volljährigen Kindern generell	1.300 EUR
3. gegenüber dem getrennt lebenden und dem geschiedenen Ehegatten oder der Mutter/dem Vater eines nichtehelichen Kindes unabhängig davon, ob erwerbstätig oder nicht erwerbstätig	1.200 EUR
4. gegenüber Eltern mindestens	1.800 EUR

gez. Dr. Müller
Richterin am Oberlandesgericht

v) OLG Schleswig

Unterhaltsrechtliche Leitlinien des Schleswig-Holsteinischen Oberlandesgerichts (Stand: 01. August 2015)

Die unterhaltsrechtlichen Leitlinien der Familiensenate des Schleswig-Holsteinischen Oberlandesgerichts dienen nur als Hilfsmittel zur Bestimmung des angemessenen Unterhalts. Sie beruhen auf Erfahrungswerten, gewonnen aus typischen Sachverhalten, und sollen zur Vereinheitlichung des Unterhaltsrechts beitragen. Sie haben keine bindende Wirkung und können eine auf den Einzelfall bezogene Gesamtschau nicht ersetzen.

Unterhaltsrechtlich maßgebendes Einkommen

Bei der Ermittlung und Zurechnung von Einkommen ist stets zu unterscheiden, ob es um Verwandten- oder Ehegattenunterhalt sowie ob es um Bedarfsbemessung einerseits oder Feststellung der Leistungsfähigkeit andererseits geht. Das unterhaltsrechtliche Einkommen ist nicht immer identisch mit dem steuerrechtlichen Einkommen. Einkommen können auch aufgrund einer unterhaltsrechtlichen Obliegenheit erzielbare Einkünfte sein (fiktives Einkommen).

1. Geldeinnahmen

1.1 Auszugehen ist vom Bruttoeinkommen als Summe aller Einkünfte einschließlich Weihnachts-, Urlaubsgeld, Tantiemen und Gewinnbeteiligungen sowie anderer Zulagen.

1.2 Leistungen, die nicht monatlich anfallen, werden auf ein Jahr umgelegt. Einmalige Zahlungen sind auf einen angemessenen Zeitraum (in der Regel mehrere Jahre) zu verteilen. Grundsätzlich sind Abfindungen bei der Aufnahme einer neuen Arbeitsstelle mit dauerhaft geringerem Einkommen bis zur Höchstgrenze des Bedarfs aufgrund des früheren Einkommens sowohl beim Kindes- als auch beim Ehegattenunterhalt für den Unterhalt zu verwenden; ob eine Aufstockung bis zum bisherigen Einkommen unter vollständiger Aufrechterhaltung des bisherigen Lebensstandards geboten ist, beurteilt sich nach den Umständen des Einzelfalls, insbesondere der beim Pflichtigen zu erwartenden weiteren Einkommensentwicklung.

1.3 Überstundenvergütungen werden dem Einkommen voll zugerechnet, soweit sie berufstypisch sind und das in diesem Beruf übliche Maß nicht überschreiten.

1.4 Ersatz für Spesen, Reisekosten und Auslösungen gelten in der Regel als Einkommen. Damit zusammenhängende Aufwendungen, vermindert um häusliche Ersparnis, sind jedoch abzuziehen. Die Ersparnis wird in der Regel mit einem Drittel bewertet und (außer Fahrtkostenersatz) insoweit dem Einkommen hinzugerechnet.

1.5 Bei Selbständigen (insbesondere Unternehmer, freiberuflich Tätige) wird das Einkommen nach Wirtschaftsjahren ermittelt. Steuerliche Belastungen werden grundsätzlich nur in dem tatsächlich entrichteten Umfange abgezogen, und zwar unabhängig davon, für welches Veranlagungsjahr sie angefallen sind. Für die Bemessung von zukünftigem Unterhalt ist grundsätzlich auf das Durchschnittseinkommen von drei Wirtschaftsjahren abzustellen, wobei dieser Zeitraum von dem letzten Jahr an zurückgerechnet wird, für welches ausreichende

Einkommensunterlagen vorliegen; für in der Vergangenheit liegende Unterhaltszeiträume ist auf das in dieser Zeit erzielte Einkommen abzustellen (Jahresdurchschnitt). Bei erheblich schwankenden Einkünften kann auch ein anderer Zeitraum zugrunde gelegt werden.

Abschreibungen auf betriebliche Wirtschaftsgüter (Absetzung für Abnutzung: Afa) stehen in der Regel entsprechende Ausgaben für Betriebsmittel gegenüber; sie sind deshalb grundsätzlich gewinnmindernd abzusetzen. Soweit die zulässigen steuerlichen Absetzungsbeträge erheblich über das tatsächliche Ausmaß der Wertminderung hinausgehen (etwa bei Gebäuden), können sie in diesem Umfang unterhaltsrechtlich nicht berücksichtigt werden.

Für das Einkommen eines Selbstständigen ist grundsätzlich sein Gewinn maßgebend. Ausnahmsweise kann auf seine Privatentnahmen abgestellt werden, soweit sie Ausdruck eines nicht durch Verschuldung finanzierten Lebensstandards sind.

1.6 Zum Einkommen zählen auch Einkünfte aus Vermietung, Verpachtung sowie aus Kapitalvermögen, wobei die Einkünfte grundsätzlich auf das Jahr umgelegt werden.

1.7 Steuererstattungen und Steuernachzahlungen sind in der Regel in dem Jahr, in dem sie anfallen, zu berücksichtigen und auf die einzelnen Monate umzulegen. Soweit Erstattungen auf Aufwendungen beruhen, die unterhaltsrechtlich nicht zu berücksichtigen sind, bleiben auch die Steuererstattungen außer Betracht.

1.8 Zum Einkommen zählen auch sonstige Einnahmen (z.B. Trinkgelder).

2. Sozialleistungen gehören wie folgt zum Einkommen:

2.1 Arbeitslosengeld (§ 136 SGB III) und Krankengeld.

2.2 Arbeitslosengeld II (§§ 19 – 30 SGB II) beim Verpflichteten; beim Unterhaltsberechtigten ist das Arbeitslosengeld II subsidiär (§ 33 SGB II).

2.3 Wohngeld, soweit es nicht erhöhte Wohnkosten deckt.

2.4 BAföG-Leistungen, auch soweit sie als Darlehen gewährt werden, mit Ausnahme von Vorausleistungen nach §§ 36, 37 BAföG.

2.5 Elterngeld ist Einkommen, soweit es über den Sockelbetrag von 300 € bzw. 150 € bei verlängertem Bezug hinausgeht. Der Sockelbetrag des Elterngeldes sowie Betreuungsgeld nach § 4a BEEG sind nur dann Einkommen, wenn einer der Ausnahmefälle des § 11 BEEG vorliegt.

2.6 Leistungen aus Unfall- und Versorgungsrenten nach Abzug eines Betrages für tatsächliche Mehraufwendungen; §§ 1610a, 1578a BGB sind zu beachten.

2.7 Leistungen aus der Pflegeversicherung, Blindengeld, Schwerbeschädigten- und Pflegezulagen nach Abzug eines Betrages für tatsächliche Mehraufwendungen; §§ 1610a, 1578a BGB sind zu beachten.

2.8 Der Anteil des Pflegegelds bei der Pflegeperson, durch den ihre Bemühungen abgegolten werden. Bei Pflegegeld aus der Pflegeversicherung gilt dies nach Maßgabe des § 13 VI SGB XI.

2.9 Beim Verwandtenunterhalt in der Regel Leistungen zur Grundsicherung (§§ 41 – 43 SGB XII).

2.10 Sonstige Sozialhilfe nach SGB XII zählt nicht zum Einkommen.

2.11 Leistungen nach dem Unterhaltsvorschussgesetz zählen nicht zum Einkommen.

3. Kindergeld

Kindergeld mindert den Unterhaltsbedarf der Kinder nach Maßgabe des § 1612b BGB und unterstützt den betreuenden Elternteil bei der Erbringung der Betreuungsleistungen. Es stellt kein Einkommen des Bezugsberechtigten dar.

4. Geldwerte Zuwendungen des Arbeitgebers

Geldwerte Zuwendungen aller Art des Arbeitgebers, z.B. Firmenwagen oder freie Kost und Logis, sind Einkommen, soweit sie entspreche Eigenaufwendungen ersparen. Die für Firmenwagen steuerlich in Ansatz gebrachten, am Neuwert orientierten Beträge (1 % – Regelung) bieten einen Anhaltspunkt für die Bewertung des geldwerten Vorteils.

5. Wohnwert

5.1 Der Wohnvorteil durch mietfreies Wohnen im eigenen Heim ist als wirtschaftliche Nutzung des Vermögens unterhaltsrechtlich wie Einkommen zu behandeln. Neben dem Wohnwert sind auch Zahlungen nach dem Eigenheimzulagengesetz anzusetzen.

Ein Wohnvorteil liegt nur vor, soweit der Wohnwert den berücksichtigungsfähigen Schuldendienst, erforderliche Instandhaltungskosten und jene verbrauchsunabhängigen Kosten, mit denen ein Mieter üblicherweise nicht belastet wird, übersteigt.

5.2 Während des Getrenntlebens ist zunächst regelmäßig die ersparte Miete anzusetzen, die angesichts der wirtschaftlichen Verhältnisse angemessen wäre. Ist eine Wiederherstellung der ehelichen Lebensgemeinschaft nicht mehr zu erwarten, sind

LL-Strkt
KG
Brdbg
Brschw
Brem
Celle
Dresd
Düss
Ffm
Hbg
Hamm
Jena
Kblz
Köln
Naumbg
Oldbg
Rstk
Schlesw
SüdL
Empf Sozhi

Ausnahmen von der Berücksichtigung des vollen Mietwertes nur gerechtfertigt, wenn eine Verwertung durch Vermietung nicht möglich (z.B. mangelnde Einigung bei Miteigentum) oder nicht zumutbar (z.B. bei zeitlich begrenztem Aufstockungsunterhalt) ist.

Diese Grundsätze gelten auch beim Kindesunterhalt.

5.3 Zinsen sind absetzbar, Tilgungsleistungen in der Regel nur, wenn sie nicht der einseitigen Vermögensbildung dienen oder wenn und soweit sie eine Form der zulässigen zusätzlichen Altersvorsorge darstellen.

Beim Kindesunterhalt gilt im Rahmen des § 1603 Abs. 1 BGB ein großzügigerer, im Anwendungsbereich des § 1603 Abs. 2 BGB hingegen ein strengerer Maßstab für die Berücksichtigung von Tilgungsleistungen.

6. Haushaltsführung

Führt jemand unentgeltlich für einen in häuslicher Gemeinschaft lebenden Partner den Haushalt, so ist hierbei ein Einkommen anzusetzen. Voraussetzung ist jedoch, dass der Partner hinreichend leistungsfähig ist.

7. Einkommen aus unzumutbarer Erwerbstätigkeit

Einkommen aus unzumutbarer Erwerbstätigkeit kann nach Billigkeit ganz oder teilweise unberücksichtigt bleiben (vgl. BGH FamRZ 2006, 846).

8. Freiwillige Zuwendungen Dritter

Freiwillige Zuwendungen Dritter (z.B. Geldleistungen, Wohnungsgewährung) sind regelmäßig nicht als Einkommen zu berücksichtigen, es sei denn, die Berücksichtigung entspricht dem Willen des zuwendenden Dritten.

9. Erwerbsobliegenheit und Einkommensfiktion

Wer unter leichtfertigem Verstoß gegen eine unterhaltsrechtliche Verpflichtung bzw. Obliegenheit eine Erwerbsquelle nicht in zumutbarem Umfang nutzt, muss sich das erzielbare Einkommen zurechnen lassen.

Begibt sich jemand einer Einkommensquelle, insbesondere seines Arbeitsplatzes, aus unterhaltsrechtlich vorwerfbaren Gründen, so ist ihm das bisherige Einkommen bis zu dem Zeitpunkt fiktiv zuzurechnen, zu dem er aus anderem, nicht vorwerfbarem Grund die Arbeitsstelle verloren hätte (BGH NJW 2008, 1525 ff.).

Bei der Zurechnung von fiktiven Einkünften können fiktive berufsbedingte Aufwendungen (z.B. Fahrtkosten) berücksichtigt werden.

Im Rahmen der gesteigerten Unterhaltspflicht ist vom Unterhaltsschuldner im Hinblick auf den nicht gesicherten Mindestunterhalt seines Kindes auch zu verlangen, dass er neben einer vollschichtigen Erwerbstätigkeit eine ihm mögliche und zumutbare Nebentätigkeit ausübt. Dies gilt auch bei der Zurechnung eines lediglich fiktiven Einkommens aus einer vollschichtigen Haupttätigkeit (BGH FamRZ 2014, 1992).

10. Bereinigung des Einkommens

10.1 Vom Bruttoeinkommen sind Steuern, Sozialabgaben und angemessene Vorsorgeaufwendungen abzusetzen (Nettoeinkommen).

Für eine zusätzliche (keine fiktive) Altersvorsorge können beim Ehegatten- und Kindesunterhalt bis zu 4%, beim Elternunterhalt bis zu 5% des Bruttoeinkommens eingesetzt werden. Die zusätzliche Altersvorsorge kommt jedoch im Regelfall nicht in Betracht, soweit der Mindestunterhalt/das Existenzminimum nicht gesichert sind.

Personen, die der gesetzlichen Rentenversicherung nicht unterliegen, können für ihre Altersvorsorge *grundsätzlich 18,7 %* ihres Bruttoeinkommens aufwenden. Eine zusätzliche Altersvorsorge ist wie bei gesetzlich Rentenversicherten absetzbar.

10.2 Berufsbedingte Aufwendungen

10.2.1 Notwendige berufsbedingte Aufwendungen werden vom Einkommen nur abgezogen, soweit sie konkret nachgewiesen sind. Eine Pauschale wird nicht gewährt.

10.2.2 Für Fahrten zum Arbeitsplatz werden die Kosten einer Pkw-Benutzung mit einer Kilometerpauschale von 0,30 € (§ 5 II Nr. 2 JVEG) für die ersten 30 Entfernungskilometer, für die weiteren Entfernungskilometer mit 0,20 € berücksichtigt.

Berechnungsbeispiel:

Entfernung zwischen Wohnung und Arbeitsplatz: 50 km.

Berechnung:
30 km × 2 × 0,30 € × 220 ArbTage : 12 Monate
$$= 330,00 € +$$
20 km × 2 × 0,20 € × 220 ArbTage : 12 Monate
$$= 146,67 €$$
Gesamtkosten: 476,67 €

Überschreiten die Fahrtkosten 15 % des Nettoeinkommens, muss dargelegt werden, weshalb die Benutzung von öffentlichen Verkehrsmitteln nicht zumutbar ist.

Neben der Kilometerpauschale können Finanzierungskosten für die Anschaffung des Pkw regelmäßig nicht angesetzt werden.

10.2.3 Bei Auszubildenden wird auf die Ausbildungsvergütung ein Abzug eines Pauschalbetrages von 90,00 € angerechnet. Diese Pauschale deckt in der Regel den allgemeinen und ausbildungsbedingten Mehrbedarf mit Ausnahme von Fahrtkosten.

10.3 Kinderbetreuungskosten sind abzugsfähig, soweit die Betreuung durch Dritte infolge der Berufstätigkeit erforderlich ist. Aufwendungen für die Betreuung eines Kindes in Kindergärten oder vergleichbaren Einrichtungen mindern das Einkommen nicht; es handelt sich um Mehrbedarf (vgl. Ziff. 12.4) des Kindes (BGH FamRZ 2009, 962).

10.4 Angemessene Tilgungsraten auf Schulden, die auf das eheliche Zusammenleben zurückzuführen sind oder die durch die Auflösung der Ehe unabwendbar entstanden sind, werden in der Regel einkommensmindernd berücksichtigt. Unverhältnismäßig hohe Kosten für die Ehewohnung (auch Einfamilienhaus) sind nur für eine Übergangszeit nach der Trennung abzusetzen.

Soweit der Mindestbedarf der Unterhaltsberechtigten nicht gewahrt ist, hat der Schuldendienst so weit wie möglich und zumutbar zurückzustehen. Für minderjährige Kinder soll möglichst der Mindestunterhalt gesichert bleiben.

Im Einzelfall sind in eine umfassende Interessenabwägung unter Billigkeitsgrundsätzen die Belange der Unterhaltsberechtigten, des Unterhaltsschuldners (insbesondere sein Interesse an der Verhinderung einer wachsenden Verschuldung) wie auch der Fremdgläubiger einzubeziehen.

Den Unterhaltsschuldner trifft grundsätzlich eine Verpflichtung zur Einleitung einer Verbraucherinsolvenz, wenn dieses Verfahren zulässig und geeignet ist, den laufenden Unterhalt eines minderjährigen Kindes sicherzustellen (vgl. BGH NJW 2005, 1279 ff.).

Sind einkommensmindernd anzusetzende Schulden bereits Gegenstand einer Auseinandersetzung über einen Gesamtschuldnerausgleich nach § 426 BGB, sind sie für die Unterhaltsbemessung nicht zu berücksichtigen.

10.5 Unterhaltsleistungen (Zahlbeträge) an vorrangig Berechtigte sind vorweg abzuziehen.

10.6 Die vermögenswirksame Leistung des Arbeitgebers und die Arbeitnehmer-Sparzulage gehören nicht zum Einkommen. Der vermögenswirksam gesparte Betrag mindert nicht das anrechenbare Einkommen.

10.7 Kosten für die Ausübung des Umgangsrechts, die über den dem Umgangsberechtigten verbleibenden Anteil am Kindergeld hinausgehen, können durch einen – teilweisen – Abzug vom Einkommen oder eine Erhöhung des Ehegattenselbstbehalts berücksichtigt werden (vgl. BGH NJW 2009, 2592).

Kindesunterhalt

11. Bemessungsgrundlage (Tabellenunterhalt)

Der Barunterhalt minderjähriger und noch im elterlichen Haushalt lebender volljähriger unverheirateter Kinder bestimmt sich nach den Sätzen der Düsseldorfer Tabelle (Anhang I.).

11.1 Die Tabellensätze der Düsseldorfer Tabelle enthalten keine Kranken- und Pflegeversicherungsbeiträge für das Kind, wenn dieses nicht in einer gesetzlichen Familienversicherung mitversichert ist. Das Nettoeinkommen des Verpflichteten ist um solche zusätzlich zu zahlenden Versicherungskosten zu bereinigen.

11.2 Die Tabellensätze sind auf den Fall zugeschnitten, dass der Unterhaltspflichtige zwei Unterhaltsberechtigten Unterhalt zu gewähren hat. Bei einer geringeren oder größeren Zahl von Unterhaltsberechtigten ist in der Regel um eine Stufe herauf- oder herabzustufen.

In den oberen Gruppen kann im Einzelfall insbesondere aus kindgerechten Gründen eine Bedarfsbegrenzung angezeigt sein.

Erreicht das dem Unterhaltspflichtigen nach Abzug aller Unterhaltslasten verbleibende Einkommen nicht den für die Tabellengruppe ausgewiesenen Bedarfskontrollbetrag, so kann so weit herabgestuft werden, dass dem Unterhaltsschuldner der entsprechende Kontrollbetrag verbleibt.

12. Minderjährige Kinder

12.1 Die Freistellung vom Barunterhalt durch die Pflege und Erziehung eines Kindes nach § 1606 Abs. 3 Satz 2 BGB gilt nur für den allgemeinen Tabellenunterhalt. Solange der Betreuungsschwerpunkt bei einem Elternteil liegt, ist der allgemeine Barunterhalt nur vom anderen Elternteil aufzubringen (vgl. BGH NJW 2007, 1882 ff.).

12.2 Eigenes Einkommen des minderjährigen Kindes wird auf den Barunterhaltsanspruch des Kindes mit Rücksicht auf die Betreuungslast des anderen Elternteils nach Billigkeit angerechnet.

Arbeitseinkünfte geringen Umfangs (z.B. Ferienjobs) oder aus unterhaltsrechtlich nicht gebotener Tätigkeit bleiben unberücksichtigt.

12.3 Verfügen beide Eltern über Einkommen, wird der Bedarf minderjähriger Kinder im Verhältnis zu dem Elternteil, der den Barunterhalt zu leisten hat, in der Regel allein nach seinem Einkommen ermittelt. Ausnahmsweise kann der betreuende Elternteil zur Barunterhaltsleistung entlastend herangezogen werden, wenn sein Einkommen das des anderen

LL-Strkt

KG

Brdbg

Brschw

Brem

Celle

Dresd

Düss

Ffm

Hbg

Hamm

Jena

Kblz

Köln

Naumbg

Oldbg

Rstk

Schlesw

SüdL

Empf Sozhi

Elternteils wesentlich übersteigt. Die Entlastung wird dann nach den Umständen des Einzelfalles bemessen.

12.4 Zusätzlichen Bedarf eines minderjährigen Kindes (z.B. Prozesskostenvorschuss, Mehrbedarf, Sonderbedarf) haben beide Eltern entsprechend ihren Erwerbs- und Vermögensverhältnissen zu decken (§ 1606 Abs. 3 Satz 1 BGB).

13. Volljährige Kinder

13.1 Für den Unterhalt volljähriger Kinder gilt Folgendes:

Lebt das volljährige Kind im Haushalt eines Elternteils, so ist sein Bedarf grundsätzlich der Unterhaltstabelle zu entnehmen.

Lebt das Kind nicht mehr im Haushalt eines Elternteils, so ist zu unterscheiden:

– Für die Vorjahre wird auf die von der Düsseldorfer Tabelle aufgeführten Beträge verwiesen. Kranken- und Pflegeversicherungsbeiträge sind hierin nicht enthalten. Der Unterhaltsbedarf eines Studierenden beträgt in der Regel monatlich 670,00 €. Hierin sind bis 280,00 € für Unterkunft einschließlich umlagefähiger Nebenkosten und Heizung (Warmmiete) enthalten.
– Für andere Kinder kann bei eigenem Haushalt derselbe Betrag zugrunde gelegt werden; dann entfallen der Freibetrag (s. o. 10.2.3) und andere Absetzungen für berufsbedingte Aufwendungen (einschließlich Fahrtkosten).

Für die Vorjahre wird auf die vorangegangenen Düsseldorfer Tabellen verwiesen.

13.2 Sämtliche Einkünfte (auch BAföG-Darlehen) werden auf den Bedarf volljähriger Kinder angerechnet.

13.3 Verfügen beide Eltern über Einkommen, ergibt sich der Bedarf volljähriger Kinder, soweit dafür die Tabelle maßgebend ist, grundsätzlich nach dem zusammengerechneten Einkommen beider Eltern, jedoch ist wegen doppelter Haushaltsführung in der Regel um eine Stufe herabzustufen.

Den offenen Bedarf haben die Eltern anteilig zu decken, und zwar grundsätzlich im Verhältnis ihrer Einkommen zueinander. Dabei werden nur die Einkommensteile zueinander ins Verhältnis gesetzt, die jeweils über dem angemessenen Selbstbehalt liegen, und zwar nach Abzug vorrangiger Unterhaltspflichten.

Bei sog. privilegiert volljährigen Kindern sind grundsätzlich die bereinigten Einkünfte oberhalb des angemessenen Selbstbehalts maßgebend. Lediglich im Mangelfall ist auf die bereinigten Einkünfte oberhalb des notwendigen Selbstbehalts abzustellen (BGH FamRZ 2011, 454).

Ein Elternteil hat jedoch höchstens den Unterhalt zu leisten, der sich allein aus seinem Einkommen gemäß der Unterhaltabelle ergibt.

14. Verrechnung des Kindergeldes

Das Kindergeld wird nach § 1612 b BGB angerechnet.

Ehegattenunterhalt

15. Unterhaltsbedarf

15.1 Der Bedarf nach den ehelichen Lebensverhältnisse im Sinne von § 1578 Abs. 1 S. 1 BGB wird grundsätzlich durch die Einkommens- und Vermögensverhältnisse der Ehegatten bestimmt, die bis zur Rechtskraft der Ehescheidung eingetreten sind. Nacheheliche Entwicklungen wirken sich auf die Bedarfsbemessung nach den ehelichen Lebensverhältnissen aus, wenn sie auch bei fortbestehender Ehe eingetreten wären oder in anderer Weise in der Ehe angelegt und mit hoher Wahrscheinlichkeit zu erwarten waren (BGH FamRZ 2012, 281 ff.).

Unerwartete, nicht in der Ehe angelegte Steigerungen des Einkommens des Verpflichteten (insbesondere aufgrund eines Karrieresprungs) oder auf Wiederverheiratung beruhende Steuervorteile bleiben bei der Bedarfsbemessung unberücksichtigt. Eine Einkommensreduzierung ist dann unbeachtlich, wenn sie auf einem unterhaltsrechtlich vorwerfbaren Verhalten beruht.

Die Unterhaltspflichten für neue Ehegatten sowie für nachehelich geborene Kinder und den dadurch bedingten Betreuungsunterhalt nach § 1615l BGB sind bei der Bemessung des Unterhaltsbedarfs eines geschiedenen Ehegatten nach § 1578 Abs. 1 S. 1 BGB nicht zu berücksichtigen.

15.2 Der Bedarf des unterhaltsberechtigten Ehegatten bestimmt sich zu 3/7 des Arbeitseinkommens des Unterhaltsverpflichteten, falls der Unterhaltsberechtigte kein eigenes Einkommen erzielt, oder zu 3/7 des Unterschiedsbetrages der Arbeitseinkommen des Verpflichteten und des Berechtigten (Differenzmethode).

Es ist von einem Mindestbedarf auszugehen, der nicht unter dem Existenzminimum für nicht Erwerbstätige liegen darf (Nr. 21.2).

Sonstiges Einkommen (z.B. Renten, Abfindungen und Kapitalerträge) ist hälftig zu teilen, falls nicht eine Herabsetzung dieser hälftigen Beteiligung durch besondere Gründe gerechtfertigt erscheint. Erträge aus ererbtem Vermögen prägen die ehelichen Lebensverhältnisse nur, soweit sie bereits zum Unterhalt der Familie zur Verfügung standen, also den Familienunterhalt nach §§ 1360, 1360a BGB beeinflussten (vgl. BGH FamRZ 2006, 387, 390).

LL-Strkt

KG

Brdbg

Brschw

Brem

Celle

Dresd

Düss

Ffm

Hbg

Hamm

Jena

Kblz

Köln

Naumbg

Oldbg

Rstk

Schlesw

SüdL

Empf
Sozhi

Bei der Berechnung des Unterhaltsbedarfs ist der Zahlbetrag des prägenden Kindesunterhalts abzuziehen. Unterhalt für nachrangige volljährige Kinder ist abzusetzen, wenn der Kindesunterhalt die ehelichen Lebensverhältnisse geprägt hat und den Eheleuten ein angemessener Unterhalt verbleibt.

15.3 Bei höheren Einkommen bleiben Teile, die regelmäßig und in angemessenem Umfang zur Vermögensbildung verwandt worden sind, grundsätzlich unberücksichtigt.

15.4 Vom Einkommen des Unterhaltspflichtigen sind wie die eigenen Aufwendungen für angemessene Vorsorge grundsätzlich auch solche abzusetzen, die er für den Berechtigten und gemeinsame Kinder aufbringt.

Der Elementarunterhalt hat bis zur Höhe des Mindestbedarfs Vorrang vor dem Altersvorsorgeunterhalt.

Die Kosten für die angemessene Vorsorge für Alter, Erwerbs- und Berufsunfähigkeit errechnen sich in folgenden Stufen:

a) der an sich geschuldete Elementarunterhalt wird mit Hilfe der sog. Bremer Tabelle auf ein fiktives Bruttoeinkommen hochgerechnet.
b) Danach bemessen sich unter Anwendung des Beitragssatzes, der jeweils für die gesetzliche Rentenversicherung gilt, die Vorsorgekosten.
c) Sie werden von dem Einkommen des Unterhaltspflichtigen vorweg abgesetzt. Danach wird der Elementarunterhalt endgültig festgesetzt.

15.5 nicht belegt

15.6 nicht belegt

15.7 Für die Befristung des nachehelichen Unterhalts ist bei der Billigkeitsprüfung nach § 1578 b BGB vorrangig zu berücksichtigen, ob ehebedingte Nachteile eingetreten sind. Diese stehen schon deswegen einer Befristung des nach ehelichen Unterhalts regelmäßig entgegen, weil der Unterhaltsberechtigte dann seinen eigenen angemessenen Unterhalt nicht selbst erzielen kann.

Sind ehebedingte Nachteile vorhanden, die aus tatsächlichen Gründen nicht mehr ausgeglichen werden können, kommt im Regelfall nach einer Übergangszeit eine Herabsetzung des nachehelichen Unterhalts nur insoweit in Betracht, als dem berechtigten Ehegatten unter Berücksichtigung eigener und eventuell auch fiktiver Einkünfte jedenfalls der Betrag zur Verfügung stehen muss, den er ohne einen ehebedingten Nachteil zur Verfügung hätte.

Fehlt es an ehebedingten Nachteilen oder sind diese bereits ausgeglichen, ist im Rahmen der umfassenden Billigkeitsabwägung bei der Entscheidung über eine Befristung oder Herabsetzung des nach-

ehelichen Unterhalts eine – über die Kompensation ehelicher Nachteile hinausgehende – nacheheliche Solidarität zu berücksichtigen. Dabei sind neben den weiteren relevanten Umständen des Einzelfalls die Dauer der Pflege und Erziehung eines gemeinschaftlichen Kindes, die Gestaltung von Haushaltsführung und Erwerbstätigkeit während der Ehe sowie die Dauer der Ehe maßgeblich. Die Ehedauer gewinnt durch eine wirtschaftliche Verflechtung an Gewicht, die insbesondere durch Aufgabe einer eigenen Erwerbstätigkeit wegen Kinderbetreuung oder Haushaltsführung eintritt (BGH FamRZ 2010, 1971).

Ist Unterhalt wegen Krankheit geschuldet, ist für die Billigkeitsentscheidung besonders dem Gedanken der nachehelichen Solidarität Rechnung zu tragen.

Der Betreuungsunterhalt ist nicht nach § 1578 b BGB zu befristen.

Die Darlegungs- und Beweislast für die Umstände, aus denen die Unbilligkeit der Fortzahlung des Unterhalts resultiert, trägt der Unterhaltsverpflichtete. Dem Unterhaltsverpflichteten obliegt es, im Rahmen seiner primären Darlegungslast das Fehlen von ehebedingten Nachteilen substantiiert zu behaupten. Sodann obliegt es dem Unterhaltsberechtigten, diese Behauptung substantiiert zu bestreiten und positiv konkrete ehebedingte Nachteile darzutun. Konkret vorgetragene ehebedingte Nachteile muss der Unterhaltsverpflichtete widerlegen (BGH FamRZ 2012, 93).

16. nicht belegt

17. Erwerbsobliegenheit

17.1 Die nach Vollendung des dritten Lebensjahres des Kindes grundsätzlich einsetzende Erwerbsobliegenheit des betreuenden Elternteils ist hinsichtlich Art und Umfang an den Belangen des Kindes auszurichten.

Die Billigkeitsprüfung nach § 1570 Abs. 1 Satz 2, Abs. 2 BGB ist zumindest anhand folgender Kriterien vorzunehmen:

Kindbezogene Gründe:

1. Betreuungsbedürftigkeit aufgrund der individuellen Entwicklung des Kindes
2. Fehlende kindgerechte Betreuungsmöglichkeiten
3. Krankheiten, die durch die Betreuung in einer Einrichtung nicht aufgefangen werden können und damit die Betreuung durch einen Elternteil erfordern.

Elternbezogene Gründe:

1. Vertrauen in die vereinbarte oder praktizierte Rollenverteilung und Ausgestaltung der Kinderbetreuung. Zu berücksichtigen ist dabei auch die

Aufgabe einer Erwerbstätigkeit wegen Kindererziehung und die Dauer der Ehe.

2. Umfang der Betreuungsbedürftigkeit des Kindes
im Anschluss an die Betreuung in einer Betreuungseinrichtung.

Eine überobligationsmäßige Belastung des betreuenden Elternteils durch Berufstätigkeit, Kinderbetreuung und Haushaltsführung ist zu vermeiden.

17.2 In der Regel besteht für den Berechtigten im ersten Jahr nach der Trennung keine Obliegenheit zur
Aufnahme oder Ausweitung einer Erwerbstätigkeit.

Weitere Unterhaltsansprüche

18. Ansprüche nach § 1615 l BGB

Der Bedarf nach § 1615 l BGB bemisst sich nach der
Lebensstellung des betreuenden Elternteils. Er ist
auch dann nicht nach dem Einkommen des Pflichtigen zu bemessen, wenn dieser mit dem betreuenden
Elternteil zusammengelebt hat.

Der Bedarf darf das Existenzminimum für nicht Erwerbstätige (derzeit 880,00 €) nicht unterschreiten.

Die Inanspruchnahme ist durch den Halbteilungsgrundsatz begrenzt.

19. Elternunterhalt

Beim Bedarf der Eltern sind Leistungen zur Grundsicherung nach §§ 41 ff SGB XII zu berücksichtigen
(vgl. Nr. 2.9).

20. Lebenspartnerschaft

Bei Getrenntleben oder Aufheben der Lebenspartnerschaft gelten §§ 12, 16 LPartG.

Leistungsfähigkeit und Mangelfall

21. Selbstbehalt

21.1 Ausgangspunkt ist das anrechenbare Einkommen des Unterhaltspflichtigen. Gegenüber minderjährigen und privilegiert volljährigen Kindern gilt
der notwendige Selbstbehalt gemäß § 1603 Abs. 2
BGB. Gegenüber Ehegatten ist dem Unterhaltspflichtigen der eheangemessene Selbstbehalt gemäß
§ 1581 S. 1 BGB und gegenüber volljährigen Kindern der angemessene Selbstbehalt gemäß § 1603
Abs. 1 BGB zu belassen.

21.2 Der notwendige Selbstbehalt beträgt

bei nicht Erwerbstätigen 880,00 €,
bei Erwerbstätigen 1.080,00 €.

Hierin sind bis zu 380,00 € für Unterkunft einschließlich umlagefähiger Nebenkosten und Heizung (Warmmiete) enthalten.

21.3 *Im Übrigen gilt beim Verwandtenunterhalt der
angemessene Selbstbehalt.*

21.3.1 Gegenüber nicht privilegierten volljährigen
Kindern beträgt der angemessene Selbstbehalt
1.300,00 €. Hierin sind bis zu 480,00 € für Unterkunft einschließlich umlagefähiger Nebenkosten
und Heizung (Warmmiete) enthalten.

21.3.2 Gegenüber Ansprüchen aus § 1615l BGB gilt
der eheangemessene Selbstbehalt.

21.3.3 Gegenüber Eltern beträgt der Selbstbehalt
monatlich 1.800,00 € (einschließlich 480,00 € Warmmiete) zzgl. der Hälfte des darüber hinausgehenden
Einkommens, bei Vorteilen des Zusammenlebens in
der Regel 45 % des darüber hinausgehenden Einkommens (BGH FamRZ 2010, 1535).

21.3.4 nicht belegt

21.4 Ehegattenunterhalt ist nur aus dem Einkommen oberhalb des eheangemessenen Selbstbehalts
zu leisten.

Der eheangemessene Selbstbehalt beträgt 1.200,00 €.
Hierin sind bis zu 430,00 € für Unterkunft einschließlich umlagefähiger Nebenkosten und Heizung (Warmmiete) enthalten.

Im Rahmen der Leistungsfähigkeit des Unterhaltspflichtigen nach § 1581 BGB ist außerdem ein individueller Selbstbehalt zu berücksichtigen. Bei
diesem ist der Halbteilungsgrundsatz zu beachten,
was zu einem relativen Mangelfall führen kann,
wenn dem Unterhaltspflichtigen für den eigenen
Unterhalt weniger verbliebe, als der Unterhaltsberechtigte mit dem Unterhalt zur Verfügung hätte. Sonstige Verpflichtungen gegenüber anderen
Unterhaltsberechtigten, die nicht bereits den Bedarf des Unterhaltsberechtigten beeinflusst haben,
sind entsprechend ihrem Rang zu berücksichtigen
(BGH FamRZ 2012, 281 ff.). Bei der Prüfung der
Leistungsfähigkeit ist kein Erwerbstätigenbonus zu
berücksichtigen (BGH FamRZ 2013, 1366).

21.5 Bei einem Zusammenleben mit einem leistungsfähigen Partner kann der Selbstbehalt wegen
ersparter Aufwendungen herabgesetzt werden, wobei die Ersparnis des Unterhaltspflichtigen im Regelfall und höchstens mit 10 % seines Selbstbehalts
angesetzt werden kann.

22. Bedarf des mit dem Pflichtigen zusammenlebenden Ehegatten

22.1 Der Mindestbedarf des mit dem Pflichtigen
zusammenlebenden Ehegatten beträgt bei Unterhaltsansprüchen des nachrangigen, geschiedenen
Ehegatten 960,00 €.

22.2 Der Mindestbedarf des mit dem Pflichtigen
zusammenlebenden Ehegatten beträgt bei Unterhaltsansprüchen nicht privilegierter volljähriger
Kinder 10.400,00 €.

22.3 Der Mindestbedarf des mit dem Pflichtigen
zusammenlebenden Ehegatten bei Unterhaltsan-

sprüchen von Eltern oder Enkeln bemisst sich nach den ehelichen Lebensverhältnissen (Halbteilungsgrundsatz), beträgt jedoch mindestens 1.440,00 € (einschließlich 380,00 € Warmmiete).

23. Bedarf des vom Pflichtigen getrennt lebenden oder geschiedenen Ehegatten

Der monatliche notwendige Eigenbedarf des von dem Unterhaltspflichtigen getrennt lebenden oder geschiedenen Ehegatten beträgt, unabhängig davon, ob er erwerbstätig ist oder nicht:

23.1 Gegenüber einem nachrangigen geschiedenen Ehegatten 1.200,00 €.

23.2 Gegenüber nicht privilegierten volljährigen Kindern 1.300,00 €.

23.3 Gegenüber Eltern des Unterhaltspflichtigen 1.800,00 €.

24. Mangelfall

24.1 Ein Mangelfall liegt vor, wenn das Einkommen des Unterhaltsverpflichteten zur Deckung seines Selbstbehalts und der Unterhaltsansprüche der gleichrangigen Berechtigten nicht ausreicht. Für diesen Fall ist die nach Abzug des Selbstbehalts des Unterhaltspflichtigen verbleibende Verteilungsmasse auf die gleichrangigen Unterhaltsberechtigten im Verhältnis ihrer jeweiligen Einsatzbeträge gleichmäßig zu verteilen.

24.2 Die Einsatzbeträge im Mangelfall belaufen sich

24.2.1 bei minderjährigen und diesen nach § 1603 Abs. 2 Satz 2 BGB gleichgestellten Kindern nach den jeweiligen Zahlbeträgen der Einkommensgruppe 1 der Düsseldorfer Tabelle

24.2.2 bei getrennt lebenden oder geschiedenen Ehegatten und bei mit dem Pflichtigen im gemeinsamen Haushalt lebenden Ehegatten, sowie bei nach § 1615 l BGB Unterhaltsberechtigten nach ihren jeweiligen ungedeckten Bedarfsbeträgen.

24.3 Die prozentuale Kürzung berechnet sich nach der Formel:

$$K = V : S \times 100$$
K = prozentuale Kürzung
S = Summe der Einsatzbeträge aller Berechtigten
V = Verteilungsmasse (Einkommen des Verpflichteten abzüglich Selbstbehalts)

24.4 nicht belegt

Sonstiges

25. Rundung

Der Unterhaltsbetrag ist auf volle Euro aufzurunden.

Anhang:

I. Düsseldorfer Tabelle:

s. S. 5

II. Kindergeldanrechnungstabelle:

Die folgenden Tabellen enthalten die sich nach Abzug des jeweiligen Kindergeldanteils (hälftiges Kindergeld bei Minderjährigen, volles Kindergeld bei Volljährigen) ergebenden Zahlbeträge. Bei der Anwendung des § 1612 b Abs. 1 BGB ist für die Zeit bis zum 31.12.2015 Kindergeld von monatlich 184 EUR für erste und zweite Kinder, 190 EUR für dritte Kinder und 215 EUR für das vierte und jedes weitere Kind maßgeblich.

s. S. 10

III. Umrechnung nach früherem Recht erstellter dynamischer Unterhaltstitel über Kindesunterhalt nach § 36 Nr. 3 EGZPO:

s. S. 9

---

w) Süddeutsche Leitlinien

Unterhaltsrechtliche Leitlinien der Familiensenate in Süddeutschland

(SüdL)

Oberlandesgerichte Bamberg, Karlsruhe, München, Nürnberg, Stuttgart und Zweibrücken
Stand 1. Januar 2015

Die Familiensenate der Süddeutschen Oberlandesgerichte verwenden diese Leitlinien als Orientierungshilfe für den Regelfall unter Beachtung der Rechtsprechung des Bundesgerichtshofs, wobei die Angemessenheit des Ergebnisses in jedem Fall zu überprüfen ist.

Das Tabellenwerk der Düsseldorfer Tabelle ist eingearbeitet. Die Erläuterungen werden durch nachfolgende Leitlinien ersetzt.

Unterhaltsrechtlich maßgebendes Einkommen

Bei der Ermittlung und Zurechnung von Einkommen ist stets zu unterscheiden, ob es um Verwandten- oder Ehegattenunterhalt sowie ob es um

LL-Strkt

KG

Brdbg

Brschw

Brem

Celle

Dresd

Düss

Ffm

Hbg

Hamm

Jena

Kblz

Köln

Naumbg

Oldbg

Rstk

Schlesw

SüdL

Empf
Sozhi

Bedarfsbemessung einerseits oder Feststellung der Bedürftigkeit/Leistungsfähigkeit andererseits geht. Das unterhaltsrechtliche Einkommen ist nicht immer identisch mit dem steuerrechtlichen Einkommen.

1. Geldeinnahmen

1.1 Auszugehen ist vom Bruttoeinkommen als Summe aller Einkünfte.

1.2 Soweit Leistungen nicht monatlich anfallen (z.B. Weihnachts- und Urlaubsgeld), werden sie auf ein Jahr umgelegt. Einmalige Zahlungen (z.B. Abfindungen) sind auf einen angemessenen Zeitraum (in der Regel mehrere Jahre) zu verteilen.

1.3 Überstundenvergütungen werden dem Einkommen voll zugerechnet, soweit sie berufstypisch sind und das in diesem Beruf übliche Maß nicht überschreiten.

1.4 Ersatz für Spesen und Reisekosten sowie Auslösungen gelten in der Regel als Einkommen. Damit zusammenhängende Aufwendungen, vermindert um häusliche Ersparnis, sind jedoch abzuziehen. Bei Aufwendungspauschalen (außer Kilometergeld) kann 1/3 als Einkommen angesetzt werden.

1.5 Bei Ermittlung des zukünftigen Einkommens eines Selbständigen ist in der Regel der Gewinn der letzten drei Jahre zugrunde zu legen. Für zurückliegende Zeiträume ist vom tatsächlichen Einkommen auszugehen.

1.6 Einkommen aus Vermietung und Verpachtung sowie aus Kapitalvermögen ist der Überschuss der Bruttoeinkünfte über die Werbungskosten. Für Gebäude ist keine AfA anzusetzen.

1.7 Steuerzahlungen oder Erstattungen sind in der Regel im Kalenderjahr der tatsächlichen Leistung zu berücksichtigen.

1.8 Sonstige Einnahmen, z.B. Trinkgelder.

2. Sozialleistungen

2.1 Arbeitslosengeld (§ 136 SGB III) und Krankengeld.

2.2 Leistungen zur Sicherung des Lebensunterhalts nach §§ 19 ff. SGB II sind kein Einkommen, es sei denn, die Nichtberücksichtigung der Leistungen ist in Ausnahmefällen treuwidrig; nicht subsidiäre Leistungen nach dem SGB II sind Einkommen (insbesondere Entschädigung für Mehraufwendungen »Ein-Euro-Job« § 16 SGB II, Freibeträge nach § 11b III SGB II).

2.3 Wohngeld, soweit es nicht erhöhte Wohnkosten deckt.

2.4 BAföG-Leistungen, auch soweit sie als Darlehen gewährt werden, mit Ausnahme von Vorausleistungen nach §§ 36, 37 BAföG.

2.5 Elterngeld ist Einkommen, soweit es über den Sockelbetrag in Höhe von 300 €, bei verlängertem Bezugsrecht über 150 € hinausgeht. Der Sockelbetrag (§ 11 S. 4 BEEG) und Bundeserziehungsgeld sind kein Einkommen, es sei denn, es liegt einer der Ausnahmefälle der § 9 S. 2 BErzGG, § 11 S. 4 BEEG vor.

2.6 Unfallrenten.

2.7 Leistungen aus der Pflegeversicherung, Blindengeld, Versorgungsrenten, Schwerbeschädigten- und Pflegezulagen nach Abzug eines Betrags für tatsächliche Mehraufwendungen; §§ 1610a, 1578a BGB sind zu beachten.

2.8 Der Anteil des Pflegegelds bei der Pflegeperson, durch den ihre Bemühungen abgegolten werden; bei Pflegegeld aus der Pflegeversicherung gilt dies nach Maßgabe des § 13 VI SGB XI.

2.9 In der Regel Leistungen nach §§ 41–43 SGB XII (Grundsicherung) beim Verwandtenunterhalt, nicht aber beim Ehegattenunterhalt.

2.10/11 Kein Einkommen sind sonstige Sozialhilfe nach SGB XII und Leistungen nach dem UVG. Die Unterhaltsforderung eines Empfängers dieser Leistungen kann in Ausnahmefällen treuwidrig sein. (Vgl. Ziffer 2.2).

3. Kindergeld

Kindergeld wird nicht zum Einkommen der Eltern gerechnet (vgl. Nr. 14).

4. Geldwerte Zuwendungen des Arbeitgebers

Geldwerte Zuwendungen aller Art des Arbeitgebers, z.B. Firmenwagen oder freie Kost und Logis, sind Einkommen, soweit sie entsprechende Eigenaufwendungen ersparen.

5. Wohnwert

Der Wohnvorteil durch mietfreies Wohnen im eigenen Heim ist als wirtschaftliche Nutzung des Vermögens unterhaltsrechtlich wie Einkommen zu behandeln. Neben dem Wohnwert sind auch Zahlungen nach dem Eigenheimzulagengesetz anzusetzen.

Bei der Bemessung des Wohnvorteils ist auszugehen von der Nettomiete, d.h. nach Abzug der auf einen Mieter nach § 2 BetrKV umlegbaren Betriebskosten. Hiervon können in Abzug gebracht werden der berücksichtigungsfähige Schuldendienst, erforderliche Instandhaltungs- und Instandsetzungskosten und solche Kosten, die auf einen Mieter nicht nach § 2 BetrKV umgelegt werden können.

Auszugehen ist vom vollen Mietwert. Wenn es nicht möglich oder nicht zumutbar ist, die Wohnung aufzugeben und das Objekt zu vermieten oder zu veräußern, kann statt dessen die ersparte Miete angesetzt werden, die angesichts der wirtschaftlichen Verhältnisse angemessen wäre. Dies kommt in der Regel für die Zeit bis zur Rechtshängigkeit des Scheidungsantrags in Betracht.

6. Haushaltsführung

Führt jemand einem leistungsfähigen Dritten den Haushalt, so ist hierfür ein Einkommen anzusetzen; bei Haushaltsführung durch einen Nichterwerbstätigen geschieht das in der Regel mit einem Betrag von 200 bis 550 €.

7. Einkommen aus unzumutbarer Erwerbstätigkeit

Einkommen aus unzumutbarer Erwerbstätigkeit kann nach Billigkeit ganz oder teilweise unberücksichtigt bleiben.

8. Freiwillige Zuwendungen Dritter

Freiwillige Zuwendungen Dritter (z.B. Geldleistungen, kostenloses Wohnen) sind als Einkommen zu berücksichtigen, wenn dies dem Willen des Dritten entspricht.

9. Erwerbsobliegenheit und Einkommensfiktion

Einkommen können auch aufgrund einer unterhaltsrechtlichen Obliegenheit erzielbare Einkünfte sein.

10. Bereinigung des Einkommens

10.1 Vom Bruttoeinkommen sind Steuern, Sozialabgaben und/oder angemessene, tatsächliche Vorsorgeaufwendungen – Aufwendungen für die Altersvorsorge bis zu 23 % des Bruttoeinkommens, bei Elternunterhalt bis zu 24 % des Bruttoeinkommens (je einschließlich der Gesamtbeiträge von Arbeitnehmer und Arbeitgeber zur gesetzlichen Rentenversicherung) – abzusetzen (Nettoeinkommen).

Es besteht die Obliegenheit, Steuervorteile in Anspruch zu nehmen (z.B. Eintragung eines Freibetrags bei Fahrtkosten, Realsplitting für unstreitigen oder titulierten Unterhalt).

10.2 Berufsbedingte Aufwendungen, die sich von den privaten Lebenshaltungskosten nach objektiven Merkmalen eindeutig abgrenzen lassen, sind im Rahmen des Angemessenen vom Nettoeinkommen aus unselbständiger Arbeit abzuziehen.

10.2.1 Bei Vorliegen entsprechender Anhaltspunkte kann eine Pauschale von 5 % des Nettoeinkommens angesetzt werden. Übersteigen die berufsbedingten Aufwendungen die Pauschale, so sind sie im Einzelnen darzulegen. Bei beschränkter Leistungsfähigkeit kann im Einzelfall nur mit konkreten Kosten gerechnet werden.

10.2.2 Für die notwendigen Kosten der berufsbedingten Nutzung eines Kraftfahrzeugs kann der nach den Sätzen des § 5 II Nr. 2 JVEG anzuwendende Betrag (derzeit 0,30 €) pro gefahrenen Kilometer angesetzt werden. Damit sind i.d.R. Anschaffungskosten mit erfasst. Bei langen Fahrstrecken (ab ca. 30 km einfach) kann nach unten abgewichen werden (für die Mehrkilometer in der Regel 0,20 €).

10.2.3 Bei einem Auszubildenden sind i.d.R. 90 € als ausbildungsbedingter Aufwand abzuziehen.

10.3 Kinderbetreuungskosten sind abzugsfähig, soweit die Betreuung durch Dritte allein infolge der Berufstätigkeit erforderlich ist. Im Übrigen gilt Ziffer 12.4.

10.4 Berücksichtigungswürdige Schulden (Zins, ggf. auch Tilgung) sind abzuziehen; die Abzahlung soll im Rahmen eines vernünftigen Tilgungsplanes in angemessenen Raten erfolgen. Bei der Zumutbarkeitsabwägung sind Interessen des Unterhaltsschuldners, des Drittgläubigers und des Unterhaltsgläubigers, vor allem minderjähriger Kinder, mit zu berücksichtigen.

Bei Kindesunterhalt kann die Obliegenheit zur Einleitung eines Verbraucherinsolvenzverfahrens bestehen.

10.5 unbelegt

10.6 unbelegt

10.7 Umgangskosten (nicht belegt)

Kindesunterhalt

11. Bemessungsgrundlage (Tabellenunterhalt)

Der Barunterhalt minderjähriger und noch im elterlichen Haushalt lebender volljähriger unverheirateter Kinder bestimmt sich nach den Sätzen der Düsseldorfer Tabelle (Anhang 1).

Bei minderjährigen Kindern kann er als Festbetrag oder als Prozentsatz des jeweiligen Mindestunterhalts geltend gemacht werden.

11.1 Die Tabellensätze der Düsseldorfer Tabelle enthalten keine Kranken- und Pflegeversicherungsbeiträge für das Kind, wenn dieses nicht in einer gesetzlichen Familienversicherung mitversichert ist. Das Nettoeinkommen des Verpflichteten ist um solche zusätzlich zu zahlenden Versicherungskosten zu bereinigen.

11.2 Die Tabellensätze sind auf den Fall zugeschnitten, dass der Unterhaltspflichtige zwei Unterhaltsberechtigten Unterhalt zu gewähren hat. Bei einer größeren oder geringeren Anzahl Unterhaltsberechtigter sind i.d.R. Ab- oder Zuschläge durch

Einstufung in eine niedrigere oder höhere Einkommensgruppe vorzunehmen.

Zur Eingruppierung können auch die Bedarfskontrollbeträge herangezogen werden.

12. Minderjährige Kinder

12.1 Der betreuende Elternteil braucht neben dem anderen Elternteil in der Regel keinen Barunterhalt zu leisten, es sei denn, sein Einkommen ist bedeutend höher als das des anderen Elternteils (§ 1606 III 2 BGB), oder der eigene angemessene Unterhalt des sonst allein barunterhaltspflichtigen Elternteils ist gefährdet (§ 1603 II 3 BGB).

12.2 Einkommen des Kindes wird bei beiden Eltern hälftig angerechnet. Zum Kindergeld vgl. Ziffer 14.

12.3 SSind bei auswärtiger Unterbringung beide Eltern zum Barunterhalt verpflichtet, haften sie anteilig nach § 1606 III 1 BGB für den Gesamtbedarf (vgl. Nr. 13.3). Der Verteilungsschlüssel kann unter Berücksichtigung des Betreuungsaufwandes wertend verändert werden.

12.4 Kosten für Kindergärten und vergleichbare Betreuungsformen (ohne Verpflegungskosten) sind Mehrbedarf des Kindes. Bei Zusatzbedarf (Prozesskostenvorschuss, Mehrbedarf, Sonderbedarf) gilt § 1606 III 1 BGB (vgl. Nr. 13.3).

13. Volljährige Kinder

13.1 Bedarf

Beim Bedarf volljähriger Kinder ist zu unterscheiden, ob sie noch im Haushalt der Eltern/eines Elternteils leben oder einen eigenen Hausstand haben.

13.1.1 Für volljährige Kinder, die noch im Haushalt der Eltern oder eines Elternteils wohnen, gilt die Altersstufe 4 der Düsseldorfer Tabelle.

Sind beide Elternteile leistungsfähig (vgl. Nr. 21.3.1), ist der Bedarf des Kindes i.d.R. nach dem zusammengerechneten Einkommen (ohne Anwendung von Nr. 11.2) zu bemessen. Für die Haftungsquote gilt Nr. 13.3. Ein Elternteil hat jedoch höchstens den Unterhalt zu leisten, der sich allein aus seinem Einkommen aus der Düsseldorfer Tabelle (ggf. Herauf-, Herabstufung abzüglich volles Kindergeld) ergibt.

13.1.2 Der angemessene Bedarf eines volljährigen Kindes mit eigenem Hausstand beträgt in der Regel monatlich 670 € (darin sind enthalten Kosten für Unterkunft und Heizung bis zu 280 €), ohne Beiträge zur Kranken- und Pflegeversicherung sowie Studiengebühren.

Von diesem Betrag kann bei erhöhtem Bedarf oder mit Rücksicht auf die Lebensstellung der Eltern nach oben abgewichen werden.

13.2 Auf den Unterhaltsbedarf werden Einkünfte des Kindes, auch das Kindergeld, BAföG-Darlehen und Ausbildungsbeihilfen (gekürzt um ausbildungsbedingte Aufwendungen, vgl. Nr. 10.2.3) angerechnet. Bei Einkünften aus unzumutbarer Erwerbstätigkeit gilt § 1577 II BGB entsprechend.

13.3 Bei anteiliger Barunterhaltspflicht ist vor Berechnung des Haftungsanteils nach § 1606 III 1 BGB das bereinigte Nettoeinkommen jedes Elternteils gem. Nr. 10 zu ermitteln. Außerdem ist vom Restbetrag ein Sockelbetrag in Höhe des angemessenen Selbstbehalts (1.300 €) abzuziehen.

Der Haftungsanteil nach § 1606 III 1 BGB errechnet sich nach der Formel:

Bereinigtes Nettoeinkommen eines Elternteils (N1 oder N2) abzüglich 1.300 € mal (Rest-)Bedarf (R), geteilt durch die Summe der bereinigten Nettoeinkommen beider Eltern (N1 + N2) abzüglich 2.600 (=1.300 + 1.300) €. Haftungsanteil 1 = (N1 -1.300) × R : (N1 + N2 -2.600).

Der so ermittelte Haftungsanteil ist auf seine Angemessenheit zu überprüfen und kann bei Vorliegen besonderer Umstände (z.B. behindertes Kind) wertend verändert werden.

Bei volljährigen Schülern, die in § 1603 II 2 BGB minderjährigen Kindern gleichgestellt sind, wird der Sockelbetrag bis zum notwendigen Selbstbehalt (880 €/1.080 €) herabgesetzt, wenn der Bedarf der Kinder andernfalls nicht gedeckt werden kann.

14. Verrechnung des Kindergeldes

Es wird nach § 1612 b BGB angerechnet.

Ehegattenunterhalt

15. Unterhaltsbedarf

15.1 Die Bemessung des nachehelichen Unterhalts richtet sich nach den ehelichen Lebensverhältnissen (§ 1578 Abs. 1 S. 1 BGB). Der Bedarf des Ehegatten beträgt mindestens 880 €.

15.2 Es gilt der Halbteilungsgrundsatz, wobei jedoch Erwerbseinkünfte nur zu 90 % zu berücksichtigen sind (Abzug von 1/10 Erwerbstätigenbonus vom bereinigten Nettoeinkommen bei der Bedarfsermittlung, nicht bei der Ermittlung der Leistungsfähigkeit des Unterhaltsschuldners).

Leistet ein Ehegatte auch Unterhalt für ein unterhaltsberechtigtes Kind, wird sein Einkommen vor Ermittlung des Erwerbstätigenbonus um Kindesunterhalt (Zahlbetrag) bereinigt.

Erbringt der Verpflichtete sowohl Bar- als auch Betreuungsunterhalt, kann im Einzelfall ein Betreuungsbonus angesetzt werden.

15.3 Bei sehr guten Einkommensverhältnissen des Pflichtigen kommt eine konkrete Bedarfsberechnung in Betracht.

Süddeutsche Leitlinien | 213

LL-Strkt

KG

Brdbg

Brschw

Brem

Celle

Dresd

Düss

Ffm

Hbg

Hamm

Jena

Kblz

Köln

Naumbg

Oldbg

Rstk

Schlesw

SüdL

Empf
Sozhi

15.4 Werden Altersvorsorge-, Kranken- und Pflegeversicherungskosten vom Berechtigten gesondert geltend gemacht oder vom Verpflichteten bezahlt, sind diese vom Einkommen des Pflichtigen vorweg abzuziehen. Der Vorwegabzug unterbleibt, soweit nicht verteilte Mittel zur Verfügung stehen, z.B. durch Anrechnung nicht prägenden Einkommens des Berechtigten auf seinen Bedarf.

15.5 nicht belegt

15.6 nicht belegt

15.7 Begrenzung nach § 1578 b BGB (nicht belegt)

16. Bedürftigkeit

Eigene Einkünfte des Berechtigten sind auf den Bedarf anzurechnen, wobei das bereinigte Nettoerwerbseinkommen um den Erwerbstätigenbonus zu vermindern ist (vgl. Rechenbeispiel Anhang 2 Nr. 2.1).

17. Erwerbsobliegenheit

17.1 Bei der Betreuung eines Kindes besteht keine Erwerbsobliegenheit vor Vollendung des 3. Lebensjahrs, danach nach den Umständen des Einzelfalls insbesondere unter Berücksichtigung zumutbarer Betreuungsmöglichkeiten für das Kind und der Vereinbarkeit mit der Berufstätigkeit des betreuenden Elternteils, auch unter dem Aspekt des neben der Erwerbstätigkeit anfallenden Betreuungsaufwands.

17.2 In der Regel besteht für den Berechtigten im ersten Jahr nach der Trennung keine Obliegenheit zur Aufnahme oder Ausweitung einer Erwerbstätigkeit.

Weitere Unterhaltsansprüche

18. Ansprüche aus § 1615l BGB

Der Bedarf nach § 1615l BGB bemisst sich nach der Lebensstellung des betreuenden Elternteils. Er beträgt mindestens 880 €. Ist die Mutter verheiratet oder geschieden, ergibt sich ihr Bedarf aus den ehelichen Lebensverhältnissen.

19. Elternunterhalt

Beim Bedarf der Eltern sind Leistungen zur Grundsicherung nach §§ 41 ff. SGB XII zu berücksichtigen (vgl. Nr. 2.9).

20. Lebenspartnerschaft

Bei Getrenntleben oder Aufhebung der Lebenspartnerschaft gelten §§ 12, 16 LPartG.

Leistungsfähigkeit und Mangelfall

21. Selbstbehalt

21.1 Es ist zu unterscheiden zwischen dem notwendigen (§ 1603 II BGB), dem angemessenen (§ 1603 I BGB) und dem eheangemessenen Selbstbehalt (§§ 1361 I, 1578 I BGB).

21.2 Für Eltern gegenüber minderjährigen Kindern und diesen nach § 1603 II 2 BGB gleichgestellten Kindern gilt im Allgemeinen der notwendige Selbstbehalt als unterste Grenze der Inanspruchnahme.

Er beträgt

- beim Nichterwerbstätigen 880 €
- beim Erwerbstätigen 1.080 €.

Hierin sind Kosten für Unterkunft und Heizung in Höhe von 380 € enthalten.

21.3 Im Übrigen gilt beim Verwandtenunterhalt der angemessene Selbstbehalt.

21.3.1 Er beträgt gegenüber volljährigen Kindern 1.300 €. Hierin sind Kosten für Unterkunft und Heizung in Höhe von 450 € enthalten.

21.3.2 Gegenüber Anspruchsberechtigten nach § 1615l BGB ist der Selbstbehalt in der Regel mit einem Betrag zu bemessen, der zwischen dem angemessenen Selbstbehalt des Volljährigen nach § 1603 I BGB und dem notwendigen Selbstbehalt nach § 1603 II BGB liegt, in der Regel mit 1.200 €. Darin sind Kosten für Unterkunft und Heizung von 430 € enthalten.

21.3.3 Gegenüber Eltern beträgt er mindestens 1.800 €. Hierin sind Kosten für Unterkunft und Heizung in Höhe von 480 € enthalten. Zusätzlich bleibt die Hälfte des diesen Mindestbetrag übersteigenden, bereinigten Einkommens anrechnungsfrei, bei Vorteilen aus dem Zusammenleben in der Regel 45 % des diesen Mindestbetrag übersteigenden, bereinigten Einkommens.

21.3.4 Gegenüber Großeltern/Enkel beträgt der Selbstbehalt mindestens 1.800 €.

21.4 Gegenüber Ehegatten gilt grundsätzlich der Ehegattenmindestselbstbehalt (= Eigenbedarf). Er beträgt in der Regel 1.200 €.[1] Hierin sind Kosten für Unterkunft und Heizung in Höhe von 430 € enthalten.

21.5 Anpassung des Selbstbehalts

21.5.1 Beim Verwandtenunterhalt kann der jeweilige Selbstbehalt unterschritten werden, wenn der eigene Unterhalt des Pflichtigen ganz oder teilweise durch seinen Ehegatten gedeckt ist.

---

1) OLG Karlsruhe, OLG Stuttgart und 2. und 6. Zivilsenat des OLG Zweibrücken: für Erwerbstätige 1.200 €, für Nichterwerbstätige 1.090 €.

21.5.2 Wird konkret eine erhebliche und nach den Umständen nicht vermeidbare Überschreitung der in den einzelnen Selbstbehalten enthaltenen angeführten Wohnkosten dargelegt, erhöht sich der Selbstbehalt. Wird die Wohnung von mehreren Personen genutzt, ist der Wohnkostenanteil des Pflichtigen festzustellen. Bei Erwachsenen geschieht die Aufteilung in der Regel nach Köpfen. Kinder sind vorab mit einem Anteil von 20 % ihres Anspruchs auf Barunterhalt zu berücksichtigen. Besteht für den Verpflichteten ein Anspruch auf Wohngeld, ist dieser wohnkostenmindernd zu berücksichtigen (vgl. Nr. 2.3).

21.5.3 Bei Zusammenleben mit einem leistungsfähigen Partner kann der Selbstbehalt wegen ersparter Aufwendungen reduziert werden, wobei die Ersparnis des Unterhaltspflichtigen im Regelfall mit 10 % angesetzt werden kann.

22. Bedarf des mit dem Pflichtigen zusammenlebenden Ehegatten

22.1 Der Mindestbedarf eines mit dem Unterhaltspflichtigen zusammenlebenden Ehegatten gegenüber Unterhaltsansprüchen eines nachrangigen geschiedenen Ehegatten beträgt 960 €.

22.2 Mindestbedarf bei Ansprüchen volljähriger Kinder

Der Mindestbedarf eines mit dem Unterhaltspflichtigen zusammenlebende Ehegatten gegenüber Unterhaltsansprüchen eines nicht privilegierten Kindes beträgt 1.040 €.

22.3 Ist bei Unterhaltsansprüchen der Eltern, Großeltern und Enkel der Unterhaltspflichtige verheiratet, werden für den mit ihm zusammenlebenden Ehegatten mindestens 1.440 € angesetzt. Darin sind Kosten für Unterkunft und Heizung von 380 € enthalten. Im Familienbedarf von 3.240 € (1.800 € + 1.440 €) sind Kosten für Unterkunft und Heizung in Höhe von 860 € (480 + 380 €) enthalten.

23. Bedarf des vom Pflichtigen getrenntlebenden oder geschiedenen Ehegatten

23.1 Bedarf bei Ansprüchen des nachrangigen geschiedenen Ehegatten

Der Mindestbedarf eines vom Pflichtigen getrennt lebenden oder geschiedenen Ehegatten gegenüber Unterhaltsansprüchen eines nachrangigen Ehegatten beträgt 1.200 €.

23.2 Bedarf bei Ansprüchen volljähriger Kinder

Der Mindestbedarf eines vom Pflichtigen getrennt lebenden oder geschiedenen Ehegatten gegenüber Unterhaltsansprüchen nicht privilegierter volljähriger Kinder beträgt 1.300 €.

23.3 Bedarf bei Ansprüchen von Eltern oder Enkeln des anderen Ehegatten und von gemeinsamen Enkeln

Der Mindestbedarf eines vom Pflichtigen getrennt lebenden oder geschiedenen Ehegatten gegenüber Unterhaltsansprüchen von Eltern, Großeltern und Enkeln des Unterhaltspflichtigen beträgt 1.800 €.

24. Mangelfall

24.1 Ein absoluter Mangelfall liegt vor, wenn das Einkommen des Verpflichteten zur Deckung seines notwendigen Selbstbehalts und der gleichrangigen Unterhaltsansprüche der Kinder nicht ausreicht. Zur Feststellung des Mangelfalls entspricht der einzusetzende Bedarf für minderjährige und diesen nach § 1603 II 2 BGB gleichgestellten Kindern dem Zahlbetrag, der aus der ersten Einkommensgruppe entnommen werden kann.

24.2 In sonstigen Mangelfällen beträgt der Einsatzbetrag für einen gleichrangigen, nicht mit dem Unterhaltspflichtigen zusammenlebenden, Ehegatten 880 €. Für vorrangige Ehegatten siehe Nr. 22 und 23.

24.3 Die nach Abzug des Selbstbehalts des Unterhaltspflichtigen verbleibende Verteilungsmasse ist anteilig auf alle gleichrangigen unterhaltsberechtigten Kinder bzw. Ehegatten im Verhältnis ihrer Unterhaltsansprüche zu verteilen.

Die prozentuale Kürzung berechnet sich nach der Formel:

$K = V : S \times 100$

K = prozentuale Kürzung

S = Summe der Einsatzbeträge aller Berechtigten

V = Verteilungsmasse (Einkommen des Verpflichteten abzüglich Selbstbehalt)

24.4 Das im Rahmen der Mangelfallberechnung gewonnene Ergebnis ist auf seine Angemessenheit zu überprüfen.

24.5 Rechenbeispiel zum absoluten Mangelfall, vgl. Anhang 2 Nr. 2.2

Sonstiges

25. Rundung

Der Unterhaltsbetrag ist auf volle Euro aufzurunden.

Anhang

1. Düsseldorfer Tabelle 2015

s. S. 5

2. Rechenbeispiele

2.1 Additionsmethode

Der Verpflichtete M hat ein bereinigtes Nettoerwerbseinkommen von 2000 € sowie Zinseinkünfte von 300 €. Seine Ehefrau F hat ein bereinigtes Nettoerwerbseinkommen von 1000 €. Anspruch der F ?

Bedarf : ½ (9/10 × 2000 € + 300 € + 9/10 × 1000 €)
= 1500 €

Höhe : 1500 € – 9/10 × 1000 € = 600 €

2.2 Absoluter Mangelfall

Der unterhaltspflichtige Vater V hat ein bereinigtes Nettoeinkommen von 1.700 €. Unterhaltsberechtigt sind ein 18-jähriges Kind K1, das bei der Mutter M lebt und aufs Gymnasium geht, und die beiden minderjährigen Kinder K2 (14 Jahre) und K3 (10 Jahre), die von der Mutter betreut werden. Das Kindergeld von 558 € wird an die Mutter ausbezahlt, deren sonstiges Einkommen unter 1.080 € liegt.

Unterhaltsberechnung gemäß Nr. 23.1:

Mangels Leistungsfähigkeit der Mutter alleinige Barunterhaltspflicht von V für alle Kinder.

Bedarf K1: 488 € (DüssTab Gruppe 1, 4. Altersstufe) – 184 € Kindergeld ergibt einen ungedeckten Bedarf = Einsatzbetrag von 304 €

Bedarf K2: 426 € (DüssTab Gruppe 1, 3. Altersstufe) – 92 € 1/2 Kindergeld ergibt einen ungedeckten Bedarf = Einsatzbetrag von 334 €

Bedarf K3: 364 € (DüssTab Gruppe 1, 2. Altersstufe) – 95 € 1/2 Kindergeld ergibt einen ungedeckten Bedarf = Einsatzbetrag von 269 €

Summe der Einsatzbeträge: 304 + 334 + 269 = 907 €

Verteilungsmasse: Einkommen 1.700 € – Selbstbehalt 1.080 € = 620 €

Prozentuale Kürzung: 620/907 × 100 = 68,36%

Berechnung der gekürzten Unterhaltsansprüche:

K1: 304 € × 68,36 % = 208 €; zum Leben verfügbar also 208 + 184 = 392 €;

K2: 334 € × 68,36 % = 228 €; zum Leben verfügbar also 228 + 92 = 320 €;

K3: 269 € × 68,36 % = 184 €; zum Leben verfügbar also 184 + 95 = 279 €.

3. Zusammenstellung der Bedarfssätze und Selbstbehalte

Bedarfssätze	
I. Regelbedarf eines volljährigen Kindes, das nicht im Haushalt eines Elternteils lebt (Nr. 13.1.2)	670
II. Mindestbedarf eines Ehegatten (Nr. 15.1), eines aus § 1615l BGB Berechtigten (Nr. 18) und anderer Unterhaltsbedürftiger, die nicht Kinder oder (geschiedene) Ehegatten sind	880
Selbstbehalte	
III. Monatlicher Selbstbehalt gegenüber minderjährigen und ihnen gleichgestellten (§ 1603 Abs. 2 BGB) Kindern (Nr. 21.2)	
a. des erwerbstätigen Unterhaltsverpflichteten	1.080
b. des nichterwerbstätigen Unterhaltsverpflichteten	880
IV: Monatlicher Selbstbehalt gegenüber anderen Kindern (Nr. 21.3.1)	1.300
V. Monatlicher Selbstbehalt gegenüber Ehegatten (Nr. 21.4) und	1.200
Ansprüchen nach § 1615 l BGB (Nr. 21.3.2) nach Fn. 1 zu Nr. 21.4 teilweise bei Nichterwerbstätigkeit	1.090
I. Monatlicher Selbstbehalt gegenüber Verwandten auf steigender Linie und Enkeln mindestens (zzgl. die Hälfte des dieses Einkommen übersteigenden Betrages, Nr. 21.3.3)	1.800
VII. Bedarf des mit dem Pflichtigen zusammenlebenden Ehegatten (Nr. 22)	
a. gegenüber nachrangigen (geschiedenen) Ehegatten	960
mindestens	
b. gegenüber nicht unter § 1603 Abs. 2 BGB fallenden Kindern	1.040
c. gegenüber Eltern/Enkelunterhalt mindestens	1.440

x)   OLG Zweibrücken

s. Süddeutsche Leitlinien

LL-Strkt
KG
Brdbg
Brschw
Brem
Celle
Dresd
Düss
Ffm
Hbg
Hamm
Jena
Kblz
Köln
Naumbg
Oldbg
Rstk
Schlesw
SüdL
Empf Sozhi

3. Empfehlungen für die Heranziehung Unterhaltspflichtiger in der Sozialhilfe (SGB XII) – 2014 –*⁾

Inhaltsverzeichnis

*⁾ Abgedruckt mit freundlicher Genehmigung des Deutschen Vereins für öffentliche und private Fürsorge; Berlin; www.deutscher-verein.de.

KG

Brdbg

Brschw

Brem

Celle

Dresd

Düss

Ffm

Hbg

Hamm

Kblz

Köln

Naumbg

Oldbg

Rstk

Schlesw

SüdL

Thür

Empf Sozhi

A) Grundlagen

I. Vorbemerkungen

1 Das SGB XII lässt nach § 2 Abs. 2 Satz 1 die Verpflichtungen der Unterhaltspflichtigen unberührt; sie haben grundsätzlich Vorrang vor den Leistungen der Träger der Sozialhilfe. Zu einer Ausnahme von diesem Grundsatz im Rahmen der Grundsicherung im Alter und bei Erwerbsminderung (4. Kapitel SGB XII) vgl. Rdnr. 64.

2 Die Heranziehung Unterhaltspflichtiger im Rahmen der Sozialhilfe nach § 94 SGB XII ist nur insoweit zulässig, als nach bürgerlichem Recht eine Unterhaltsverpflichtung besteht und darüber hinaus die öffentlich-rechtlichen Vorschriften (vgl. Rdnrn. 6 bis 13 und 214 bis 233) berücksichtigt werden. Nur soweit Unterhaltsanspruch und Sozialhilfeleistung sachlich, zeitlich, persönlich und ihrem Umfang nach übereinstimmen und der Anspruchsübergang nicht nach § 94 Abs. 1 bis 3 SGB XII ausgeschlossen oder eingeschränkt ist, geht der Unterhaltsanspruch auf den Träger der Sozialhilfe über.

3 Schwerpunkt der Empfehlungen ist das materielle Unterhaltsrecht. Dieses ist Grundlage für die Heranziehung Unterhaltspflichtiger nach § 94 SGB XII wegen Leistungen, die nach dem 3. bis 9. Kapitel SGB XII an Unterhaltsberechtigte erbracht werden. Die Empfehlungen sollen Trägern der Sozialhilfe Hilfestellung bei der Bewältigung von Problemen des Unterhaltsrechts und des Anspruchsübergangs nach § 94 SGB XII geben. Ferner wollen sie helfen, die Sachverhalte nach einheitlichen rechtlichen Gesichtspunkten zu beurteilen und das Risiko eines gerichtlichen Verfahrens nach Möglichkeit zu beschränken.

4 Soweit die Empfehlungen auf die unterhaltsrechtlichen Leitlinien der Oberlandesgerichte Bezug nehmen, wird für den konkreten Fall die Zugrundelegung der aktuellen Leitlinien des Oberlandesgerichts empfohlen, das zweitinstanzlich zuständig werden würde. Für die örtliche Zuständigkeit des Familiengerichts vgl. Rdnr. 243.

5 Im Folgenden werden bei Gesetzeszitaten i.d.R. die für eingetragene Lebenspartnerschaften einschlägigen Verweisungsnormen (§§ 5, 12 und 16 LPartG) nicht mit angegeben, aus denen sich jeweils die entsprechende Geltung der für Ehepartner sowie der bei Trennung und Scheidung unterhaltsrechtlich maßgeblichen Vorschriften des BGB ergibt. Die Verwendung geschlechtsspezifischer Begriffe in der Grundform umfasst Männer und Frauen.

II. Ausschluss und Beschränkung des Übergangs des Unterhaltsanspruchs auf den Träger der Sozialhilfe und Absehen von der Geltendmachung des übergegangenen Anspruchs

6 Der Übergang des Anspruchs ist eingeschränkt auf die Höhe der erbrachten Sozialhilfeleistungen (§ 94 Abs. 1 Satz 1 SGB XII).

7 Das SGB XII durchbricht in einer Reihe von Fällen den Nachrang der Sozialhilfe gegenüber der Unterhaltspflicht. In den Rdnrn. 8 bis 14 sind die Fallgruppen dargestellt, in denen der Übergang des Unterhaltsanspruchs auf den Träger der Sozialhilfe

- ausgeschlossen oder
- beschränkt ist oder
- nach diesen Empfehlungen von der Geltendmachung des übergegangenen Unterhaltsanspruchs abgesehen werden soll.

1. Ausschluss des Anspruchsübergangs

8 Der Anspruchsübergang ist nach § 94 Abs. 1 SGB XII ausgeschlossen:

- wenn der Unterhaltsanspruch durch laufende Zahlungen erfüllt wird (§ 94 Abs. 1 Satz 2 SGB XII),
- wenn Unterhaltspflichtige zum Personenkreis des § 19 SGB XII gehören (§ 94 Abs. 1 Satz 3 Halbsatz 1 Alt. 1 SGB XII, vgl. auch Rdnrn. 217 bis 222),
- wenn Unterhaltspflichtige mit der leistungsberechtigten Person im zweiten oder in einem entfernteren Grad verwandt sind (§ 94 Abs. 1 Satz 3 Halbsatz 1 Alt. 2 SGB XII),
- bei Unterhaltsansprüchen von Eltern gegen ihre Kinder oder von Kindern gegen ihre Eltern, wenn und soweit die bedürftigen Eltern bzw. Kinder nach dem 4. Kapitel SGB XII (Grundsicherung im Alter und bei Erwerbsminderung) leistungsberechtigt sind (§ 94 Abs. 1 Satz 3 Halbsatz 2 SGB XII, vgl. zum Unterhaltsanspruch in diesem Fall Rdnr. 64),
- bei Unterhaltsansprüchen gegen Verwandte ersten Grades einer leistungsberechtigten Person, die schwanger ist oder ihr leibliches Kind bis zur Vollendung seines sechsten Lebensjahres betreut (§ 94 Abs. 1 Satz 4 SGB XII); leistungsberechtigte Person wegen Kinderbetreuung kann auch der Vater des Kindes sein.

9 Der Übergang ist ausgeschlossen, sofern der von der Sozialhilfe anerkannte Bedarf kein Unterhaltsbedarf ist, z.B. wenn und soweit folgende Leistungen erbracht werden:

- häusliche Pflege in Natur durch Unterhaltspflichtige (§ 63 SGB XII, vgl. Rdnr. 13 Punkt 5),
- Pflegegeld (§ 64 SGB XII) und Blindenhilfe (§ 72 SGB XII),
- Unterstützung zur Aufnahme einer zumutbaren Tätigkeit im Rahmen des § 11 Abs. 3 SGB XII,
- nach § 36 Abs. 1 SGB XII Hilfen, die auf Übernahme von Mietschulden zur Sicherung der Unterkunft oder zur Behebung damit in Zusammenhang stehender vergleichbarer Notlagen (z.B. Energiekosten) gerichtet sind, wenn die Schulden nicht auf Ausbleiben des der leistungsberechtigten Person geschuldeten Unterhalts beruhen,
- Hilfe zur Familienplanung (§ 49 SGB XII) oder Hilfe bei Sterilisation (§ 51 SGB XII),
- Leistungen zur Sicherung der Teilhabe behinderter Menschen am Arbeitsleben nach § 41 SGB IX und § 54 Abs. 1 Nr. 5 SGB XII sowie Hilfen in sonstigen Beschäftigungsstätten nach § 56 SGB XII, soweit es sich nicht um die Sicherstellung des Lebensunterhalts handelt,
- Beihilfen für gegenseitige Besuche (§ 54 Abs. 2 SGB XII) an behinderte Menschen, die in einer Einrichtung leben, oder ihre Angehörigen,
- Angehörigen der leistungsberechtigten Person zugutekommende Hilfe zur Weiterführung des Haushalts (§ 70 SGB XII),
- Beiträge zur Alterssicherung von Pflegepersonen (§ 65 SGB XII)

2. Beschränkung des Anspruchsübergangs

10 Der Unterhaltsanspruch einer leistungsberechtigten Person geht in den folgenden Fallkonstellationen nicht oder nur anteilig auf den Träger der Sozialhilfe über; in diesem Umfang kann der Träger der Sozialhilfe für die geleisteten Aufwendungen Unterhaltspflichtige nicht in Anspruch nehmen:

- Der Anspruchsübergang nach § 94 SGB XII unterbleibt, wenn und soweit der Träger der Sozialhilfe einer leistungsberechtigten Person wegen ausbleibenden Arbeitsentgelts oder wegen eines ihr zustehenden gesetzlichen Schadensersatzanspruchs Leistungen erbringt und vorrangig Ansprüche der leistungsberechtigten Person gegen den Arbeitgeber bzw. den Schadensersatzpflichtigen nach §§ 115, 116 SGB X i.V. mit §§ 94 Abs. 1 Satz 5, 93 Abs. 4 SGB XII auf den Träger der Sozialhilfe übergehen.
- Bei Leistungen der Hilfe zum Lebensunterhalt (wie auch bei der Grundsicherung im Alter und bei Erwerbsminderung) unterliegen 56 % der berücksichtigungsfähigen Kosten der Unterkunft nicht der Rückforderung; neben dem 44 %-Anteil unterliegen auch die für Heizung und zentrale Warmwasserversorgung erbrachten Leistungen der Rückforderung (§ 94 Abs. 1 Satz 6 i.V. mit § 105 Abs. 2 SGB XII).
- Kein Anspruchsübergang findet grundsätzlich statt bei Hilfen nach dem 5. bis 9. Kapitel SGB XII, soweit der Träger der Sozialhilfe diese Hilfe auch bei rechtzeitiger Unterhaltsleistung hätte erbringen müssen, sowie in Fällen, in denen

die leistungsberechtigte Person nach §§ 19 Abs. 5 und 92 Abs. 1 SGB XII Aufwendungsersatz oder einen Kostenbeitrag zu leisten hätte. Den zugrunde liegenden und ausdrücklich nur für die Konstellationen des § 93 Abs. 1 Satz 3 SGB XII und der §§ 104 Abs. 1 Satz 3, 115 Abs. 1, 116 Abs. 1 SGB X formulierten Rechtsgedanken in § 94 SGB XII entsprechend zur Geltung zu bringen, entspricht der Zielsetzung dieser Vorschrift. Es muss daher – allerdings nicht bei Unterhaltsleistungen von Eltern an eine von § 94 Abs. 2 SGB XII erfasste Person in Höhe des nach dieser Vorschrift wegen Leistungen nach dem 6. und 7. Kapitel SGB XII geltenden Grenzbetrags[1] – jeweils geklärt werden, ob und in welcher Höhe eine rechtzeitige Unterhaltsleistung die Sozialhilfe erübrigt hätte. Eine gesetzliche Ausnahme hiervon ergibt sich in den Fällen von § 88 Abs. 1 Nr. 1 SGB XII, weil in diesem Rahmen die Aufbringung der Mittel von der leistungsberechtigten Person auch verlangt werden kann, soweit ihr Einkommen unter der Einkommensgrenze liegt.

▪ Bei Leistungen an eine i.S. von § 53 SGB XII behinderte oder i.S. von § 61 SGB XII pflegebedürftige volljährige Person findet der Anspruchsübergang nur bis zu dem sich nach § 94 Abs. 2 SGB XII in Abhängigkeit von Veränderungen beim Kindergeld ergebenden Grenzbetrag[1] statt. § 94 Abs. 2 SGB XII ist weder auf eine Unterhaltspflicht von Kindern gegenüber ihren Eltern noch auf solche zwischen getrennt lebenden oder geschiedenen Ehegatten anwendbar. Zu den Einzelheiten der Bestimmung vgl. Rdnr. 11.

▪ Der Anspruchsübergang unterbleibt, wenn und soweit die Heranziehung der Unterhaltsverpflichteten den Erfolg der Hilfe zur Überwindung besonderer sozialer Schwierigkeiten gefährden würde oder wenn die Hilfe nicht als Geld-, sondern als Dienstleistung erbracht wird (§ 68 Abs. 2 SGB XII).

▪ Der Anspruchsübergang unterbleibt, soweit im Rahmen der Altenhilfe Beratung und Unterstützung erbracht wird (§ 71 Abs. 4 SGB XII).

▪ Der Anspruchsübergang unterbleibt, soweit der Anspruch auf die Sozialhilfeleistung unabhängig vom Einkommen und Vermögen der leistungsberechtigten Person besteht (Beispiel: heilpädagogische Maßnahmen, Hilfe zur angemessenen Schulbildung und andere Leistungen i.S. des § 92 Abs. 2 Satz 1 Nr. 1 bis 8 SGB XII).

▪ Der Anspruchsübergang unterbleibt, soweit die unterhaltspflichtige Person leistungsberechtigt nach dem 3. oder 4. Kapitel SGB XII ist oder bei Erfüllung des Unterhaltsanspruchs würde (§ 94 Abs. 3 Satz 1 Nr. 1 SGB XII). Zur entsprechenden Anwendung des § 94 Abs. 3 Satz 1 Nr. 1 SGB XII auf Unterhaltspflichtige bei tatsächlich bestehender oder drohender Hilfebedürftigkeit i.S. des SGB II vgl. Rdnr. 231 sowie zur öffentlichrechtlichen Vergleichsberechnung vgl. Rdnrn. 230 bis 234.

▪ Der Anspruchsübergang unterbleibt, soweit die Heranziehung der Unterhaltsverpflichteten eine unbillige Härte bedeuten würde (§ 94 Abs. 3 Satz 1 Nr. 2 SGB XII); vgl. Rdnr. 12 f.

11 Nach § 94 Abs. 2 Satz 2 Halbsatz 1 SGB XII wird vermutet, dass der Unterhaltsanspruch einer von der Regelung des § 94 Abs. 2 SGB XII erfassten Person gegen ihre Eltern in dem in Rdnr. 10 Punkt 4 genannten Umfang auf den Träger der Sozialhilfe übergeht und dass die Eltern zu gleichen Teilen haften. Zur Widerlegung dieser Vermutung hat der Elternteil, der sich in Höhe des auf ihn entfallenden Betrags für teilweise oder vollständig leistungsunfähig hält, die diese Behauptung stützenden Tatsachen vorzutragen und nachzuweisen (§ 94 Abs. 2 Satz 2 Halbsatz 2 SGB XII). Gelingt ihm das, muss der andere Elternteil bis zu der genannten Obergrenze für den Fehlbetrag aufkommen, wenn und soweit nicht auch er darlegen und beweisen kann, dass er seinem Kind mangels ausreichender Leistungsfähigkeit nur in geringerem Umfang Unterhalt schuldet (auch insoweit geht das Gesetz widerlegbar von seiner unterhaltsrechtlichen Leistungsfähigkeit aus). Ist einer der Elternteile verstorben, haftet der verbleibende Elternteil in gleichem Umfang wie bei vollständiger Leistungsunfähigkeit des anderen Elternteils.

12 Eine unbillige Härte liegt vor, wenn durch die Heranziehung des Unterhaltspflichtigen soziale Belange vernachlässigt würden. Die Härte kann in materieller oder immaterieller Hinsicht und entweder in der Person des Unterhaltspflichtigen oder in derjenigen des Leistungsberechtigten bestehen (vgl. im Einzelnen Rdnr. 13). Ist der Anspruchsübergang nach § 94 Abs. 3 Satz 1 Nr. 2 SGB XII nicht eindeutig vollständig ausgeschlossen, muss allerdings in jedem Fall vorrangig geprüft werden, ob bereits die Vorschriften des bürgerlichen Rechts über die Herabsetzung, den Wegfall oder die zeitliche Beschränkung des Unterhaltsanspruchs (§§ 1578 b, 1579, 1611 BGB und bei illoyal verspäteter Geltendmachung des Unterhaltsanspruchs § 242 BGB) eingreifen (vgl. dazu Rdnrn. 34 bis 36, 145 bis 148). Sind die Voraussetzung einer dieser Vorschriften erfüllt, besteht von vornherein kein oder nur ein nach Höhe und Zeitdauer beschränkter Unterhaltsanspruch.

13 Ob eine unbillige Härte zum Ausschluss oder nur zur Beschränkung des Anspruchsübergangs auf den Träger der Sozialhilfe führt, hängt von dem Ausmaß der Unbilligkeit ab. Der Ausschluss des

---

1) Stand 2013: bei Leistungen der Eingliederungshilfe oder Hilfe zur Pflege 31,06 Euro, bei Leistungen der Hilfe zum Lebensunterhalt 23,90 Euro, bei Erbringung beider Leistungen insgesamt 54,96 Euro.

Anspruchsübergangs ist nicht die Regel. Eine unbillige Härte, die zum vollständigen oder teilweisen Ausschluss des Anspruchsübergangs führt, kann insbesondere angenommen werden, wenn und soweit

- das Erfordernis, die Leistungen familiengerecht zu erbringen (§ 16 SGB XII), ein Absehen von der Heranziehung geboten erscheinen lässt, z.B. weil die Höhe des Heranziehungsbetrags in keinem Verhältnis zu der dadurch zu befürchtenden nachhaltigen Störung des Familienfriedens steht oder durch die Heranziehung das weitere Verbleiben der leistungsberechtigten Person im Familienverband gefährdet erscheint,
- die laufende Heranziehung in Anbetracht der sozialen und wirtschaftlichen Lage des Unterhaltspflichtigen mit Rücksicht auf die Höhe und Dauer des Bedarfs zu einer nachhaltigen und unzumutbaren Beeinträchtigung des Unterhaltspflichtigen und der übrigen Familienmitglieder führen würde,
- die Zielsetzung der Leistungen im Frauenhaus, der Frau Schutz und Zuflucht vor dem gewalttätigen Partner zu gewähren, durch die Mitteilung der Leistungen an den Unterhaltspflichtigen gefährdet erscheint oder durch die Heranziehung eine von der Frau angestrebte Versöhnung mit dem Partner vereitelt werden würde,
- der Unterhaltspflichtige vor Eintreten der Sozialhilfe über das Maß seiner zumutbaren Unterhaltsverpflichtung hinaus die leistungsberechtigte Person gepflegt und betreut hat,
- der Unterhaltspflichtige einen wesentlichen Teil des Pflege- und sonstigen Unterhaltsbedarfs des Unterhaltsberechtigten in Natur leistet (vgl. Rdnr. 9 Punkt 1), aber der Unterhaltsberechtigte wegen eines darüber hinaus vom Träger der Sozialhilfe gedeckten Bedarfs noch einen ungedeckten (ergänzenden) Unterhaltsanspruch hat (der Haftungsanteil, der auf den Unterhaltspflichtigen entfiele, wenn auch andere Personen gleichrangig zum Unterhalt verpflichtetet sind, muss gleichwohl errechnet werden).

Eine zivilrechtlich einzuordnende Störung familiärer Beziehungen (z.B. völlige Entfremdung zwischen Pflichtigem und Berechtigtem) reicht zur Annahme einer unbilligen Härte nicht aus.

3. Fälle, in denen von der Geltendmachung des übergegangenen Anspruchs abgesehen werden soll

14 Es wird empfohlen, von der Geltendmachung des übergegangenen Anspruchs abzusehen, wenn der mit der Inanspruchnahme der unterhaltspflichtigen Person verbundene Verwaltungsaufwand vermutlich in keinem angemessenen Verhältnis zu der voraussichtlich zu erlangenden Unterhaltsleistung stehen wird. Insbesondere gilt dies, wenn ein Anspruchsübergang in Höhe von monatlich mehr als

10 Euro nicht zu erwarten ist, sowie ferner, wenn im Einzelfall allein folgende Hilfen erbracht werden:

- einmalige Leistungen nach § 31 Abs. 1 Nr. 3 SGB XII,
- Hör- und Sehhilfen, kleinere orthopädische und sonstige Hilfsmittel und dergleichen,
- Kurzzeitunterbringung behinderter und pflegebedürftiger Menschen, die sonst im Haushalt von Angehörigen betreut werden, ergänzend erforderliche Hilfe zur (häuslichen) Pflege, wenn die Pflege einschließlich der hauswirtschaftlichen Versorgung durch Personen, die dem Pflegebedürftigen nahe stehen, oder durch Nachbarn nicht in vollem Umfang bedarfsdeckend ist,
- vorübergehende Unterbringung von Frauen und Kindern in Frauenhäusern bis zu einem Monat, sofern die Heranziehung nicht bereits nach Rdnr. 13 Punkt 3 ausgeschlossen oder beschränkt ist.

B) Die bürgerlichrechtliche Unterhaltspflicht

15 Grundlage der nachfolgenden Darstellung sind das seit 1.1.2008 geltende Unterhaltsrecht, die darauf beruhende Düsseldorfer Tabelle sowie die unterhaltsrechtlichen Leitlinien der Oberlandesgerichte. Bei künftiger Anpassung der Tabelle oder der Leitlinien sind die jeweils für den Unterhaltszeitraum des zu beurteilenden Falles geltenden Fassungen maßgeblich. Zur Frage, welche der Leitlinien auf einen konkreten Fall anzuwenden ist, vgl. Rdnr. 4.

Zur Abänderung bestehender Unterhaltstitel in Hinblick auf das Gesetz zur Änderung des Unterhaltsrechts vom 21.12.2007 vgl. Rdnr. 246 f.

I. Grundsatz

16 Unterhalt wird nach den Bestimmungen des BGB (bei eingetragenen Lebenspartnern nach dem Lebenspartnerschaftsgesetz, vgl. Rdnr. 24 f.) im gesetzlich bestimmten Umfang (vgl. Rdnrn. 46 bis 52) geschuldet, wenn und soweit

- der auf Unterhalt in Anspruch Genommene zum Kreis der im konkreten Fall Unterhaltspflichtigen gehört (Rdnrn. 17 bis 27),
- ein Unterhaltsbedarf der leistungsberechtigten Person besteht (Rdnrn. 53 bis 59),
- die leistungsberechtigte Person den Bedarf nicht aus eigenen Kräften befriedigen kann, sie also unterhaltsbedürftig ist (Rdnrn. 60 bis 76),
- der auf Unterhalt in Anspruch Genommene leistungsfähig ist (Rdnrn. 77 bis 110),
- der Unterhaltsanspruch nicht durch Erfüllung, Verzicht (Rdnrn. 28 bis 33), Verwirkung (Rdnrn. 34 bis 36), Herabsetzung, zeitliche Begrenzung (Rdnrn. 145 bis 148) oder Berufung auf Verjährung (ggf. teilweise) erloschen ist.

LL-Strkt

KG

Brdbg

Brschw

Brem

Celle

Dresd

Düss

Ffm

Hbg

Hamm

Kblz

Köln

Naumbg

Oldbg

Rstk

Schlesw

SüdL

Thür

Empf
Sozhi

II. Der Kreis der Unterhaltspflichtigen

1. Gesetzlich Unterhaltspflichtige

a) Auf Verwandtschaft beruhende Unterhaltspflicht:

17 Eltern im Verhältnis zu ihren minderjährigen unverheirateten Kindern, diesen nach Annahme gemäß § 1754 BGB gleichgestellten minderjährigen und zu den ihnen unter den Voraussetzungen des § 1603 Abs. 2 Satz 2 BGB ebenfalls gleichgestellten (ggf. auch nach § 1772 BGB angenommenen) volljährigen Kindern, gleichgültig, ob deren Eltern miteinander verheiratet sind oder nicht (diese Unterhaltsrechtsverhältnisse wurden früher unter dem Begriff der gesteigerten Unterhaltspflicht zusammengefasst).

18. Eltern im Verhältnis zu ihren minderjährigen verheirateten und zu ihren nicht von Rdnr. 17 erfassten volljährigen Kindern. Ferner sind Kinder nach § 1601 BGB ihren Eltern unterhaltspflichtig. Gleiches gilt für Verwandte in gerader Linie im zweiten oder einem entfernteren Grad; diese Unterhaltspflichtigen sind aber nach § 94 Abs. 1 Satz 3 Halbsatz 1 Alt. 2 SGB XII nicht heranzuziehen.

b) Ehegatten und geschiedene Ehegatten untereinander:

19 Wenn und solange zwischen den Ehegatten eine Lebensgemeinschaft besteht, haben nach § 1360 BGB beide Ehegatten die Familie durch ihre Arbeit und mit ihrem Vermögen angemessen zu unterhalten. Geschuldet wird allerdings nur Naturalunterhalt, ferner ggf. Taschengeld.

20 Bei Getrenntleben der Ehegatten wird unter den Voraussetzungen des § 1361 BGB Barunterhalt geschuldet, wenn und soweit der eine Ehegatte einen ungedeckten Unterhaltsbedarf hat und der andere Ehegatte leistungsfähig ist. Zum Begriff des Getrenntlebens im Unterhaltsrecht vgl. § 1567 BGB, zu dem im Wesentlichen inhaltsgleichen Begriff des Getrenntlebens nach dem SGB XII vgl. Rdnr. 218. Zur Erwerbsobliegenheit getrennt lebender Ehegatten vgl. Rdnr. 130.

21 Nach Scheidung der Ehe hat jeder Ehegatte grundsätzlich selbst für seinen Unterhalt zu sorgen (§ 1569 Satz 1 BGB).

22 Leistungsfähige Ehegatten, deren Ehe nach dem 30.6.1977 geschieden, aufgehoben oder für nichtig erklärt worden ist, müssen ihrem bedürftigen Ehegatten Unterhalt nur insoweit zahlen, als dieser nicht in der Lage ist, für seinen Unterhalt selbst zu sorgen (§ 1569 Satz 2 BGB), z.B.

- unter den Voraussetzungen des § 1570 Abs. 1 Satz 1 und 2 BGB wegen aktueller Betreuung eines gemeinschaftlichen Kindes (zur Erwerbsobliegenheit des betreuenden Elternteils vgl. Rdnrn. 132 bis 134),
- aus Gründen des Vertrauensschutzes unter den Voraussetzungen des § 1570 Abs. 2 BGB we-

gen vorangegangener Betreuung eines gemeinschaftlichen Kindes (vgl. Rdnr. 134),
- wegen Alters (§ 1571 BGB, vgl. Rdnr. 135),
- wegen Krankheit oder Gebrechen oder Schwäche seiner körperlichen oder geistigen Kräfte (§ 1572 BGB, vgl. Rdnr. 136),
- soweit er keinen Unterhaltsanspruch nach §§ 1570 bis 1572 BGB hat oder die Voraussetzungen für einen Unterhaltsanspruch nach diesen Vorschriften nachträglich entfallen sind, solange und soweit er nach der Scheidung keine angemessene Erwerbstätigkeit, die seinen vollen Unterhalt deckt, zu finden vermag (§ 1573 Abs. 1 und 3 i.V. mit § 1574 BGB. vgl. Rdnr. 137 Satz 1),
- soweit seine Einkünfte aus einer angemessenen Erwerbstätigkeit vorbehaltlich einer Kürzung nach § 1578 b BGB nicht zum vollen Unterhalt nach den ehelichen Lebensverhältnissen ausreichen (§ 1573 Abs. 2 BGB, vgl. zum sog. Aufstockungsunterhalt Rdnr. 139),
- wenn oder soweit seine Einkünfte aus einer angemessenen Erwerbstätigkeit wegfallen, weil er Unterhalt durch die Erwerbstätigkeit trotz seiner Bemühungen ganz oder teilweise nicht nachhaltig sichern konnte (§ 1573 Abs. 4 Satz 2 i.V. mit § 1574 BGB, vgl. Rdnr. 137 Satz 2),
- unter den in § 1575 BGB genannten Voraussetzungen während einer Ausbildung, Fortbildung oder Umschulung (vgl. Rdnr. 138),
- soweit und solange von ihm aus sonstigen schwerwiegenden Gründen eine Erwerbstätigkeit nicht verlangt werden kann und die Versagung von Unterhalt unter Berücksichtigung der Belange beider Ehegatten grob unbillig wäre (§ 1576 BGB, vgl. Rdnr. 138).

Zu beachten ist, dass die Einsatzzeitpunkte der Unterhaltstatbestände nach §§ 1571 bis 1573 BGB und § 1575 BGB gewahrt sein müssen (vgl. Rdnr. 140). Zum unterhaltsrechtlichen Rang sämtlicher Ansprüche vgl. Rdnr. 38.

23 Für Unterhaltsansprüche zwischen geschiedenen Ehegatten aus der früheren DDR und der Abänderbarkeit von Unterhaltstiteln aus diesem Bereich wird auf die Rdnrn. 28 bis 30 der Empfehlungen in der Fassung von 2008 verwiesen.

c) Partner einer eingetragenen bestehenden oder gerichtlich aufgehobenen Lebenspartnerschaft untereinander:

24 Wenn und solange die Partner ihr Leben i.S. von § 2 LPartG gemeinsam gestalten, ist Rdnr. 19 anwendbar (§ 5 LPartG i.V. mit § 1360 BGB).

25 Für Partner einer eingetragenen Lebenspartnerschaft gelten nach Trennung bzw. gerichtlicher Aufhebung der Partnerschaft dieselben Regeln wie für den Unterhalt getrennt lebender bzw. geschiedener Ehegatten (§§ 12, 16 LPartG).

d) **Der Elternteil eines nichtehelichen Kindes gegenüber dem anderen Elternteil dieses Kindes (§ 1615 l BGB):**

26 Diese Unterhaltsverpflichtung besteht

- gegenüber der Mutter des gemeinsamen Kindes für die Dauer von sechs Wochen vor und acht Wochen nach der Geburt des Kindes, ferner
- soweit der Mutter durch die Schwangerschaft oder Entbindung außerhalb dieses Zeitraums Kosten entstehen, ferner
- soweit die Mutter einer Erwerbstätigkeit nicht nachgeht, weil sie infolge der Schwangerschaft oder einer durch die Schwangerschaft oder Entbindung verursachten Krankheit dazu außerstande ist, schließlich
- für die Dauer von frühestens vier Monaten vor der Geburt des Kindes bis mindestens drei Jahre nach der Geburt, soweit von der Mutter – für den Zeitraum ab Geburt kann der Unterhaltsanspruch auch dem Vater des Kindes zustehen – wegen der Pflege oder Erziehung des Kindes eine Erwerbstätigkeit nicht erwartet werden kann. Die Unterhaltspflicht verlängert sich, solange und soweit dies insbesondere unter Berücksichtigung der Belange des Kindes und der bestehenden Möglichkeiten der Kinderbetreuung der Billigkeit entspricht. Auch in der Person des betreuenden Elternteils liegende Gründe können eine Verlängerung der Unterhaltspflicht des anderen Elternteils rechtfertigen.

2. Aus Vertrag Unterhaltspflichtige

27 Durch Vertrag können gesetzliche Unterhaltspflichten näher ausgestaltet, erweitert oder vom Gesetz nicht vorgesehene Unterhaltspflichten – etwa zugunsten von Geschwistern – begründet werden. Vertragliche Unterhaltsansprüche haben Vorrang vor den gesetzlichen Unterhaltsansprüchen. Beschränkt sich die Vereinbarung nicht auf eine nähere Ausgestaltung des Unterhaltsanspruchs, findet kein gesetzlicher Forderungsübergang nach § 94 SGB XII statt. Zum Anspruchsübergang auf den Träger der Sozialhilfe bedarf es in diesem Fall einer Überleitung nach § 93 SGB XII. Zur Anwendung der sozialhilferechtlichen Schutzvorschriften vgl. Rdnrn. 10 bis 13 und 220 bis 234.

3. Unterhaltsverzicht

28 Ein Unterhaltsverzicht kann nur durch Abschluss eines Vertrags zwischen den an dem Unterhaltsverhältnis Beteiligten erfolgen. Dieser Vertrag bedarf zu seiner Wirksamkeit grundsätzlich keiner Form. Eine wichtige Ausnahme von der Formfreiheit enthält § 1585 c BGB (vgl. Rdnr. 31 Punkt 2).

29 Für die Zeit der Ehe oder der Partnerschaft einschließlich der Trennungszeit, ferner unter Verwandten und bei Ansprüchen nach § 1615 l BGB

kann zwar auf Unterhaltsrückstände, nicht aber auf Unterhalt für die Zukunft verzichtet werden (§§ 1361 Abs. 4 Satz 4, 1360 a Abs. 3, 1614 Abs. 1, 1615 l Abs. 3 Satz 1 BGB).

30 Im Übrigen kann jederzeit vollständig, teilweise oder zeitweise auf nachehelichen bzw. nachpartnerschaftlichen Unterhalt verzichtet werden (§ 1585 c Satz 1 BGB).

31 Ein Unterhaltsverzicht ist

- unwirksam, soweit der Unterhaltsanspruch vor Vertragsabschluss auf den Träger der Sozialhilfe übergegangen ist,
- unwirksam, wenn in einer ab 1.1.2008 geschlossenen Vereinbarung vor Rechtskraft der Scheidung bzw. der gerichtlichen Aufhebung der Partnerschaft für die Zeit nach Scheidung bzw. Aufhebung uneingeschränkt oder teilweise auf Unterhalt verzichtet wird, ohne dass die getroffene Vereinbarung notariell beurkundet oder in einem Verfahren in Ehesachen vor dem Familiengericht protokolliert worden ist (§ 1585 c Satz 2 und 3 BGB),
- sittenwidrig und nach § 138 Satz 1 BGB nichtig bei Schädigungsabsicht zulasten des Trägers der Sozialhilfe. Dies gilt auch, wenn der Unterhaltsberechtigte ohne Schädigungsabsicht nicht bedacht hat, dass der Unterhaltsverzicht notwendig zulasten des Trägers der Sozialhilfe gehen wird. Davon kann in einem solchen Fall i.d.R. ausgegangen werden, wenn der Unterhaltsverzicht etwa innerhalb des letzten Jahres vor Eintritt der Trennung vereinbart worden ist,
- i.d.R. sittenwidrig und nach § 138 Satz 1 BGB nichtig, wenn auf Betreuungs-, Alters- oder Krankheitsunterhalt verzichtet wird, ohne dass dieser Nachteil durch anderweitige Vorteile oder durch die besonderen Verhältnisse der Ehegatten, durch den von ihnen angestrebten oder gelebten Ehetyp oder durch sonstige gewichtige Belange des begünstigten Ehegatten gemildert wird. Ob diese Voraussetzung vorliegt, ist anhand einer Gesamtwürdigung festzustellen, die auf die individuellen Verhältnisse der Ehegatten bei Vertragsabschluss abstellt. Maßgeblich sind insoweit die Einkommens- und Vermögensverhältnisse der Ehegatten, der Zuschnitt ihrer Ehe, die Auswirkungen des Verzichts auf die Ehegatten und Kinder sowie die mit der Vereinbarung verfolgten Zwecke und sonstigen Beweggründe für den Vertragsabschluss. Schließlich muss aufseiten des Unterhaltspflichtigen subjektiv ein Missbrauchsverhalten (z.B. Ausnutzen einer Schwangerschaft oder fehlender Sprachkenntnisse) vorliegen.

32 Greifen diese Tatbestände nicht ein, kann es mit Rücksicht auf den Grundsatz von Treu und Glauben (§ 242 BGB) geboten sein, bei einer evident einseitigen Lastenverteilung die (an sich wirksame)

Verzichtsabrede nur nach Zeitdauer und Umfang eingeschränkt gelten zu lassen. Das kommt insbesondere in Betracht, wenn die tatsächliche einvernehmliche Gestaltung der ehelichen Lebensverhältnisse von der ursprünglichen, dem Verzicht zugrunde liegenden Lebensplanung grundlegend abweicht (z.B. bei der dem Unterhaltsverzicht nachfolgenden Geburt eines gemeinschaftlichen Kindes, wenn die Ehe kinderlos geplant war und der Verzicht auf dieser Annahme beruhte).

33 Vor dem 1.7.1998 zwischen einem nichtehelichen Kind und seinem Vater abgeschlossene Vereinbarungen sind nur unter der Voraussetzung nichtig, dass der Verzicht auf künftigen Unterhalt unentgeltlich erfolgt (§ 1615 e Abs. 1 Satz 2 BGB a.F.). Für Vereinbarungen, die nach diesem Stichtag getroffen worden sind, gilt Rdnr. 31 uneingeschränkt.

4. Verwirkung

34 Ob und ggf. in welchem Umfang der Unterhaltsanspruch eines geschiedenen Ehegatten wegen grober Unbilligkeit verwirkt ist, bestimmt sich nach § 1579 Nr. 1 bis 8 BGB und bei Getrenntleben nach § 1361 Abs. 3 BGB i.V. mit § 1579 Nr. 2 bis 8 BGB. Zu beachten ist, dass der Unterhaltsanspruch eines getrennt lebenden oder geschiedenen Ehegatten nach den genannten Vorschriften nur versagt, herabgesetzt oder zeitlich begrenzt werden kann, wenn und soweit die Inanspruchnahme des Verpflichteten auch unter Wahrung der Belange eines dem bedürftigen Ehegatten zur Pflege oder Erziehung anvertrauten gemeinschaftlichen Kindes grob unbillig wäre.

35 Ob und ggf. in welchem Umfang ein Verwandter oder ein nach § 1615 l BGB Unterhaltsberechtigter seinen Unterhaltsanspruch verwirkt, regelt § 1611 Abs. 1 Satz 1 BGB (ggf. i.V. mit § 1615 l Abs. 3 Satz 1 BGB). Erfüllt der Unterhaltsberechtigte einen der Verwirkungstatbestände des § 1611 BGB, entfällt dadurch sein Unterhaltsanspruch nicht zwangsläufig vollständig, sondern nach § 1611 Abs. 1 Satz 2 BGB nur, wenn andernfalls die Inanspruchnahme des Unterhaltspflichtigen grob unbillig wäre. Bei milderen Verstößen ist er nach Abs. 1 Satz 1 der Vorschrift nur nach Billigkeitsgesichtspunkten herabzusetzen. Die Unterhaltsverpflichtung weiterer Unterhaltspflichtiger erhöht sich durch Verwirkung des Anspruchs gegenüber einem der Unterhaltspflichtigen nicht (§ 1611 Abs. 3 BGB). Zur Verwirkung des Elternunterhalts vgl. Rdnrn. 206 bis 214.

36 Nach § 242 BGB ist der Unterhaltsanspruch – und zwar auch im Fall bereits erfolgter Titulierung – ferner verwirkt und entfällt in vollem Umfang, wenn und soweit er illoyal verspätet geltend gemacht worden ist. Davon ist bei mehr als einjähriger Untätigkeit des Berechtigten seit Fälligkeit des Anspruchs auszugehen (Zeitmoment), wenn sich der Unterhaltsverpflichtete aufgrund besonderer Umstände nach Treu und Glauben darauf einrichten durfte, dass der Berechtigte sein Recht nicht mehr geltend machen werde und er sich darauf auch tatsächlich eingerichtet hat (Umstandsmoment). Verwirkt sein können nach danach nur diejenigen Unterhaltsrückstände, deren Fälligkeit mindestens ein Jahr zurückliegt. Diese Rechtslage gilt nach Anspruchsübergang auch für den Träger der Sozialhilfe als Unterhaltsgläubiger.

5. Rangverhältnisse

37 Die Rangfolge der Unterhaltsberechtigten i.S. von § 1609 BGB ist nur von Bedeu-tung, wenn der Unterhaltspflichtige nicht in der Lage ist, die Unterhaltsansprüche sämtlicher Berechtigter zu erfüllen (sog. Mangelfall). Die Rangfrage betrifft also nur die Leistungsfähigkeit des Unterhaltspflichtigen. Zur Auswirkung des Rangs des Unterhaltsberechtigten auf seinen Unterhaltsanspruch vgl. Rdnr. 111 f., zu dessen Auswirkung bei Konkurrenz mit anderen vor-, gleich- oder nachrangig Unterhaltsberechtigten vgl. Rdnrn. 113 ff.

38 Zur Rangfolge gilt nach § 1609 Nr. 1 bis 3 BGB:

- Den 1. Rang nehmen allein die minderjährigen und die ihnen nach § 1603 Abs. 2 Satz 2 BGB gleichstehenden Kinder ein.
- Die (ggf. geschiedenen) Ehegatten befinden sich in der 2. Rangstufe und auch dies nur, wenn sie wegen der Betreuung eines Kindes unterhaltsberechtigt sind oder es im Fall einer Scheidung wären oder aber ihre Ehe von langer Dauer war. Maßgeblich für die lange Ehedauer sind nicht in erster Linie die Zahl der Ehejahre, sondern sind die Nachteile, die für den unterhaltsbedürftigen Ehegatten durch die Ehe in Hinblick auf die Möglichkeit eingetreten sind, für den eigenen Unterhalt zu sorgen (§ 1609 Nr. 2 i.V. mit § 1578 b Abs. 1 Satz 2 und 3 BGB). Zu den Gesichtspunkten, die insoweit zu berücksichtigen sind, vgl. § 1578 b Abs. 1 Satz 3 BGB und Rdnr. 146. Diesen (ggf. geschiedenen) Ehegatten stehen Elternteile, die nach § 1615 l BGB unterhaltsberechtigt sind, im Rang gleich.
- Den 3. Rang nehmen sämtliche übrigen (ggf. geschiedenen) Ehegatten ein, die aus anderen Gründen Unterhalt verlangen können.

Zur Rangstellung der übrigen Unterhaltsberechtigten vgl. § 1609 Nr. 4 bis 7 BGB. Insbesondere genießen die Unterhaltsansprüche auch der nicht privilegierten volljährigen Kinder, der Enkel und sogar der Urenkel eines Unterhaltspflichtigen Vorrang vor den Unterhaltsansprüchen, die bedürftige Eltern ihm gegenüber haben.

39 Sind mehrere Unterhaltspflichtige vorhanden, richtet sich die Reihenfolge ihrer Heranziehung nach den §§ 1584, 1586 a Abs. 2, 1603 Abs. 2 Satz 1 und 3, 1606, 1607 Abs. 1 und Abs. 2 Satz 1, 1608, 1615l

LL-Strkt

KG

Brdbg

Brschw

Brem

Celle

Dresd

Düss

Ffm

Hbg

Hamm

Kblz

Köln

Naumbg

Oldbg

Rstk

Schlesw

SüdL

Thür

Abs. 3 Satz 2 und Abs. 4 Satz 2, 1751 Abs. 4 BGB. Danach bestehen folgende Vorrangverhältnisse, die vorbehaltlich der Einschränkungen in Rdnr. 40 zum Haftungsausschluss nachrangig Verpflichteter führen:

- Grundsätzlich haftet allein der Elternteil, der sein minderjähriges unverheiratetes Kind nicht selbst betreut, diesem auf Barunterhalt (Umkehrschluss aus § 1606 Abs. 3 Satz 2 BGB); zur ausnahmsweise gleichrangigen Haftung beider Elternteile, vgl. Satz 2 bis 4 in Rdnr. 40.
- Ehegatten haften vor Verwandten (§ 1608 Satz 1 bzw. Satz 4 BGB). Das gilt auch nach einer Scheidung (§ 1584 Satz 1 BGB).
- Bei mehreren leistungsfähigen Verwandten haften die Abkömmlinge vor Verwandten der aufsteigenden Linie (§ 1606 Abs. 1 BGB) und dabei jeweils die näheren Verwandten vor den entfernteren (§ 1606 Abs. 2 BGB).
- Der Elternteil eines nichtehelichen Kindes haftet dem dieses Kind betreuenden anderen Elternteil vor dessen Verwandten (§ 1615 l Abs. 3 Satz 2 und Abs. 4 Satz 2 BGB).
- Im Rahmen einer Adoption haftet der Annehmende ab dem in § 1751 Abs. 4 BGB bestimmten Zeitpunkt vor den Verwandten des Angenommenen. Nimmt ein Ehegatte das Kind seines Ehegatten an, haften beide dem Kind ab dem genannten Zeitpunkt vor dessen übrigen Verwandten.

40 Diese Rangverhältnisse gelten insoweit nicht, als ein vorrangig Verpflichteter unter Berücksichtigung seiner sonstigen Verpflichtungen außerstande ist, ohne Gefährdung seines eigenen angemessenen Unterhalts dem Berechtigten Unterhalt zu gewähren (§ 1603 Abs. 2 Satz 3 Halbsatz 1, § 1581 Satz 1 i.V. mit § 1584 Satz 2, § 1608 Satz 2, § 1615 l Abs. 3 Satz 1 BGB). Auch der betreuende Elternteil eines minderjährigen Kindes ist i.S. von § 1603 Abs. 2 Satz 3 Halbsatz 1 BGB ein anderer unterhaltspflichtiger Verwandter. Ist der in erster Linie barunterhaltspflichtige Elternteil eines solchen Kindes in dem in Satz 1 genannten Sinn wegen Unterschreitung seines eigenen angemessenen Selbstbehalts leistungsunfähig, haftet nach dieser Vorschrift seinem Kind zunächst der betreuende Elternteil auf Barunterhalt, wenn sein eigener angemessener Unterhalt auch bei Erfüllung dieses Unterhaltsanspruchs gewahrt wird und sich seine Einkommensverhältnisse mit Abstand günstiger gestalten als diejenigen an sich barunterhaltspflichtigen Elternteils. Ist das nicht der Fall, bleibt es bis zur Grenze des notwendigen Selbstbehalts bei der Barunterhaltspflicht des nicht betreuenden Elternteils. Zum Selbstbehalt vgl. Rdnrn. 106 bis 110.

41 Gleichrangig barunterhaltspflichtig sind:

- Eltern gegenüber allen ihren volljährigen Kindern, auch gegenüber solchen i.S. von § 1603

Abs. 2 Satz 2 BGB, sofern sie nicht wirksam von ihrem Bestimmungsrecht nach § 1612 Abs. 2 Satz 1 BGB, Naturalunterhalt zu leisten, Gebrauch machen,
- Eltern gegenüber ihren minderjährigen auswärtig untergebrachten Kindern,
- Eltern gegenüber allen Kindern für Mehr- und Sonderbedarf,
- getrennt lebende oder geschiedene Eltern gegenüber ihren minderjährigen Kindern, die sie in etwa in gleichem Umfang betreuen (sog. Wechselmodell),
- sämtliche Kinder gegenüber ihren Eltern.

In der besonderen Konstellation, dass ein Elternteil gleichzeitig Kinder aus verschiedenen Beziehungen betreut, sind die nicht betreuenden Elternteile dieser Kinder dem betreuenden Elternteil gegenüber gleichrangig unterhaltspflichtig. Zu Einzelheiten vgl. Rdnr. 156.

42 Die Haftungsquote mehrerer nach Rdnr. 41 gleichrangig Unterhaltspflichtiger richtet sich nach deren Leistungsfähigkeit, die sich im Wesentlichen nach ihrem Einkommen und Vermögen bestimmt (§ 1606 Abs. 3 Satz 1 BGB, bei Unterhaltsansprüchen nach §§ 1570, 1615 l BGB in entsprechender Anwendung). Für die Haftung aus Einkommen ist jeweils das bereinigte Einkommen jedes Unterhaltspflichtigen maßgeblich, soweit es den Selbstbehalt übersteigt, der ihm nach dem konkreten Unterhaltsverhältnis gegenüber dem Unterhaltsberechtigten zusteht. Zur Berücksichtigung von Einkommen und Vermögen vgl. im Einzelnen Rdnrn. 81 ff., zum Selbstbehalt vgl. Rdnrn. 106 bis 110. Der von jedem der Unterhaltspflichtigen zu zahlende Unterhalt errechnet sich deshalb nach der Formel:

$$\frac{\text{Leistungsfähigkeit des in Anspruch genommenen Upfl.} \times \text{ungedeckter Bedarf des Berechtigten}}{\text{Summe der Leistungsfähigkeit sämtlicher Unterhaltspflichtigen}}$$

Zum Unterhaltsbedarf und zur Bedürftigkeit des Berechtigten wird auf die Rdnrn. 53 ff. verwiesen. Reicht das zusammengerechnete, für Unterhaltszwecke verfügbare Einkommen der gleichrangig Unterhaltspflichtigen zur Befriedigung des ungedeckten Unterhaltsbedarfs des Berechtigten nicht aus, erübrigt sich diese Berechnung. Jeder der Unterhaltspflichtigen haftet dann mit seinem gesamten bereinigten Einkommen, soweit es seinen Selbstbehalt übersteigt. Zu den Fallgestaltungen, in denen der Selbstbehalt des Unterhaltspflichtigen zu kürzen oder zu erhöhen ist, vgl. Rdnrn. 107 bis 110. Jedoch braucht kein Unterhaltspflichtiger höheren als den sich aus seinem eigenen Einkommen ergebenden Unterhalt zu leisten. Für den Fall, dass ein Teil der Unterhaltspflichtigen aus Einkommen und ein anderer aus Vermögen haftet, wird auf Rdnr. 105 verwiesen.

43 In den Fällen von Rdnr. 41 letzter Satz kann sich dieser Maßstab – jedoch höchstens bis zur Grenze des jeweils maßgeblichen Selbstbehalts – wertend verschieben, wenn der betreuende Elternteil durch die Betreuung des älteren Kindes nicht gehindert wäre, jedenfalls einer teilschichtigen Erwerbstätigkeit nachzugehen. Zur Konkurrenz der Unterhaltsverpflichtung nach §§ 1361, 1570, 1615 l BGB im Übrigen vgl. Rdnrn. 113, 154, 156.

44 Ist einer von mehreren dem Unterhaltsberechtigten gegenüber vorrangig Unterhaltspflichtigen leistungsunfähig oder verstorben, haften nach § 1607 Abs. 1 BGB, der auf Unterhaltspflichtige im gleichen Rang entsprechend anwendbar ist, die übrigen im Rahmen ihrer Leistungsfähigkeit auf den vollen Unterhalt des Berechtigten. Sind sämtliche vorrangig Unterhaltspflichtigen in vollem Umfang leistungsunfähig oder verstorben, trifft die Unterhaltspflicht nach § 1607 Abs. 1 BGB die nachrangig Unterhaltspflichtigen. Gleiches gilt bei teilweiser Leistungsunfähigkeit der vorrangig Unterhaltspflichtigen insoweit, als diese den ungedeckten Unterhaltsbedarf des Berechtigten nicht befriedigen können. Von den nachrangig Unterhaltspflichtigen haften nach § 1606 Abs. 1 BGB die Abkömmlinge vor den Verwandten der aufsteigenden Linie und dabei nach § 1606 Abs. 2 BGB die näheren vor den entfernteren. Ungeachtet der so begründeten Unterhaltspflicht ist bei Leistungen des Trägers der Sozialhilfe an den Unterhaltsberechtigten der Ausschluss des Anspruchsübergangs nach § 94 Abs. 1 SGB XII zu beachten (vgl. Rdnr. 8).

45 Scheitert die Geltendmachung des Unterhaltsanspruchs des Berechtigten nicht an der Leistungsunfähigkeit oder am Vorversterben eines von mehreren Unterhaltspflichtigen, sondern ist die Rechtsverfolgung gegen einen von ihnen im Inland ausgeschlossen oder erheblich erschwert, geht der Unterhaltsanspruch des Berechtigten gegen die übrigen ihm aktuell Unterhaltspflichtigen nach § 94 SGB XII zwar auch bis zum Umfang der vom Träger der Sozialhilfe erbrachten Leistungen über. Der (zum Teil ersatzweise) vom Träger der Sozialhilfe zu Unterhaltsleistungen herangezogene Unterhaltspflichtige erfüllt in diesem Fall aber auch die Unterhaltspflicht des oder der übrigen Pflichtigen. Deshalb kann er seinerseits nach § 1607 Abs. 2 Satz 2 BGB bei dem bzw. den übrigen Pflichtigen Rückgriff nehmen. Darauf sollten die Unterhaltspflichtigen hingewiesen werden. Von erschwerter Rechtsverfolgung ist z.B. auszugehen, wenn einer der Unterhaltspflichtigen nicht auffindbar ist, dauernd seinen Wohnsitz wechselt oder der Unterhaltsanspruch gegen ihn nicht durchsetzbar ist, weil er nur aus fiktivem Einkommen haftet und über kein tatsächliches Einkommen oder Vermögen verfügt. Entsprechendes gilt bei einer erschwerten Durchsetzbarkeit des Unterhaltsanspruchs im Ausland. § 1607 Abs. 2 Satz 2 BGB, der seinem Wortlaut nach nur im Verhältnis zwischen vor- und nachrangig Verpflichteten gilt, ist unter den genannten Voraussetzungen entsprechend auf den Fall mehrerer gleichrangig Unterhaltspflichtiger anzuwenden; nach §§ 1584 Satz 3 und 1608 Satz 3 BGB gilt das ebenso im Verhältnis zwischen getrenntlebenden bzw. geschiedenen Ehegatten und unterhaltspflichtigen Verwandten.

III. Das Maß des Unterhalts

46 Der Unterhaltsberechtigte kann angemessenen Unterhalt verlangen, soweit dies die Leistungsfähigkeit des Unterhaltspflichtigen nicht übersteigt.

47 Was angemessen ist, bestimmt sich beim Verwandtenunterhalt und beim Unterhalt nach § 1615 l BGB nach der Lebensstellung des Berechtigten (§ 1610 Abs. 1 BGB, ggf. i.V. mit § 1615 l Abs. 3 Satz 1 BGB). Diese bemisst sich wesentlich nach seinem unterhaltsrechtlich zu berücksichtigenden Einkommen und Vermögen.

48 Da wirtschaftlich noch nicht selbstständige Kinder keine eigene Lebensstellung erlangt haben, leitet sich ihre Lebensstellung aus derjenigen ihrer Eltern ab. Sind die Kinder noch minderjährig und führen ihre Eltern keinen gemeinsamen Haushalt, ist grundsätzlich nur die Lebensstellung des nicht mit den Kindern zusammenlebenden Elternteils maßgeblich. Sind einem Kind beide Elternteile zum Barunterhalt verpflichtet (vgl. Rdnr. 41), richtet sich die Lebensstellung der Kinder nach dem zusammengerechneten bereinigten Einkommen und Vermögen der Eltern. Im Fall des sog. Wechselmodells (vgl. Rdnr. 41) gehören zum Maß des geschuldeten Unterhalts minderjähriger Kinder auch deren wechselbedingte Fahrt- und Wohnkosten.

49 Eltern haben unabhängig vom Umfang des Einkommens und Vermögens der ihnen unterhaltspflichtigen Kinder in jedem Fall eine eigene Lebensstellung, die sich nach ihrem eigenen aktuellen Einkommen und Vermögen, nicht nach demjenigen ihrer Kinder richtet.

50 Betreut ein Elternteil ein nichteheliches Kind, richtet sich seine für einen Unterhaltsanspruch nach § 1615 l BGB maßgebliche Lebensstellung nach seinen wirtschaftlichen Verhältnissen vor der Geburt des Kindes, soweit sie seinen Lebensstandard nachhaltig geprägt haben. War der Elternteil in diesem Zeitraum erwerbstätig, wird seine Lebensstellung durch sein bereinigtes Erwerbseinkommen bestimmt. Ist oder war der betreuende Elternteil verheiratet, sind seine ehelichen Lebensverhältnisse maßgeblich, wenn sein sich daraus ergebender Unterhaltsbedarf nach § 1615 l BGB den Mindestbedarf nach Abschnitt D. II. der Düsseldorfer Tabelle übersteigt. Untergrenze seines Bedarfs ist bei allen Fallkonstellationen i.d.R. der Betrag aus Abschnitt D. II. der Tabelle. Auf die wirtschaftlichen Verhältnisse des nach § 1615 l BGB unterhaltspflichtigen Elternteils kommt es selbst dann nicht an, wenn die Eltern vor der Geburt des Kindes bereits zusammengelebt haben. Insoweit liegt keine nachhaltige Prägung des Lebensstandards des betreuenden Elternteils durch das Einkommen des anderen Elternteils vor. Denn bis zur Geburt des gemeinsamen Kindes bzw. bis zu dem in § 1615 l BGB für den Beginn der Unterhaltspflicht genannten Zeitpunkt schuldete der andere Elternteil dem später Unterhaltsberechtigten keinen Unterhalt; er konnte derartige freiwillige Leistungen deshalb jederzeit einstellen.

51 Das Maß des Unterhalts getrennt lebender oder geschiedener Ehegatten richtet sich nach ihren individuell zu bestimmenden ehelichen Lebensverhältnissen (§§ 1361 Abs. 1 Satz 1 bzw. 1578 Abs. 1 Satz 1 BGB). An ihnen haben beide Ehegatten – unter Berücksichtigung des in den unterhaltsrechtlichen Leitlinien der Oberlandesgerichte unterschiedlich hoch bemessenen Erwerbstätigenbonus von 1/7 bzw. 1/10 – gleichen Anteil, unabhängig davon, ob das maßgebliche Einkommen von nur einem oder von beiden Ehegatten erzielt wird. Beim Unterhalt getrennt lebender Ehegatten sind die jeweiligen ehelichen Lebensverhältnisse und beim nachehelichen Unterhalt grundsätzlich diejenigen zur Zeit der Rechtskraft der Scheidung maßgeblich (§§ 1361 Abs. 1 Satz 1, 1578 Abs. 1 Satz 1 BGB). Zur Berücksichtigung von nachehelichen Entwicklungen vgl. Rdnr. 145, zum Einfluss der erst nach Trennung oder Scheidung aufgenommenen Erwerbstätigkeit des dem Grunde nach unterhaltsberechtigten Ehegatten, der während bestehender Ehe den ehelichen Haushalt geführt hat, auf das Maß des ihm zustehenden Unterhalts vgl. Rdnr. 143.

52 Zu den Voraussetzungen, unter denen nach § 1578 b BGB der eheangemessene nacheheliche Unterhalt nach Billigkeitsgesichtspunkten auf den angemessenen Unterhalt herabgesetzt und/oder zeitlich beschränkt werden kann, vgl. Rdnrn. 146 bis 150. Zu den negativen Billigkeitsklauseln, deren Anwendung eine Herabsetzung des Anspruchs unter den (ggf. ehe- oder partnerschafts-)angemessenen Unterhalt, seinen Wegfall oder seine zeitliche Begrenzung nach sich zieht, vgl. Rdnrn. 34 bis 36.

IV. Der Unterhaltsbedarf des Berechtigten

53 Unabhängig von dem konkreten Unterhaltsverhältnis umfasst der Unterhaltsbedarf des Berechtigten dessen gesamten Lebensbedarf (§ 1610 Abs. 2 BGB, ggf. i.V. mit § 1615 l Abs. 3 Satz 1 BGB, bzw. nach § 1361 Abs. 1 und § 1578 Abs. 1 Satz 2 BGB). Dazu zählen auch die Kosten einer angemessenen Kranken- und Pflegeversicherung. In den konkreten Unterhaltsverhältnissen ist für den Unterhaltsbedarf zu beachten:

▪ Beim Kind gehören dazu auch die Kosten seiner Erziehung und angemessenen Ausbildung (§ 1610 Abs. 2 BGB) einschließlich der Kosten für den Besuch eines Kindergartens oder die sonstige Betreuung des Kindes durch Dritte (vgl. Rdnr. 124). Beim Wechselmodell (vgl. dazu Rdnr. 41) sind wechselbedingte Fahrt- und Wohnkosten hinzuzurechnen.

▪ Beim Trennungsunterhalt umfasst der Bedarf für die Zeit ab Rechtshängigkeit des Scheidungsverfahrens auch die Kosten einer angemessenen Versicherung für den Fall des Alters und der verminderten Erwerbsfähigkeit (§§ 1361 Abs. 1 Satz 2 BGB).

▪ Gleiches gilt für nacheheliche Unterhaltsansprüche. Bei diesen Ansprüchen umfasst der Bedarf darüber hinaus unter den Voraussetzungen der §§ 1574 Abs. 3 und 1575 BGB die Kosten einer Ausbildung, Fortbildung oder Umschulung (§ 1578 Abs. 2 BGB).

▪ Bei notwendiger Betreuung des Unterhaltsberechtigten in einer Einrichtung bilden grundsätzlich die dadurch notwendig entstehenden Kosten einschließlich des Investitionsbetrages nach § 76 Abs. 2 SGB XII den Lebensbedarf. Hinzuzurechnen ist in jedem Fall ein angemessener Betrag für Bekleidung, Taschengeld mindestens in Höhe des Barbetrags zur persönlichen Verfügung nach § 27 b Abs. 2 Satz 1 SGB XII (in Bestandsschutzfällen auch der Zusatzbarbetrag nach § 133 a SGB XII) und ein eventuell bestehender unterhaltsrechtlicher Mehr- und Sonderbedarf. Zu den Besonderheiten beim Elternunterhalt vgl. Rdnr. 165 f.

54 Um der Praxis für durchschnittliche unterhaltsrechtliche Fallgestaltungen eine Orientierungshilfe für den Umfang des Unterhaltsbedarfs dem Grunde nach Unterhaltsberechtigter zu geben, haben die Oberlandesgerichte für ihren Zuständigkeitsbereich Tabellen und unterhaltsrechtliche Leitlinien entwickelt. Dabei wird im Wesentlichen dem Leitbild der Düsseldorfer Tabelle gefolgt. Diese bestimmt in Abschnitt A. den Unterhaltsbedarf von Kindern, wobei sich der Mindestunterhaltsbedarf minderjähriger Kinder (vgl. dazu Rdnr. 55) auf die in der 1. Einkommensgruppe verzeichneten Beträge beläuft. In Abschnitt B. legt die Tabelle den Bedarf von getrennt lebenden und geschiedenen Ehegatten und in Abschnitt D. II. den Bedarf des betreuenden Elternteils nach § 1615 l BGB fest. Bei den in den Tabellen genannten Unterhaltsrichtsätzen handelt es sich um Pauschalierungen, die den gesamten Lebensbedarf des Unterhaltsberechtigten einschließlich seiner Unterkunftskosten umfassen. Kosten für Kranken- und Pflegeversicherung und anzuerkennender Mehr- oder Sonderbedarf sind hinzuzurechnen, sobald der Berechtigte damit gesondert belastet wird. Zum Unterhaltsbedarf von Eltern vgl. Rdnr. 58.

55 § 1612 a Abs. 1 BGB legt auf der Grundlage des doppelten Kinderfreibetrags nach § 32 Abs. 6 Satz

LL-Strkt

KG

Brdbg

Brschw

Brem

Celle

Dresd

Düss

Ffm

Hbg

Hamm

Kblz

Köln

Naumbg

Oldbg

Rstk

Schlesw

SüdL

Thür

Empf
Sozhi

1 EStG fest, in welcher Höhe ein minderjähriges Kind von einem Elternteil, mit dem es nicht in einem Haushalt lebt, mindestens Unterhalt verlangen kann, soweit der Elternteil leistungsfähig ist. Monatlich sind das

▪ bis zur Vollendung des sechsten Lebensjahres des Kindes (1. Altersstufe) mindestens 87 %,
▪ bis zur Vollendung des zwölften Lebensjahres (2. Altersstufe) mindestens 100 %,
▪ bis zum Beginn der Volljährigkeit (3. Altersstufe) mindestens 117 % eines Zwölftels des doppelten Kinderfreibetrags.

56 Der Unterhaltsbedarf von (ggf. geschiedenen) Ehegatten richtet sich gemäß § 1578 Abs. 1 Satz 1 BGB nach ihren ehelichen Lebensverhältnissen, hinsichtlich derer in Abschnitt B. I.1. der Düsseldorfer Tabelle die monatlichen Richtsätze benannt sind. Bis zur Rechtskraft der Scheidung kommt es dabei auf die jeweiligen Lebensverhältnisse der Ehegatten an, für die Zeit nach rechtskräftiger Scheidung dagegen grundsätzlich auf die bei Rechtskraft bestehenden Lebensverhältnisse. Zu den Einzelheiten, auch zu den Voraussetzungen, unter denen ausnahmsweise nachehelich eingetretene Umstände den Unterhaltsbedarf des Berechtigten beeinflussen, vgl. Rdnrn. 143 und 145.

57 Das in Rdnr. 50 erläuterte Maß des Unterhalts bestimmt auch den Umfang des Unterhaltsbedarfs des nach § 1615 l BGB unterhaltsberechtigten Elternteils. Bedarfsobergrenze ist die Hälfte des bereinigten Nettoeinkommens des anderen Elternteils. Soweit der Unterhaltspflichtige Erwerbseinkommen bezieht, ist ihm der Erwerbstätigenbonus zuzugestehen. Dagegen ist dem Unterhaltsberechtigten, da der Bedarf nicht wie im Ehegattenunterhalt nach einer Quote, sondern konkret berechnet wird, kein Erwerbstätigenbonus zuzuerkennen.

58 Der Unterhaltsbedarf von Eltern ist in der Düsseldorfer Tabelle nicht geregelt. Leben die Eltern noch im eigenen Haushalt, beläuft er sich nach der Rechtsprechung des Bundesgerichtshofs auf denselben Betrag (ggf. zuzüglich der Kosten einer angemessenen Kranken- und Pflegeversicherung), der nach Abschnitt B. V. der Düsseldorfer Tabelle für das Existenzminimum eines unterhaltsberechtigten Ehegatten angesetzt wird. Haben die Eltern z.B. wegen Krankheit oder Pflegebedürftigkeit notwendig einen weitergehenden Bedarf (Mehr- und Sonderbedarf), ist dieser hinzuzurechnen. Altersvorsorgebedarf der Eltern ist von ihren unterhaltspflichtigen Kindern allerdings nicht zu decken. Die Lebensstellung und damit der Unterhaltsbedarf von Eltern verändern sich durch eine nachteilige Veränderung ihrer Einkommensverhältnisse, etwa durch ihren Eintritt in den Ruhestand. Untergrenze ist aber stets das Existenzminimum nach Abschnitt B. V. der Düsseldorfer Tabelle. Zum Unterhaltsbedarf

von Eltern, die in einem Alten- oder Pflegeheim leben, vgl. Rdnrn. 165 ff.

59 Die Darlegungs- und Beweislast für den Umfang des Unterhaltsbedarfs trifft den Berechtigten, nach Übergang des Unterhaltsanspruchs auf den Träger der Sozialhilfe diesen. Zu den Besonderheiten beim Unterhaltsbedarf von Eltern, die in einem Alten- oder Pflegeheim leben, vgl. Rdnr. 167.

V. Die Bedürftigkeit des Unterhaltsberechtigten

60 Weitere Voraussetzung für einen Unterhaltsanspruch ist, dass der Unterhaltsberech-tigte seinen Lebensbedarf i.S. des bürgerlichen Rechts nicht aus eigener Kraft bestreiten kann (§§ 1577 Abs. 1, 1602 Abs. 1 BGB, ggf. i.V. mit § 1615 l Abs. 3 Satz 1 BGB). Zur Deckung seines Lebensbedarfs muss der Unterhaltsberechtigte grundsätzlich zunächst sein tatsächlich erzieltes oder zumutbar erzielbares Einkommen (vgl. Rdnr. 69 f.), seine verfügbare Arbeitskraft und sein Vermögen (vgl. Rdnrn. 72 bis 76) einsetzen. Realisierbare Ansprüche gegen Dritte, die Einfluss auf seine Unterhaltsbedürftigkeit haben, insbesondere auch vertragliche Unterhaltsansprüche (vgl. Rdnr. 27), muss er ausschöpfen, bevor er auf die gesetzlichen Unterhaltsansprüche zurückgreift.

61 Die Darlegungs- und Beweislast für den Umfang der Unterhaltsbedürftigkeit trifft den Berechtigten, nach Übergang des Unterhaltsanspruchs auf den Träger der Sozialhilfe diesen.

1. Einsatz des Einkommens

62 Zu den unterhaltsrechtlich bedeutsamen Einkommensarten und zur Einkommensermittlung und -bereinigung vgl. Rdnrn. 81 bis 97. Die dort aufgeführten Rechtsgrundsätze gelten i.d.R. auch für die Beurteilung der Unterhaltsbedürftigkeit des Unterhaltsberechtigten. Zu beachten ist, dass der Sockelbetrag des Elterngelds und das im Anschluss nach dem BEEG ggf. bezogene Betreuungsgeld in den Fällen der §§ 1579, ggf. i.V. mit § 1361 Abs. 3 BGB, sowie 1611 Abs. 1 BGB in vollem Umfang als Einkommen des Unterhaltsberechtigten gelten (§ 11 Satz 4 BEEG; zum Elterngeld und Betreuungsgeld vgl. Rdnr. 85). Auch die Rente nach §§ 294 ff. SGB VI (sog. Trümmerfrauen-Rente) ist unterhaltsrechtlich Einkommen.

63 Soweit Einkünfte des Unterhaltsberechtigten nach bürgerlichem Recht als Einkom-men gelten, bei der Leistung von Sozialhilfe aber nicht berücksichtigt werden, z.B. nach §§ 82 Abs. 1, 83 bis 85 SGB XII anrechnungsfreies Einkommen, mindern sie seine unterhaltsrechtliche Bedürftigkeit und damit seinen Unterhaltsanspruch. So ist z.B. ein Elternteil, dem Hilfe zur Pflege erbracht wird, weil sein Einkommen mit Rücksicht auf die mit seinem

Ehegatten bestehende Einsatzgemeinschaft seitens des Trägers der Sozialhilfe nur teilweise angerechnet wird, im Verhältnis zu seinem Kind nicht unterhaltsbedürftig, wenn sein Einkommen für seinen eigenen Lebensbedarf ausreicht.

64 Machen Personen, die nach §§ 41 ff. SGB XII Anspruch auf Grundsicherung im Alter und bei Erwerbsminderung (4. Kapitel SGB XII) haben, Unterhaltsansprüche gegen ihre Eltern oder Kinder geltend, verfügen sie im Umfang der ihnen erbrachten Grund-sicherung bzw. im Umfang ihres Anspruchs darauf aus unterhaltsrechtlicher Sicht über eigenes (ggf. fiktives) Einkommen, das ihre Bedürftigkeit und damit ihren Unterhaltsanspruch mindert. Denn gemäß § 43 Abs. 3 SGB XII bleiben Unterhaltsansprüche dieses Personenkreises gegen Eltern und Kinder unberücksichtigt, solange die dort genannte Vermutung nicht widerlegt ist, dass das jährliche Gesamteinkommen des Unterhaltspflichtigen i.S. des § 16 SGB IV unter 100.000 Euro liegt. Von vornherein freiwillig oder nach Titulierung des Unterhaltsanspruchs aufgrund dieses Titels gezahlter oder im Wege der Zwangsvollstreckung beigetriebener Unterhalt ist Einkommen i.S. von § 82 SGB XII. Insoweit mindert er grundsätzlich die sozialhilferechtliche Bedürftigkeit des Antragstellers. Das gilt allerdings nicht, wenn der Unterhaltspflichtige den Unterhalt ausdrücklich nur als Nothilfe zahlt, weil der Träger der Sozialhilfe über den Anspruch des Berechtigten auf Grundsicherung noch nicht entschieden oder ihn noch nicht bestandskräftig abgelehnt hat. Übersteigt der Unterhaltsanspruch des Berechtigten dessen Grundsicherungsbedarf und zahlt ihn der Unterhaltspflichtige in Höhe der Differenz zwischen Unterhaltsanspruch und Grundsicherungsbedarf, ist die Zahlung nicht auf den Grundsicherungsbedarf des Berechtigten anzurechnen. Insoweit überlagert § 43 Abs. 3 SGB XII die Einkommensregelung aus § 82 SGB XII.

65 Übersteigt das Einkommen des Unterhaltspflichtigen die Obergrenze des § 43 Abs. 3 Satz 1 SGB XII, besteht kein Anspruch des Unterhaltsberechtigten auf Grundsicherung nach dem 4. Kapitel SGB XII, sodass seine Unterhaltsbedürftigkeit nicht gemindert ist. Gleiches gilt, wenn lediglich das Einkommen eines von mehreren Unterhaltspflichtigen die in § 43 Abs. 3 Satz 1 SGB XII genannte Privilegierungsgrenze überschreitet. Zum Übergang von Unterhaltsansprüchen auf den Träger der Sozialhilfe, wenn das Einkommen der unterhaltspflichtigen Eltern bzw. Kinder den Grenzbetrag nach § 43 Abs. 3 Satz 1 SGB XII unter- oder überschreitet, vgl. Rdnrn. 224 bis 226.

66 Die in § 43 Abs. 3 und in § 94 Abs. 1 Satz 3 Halbsatz 2 SGB XII geregelte Privilegierung von Unterhaltsverpflichtungen gilt nicht im Rahmen von Unterhaltsverhältnissen zwischen getrennt lebenden oder geschiedenen Ehegatten und auch nicht

für Unterhaltsverpflichtungen nach § 1615 l BGB. Sind diese Personen i.S. von § 41 Abs. 1 SGB XII bedürftig und beziehen Leistungen der Grundsicherung im Alter und bei Erwerbsminderung oder haben sie Anspruch darauf, wird dadurch ihre unterhaltsrechtliche Bedürftigkeit nicht berührt. Sind die ihnen Unterhaltspflichtigen leistungsfähig und steht der bedürftigen Person ein Unterhaltsanspruch zu, geht dieser unter den Voraussetzungen des § 94 SGB XII im Umfang der geleisteten Grundsicherung auf den Träger der Sozialhilfe über (vgl. aber Rdnr. 10 Punkt 2).

67 Nach § 1612 b Abs. 1 BGB ist das für volljährige Kinder gezahlte Kindergeld unterhaltsrechtlich in vollem Umfang auf deren Barunterhaltsbedarf anzurechnen, das für minderjährige Kinder gezahlte Kindergeld dagegen nur zur Hälfte. Entsprechend mindert es deren Unterhaltsbedürftigkeit und damit deren Unterhaltsanspruch. Dasselbe gilt nach § 1612 c BGB für regelmäßig wiederkehrende kindbezogene Leistungen (z.B. Kinderzulagen aus der gesetzlichen Unfallversicherung und Kinderzuschüsse aus der gesetzlichen Rentenversicherung), soweit sie den Anspruch auf Kindergeld ausschließen. Soweit Kindergeld auf den Unterhaltsbedarf des Kindes anzurechnen ist, hat der unterhaltspflichtige Elternteil (bzw. haben bei Unterhaltspflicht beider Elternteile die Eltern) dem Kind nicht den in Abschnitt A. der Düsseldorfer Tabelle ausgewiesenen sog. Tabellenbetrag, sondern nur den im Anhang der Düsseldorfer Tabelle verzeichneten sog. Zahlbetrag zu leisten, der die Kindergeldrechnung berücksichtigt. Zum Problem der Anrechnung des vollen für ein volljähriges Kind gezahlten Kindergeldes auf dessen Unterhaltsbedarf bei Leistungsunfähigkeit eines Elternteils zur Zahlung von Unterhalt an das Kind vgl. Rdnr. 128. Zur Umrechnung der bis zum 31.12.2007 geschaffenen dynamischen Vollstreckungstitel über Kindesunterhalt (zu diesen Titeln vgl. Rdnr. 126) unter Berücksichtigung der darin enthaltenen Kindergeldanrechnung vgl. Rdnr. 247. Zur Handhabung der Kindergeldanrechnung im Rahmen des Elternunterhalts vgl. Rdnr. 177.

68 Bezieht ein Unterhaltsberechtigter wegen eines Körper- oder Gesundheitsschadens Sozialleistungen, z.B. Leistungen der Pflegekasse, ist bei der Feststellung seines Unterhaltsanspruchs die (kaum) widerlegbare Vermutung aus §§ 1578 a und § 1610 a BGB zu beachten, dass die Kosten seiner schadensbedingten Aufwendungen nicht geringer sind als die Höhe dieser Leistungen. Nach der gesetzlichen Vermutung sind die genannten Sozialleistungen daher nur mit dem Mehrbedarf des Berechtigten zu verrechnen, d.h. mit demjenigen Teil seines Lebensbedarfs, der auf seinem Körper- oder Gesundheitsschaden beruht. Hinsichtlich seines allgemeinen Lebensbedarfs mindern sie seine Bedürftigkeit unterhaltsrechtlich dagegen nicht.

LL-Strkt

KG

Brdbg

Brschw

Brem

Celle

Dresd

Düss

Ffm

Hbg

Hamm

Kblz

Köln

Naumbg

Oldbg

Rstk

Schlesw

SüdL

Thür

Empf
Sozhi

2. Berücksichtigung von fiktivem Einkommen

69 Wenn und soweit ein dem Grunde nach Unterhaltsberechtigter tatsächlich kein Einkommen erzielt, er es aber aus einer der in Rdnr. 81 f. beispielsweise aufgezählten Einkommensarten erzielen könnte, wird es ihm in dem erzielbaren Umfang als sog. fiktives Einkommen mit der Folge zugerechnet, dass er insoweit nicht unterhaltsbedürftig ist und von einem Dritten deshalb keinen Unterhalt verlangen kann. Ein Unterhaltsregress des Sozialhilfeträgers kommt in diesem Fall nicht in Betracht. Hat der dem Grunde nach Unterhaltsberechtigte das 15. Lebensjahr vollendet und die Altersgrenze nach § 7 a SGB II noch nicht erreicht und ist er erwerbsfähig i.S. von § 8 SGB II, gehört er zum persönlichen Geltungsbereich des SGB II und nicht des SGB XII. Nach § 5 Abs. 2 SGB II hat er deshalb keinen Anspruch auf lebensunterhaltssichernde Leistungen nach dem SGB XII. Sollte er in einem solchen Fall gleichwohl Sozialhilfe beziehen, etwa wenn er für weniger als drei Stunden täglich erwerbsfähig ist, sich aber trotz Aussicht auf entsprechende Erwerbsmöglichkeit nicht darum bemüht, mindert das erzielbare Einkommen seine unterhaltsrechtliche Bedürftigkeit. In diesem Umfang fehlt es zwar an einem Unterhaltsanspruch als Grundlage eines Unterhaltsregresses nach § 94 SGB XII, aber Sozialhilfe kann gleichwohl bezogen werden, weil eine Leistungsberechtigung nach dem SGB XII nicht aufgrund fiktiven Einkommens, sondern nur über die Anrechnung tatsächlich erzielten Einkommens verringert oder ausgeschlossen sein kann.

70 Ist dem Unterhaltsberechtigten ein fiktives Einkommen zuzurechnen, ist bei der anschließenden Unterhaltsberechnung zu beachten, dass zu seinen Gunsten die mit der Einkommenserzielung verbundenen Aufwendungen berücksichtigt werden müssen.

3. Einsatz des Vermögens

71 Vermögenserträge sind in jedem Unterhaltsrechtsverhältnis als Einkommen einzusetzen.

72 Grundsätzlich hat ein dem Grunde nach Unterhaltsberechtigter auch den Stamm seines Vermögens, unabhängig von dessen Art, für seinen eigenen Unterhalt einzusetzen, bevor er von einem ihm dem Grunde nach Unterhaltsverpflichteten Unterhalt verlangen kann. Der Unterhaltsberechtigte darf das einzusetzende Vermögen unterhaltsunschädlich nur in angemessenen, an seinem Unterhaltsbedarf orientierten Teilbeträgen verbrauchen. Soweit er diese Grenzen nicht einhält, ist ihm das im Übermaß verbrauchte Vermögen bedürftigkeitsmindernd zuzurechnen.

73 Eine Ausnahme gilt allerdings für minderjährige unverheiratete Kinder im Verhältnis zu ihren

Eltern. Sie brauchen den Stamm ihres Vermögens für ihren Unterhalt nicht einzusetzen (§ 1602 Abs. 2 BGB), es sei denn, in diesem Fall wäre der angemessene Unterhalt der Eltern nicht gewahrt (§ 1603 Abs. 2 Satz 3 Halbsatz 2 BGB).

74 Im Unterschied zum SGB XII gibt es im bürgerlichen Recht beim Berechtigten keine Schutzvorschriften zugunsten bestimmter Vermögensteile. Das kann zur Folge haben, dass der Unterhaltsberechtigte zwar Anspruch auf Sozialhilfe hat, aber nicht oder nicht in vollem Umfang unterhaltsbedürftig i.S. des BGB ist. Diese Möglichkeit kann z.B. bestehen, wenn er über Vermögen verfügt, das nach § 90 Abs. 2 SGB XII geschützt ist. Die unterhaltsrechtliche Obliegenheit zum Vermögenseinsatz findet bei Verwandten mit Ausnahme der in Rdnr. 73 Genannten erst dort ihre Grenze, wo die Verwertung unzumutbar i.S. von grob unbillig ist (z.B., weil angemessene Erträge oder der Wert eines mietfreien Wohnens den laufenden Unterhalt teilweise sichern); zur Bewertung des Wohnvorteils vgl. Rdnrn. 82 ff. Ob die Verwertung unzumutbar ist, muss anhand aller Umstände einschließlich der schützenswerten Belange des Unterhaltspflichtigen geprüft werden. In aller Regel brauchen Bedürftige für ihren Unterhalt jedenfalls einen Betrag in Höhe des kleineren Barbetrags nach § 90 Abs. 2 Nr. 9 SGB XII (unterhaltsrechtlich: sog. Notgroschen) und geringwertige Gegenstände von Affektionsinteresse ebenso wenig einzusetzen wie Vermögen, dessen Verwertung – etwa bei vorübergehend schlechter Marktlage – gänzlich unwirtschaftlich ist.

75 Geschiedene Ehegatten brauchen nach § 1577 Abs. 3 BGB den Vermögensstamm nicht einzusetzen, soweit die Verwertung unwirtschaftlich oder unter Berücksichtigung der beiderseitigen wirtschaftlichen Verhältnisse unbillig wäre. In Hinblick auf die weitgehende inhaltliche Gleichstellung des Unterhaltsanspruchs nach § 1615 l BGB mit demjenigen nach § 1570 Abs. 1 BGB ist zu erwägen, den Grundsatz des § 1577 Abs. 3 BGB auch im Rahmen des Anspruchs nach § 1615 l BGB anzuwenden.

76 Die in Rdnr. 75 genannte Regel gilt nicht unbesehen für den Trennungsunterhalt von dem Grunde nach unterhaltsberechtigten Ehegatten. Bei der Beurteilung ist einerseits in Betracht zu ziehen, dass die Obliegenheit zum Einsatz des Vermögens während der Ehe durch ein höheres Maß an Verantwortung gegenüber dem anderen Ehegatten bestimmt wird, als sie unter Geschiedenen besteht. Andererseits ist zu berücksichtigen, dass die Verwertung des Vermögensstamms – außer bei Notfällen – auch dann unbillig sein kann, wenn das Scheitern der Ehe, das nach § 1566 Abs. 2 BGB bei mehr als dreijährigem Getrenntleben unwiderlegbar vermutet wird, noch nicht endgültig feststeht. Insoweit kann sich bei Getrenntleben der Ehegatten die Unbilligkeit der Verwertung auch aus dem Interesse an der

Erhaltung der wirtschaftlichen Grundlage der Ehe ergeben. Allerdings gleicht sich die die Obliegenheit zum Einsatz des Vermögensstamms der Regelung bei geschiedenen Ehegatten (§ 1577 Abs. 3 BGB) desto mehr an, je länger die Trennungszeit andauert.

VI. Die Leistungsfähigkeit des Unterhaltspflichtigen

77 Der dem Grunde nach Unterhaltspflichtige schuldet Unterhalt nur, wenn und soweit er aus unterhaltsrechtlicher Sicht leistungsfähig ist. Zur Aufnahme eines Darlehens, um leistungsfähig zu werden, ist er nicht verpflichtet. Unbedingt zu beachten ist, dass Unterhaltsbedürftigkeit des Unterhaltsberechtigten und Leistungsfähigkeit des Unterhaltspflichtigen zeitgleich bestehen müssen.

78 Da das Unterhaltsrecht von der Leistungsfähigkeit des Unterhaltspflichtigen ausgeht, trifft die Darlegungs- und Beweislast den Unterhaltspflichtigen, wenn er sich auf (ggf. teilweise) Leistungsunfähigkeit beruft.

79 Die Leistungsfähigkeit des Unterhaltspflichtigen richtet sich im Wesentlichen nach dem Einkommen und Vermögen, über das er unter Anrechnung seiner sonstigen berücksichtigungsfähigen Verpflichtungen einschließlich seiner Unterhaltsverpflichtungen gegenüber vorrangig und (anteilig) gleichrangig Unterhaltsberechtigten verfügt oder verfügen könnte, ferner nach dem für ihn im Verhältnis zum Unterhaltsberechtigten geltenden Eigenbedarf (Selbstbehalt).

80 Unterhaltsrechtlich leistungsfähig ist nicht, wer selbst sozialhilfebedürftig ist oder es durch Erfüllung des Unterhaltsanspruchs werden würde. Ob ein Unterhaltspflichtiger diese Voraussetzungen erfüllt, ist auf Grundlage von §§ 82 bis 84 SGB XII nach seinem Einkommen sowie gemäß § 90 Abs. 2 SGB XII nach seinem Vermögen zu beurteilen. Gleiches gilt für Empfänger von Leistungen zur Sicherung des Lebensunterhalts nach dem SGB II, wenn die ihnen erbrachten Leistungen die Leistungen nach dem 3. Kapitel SGB XII nicht übersteigen. Fiktives Einkommen (vgl. Rdnr. 90) und fiktives (z.B. verschwendetes oder grundlos verschenktes) Vermögen sind wie tatsächliches Einkommen und Vermögen zu berücksichtigen.

1. Einsatz des Einkommens

81 Das für die Leistungsfähigkeit des Unterhaltspflichtigen entscheidende unterhaltsrelevante Einkommen stimmt nicht notwendig mit dem von ihm zu versteuernden oder mit seinem sozialhilferechtlich maßgeblichen Einkommen überein. Zu berücksichtigen ist grundsätzlich Einkommen jeder Art, sofern es nur geeignet ist, Unterhaltsbedarf zu decken. Dazu zählen insbesondere Einkünfte aus

- abhängiger und selbstständiger Erwerbstätigkeit,
- Renten,
- Kapitalvermögen, soweit die Einkünfte verfügbar sind, d.h. nicht thesauriert werden,
- dem Vorteil des mietfreien Wohnens (vgl. Rdnr. 82),
- Vermietung und Verpachtung,
- Gewerbebetrieb,
- Land- und Forstwirtschaft,
- Steuererstattungen,
- geldwerten Leistungen des Arbeitgebers (z.B. Firmenwagen),
- unentgeltlicher Haushaltsführung für einen leistungsfähigen Dritten,
- nicht subsidiäre Sozialleistungen (vgl. Rdnr. 85.),
- Taschengeld als Bestandteil des Familienunterhalts (vgl. Rdnr. 200),
- Überstunden, wenn diese berufstypisch sind oder nur in geringem Umfang anfallen; aus darüber hinausgehenden Überstunden nur nach Billigkeit,
- überobligationsmäßiger Tätigkeit nur, soweit sie nicht im Verwandtenunterhalt aus Billigkeitsgründen nach § 242 BGB, im nachehelichen Unterhalt und entsprechend im Trennungsunterhalt nach § 1577 Abs. 2 BGB anrechnungsfrei bleiben. Typisches Beispiel bildet insoweit die Betreuung eines Kindes in einem Fall, in dem nach § 1570 BGB oder § 1615 l BGB keine Erwerbsobliegenheit des betreuenden Elternteils besteht. § 1577 Abs. 2 BGB sollte angesichts der weitgehenden Gleichstellung des Unterhaltsanspruchs nach § 1615 l BGB mit geschiedenen unterhaltsbedürftigen Ehegatten auch auf den Unterhaltsanspruch nach § 1615 l BGB angewendet werden.

Hat der Unterhaltspflichtige im Verhältnis zu seinem Ehegatten eine ungünstige Steuerklasse gewählt, ist dies durch einen zu schätzenden Abschlag bei der gezahlten Steuer zu berücksichtigen. Für die Einzelheiten der Einkommensermittlung wird auf Rdnrn. 86 bis 89 sowie auf die unterhaltsrechtlichen Leitlinien der Oberlandesgerichte (dort jeweils Nrn. 1 bis 9) verwiesen.

82 Auch der Vorteil mietfreien Wohnens im eigenen Haus oder in der eigenen Eigentums-wohnung stellt unterhaltsrechtlich Einkommen dar (Wohnvorteil). Der Wohnvorteil ergibt sich aus dem anzusetzenden Wohnwert abzüglich berücksichtigungsfähiger Aufwendungen. Übersteigen die Aufwendungen den Wohnwert, besteht kein Wohnvorteil (zur Berücksichtigung dieser überschießenden Aufwendungen vgl. Rdnr. 95). Obwohl der Vorteil mietfreien Wohnens als Einkommen zu berücksichtigen ist, stehen dem Unterhaltspflichtigen hieraus keine Mittel zur Erfüllung von Unterhaltsansprüchen zur Verfügung, weil er – anders als bei Vermietung von

Grundeigentum – daraus keine Bareinnahmen erzielt. Der Wohnvorteil wirkt sich nur dahin aus, dass in dessen Umfang der Unterkunftsbedarf des Unterhaltspflichtigen mit Ausnahme der Nebenkosten gedeckt ist. Das heißt, sein Selbstbehalt reduziert sich entsprechend um den im Selbstbehalt enthaltenen Unterkunftsanteil; im Fall eines verheirateten Unterhaltspflichtigen ohne oder mit geringerem Einkommen als sein Ehegatte verringert sich sein Anspruch auf Familienunterhalt entsprechend. Leistungsfähig zur Zahlung von Unterhalt kann dieser Unterhaltspflichtige deshalb nur sein, wenn und soweit er über sonstiges Einkommen verfügt, das – ggf. zusammen mit seinem Anteil am Familienunterhalt – seinen Selbstbehalt übersteigt.

83 Für den zu ermittelnden Wohnwert ist für die Zeit nach der Scheidung, beim Kindes-unterhalt und bei Unterhalt nach § 1615 l BGB der objektive Wohnwert maßgeblich, d.h. der Betrag, der bei einer Fremdvermietung erzielt werden könnte, es sei denn, die Verwertung des Objekts ist ausnahmsweise noch nicht möglich oder (noch) nicht zumutbar. Gleiches gilt beim Trennungsunterhalt für die Zeit ab Rechtshängigkeit des Scheidungsverfahrens bzw. ab dem Zeitpunkt, zu dem sich die Ehegatten endgültig über die Scheidungsfolgen geeinigt haben oder zu dem sie seit mindestens drei Jahren getrennt leben. Soweit der zur Zahlung von Trennungsunterhalt verpflichtete Ehegatte weiterhin in der für ihn allein zu großen Unterkunft wohnt, ist als Wohnwert bis zu dem genannten Zeitpunkt nur der Betrag anzusetzen, den er für eine den ehelichen Lebensverhältnissen entsprechende kleinere Wohnung aufwenden müsste (subjektiver Wohnwert). Dieser subjektive Wohnwert ist auch bei der Ermittlung des Wohnvorteils eines Kindes anzusetzen, das zur Leistung von Elternunterhalt verpflichtet ist, wobei dann allerdings der Ansatz des subjektiven Wohnwerts zeitlich nicht beschränkt und von der Größe des Familienheims unabhängig ist.

84 Der unterhaltsrechtlich anrechenbare Wohnvorteil wird festgestellt, indem von dem nach Rdnr. 83 ermittelten Wohnwert unter Heranziehung von § 556 Abs. 1 BGB, § 2 BetrKV folgende Aufwendungen abgezogen werden:

▪ Darlehenszinsen,
▪ der Tilgungsanteil (nur) in Fällen
  – des Elternunterhalts generell,
  – des Trennungsunterhalts bis zu dem nach Rdnr. 83 maßgeblichen Zeitpunkt,
  – des Unterhalts für gemeinsame eheliche (minderjährige und volljährige) Kinder ebenfalls bis zu dem nach Rdnr. 83 maßgeblichen Zeitpunkt, jedoch bei minderjährigen und privilegierten volljährigen Kindern nur, soweit Unterhalt in Höhe des Bedarfs nach der 1. Einkommensgruppe des Abschnitts A. der Düsseldorfer Tabelle gesichert ist,

▪ die aktuell anfallenden Kosten zur Erhaltung des bestimmungsmäßigen Gebrauchs, um die durch Abnutzung, Alterung und Witterungseinwirkung entstehenden baulichen oder sonstigen Mängel ordnungsgemäß zu beseitigen (Instandhaltungs- und Instandsetzungskosten), wobei diese je nach Höhe der Kosten auf einen angemessenen Zeitraum umgelegt werden können,
▪ bei Eigentumswohnungen regelmäßig zu zahlende Rücklagen für die Instandhaltung des Wohneigentums im angemessenen Umfang, wobei dem Alter und Zustand der Immobilie Rechnung zu tragen ist,
▪ bei Eigenheimen die für Instandhaltungs- und Instandsetzungskosten gebildeten Rücklagen, sofern konkrete, unaufschiebbare Maßnahmen absehbar sind,
▪ Hausverwalterkosten und Kosten des Geldverkehrs.

Nicht abzugsfähig sind dagegen:

▪ verbrauchsabhängige Kosten wie Heizung, Strom, Wasser, Müllabfuhr usw.,
▪ verbrauchsunabhängige Nebenkosten (z.B. Grundsteuern, Sach- und Haftpflichtversicherung), die bei Vermietung umlagefähig wären,
▪ i.d.R. Ausgaben für wertsteigernde Ausbauten und Modernisierungen und Kosten einer allgemeinen Renovierung (z.B. nach Auszug des Partners).

85 Auch Sozialleistungen mit Ausnahme der Leistungen nach dem SGB XII bilden auf Seiten des Unterhaltspflichtigen grundsätzlich unterhaltsrechtliches Einkommen. Beispiele sind – soweit nicht die Vermutung des § 1610 a BGB eingreift – Renten aller Art, Krankengeld und – soweit nicht für überhöhte Unterkunftskosten benötigt – Wohngeld, Mutterschaftsgeld und Arbeitslosengeld I und II. Gleiches gilt für Einstiegsgeld und Leistungen zur Eingliederung von Selbstständigen nach § 16 b bzw. § 16 c SGB II und Mehraufwandsentschädigung nach § 16 d Abs. 7 SGB II, soweit diese Leistungen nicht durch den dadurch bedingten Mehraufwand aufgezehrt werden. Dagegen ist Elterngeld bis zur Höhe des Sockelbetrags von monatlich 300 Euro, bei verlängertem Bezug bis 150 Euro, grundsätzlich kein Einkommen i.S. des Unterhaltsrechts, darüberhinausgehendes Elterngeld nach § 11 Satz 1 und 2 BEEG aber sehr wohl; im Fall des § 1603 Abs. 2 BGB sind sogar der jeweilige Sockelbetrag des Elterngeldes und das Betreuungsgeld nach dem BEEG als Einkommen zu behandeln, wenn der notwenige Selbstbehalt (vgl. Rdnr. 106) des barunterhaltspflichtigen Elternteils gewahrt ist (zur Einkommensanrechnung des einem Unterhaltsberechtigten gezahlten Elterngeldes sowie des Betreuungsgeldes vgl. Rdnr. 62). Kindergeld und Kindergeld ersetzende Leistungen i.S. von § 1612 c BGB zählen nicht zum unterhaltsrelevanten Einkommen der Kindes-

LL-Strkt

KG

Brdbg

Brschw

Brem

Celle

Dresd

Düss

Ffm

Hbg

Hamm

Kblz

Köln

Naumbg

Oldbg

Rstk

Schlesw

SüdL

Thür

Empf
Sozhi

eltern (vgl. Rdnr. 67). Für die Einzelheiten zur Berücksichtigung von Sozialleistungen als Einkommen wird auf die unterhaltsrechtlichen Leitlinien des zuständigen Oberlandesgerichts (dort jeweils Nrn. 2.1 ff.) verwiesen.

86 Während sich die Unterhaltsberechnung bei Einkommen aus abhängiger Tätigkeit jeweils nach dem (bereinigten) Jahresnettoeinkommen und bei Kapitaleinkünften nach dessen Jahresertrag abzüglich der darauf entfallenden Steuern und Verwaltungskosten richtet, ist als Einkommen aus Land- und Forstwirtschaft, Gewerbebetrieb und selbstständiger Tätigkeit i.d.R. der Durchschnitt der Einkünfte der letzten drei Jahre zugrun-de zu legen. Ausnahmsweise sind auch Einkünfte, die länger als drei Jahre vor dem Unterhaltszeitraum liegen, zu berücksichtigen, wenn gerade auch diesem Zeitraum wesentliche Bedeutung für die wirtschaftlichen Verhältnisse im Unterhaltszeitraum beizumessen ist. Liegen (noch) keine Ergebnisse für mindestens drei Jahre vor, können die Einkünfte des bereits abgerechneten kürzeren Zeitraums unter Berücksichtigung der im laufenden Jahr bereits erzielten Einnahmen und geleisteten Ausgaben und der voraussichtlich noch zu erzielenden Einnahmen und zu leistenden Ausgaben zugrunde gelegt werden.

87 Die in Steuerbescheiden, Bilanzen einschließlich Gewinn- und Verlustrechnungen sowie Einnahme- und Überschussrechnungen ausgewiesenen Abschreibungen, Freibeträge und andere sich aus steuer- und bilanzrechtlichen Vorschriften ergebenden Vergünstigungen (Absetzungen) sind unterhaltsrechtlich nur zu berücksichtigen, soweit sie sich mit einer tatsächlichen Verringerung der für den Lebensbedarf verfügbaren Mittel decken; lineare Abschreibungen sind im Zweifel auch unterhaltsrechtlich anzuerkennen. Im Fall darüber hinausgehender pauschaler Abschreibungen ist vom Unterhaltspflichtigen Darlegung und Nachweis der tatsächlich eingetretenen Wertminderungen zu verlangen. Abschreibungen für Gebäude sind regelmäßig nicht abzusetzen.

88 Stehen keinerlei für die Ermittlung der Einkünfte geeignete Unterlagen zur Verfügung oder besteht keine Buchführungspflicht, können bei Gewerbetreibenden die Einkünfte mithilfe der beim Finanzamt erhältlichen »Richtsatzsammlung für nichtbuchführende Gewerbetreibende« ermittelt werden. Privatentnahmen können Anhaltspunkte für die Höhe des Bruttogewinns sein, wenn entweder keine anderweitigen aussagekräftigen Auskünfte erteilt oder keine zur Überprüfung geeigneten Belege vorgelegt worden sind.

89 Im Fall von Unterhaltsrückständen ist zur Berechnung des unterhaltsrechtlich maßgeblichen Einkommens der Gewinn in jedem Fall um die in demselben Zeitraum auf das Einkommen entrich-teten persönlichen Steuern, ferner um die entrichteten Kranken- und Pflegeversicherungsbeiträge sowie die Beiträge für eine angemessene Altersversorgung zu bereinigen (vgl. im Einzelnen Rdnr. 96), wenn und soweit die Altersvorsorge nicht auf andere Weise gesichert ist. Geht es um laufenden und künftigen Unterhalt, sind die aktuellen Beträge maßgeblich.

2. Berücksichtigung von fiktivem Einkommen

90 Auch Einkommen, das der Unterhaltspflichtige aus einer seiner möglichen Einkommensquellen zwar tatsächlich nicht erzielt, aber zumutbar erzielen könnte, ist bei der Ermittlung seiner Leistungsfähigkeit zu berücksichtigen. Aus abhängiger oder selbstständiger Arbeit ist es ihm zuzurechnen, wenn er die ihm subjektiv zuzumutenden Anstrengungen zur Suche einer Erwerbsmöglichkeit nicht oder nicht ausreichend unternommen hat und zumindest nicht auszuschließen ist, dass bei genügenden Bemühungen nach seinen persönlichen Verhältnissen, seiner Ausbildung, seinem Gesundheitszustand und nach den tatsächlichen Verhältnissen auf dem Arbeitsmarkt eine reale Chance auf eine zumutbare bzw. im Rahmen von nachehelichem Unterhalt auf eine i.S. von § 1574 BGB angemessene Erwerbstätigkeit bestanden hätte. Nicht auszuräumende Zweifel gehen zu seinen Lasten. Wegen des nur schwach ausgeprägten Anspruchs auf Elternunterhalt besteht im Rahmen dieses Unterhaltsverhältnisses grundsätzlich keine Erwerbsobliegenheit des seinen Eltern dem Grunde nach unter-haltspflichtigen Kindes, jedoch kann dem Kind im Einzelfall ein fiktives Einkommen zugerechnet werden, z.B. wenn das Kind eine tatsächlich ausgeübte Erwerbstätigkeit ohne sachliche, insbesondere gesundheitliche Gründe aufgibt oder einschränkt. Ist dem Unterhaltspflichtigen ein fiktives Einkommen zuzurechnen, ist Rdnr. 70 zu beachten und zu berücksichtigen, dass die sozialhilferechtlichen Zumutbarkeitskriterien sich häufig nicht mit den strengeren unterhaltsrechtlichen Maßstäben decken.

Obwohl der Unterhaltspflichtige aufgrund fiktiven Einkommens – gleiches gilt für fiktives, z.B. verschwendetes oder leichtfertig verschenktes Vermögen – als unterhaltsrechtlich leistungsfähig gilt, scheidet seine Heranziehung zum Unterhalt nach § 94 Abs. 3 Satz 1 Nr. 1 SGB XII aus, weil fiktives Einkommen und Vermögen sozialhilferechtlich die Hilfebedürftigkeit des Unterhaltspflichtigen nicht beseitigt. Das gilt selbst dann, wenn der Unterhaltsanspruch bereits tituliert ist. Die unterschiedliche Bewertung von Einkommen und Vermögen in den beiden Rechtsgebieten hat zur Folge, dass eine leistungsberechtigte Person von einem Unterhaltspflichtigen, dem sowohl real erzieltes als auch fiktives Einkommen und/oder Vermögen zuzurechnen ist, Unterhalt auf der Grundlage des gesamten

Einkommens verlangen kann, dieser Unterhaltsanspruch aber nach § 94 Abs. 3 Satz 1 Nr. 1 SGB XII nur in dem Umfang auf den Träger der Sozialhilfe übergeht, als er sich aus dem real erzielten Einkommen und/oder Vermögen errechnet.

3. Einkommensbereinigung

91 Das Einkommen des Unterhaltspflichtigen ist um unterhaltsrechtlich gebotene Abzüge einschließlich der Unterhaltsansprüche vorrangig Unterhaltsberechtigter zu bereinigen. Für die Einzelheiten wird auf Rdnrn. 92 bis 97 sowie auf die unterhaltsrechtlichen Leitlinien des zuständigen Oberlandesgerichts (dort jeweils Nrn. 10.1 bis 10.6) verwiesen. Einkommensmindernd anzuerkennen sind je nach Qualität des konkreten Unterhaltsverhältnisses auch angemessene monatliche Ansparbeträge für vorweggenommene Lebenshaltungskosten und für die Wechselfälle des Lebens. Die Darlegungs- und Beweislast für die Tatsachen, die eine Bereinigung seines Einkommens rechtfertigen, obliegt dem Unterhaltspflichtigen, weil er damit eine Minderung seiner Leistungsfähigkeit geltend macht.

92 Schulden können je nach den Umständen des Einzelfalls (Grund und Zeitpunkt der Entstehung, Zweck der Aufnahme, gemeinsame Verantwortung von Unterhaltsberechtigtem und Unterhaltsverpflichtetem für die Eingehung der Verbindlichkeit, Kenntnis des Unterhaltspflichtigen von Grund und Höhe seiner Unterhaltspflicht, Dringlichkeit der beiderseitigen Bedürfnisse und Möglichkeit des Unterhaltspflichtigen, seine Leistungsfähigkeit wiederherzustellen) sowie je nach der Art des Unterhaltsrechtsverhältnisses das anrechenbare Einkommen mindern. Erforderlich ist in jedem Fall eine umfassende Abwägung der Interessen von Unterhaltspflichtigem, Unterhaltsberechtigtem und Drittgläubiger. Bei berücksichtigungswürdigen Schulden sind i.d.R. nur angemessene Raten im Rahmen eines vernünftigen Tilgungsplans anzuerkennen.

93 In Fällen des Kindes- und Ehegattenunterhalts kann es angemessen sein, Schulden nur im Verhältnis zum Ehegatten oder zu dem nach § 1615 l BGB Unterhaltsberechtigten anzuerkennen, nicht aber gegenüber minderjährigen Kindern. Dies kommt insbesondere dann in Betracht, wenn andernfalls der Mindestunterhalt minderjähriger Kinder nach § 1612 a BGB (vgl. Rdnr. 55) nicht erreicht wird. In solchen Fällen sind die Schulden i.d.R. nicht einkommensmindernd zu berücksichtigen. Wird der gesetzliche Mindestbetrag für den Kindesunterhalt wegen Überschuldung des unterhaltspflichtigen Elternteils nicht erreicht, kann der Unterhaltspflichtige gehalten sein, Insolvenz zu beantragen. Schuldet der Unterhaltspflichtige dagegen Trennungsunterhalt, nachehelichen Unterhalt, Unterhalt nach § 1615 l BGB oder Elternunterhalt, trifft ihn diese Obliegenheit nicht.

94 Schuldverpflichtungen, die vor Kenntnis der Unterhaltsbedürftigkeit des Berechtigten eingegangen worden sind, sind i.d.R. vom unterhaltsrelevanten Einkommen abzusetzen. Gegenüber minderjährigen Kindern gilt das – außer in eng begrenzten Ausnahmefällen – nicht, wenn deren Mindestunterhalt nicht gewahrt ist. Später eingegangene Verbindlichkeiten sind nur in dem Umfang zu berücksichtigen, als dies nach dem konkreten Unterhaltsverhältnis in Hinblick auf Zweck und Höhe gerechtfertigt erscheint.

95 Soweit die Aufwendungen für angemessenes selbstgenutztes Wohneigentum (vgl. Rdnr. 84) zuzüglich der übrigen (auch zugunsten von Mietern) berücksichtigungsfähigen Abzugsposten den für das konkrete Unterhaltsverhältnis in der Düsseldorfer Tabelle ausgewiesenen Unterkunftsanteil im Selbstbehalt übersteigen, ist das Einkommen des Unterhaltspflichtigen entsprechend zu bereinigen oder der Selbstbehalt entsprechend zu erhöhen.

96 Aufwendungen, die der zusätzlichen Altersvorsorge des Unterhaltspflichtigen dienen, sind in allen Unterhaltsverhältnissen in angemessenem Umfang als abzugsfähig anzuerkennen. Dabei können im Rahmen der nachfolgend in Absatz 3 genannten Obergrenzen Kosten für eine Lebensversicherung sowie sonstige vermögensbildende Investitionen anerkannt werden, soweit sie geeignet sind, diesen Zweck zu erreichen (z.B. Erwerb von Immobilien, Spareinlagen, Wertpapiere oder Fondsbeteiligungen). Weiter sind in diesem Rahmen Beiträge zur betrieblichen oder sonstige Zusatzversorgung und zur sog. Riester-Rente anzuerkennen.

Angesichts der besonderen Schutzbedürftigkeit minderjähriger und der ihnen gleichgestellten Kinder gilt das für Unterhaltsverpflichtungen solchen Personen gegenüber allerdings dann nicht, wenn der Unterhaltspflichtige bei Berücksichtigung dieser Aufwendungen nicht einmal zur Zahlung von Unterhalt nach der 1. Einkommensgruppe des Abschnitts A. der Düsseldorfer Tabelle (Mindestunterhalt) in der Lage wäre.

Soweit die zusätzliche Altersvorsorge einkommensmindernd zu berücksichtigen ist, sind in diesem Zusammenhang in allen Unterhaltsverhältnissen bis zu 4 % (beim Eltern- oder Enkelunterhalt bis zu 5 %) des letztjährigen Bruttoeinkommens angemessen. Diese Grundsätze gelten sowohl für zum Unterhalt Verpflichtete und Berechtigte mit Anwartschaft auf Sozialversicherungsrente oder Beamtenpension als auch (dort zusätzlich zur primären Altersvorsorge von ca. 20 %) für Personen mit nicht sozialversicherungspflichtigem Einkommen und nicht anderweitig vorhandener zusätzlicher Altersvorsorge, insbesondere für Selbstständige. War der Unterhaltspflichtige aus Gründen der Kindererziehung oder aus anderen berücksichtigungsfähigen Gründen nicht

LL-Strkt

KG

Brdbg

Brschw

Brem

Celle

Dresd

Düss

Ffm

Hbg

Hamm

Kblz

Köln

Naumbg

Oldbg

Rstk

Schlesw

SüdL

Thür

Empf
Sozhi

durchgehend vollschichtig erwerbstätig und hat er deshalb nur einen relativ geringen Renten- oder Pensionsanspruch erworben, kann der Prozentsatz von 4 % bzw. 5 % des Bruttoeinkommens für seine Altersvorsorge angemessen erhöht werden. Weiter sind bei rentenversicherten Unterhaltpflichtigen, deren Einkommen über der Beitragsbemessungsgrenze liegt, tatsächlich geleistete zusätzliche Vorsorgeaufwendungen insgesamt bis zu 24 % bzw. 25 % des Bruttoeinkommensanteils, der die Beitragsbemessungsgrenze der gesetzlichen Rentenversicherung übersteigt, anzuerkennen. Voraussetzung für die Anerkennung der Aufwendungen ist stets, dass diese tatsächlich vorgenommen werden. Aufwendungen zur zusätzlichen Altersvorsorge können in dem genannten Umfang auch bei Kenntnis der Unterhaltsverpflichtung aufgenommen werden.

97 Der Unterhaltspflichtige kann einkommensmindernd bis zu den in Rdnr. 96 genannten Obergrenzen Aufwendungen für die zusätzliche (erforderlichenfalls auch für die primäre) Altersvorsorge seines Ehegatten geltend machen, wenn dessen Altersversorgung nicht bereits anderweitig, z.B. durch eigene Alterseinkünfte, eigenes Vermögen oder durch die Altersversorgung des Unterhaltspflichtigen sichergestellt ist. Die genannten Obergrenzen gelten nicht, wenn der Ehegatte des Unterhaltspflichtigen aus eigenem Einkommen Altersvorsorge für seine Person in einem die Obergrenzen übersteigenden, aber für diesen Ehegatten noch angemessenen Umfang betreibt und die Leistungsfähigkeit seines einem Dritten gegenüber unterhaltspflichtigen Ehegatten dadurch geringer ausfällt als ohne diese höheren Aufwendungen. Für die Beurteilung, in welchem Umfang Aufwendungen des Ehegatten für seine zusätzliche Altersvorsorge bei ihm einkommensmindernd zu berücksichtigen sind, ist ein objektiver Maßstab anzulegen. Entscheidend ist der Lebensstandard der Ehegatten, der nach ihrem vorhandenen Einkommen vom Standpunkt eines vernünftigen Betrachters aus angemessen erscheint. Dabei haben gemessen an den verfügbaren Einkommen sowohl eine zu dürftige Lebensführung als auch ein übermäßiger Aufwand außer Betracht zu bleiben.

4. Einsatz des Vermögens

98 Vermögenserträge sind in jedem Unterhaltsrechtsverhältnis als Einkommen einzusetzen, es sei denn, sie verbleiben bis zur Vermögensschongrenze kapitalerhöhend im Vermögensstamm.

99 Reicht das bereinigte Einkommen des Unterhaltspflichtigen bei Wahrung des ihm nach dem konkreten Unterhaltsverhältnis zustehenden Selbstbehalts nicht aus, um den Unterhaltsbedarf des bedürftigen Berechtigten zu befriedigen, hat der Unterhaltspflichtige, der über Vermögen verfügt, für diesen Zweck den Stamm des Vermögens unabhängig von seiner Art bis zur vollen Deckung

des monatlichen Unterhaltsbedarfs des Berechtigten einzusetzen, soweit nicht die in Rdnr. 100 bis 103 genannten Ausnahmen vorliegen. Nicht für Unterhaltszwecke zur Verfügung stehen neben dem Schonvermögen die auf die Vermögensverwaltung entfallenden Kosten sowie die auf die Vermögenserträgnisse zu zahlenden persönlichen Steuern.

100 Der Unterhaltspflichtige braucht den Stamm seines Vermögens insoweit nicht für den Unterhalt des Berechtigten einzusetzen,

◾ als er das Vermögen oder die daraus erwirtschafteten Einkünfte gegenwärtig oder künftig unter Berücksichtigung seiner voraussichtlichen Lebensdauer bei Einbeziehung seiner künftigen Erwerbsmöglichkeiten für seinen der eigenen Lebensstellung entsprechenden Lebensbedarf einschließlich seiner Altersversorgung (vgl. aber Rdnr. 103) und unter den Voraussetzungen der Rdnr. 101 für diejenige seines Ehegatten oder zur Erfüllung berücksichtigungsfähiger Verbindlichkeiten einschließlich seiner Unterhaltspflichten gegenüber vor- und gleichrangig Berechtigten (letzteren gegenüber nur anteilig) benötigt,

◾ als die Vermögensverwertung rechtlich unmöglich ist,

◾ als das Vermögen aus einem selbstbewohnten angemessenen Familienheim besteht; im Rahmen des Elternunterhalts ist dabei auch ein selbstbewohntes Hausgrundstück geschützt, das aus nicht mehr als zwei Wohnungen besteht, wobei entsprechend den in der Vergangenheit möglichen steuerlichen Vergünstigungen für die zweite Wohnung nur die Größenordnung einer Einliegerwohnung (abgeschlossene zweite Wohnung, die gegenüber der Hauptwohnung von untergeordneter Bedeutung ist) zugrunde zu legen ist,

◾ als Vermögen des Unterhaltspflichtigen für in naher Zukunft notwendig anfallende vorweggenommene Lebenshaltungskosten (z.B. für demnächst notwendig anfallende Instandhaltungskosten des Familienheims oder für die demnächst notwendig anstehende Anschaffung eines Ersatzfahrzeuges) und für die Wechselfälle des Lebens angesammelt worden ist; auch insoweit kann im Rahmen des Elternunterhalts eine großzügigere Handhabung angebracht sein,

◾ als es sich um einen Betrag für Notfälle handelt; dieser sog. Notgroschen ist grundsätzlich höher als der des Unterhaltsberechtigten (vgl. Rdnr. 74); der Umfang richtet sich nach den Umständen des Einzelfalls, u.a. nach dem Rang des Unterhaltsberechtigten, nach den Einkommensverhältnissen des Unterhaltspflichtigen und nach seinen weiteren Unterhaltsverpflichtungen,

◾ als im Falle des Verwandtenunterhalts der Einsatz für den Unterhaltspflichtigen mit einem nicht mehr vertretbaren Nachteil verbunden und damit grob unbillig wäre, als im Falle nachehelichen Unterhalts und des Unterhalts von Ehegatten während ihres Getrenntlebens die Verwertung unwirtschaftlich oder unter Berücksichtigung der beiderseitigen wirtschaftlichen Verhältnisse unbillig wäre (§ 1577 Abs. 3 BGB). Es wird empfohlen, bei Unterhaltsansprüchen nach § 1615 l BGB entsprechend zu verfahren.

101 Für die eigene (zusätzliche) Altersvorsorge ist das Vermögen des Unterhaltspflichtigen in dem Umfang vom Einsatz für den Unterhalt Dritter zu schonen, als es der finanziell – abgesehen von der primären Altersvorsorge (insbesondere gesetzliche Rentenversicherung und Beamtenversorgung) – nicht für sein Alter gesicherte Unterhaltspflichtige bei seiner Inanspruchnahme auf Ehegatten- oder Kindesunterhalt oder auf Unterhalt nach § 1615 l BGB angesammelt hätte, wenn er im Laufe seines bisherigen Berufslebens bei einer Rendite von 4 % jährlich jeweils bis zu i.d.R. 4 % seines aktuellen Jahresbruttoeinkommens vermögensbildend angelegt hätte. Allerdings ist dem Unterhaltspflichtigen (ggf. vorübergehend) im Verhältnis zu seinen bedürftigen minderjährigen oder den ihnen nach § 1603 Abs. 2 Satz 2 BGB gleichgestellten volljährigen Kindern zuzumuten, Teile seines Altersvorsorgevermögens für den Lebensbedarf dieser Unterhaltsberechtigten einzusetzen, wenn andernfalls nicht einmal Zahlung von Unterhalt nach der 1. Einkommensgruppe des Abschnitts A. der Düsseldorfer Tabelle (Mindestunterhalt) gesichert wäre. Beim Elternunterhalt als Unterhaltsanspruch minderer Qualität muss dem Unterhaltspflichtigen bis zum Renteneintritt bzw. bei vorzeitigem Rentenbeginn bis zum Erreichen des regulären Renteneintrittsalters der Betrag verbleiben, der sich aus der Kapitalanlage der ihm unterhaltsrechtlich zuzubilligenden zusätzlichen Altersvorsorge (bis zu 5 % des Bruttoeinkommens, vgl. Rdnr. 96) ergäbe. Für die Berechnung ist die konkrete Dauer des bisherigen Erwerbslebens bis zum Beginn des Unterhaltszeitraums maßgeblich. Der Wert eines angemessenen selbstgenutzten Familienheims mindert diesen Vermögensfreibetrag nicht, weil dem Unterhaltspflichtigen die Veräußerung des Familienheims nicht zuzumuten ist.

102 Die Regeln in Rdnr. 101 gelten entsprechend für die zusätzliche Altersvorsorge von Unterhaltspflichtigen, die keine primäre Altersversorgung durch Sozialversicherungsrente oder Pension zu erwarten haben, sowie für das in angemessenem Umfang zur Altersvorsorge des Ehegatten des Unterhaltspflichtigen angesammelte Vermögen, wenn die Versorgung des Ehegatten im Alter nicht bereits durch die eigene Vorsorge des Unterhaltspflichtigen oder auf andere Weise gesichert ist. Das Ergebnis ist jeweils auf seine Angemessenheit zu überprüfen.

103 Ab Renteneintritt (bzw. bei vorzeitigem Rentenbeginn ab Erreichen der regulären Altersgren-ze für den Rentenbeginn) hat der aus Einkommen nicht bzw. nicht ausreichend leistungsfähige Unterhaltspflichtige sein bis zu diesem Zeitraum angesammeltes Altersvorsorgevermögen für den Unterhalt des Berechtigten einzusetzen, soweit dadurch sein eigener angemessener Unterhalt und derjenige der ihm gegenüber vor- oder (anteilig) gleichrangigen Unterhaltsberechtigten nicht beeinträchtigt wird. Um den danach für den Unterhalt des Berechtigten zur Verfügung stehenden Monatsbetrag zu ermitteln, ist das Altersvorsorgevermögen des Unterhaltspflichtigen auf der Grundlage seiner bei Einsetzen seiner Unterhaltspflicht bestehenden Lebenserwartung in Einkommen umzurechnen. Dies hat mithilfe der vom Bundesministerium der Finanzen nach § 14 Abs. 1 Satz 4 BewG jährlich neu bekannt gegebenen Kapitalisierungstabellen zu erfolgen. Soweit der auf dieser Grundlage errechnete Monatsbetrag den dem Unterhaltspflichtigen gegenüber dem Berechtigten zustehenden Selbstbehalt übersteigt, ist er für den Unterhalt des Berechtigten einzusetzen, im Rahmen des Elternunterhalts zu 50 %, in allen engeren Unterhaltsverhältnissen in vollem Umfang.

104 Verbleibt dem Unterhaltspflichtigen nach Abzug des geschützten Vermögens (vgl. Rdnrn. 100 bis 103) weiteres Vermögen, ist dieses bis zur Deckung des vollen monatlichen Unterhaltsbedarfs des Berechtigten und ggf. weiterer gleichrangig Unterhaltsberechtigter grundsätzlich in vollem Umfang einzusetzen. Das gilt auch für den Elternunterhalt.

105 Haften dem Unterhaltsberechtigten mehrere Unterhaltspflichtige gleichrangig (sog. horizontale Mithaftung, § 1606 Abs. 3 Satz 1 BGB) und haften die einen aus Einkommen und die anderen aus Vermögen, ist der Haftungsanteil sämtlicher Unterhaltspflichtiger zu errechnen. Zu diesem Zweck muss das für Unterhaltszwecke einzusetzende Vermögen in einen Monatsbetrag umgerechnet werden. Hierzu ist der einzusetzende Vermögenswert mithilfe der zu Beginn der Unterhaltsverpflichtung aktuellen Kapitalisierungstabelle nach § 14 Abs. 1 Satz 4 BewG anhand der statistischen Lebenserwartung des Unterhaltsberechtigten zu verrenten. Zur Haftungsverteilung zwischen mehreren gleichrangig Unterhaltspflichtigen vgl. Rdnr. 42.

5.   Selbstbehalt des Unterhaltspflichtigen

106 Auf der Grundlage von Abschnitt A. Anm. 5, B. IV. und VI. sowie D. I. und II. der Düsseldorfer Tabelle bestimmen die unterhaltsrechtlichen Leitlinien der Oberlandesgerichte (dort jeweils in Nr. 21 bzw. 22) den Selbstbehalt, d.h. den Betrag, der dem Unterhaltspflichtigen gegenüber dem Unterhaltsberechtigten je nach Unterhaltsverhältnis für seine eigene Person bzw. für seinen mit ihm in einem Haushalt lebenden Ehegatten mindestens zusteht. Soweit der Unterhaltspflichtige gegenüber dem

Unterhaltsberechtigten nur seinen notwendigen Selbstbehalt verteidigen kann, ist dieser bei einem nicht erwerbstätigen niedriger anzusetzen als bei einem erwerbstätigen Unterhaltspflichtigen. In den übrigen Unterhaltsverhältnissen hängt die Höhe des Selbstbehalts nach der Düsseldorfer Tabelle und den Leitlinien nicht davon ab, ob der Unterhaltspflichtige erwerbstätig ist oder nicht.

Es wird empfohlen, sich nach den Beträgen zu richten, die zum Selbstbehalt in den Leitlinien des zuständigen Oberlandesgerichts ausgewiesen sind. Für den unterhaltspflichtigen Partner einer eingetragenen Lebenspartnerschaft legen bisher weder die Düsseldorfer Tabelle noch die unterhaltsrechtlichen Leitlinien der Oberlandesgerichte einen Selbstbehalt fest. Es wird empfohlen, insoweit von den für (ggf. geschiedene) Ehegatten maßgeblichen Beträgen auszugehen. Nicht ausgewiesen ist in den Leitlinien bzw. der Düsseldorfer Tabelle auch der Selbstbehalt der Eltern gegenüber dem Unterhaltsanspruch ihres volljährigen Kindes, das seine bereits erlangte wirtschaftliche Selbstständigkeit wieder verloren hat. In diesen Fällen ist der für den Elternunterhalt geltende Selbstbehalt (vgl. Rdnr. 172) anzusetzen.

107 Bei gemeinsamer Haushaltsführung mit einem leistungsfähigen Ehegatten oder Partner reduziert sich der Selbstbehalt des Unterhaltspflichtigen wegen ersparter Aufwendungen (häusliche Ersparnis) im Regelfall um 10 %. Zur häuslichen Ersparnis beim Elternunterhalt vgl. Rdnrn. 187, 189.

108 Hat der Unterhaltspflichtige gegen seinen Ehegatten nach § 1360 a BGB einen Anspruch auf Familienunterhalt, kann der Selbstbehalt, der ihm im Verhältnis zu dem ihm gegenüber Unterhaltsberechtigten zusteht, je nach den wirtschaftlichen Verhältnissen seines Ehegatten ganz oder teilweise gewahrt sein. In diesem Fall steht sein eigenes unter seinem Selbstbehalt liegendes Einkommen oder das ihm zustehende Taschengeld teilweise für den Unterhalt des Berechtigten zur Verfügung.

109 Im Selbstbehalt des Unterhaltspflichtigen ist sein Unterkunftsbedarf enthalten. Nach Abschnitt A. Anm. 5 der Düsseldorfer Tabelle umfasst er die Warmmiete (Kaltmiete einschließlich Heizung und umlagefähige Nebenkosten) und beträgt monatlich gegenüber seinen minderjährigen und den ihnen nach § 1603 Abs. 2 Satz 2 BGB gleichgestellten volljährigen Kindern 360 Euro (Abschnitt A. Anm. 5), gegenüber seinen anderen volljährigen Kindern und seinen Eltern 450 Euro (Abschnitt A. Anm. 5, D. I.) sowie gegenüber seinem (ggf. geschiedenen) Ehegatten (Abschnitt B. IV.) und dem ihm gegenüber nach § 1615 l BGB Unterhaltsberechtigten (Abschnitt B. IV., D. II.) 400 Euro. Der im Selbstbehalt für Unterkunftsbedarf enthaltene Ansatz kann angemessen erhöht werden, wenn die Unterkunftskosten des Unterhaltspflichtigen den für

diesen Zweck in den unterhaltsrechtlichen Leitlinien der Oberlandesgerichte ausgewiesenen Betrag erheblich überschreiten und das nicht vermeidbar ist (vgl. Abschnitt A. Anm. 5 der Düsseldorfer Tabelle). Auf Unvermeidbarkeit und Erheblichkeit der Überschreitung kommt es im Rahmen des Trennungsunterhalts bis zu dem in Rdnr. 83 genannten Zeitpunkt ebenso wenig an wie im Rahmen des Elternunterhalts. Um festzustellen, ob von Unvermeidbarkeit und Erheblichkeit der Überschreitung des für Unterkunftsbedarf im Selbstbehalt enthaltenen Ansatzes bei Nutzung einer Wohnung durch mehrere Personen auszugehen ist, ist der Wohnkostenanteil des Unterhaltspflichtigen zu ermitteln, indem zunächst der entsprechende Anteil der in der Wohnung lebenden minderjährigen unverheirateten und ihnen rechtlich gleichgestellten volljährigen Kinder in Höhe von i.d.R. 20 % ihres Tabellenunterhalts abgezogen und der verbleibende Rest der Wohnkosten unter den erwachsenen Bewohnern nach Köpfen aufgeteilt wird. Zu Selbstbehalt und Einkommensbereinigung bei selbst-genutztem Wohneigentum vgl. Rdnr. 95.

110 Angemessene Aufwendungen des Unterhaltspflichtigen für die Wahrnehmung des Umgangsrechts mit seinen minderjährigen Kindern können dazu führen, dass der notwendige Selbstbehalt maßvoll zu erhöhen ist, selbst wenn dadurch der Mindestunterhalt dieser Kinder nicht gewahrt werden kann. Dies gilt aber nur, wenn solche Aufwendungen nicht bereits bei der Einkommensbereinigung angemessen berücksichtigt werden.

VII. Die Mangelverteilung und Unterhaltskonkurrenz der Berechtigten

111 Ein Mangelfall liegt vor, wenn das für Unterhaltszwecke zur Verfügung stehende Einkommen des Unterhaltspflichtigen nicht ausreicht, um unter Wahrung seines eigenen angemessenen Bedarfs den angemessenen Bedarf aller Unterhaltsberechtigten ohne Rücksicht auf ihren unterhaltsrechtlichen Rang zu decken. Zu beachten ist, dass der unterhaltsrechtliche Nachrang eines Berechtigten seinen Unterhaltsanspruch nicht beeinflusst. Er wirkt sich erst im Rahmen der Leistungsfähigkeit des Unterhaltspflichtigen aus. Übersteigt der Bedarf des oder der Unterhaltsberechtigten den Betrag, der dem Unterhaltspflichtigen für den eigenen Unterhalt verbleibt, ist ein sog. relativer Mangelfall gegeben. Soweit der Unterhaltspflichtige den Unterhaltsbedarf der Berechtigten nicht decken kann, ohne den Selbstbehalt zu unterschreiten, der ihm in dem konkreten Unterhaltsverhältnis zusteht, liegt ein absoluter Mangelfall bzw. Mangelfall im engeren Sinn vor. Die Reihenfolge, in der der Unterhaltsbedarf mehrerer Berechtigter zu befriedigen ist, hängt von deren unterhaltsrechtlichem Rang nach § 1609 BGB ab. Der Bedarf mehrerer gleichrangig Berechtigter ist anteilig zu befriedigen. Bei allen Fallgestaltungen ist das Ergebnis der Mangelfallberechnung auf seine Angemessenheit zu überprüfen und ggf. entsprechend zu korrigieren.

112 Übersteigt der Bedarf des unterhaltsberechtigten Ehegatten den Betrag, der dem unterhaltspflichtigen Ehegatten für den eigenen eheangemessenen Unterhalt verbleibt (relativer Mangelfall), sind im Rahmen der Billigkeitsabwägung nach § 1581 BGB sowohl der Unterhalt des Berechtigten als auch der individuelle Selbstbehalt des Verpflichteten zu kürzen. Erst wenn für den Unterhaltspflichtigen die Untergrenze seines angemessenen Selbstbehalts nach Abschnitt B. IV. der Düsseldorfer Tabelle bzw. den unterhaltsrechtlichen Leitlinien der Oberlandesgerichte erreicht ist (absoluter Mangelfall), wirkt sich das allein auf den Unterhalt des Berechtigten aus. Dieser ist dann soweit zu kürzen, dass dem Unterhaltspflichtigen sein Selbstbehalt verbleibt. Entsprechendes gilt für die in den übrigen Unterhaltsverhältnissen maßgeblichen Selbstbehalte.

113 Die Leistungsfähigkeit eines Unterhaltspflichtigen gegenüber seinem Ehegatten wird nach § 1581 BGB auch durch seine sonstigen Verpflichtungen beeinflusst. Dazu gehören auch vor- oder gleichrangige Unterhaltspflichten. Nach § 1609 Nr. 1 BGB allen anderen Unterhaltsberechtigten gegenüber vorrangig und deshalb auch vorrangig zu berücksichtigen sind minderjährige und die ihnen nach § 1603 Abs. 2 Satz 2 BGB gleichgestellten Kinder unabhängig davon, ob sie in der Ehe oder aber vor- oder nachehelich geboren sind (zum Umfang der Berücksichtigung vgl. Rdnr. 114). Ist der wieder verheiratete Unterhaltspflichtige sowohl seinem geschiedenen als auch seinem neuen Ehegatten (oder dem betreuenden Elternteil eines gemeinsamen nichtehelichen Kindes) gegenüber unterhaltspflichtig und stehen die Berechtigten nach § 1609 BGB im gleichen Rang, ist das vorhandene Gesamteinkommen des Unterhaltspflichtigen und der Unterhaltsberechtigten einschließlich ggf. des Splittingvorteils aus der neuen Ehe auf den Unterhaltspflichtigen und die beiden Unterhaltsberechtigten gleichmäßig zu verteilen. Dies gilt allerdings mit der Einschränkung, dass die den zusammenlebenden Ehegatten zur Verfügung stehenden Mittel einerseits wegen der Vorteile der gemeinsamen Haushaltsführung um je 10 % zu kürzen sind, andererseits der Splittingvorteil nur der neuen Ehe zuzurechnen ist. Der unterhaltsberechtigte geschiedene Ehegatte kann den sich bei Halbteilung ergebenden vollen Unterhalt nicht mehr verlangen, weil dies zu einem relativen Mangelfall führen würde. Denn dem Unterhaltspflichtigen, der auch seinem dem geschiedenen Ehegatten im Rang gleichstehenden neuen Ehegatten Unterhalt schuldet, verbliebe dann für seinen eigenen Unterhalt weniger als der Betrag, den er seinem geschiedenen Ehegatten zu zahlen hätte. Ist der neue Ehegatte des Unterhaltspflich-

tigen dagegen im Verhältnis zu dem geschiedenen Ehegatten nachrangig, ist dessen Unterhaltsanspruch im Rahmen von § 1581 BGB nicht als sonstige Verpflichtung zu berücksichtigen. Der Unterhaltspflichtige hat seinem geschiedenen Ehegatten in diesem Fall Unterhalt auf Grundlage des Bedarfs zu leisten, der den ehelichen Lebensverhältnissen der geschiedenen Ehe unter Außerachtlassung des Splittingvorteiles entspricht, der in dieser Ehe bestand. Nach dem Grundsatz der Halbteilung steht dem geschiedenen einkommenslosen Ehegatten die Hälfte des bereinigten Einkommens des Unterhaltspflichtigen – bei Erwerbseinkünften gemäß der unterhaltsrechtlichen Leitlinien der Oberlandesgerichte (dort jeweils Nr. 15.2) nach Vorabzug des Erwerbstätigenbonus – zu. Dem Unterhaltspflichtigen verbleibt für sich und seinen neuen Ehegatten nur der Restbetrag zuzüglich des Splittingvorteils der neuen Ehe. Ist der geschiedene Ehegatte dagegen im Verhältnis zum neuen Ehegatten nur nachrangig unterhaltsberechtigt, weil der neue Ehegatte im Fall einer Scheidung wegen Kinderbetreuung unterhaltsberechtigt wäre, hat der Unterhaltspflichtige vorrangig den Anspruch des neuen Ehegatten auf Familienunterhalt zu befriedigen. Maßstab dafür sind die ehelichen Lebensverhältnisse der neuen Ehe unter Einschluss des dieser Ehe zuzurechnenden Splittingvorteils. Der Wert des Anspruchs auf Familienunterhalt beläuft sich – ggf. unter Berücksichtigung eigenen Einkommens des neuen Ehegatten – grundsätzlich auf die Hälfte des Familieneinkommens. Für den geschiedenen Ehegatten verbleibt nur ein ggf. vorhandenes Resteinkommen des Unterhaltspflichtigen. Dabei ist ebenso wie bei den zuvor genannten Fallgestaltungen zu beachten, dass dem Unterhaltspflichtigen zur Befriedigung seines eigenen Unterhaltsbedarfs der Selbstbehalt nach Abschnitt B. IV. der Düsseldorfer Tabelle von zzt. 1.100 Euro verbleiben muss; in weitergehendem Umfang ist er nicht leistungsfähig.

114 Ist der Unterhaltspflichtige sowohl seinen minderjährigen oder volljährigen Kindern als auch seinem (ggf. geschiedenen) Ehegatten unterhaltspflichtig, richtet sich der Unterhaltsbedarf der Kinder nach Abschnitt A. der Düsseldorfer Tabelle unter Berücksichtigung der Zahl der – auch nachrangigen – Unterhaltsberechtigten. Der Bedarf des Ehegatten bestimmt sich gemäß § 1578 Abs. 1 Satz 1 BGB nach seinen ehelichen Lebensverhältnissen. Reicht das bereinigte Einkommen des Unterhaltspflichtigen nicht aus, um bei Wahrung seines Selbstbehalts den Bedarf sämtlicher Berechtigter zu decken, und sehen die Leitlinien des zuständigen Oberlandesgerichts die Anwen-dung der Bedarfskontrollbeträge der Tabelle vor, ist der Unterhaltsbedarf der Kinder im Rahmen der Angemessenheitsbetrachtung (vgl. Rdnr. 111) anhand dieser Kontrollbeträge zu korrigieren. Genügt auch das nicht, um eine ausgewogene Verteilung des für Unterhaltszwecke einsetzbaren Einkommens des Unterhaltspflichtigen auf die Kinder und seinen Ehegatten zu bewirken, liegt ein absoluter Mangelfall vor. In diesem Fall bemisst sich der Unterhaltsbedarf der Kinder nach Abschnitt A. Anm. 1 der Düsseldorfer Tabelle aus der 1. Einkommensgruppe. Das gilt auch für den Bedarf der volljährigen Kinder, soweit sich daraus kein Missverhältnis zu dem Unterhaltsbedarf des ihnen gegenüber nach § 1609 BGB vorrangigen Ehegatten des Unterhaltspflichtigen ergibt, weil der Bedarf dieser Kinder die ehelichen Lebensverhältnisse der Ehegatten geprägt hat. Nur wenn die Verteilung danach unausgewogen ist, setzt sich den volljährigen Kindern gegenüber der bessere Rang des Ehegatten nach § 1609 BGB durch.

115 Zur Unterhaltskonkurrenz zwischen den Eltern eines ihnen unterhaltspflichtigen Kindes und seinem Ehegatten vgl. Rdnr. 192.

116 Sind gegenüber einem Unterhaltspflichtigen seine minderjährigen und/oder seine volljährigen Kinder sowie seine Eltern unterhaltsberechtigt, sind zunächst die Unterhaltsansprüche sämtlicher Kinder zu befriedigen. Wenn die Leistungsfähigkeit des Unterhaltspflichtigen dadurch noch nicht erschöpft ist, wird anschließend der Unterhaltsbedarf der Eltern bedient. Die Verteilung auf die einzelnen gleichrangigen Unterhaltsberechtigten geschieht im Verhältnis ihrer Einsatzbeträge. Als Einsatzbetrag anzusetzen ist dabei der im Anhang der Düsseldorfer Tabelle ausgewiesene Zahlbetrag des Kindesunterhalts nach Abschnitt A. der Tabelle, der sich unter Berücksichtigung ggf. erzielten eigenen bereinigten Einkommens der Kinder und der Zahl der – ggf. auch nachrangigen – Unterhaltsberechtigten aus dem Einkommen des barunterhaltspflichtigen Elternteils ergibt. Zum Umfang der bedürftigkeitsmindernden Anrechnung von Einkommen dem Grunde nach unterhaltsberechtigter Kinder vgl. Rdnrn.125 und 162. Für Studierende und Kinder mit eigenem Haushalt ist von den sich aus Abschnitt A. Anm. 7 der Düsseldorfer Tabelle ergebenden Beträgen auszugehen. Zur Ermittlung des Einsatzbetrags ist bei ihnen ebenso wie bei den noch im Haushalt eines Elternteils lebenden volljährigen Kindern das volle Kindergeld abzuziehen.

117 Im Rahmen einer Mangelfallberechnung ist der gekürzte Unterhalt aller gleichrangig Berechtigten nach folgender Formel zu ermitteln:

$$\frac{\text{Einsatzbetrag des einzelnen Unterhaltsberechtigten}}{\text{Summe aller Einsatzbeträge gleichrangig Unterhaltsberechtigter}} \times \text{Verteilungsmasse}$$

Dabei besteht die Verteilungsmasse aus dem bereinigten Einkommen des Unterhaltspflichtigen nach Abzug seines für das konkrete Unterhaltsverhältnis maßgeblichen Selbstbehalts. Unter dem Einsatzbetrag ist der ungedeckte Unterhaltsbedarf des bzw. der Unterhaltsberechtigten zu verstehen.

118 Das Ergebnis der Mangelfallberechnung ist in allen Unterhaltsverhältnissen abschließend darauf zu überprüfen, ob die Aufteilung dieses Einkommens auf die verschiedenen – ggf. auch nachrangig – Unterhaltsberechtigten angemessen und billig ist. Andernfalls ist es zu korrigieren.

VIII. Der Unterhaltsanspruch minderjähriger und der ihnen nach § 1603 Abs. 2 Satz 2 BGB gleichgestellten volljährigen Kinder gegenüber ihren Eltern

119 Die Abschnitte II. bis VII. sind auch hier zu berücksichtigen, soweit sich diese Abschnitte nicht ausdrücklich mit anderen Unterhaltsverhältnissen befassen. Von Bedeutung für den Unterhalt minderjähriger und ihnen gleichgestellter Kinder sind insoweit insbesondere die Ausführungen zum Unterhaltsverzicht (Rdnrn. 29, 31, 33), zur Unterhaltsverwirkung (Rdnrn. 34 bis 36), zum Rang von Unterhaltsberechtigten und Unterhaltsverpflichteten (Rdnrn. 37 bis 45), zum Maß des Unterhalts (Rdnr. 46 f.), zum Unterhaltsbedarf (Rdnr. 53 bis 55), zur Kindergeldanrechnung (Rdnr. 67), zur Unterhaltsbedürftigkeit (Rdnrn. 60, 67 und 73), zur Leistungsfähigkeit der Eltern (Rdnrn. 77 bis 105), zum Selbstbehalt des unterhaltspflichtigen Elternteils Rdnrn. 106, 109 f.) und zur Mangelverteilung auch bei Unterhaltskonkurrenz mit weiteren Unterhaltsberechtigten (Rdnrn. 111, 113 f. und 116 bis 118).

120 In besonderem Maße unterhaltspflichtig sind Eltern gegenüber ihren minderjährigen und den ihnen nach § 1603 Abs. 2 Satz 2 BGB gleichgestellten Kindern. Sofern Eltern auf die Belange ihrer Kinder die gebotene Rücksicht nehmen, können sie nach § 1612 Abs. 2 Satz 1 BGB gegenüber ihren nicht verheirateten Kindern bestimmen, in welcher Art und zu welcher Zeit im Voraus der Unterhalt gewährt werden soll. Bieten sie wirksam Naturalunterhalt an und lehnen die Kinder ihn ab, können diese nicht stattdessen Barunterhalt verlangen. In diesem Fall findet kein Anspruchsübergang auf den Träger der Sozialhilfe statt. Ist ein Elternteil nicht sorgeberechtigt, kann er nach § 1603 Abs. 2 Satz 2 BGB die Bestimmung allerdings nur für die Zeit vornehmen, in der er sein minderjähriges Kind in seinen Haushalt aufgenommen hat. Das Bestimmungsrecht gilt nicht für Kinder, die schon einmal verheiratet waren, wohl aber auch für volljährige Kinder, selbst wenn sie minderjährigen Kindern nicht nach § 1612 Abs. 2 Satz 2 BGB gleichgestellt sind.

121 Nach Trennung oder Scheidung ihrer Eltern ist minderjährigen (ehelichen und nicht ehelichen) Kindern grundsätzlich nur der Elternteil barunterhaltspflichtig, in dessen Obhut sie nicht leben (Rdnr. 39). Zu den Ausnahmen von diesem Grundsatz vgl. Rdnr. 40. Der barunterhaltspflichtige Elternteil ist i.d.R. gehalten, alle verfügbaren Mittel zu seinem eigenen und seiner minderjährigen sowie seiner

LL-Strkt

KG

Brdbg

Brschw

Brem

Celle

Dresd

Düss

Ffm

Hbg

Hamm

Kblz

Köln

Naumbg

Oldbg

Rstk

Schlesw

SüdL

Thür

Empf Sozhi

diesen nach § 1603 Abs. 2 Satz 2 BGB gleichgestellten volljährigen Kinder Unterhalt gleichmäßig zu verwenden. Die Inanspruchnahme darf jedoch grundsätzlich nicht dazu führen, dass sein notwendiger Selbstbehalt (vgl. dazu Rdnr. 106) unterschritten wird. Zur Erhöhung des Selbstbehalts in Ausnahmefällen vgl. Rdnrn. 109 und 110. Nicht nur den notwendigen, sondern den angemessenen Selbstbehalt kann der barunterhaltspflichtige Elternteil nach § 1603 Abs. 2 Satz 3 Halbsatz 2 BGB gegenüber seinen minderjährigen und den ihnen nach § 1603 Abs. 2 Satz 2 BGB gleichgestellten Kindern verteidigen, wenn diese ihren Unterhalt aus dem Stamm ihres Vermögens bestreiten können.

122 Der Barunterhaltsbedarf unverheirateter minderjähriger und der ihnen nach § 1603 Abs. 2 Satz 2 BGB gleichgestellten volljährigen Kinder von getrennt lebenden oder geschiedenen Eltern ist dem Abschnitt A. der Düsseldorfer Tabelle und den unterhaltsrechtlichen Leitlinien der Oberlandesgerichte zu entnehmen. Darin ist der Barunterhaltsbedarf nach dem Alter der Kinder, nach dem bereinigten Einkommen des barunterhaltspflichtigen Elternteils und nach der Anzahl der diesem gegenüber (auch nachrangig) unterhaltsberechtigten Personen bestimmt. Bei den ausgewiesenen Tabellensätzen ist unterstellt, dass zwei Personen gegenüber dem Elternteil unterhaltsberechtigt sind. Ist die Anzahl der Unterhaltsberechtigten größer bzw. geringer, sind in Hinblick auf die ausgewiesenen Tabellensätze angemessene Abschläge bzw. Zuschläge zu berücksichtigen (Abschnitt A. Anm. 1 der Düsseldorfer Tabelle). Wegen des Vorrangs der minderjährigen und der ihnen gleichgestellten volljährigen Kinder (§ 1609 Nr. 1 BGB) ist deren Unterhaltsanspruch unmittelbar aus dem Einkommen des barunterhaltspflichtigen Elternteils abzuleiten; die Berücksichtigung der Ansprüche weiterer Unterhaltsberechtigter bei der Einkommensbereinigung ist ausgeschlossen. Jedoch ist das gewonnene Ergebnis in jedem Fall – ggf. auch unter Einbeziehung nachrangig Unterhaltsberechtigter – anhand der in Abschnitt A. der Düsseldorfer Tabelle ausgewiesenen Bedarfskontrollbeträge oder nach anderen geeigneten Kriterien auf seine Angemessenheit zu überprüfen und ggf. entsprechend zu korrigieren. Zur Mangelfallberechnung vgl. Rdnrn. 111, 113 f., 116 bis 118.

123 Sind minderjährige Kinder auswärtig untergebracht oder werden sie abwechselnd in etwa gleichem Umfang von jedem Elternteil betreut, kommt es auf das zusammengerechnete bereinigte Einkommen beider Elternteile an. Gleiches gilt für den Unter-haltsbedarf der den minderjährigen Kindern gleichgestellten volljährigen Kinder, weil bei ihnen kein Betreuungsbedarf mehr besteht und ihnen deshalb im Rahmen der Leistungsfähigkeit ihrer Eltern beide Elternteile barunterhaltspflichtig sind. Leben sie noch im Haushalt ihrer Eltern oder eines Elternteils, ist ihr Unterhaltsbedarf aus der 4.

Altersgruppe der Düsseldorfer Tabelle zu entnehmen. Der Unterhaltsbedarf minderjähriger Kinder nach der 1. Einkommensgruppe des Abschnitts A. der Düsseldorfer Tabelle stimmt der Höhe nach mit ihrem gemäß § 1612 a Abs. 1 BGB festgelegten Mindestunterhalt überein (vgl. Rdnr. 55). Mindestens im Umfang dieses Unterhaltsbedarfs abzüglich des nach § 1612 b Abs. 1 BGB anrechenbaren Kindergeldes können diese Kinder von dem barunterhaltspflichtigen Elternteil Unterhalt verlangen, wenn und soweit dessen bereinigtes Einkommen den ihm diesen Kindern gegenüber zustehenden notwendigen Selbstbehalt übersteigt.

124 Sachlich begründeter Mehrbedarf von Kindern ist ihrem nach der Düsseldorfer Tabelle ermittelten Bedarf hinzuzurechnen. Hierfür haften im Rahmen ihrer Leistungsfähigkeit nach § 1606 Abs. 3 Satz 1 nach ihren Einkommens- und Vermögenverhältnissen beide Eltern anteilig. In Hinblick auf den Bildungs- und Erziehungsauftrag des Kindergartens fallen darunter – auch in Fällen, in denen der Kindergartenbesuch die Erwerbstätigkeit des betreuenden Elternteils erst ermöglicht – die Kosten für den Besuch einer solchen Einrichtung durch Kinder im Alter von drei Jahren bis zur Einschulung. Ausgenommen sind die dort ggf. entstehenden Verpflegungskosten. Erhöhte Betreuungsleistungen eines Elternteils für ein behindertes Kind können zu abweichenden Haftungsanteilen der Eltern führen. Anderweitige Kinderbetreuungskosten, die notwendig anfallen, sind bei diesem Elternteil einkommensmindernd zu berücksichtigen.

125 Verfügt ein minderjähriges Kind, das im Haushalt seiner Eltern oder eines Elternteils lebt, über eigenes Einkommen, ist dieses nach Bereinigung um berufsbedingte Aufwendungen (nur) zur Hälfte auf seinen Barunterhaltsbedarf anzurechnen. Handelt es sich bei dem Einkommen des Kindes um eine Ausbildungsvergütung, ist diese vor ihrer Anrechnung i.d.R. um einen ausbildungsbedingten Mehrbedarf zu kürzen; überwiegend werden nach Leitlinien der Oberlandesgerichte dabei im Regelfall pauschal 90 Euro angesetzt (vgl. auch Abschnitt A. Anm. 8 der Düsseldorfer Tabelle). Zur Erwerbsobliegenheit minderjähriger Kinder außerhalb einer Ausbildung und zu den Folgen eines Verstoßes gegen diese Obliegenheit vgl. Rdnr. 69.

126 Nach § 1612 a Abs. 1 BGB können minderjährige Kinder den ihnen zustehenden Barunterhalt – auch soweit er über ihren gesetzlich bestimmten Mindestunterhalt hinausgeht – nach ihrer Wahl als festen Zahlbetrag oder als Prozentsatz des Mindestunterhalts verlangen. Bis zu 120 % des Mindestunterhalts können sie im Vereinfachten Verfahren nach §§ 249 ff. FamFG geltend machen, wenn zum Zeitpunkt der Zustellung des Antrags oder einer Mitteilung über seinen Inhalt an den Antragsgegner noch kein Gericht über den Unterhaltsanspruch des Kindes entschieden hat und darüber auch weder ein gerichtliches Verfahren anhängig noch ein Vollstreckungstitel errichtet worden ist. Dasselbe Recht steht dem Träger der Sozialhilfe nach Übergang des Unterhaltsanspruchs auf ihn zu.

127 Hat der barunterhaltspflichtige Elternteil (wieder) geheiratet, lebt er mit seinem Ehegatten in ehelicher Gemeinschaft und sind aus der (neuen) Ehe Kinder hervorgegangen, hat der Ehegatte der neuen Ehe nach § 1360 a BGB zu den finanziellen Aufwendungen der Kinder aus der neuen Ehe beizutragen, wenn und soweit er über Einkommen und/oder Vermögen verfügt. Der Anteil ergibt sich aus dem Verhältnis der bereinigten Einkünfte beider Eltern. Er ist je nach Belastung des einen oder des anderen Ehegatten mit der Haushaltsführung und Kinderbetreuung wertend zu verändern. Dieser Grundsatz gilt unter sonst gleichen Voraussetzungen auch in Fällen, in denen die Eltern nicht miteinander verheiratet sind. Zur Kürzung des Selbstbehalts des seinen Kindern barunterhaltspflichtigen Elternteils, der mit einem (leistungsfähigen) Partner einen gemeinsamen Haushalt führt und dadurch Einsparungen erzielt, vgl. Rdnr. 107; hinsichtlich des Anspruchs dieses Elternteils auf Familienunterhalt vgl. Rdnr. 108.

128 Ist ein Elternteil eines volljährigen Kindes i.S. von § 1603 Abs. 2 Satz 2 BGB nicht leistungsfähig, steht ihm das für dieses Kind geleistete Kindergeld nicht zu. Erbringt er seinem Kind gleichwohl Naturalleistungen, etwa in Form von Wohnungsgewährung oder Verpflegung, hat das Kind auf Verlangen dieses Elternteils als Entgelt einen Teil des ihm von dem anderen Elternteil gewährten Barunterhalts abzuführen. Gewährt der leistungsunfähige Elternteil die Naturalleistungen unentgeltlich, um sein Kind damit zu begünstigen, handelt es sich um freiwillige Leistungen, die den barunterhaltspflichtigen Elternteil nicht entlasten und für die ein Ausgleich durch das Kindergeld deshalb nicht vorgesehen ist. Will er durch seine Leistung ausnahmsweise den anderen Elternteil finanziell entlasten, verringert sich dessen Barunterhaltspflicht entsprechend. Zur Anrechnung des Kindergeldes auf den Bedarf des Kindes vgl. Rdnr. 67.

IX. Der Unterhaltsanspruch von (ggf. geschiedenen) Ehegatten und Partnern einer eingetragenen Lebenspartnerschaft

129 Die Abschnitte II. bis VII. sind ebenfalls auf Unterhaltsansprüche von Ehegatten und Lebenspartnern, auch nach Scheidung bzw. gerichtlicher Auflösung der Partnerschaft, anzuwenden, soweit sie sich nicht ausdrücklich mit anderen Unterhaltsverhältnissen befassen. Zu den Voraussetzungen eines Anspruchs auf Unterhalt nach Trennung und Scheidung von Ehegatten vgl. Rdnrn. 19 bis 23 und von Lebenspartnern Rdnr. 24 f., zum Verzicht auf nach-

ehelichen oder nachpartnerschaftlichen Unterhalt Rdnrn. 28 bis 32, zur Verwirkung des Unterhaltsanspruchs Rdnrn. 34 und 36, zum Rang von Unterhaltsanspruch und der Unterhaltsverpflichtung von Ehegatten und Lebenspartnern Rdnrn. 37 bis 45, zum Maß des Unterhalts und zum Unterhaltsbedarf Rdnrn. 51 bis 54 und 56, zur Bedürftigkeit des dem Grunde nach unterhaltsberechtigten Ehegatten oder Lebenspartners Rdnrn. 60 bis 63, 66, 68 bis 72 und 74 bis 76, zur Leistungsfähigkeit des dem Grunde nach unterhaltspflichtigen Ehegatten oder Lebenspartners Rdnrn. 77 bis 105, zum Selbstbehalt Rdnrn. 106 bis 109 und zur Mangelverteilung auch bei Unterhaltskonkurrenz mit weiteren Unterhaltsberechtigten Rdnrn. 111 bis 115 und 117 f.

130 Während der Zeit des Getrenntlebens kann ein bedürftiger Ehegatte nach § 1361 Abs. 1 BGB von dem anderen Ehegatten grundsätzlich den nach den jeweils aktuellen ehelichen Lebensverhältnissen (zu dessen Kriterien vgl. Rdnr. 143) angemessenen Unterhalt verlangen. Ein Anspruch auf Unterhalt eines getrenntlebenden Ehegatten besteht, wenn dieser unterhaltsbedürftig und der andere Ehegatte leistungsfähig ist. Unterhaltsbedürftigkeit setzt voraus, dass der Ehegatte außerstande ist, seinen Unterhaltsbedarf durch eine angemessene Erwerbstätigkeit selbst zu decken oder sich mit sonstigen Einkünften und/oder aus seinem Vermögen selbst zu unterhalten. Zusätzlich zum Elementarunterhalt kann der bedürftige Ehegatte ab dem Zeitpunkt des Getrenntlebens Krankenvorsorgeunterhalt und nach § 1361 Abs. 1 Satz 2 BGB ab Rechtshängigkeit des Scheidungsantrags Altersvorsorgeunterhalt verlangen. I.d.R. braucht der bedürftige Ehegatte eine Erwerbstätigkeit erst nach Ablauf des ersten Trennungsjahres aufzunehmen. Mit zunehmender Dauer der Trennung nähern sich die Anforderungen an die Aufnahme einer Erwerbstätigkeit den Regelungen für den nachehelichen Unterhalt an. Gleiches gilt für die Kriterien des § 1574 Abs. 2 BGB, nach denen sich die Angemessenheit der geforderten Erwerbstätigkeit bemisst (vgl. Rdnr. 141).

131 Nach der Scheidung hat nach § 1569 BGB jeder Ehegatte für seinen eigenen Unterhalt zu sorgen. Nur wenn er dazu nicht in der Lage ist, kann er unter den im Einzelnen in §§ 1570 bis 1573 und 1575 f. BGB genannten Voraussetzungen von seinem leistungsfähigen geschiedenen Ehegatten Unterhalt verlangen.

132 Nach § 1570 Abs. 1 Satz 1 BGB kann ein geschiedener unterhaltsbedürftiger Ehegatte, der ein gemeinschaftliches minderjähriges Kind pflegt oder erzieht, bis zur Vollendung des dritten Lebensjahres dieses Kindes von dem anderen Ehegatten im Rahmen von dessen Leistungsfähigkeit Betreuungsunterhalt unabhängig davon verlangen, obeine dem Kindeswohl entsprechende Betreuung durch Dritte erfolgen könnte. In diesem Zeitraum besteht für ihn

LL-Strkt

KG

Brdbg

Brschw

Brem

Celle

Dresd

Düss

Ffm

Hbg

Hamm

Kblz

Köln

Naumbg

Oldbg

Rstk

Schlesw

SüdL

Thür

Empf Sozhi

keine Erwerbsobliegenheit.

133 Solange und soweit dies der Billigkeit entspricht, verlängert sich nach § 1570 Abs. 1 Satz 2 BGB dieser Unterhaltsanspruch. Dabei sind die Belange des Kindes und die bestehenden Möglichkeiten der Kinderbetreuung zu berücksichtigen (§ 1570 Abs. 1 Satz 3 BGB). Das Alter des Kindes ist nur noch einer der für die Beurteilung der Kindesbelange maßgeblichen Gesichtspunkte. Entscheidend sind jeweils sämtliche Umstände des Einzelfalls. Nur tatsächlich vorhandene und für den betreuenden Elternteil und das Kind sowohl zumutbare als auch verlässliche Betreuungsmöglichkeiten können dem Anspruch auf Betreuungsunterhalt entgegenstehen, und auch dies nur, soweit und solange sie dem Wohl des Kindes entsprechen. Selbst wenn eine Ganztagsbetreuung möglich ist, verlangt das Gesetz keinen abrupten, übergangslosen Wechsel von der elterlichen Betreuung zur Vollzeiterwerbstätigkeit. Belange des Kindes können eine vollschichtige, ggf. auch eine halbschichtige oder selbst eine nur stundenweise Erwerbstätigkeit des betreuenden Elternteils hindern und damit eine Verlängerung des Unterhaltsanspruchs rechtfertigen, soweit und solange das – ggf. auch ältere – Kind überdurchschnittlich intensiver Betreuung bedarf, etwa wenn es behindert ist, Schulschwierigkeiten hat oder unter Entwicklungsstörungen oder nachweisbar unter der Trennung seiner Eltern besonders leidet. Vergleichbares gilt, wenn der betreuende Elternteil der Doppelbelastung durch Kinderbetreuung und Erwerbstätigkeit gesundheitlich nicht gewachsen ist und er deshalb nicht (mehr) bzw. nur (noch) eingeschränkt erwerbstätig sein kann. Eine unter diesen Umständen ausgeübte – den betreuenden Elternteil überfordernde – Erwerbstätigkeit würde den Belangen des Kindes nicht gerecht werden.

134 Aus Gründen der nachwirkenden ehelichen Solidarität sieht § 1570 Abs. 2 BGB über den in § 1570 Abs. 1 BGB genannten Zeitpunkt hinaus eine Verlängerung des Anspruchs auf Betreuungsunterhalt vor, wenn dies unter Berücksichtigung der Gestaltung von Kinderbetreuung und Erwerbstätigkeit in der Ehe sowie der Dauer der Ehe der Billigkeit entspricht. Entscheidend sind wieder die gesamten Umstände des Einzelfalls. Maßgeblich für die Beurteilung ist das in der Ehe gewachsene Vertrauen in die vereinbarte oder praktizierte Rollenverteilung und die gemeinsame Ausgestaltung der Kindererziehung. Diese Gesichtspunkte können es rechtfertigen, einem geschiedenen Ehegatten, der im Interesse der Kinderbetreuung seine Erwerbstätigkeit für längere Zeit oder dauerhaft aufgegeben hat, über die Zeit der Kindererziehung hinaus einen Unterhaltsanspruch zuzubilligen.

135 Nach § 1571 BGB kann ein bedürftiger geschiedener Ehegatte von seinem früheren (leistungsfähigen) Ehegatten eheangemessenen Unterhalt i.S. von § 1578 BGB verlan-gen, wenn von ihm im Einsatzzeitpunkt (vgl. Rdnr. 140) wegen seines Alters keine Erwerbstätigkeit mehr erwartet werden kann. Diese Voraussetzung ist erfüllt, sobald der Ehegatte die Regelaltersgrenze in der gesetzlichen Rentenversicherung erreicht hat. § 1571 BGB bestimmt keine feste Altersgrenze. Ob ein bedürftiger geschiedener Ehegatte Unterhalt wegen Alters auch beanspruchen kann, wenn er vor Erreichen dieses Zeitpunkts freiwillig aus dem Erwerbsleben ausscheidet oder seine Erwerbstätigkeit reduziert, ist nach einer Gesamtwürdigung aller konkreten Umständen des Einzelfalls zu entscheiden. Handelt der Ehegatte ohne sachlichen Grund, ist ihm eine Obliegenheitsverletzung anzulasten mit der Folge, dass ihm bis zum Beginn seines regulären Rentenalters ein fiktives Einkommen in Höhe des bisherigen Arbeitsentgelts zugerechnet wird. Zu beachten ist, dass dem bedürftigen Ehegatten die Aufnahme bzw. Beibehaltung nur einer i.S. von § 1574 BGB angemessenen Erwerbstätigkeit obliegt. Kann der Ehegatte typischerweise in seinem Alter in einer für ihn angemessenen Berufssparte keine Arbeitsstelle mehr finden, leitet sich sein Unterhaltsanspruch aus § 1571 BGB her. Scheitert dagegen die Aufnahme einer angemessenen Erwerbstätigkeit wegen der konkreten Einzelfallumstände aufgrund des Alters, beruht sein Unterhaltsanspruch auf § 1573 Abs. 1 BGB. Die Unterhaltsbedürftigkeit des Ehegatten braucht nicht ehebedingt zu sein. Der Unterhaltsanspruch besteht auch, wenn der Ehegatte im Zeitpunkt der Eheschließung bereits Rentner war oder auch sonst wegen seines Alters nicht mehr erwerbstätig sein konnte. Ist der bedürftige Ehegatte altersbedingt vollständig erwerbsunfähig, ist Grundlage seines Unterhaltsanspruchs allein § 1571 BGB.

136 Nach § 1572 BGB kann ein bedürftiger geschiedener Ehegatte von seinem früheren (leistungsfähigen) Ehegatten ferner eheangemessenen Unterhalt i.S. von § 1578 BGB verlangen, wenn von ihm im Einsatzzeitpunkt (vgl. Rdnr. 140) wegen Krankheit, anderer Gebrechen oder Schwäche seiner körperlichen oder geistigen Kräfte keine i.S. von § 1574 BGB angemessene Erwerbstätigkeit erwartet werden kann. Der regelwidrige Körper- oder Geisteszustand muss ursächlich für seine Erwerbsunfähigkeit, braucht aber nicht ehebedingt zu sein. Der von § 1572 BGB erfasste Tatbestand wird auch bei Suchterkrankungen, Depressionen und Unterhaltsneurosen erfüllt, wenn die seelische Störung aus eigener Kraft nicht überwindbar ist. Unter denselben Voraussetzungen kann im Einzelfall dazu ferner eine geringe Ausdauer, Belastbarkeit, rasche Erschöpfung oder Konzentrationsschwäche zählen. Den bedürftigen Ehegatten trifft die Obliegenheit, sich zur Wiederherstellung seiner Gesundheit ärztlich behandeln zu lassen. Unterlässt er dies, kommt Verwirkung seines Unterhaltsanspruchs nach § 1579 Nr. 4 BGB in Betracht. Ist die Krankheit im Einsatzzeitpunkt bereits latent vorhanden, bricht sie aber erst später aus, wird sie dem Einsatzzeitpunkt zugerechnet, wenn zwischen latenter Erkrankung und deren Ausbruch ein naher zeitlicher Zusammenhang besteht. Gleiches gilt, wenn sich eine im Einsatzzeitpunkt bereits ausgebrochene Erkrankung, die zu teilweiser Erwerbsunfähigkeit geführt hat, in nahem zeitlichen Zusammenhang zu diesem Zeitpunkt so sehr verschlimmert, dass der bedürftige Ehegatte vollständig erwerbsunfähig wird, ohne dass sein Unterhalt durch seine Erwerbstätigkeit i.S. von § 1573 Abs. 4 BGB bereits nachhaltig gesichert war. Zu den Besonderheiten einer Befristung des Unterhaltsanspruchs aus § 1572 BGB nach § 1578 b BGB vgl. Rdnr. 148.

137 Ferner kann ein Ehegatte, der keinen Unterhaltsanspruch nach den §§ 1570 bis 1572 BGB hat, nach § 1573 Abs. 1 bzw. 3 BGB von seinem leistungsfähigen Ehegatten Unterhalt verlangen, wenn und soweit er nach der Scheidung oder, wenn er einen Unterhaltsanspruch nach §§ 1570 bis 1572 BGB hatte, die Voraussetzungen dieses Anspruchs aber entfallen sind, keine angemessene Erwerbstätigkeit zu finden vermag. Gleiches gilt nach § 1573 Abs. 4 BGB, wenn die Einkünfte aus einer angemessenen Erwerbstätigkeit entfallen, weil es ihm trotz seiner Bemühungen nicht gelungen war, seinen Unterhalt nach der Scheidung nachhaltig zu sichern.

138 Weiter kann der bedürftige Ehegatte von seinem geschiedenen Ehegatten unter den engen Voraussetzungen von § 1575 BGB während einer Ausbildung, Fortbildung oder Umschulung und nach Abschluss dieser Maßnahmen unter den Voraussetzungen von § 1573 Abs. 1, 3 oder 4 BGB Unterhalt verlangen, ebenso nach § 1576 BGB aus sonstigen schwerwiegenden Gründen bei Vorliegen der in der Vorschrift genannten weiteren Voraussetzungen.

139 Schließlich kann der bedürftige Ehegatte nach § 1573 Abs. 2 BGB vom leistungsfähigen Ehepartner in Höhe der Differenz zwischen seinem aus einer angemessenen Erwerbstätigkeit erzielten oder erzielbaren Einkommen und seinem nach den ehelichen Lebensverhältnissen (höheren) Unterhalt Aufstockungsunterhalt verlangen. Der Anspruch besteht nur, soweit der bedürftige Ehegatte keinen Unterhaltsanspruch wegen aktueller oder früherer Kinderbetreuung, wegen Alters bzw. Krankheit, wegen Ausbildung, Fortbildung oder Umschulung sowie nach § 1576 BGB hat oder diese Ansprüche entfallen sind. Trifft den bedürftigen Ehegatten nach §§ 1570 bis 1572 bzw. 1575 f. BGB keine Erwerbsobliegenheit, gewähren ihm (nur) diese Vorschriften gegen seinen leistungsfähigen Ehegatten einen Unterhaltsanspruch in Höhe seines Unterhaltsbedarfs nach den ehelichen Lebensverhältnissen der Ehegatten (§ 1578 Abs.1 Satz 1 BGB). Ist der bedürftige Ehegatte aus einem der genannten Gründe nur teilweise an einer Erwerbstätigkeit gehindert, be-

ruht sein Unterhaltsanspruch nur bis zur Höhe der Mehreinkünfte, die er bei vollschichtiger Erwerbstätigkeit erzielen könnte, auf den §§ 1570, 1571 bzw. 1572 BGB. Daneben besteht bis zur Grenze des Unterhaltsanspruchs nach den ehelichen Lebensverhältnissen ein Anspruch auf Aufstockungsunterhalt (§ 1573 Abs. 2 BGB), wenn das aus Teilzeitbeschäftigung und aus dem Unterhaltsanspruch nach den genannten Vorschriften erzielte Einkommen des bedürftigen Ehegatten seinen Bedarf nach den ehelichen Lebensverhältnissen nicht deckt.

140 Unterhaltsansprüche nach § 1570 Abs. 1 und 2 BGB sowie nach § 1576 BGB können jederzeit, auch längere Zeit nach der Scheidung entstehen. Sie sind nicht an die Wahrung eines sog. Einsatzzeitpunktes gebunden. Demgegenüber entstehen Unterhaltsansprüche nach § 1571 bis § 1573 und § 1575 BGB nur, wenn deren Voraussetzungen zu bestimmten Zeitpunkten erfüllt sind. Es muss eine ununterbrochene sog. Unterhaltskette bestehen. Die für die einzelnen Unterhaltstatbestände maßgeblichen Einsatzzeitpunkte sind den genannten Vorschriften zu entnehmen. Deshalb hat ein geschiedener Ehegatte, der einen Unterhaltstatbestand erst nach Ablauf des für diesen Tatbestand maßgeblichen Einsatzzeitpunktes erfüllt, keinen Anspruch auf nachehelichen Unterhalt.

141 § 1574 Abs. 1 und 2 BGB verschärfen die Anforderungen an die (Wieder-)Aufnahme einer Erwerbstätigkeit nach der Scheidung. Wenn und soweit der geschiedene Ehegatte nicht aus den in §§ 1570 bis 1572, 1575 und 1576 BGB genannten Gründen an der Aufnahme oder Ausweitung einer Erwerbstätigkeit gehindert ist, obliegt es ihm, einer angemessenen Erwerbstätigkeit nachzugehen (§ 1574 Abs. 1 BGB). Nach § 1574 Abs. 2 Satz 2 BGB ist Kriterium für die Angemessenheit einer Erwerbstätigkeit, dass sie der Ausbildung, den Fähigkeiten, der früher ausgeübten Erwerbstätigkeit, dem Lebensalter, dem Gesundheitszustand und den allgemeinen Verhältnissen auf dem Arbeitsmarkt entspricht. Die Erwerbstätigkeit braucht den ehelichen Lebensverhältnissen der Ehegatten nicht zu entsprechen. Lediglich soweit eine die genannten Kriterien erfüllende Erwerbstätigkeit nach den ehelichen Lebensverhältnissen unbillig wäre – was der Unterhalt begehrende geschiedene Ehegatte ggf. im Einzelnen darlegen und beweisen muss –, sind diese Verhältnisse für die Beurteilung der Angemessenheit einer Erwerbstätigkeit von Bedeutung. Sie sind insbesondere nach der Dauer der Ehe und nach der Dauer der Pflege und Erziehung eines gemeinschaftlichen Kindes zu beurteilen.

142 Da § 1570 BGB einem Ehegatten, der aktuell ein gemeinschaftliches Kind in der Zeit ab Vollendung von dessen dritten Lebensjahr betreut oder der es früher betreut hat, nur unter der Voraussetzung einen Unterhaltsanspruch zugesteht, dass dies der Billigkeit entspricht, trifft diesen Ehegatten – anders als bis zur Vollendung des dritten Lebensjahres des Kindes – die Darlegungs- und Beweislast für die Tatsachen, die einen zeitlich weitergehenden Anspruch rechtfertigen. Ebenso ist der Ehegatte, der sich darauf beruft, wegen seines Alters, einer Erkrankung, einer Ausbildung, Fortbildung oder Umschulung i.S. von § 1575 BGB oder aus sonstigen schwerwiegenden Gründen i.S. von § 1576 BGB keiner Erwerbstätigkeit nachgehen zu können, für diese besonderen Umstände und deren Ursächlichkeit für seine Unfähigkeit, erwerbstätig zu sein, darlegungs- und beweispflichtig.

143 Maßstab für die Berechnung des Ehegattenunterhalts für die Zeit des Getrenntlebens und nach Scheidung sind nach § 1578 Abs. 1 BGB die ehelichen Lebensverhältnisse. Diese werden auch geprägt durch die Haushaltsführung und ggf. Kinderbetreuung des unterhaltsberechtigten Ehegatten während des Zusammenlebens der Partner. An die Stelle der Haushaltsführung und ggf. Kinderbetreuung tritt nach Trennung oder Scheidung eine dann aufgenommene Erwerbstätigkeit des Berechtigten ebenso wie seine in diese Zeiträume fallende Haushaltsführung für einen neuen Partner. In welchem Umfang beide Ehegatten Anspruch auf Teilhabe an dem von einem von ihnen oder von beiden erzielten Einkommen haben, richtet sich nach Abschnitt B. I. bis III. der Düsseldorfer Tabelle. Dabei ist die Rechtsprechung des Bundesgerichtshofs zur sog. Additions- bzw. Differenzmethode zu beachten, die auf unterschiedlichem Berechnungsweg zu gleichen Ergebnissen kommt.

144 Da sich die ehelichen Lebensverhältnisse der Ehegatten nach ihrem (ggf. zusammengerechneten) für ihre laufenden Lebensbedürfnisse aufgewendeten Einkommen bestimmen, bemisst sich der Unterhaltsbedarf des berechtigten Ehegatten i.d.R. nicht nach Teilen des verfügbaren Einkommens, die bisher vermögensbildend angelegt wurden. Allerdings ist ein objektiver Maßstab anzulegen mit der Folge, dass sowohl eine zu dürftige Lebensführung als auch ein übermäßiger Aufwand außer Betracht zu bleiben haben. Bedarfserhöhend – weil es die ehelichen Lebensverhältnisse gleichfalls prägt – wirkt überobligationsmäßig erzieltes Einkommen, soweit es nicht aus Gründen der Billigkeit beim bedürftigen Ehegatten nach § 1577 Abs. 2 BGB und beim unterhaltspflichtigen Ehegatten nach § 242 BGB anrechnungsfrei ist. Für den Umfang des anrechnungsfreien Einkommens ist stets auf die Besonderheiten des Einzelfalls abzustellen. Typisches Beispiel für überobligationsmäßig erzieltes Einkommen bildet Erwerbseinkommen des die gemeinsamen Kinder betreuenden Ehegatten, wenn diesen nach § 1570 BGB keine Erwerbsobliegenheit trifft. Ein pauschaler Betreuungsbonus steht diesem Ehegatten nicht zu. Zu den Kosten des Kindergar-

tenbesuchs der Kinder und zu den sonstigen durch die Erwerbstätigkeit des betreuenden Elternteils entstehenden Kosten vgl. Rdnr. 124. Ebenso je nach den Umständen des Falles überobligatorisch erzielt kann Einkommen sein, das einer der Ehegatten nach Erreichen der Regelaltersgrenze oder während einer Erkrankung i.S. von § 1572 BGB bezieht. Gemindert wird der Bedarf des Berechtigten nach den ehelichen Lebensverhältnissen dagegen durch den Unterhaltsbedarf der bis zur Rechtskraft der Scheidung geborenen Kinder des unterhaltspflichtigen Ehegatten, selbst wenn es sich dabei nicht um gemeinsame Kinder handelt.

145 Umstände, die erst nach Rechtskraft der Scheidung eintreten, können sich auf die Unterhaltsbemessung nach den ehelichen Lebensverhältnissen insbesondere dann auswirken, wenn sie auch bei fortbestehender Ehe eingetreten wären oder bereits in anderer Weise in der Ehe angelegt und mit hoher Wahrscheinlichkeit zu erwarten waren. Beispiele dafür bilden ein nicht vorwerfbarer nachehelicher Einkommensrückgang, etwa durch Bezug der Regelaltersrente, eine bereits in der Ehe angelegte und höchstwahrscheinlich zu erwartende Einkommensverbesserung, ferner im Ausgabenbereich ein auch bei fortbestehender Ehe zu erwartender umzugsbedingter Wegfall von Fahrtkosten. Die Unterhaltsberechnung hat auch in diesen Fällen nach der Additions- bzw. Differenzmethode zu erfolgen. Keine Auswirkung auf den Unterhaltsbedarf der geschiedenen Ehegatten nach den ehelichen Lebensverhältnissen hat dagegen eine nacheheliche Entwicklung, die keinen Anknüpfungspunkt in der geschiedenen Ehe findet, z.B. die Unterhaltspflicht des seinem geschiedenen Ehegatten Unterhaltspflichtigen für seinen neuen Ehegatten oder für den ihm gegenüber erstmals nach Scheidung seiner Ehe nach § 1615 l BGB Unterhaltsberechtigten. Sie wirkt sich ebenso wie der Splittingvorteil aus der neuen Ehe sowie der Vorteil des Zusammenlebens mit dem neuen Ehegatten erst im Rahmen der Leistungsfähigkeit des Unterhaltspflichtigen nach § 1581 BGB aus. Gleiches gilt für die Unterhaltspflicht für nachehelich geborene minderjährige oder ihnen nach § 1603 Abs. 2 Satz 2 BGB gleichgestellte volljährige Kinder, deren Unterhaltsansprüche allerdings nach § 1609 Nr. 1 BGB im Rahmen der Leistungsfähigkeit des Unterhaltspflichtigen ohnehin stets vorab zu befriedigen sind (vgl. zu Unterhaltskonkurrenzen im Einzelnen auch Rdnrn. 111 bis 115 und 117 f.).

146 Nach § 1578 b BGB ist der Anspruch auf nachehelichen Unterhalt gemäß §§ 1571 bis 1573 und § 1575 f. BGB unter den dort genannten Voraussetzungen auf den angemessenen Lebensbedarf des Berechtigten herabzusetzen und/oder zeitlich zu begrenzen, wenn die Beibehaltung des in § 1578 BGB vorgesehenen Maßstabs der ehelichen Lebensverhältnisse bzw. wenn ein zeitlich unbegrenzter Unterhaltsanspruch auch unter Wahrung der Belange eines dem Berechtigten zur Pflege oder Erziehung anvertrauten Kindes unbillig wäre. Dies gilt jedoch in aller Regel erst nach Ablauf einer Schonfrist, die sich nach der Dauer der Ehe, dem Vorhandensein gemeinsamer Kinder, der Höhe der Einkommensdifferenz und der Existenz ehebedingter Nachteile bemisst. Da sich die Befristung des Unterhaltsanspruchs nach § 1570 Abs. 1 Satz 1 BGB nach dem Alter des Kindes und diejenige nach § 1570 Abs. 1 Satz 2 und Abs. 2 BGB nach dem Kriterium der Billigkeit richtet, kommt insoweit im Rahmen von § 1578 b BGB nur eine Herabsetzung des eheangemessenen Unterhaltbedarfs (§ 1578 BGB) auf den angemessenen Lebensbedarf in Betracht. Für die Frage der Unbilligkeit einer zeitlich unbegrenzten Fortdauer des Anspruchs auf nachehelichen Unterhalt kommt es nach § 1578 b Abs. 1 Satz 2 BGB insbesondere darauf an, ob und ggf. in welchem Umfang der Berechtigte durch die Ehe Nachteile in Hinblick auf seine Möglichkeiten erlitten hat, für seinen eigenen Unterhalt zu sorgen oder eine Herabsetzung und/oder zeitliche Begrenzung des Unterhaltsanspruchs unter Berücksichtigung der Dauer der Ehe unbillig ist. Es wird empfohlen, von einer Ehedauer, die einer Herabsetzung oder zeitlichen Begrenzung des Ehegattenunterhalts entgegenstehen kann, i.d.R. bei einer mindestens 15 bis 20 Jahre bestehenden Ehe auszugehen. Maßgeblich ist die nach so langer Ehezeit anzunehmende enge Verflechtung der persönlichen und wirtschaftlichen Verhältnisse der Ehegatten.

147 Nachteile i.S. von § 1578 b BGB können sich nach Abs. 1 Satz 3 der Vorschrift vor allem aus der Dauer der Kinderbetreuung und aus der Gestaltung von Haushaltsführung und Erwerbstätigkeit, aber auch aus anderen Umständen ergeben. Entsprechend ihrer Art und ihrem Umfang stehen die genannten Umstände einer Herabsetzung oder zeitlichen Beschränkung des Unterhaltsanspruchs entgegen. Eine lange Ehedauer allein – sie errechnet sich von der Eheschließung bis zur Rechtshängigkeit des Scheidungsantrags – hindert eine Herabsetzung oder Befristung des Unterhaltsanspruchs nur, wenn die Fortdauer eines zeitlich nicht begrenzten Unterhaltsanspruchs nach dem Maßstab der ehelichen Lebensverhältnisse unbillig wäre. Ebenso wenig kann der Unterhaltsberechtigte i.d.R. einer Kürzung oder Befristung seines Anspruchs entgegenhalten, dass er wegen der Betreuung gemeinschaftlicher Kinder oder aus anderen Gründen während der Ehezeit nicht erwerbstätig war und er deshalb nur geringe Anwartschaften auf Altersversorgung erworben hat. Dieser Nachteil wird i.d.R. bereits durch den bei Scheidung vorgenommenen Versorgungsausgleich ausgeglichen. Das gilt aber z.B. dann nicht, wenn die vom Unterhaltsberechtigten aufgrund der ehelichen Rollenverteilung erlittene Einbuße bei seiner Altersversorgung durch

den Versorgungsausgleich nicht vollständig ausgeglichen wird, weil der Unterhaltspflichtige nur für einen geringen Teil der Ehezeit Versorgungsanwartschaften erworben hat. Allgemein kommt bei dauerhaften, nicht mehr aufholbaren ehebedingten Nachteilen i.d.R. eine Befristung des Unterhaltsanspruchs nicht in Betracht. Zulässig kann aber eine Herabsetzung sein.

148 Die krankheitsbedingte Einschränkung der Erwerbsfähigkeit des bedürftigen Ehegatten ist i.d.R. schicksalshaft und damit kein ehebedingter Nachteil. Auch der Krankheitsunterhalt kann damit herabgesetzt oder zeitlich befristet werden. Als ehebedingter Nachteil kann es sich aber auswirken, wenn der Unterhaltsberechtigte wegen Aufgabe seiner Erwerbstätigkeit für die Kindererziehung oder Haushaltstätigkeit während der Ehe die Voraussetzungen für eine Rente wegen voller Erwerbsminderung nach § 43 Abs. 2 Nr. 2 SGB VI nicht erfüllt. Daneben ist bei einer Prüfung der Befristung des Unterhaltsanspruchs aus § 1572 BGB eine Billigkeitsbetrachtung anzustellen. Wesentlicher Maßstab dafür ist die fortwirkende eheliche Solidarität. Hierbei kommt den in § 1578 b Abs. 1 Satz 3 BGB genannten Kriterien besondere, aber nicht alleinige Bedeutung zu. Zu berücksichtigen sind auch andere Gesichtspunkte, die das Verhältnis der Ehegatten zueinander betreffen.

149 Der angemessene Lebensbedarf, auf den der eheangemessene Unterhalt ggf. herabzusetzen ist, darf unter Berücksichtigung eines vom Berechtigten aktuell erzielten oder bei gehöriger Bemühung erzielbaren Einkommens das von ihm vorehelich erzielte Einkommen ebenso wenig unterschreiten wie das Einkommen, das er gegenwärtig ohne die Eheschließung erzielen würde oder vor Unterbrechung der Erwerbstätigkeit durch die Familienarbeit erzielt hat. Untergrenze ist in jedem Fall der notwendige Eigenbedarf des Berechtigten nach Abschnitt B. V. der Düsseldorfer Tabelle. Hinzuzurechnen sind ggf. Mehrbedarf sowie die nicht anderweitig gedeckten Kosten für eine angemessene Kranken- und Pflegeversicherung.

150 Da § 1578 b BGB die Herabsetzung oder Befristung des Unterhaltsanspruchs nur vorsieht, soweit ein Unterhaltsanspruch auf der Grundlage der ehelichen Lebensverhältnisse bzw. soweit ein zeitlich unbefristeter Unterhaltsanspruch unbillig wäre, trifft den unterhaltspflichtigen Ehegatten die Darlegungs- und Beweislast für die Tatsachen, die diese Unbilligkeit begründen. Trägt der Unterhaltspflichtige Tatsachen vor, die einen Wegfall ehebedingter Nachteile und damit eine Begrenzung des nachehelichen Unterhalts nahelegen, obliegt es dem Unterhaltsberechtigten, diese Tatsachen substantiiert zu bestreiten und seinerseits darzulegen, welche konkreten Nachteile entstanden sein sollen. Nur wenn das Vorbringen des Unterhaltsberechtigten diesen Anforderungen genügt, müssen die vorgetragenen ehebedingten Nachteile vom Unterhaltsverpflichteten widerlegt werden.

X. Der Unterhaltsanspruch nach § 1615 l BGB

151 Die Abschnitte II. bis VII. sind auch bei der Unterhaltspflicht nach § 1615 l BGB zu berücksichtigen, soweit sich diese Abschnitte nicht ausdrücklich mit anderen Unterhaltsverhältnissen befassen. Zu den verschiedenen, teilweise bereits vor der Geburt des Kindes (z.B. Schwangerschaftskleidung) bestehenden Unterhaltstatbeständen vgl. Rdnr. 26, zum Rang von Unterhaltsanspruch und Unterhaltsverpflichtung Rdnrn. 37 bis 45, zum Maß des geschuldeten Unterhalts Rdnr. 50, zum Unterhaltsbedarf Rdnr. 57, zur Unterhaltsbedürftigkeit Rdnrn. 60 bis 63, 68 bis 70 und 74 f., zur Leistungsfähigkeit Rdnrn. 77 bis 105, zum Selbstbehalt des Unterhaltspflichtigen Rdnrn. 106 f. und 109 sowie Abschnitt D. II. der Düsseldorfer Tabelle und Nr. 21.3.2 der unterhaltsrechtlichen Leitlinien der Oberlandesgerichte, zum Umfang der Unterhaltsverpflichtung, wenn der andere Elternteil nichteheliche Kinder verschiedener Väter oder eheliche und nichteheliche Kinder betreut, Rdnrn. 41 bis 43 und zur Berechnung des Unterhaltsanspruchs nach § 1615 l BGB in Fällen, in denen der unterhaltspflichtige Elternteil auch seinem geschiedenen oder aktuellen Ehegatten und/oder seinen Kindern Unterhalt schuldet, Rdnr. 145.

152 Unter den vier verschiedenen Unterhaltsansprüchen aus § 1615 l BGB ist insbesondere der Anspruch auf Betreuungsunterhalt nach § 1615 l Abs. 2 Satz 2 BGB von Bedeutung. Er setzt voraus, dass die Vaterschaft zu dem Kind förmlich anerkannt oder gerichtlich festgestellt ist. Der Anspruch nach § 1615 l BGB setzt frühestens vier Monate vor der Geburt des Kindes ein und besteht mindestens bis zur Vollendung von dessen dritten Lebensjahr. In diesem Zeitraum kann sich der betreuende Elternteil, bei dem es sich auch um den Vater des Kindes handeln kann, frei entscheiden, erwerbstätig zu sein oder sich allein der Betreuung des Kindes zu widmen. Dies gilt selbst für den Fall, dass z.B. Verwandte, Freunde oder eine Kinderkrippe zur Betreuung zur Verfügung stehen und dadurch den Belangen des Kindes hinreichend Rechnung getragen werden könnte.

153 § 1615 l Abs. 2 Satz 4 BGB sieht eine Verlängerung des Unterhaltsanspruchs über die Vollendung des dritten Lebensjahres des Kindes hinaus vor, wenn und soweit das der Billigkeit entspricht. Zu den Einzelheiten der erforderlichen Billigkeitsabwägung, die derjenigen von § 1570 Abs. 1 Satz 2 BGB entspricht, vgl. Rdnr. 132 sowie zur Darlegungs- und Beweislast für das Vorliegen von Billigkeitsgründen Rdnr. 142. Die Wortwahl »insbesondere« in § 1615 l Abs. 2 Satz 5 BGB weist darauf hin, dass nach dieser Vorschrift die genannten Billigkeitsgründe auch in

der Person des betreuenden Elternteils liegen können. Das kommt z.B. in Betracht, wenn die Beziehung der Eltern einer Ehe vergleichbar war, etwa bei längerem Zusammenleben oder gemeinsamem Kinderwunsch.

154 Heiratet der betreuende Elternteil nach der Geburt des gemeinsamen nichtehelichen Kindes einen Dritten, entfällt nach dem Rechtsgedanken des § 1586 BGB die Unterhaltspflicht des anderen Elternteils dieses Kindes aus § 1615 l BGB.

155 Für die Kosten des Kindergartenbesuchs des Kindes sowie für die weiteren bei Erwerbstätigkeit des betreuenden Elternteils notwendig anfallenden Kosten der Kinderbetreuung vgl. Rdnr. 124. Für die Frage, ob und ggf. in welchem Umfang dem überobligationsmäßig erwerbstätigen Elternteil des gemeinsamen Kindes sein Einkommen anrechnungsfrei zu verbleiben hat, wird empfohlen, die Grundsätze des § 1577 Abs. 2 BGB entsprechend anzuwenden (vgl. Rdnr. 144).

156 Ist ein nach § 1615 l BGB unterhaltsberechtigter Elternteil auch gegenüber seinem (ggf. getrennt lebenden oder geschiedenen) Ehegatten oder einem weiteren nach § 1615 l BGB Unterhaltspflichtigen unterhaltsberechtigt, wird empfohlen, die Unterhaltsverpflichtungen sämtlicher Unterhaltsschuldner grundsätzlich nach dem Verhältnis ihres Einkommens und Vermögens zu bestimmen. Gibt allerdings der nach § 1615 l BGB unterhaltsberechtigte Elternteil wegen der Geburt des gemeinsamen nichtehelichen Kindes seine Erwerbstätigkeit auf, haftet für die dadurch bewirkte Verschlechterung der wirtschaftlichen Verhältnisse des Elternteils der nach § 1615 l BGB Unterhaltspflichtige vorrangig.

XI. Der Unterhaltsanspruch sonstiger Unterhaltsberechtigter – Allgemeine Grundsätze zu den Kapiteln XII und XIII

157 Die Empfehlungen der Abschnitte II. bis VII. sind auch bei Unterhaltspflichten gegenüber sonstigen Unterhaltsberechtigten zu berücksichtigen, soweit sich diese Abschnitte nicht ausdrücklich mit anderen Unterhaltsverhältnissen befassen. Zu den sonstigen Unterhaltsberechtigten gehören die nicht den minderjährigen Kindern nach § 1603 Abs. 2 Satz 2 BGB gleichgestellten volljährigen Kinder (vgl. Rdnrn. 160 bis 162) sowie die Eltern (vgl. Rdnrn. 163 ff.).

158 Unterhaltsansprüche der in Rdnr. 157 genannten Unterhaltsberechtigten bestehen nur insoweit, als der Unterhaltspflichtige sie in Hinblick auf die Unterhaltsansprüche vorrangig Berechtigter und ggf. anteilig diejenigen nachrangiger, aber untereinander gleichrangig Berechtigter ohne Gefährdung seines angemessenen Selbstbehalts erfüllen kann (§ 1603 Abs. 1 BGB). Allerdings greift diese Verpflichtung nur, wenn vorrangig Unterhaltspflichtige nicht vorhanden oder zur vollen Bestreitung des Unterhalts nicht imstande sind. Zur Rangordnung der Unterhaltspflichtigen vgl. Rdnrn. 38 bis 41, zu ihrer Haftungsquote Rdnrn. 42 bis 45 und zum angemessenen Selbstbehalt Rdnr. 106 und 109.

159 Eine Mangelfallberechnung (vgl. Rdnrn. 111, 114 und 116 f.) ist (nur) erforderlich, wenn mehrere gleichrangige dem Grunde nach Unterhaltsberechtigte bedürftig sind, das Einkommen des oder der Unterhaltspflichtigen zur Deckung ihres vollen Unterhaltsbedarfs nicht ausreicht und vorrangig Unterhaltsberechtigte entweder nicht vorhanden sind oder deren Unterhaltsbedarf durch das Einkommen des oder der ihnen Unterhaltspflichtigen voll befriedigt werden kann. In jedem Fall ist das Ergebnis auf seine Angemessenheit zu überprüfen. Das kann im Einzelfall dazu führen, dass der aus der Düsseldorfer Tabelle abgeleitete Unterhaltsanspruch des vorrangig Berechtig-ten zu mindern ist, um den Bedarf des nachrangig Berechtigten jedenfalls teilweise befriedigen zu können (vgl. Rdnr. 122).

XII. Der Unterhaltsanspruch der volljährigen und nicht nach § 1603 Abs. 2 Satz 2 BGB minderjährigen Kindern gleichgestellten Kinder gegenüber ihren Eltern

160 Zu den in diesem Unterhaltsverhältnis geltenden allgemeinen Grundsätzen vgl. Rdnrn. 157 bis 159, zum Bestimmungsrecht der Eltern nach § 1612 Abs. 2 BGB (Gewährung von Natural- oder von Barunterhalt) auch gegenüber volljährigen Kindern, wenn diese nicht verheiratet sind oder waren, vgl. Rdnr. 120. Entscheiden sich die Eltern gegen die Leistung von Naturalunterhalt, sind sie ihren unterhaltsberechtigten Kindern im Rahmen ihrer Leistungsfähigkeit beide barunterhaltspflichtig.

161 Nach Abschnitt A. Anm. 7 und 9 der Düsseldorfer Tabelle sind als Unterhaltsbedarf dieser Kinder, die für die 4. Altersstufe in Abschnitt A. der Tabelle aufgeführten Beträge zugrunde zu legen. Abweichend davon beträgt der angemessene Gesamtunterhaltsbedarf von Studierenden, die nicht bei den Eltern oder bei einem Elternteil leben, i.d.R. monatlich 670 Euro zuzüglich ihrer angemessenen Aufwendungen für Kranken- und Pflegeversicherung sowie ggf. zuzüglich Studiengebühren. Ein Bedarf in dieser Höhe kann auch für Kinder mit eigenem Haushalt angesetzt werden (jeweils Abschnitt A. Anm. 7 und 9 der Düsseldorfer Tabelle). Jedoch haften die Eltern diesen Kindern nur mit demjenigen Teil ihres Einkommens, der ihren angemessenen Selbstbehalt übersteigt. Zum Selbstbehalt vgl. Rdnrn. 106 bis 110.

162 Die Bedürftigkeit dieser Kinder wird i.d.R. durch ihr gesamtes Einkommen gemindert, soweit nicht berufsbedingte Aufwendungen oder ausbildungsbedingte Mehraufwendungen zu berücksich-

tigen sind. Leben die Kinder noch im Haushalt ihrer Eltern oder eines Elternteils und beziehen sie eine Ausbildungsvergütung, ist diese vor Anrechnung auf ihren Unterhaltsbedarf i.d.R. um ausbildungsbedingten Aufwand von 90 Euro zu bereinigen (Abschnitt A. Anm. 8 der Düsseldorfer Tabelle). Leistungen nach dem Bundesausbildungsförderungsgesetz an Studierende oder Schüler sind bedürftigkeitsmindernde Einkünfte, auch wenn die Leistungen nur darlehensweise gewährt werden; das gilt nicht bei Vorausleistungen nach § 36 BAföG. Zur Unterhaltsbedürftigkeit dauerhaft erwerbsgeminderter Kinder vgl. Rdnr. 64. Zur Anrechnung des Kindergeldes auf den Barbedarf des Kindes vgl. Rdnr. 67.

XIII. Unterhaltsansprüche von Eltern gegenüber ihren Kindern

1. Vorrang des Unterhaltsanspruchs eines Elternteils gegenüber seinem Ehegatten

163 Ist oder war der bedürftige Elternteil verheiratet und lebt sein (ggf. geschiedener) Ehegatte noch, ist zunächst zu prüfen, ob und ggf. in welchem Umfang der Elternteil von seinem Ehegatten Unterhalt verlangen kann. Für die Einzelheiten wird auf Rdnrn. 130 ff. verwiesen. Sind die Ehegatten geschieden, ist insbesondere auch Rdnr. 140 zu beachten. Nur wenn entweder

- keiner der Unterhaltstatbestände nach §§ 1360, 1360 a, 1361, 1570 ff. BGB erfüllt ist oder
- der Ehegatte des bedürftigen Elternteils nicht bzw. nicht in voller Höhe der Unterhaltsbedürftigkeit des Elternteils leistungsfähig ist oder
- Rechtsverfolgungshindernisse i.S. von § 1607 Abs. 2 BGB bestehen,

ist ein Unterhaltsanspruch des bedürftigen Elternteils gegen seine Kinder zu prüfen.

2. Unterhaltsbedarf und -bedürftigkeit von Eltern

164 Zu den in diesem Unterhaltsverhältnis geltenden allgemeinen Grundsätzen vgl. Rdnrn. 157 bis 159, zum Maß des geschuldeten Elternunterhalts vgl. Rdnrn. 46 f. und 49, zur Unterhaltsbedürftigkeit von Eltern Rdnrn. 60 bis 64, 68 bis 72 und 74 bis 76, zur Darlegungs- und Beweislast für ihren Unterhaltsbedarf vgl. Rdnr. 167 und für ihre Bedürftigkeit Rdnr. 61 sowie zu ihrer Obliegenheit, eine Erwerbstätigkeit aufzunehmen, vgl. Rdnr. 69.

165 Zum Unterhaltsbedarf von Eltern außerhalb von Einrichtungen vgl. Rdnr. 58. Leben die Eltern in einer Einrichtung, ist Voraussetzung für die Anerkennung der dort anfallenden Kosten als Unterhaltsbedarf von vornherein, dass die Eltern nicht zumutbar weiter im eigenen Haushalt leben können. Maßgeblich für den Umfang des Bedarfs bei Heimaufenthalt der Eltern ist grundsätzlich ihre

LL-Strkt

KG

Brdbg

Brschw

Brem

Celle

Dresd

Düss

Ffm

Hbg

Hamm

Kblz

Köln

Naumbg

Oldbg

Rstk

Schlesw

SüdL

Thür

Empf
Sozhi

konkrete (aktuelle) Lebenssituation, d.h. weder ihr früher etwa höherer Lebensstandard noch die wirtschaftlichen Verhältnisse ihrer Kinder. Können sie die Heimkosten nicht aus eigener wirtschaftlicher Kraft bestreiten, beschränkt sich ihr Lebensbedarf auf die Kosten, die unter Berücksichtigung ihres gesundheitlichen Zustands bei einer zumutbaren einfachen und kostengünstigen Heimunterbringung und damit notwendig anfallen. In welchem Umfang die Heimkosten in diesem Sinne notwendig entstehen, ist nach Unterhaltsrecht, nicht nach dem SGB XII zu beurteilen. Hinzuzurechnen ist ein angemessener Betrag für Bekleidung und Taschengeld in Höhe des Barbetrags zur persönlichen Verfügung nach § 27 b Abs. 2 Satz 1 SGB XII (in Bestandschutzfällen auch der Zusatzbarbetrag nach § 133 a SGB XII) und ein ggf. bestehender unterhaltsrechtlicher Mehr- und Sonderbedarf.

166 Der Unterhaltsbedarf von Eltern ist nur unter der Voraussetzung höher als in Rdnr. 165 genannt anzusetzen, dass den Eltern die Wahl der einfachen und kostengünstigen Einrichtung nicht zumutbar ist. Das kann der Fall sein, wenn die Eltern die Heimunterbringung zunächst noch selbst finanzieren konnten und – etwa aufgrund einer Einordnung in eine höhere Pflegestufe bzw. Preiserhöhung der Einrichtung oder nach längerer Zeit aufgrund Kapitalverzehrs – erst später dazu nicht mehr in der Lage sind oder aber wenn das Kind die Auswahl des Heims selbst beeinflusst hat und sein Einwand infolgedessen gegen das Verbot widersprüchlichen Verhaltens verstoßen würde. Liegen diese Voraussetzungen nicht vor, ist der über das Notwendige hinausgehende Unterhaltsbedarf von Eltern zu ihren Gunsten unterhaltrechtlich allenfalls bei ganz geringen Unterschieden zwischen den Kosten des gewählten Heims und der kostengünstigsten Einrichtung zu berücksichtigen.

167 Bestreitet ein seinen Eltern unterhaltspflichtiges Kind, dass die Kosten des Heimaufenthalts seiner Eltern i.S. von Rdnr. 165 notwendig angefallen sind, wird es damit nur gehört, wenn sein Bestreiten substantiiert erfolgt. Dazu ist erforderlich, dass das Kind mit Kostenangabe eine für seine Eltern zumutbare und geeignete einfache kostengünstigere Einrichtung benennt, in der die Eltern im Zeitpunkt, in dem deren Heimaufenthalt unvermeidbar wurde, hätten aufgenommen werden können. Nur nach einem derartigen Vortrag trifft die Eltern bzw. nach Anspruchsübergang den Träger der Sozialhilfe die Beweislast dafür, dass im entscheidenden Zeitpunkt kein zumutbares kostengünstigeres Heim als das gewählte zur Verfügung stand. Bestreitet das Kind, dass die Mehrkosten des teureren Heimes notwendig anfallen, ist dies für den Umfang seiner Unterhaltsverpflichtung nur von Bedeutung, wenn das Kind nach seinen wirtschaftlichen Verhältnissen Unterhalt im Umfang der Mehrkosten jedenfalls teilweise tragen kann.

168 Ist ein Elternteil Eigentümer eines selbstbewohnten angemessenen Familienheims, ist er zwar grundsätzlich in Höhe des objektiven Vorteils seines mietfreien Wohnens unterhaltsrechtlich nicht bedürftig. Die Zurechnung des Wohnvorteils darf jedoch in Hinblick auf den Gesamtbedarf (vgl. Rdnrn. 58 und 165) nicht den für die Regelbedarfsstufe 1 bzw. bei zusammenlebenden Ehegatten den für die Regelbedarfsstufe 2 gemäß der Anlage zu § 28 SGB XII maßgeblichen Betrag beeinträchtigen. Lebt der Elternteil mit seinem Ehegatten in dem Familienheim und sind beide Miteigentümer, wird jedem Ehegatten nur die Hälfte des Wohnvorteils als Einkommen zugerechnet. Lebt ein Elternteil in einer Einrichtung, sein Ehegatte aber noch im Familienheim, hat der in der Einrichtung lebende Ehegatte keinen Wohnvorteil und deshalb insoweit auch kein Einkommen mehr. Zur Obliegenheit von Eltern, ihr selbstgenutztes Familienheim zu veräußern, um ihren Lebensbedarf sicherzustellen, gelten die in Rdnr. 74 genannten Grundsätze.

169 Vermögen, das der Elternteil für die Kosten seiner Beerdigung und/oder seiner Grabpflege zurückgelegt hat, bevor er unterhaltsbedürftig wurde oder seine künftige Unterhaltsbedürftigkeit abzusehen war, mindert seine Unterhaltsbedürftigkeit, wenn es nicht (widerruflich oder unwiderruflich) in einem Beerdigungs- oder Grabpflegevertrag oder in einer Lebensversicherung mit entsprechender Zweckbindung angelegt wurde und einen für diesen Zweck angemessenen Umfang nicht überschreitet. Es wird empfohlen, als angemessen einen Betrag bis zum 1 ½-fachen des in Höhe von zzt. 3.579 Euro in § 850 b Abs. 1 Nr. 4 ZPO als nur bedingt pfändbar festgesetzten Betrags, mindestens aber zzt. 3.579 Euro anzusehen. Bei unwiderruflicher Anlage ist der Gesamtbetrag geschützt, weil der Unterhaltsberechtigte darauf für seinen Lebensbedarf nicht zugreifen kann.

3. Leistungsfähigkeit von Kindern zur Zahlung von Elternunterhalt

a) Grundlagen

170 Unterhaltsansprüche von Eltern gegenüber ihren Kindern sind nur schwach ausgeprägt, kenntlich u.a. an dem nachgeordneten Rang dieser Ansprüche (vgl. Rdnr. 38). Diese Rechtslage wirkt sich bei Beurteilung fast aller gesetzlichen Voraussetzungen der elterlichen Unterhaltsansprüche zugunsten der ihren Eltern unterhaltspflichtigen Kinder aus. Wegen der relativen Schwäche dieses Unterhaltsverhältnisses brauchen die ihren Eltern unterhaltspflichtigen Kinder keine spürbare und dauerhafte Senkung ihres berufs- und einkommenstypischen Unterhaltsniveaus hinzunehmen, solange sie nicht einen unangemessenen Aufwand treiben oder ein Leben im Luxus führen (zu diesen Ausnahmen vgl. Rdnr. 173). Der Begünstigung der Kinder beim

Elternunterhalt im Vergleich zu Unterhaltspflichtigen in engeren Unterhaltsverhältnissen wird Rechnung getragen durch einen höheren Selbstbehalt (vgl. Rdnr. 172), großzügige Maßstäbe bei der Einkommensbereinigung (vgl. Rdnrn. 91 bis 97) und einen umfangreicheren Vermögensschutz (vgl. Rdnrn. 98 bis 105).

171 Zur Erwerbsobliegenheit der ihren Eltern unterhaltspflichtigen Kinder vgl. Rdnr. 90, zur Berücksichtigung ihres Einkommens aus Überstunden und zur Korrektur bei ungünstiger Steuerklassenwahl des Kindes Rdnr. 81, zur Bewertung ihres mietfreien Wohnens im eigenen Haus oder in der eigenen Eigentumswohnung Rdnr. 82, zur Berücksichtigung ihrer Schulden Rdnrn. 92 bis 95, zur Verpflichtung von Kindern, für den Unterhalt ihrer Eltern auch ihr Vermögen einzusetzen, Rdnrn. 99 und 104, zu ihrem vom Einsatz zu verschonenden Vermögen Rdnrn. 100 bis 103, zur Berechnung der Haftungsanteile mehrerer Geschwister und zur Ersatzhaftung von Geschwistern für den Unterhalt ihrer Eltern Rdnrn. 41 f. und 44 f., zur Haftungsverteilung unter Geschwistern, von denen einzelne aus Einkommen, andere aus Vermögen leistungsfähig sind, Rdnr. 105, zum Auskunftsanspruch zwischen Geschwistern Rdnr. 236 und zur Darlegungs- und Beweislast von Kindern für ihre Leistungsunfähigkeit zur Zahlung von Elternunterhalt Rdnr. 78.

172 Wegen der Schwäche von Unterhaltsansprüchen der Eltern gegen ihre Kinder steht Kindern gegenüber Unterhaltsansprüchen ihrer Eltern nach Abschnitt D. I. der Düsseldorfer Tabelle bzw. nach Nr. 21.3 der unterhaltsrechtlichen Leitlinien der Oberlandesgerichte ein im Vergleich zu dem Selbstbehalt von Unterhaltspflichtigen in engeren Unterhaltsverhältnissen großzügiger Selbstbehalt von zzt. 1.600 Euro (Mindestselbstbehalt) zuzüglich 50 % ihres darüber hinausgehenden bereinigten Einkommens zu.[2] Den im Mindestselbstbehalt enthaltenen

Unterkunftsanteil bemisst die Düsseldorfer Tabelle dabei mit 450 Euro, ebenso ganz überwiegend die Leitlinien der Oberlandesgerichte, soweit sie zu diesem Punkt eine Aussage treffen. Zu dem Selbstbehalt, der dem Kind für seinen mit ihm in ehelicher Gemeinschaft lebenden Ehegatten zusteht, vgl. Rdnr. 185 f. und zur Berücksichtigung der Ersparnis durch gemeinsame Haushaltsführung des Kindes mit seinem Ehegatten oder einen Dritten vgl. Rdnr. 187. Zur Einsatzpflicht für den Elternunterhalt bei hohem Einkommen des Kindes vgl. Rdnr. 173.

173 Soweit Kinder einen unangemessenen Aufwand betreiben oder ein Leben im Luxus führen, haben sie ihr für diese Zwecke verbrauchtes Einkommen in vollem Umfang, nicht nur zur Hälfte, für den Unterhalt ihrer bedürftigen Eltern einzusetzen. Es wird empfohlen, von einem Aufwand dieser Größenordnung bzw. von einem Leben im Luxus auszugehen, wenn und soweit das bereinigte Einkommen von alleinstehenden Kindern das Dreifache des für dieses Unterhaltsverhältnis maßgeblichen Mindestselbstbehalts übersteigt.[3] Leben Kinder mit ihrem Ehegatten in häuslicher Gemeinschaft, sollte die Luxusschwelle beim Dreifachen des in Rdnr. 186 dargestellten Familienmindestselbstbehalts angesetzt werden. Zu berücksichtigen ist, dass bei Einkommen über der 10. Einkommensgruppe des Abschnitts A. der Düsseldorfer Tabelle die einkommensmindernde Unterhaltslast für eigene Kinder nach den Umständen des Einzelfalls zu berücksichtigen ist.

174 Angemessene Aufwendungen, die unterhaltpflichtigen Kindern für Besuche eines unterhaltsberechtigten Elternteils entstehen, sind bei der Einkommensbereinigung zu berücksichtigen.

175 Das gefundene Ergebnis ist in jedem Fall auf seine Angemessenheit zu überprüfen. Die Obergrenze der Unterhaltspflicht von Kindern zur Zahlung von Elternunterhalt ist dort erreicht, wo sie

---

2) Einkommen des alleinst. pflichtigen
   Kindes (bereinigt)   3.000 Euro
   Mindestselbstbehalt   − 1.600 Euro
   übersteigendes Einkommen   1.400 Euro

   Aus dem den Mindestselbstbehalt übersteigenden Einkommen sind 700 Euro (1.400 × 50 %) einsetzbar, sodass dem Kind von den 3.000 Euro (Einkommen) 2.300 Euro verbleiben.

3) 1. Rechenschritt:
   Einkommen des alleinst. pflichtigen
   Kindes (bereinigt)   6.800 Euro
   dreifacher Mindestselbstbehalt
   (Luxusschwelle)   − 4.800 Euro
   Einkommen über der Luxusschwelle
   (voll einsetzbar)   2.000 Euro

   2. Rechenschritt:
   Einkommen bis zur Luxusschwelle   4.800 Euro
   einfacher Selbstbehalt   − 1.600 Euro
   übersteigendes Einkommen   3.200 Euro

LL-Strkt

KG

Brdbg

Brschw

Brem

Celle

Dresd

Düss

Ffm

Hbg

Hamm

Kblz

Köln

Naumbg

Oldbg

Rstk

Schlesw

SüdL

Thür

Empf Sozhi

ihren Eltern höheren Unterhalt leisten müssten, als ihnen von ihrem Einkommen für den eigenen angemessenen Lebensbedarf verbleibt.

b) Leistungsfähigkeit bei Unterhaltspflicht gegenüber vorrangig berechtigten Familienangehörigen

176 Soweit das Kind Personen, die seinen Eltern im Rang vorgehen, Familienunterhalt nach § 1360 BGB bzw. Naturalunterhalt nach §§ 1601 ff., 1612 Abs. 2 BGB schuldet, sind deren Unterhaltsansprüche bei Beurteilung seiner Leistungsfähigkeit zur Zahlung von Elternunterhalt nach dem Maßstab des § 1578 Abs. 1 Satz 1 BGB (eheliche Lebensverhältnisse), beim Kindesunterhalt nach dem Maßstab des § 1610 BGB (angemessener Unterhalt) in einen Geldanspruch umzurechnen.

aa) Unterhaltspflicht gegenüber den eigenen Kindern

177 Schuldet das seinen Eltern unterhaltspflichtige Kind nach § 1601 ff. BGB auch seinen eigenen Kindern Bar- oder Naturalunterhalt, ist deren Unterhaltsanspruch grundsätzlich nach Abschnitt A. der Düsseldorfer Tabelle zu berechnen. Für den Unterhaltsanspruch minderjähriger und der ihnen nach § 1603 Abs. 2 Satz 2 BGB gleichgestellten volljährigen Kinder wird auf die Rdnrn. 119 bis 128 verwiesen, für den Unterhaltsanspruch nicht privilegierter volljähriger Kinder auf die Rdnrn. 157 bis 159. Leben die Kinder im Haushalt ihrer Eltern oder sind sie volljährig, richtet sich ihr Unterhaltsbedarf nach dem zusammengerechneten Einkommen ihrer Eltern. Im Verhältnis der beiderseitigen bereinigten Einkommen hat sich der andere Elternteil in diesem Fall an der Unterhaltslast für die eigenen Kinder zu beteiligen. Deshalb kann die zum Elternunterhalt verpflichtete Person ihren Eltern gegenüber die Unterhaltslast für die eigenen Kinder einkommensmindernd nur insoweit geltend machen, als diese sie selbst trifft. Das für die eigenen Kinder gezahl-

te Kindergeld stellt kein Einkommen ihrer Eltern dar, sondern verringert in dem von § 1612 a BGB bestimmten Umfang die Unterhaltsbedürftigkeit der eigenen Kinder. Deshalb ist in die Berechnung der Unterhaltslast für die eigenen Kinder jeweils nur der Tabellenbetrag abzüglich des nach der genannten Vorschrift anzurechnenden Kindergeldes einzustellen.

178 Hat der zum Elternunterhalt Verpflichtete allein für den Barunterhaltsbedarf seiner eigenen minderjährigen Kinder aufzukommen, weil diese von dem anderen Elternteil, in dessen Haushalt sie leben, betreut werden, ist sein Einkommen um den ggf. titulierten Zahlbetrag entsprechend dem Anhang zur Düsseldorfer Tabelle zu bereinigen. Das gilt i.d.R. selbst dann, wenn der andere Elternteil, der das Kind betreut und ihm deshalb barunterhaltspflichtig ist, gleichfalls über Einkommen verfügt. Im Rahmen der Angemessenheit sind ggf. zusätzlich Aufwendungen zu berücksichtigen, die das seinen Eltern unterhaltspflichtige Kind für die Wahrnehmung des Umgangsrechts mit seinen eigenen Kindern hat.

179 Eine besondere Situation besteht, wenn das seinen Eltern unterhaltspflichtige Kind mit eigenen minderjährigen Kindern, aber nicht mit dem anderen Elternteil dieser Kinder in einem gemeinsamen Haushalt lebt und der andere Elternteil seinen Kindern deshalb barunterhaltspflichtig ist. Kann er ihnen mangels (ggf. weitergehender) Leistungsfähigkeit keinen oder nur geringen Unterhalt leisten, wird empfohlen, bei dem seinen Eltern unterhaltspflichtigen Kind die Differenz zwischen dem ggf. gezahlten Kindesunterhalt und 120 % des Tabellenunterhalts abzüglich des hälftigen Kindergeldes einkommensbereinigend zu berücksichtigen.

180 Soweit keine höhere Berücksichtigung geboten ist (vgl. Rdnr. 173), kommt im Rahmen der erforderlichen Angemessenheitsprüfung (vgl. Rdnr. 175)

Aus dem den einfachen (Mindest-)Selbstbehalt übersteigenden Einkommen wären rechnerisch weitere 1.600 Euro (3.200 x 50 %) einsetzbar, sodass dem Kind von den 6.800 Euro (Einkommen) nur 3.200 Euro (6.800 – 2.000 – 1.600) verbleiben würden. Dann wäre die Obergrenze (max. die Hälfte des Einkommens, vgl. Rdnr. 175) überschritten. Das Ergebnis ist deshalb in der Weise zu korrigieren, dass sich im Rahmen der Angemessenheitskontrolle die Verpflichtung des Kindes zur Zahlung von Elternunterhalt um 200 Euro auf 3.400 Euro ermäßigt und sich der individuelle Selbstbehalt des Kindes um diese 200 Euro auf 3.400 Euro erhöht.

Eine solche Korrektur wird bei höheren Unterkunftskosten als dem im einfachen (Mindest-) Selbstbehalt berücksichtigten Anteil von 450 Euro häufig entbehrlich sein, weil dem hohen Einkommen entsprechend im 2. Rechenschritt beim Selbstbehalt dann angemessene Unterkunftskosten anzuerkennen sind. Betragen die Unterkunftskosten 1.000 Euro, ergibt sich eine Erhöhung des Selbstbehalts um 550 Euro (1.000 Euro Mietaufwendungen abzgl. 450 Euro im Selbstbehalt des Kindes enthaltene Unterkunftskosten), sodass für den 2. Rechenschritt gilt:

Einkommen bis zur Luxusschwelle	4.800 Euro
einfacher Selbstbehalt	– 2.150 Euro
übersteigendes Einkommen	2.650 Euro

Aus dem den einfachen (Mindest-)Selbstbehalt übersteigenden Einkommen sind dann (nur) weitere 1.325 Euro (2.650 x 50 %) und somit insgesamt die Obergrenze nicht überschreitende 3.325 Euro einsetzbar.

in Betracht, die Obergrenze für den Vorrang des Kindesunterhalts bei dem Unterhaltszahlbetrag anzusetzen, der sich aus dem Tabellenbetrag nach der 10. Einkommensgruppe des Abschnitts A. der Düsseldorfer Tabelle ergibt.

bb) Unterhaltspflicht gegenüber dem Ehegatten bei häuslicher Gemeinschaft

181 Der Ehegatte des Kindes schuldet seinen Schwiegereltern in keinem Fall Unterhalt, obgleich er durch die Unterhaltspflicht des Kindes gegenüber seinen Eltern dadurch betroffen sein kann, dass dessen Einkommen teilweise für den Unterhalt der Schwiegereltern abfließt, für die engere Familie also nicht mehr zur Verfügung steht.

182 Ist das Kind verheiratet und verfügt auch sein Ehegatte über Einkommen, brauchen beide Ehegatten nur im Verhältnis ihrer unterhaltsrechtlich maßgeblichen Einkommen zum Familienunterhalt, zu den ehelichen Aufwendungen und zum Abtrag ehebedingter Verbindlichkeiten beizutragen. Um berücksichtigungsfähige Verbindlichkeiten, die einen Ehegatten allein betreffen (z.B. Unterhaltspflichten gegenüber einem nicht gemeinschaftlichen Kind), ist nur sein Einkommen zu bereinigen.

183 Eine besondere Situation liegt vor, wenn der Ehegatte des elternunterhaltspflichtigen Kindes berufstätig ist, daneben die gemeinsamen Kinder oder Kinder aus einer früheren Verbindung betreut und zusätzlich den Haushalt führt. In diesem Fall kann das elternunterhaltspflichtige Kind mit Erfolg nicht oder doch nur sehr eingeschränkt vortragen, die Erwerbstätigkeit seines Ehegatten sei überobligatorisch, sein Ehegatte brauche sein Einkommen wegen seiner Mehrfachbelastung nicht oder nur geringfügig für den Familienunterhalt einzusetzen und deshalb sei es selbst nicht leistungsfähig zur Zahlung von Elternunterhalt, weil ihm unter diesen Umständen die Finanzierung des Familienunterhalts im Wesentlichen allein obliege. Einer solchen Einwendung steht entgegen, dass Ehegatten aufgrund der ehelichen Lebensgemeinschaft einander zu gegenseitiger Hilfe und Unterstützung verpflichtet sind. Da das seinen Eltern unterhaltspflichtige Kind deshalb gehalten ist, sich an der Haushaltsführung und Kinderbetreuung zu beteiligen und seinen Ehegatten dadurch insoweit zu entlasten, ist diesem seine tatsächlich ausgeübte Berufstätigkeit in weitergehendem Umfang zumutbar, als sie es bei einem alleinerziehenden Elternteil wäre. Voraussetzung ist, dass das elternunterhaltspflichtige Kind nach seinen beruflichen und sonstigen berücksichtigungsfähigen Verpflichtungen zeitlich in der Lage ist, sich an der Haushaltsführung und Kinderbetreuung zu beteiligen.

184 Schuldet das seinen Eltern dem Grunde nach unterhaltspflichtige Kind seinem Ehegatten Unterhalt, ist dessen eheangemessener Unterhaltsbedarf unabhängig davon vorrangig zu berücksichtigen, ob die Ehegatten in ehelicher Gemeinschaft oder getrennt leben oder geschieden sind. Der eheangemessene Bedarf bestimmt sich nach den ehelichen Lebensverhältnissen, also nach Einkommen und Vermögen der Ehegatten sowie nach ihrer sozialen Stellung (vgl. Rdnr. 143 f.). Er ist jeweils individuell zu bestimmen. Zur Prägung der ehelichen Lebensverhältnisse des Kindes durch die Unterhaltspflicht gegenüber seinen Eltern vgl. Rdnr. 192.

185 Lebt das Kind mit seinem Ehegatten in ehelicher Gemeinschaft, beläuft sich der eheangemessene Lebensbedarf seines unterhaltsberechtigten Ehegatten auf die Hälfte der für die allgemeine Lebensführung verfügbaren (auch um den Unterhalt der eigenen Kinder und die Ersparnis durch gemeinsame Haushaltsführung, vgl. dazu Rdnr. 187, bereinigten) Einkünfte der Ehegatten. Soweit Einkünfte zur (auch privilegierten) Vermögensbildung verwendet werden, dienen sie nicht der Befriedigung der laufenden Lebensbedürfnisse. Sie haben deshalb bei der Bemessung des Anspruchs des Ehegatten auf Familienunterhalt unberücksichtigt zu bleiben. Zu beachten ist, dass sich die genannte Rechtslage nur auf die Berechnung des Familien-, Trennungs- oder nachehelichen Unterhalts des Ehegatten des Kindes bezieht. Dagegen sind im Rahmen des Elternunterhalts Einkommensteile, die das seinen Eltern unterhaltspflichtige Kind der Vermögensbildung zuführt, für den Unterhalt von Eltern einzusetzen, soweit sie nicht privilegierten Zwecken (u.a. Aufbau einer angemessenen Altersvorsorge, Entschuldung des Familienheims, Ansparen einer angemessenen Rücklage für künftig notwendig anstehende Anschaffungen) dienen. Da die Ehegatten aus einem Topf wirtschaften, ist ihr Einkommen nicht vorab um den sog. Erwerbstätigenbonus zu bereinigen.

186 Soweit die Düsseldorfer Tabelle und die unterhaltsrechtlichen Leitlinien der Oberlandesgerichte den eheangemessenen Unterhaltsbedarf des Ehegatten des Kindes beziffern, ist zu beachten, dass es sich dabei um einen Mindestbetrag handelt. Abschnitt D. I. der Düsseldorfer Tabelle weist als Familienselbstbehalt, der dem mit seinem Ehegatten in häuslicher Gemeinschaft lebenden Kind gegenüber Unterhaltsansprüchen seiner Eltern auf jeden Fall verbleiben muss, auf dem Stand 1.1.2013 einschließlich 800 Euro für Unterkunftskosten 1.600 Euro + 1.280 Euro = 2.880 Euro aus. Ein Teil der Oberlandesgerichte setzt den Mindestbedarf des Ehegatten auf 1.300 Euro, den Familienmindestselbstbehalt also auf 2.900 Euro fest. Es wird empfohlen, sich insoweit nach den Leitlinien des für ein evtl. erforderliches Gerichtsverfahren zuständigen Oberlandesgerichts in der jeweils geltenden Fassung zu richten.

187 Das Zusammenleben der Ehegatten führt zu Ersparnissen durch gemeinsame Haushaltsführung.

Im Familienmindestselbsthalt nach Abschnitt D. I. der Düsseldorfer Tabelle ist – in Anlehnung an das Sozialrecht (Differenz von Regelbedarfsstufe 1 und 2 nach der Anlage zu § 28 SGB XII) – bereits eine häusliche Ersparnis von 10 % enthalten, die auch bei einem den Familienmindestselbstbehalt übersteigenden Einkommen zu berücksichtigen ist.

188 Ausgangspunkt zur Berechnung des Elternunterhalts ist der individuelle Familienselbstbehalt, wenn das unterhaltspflichtige Kind mit seinem Ehegatten in häuslicher Gemeinschaft lebt. Dieser Betrag ist zugrunde zu legen, wenn dem unterhaltspflichtigen Kind und seinem Ehegatten mehr als der Familienmindestselbsthalt zur Verfügung steht, der in jedem Fall die Untergrenze für die Leistungsfähigkeit des Kindes zur Zahlung von Elternunterhalt bildet. Der individuelle Familienselbstbehalt wird nach Abschnitt D. I. der Düsseldorfer Tabelle aus der Summe des Familienmindestselbstbehalts und 45 % des darüber hinausgehenden Familieneinkommens gebildet. Die Leistungsfähigkeit des Kindes zur Zahlung von Elternunterhalt hängt davon ab, in welchem Umfang es zum bereinigten Familieneinkommen beiträgt. Wird das Familieneinkommen allein von dem elternunterhaltspflichtigen Kind erzielt, beträgt seine Leistungsfähigkeit zur Zahlung von Elternunterhalt 100 % der Differenz zwischen seinem bereinigten Einkommen und dem individuellen Familienselbstbehalt.[4] Trägt der Ehegatte des Kindes gleichfalls zum Familieneinkommen bei, ergibt sich die Leistungsfähigkeit des Kindes aus der Differenz zwischen seinem bereinigten Einkommen und dem Anteil, den es nach dem

Verhältnis der beiderseitigen bereinigten Einkommen zum individuellen Familienselbstbehalt beitragen muss.[5] Die Leistungsfähigkeit errechnet sich dann verkürzt nach der Formel: (bereinigtes Familieneinkommen – Familienmindestselbstbehalt) x 55 % x Anteil, mit dem das elternunterhaltspflichtige Kind zum Familieneinkommen beiträgt.

189 Auch bei Zusammenleben und gemeinsamer Haushaltsführung mit einer anderen Person als einem Ehegatten kann eine häusliche Ersparnis zu berücksichtigen sein. Das ist der Fall, wenn die zusammengerechneten Einkommen der Zusammenlebenden den in Rdnr. 186 genannten Mindestselbsthalt (zzt. 2.880 Euro) übersteigt. In diesen Fällen ist der Mindestselbstbehalt des zum Elternunterhalt Verpflichteten (zzt. 1.600 Euro) um 10 % zu mindern.

190 Übersteigt das bereinigte Familieneinkommen den zusammengerechneten Mindestselbstbehalt des Kindes und seines Ehegatten, hat das Kind darzulegen und ggf. zu beweisen, wie sich der Familienunterhalt gestaltet und ob und ggf. welche Beträge zur Vermögensbildung verwandt werden. Gelingt ihm der Nachweis nicht, dass nach den ehelichen Lebensverhältnissen bisher ein diesen Mindestselbsthalt übersteigender Betrag zum Unterhalt der Familie einschließlich der Vermögensbildung für privilegierte Zwecke (vgl. Rdnrn. 100 bis 103) eingesetzt wurde, ist sein Einkommen für seinen eigenen Lebensbedarf und für denjenigen seines Ehegatten nur im Umfang des Familienmindestselbstbehalts nach Abschnitt D. I. der Düsseldorfer Tabelle bzw. mit dem insoweit in den unterhalts-

---

4) Alleinverdienerehe:

Einkommen des pflichtigen Kindes (bereinigt)	4.000 Euro
Einkommen Ehepartner	0 Euro
Familieneinkommen	4.000 Euro
abzgl. Familienmindestselbstbehalt	– 2.880 Euro
übersteigendes Einkommen	1.120 Euro
abzgl. Haushaltsersparnis (10 % aus 1.100)	– 112 Euro
berücksichtigungsfähiges Einkommen	1.008 Euro
50% des berücksichtigungsfähigen Einkommens	504 Euro*
* entspricht 45 % von	1.120 Euro
zzgl. Familienmindestselbstbehalt	2.880 Euro
individueller Familienselbstbehalt	3.384 Euro

Im Umfang der Differenz des individuellen Familienselbstbehalts zum Einkommen des Kindes (hier 616 Euro) ist das Kind leistungsfähig zur Zahlung von Elternunterhalt.

5) Doppelverdienerehe:

Einkommen des pflichtigen Kindes (bereinigt)	3.000 Euro
Einkommen Ehepartner (bereinigt)	1.000 Euro
Familieneinkommen	4.000 Euro

Da das Familieneinkommen dem vorstehenden Beispiel entspricht, beträgt der individuelle Familienselbstbehalt wiederum 3.384 Euro. Nach dem Verhältnis der beiderseitigen Einkommen muss das Kind zum Lebensbedarf der Familie 75 % = 2.538 Euro beitragen. Damit ist es in Höhe von 462 Euro (3.000 Euro – 2.538 Euro) leistungsfähig zur Zahlung von Elternunterhalt.

rechtlichen Leitlinien des zuständigen Oberlandesgerichts vorgesehenen Mindestbetrag anzusetzen.

191 Wurde das Familieneinkommen bisher nachweisbar in vollem Umfang für den Bedarf der Familie verwandt, ist das seinem Ehegatten unterhaltspflichtige Kind nur insoweit leistungsfähig zur Zahlung von Elternunterhalt, als sein bereinigtes Einkommen nach Abzug des für den eheangemessenen Lebensbedarf seines Ehegatten und ggf. des von ihm zu tragenden Anteils am Unterhalt seiner eigenen Kinder (vgl. Rdnr. 177) seinen Selbstbehalt übersteigt (zum Selbstbehalt vgl. Rdnr. 172).

192 Obwohl der bedürftige (ggf. geschiedene) Ehegatte des Kindes dessen Eltern unterhaltsrechtlich im Rang vorgeht (vgl. Rdnr. 38), kann die Lebensstellung der Ehegatten nach der Rechtsprechung des Bundesgerichtshofs auch durch die Unterhaltspflicht des Kindes für seine Eltern geprägt sein. Das soll stets der Fall sein, wenn die Eltern bei Eheschließung ihres Kindes bereits tatsächlich oder jedenfalls latent unterhaltsbedürftig waren, etwa weil in diesem Zeitpunkt abzusehen war, dass sie wegen geringer Rente ihren Lebensbedarf nach Eintritt in den Ruhestand nicht aus eigener Kraft würden decken können. Wurden die Eltern dagegen erst im Laufe der Ehe ihres Kindes unterhaltsbedürftig, sei eine solche Prägung umso eher anzunehmen, je höher die Wahrscheinlichkeit sei, für den Unterhalt der Eltern aufkommen zu müssen. Ist in diesem Sinne von einer Prägung auszugehen, richtet sich die Leistungsfähigkeit des Kindes zur Zahlung von Elternunterhalt dieser Rechtsprechung zufolge nach seinem bereinigten Einkommen vor Abzug des Unterhaltsbedarfs seines (vorrangig berechtigten) Ehegatten. Im Rahmen der stets erforderlichen Angemessenheitskontrolle ist die Grenze des Vorwegabzugs des Elternunterhalts dort anzusiedeln, wo sich durch Außerachtlassung der unterhaltsrechtlichen Rangvorschriften ein Missverhältnis zwischen dem Unterhaltsanspruch der Eltern des Kindes und dem nach § 1609 BGB vorrangigen Anspruch seines Ehegatten ergeben würde. Von einem Missverhältnis in diesem Sinn ist auszugehen, wenn das Kind seinen Eltern höheren Unterhalt leisten müsste als seinem Ehegatten, ferner wenn dem Kind für den Unterhalt seines Ehegatten nicht mindestens der ihm für diesen zustehenden Mindestselbstbehalt von 1.280 bzw. 1.300 Euro (vgl. dazu Rdnr. 186) belassen würde. Gleiches gilt, wenn sich die Einkommensverhältnisse des Kindes im unteren oder mittleren Bereich bewegen, bei denen der Ehegattenunterhalt regelmäßig nach Quoten berechnet wird. Es wird empfohlen, von diesem Fall auszugehen, wenn das bereinigte Familieneinkommen den doppelten Familienmindestselbstbehalt oder die 10. Einkommensgruppe des Abschnitts A. der Düsseldorfer Tabelle nicht übersteigt. Leistungsfähig zur Zahlung von Elternunterhalt ist das Kind dann nur insoweit, als sein auch um die Unterhaltsansprüche

seiner eigenen Kinder und seines Ehegatten bereinigtes Einkommen seinen Selbstbehalt übersteigt.

cc) Unterhaltspflicht gegenüber dem getrennt lebenden oder geschiedenen Ehegatten

193 Kann der getrennt lebende oder geschiedene Ehegatte des Kindes von diesem Unterhalt verlangen, gilt die in Rdnr. 192 dargestellte Rechtslage auch für dessen Unterhaltsanspruch, dies selbst in dem Fall, dass die Eltern des Kindes erst nach dessen Trennung oder Scheidung (tatsächlich oder latent) unterhaltsbedürftig werden. Durch Hinzutreten der Eltern des Kindes als weitere Unterhaltsberechtigte ändert sich an dem (nach den für den Trennungs- bzw. nachehelichen Unterhalt allgemein geltenden unterhaltsrechtlichen Regeln ermittelten) Unterhaltsbedarf auch des geschiedenen Ehegatten nichts, weil sich der Umfang seines Bedarfs nach den Verhältnissen im Zeitpunkt der Rechtskraft der Scheidung bestimmt (zu Ausnahmen vgl. Rdnr. 145). Gleiches gilt wegen des Nachrangs des Elternunterhalts für die Leistungsfähigkeit des sowohl seinem Ehegatten als auch seinen Eltern unterhaltspflichtigen Kindes. Die Empfehlung im vorletzten Satz von Rdnr. 192 sollte auch auf diese Fallgestaltung angewendet werden.

c) Leistungsfähigkeit aufgrund eines Unterhaltsanspruchs gegen den Ehegatten

aa) Anspruch auf Barunterhalt nach Trennung oder Scheidung

194 Erhält das Kind von seinem besser verdienenden Ehegatten nach Trennung oder Scheidung Barunterhalt, stellt dieser unterhaltspflichtiges Einkommen dar und begründet die Leistungsfähigkeit des Kindes zur Zahlung von Elternunterhalt, soweit der von ihm selbst empfangene Unterhalt den ihm seinen Eltern gegenüber zustehenden Selbstbehalt (vgl. Rdnr. 172) übersteigt. Entsprechendes gilt für Einkommen aus Unterhaltsansprüchen nach § 1615 l BGB.

bb) Anspruch auf Familienunterhalt bei häuslicher Gemeinschaft

195 Ein Kind ist seinen Eltern nur unter der Voraussetzung unterhaltspflichtig, dass es selbst über Einkommen und/oder Vermögen verfügt. Sein Ehegatte schuldet seinen Schwiegereltern in keinem Fall Unterhalt (vgl. Rdnr. 181).

196 Das einem Kind für die Haushaltsführung überlassene Wirtschaftsgeld ist ebenso wenig unterhaltspflichtiges Einkommen wie der ihm von seinem Ehegatten nach §§ 1360, 1360 a BGB geleistete Familienunterhalt, der mit Ausnahme des Barbetrags zur persönlichen Verfügung (Taschengeld) i.d.R. als Naturalunterhalt geleistet wird. Auch kann das Kind von seinem Ehegatten nicht anstelle von Familienunterhalt Barunterhalt oder ein höheres Ta-

LL-Strkt

KG

Brdbg

Brschw

Brem

Celle

Dresd

Düss

Ffm

Hbg

Hamm

Kblz

Köln

Naumbg

Oldbg

Rstk

Schlesw

SüdL

Thür

Empf Sozhi

schengeld verlangen, um seinen Eltern Unterhalt leisten zu können.

197 Sind die ehelichen Lebensverhältnisse dadurch geprägt, dass das gesamte Einkommen beider Ehegatten bisher nachweisbar für den Lebensbedarf der Familie verwendet wurde, wird das Kind nur unter der Voraussetzung leistungsfähig zur Zahlung von Elternunterhalt, dass sein eigenes Einkommen zuzüglich der Differenz, die sich aus dem Geldwert seines grundsätzlich in Höhe der Hälfte des Familieneinkommens bestehenden Anspruchs auf Familienunterhalt und dem eigenen Einkommen ergibt, die Hälfte des in Rdnr. 186 dargestellten Familienmindestselbstbehalts übersteigt. Bei bestehender Leistungsfähigkeit wird empfohlen, deren Umfang nach der in Rdnr. 188 angegeben Berechnungsformel zu bestimmen.[6]

198 Wohnt das Kind mietfrei im gemeinsamen oder einem Ehegatten gehörenden Wohneigentum, stehen ihm aus der angemessenen ersparten Miete zwar nicht unmittelbar zum Unterhalt einsetzbare Mittel zur Verfügung. Die bei Abzug der Aufwendungen für Nebenkosten und Heizung verbleibende Mietersparnis mindert aber den im Selbstbehalt berücksichtigten Wohnkostenanteil. In diesem Fall wird Leistungsfähigkeit des Kindes zur Zahlung von Elternunterhalt im Unterschied zu Rdnr. 197 bereits dann erreicht, wenn die dort bezeichnete Differenz geringer ist als die Hälfte des in Rdnr. 186 dargestellten Familienmindestselbstbehalts.

199 Verfügt das seinen Eltern unterhaltspflichtige Kind nicht über eigenes Erwerbs- oder sonstiges Einkommen, kann es nach §§ 1360, 1360 a BGB als Bestandteil seines Anspruchs auf Familienunterhalt von seinem Ehegatten in Höhe von 5 bis 7 % des bereinigten Familieneinkommens Taschengeld verlangen. Je niedriger das Familieneinkommen ist, desto mehr nähert sich der Taschengeldanspruch der Untergrenze von 5 % an. Es wird empfohlen, von einem Taschengeldanspruch in Höhe von 7 % auszugehen, wenn das Familieneinkommen den dreifachen Familienmindestselbstbehalt (vgl. Rdnr. 186) übersteigt. Unterhaltsrechtlich bildet Taschengeld grundsätzlich einzusetzendes Einkommen, selbst wenn es dem Kind nicht gezahlt wird.

200 Fließt dem Kind das ihm zustehende Taschengeld nicht zu, kann es als (in diesem Fall fiktives) Einkommen gleichwohl die Leistungsfähigkeit des Kindes zur Zahlung von Elternunterhalt begründen (vgl. Rdnr. 201). In diesem Fall kann der Träger der Sozialhilfe nach Anspruchsübergang gegen das Kind einen Unterhaltstitel erwirken, anschließend unter den Voraussetzungen des § 850 b ZPO den Taschengeldanspruch pfänden und sich überweisen lassen sowie ihn dann gegen den Ehegatten – ggf. gerichtlich – geltend machen.

201 Das im Übrigen einkommenslose Kind braucht das ihm zustehende Taschengeld regelmäßig (zu Ausnahmen vgl. Rdnr. 202) nicht für den Unterhalt seiner Eltern einzusetzen, soweit es 5 bis 7 % (vgl. Rdnr. 199) des Familienmindestselbstbehalts nicht übersteigt. Soweit es darüber hinausgeht, ist das Kind in Höhe der Hälfte dieses Überschusses leistungsfähig. Bei einem Taschengeld von z.B. 5 % des Familieneinkommens errechnet sich die Leistungsfähigkeit des Kindes nach der Formel: (bereinigtes Familieneinkommen – Familienmindestselbstbehalt) $\times$ 5 % $\times$ ½.

202 Ist das Einkommen des Ehegatten so auskömmlich, dass davon der gesamte Familienunterhalt bestritten werden kann, ist das Kind in Höhe der Hälfte seines gesamten Taschengeldanspruchs als leistungsfähig zu betrachten. Es wird empfohlen, von einem auskömmlichen Einkommen des Ehegatten in diesem Sinn auszugehen, wenn und soweit dessen Einkommen den dreifachen Familienmindestselbstbehalt der Ehegatten (vgl. Rdnr. 186) übersteigt.

203 Erreicht das eigene Einkommen des Kindes nicht die Höhe seines Taschengeldanspruchs, wird empfohlen, die Leistungsfähigkeit zum Elternunterhalt nach der in Rdnr. 201 für den Taschengeldanspruch angegebenen Berechnungsformel zu ermitteln. Übersteigt das eigene Einkommen des Kindes die Höhe seines Taschengeldanspruchs, wird empfohlen, zur Ermittlung der Leistungsfähigkeit grundsätzlich nach der in Rdnr. 188 angegebenen Berechnungsformel zu verfahren.

204 Ist in den Fällen der Rdnr. 203 das Einkommen des Ehegatten so auskömmlich, dass davon der ge-

---

6) Einkommen des pflichtigen Kindes
   (bereinigt) .... 300 Euro
   Einkommen Ehepartner (bereinigt) .... 2.840 Euro
   Familieneinkommen .... 3.140 Euro
   abzgl. Familienmindestselbstbehalt .... – 2.880 Euro
   übersteigendes Familieneinkommen .... 260 Euro

   Anteil des Kindes (300 Euro) am
   Familieneinkommen (3.140 Euro): 9,55 %
   Leistungsfähigkeit des Kindes (260 Euro $\times$ 55 % $\times$ 9,55 %): 13,65 Euro

samte Familienunterhalt bestritten werden kann, es also keines finanziellen Beitrags des Kindes zum Familienunterhalt mehr bedarf, hat das Kind sein Einkommen mit Ausnahme der Hälfte des Betrags, der ihm auf der Grundlage des Familieneinkommens im Fall seiner Einkommenslosigkeit als Taschengeld zustehen würde (vgl. Rdnr. 202), für den Unterhalt seiner Eltern in vollem Umfang einzusetzen. Zum Maßstab, wann von einem dergestalt auskömmlichen Einkommen des Ehegatten auszugehen ist, vgl. Rdnr. 202. Um zu vermeiden, dass das Kind seine Arbeitsstelle aufgibt, wenn ein großer Teil seines Einkommens für den Unterhalt seiner Eltern abfließt, wird empfohlen, dem Kind im Einzelfall einen Betrag bis zur Obergrenze seines hälftigen Einkommens zu belassen.

4. Verwirkung des Anspruchs auf Elternunterhalt

205 Ob Eltern ihren Unterhaltsanspruch nach § 1611 BGB verwirkt haben, ist anhand einer umfassenden Abwägung aller maßgeblichen Umstände einschließlich des Verhaltens des unterhaltspflichtigen Kindes zu prüfen. Als Ausnahmeregelung ist die Vorschrift eng auszulegen. In jedem Fall setzt die Verwirkung des Unterhaltsanspruchs voraus, dass einer der drei Tatbestände des § 1611 Abs. 1 BGB schuldhaft verwirklicht ist. Natürlicher Vorsatz reicht nicht aus. Sind Eltern ihrer Unterhaltspflicht gegenüber ihren Kindern über einen längeren Zeitraum nachgekommen, kann ihr eigenes, an sich einen Verwirkungsgrund darstellendes Verhalten in einem milderen Licht erscheinen. Ein Verhalten von Eltern, aufgrund dessen sie ihren Anspruch auf Trennungs- und nachehelichen Unterhalt verwirkt haben, führt nur dann zur – ggf. teilweisen (vgl. Rdnr. 210) – Verwirkung auch ihres Unterhaltsanspruchs gegen ihre Kinder, wenn das Verhalten zugleich die Voraussetzungen des § 1611 BGB erfüllt.

206 Ein sittliches Verschulden i.S. von § 1611 Abs. 1 Satz 1 Alt. 1 BGB setzt objektiv ein sittlich zu missbilligendes Verhalten mit Vorwerfbarkeit von erheblichem Gewicht und damit subjektiv mindestens unterhaltsrechtliche Leichtfertigkeit voraus. Davon ist auszugehen, wenn sich Eltern unter grober Missachtung dessen, was jedem einleuchten muss, oder in Verantwortungs- oder Rücksichtslosigkeit gegen ihre Kinder über die erkannte Möglichkeit nachteiliger Folgen für ihre Bedürftigkeit hinweggesetzt haben. Dabei muss das anstößige Verhalten – wenn auch nicht allein – ursächlich für ihre Unterhaltsbedürftigkeit sein.

207 Verschwenden oder verschenken Eltern Vermögen oder verzichten sie ohne sachlichen Grund auf nachehelichen Unterhalt, auf Zugewinnausgleich oder auf Durchführung des Versorgungsausgleichs, kann das je nach den Umständen des Falles sittliches Verschulden bilden. Gleiches kann unter den Voraussetzungen der Rdnr. 206 bei mangelnder

finanzieller Vorsorge für das Alter gelten. Alkohol-, Drogen- oder Medikamentensucht kommt wegen des anerkannten Krankheitscharakters dieser Süchte als Verwirkungsgrund nur in Betracht, wenn Eltern trotz ihres Zustands noch in der Lage sind, ihre Sucht zu bekämpfen, wie es etwa im Anfangsstadium oder nach einer erfolgreichen Therapie der Fall sein kann.

208 Ob Eltern früher ihre Unterhaltspflicht gegenüber ihren Kindern gröblich vernachlässigt und damit ihren Unterhaltsanspruch nach § 1611 Abs. 1 Satz 1 Alt. 2 BGB verwirkt haben, hängt von Gewicht und Dauer des Verstoßes ab. Auch ein Verstoß gegen die Verpflichtung zur Betreuung der eigenen Kinder kann zur Verwirkung führen. Konnten die jetzt unterhaltsbedürftigen Eltern allerdings früher z.B. wegen Erkrankung oder Leistungsunfähigkeit und damit schuldlos nicht für ihr nunmehr auf Unterhalt in Anspruch genommenes Kind sorgen, waren sie ihrem Kind in diesem Zeitraum nicht unterhaltspflichtig, sodass auf solche Umstände ein Verwirkungseinwand nicht gestützt werden kann.

209 Von einer schweren vorsätzlichen Verfehlung der Eltern gegen ihr unterhaltspflichtiges Kind oder dessen nahe Angehörige nach § 1611 Abs. 1 Satz 1 Alt. 3 BGB ist auszugehen z.B. bei Tötungsversuch, sexuellem Missbrauch, erheblichen körperlichen Misshandlungen, die nicht durch das nach früherer, aber inzwischen überholter Rechtslage aus erzieherischen Gründen bestehende elterliche Züchtigungsrecht gedeckt waren, ferner bei wiederholten groben Beleidigungen oder Drohungen, wenn die Eltern damit eine tief greifende Verachtung ihres Kindes zum Ausdruck bringen. Auch kann der Verwirkungstatbestand erfüllt sein, wenn Eltern ihr Kind in zu missbilligender Weise bei dessen Arbeitgeber oder bei Behörden in Misskredit bringen, schließlich auch bei einer früheren, lange Zeit andauernden Abwendung der Eltern von dem in diesem Zeitpunkt noch minderjährigen Kind. Der Kreis der nahen Angehörigen des Kindes i.S. von § 1611 BGB hängt von der Beziehung des Kindes zu diesen Personen ab. Dazu gehören neben seinen engen Verwandten jedenfalls sein Verlobter oder Lebenspartner, seine Pflegeeltern oder -kinder sowie seine Stiefeltern oder -kinder.

210 Haben Eltern ihren Unterhaltsanspruch verwirkt, schuldet das Kind ihnen nach § 1611 Abs. 1 Satz 1 BGB Unterhalt nur noch in der Höhe, die der Billigkeit entspricht. Dabei sind auch die wirtschaftlichen Verhältnisse der Beteiligten zu berücksichtigen. Nur bei grober Unbilligkeit, d.h. wenn die Gewährung von Unterhalt dem Gerechtigkeitsempfinden in unerträglicher Weise widersprechen würde, entfällt die Unterhaltspflicht nach § 1611 Abs. 1 Satz 2 BGB vollständig.

211 Haben Eltern einen der Verwirkungstatbestände des § 1611 Abs. 1 Satz 1 Alt. 1 und 3 BGB erfüllt,

LL-Strkt
KG
Brdbg
Brschw
Brem
Celle
Dresd
Düss
Ffm
Hbg
Hamm
Kblz
Köln
Naumbg
Oldbg
Rstk
Schlesw
SüdL
Thür
Empf
Sozhi

werden ihre sämtlichen Kinder in dem in Rdnr. 210 genannten Umfang von der Haftung frei. Liegt dagegen ein Fall des § 1611 Abs. 1 Satz 1 Alt. 2 BGB vor, verringert sich oder entfällt nur die Unterhaltspflicht desjenigen Kindes, dem gegenüber seine Eltern ihre Unterhaltpflicht vernachlässigt haben. Auch in diesem Fall haften die Geschwister des Kindes nach § 1611 Abs. 3 BGB ihren Eltern aber nur insoweit auf Unterhalt, als dies der Fall wäre, wenn das von der Verwirkung betroffene Kind gleichfalls haften würde.

212 Soweit der Verwirkungseinwand durchgreift, scheidet mangels Unterhaltsanspruchs dessen Übergang auf den Träger der Sozialhilfe von vornherein aus. Hat der Elternteil seinen Unterhaltsanspruch gegen sein Kind indessen nicht oder nur teilweise verwirkt und wird der Anspruch gemäß § 94 SGB XII aus übergegangenem Recht vom Träger der Sozialhilfe in dem nicht verwirkten Umfang geltend gemacht, hat der Träger der Sozialhilfe nach § 94 Abs. 3 Satz 2 SGB XII selbst zwar keine Ermittlungen dahingehend anzustellen, ob und ggf. in welchem Umfang der Anspruchsübergang für den bedürftigen Elternteil oder für das ihm unterhaltspflichtige Kind materiell oder immateriell eine unbillige Härte i.S. von § 94 Abs. 3 Satz 1 Nr. 2 SGB XII darstellen würde; entsprechenden konkreten Hinweisen des Kindes hat er aber nachzugehen. Eine derartige Härte kann anzunehmen sein, wenn der nach § 1611 BGB zu beurteilende Lebenssachverhalt aus der Sicht des Sozialhilferechts auch soziale Belange erfasst. Insbesondere muss ein kausaler Zusammenhang zu einem Handeln des Staates oder seiner Organe bestehen. Wenn und soweit eine unbillige Härte vorliegt, geht der Unterhaltsanspruch des Elternteils gegen sein Kind nicht auf den Träger der Sozialhilfe über. Er steht dann weiterhin dem bedürftigen Elternteil zu. Zu den Fallgruppen der unbilligen Härte vgl. Rdnr. 12 f.

213 Zur Verwirkung des elterlichen Unterhaltsanspruchs durch illoyal verspätete Geltendmachung des Anspruchs vgl. Rdnr. 36.

C) Die bei der Heranziehung Unterhaltspflichtiger zu berücksichtigenden sozialhilferechtlichen Vorschriften

I. Die Selbsthilfe des Unterhaltsberechtigten

214 Bei dem Kreis derer, die vom persönlichen Geltungsbereich des SGB XII erfasst werden, ist i.d.R. eine Verweisung auf Selbsthilfe oder eine Rückübertragung des Unterhaltsanspruchs nach § 94 Abs. 5 Satz 1 SGB XII (zur Rückübertragung vgl. im Einzelnen Rdnr. 239) nicht angezeigt. Zur Selbsthilfe der nachfragenden Person durch Anmahnung der Unterhaltsleistung, durch Aufforderung des Unterhaltpflichtigen zur Erteilung der Auskunft über sein Einkommen und Vermögen zum Zwecke

der gerichtlichen Geltendmachung des Unterhaltsanspruchs und durch gerichtliche Geltendmachung dieses Anspruchs vgl. vorletzten Satz von Rdnr. 227; zum unterhaltsrechtlichen Auskunftsanspruch vgl. Rdnr. 235 f.

II. Vorrang der öffentlich-rechtlichen Einsatzgemeinschaft

215 Gehört der Unterhaltspflichtige dem in § 19 Abs. 1 bis 3 SGB XII für die einzelnen Leistungen der Sozialhilfe bestimmten Personenkreis (sozialhilferechtliche Einsatzgemeinschaft) an, geht der Unterhaltsanspruch des zur Einsatzgemeinschaft zählenden Berechtigten gemäß § 94 Abs. 1 Satz 3 Halbsatz 1 Alt. 1 SGB XII nicht auf den Träger der Sozialhilfe über.

216 Werden einer nachfragenden Person Leistungen der Sozialhilfe erbracht, obwohl die Aufbringung der Mittel den zur Einsatzgemeinschaft gehörenden Personen in Fällen der Hilfe zum Lebensunterhalt (3. Kapitel SGB XII) entsprechend § 19 Abs. 1 i.V. mit § 27 Abs. 2 SGB XII sowie in Fällen der Grundsicherung im Alter und bei Erwerbsminderung (4. Kapitel SGB XII) entsprechend § 19 Abs. 2 i.V. mit § 43 Abs. 1 SGB XII möglich oder in Fällen von Leistungen nach dem 5. bis 9. Kapitel SGB XII entsprechend § 19 Abs. 3 SGB XII zumutbar ist, handelt es sich um (sog. unechte oder erweiterte) Hilfe, die gleichfalls nicht zum Übergang von Unterhaltsansprüchen, sondern zu einem durch Verwaltungsakt festzusetzenden und ggf. im Verwaltungszwangsverfahren zu vollstreckenden Aufwendungsersatzanspruch des Trägers der Sozialhilfe führt. Nach § 19 Abs. 5 SGB XII haften die Mitglieder der Einsatzgemeinschaft für diese öffentlich-rechtliche Forderung als Gesamtschuldner.

1. Hilfe zum Lebensunterhalt

217 Bei Nachfrage von Hilfe zum Lebensunterhalt wird zur Feststellung des sozialhilferechtlichen Leistungsanspruchs außer dem Einkommen und Vermögen der nachfragenden Person nach den Bestimmungen des 11. Kapitel SGB XII (§§ 82 ff. SGB XII) auch das Einkommen und Vermögen von den zur Einsatzgemeinschaft gehörenden Personen ungeachtet ggf. bestehender unterhaltsrechtlicher Verpflichtungen gegenüber der nachfragenden Person berücksichtigt. Die Einsatzgemeinschaft besteht nach § 27 Abs. 2 Satz 2 SGB XII zwischen der nachfragenden Person und ihrem nicht getrennt lebenden Ehegatten oder Lebenspartner (vgl. Rdnr. 218) sowie nach § 27 Abs. 2 Satz 3 SGB XII außer in den in Rdnr. 219 Satz 3 und 5 genannten Fallgestaltungen zwischen minderjährigen unverheirateten Kindern und den mit ihnen im Haushalt lebenden Eltern.

218 Getrenntleben der Ehegatten liegt im unterhaltsrechtlichen ebenso wie im sozialhilferechtlichen Sinn nicht schon bei jeder räumlichen Trennung vor. Vielmehr muss hinzukommen, dass nach den tatsächlichen Verhältnissen die Wirtschafts- und Lebensgemeinschaft der Ehegatten nicht nur vorübergehend aufgehoben ist und mindestens einer der Ehegatten nach außen zu erkennen gibt, mit dem anderen nicht mehr zusammenleben zu wollen. Leben die Ehegatten noch in der gemeinsamen Wohnung, reichen für ein Getrenntleben im Rechtssinne getrenntes Schlafen und Essen regelmäßig nicht aus. Ferner leben die Ehegatten im Rechtssinne nicht getrennt, wenn die räumliche Trennung nur durch die Tatsache bedingt ist, dass einer der Ehegatten der stationären Betreuung in einer Einrichtung bedarf oder aus beruflichen Gründen eine eigene Unterkunft bewohnt. Entsprechendes gilt für das Getrenntleben von Lebenspartnern.

219 Gehören minderjährige unverheiratete Kinder dem Haushalt ihrer Eltern oder eines Elternteils an und können sie den notwendigen Lebensunterhalt aus ihrem Einkommen und Vermögen nicht beschaffen, bilden sie mit diesen eine Einsatzgemeinschaft; die Haushaltsangehörigkeit von Kindern wird durch kurzfristige Unterbrechung nicht aufgehoben. Neben dem Einkommen und Vermögen dieser Kinder sind auch das Einkommen und Vermögen der Eltern oder des Elternteils zu berücksichtigen (§ 27 Abs. 2 Satz 3 SGB XII). Einkommen und Vermögen der Eltern bleibt jedoch unberücksichtigt, wenn eine nachfragende Person schwanger ist oder ihr leibliches Kind bis zur Vollendung seines sechsten Lebensjahres betreut (§ 19 Abs. 4 SGB XII). Der Elternbegriff umfasst auch die Adoptiveltern, nicht aber Pflegeeltern und Stiefeltern. Bei Prüfung der Bedürftigkeit von Eltern bleiben Einkommen und Vermögen ihrer Kinder außer Betracht.

2. Grundsicherung im Alter und bei Erwerbsminderung

220 Beantragt eine Person Hilfe nach dem 4. Kapitel SGB XII, sind nach §§ 19 Abs. 2 Satz 1 i.V. mit 43 Abs. 1 Halbsatz 1 SGB XII bei Prüfung ihrer sozialhilferechtlichen Bedürftigkeit neben ihrem eigenen Einkommen und Vermögen ihres nicht getrennt lebenden Ehegatten oder Lebenspartners bzw. des Partners einer eheähnlichen oder lebenspartnerschaftsähnlichen Gemeinschaft zu berücksichtigen, soweit diese Mittel den notwendigen Lebensunterhalt dieser Personen übersteigen. Die für den notwendigen Lebensunterhalt anerkannten Bedarfe sind durch die Verweisungen in § 42 SGB XII bestimmt. Zum Begriff des Getrenntlebens vgl. Rdnr. 218. Kinder und Eltern von dauerhaft voll erwerbsgeminderten Personen oder Personen, die wegen Erreichen der Regelaltersgrenze nach dem 4. Kapitel SGB XII anspruchsberechtigt sind, werden von der Bestimmung zur Berücksichtigung von Einkommen und Vermögen nicht erfasst; zu den Auswirkungen,

wenn deren Einkommen den Grenzbetrag nach § 43 Abs. 3 Satz 1 SGB XII erreicht, vgl. Rdnrn. 224 bis 226. Zu den unterhaltsrechtlichen Auswirkungen einer nach dem 4. Kapitel SGB XII bestehenden Anspruchsberechtigung vgl. Rdnr. 64.

3. Hilfen nach dem 5. bis 9. Kapitel SGB XII

221 Bei den Hilfen nach dem 5. bis 9. Kapitel SGB XII wird bereits bei Prüfung der Bedürftigkeit der nachfragenden Person neben ihrem Einkommen und Vermögen Einkommen und Vermögen der in § 19 Abs. 3 SGB XII genannten Personen berücksichtigt.

222 Die Aussagen in Rdnrn. 217 bis 219 gelten auch für die Hilfen nach dem 5. bis 9. Kapitel SGB XII. Abweichend von § 27 Abs. 2 Satz 3 SGB XII setzen diese Hilfen gemäß § 19 Abs. 3 SGB XII allerdings nicht voraus, dass ein nachfragendes minderjähriges unverheiratetes Kind dem Haushalt seiner Eltern oder eines Elternteils angehört. Leben die Eltern zusammen, haben sie anstelle des nach bürgerlichem Recht geschuldeten Unterhalts für die Aufbringung der Mittel in dem ihnen sozialhilferechtlich zumutbaren Umfang (durch sog. Kostenbeitrag) aus ihrem Einkommen und Vermögen einzustehen (§§ 85 ff., §§ 90 ff. SGB XII). Leben die Eltern getrennt und lebt das Kind nicht bei einem Elternteil, können beide Elternteile nach Maßgabe von § 94 SGB XII als Unterhaltsschuldner in Anspruch genommen werden. Lebt das Kind bei einem der getrennt lebenden Elternteile, kann nur der andere Elternteil im Wege des Forderungsübergangs nach § 94 SGB XII unterhaltsrechtlich in Anspruch genommen werden.

III. Der gesetzliche Übergang von Unterhaltsansprüchen

223 Wird der leistungsberechtigten Person Sozialhilfe erbracht, geht ihr Unterhaltsanspruch einschließlich ihres unterhaltsrechtlichen Auskunftsanspruchs (vgl. Rdnr. 235) kraft Gesetzes bis zur Höhe der geleisteten Aufwendungen auf den Träger der Sozialhilfe über (§ 94 Abs. 1 Satz 1 SGB XII), wenn und soweit

- die Hilfeleistung Unterhaltsbedarf des Leistungsberechtigten abdeckt (vgl. dazu Rdnr. 9),
- der Unterhaltsanspruch zeitgleich mit der Hilfeleistung besteht, ferner
- die Hilfeleistung dem Leistungsberechtigten selbst (nicht anderen Mitgliedern seiner ggf. bestehenden Einsatzgemeinschaft) erbracht wird,
- die ausgebliebene Unterhaltsleistung ursächlich für die Hilfeleistung ist (vgl. dazu Rdnr. 10 Punkt 3) und schließlich
- der Anspruchsübergang nicht nach § 94 Abs. 1 Satz 2 bis 4 und 6 oder Abs. 2 und 3 SGB XII ausgeschlossen oder eingeschränkt (vgl. Rdnrn. 8 bis 13, 206 ff. und 216 ff. und 225) ist.

LL-Strkt

KG

Brdbg

Brschw

Brem

Celle

Dresd

Düss

Ffm

Hbg

Hamm

Kblz

Köln

Naumbg

Oldbg

Rstk

Schlesw

SüdL

Thür

Empf Sozhi

224 Beziehen Eltern oder volljährige Kinder Leistungen der Grundsicherung im Alter oder bei Erwerbsminderung nach dem 4. Kapitel SGB XII, gehen deren Unterhaltsansprüche gegen ihre Kinder bzw. ihre Eltern nach § 94 Abs. 1 Satz 3 Halbsatz 2 SGB XII nicht auf den Träger der Sozialhilfe über, wenn das Einkommen ihrer Kinder oder Eltern die Einkommensgrenze des § 43 Abs. 3 Satz 1 SGB XII nicht überschreitet. Die genannte Grenze des jährlichen Gesamteinkommens i.S. des SGB IV von unter 100.000 Euro ist erst überschritten, wenn ein Elternteil ein über der Grenze liegendes Einkommen erzielt, und nicht bereits dann, wenn beide Elternteile zusammengerechnet über ein solches Einkommen verfügen. Bei nicht selbstständig berufstätigen Unterhaltspflichtigen richtet sich die Wahrung der Einkommensgrenze nach ihrem Bruttoeinkommen abzüglich lediglich ihrer steuerlich anzuerkennenden berufsbedingten Aufwendungen und bei Unterhaltspflichtigen mit anderen Einkommensquellen nach dem Überschuss ihrer Einnahmen über ihre Werbungskosten. Persönliche Steuern, Sozialversicherungsabgaben, Unterhaltspflichten und sonstige sozialhilferechtlich oder unterhaltsrechtlich anzuerkennende Aufwendungen bleiben dagegen unberücksichtigt. Nach § 43 Abs. 3 Satz 2 SGB XII wird vermutet, dass die Einkommensgrenze nicht überschritten wird.

225 Übersteigt das Einkommen des bzw. der Unterhaltspflichtigen die Obergrenze des § 43 Abs. 3 Satz 1 SGB XII, besteht kein Anspruch des Unterhaltsberechtigten auf Grundsicherung nach dem 4. Kapitel SGB XII. Leistet der Unterhaltspflichtige in diesem Fall trotz Leistungsfähigkeit keinen Unterhalt und bezieht der bedürftige Unterhaltsberechtigte deshalb Hilfe zum Lebensunterhalts nach dem 3. Kapitel SGB XII, geht sein Unterhaltsanspruch nach § 94 SGB XII auf den Träger der Sozialhilfe über, wenn und soweit der Anspruchsübergang nicht ausnahmsweise ausgeschlossen ist oder nur beschränkt erfolgt (vgl. Rdnrn. 8 ff.). Überschreitet lediglich das Einkommen eines von mehreren Unterhaltspflichtigen die in § 43 Abs. 3 Satz 1 SGB XII genannte Privilegierungsgrenze, besteht gleichfalls kein Anspruch auf Leistungen nach dem 4. Kapitel SGB XII. Grundsätzlich kommt dann aber eine Leistungsgewährung nach den Vorschriften des 3. Kapitels SGB XII mit der Folge in Betracht, dass im Rahmen des gesetzlichen Anspruchsübergangs i.S. von § 94 SGB XII auch der nach § 43 Abs. 3 Satz 1 SGB XII privilegierte Unterhaltspflichtige erfasst wird und dessen anteilige Heranziehung entgegen § 43 Abs. 3 Satz 1 SGB XII zu prüfen ist, obwohl sein Einkommen die Grenze von 100.000 Euro nicht erreicht. Um in derartigen Fällen eine vom Gesetzgeber offensichtlich nicht gewollte Unbilligkeit zu vermeiden, wird empfohlen, im Umfang der gemäß § 1606 Abs. 3 Satz 1 BGB bestehenden anteiligen Haftung von einer Heranziehung dieses

Unterhaltspflichtigen abzusehen. Die Unterhaltsverpflichteten mit Einkommen über der genannten Privilegierungsgrenze haften in diesem Fall nur in dem Umfang, in dem sie im Verhältnis zu dem nach § 43 Abs. 3 Satz 1 SGB XII privilegierten Unterhaltspflichtigen nach § 1606 Abs. 3 Satz 1 BGB anteilig leistungspflichtig wären.

226 Zum Umfang des Auskunftsanspruchs des Trägers der Sozialhilfe gegenüber den einem nach dem 4. Kapitel SGB XII Leistungsberechtigten unterhaltspflichtigen Eltern und Kindern vgl. § 43 Abs. 3 Satz 3 bis 5 SGB XII. Über ihr Vermögen brauchen diese Unterhaltspflichtigen keine Auskunft zu erteilen. Zu beachten ist, dass der Übergang des Unterhaltsanspruchs des Leistungsberechtigten nicht gehindert wird, soweit dieser neben den Leistungen nach dem 4. Kapitel SGB XII andere Sozialhilfeleistungen bezieht, für die der Anspruchsübergang nicht nach § 94 Abs. 1 SGB XII ausgeschlossen ist.

227 Für die Vergangenheit kann der Träger der Sozialhilfe den übergegangenen Unterhaltsanspruch geltend machen, wenn und soweit ein Unterhaltstitel besteht, ferner unter den Voraussetzungen der § 1585 b BGB, § 1613 BGB, ggf. i.V. mit §§ 1361 Abs. 4 Satz 4, 1360 a Abs. 3 BGB oder schließlich ab Zugang der Rechtswahrungsanzeige, mit der dem Unterhaltspflichtigen die Erbringung der Leistung schriftlich mitgeteilt worden ist (§ 94 Abs. 4 Satz 1 SGB XII). Diese Anzeige braucht den Unterhaltsanspruch noch nicht zu beziffern. Die Anzeige sollte dem möglicherweise Unterhaltspflichtigen unabhängig vom Zeitpunkt einer formellen Bescheiderteilung unverzüglich nach Erbringung der Leistung an die nachfragende Person übersandt und gleichzeitig sollte von ihm Auskunft über seine Einkommens- und Vermögensverhältnisse verlangt werden (vgl. zum Auskunftsanspruch Rdnrn. 235 bis 238); werden die Leistungen in einem Frauenhaus erbracht, ist zu beachten, dass der gewalttätige Partner aufgrund der Mitteilung nicht Kenntnis von der Adresse der Einrichtung erlangt. Um den Zugang der Rechtswahrungsanzeige nachweisen zu können, kann sich ihre förmliche Zustellung empfehlen. Bei Untätigkeit des Unterhaltspflichtigen sollte kurzfristig an die Erledigung erinnert und der Adressat darauf hingewiesen werden, dass sich der Träger der Sozialhilfe vorbehält, entweder seinen nach § 117 SGB XII bestehenden öffentlich-rechtlichen Anspruch auf Auskunft über die Einkommens- und Vermögensverhältnisse durch Erlass eines entsprechenden Verwaltungsakts durchzusetzen oder seinen unterhaltsrechtlichen Auskunftsanspruch aus § 1580 BGB bzw. aus § 1605 BGB durch gerichtliche Geltendmachung vor dem Familiengericht zu verfolgen. Jedenfalls dieses Schreiben sollte zur Nachweisbarkeit seines Zugangs mit Zustellungsurkunde übersandt werden. Wenn die Feststellung der Bedürftigkeit voraussichtlich längere Zeit, für die der Träger der Sozialhilfe keinen Rückgriff neh-

LL-Strkt

KG

Brdbg

Brschw

Brem

Celle

Dresd

Düss

Ffm

Hbg

Hamm

Kblz

Köln

Naumbg

Oldbg

Rstk

Schlesw

SüdL

Thür

Empf Sozhi

men kann (§ 94 Abs. 4 Satz 1 SGB XII), andauern wird, sollte die nachfragende Person aufgefordert werden, bereits ihrerseits von möglichen Unterhaltspflichtigen zum Zwecke der Geltendmachung ihres Unterhaltsanspruchs Auskunft über deren Einkommen und Vermögen zu verlangen oder sie mit einer bezifferten Mahnung in Verzug zu setzen. Hierbei soll erforderlichenfalls durch Vorbereitung eines entspre-chenden Schreibens persönliche Hilfe geleistet werden.

228 Sobald der Träger der Sozialhilfe den Unterhaltsanspruch berechnet hat, ist dem Unterhaltspflichtigen mit einer nachvollziehbaren Unterhaltsberechnung mitzuteilen, in welchem Umfang der Unterhaltsanspruch nach Auffassung des Trägers der Sozialhilfe auf ihn übergegangen ist. Dem Unterhaltspflichtigen ist dabei unter angemessener Fristsetzung Gelegenheit zu geben, zu dieser Berechnung Stellung zu nehmen und den errechneten Unterhaltsbeitrag zu zahlen. Zugleich sollte verbindlich, aber unmissverständlich darauf hingewiesen werden, dass sich der Träger der Sozialhilfe vorbehält, den Unterhaltsanspruch nach § 94 Abs. 5 Satz 3 SGB XII bei dem zuständigen Familiengericht geltend zu machen, wenn und soweit keine Einigung zustande kommt. Bei dieser Mitteilung handelt es sich nicht um einen Verwaltungsakt. Sie sollte auch dem unterhaltsberechtigten Leistungsberechtigten unter Hinweis darauf, dass ihm sein Unterhaltsanspruch im Umfang des Anspruchsübergangs nicht mehr zusteht, übersandt werden.

229 Für die gerichtliche Prüfung des Unterhaltsanspruchs und der mit dessen Übergang auf den Träger der Sozialhilfe verbundenen Rechtsfragen steht nach § 94 Abs. 5 Satz 3 SGB XII einheitlich nur der Rechtsweg zu den Familiengerichten offen. Dies gilt auch für die mit dem Übergang verbundenen öffentlich-rechtlichen Fragen, insbesondere auch für die Vergleichsberechnung (vgl. Rdnrn. 230 bis 234).

IV. Die öffentlich-rechtliche Vergleichsberechnung

230 Schon die bürgerlich-rechtliche Unterhaltspflicht setzt Leistungsfähigkeit der Unterhaltspflichtigen voraus (vgl. dazu Rdnrn. 77 ff.). An dieser fehlt es, wenn und soweit dem Grunde nach Unterhaltspflichtige selbst hilfebedürftig i.S. des 3. Kapitels SGB XII sind oder sie es bei Erfüllung des Unterhaltsanspruchs werden würden. In diesem Fall besteht kein Unterhaltsanspruch der leistungsberechtigten Person mit der Folge, dass ein Anspruchsübergang auf den Träger der Sozialhilfe von vornherein nicht in Betracht kommt. Schon um feststellen zu können, ob dem Grunde nach Unterhaltspflichtige, die in eingeschränkten finanziellen Verhältnissen leben (elternunterhaltspflichtige Kinder gehören wegen ihres in diesem Unterhaltsver-

hältnis großzügig bemessenen Selbstbehalts in aller Regel nicht zu diesem Personenkreis) in diesem Sinn leistungsunfähig sind, bedarf es einer sozialhilferechtlichen Vergleichsberechnung, bei der sich das für die Leistungsfähigkeit maßgebliche Einkommen und Vermögen grundsätzlich nach sozialhilferechtlichen Vorschriften (§§ 82 und 90 SGB XII) bestimmt. Führt diese Berechnung in dem konkreten Fall zu dem Ergebnis, dass der Unterhaltpflichtige – ggf. teilweise – leistungsfähig ist und der leistungsberechtigten Person ihm gegenüber deshalb ein Unterhaltsanspruch zusteht, geht dieser Anspruch nach § 94 Abs. 1 Satz 1 SGB XII, entsprechend der Leistungsfähigkeit begrenzt durch den Umfang der erbrachten Sozialhilfe, grundsätzlich auf den Träger der Sozialhilfe über. Zu beachten ist allerdings, dass Unterhaltspflichtige unterhaltsrechtlich im Gegensatz zur sozialhilferechtlichen Betrachtungsweise, bei der nur tatsächlich vorhandenes Einkommen und Vermögen zählt, auch insoweit als leistungsfähig gelten, als sie über fiktives Einkommen und/oder Vermögen verfügen. Diese unterschiedliche Bewertung von Einkommen und Vermögen in den beiden Rechtsgebieten hat zur Folge, dass eine leistungsberechtigte Person von einem Unterhaltspflichtigen, dem sowohl real erzieltes als auch fiktives Einkommen und/oder Vermögen zuzurechnen ist, Unterhalt auf der Grundlage des gesamten Einkommens verlangen kann, dieser Unterhaltsanspruch aber nach § 94 Abs. 3 Satz 1 Nr. 1 SGB XII nur in dem Umfang auf den Träger der Sozialhilfe übergeht, als er sich aus dem real erzielten Einkommen und/oder Vermögen errechnet. Denn im Umfang des dem Unterhaltspflichtigen nur fiktiv zugerechneten Einkommens und/oder Vermögens gilt der Unterhaltspflichtige bei Erfüllung des Unterhaltsanspruchs im sozialhilferechtlichen Sinn selbst als hilfebedürftig.

231 Leistungsempfänger der Grundsicherung für Arbeitsuchende sind nach § 5 Abs. 2 SGB II wegen des dort genannten Vorrangs der Leistungen des SGB II nicht leistungsberechtigt nach dem 3. Kapitel SGB XII. Da die Schuldnerschutzbestimmung des § 94 Abs. 3 Satz 1 Nr. 1 SGB XII aber weitgehend leerliefe, wenn die Vorschrift nicht auch für unterhaltspflichtige Leistungsempfänger nach dem SGB II gelten wür-de, sollte § 94 Abs. 3 Satz 1 Nr. 1 SGB XII entsprechend auf diese Leistungsempfänger nach dem SGB II angewendet werden. Deren potenzielle Hilfebedürftigkeit nach § 9 SGB II ist unter Heranziehung der Vorschriften der §§ 11 ff., 12 SGB II festzustellen. Erhält die unterhaltspflichtige Person Leistungen zur Sicherung des Lebensunterhalts nach dem SGB II, ist ein Übergang insoweit nicht ausgeschlossen, als der Unterhaltsanspruch auf dem Bezug von Leistungen beruht, die unterhaltsrechtlich als Einkommen zu behandeln sind. Dies gilt für folgende Leistungen:

■ Mehraufwandsentschädigung bei Arbeitsgelegenheit (§ 16 d Abs. 7 Satz 1 SGB II),
■ Einstiegsgeld (§ 16 b SGB II).

232 Nach § 94 Abs. 3 Satz 1 Nr. 1 SGB XII ist auch in denjenigen Fällen, in denen die leistungsberechtigte Person Hilfen nach dem 5. bis 9. Kapitel SGB XII erhält, für die Frage der Sozialhilfebedürftigkeit des Unterhaltspflichtigen allein darauf abzustellen, ob er i.S. der Hilfe zum Lebensunterhalt bedürftig ist oder ob er es durch Erfüllung der Unterhaltspflicht werden würde. Bei entsprechender Sozialhilfeleistung an die leistungsberechtigte Person muss dem Unterhaltspflichtigen sein Einkommen daher nur in Höhe seines Regelsatzes, ggf. seines Mehrbedarfs und seiner Unterkunftskosten (§§ 27 a, 30, 35 SGB XII) belassen werden. Wegen des Ausnahmecharakters der einmaligen Bedarfe nach § 31 SGB XII ist ihm für diesen Zweck ein zusätzlicher Betrag nur zuzubilligen, wenn ein derartiger Bedarf konkret gegeben ist. Die Einkommensgrenzen der §§ 85 f. SGB XII, die der leistungsberechtigten Person zustehen, kann der Unterhaltspflichtige nicht für sich in Anspruch nehmen. Im Einzelfall sollte geprüft werden, ob die Ungleichbehandlung von leistungsberechtigter Person und Unterhaltspflichtigem eine unbillige Härte i.S. von § 94 Abs. 3 Satz 1 Nr. 2 SGB XII darstellt (vgl. Rdnr. 12 f.).

233 Nach dem Wortlaut des § 94 Abs. 3 Satz 1 Nr. 1 SGB XII ist nur auf die Sozialhilfebedürftigkeit des Unterhaltspflichtigen abzustellen. Da die Mitglieder von dessen Einsatzgemeinschaft aber ihrerseits Anspruch auf Sozialhilfe hätten, wenn ihr Unterhalt nicht mehr durch den gegenüber der leistungsberechtigten Person zum Unterhalt Verpflichteten gesichert wäre, und da sie deshalb im Zweifel ihrerseits umgehend Sozialhilfe beantragen würden, was einen erheblichen zusätzlichen Verwaltungsaufwand zur Folge hätte, wird empfohlen, die Vergleichsberechnung gleichwohl unter Einbeziehung der Mitglieder der Einsatzgemeinschaft des Unterhaltspflichtigen vorzunehmen.

234 Vertragliche Unterhaltsansprüche (vgl. dazu Rdnr. 27) unterfallen der Regelung des § 93 SGB XII, nicht derjenigen des § 94 SGB XII. Gleichwohl sollte der Träger der Sozialhilfe dem vertraglich Unterhaltspflichtigen den gleichen Schutz zugestehen wie dem gesetzlich Unterhaltspflichtigen, wenn für den Vertragsabschluss vorwiegend verwandtschaftliche Beziehungen oder sittliche Beweggründe bestimmend waren, nicht in erster Linie dagegen die Übergabe von Vermögenswerten. Erreicht der Wert eines etwa an den Unterhaltspflichtigen übergehenden Vermögens nicht den Wert des kapitalisierten Unterhalts, ist zu vermuten, dass für den Abschluss des Unterhaltsvertrages vorwiegend verwandtschaftliche Beziehungen oder sittliche Beweggründe bestimmend waren.

D) Verfahrensfragen, Rückübertragung und Durchsetzung des übergegangenen Unterhaltsanspruchs

I. Die Auskunftspflicht des Unterhaltspflichtigen

235 Mit dem Übergang des Unterhaltsanspruchs geht auch der unterhaltsrechtliche Auskunftsanspruch (§§ 1605, 1580 BGB) auf den Träger der Sozialhilfe über (§ 94 Abs. 1 Satz 1 SGB XII). Vor Einsetzen der Sozialhilfe kann der Träger von der dem Grunde nach unterhaltspflichtigen Peron nicht Auskunft über deren Einkommen und Vermögen verlangen. Der Auskunftsanspruch erstreckt sich auf das Einkommen und Vermögen des Unterhaltspflichtigen sowie auf die sonstigen für die Berechnung des Unterhaltsanspruchs maßgeblichen tatsächlichen Umstände wie z.B. Zahl der Kinder oder Wiederheirat des Unterhaltspflichtigen. Daneben besteht nach § 1605 Abs. 1 Satz 2 BGB ein Anspruch auf Vorlage entsprechender Belege; allerdings nur zum Einkommen und nicht zum Vermögen des Unterhaltspflichtigen. Das Auskunftsersuchen und der Auskunftsantrag bei Gericht haben die Personen zu benennen, denen Sozialhilfe erbracht wird, und müssen genau den Zeitraum bezeichnen, für den über das Einkommen und über sonstige für die Berechnung des Unterhaltsanspruchs maßgeblichen Umstände Auskunft erteilt werden soll, ferner den Zeitpunkt, auf den sich die Vermögensauskunft beziehen soll. Ebenso müssen die Belege über das Einkommen des Unterhaltspflichtigen, deren Vorlage verlangt wird, genau benannt werden. Aus dem Anschreiben sollte klar hervorgehen, dass die Auskunftserteilung zum Zweck der Geltendmachung des Unterhaltsanspruches bzw. der Unterhaltsansprüche gefordert wird. Der Auskunftsanspruch kann ggf. durch einen Antrag auf Auskunftserteilung oder durch einen sog. Stufenantrag (das ist ein Antrag auf Auskunftserteilung und Vorlage von Belegen, verbunden mit einem zunächst unbezifferten Zahlungsantrag, der nach Erteilung der Auskunft beziffert werden muss) beim Familiengericht geltend gemacht werden, wenn der Unterhaltspflichtige seiner Auskunftspflicht nicht freiwillig nachkommt. Von einer Aufforderung, Auskunft zu erteilen, ist mangels Erforderlichkeit der Auskunft für die Unterhaltsberechnung abzusehen, wenn der Unterhaltsanspruch bereits in Höhe der erbrachten Sozialhilfeleistung tituliert ist. Bei begründetem Zweifel, ob die titulierte Forderung den aktuellen Verhältnissen der Unterhaltspflichtigen entspricht, sollte jedoch Auskunft verlangt werden.

236 Bei Inanspruchnahme auf Kindesunterhalt können beide dem Grunde nach für ihr Kind barunterhaltspflichtigen Elternteile nach § 242 BGB Auskunft über Einkommen und Vermögen des anderen Elternteils und über Einkommen und Vermögen von deren Ehegatten verlangen, wenn sie die Auskunft benötigen, um ihren Haftungsanteil zu berechnen. Unter denselben Voraussetzungen haben Geschwister bei Inanspruchnahme auf Elternunterhalt Anspruch auf Auskunftserteilung über das Einkommen und Vermögen ihrer Geschwister und über Einkommen und Vermögen von deren Ehegatten. Ein unmittelbarer Auskunftsanspruch gegen den Ehegatten des anderen Elternteils oder der Geschwister besteht dagegen nicht.

237 Der Träger der Sozialhilfe kann unabhängig von den mit dem Unterhaltsanspruch übergegangenen Auskunftsanspruch der §§ 1605, 1580, 242 BGB nach seinem Ermessen einen dem Grunde nach Unterhaltspflichtigen sowie dessen nicht getrennt lebenden Ehegatten oder Lebenspartner auch nach § 117 Abs. 1 Satz 1 SGB XII zur Auskunft über ihre Einkommens- und Vermögensverhältnisse auffordern und die Vorlage von Beweisurkunden über beides oder die Zustimmung zu deren Vorlage verlangen. Dieser Auskunftsanspruch besteht, wenn und soweit die Auskunft benötigt wird, um die Leistungsfähigkeit des Unterhaltspflichtigen zur Zahlung von Unterhalt an die leistungsberechtigte Person feststellen zu können. Keine Kenntnis über die Einkommens- und Vermögensverhältnisse benötigt der Träger der Sozialhilfe, wenn der Unterhaltsanspruch nur bis zu dem sich nach § 94 Abs. 2 SGB XII ergebenden Grenzbetrag übergeht (vgl. Rdnr. 10 Punkt 4) und die insoweit gesetzlich vermutete Leistungsfähigkeit unbestritten bleibt. In dem Auskunftsersuchen, das gesondert an die einzelnen Auskunftspflichtigen zu richten ist, ist auf die Verpflichtung zur Auskunftserteilung nach § 117 Abs. 1 SGB XII hinzuweisen. Erteilen die Auskunftspflichtigen daraufhin keine oder nur unzureichende Auskünfte, soll der Träger der Sozialhilfe die Auskunftspflichtigen an die Erteilung erinnern und darauf hinweisen, dass Auskünfte sowohl nach § 117 Abs. 1 Satz 4 SGB XII i.V. mit § 21 Abs. 4 SGB X bei den Finanzbehörden als auch nach § 117 Abs. 4 SGB XII beim Arbeitgeber eingeholt werden können. Bei dem Auskunftsverlangen nach § 117 SGB XII handelt es sich um einen Verwaltungsakt, für dessen Anfechtung der Sozialrechtsweg eröffnet ist. Ein bestandskräftiger Verwaltungsakt ist im Wege der Verwaltungsvollstreckung durchsetzbar. Gegenüber Personen, die ihren gewöhnlichen Aufenthalt im Ausland haben, kann kein Verwaltungsakt auf Auskunftserteilung ergehen.

238 In Hinblick auf die Kostenregelung des § 243 Nr. 2 FamFG kann es zur Beschleunigung des Unterhaltsregresses im Einzelfall sinnvoll sein, beim Familiengericht sofort einen (bezifferten) Antrag anstelle eines Stufenantrags zu stellen, wenn der Unterhaltspflichtige auch bei wiederholter Aufforderung die geschuldeten Auskünfte nicht erteilt und begründete Anhaltspunkte für die behauptete Leistungsfähigkeit des Unterhaltspflichtigen zur Zahlung von Unterhalt in dem geltend gemachten Umfang bestehen. Derartiger Anhaltspunkte bedarf es nicht, soweit Mindestunterhalt für minderjährige Kinder gefordert wird.

II. Die Rückübertragung des Unterhaltsanspruchs

239 Der Träger der Sozialhilfe kann den auf ihn übergegangenen Unterhaltsanspruch im Einvernehmen mit der leistungsberechtigten Person auf diese zur gerichtlichen Geltendmachung rückübertragen und sich den geltend gemachten Unterhaltsanspruch abtreten lassen (§ 94 Abs. 5 Satz 1 SGB XII). Kosten, mit denen die leistungsberechtigte Person dadurch belastet wird, sind zu übernehmen (§ 94 Abs. 5 Satz 2 SGB XII); diese Bestimmung ist auch anzuwenden, wenn Kosten nur vorgerichtlich entstehen. Beim Elternunterhalt und in den Fällen des § 94 Abs. 2 SGB XII wird eine Rückübertragung des Unterhaltsanspruchs auf die leistungsberechtigte Person angesichts ihres Alters oder Gesundheitszustands i.d.R. nicht in Betracht kommen. Die Rückübertragung erfolgt durch eine privatrechtliche Vereinbarung zwischen dem Träger der Sozialhilfe und der leistungsberechtigten Person über Art und Umfang der Geltendmachung des Unterhaltsanspruchs. Dabei ist zu beachten, dass diese Vereinbarung die leistungsberechtigte Person nicht i.S. von § 32 SGB I benachteiligen darf, indem sie diese wirtschaftlich oder sozialrechtlich schlechter stellt oder ihr unzulässige Verpflichtungen auferlegt wie beispielsweise die Beibehaltung einer nach dem BGB freiwilligen Beistandschaft. Die Vereinbarung sollte jedenfalls regeln,

- dass der Unterhaltsanspruch im Umfang des Anspruchsübergangs auf den Träger der Sozialhilfe auf die leistungsberechtigte Person rückübertragen und – aufschiebend bedingt durch die Erwirkung eines Vollstreckungstitels darüber – bereits jetzt wieder an den Träger der Sozialhilfe abgetreten wird,
- ob der Unterhaltsberechtigte im Rahmen der Geltendmachung anwaltlich vertreten werden soll,
- dass die leistungsberechtigte Person ohne vorherige Zustimmung des Trägers der Sozialhilfe keinen gerichtlichen oder außergerichtlichen Vergleich abschließen, auf den Unterhalt verzichten oder den gestellten Unterhaltsantrag zurücknehmen darf,
- dass der Träger der Sozialhilfe die Kosten der Rechtsverfolgung einschließlich des Kostenerstattungsanspruchs des ggf. obsiegenden Verfahrensgegners zu tragen hat,
- dass die leistungsberechtigte Person bei Abschluss eines gerichtlichen Vergleichs oder bei Erstellung einer vollstreckbaren Urkunde darauf zu dringen hat, dass die Grundlagen des

Vergleichs oder der Urkunde in dem Vergleich bzw. in der Urkunde dokumentiert werden (Einkommens- und Vermögensverhältnisse sowie sonstige für die Berechnung des Unterhaltsanspruchs maßgebliche tatsächliche Umstände wie z.B. Zahl der Kinder oder Wiederverheiratung des Unterhaltspflichtigen),

■ dass der Leistungsberechtigte und der Träger der Sozialhilfe die Rückübertragungsvereinbarung außer zur Unzeit ohne Angabe von Gründen jederzeit schriftlich kündigen können.

Zu beachten ist, dass die leistungsberechtigte Person, wenn und soweit sie auf den Träger der Sozialhilfe übergegangene und von diesem rückübertragene Unterhaltsansprüche gerichtlich geltend macht, gegen den Träger der Sozialhilfe aus § 94 Abs. 5 Satz 2 SGB XII Anspruch auf Leistung eines Verfahrenskostenvorschusses hat. Insoweit kann die leistungsberechtigte Person deshalb für den Unterhaltsrechtsstreit keine Verfahrenshilfe nach § 113 FamFG i.V. mit §§ 114 ff. ZPO erhalten. Eine Ausnahme gilt nur, wenn sich die Gerichts- und Rechtsanwaltskosten durch gerichtliche Geltendmachung (auch) des rückübertragenen Unterhaltsanspruchs nicht erhöhen, wie es bei der Geltendmachung von Unterhaltsansprüchen der Fall ist, die zwischen Einreichung und Zustellung der Antragsschrift rechtshängig geworden sind, oder wenn die leistungsberechtigte Person durch Verweisung auf den nach § 94 Abs. 5 Satz 2 SGB XII bestehenden Vorschussanspruch Rechtsnachteile erleidet.

III. Die Durchsetzung des Unterhaltsanspruchs

240 Erfüllt der Unterhaltspflichtige den übergegangenen Unterhaltsanspruch nicht, kann der Träger der Sozialhilfe sich durch eigene Rechtsverfolgung einen Vollstreckungstitel verschaffen. Dabei sollte in Fällen von Unterhaltsansprüchen minderjähriger und ihnen nach § 1603 Abs. 2 Satz 2 BGB gleichgestellter volljähriger Kinder sowie Unterhaltsansprüchen nach § 1615 l BGB dem Unterhaltspflichtigen Gelegenheit gegeben werden, die Verpflichtung zur Erfüllung nach § 59 Abs. 1 Nr. 3 oder 4 SGB VIII beim Jugendamt (kostenfrei) beurkunden zu lassen. Wird von dem Angebot, dem Träger der Sozialhilfe auf diesem Weg einen Vollstreckungstitel zu verschaffen, kein Gebrauch gemacht, verbleiben diesem wie in allen anderen Fällen folgende Möglichkeiten:

■ wenn nur Unterhalt für die Vergangenheit geltend zu machen ist, im Mahnverfahren nach §§ 688 ff. ZPO,

■ wenn nur Unterhalt für minderjährige Kinder bis zu 120 % des Mindestunterhalts verlangt wird und kein Fall von § 249 Abs. 2 FamFG vorliegt (vgl. dazu Rdnr. 126), im Vereinfachten Verfahren nach §§ 249 ff. FamFG,

■ für rückständigen, gegenwärtigen und künftigen Unterhalt im Rahmen eines Unterhaltsverfahrens nach §§ 112 ff., 231 ff. FamFG durch Antrag beim Familiengericht.

Schließt der Träger der Sozialhilfe im eigenen gerichtlichen Unterhaltsverfahren einen gerichtlichen Vergleich ab oder wirkt er an der Errichtung einer vollstreckbaren Urkunde über den Unterhaltsanspruch mit, sollte er unbedingt die Empfehlung im letzten Spiegelpunkt von Rdnr. 239 beachten. Die Kenntnis der Grundlagen, die für die Errichtung des Titels maßgeblich waren, ist für den Fall unerlässlich, dass der Titel später aufgrund geänderter Verhältnisse abgeändert werden soll. Eine Abänderung hat nach §§ 238 ff. FamFG keine allgemeine Neuberechnung des Unterhalts zur Folge. Vielmehr ist die Abänderung nur insoweit möglich, als sich die für die Unterhaltsberechnung maßgeblichen wirtschaftlichen bzw. persönlichen Verhältnisse mindestens eines der am Ausgangsverfahren Beteiligten wesentlich geändert haben.

Aus dem erwirkten Titel ist der Unterhalt erforderlichenfalls nach §§ 724 ff. ZPO durch Zwangsvollstreckung beizutreiben. Bei der Vollstreckung im Wege der Lohnpfändung genießt der Träger der Sozialhilfe das Privileg des Unterhaltsgläubigers aus § 850 d ZPO.

241 Hat der Träger der Sozialhilfe einen Vollstreckungstitel erwirkt, kann er selbst die gerichtliche Abänderung betreiben. Dasselbe gilt, wenn die leistungsberechtigte Person einen Vollstreckungstitel erwirkt hat und nunmehr Sozialhilfe bezieht, wenn und soweit die Sozialhilfeleistung an sie den titulierten Unterhalt übersteigt. Soweit das nicht der Fall ist, fehlt dem Träger der Sozialhilfe für ein gerichtliches Abänderungsverfahren das Rechtsschutzbedürfnis, weil er den Titel nach § 727 ZPO auf sich umschreiben lassen kann.

242 Richtige Beteiligte eines gerichtlichen Verfahrens um Abänderung eines Vollstreckungstitels über Unterhalt sind grundsätzlich die Beteiligten des vorangegangenen gerichtlichen Unterhaltsverfahrens, das zu dem jetzt abzuändernden Vollstreckungstitel geführt hat, ferner deren Rechtsnachfolger, soweit sich die Rechtskraft des Titels auf sie erstreckt oder soweit sie durch einen gerichtlichen Vergleich oder durch eine vollstreckbare Urkunde daran gebunden sind. Zum möglichen Umfang der Abänderung vgl. Rdnr. 240.

243 Die örtliche Zuständigkeit des Familiengerichts ergibt sich aus § 232 FamFG, ggf. i.V. mit §§ 12 ff. ZPO. Für die Geltendmachung von Elternunterhalt ist nach § 232 Abs. 3 Satz 1 FamFG i.V. mit §§ 12 f. ZPO stets das Familiengericht örtlich zuständig, bei dem das auf Unterhalt in Anspruch genommene Kind seinen gewöhnlichen Aufenthalt hat. Sollen mehrere in verschiedenen Gerichtsbezir-

LL-Strkt

Empfehlungen zu SGB XII | **263**

KG

Brdbg

Brschw

Brem

Celle

Dresd

Düss

Ffm

Hbg

Hamm

Kblz

Köln

Naumbg

Oldbg

Rstk

Schlesw

SüdL

Thür

ken lebende Kinder vor demselben Familiengericht zum Unterhalt ihrer Eltern herangezogen werden, kann eine entsprechende Anwendung von § 36 Abs. 1 Nr. 3 ZPO in Betracht gezogen werden.

244 Liegt bereits eine gerichtliche Endentscheidung oder ein sonstiger Titel (§ 794 ZPO) zugunsten der leistungsberechtigten Person vor, kann der Träger der Sozialhilfe diesen bei gleichgebliebenen Verhältnissen der Heranziehung zugrunde legen. In jedem Einzelfall ist jedoch zu prüfen, ob und ggf. in welchem Umfang der Unterhaltsanspruch tatsächlich auf den Träger der Sozialhilfe übergegangen ist (vgl. dazu im Einzelnen Rdnr. 223). Ein Ausschluss des Anspruchsübergangs auf den Träger der Sozialhilfe aus den in 94 Abs. 3 Satz 1 SGB XII genannten Gründen braucht allerdings nur unter den Voraussetzungen von Abs. 3 Satz 2 der Vorschrift geprüft zu werden. Soweit der Unterhaltsanspruch nicht übergegangen ist, darf von einem vorhandenen Titel kein Gebrauch gemacht werden.

245 Im Fall von Rdnr. 244 und auch, wenn die leistungsberechtigte Person den Unterhaltsanspruch nach gerichtlicher Geltendmachung wieder auf den Träger der Sozialhilfe rückübertragen hat, kann der Träger der Sozialhilfe den Titel unter Vorlage des Originaltitels auf sich umschreiben lassen (§ 727 ZPO). Steht ihm der Unterhaltsanspruch nur in Höhe eines Teils des titulierten Unterhalts zu, muss er zugleich eine Teilausfertigung des Titels beantragen. Die Umschreibung ist bei der Stelle, die den Titel errichtet hat (z.B. Notar, Jugendamt oder der Rechtspfleger bei dem Gericht, von dem der Titel stammt), unter Beifügung des Schuldtitels, der Rechtswahrungsanzeige und des Nachweises der geleisteten Sozialhilfe zu beantragen. Die Vollstreckung kann nach Umschreibung und Zustellung der Vollstreckungsklausel betrieben werden.

IV. Übergangsregelungen zwischen altem und neuem Unterhaltsrecht und Abänderung von Unterhaltstiteln

246 Ist über den Unterhaltsanspruch vor dem 1.1.2008 rechtskräftig entschieden, ein vollstreckbarer Titel errichtet oder eine Unterhaltsvereinbarung getroffen worden, ist die Übergangsregelung des § 36 EGZPO zu beachten. Nach Nr. 1 der Vorschrift sind in diesem Fall Umstände, die vor diesem Tag entstanden und durch das Gesetz zur Änderung des Unterhaltsrechts (vgl. Rdnr. 15) erheblich geworden sind, im Rahmen eines Abänderungsverfahrens oder eines Vollstreckungsgegenantrags nur zu berücksichtigen, soweit infolge der geänderten Umstände eine wesentliche Änderung der Unterhaltsverpflichtung eintritt und die Änderung dem anderen Teil unter Berücksichtigung seines Vertrauens in die getroffene Regelung zumutbar ist.

247 Ist der Unterhaltsanspruch eines Kindes in einem vor dem 1.1.2008 errichteten dynamischen Vollstreckungstitel (vgl. Rdnr. 126) geregelt, gilt nach § 36 Nr. 3 EGZPO dieser Titel fort. Die Umrechnung wird für die verschiedenen Alternativen der Kindergeldanrechnung in Abschnitt E. der Düsseldorfer Tabelle anhand von Beispielen dargestellt. Insbesondere ist zu beachten, dass der anwendbare Prozentsatz auf der Grundlage der zum 1.1.2008 bestehenden Verhältnisse einmalig berechnet wird und auch bei späterem Wechsel in eine andere Altersstufe unverändert bleibt.